[国学经典文库]

中国二十大名著

三侠五义

第二十册

中国武侠的开山鼻祖　草莽豪杰的传奇故事

图文珍藏版

[清]石玉昆◎著
马博◎主编

线装書局

图书在版编目（C I P）数据

三侠五义 / (清) 石玉昆著. -- 北京 : 线装书局, 2016.1

（中国二十大名著 / 马博主编）

ISBN 978-7-5120-2004-7

Ⅰ. ①三… Ⅱ. ①石… Ⅲ. ①侠义小说 - 中国 - 清代 Ⅳ. ①I242.4

中国版本图书馆CIP数据核字(2015)第255669号

三侠五义

原　　著: [清] 石玉昆

主　　编: 马　博

责任编辑: 高晓彬

装帧设计: 博雅圣轩藏书馆 Boyashengxuan Cangshuguan

出版发行: 线装书局

地　址: 北京市西城区鼓楼西大街41号（100009）

电　话: 010-64045283（发行部） 64045583（总编室）

网　址: www.xzhbc.com

经　　销: 新华书店

印　　制: 北京彩虹伟业印刷有限公司

开　　本: 710mm × 1040mm　1/16

印　　张: 28

字　　数: 340千字

版　　次: 2016年1月第1版第1次印刷

印　　数: 0001 – 3000套

定　　价: 4980.00元（全二十册）

导读

《三侠五义》原名《忠烈侠义传》,120 回,首刊于光绪五年(1879),署石玉昆述。石玉昆(约 1810~1871),字振之,天津人,满清咸丰、同治间著名说书艺人。

小说弘扬人间正气,把侠客义士的除暴安良行为与保护清官、协助清官断案完美地结合起来,表现了宣扬忠义、维护社会秩序、为国为民的思想。侠客们协助清官,与邪恶势力对立,仗义除暴,为民申冤,反映了基层人民群众的思想和愿望;小说明显地表达了人们对清明政治的要求和对是非善恶的态度,具有深刻的意义和认识价值。《三侠五义》作为中国最早出现的具有真正意义的武侠作品,对中国近代评书曲艺、武侠小说乃至文学艺术影响深远,称得上是武侠小说的开山鼻祖,由此掀起了各类武侠题材文学作品的高潮。

目　录

《侠义传》序 …… (1)

序 …… (1)

序 …… (2)

第一回　设阴谋临产换太子　奋侠义替死救皇娘 …… (2)

第二回　奎星兆梦忠良降生　雷部宣威狐狸避难 …… (8)

第三回　金龙寺英雄初救难　隐逸村狐狸三报恩 …… (12)

第四回　除妖魅包文正联姻　受皇恩定远县赴任 …… (17)

第五回　墨斗剖明皮熊犯案　乌盆诉苦别古鸣冤 …… (22)

第六回　罢官职逢义士高僧　应龙图审冤魂怨鬼 …… (28)

第七回　得古今盆完婚淑女　收公孙策密访奸人 …… (32)

第八回　救义仆除凶铁仙观　访疑案得线七里村 …… (36)

第九回　断奇冤奏参封学士　造御刑查赈赴陈州 …… (40)

第十回　买猪首书生遭横祸　扮花子勇士获贼人 …… (44)

第十一回 审叶阡儿包公断案 遇杨婆子侠客挥金 …………（48）
第十二回 展义士巧换藏春酒 庞奸侯设计软红堂 …………（52）
第十三回 安平镇五鼠单行义 苗家集双侠对分金 …………（55）
第十四回 小包兴偷试游仙枕 勇熊飞助擒安乐侯 …………（58）
第十五回 斩庞昱初试龙头铡 遇国母晚宿天齐庙 …………（60）
第十六回 学士怀忠假言认母 夫人尽孝祈露医睛 …………（64）
第十七回 开封府总管参包相 南清宫太后认狄妃 …………（67）
第十八回 奏沉疴仁宗认国母 宣密诏良相审郭槐 …………（71）
第十九回 巧取供单郭槐受戮 明颁诏旨李后还宫 …………（75）
第二十回 受魇魔忠良遭大难 杀妖道豪杰立奇功 …………（78）
第二十一回 掷人头南侠惊佞党 除邪祟学士审虔婆 …………（82）
第二十二回 金銮殿包相参太师 耀武楼南侠封护卫 …………（85）
第二十三回 洪义赠金夫妻遭变 白雄打虎甥舅相逢 …………（89）
第二十四回 受乱棍范状元疯癫 贪多杯屈胡子丧命 …………（92）
第二十五回 白氏还魂阴差阳错 屈申附体醉死梦生 …………（96）

第二十六回 聆音察理贤愚立判 鉴貌辨色男女不分 …………………… (99)
第二十七回 仙枕示梦古镜还魂 仲禹抡元熊飞祭祖 …………………… (103)
第二十八回 许约期湖亭欣慨助 探底细酒肆巧相逢 …………………… (106)
第二十九回 丁兆蕙茶铺偷郑新 展熊飞湖亭会周老 …………………… (110)
第三十回 济弱扶倾资助周老 交友投分邀请南侠 …………………… (113)
第三十一回 展熊飞比剑定良姻 钻天鼠夺鱼甘赔罪 …………………… (116)
第三十二回 夜救老仆颜生赴考 晚逢寒士金客扬言 …………………… (120)
第三十三回 真名士初交白玉堂 美英雄三试颜查散 …………………… (123)
第三十四回 定兰谱颜生识英雄 看鱼书柳老嫌寒士 …………………… (127)
第三十五回 柳老赖婚狼心难测 冯生联句狗屁不通 …………………… (130)
第三十六回 园内赠金丫鬟丧命 厅前盗尸恶仆忘恩 …………………… (133)
第三十七回 小姐还魂牛儿遭报 幼童侍主侠士挥金 …………………… (137)
第三十八回 替主鸣冤拦舆告状 因朋涉险寄柬留刀 …………………… (140)
第三十九回 铡斩君衡书生开罪 石惊赵虎侠客争锋 …………………… (144)
第四十回 思寻盟弟遣使三雄 欲盗赃金纠合五义 …………………… (147)

第四十一回 忠烈题诗郭安丧命 开封奉旨赵虎乔装 ……（151）
第四十二回 以假为真误拿要犯 将错就错巧讯赃金 ……（154）
第四十三回 翡翠瓶污羊脂玉秽 太师口臭美妾身亡 ……（157）
第四十四回 花神庙英雄救难女 开封府众义露真名 ……（161）
第四十五回 义释卢方史丹抵命 误伤马汉徐庆遭擒 ……（165）
第四十六回 设谋诓药气走韩彰 遣兴济贫欣逢赵庆 ……（168）
第四十七回 错递呈权奸施毒计 巧结案公子辨奇冤 ……（171）
第四十八回 访奸人假公子正法 贬佞党真义士面君 ……（175）
第四十九回 金殿试艺三鼠封官 佛门递呈双乌告状 ……（178）
第五十回 彻地鼠恩救二公差 白玉堂智偷三件宝 ……（181）
第五十一回 寻猛虎双雄陷深坑 获凶徒三贼归平县 ……（185）
第五十二回 感恩情许婚方老丈 投书信多亏宁婆娘 ……（189）
第五十三回 蒋义士二上翠云峰 展南侠初到陷空岛 ……（193）
第五十四回 通天窟南侠逢郭老 芦花荡北岸获胡奇 ……（197）
第五十五回 透消息遭困螺蛳轩 设机谋夜投蚯蚓岭 ……（200）

第五十六回 救妹夫巧离通天窟 获三宝惊走白玉堂 ……（205）
第五十七回 独龙桥盟兄擒义弟 开封府恩相保贤豪 ……（209）
第五十八回 锦毛鼠龙楼封护卫 邓九如饭店遇恩星 ……（213）
第五十九回 倪生偿银包兴进县 金令赠马九如来京 ……（217）
第六十回 紫髯伯有意除马刚 丁兆兰无心遇莽汉 ……（221）
第六十一回 大夫居饮酒逢土棍 卞家疃偷银惊恶徒 ……（224）
第六十二回 遇拐带松林救巧姐 寻奸淫铁岭战花冲 ……（227）
第六十三回 救莽汉暗刺吴道成 寻盟兄巧逢桑花镇 ……（231）
第六十四回 论前情感化彻地鼠 观古迹游赏诛龙桥 ……（234）
第六十五回 北侠探奇毫无情趣 花蝶隐迹别有心机 ……（238）
第六十六回 盗珠灯花蝶遭擒获 救恶贼张华窃负逃 ……（241）
第六十七回 紫髯伯庭前敌邓车 蒋泽长桥下擒花蝶 ……（244）
第六十八回 花蝶正法展昭完姻 双侠饯行静修测字 ……（247）
第六十九回 杜雍课读侍妾调奸 秦昌赔罪丫鬟丧命 ……（250）
第七十回 秦员外无辞甘认罪 金琴堂有计立明冤 ……（253）

第七十一回 杨芳怀忠彼此见礼 继祖尽孝母子相逢 ……（257）
第七十二回 认明师学艺招贤馆 查恶棍私访霸王庄 ……（261）
第七十三回 恶姚成识破旧伙计 美绛贞私放新黄堂 ……（265）
第七十四回 淫方貂误救朱烈女 贪贺豹狭逢紫髯伯 ……（268）
第七十五回 倪太守途中重遇难 黑妖狐牢内暗杀奸 ……（272）
第七十六回 割帐绦北侠擒恶霸 对莲瓣太守定良缘 ……（276）
第七十七回 倪太守解任赴京师 白护卫乔装逢侠客 ……（280）
第七十八回 紫髯伯艺高服五鼠 白玉堂气短拜双雄 ……（283）
第七十九回 智公子定计盗珠冠 裴老仆改装扮难叟 ……（287）
第八十回 假做工御河挖泥土 认方向高树捉猴狲 ……（291）
第八十一回 盗御冠交托丁兆蕙 拦相轿出首马朝贤 ……（295）
第八十二回 试御刑小侠经初审 遵钦命内宦会五堂 ……（298）
第八十三回 矢口不移心灵性巧 真赃实犯理短情屈 ……（302）
第八十四回 复原职倪继祖成亲 观水灾白玉堂捉怪 ……（305）
第八十五回 公孙策探水遇毛生 蒋泽长沿湖逢邬寇 ……（309）

第八十六回　按图治水父子加封　好酒贪杯叔侄会面 ……（313）
第八十七回　为知己三雄访沙龙　因救人四义撇艾虎 ……（316）
第八十八回　抢鱼夺酒少弟拜兄　谈文论诗老翁择婿 ……（319）
第八十九回　憨锦笺暗藏白玉钗　痴佳蕙遗失紫金坠 ……（323）
第九十回　避严亲牡丹投何令　充小姐佳蕙拜邵公 ……（326）
第九十一回　死里生千金认张立　苦中乐小侠服史云 ……（330）
第九十二回　小侠挥金贪杯大醉　老葛抢雉惹祸着伤 ……（334）
第九十三回　辞绿鸭渔猎同合伙　归卧虎姊妹共谈心 ……（337）
第九十四回　赤子居心寻师觅父　小人得志断义绝情 ……（340）
第九十五回　暗昧人偏遭暗昧害　豪侠客每动豪侠心 ……（344）
第九十六回　连升店差役拿书生　翠芳塘县官验醉鬼 ……（348）
第九十七回　长沙府施俊纳丫鬟　黑狼山金辉逢盗寇 ……（351）
第九十八回　沙龙遭困母女重逢　智化运筹弟兄奋勇 ……（355）
第九十九回　见牡丹金辉深后悔　提艾虎焦赤践前言 ……（358）
第一百回　探行踪王府遣刺客　赶道路酒楼问书童 ……（362）

第一百一回 两个千金真假已辨 一双刺客妍媸自分 ……（366）
第一百二回 锦毛鼠初探冲霄楼 黑妖狐重到铜网阵 ……（369）
第一百三回 巡按府气走白玉堂 逆水泉搜求黄金印 ……（373）
第一百四回 救村妇刘立保泄机 遇豪杰陈起望探信 ……（376）
第一百五回 三探冲霄玉堂遭害 一封印信赵爵耽惊 ……（379）
第一百六回 公孙先生假扮按院 神手大圣暗中机谋 ……（383）
第一百七回 愣徐庆拜求展熊飞 病蒋平指引陈起望 ……（386）
第一百八回 图财害命旅店营生 相女配夫闺阁本分 ……（390）
第一百九回 骗豪杰贪婪一万两 作媒妁识认二千金 ……（393）
第一百十回 陷御猫削城入水面 救三鼠盗骨上峰头 ……（397）
第一百十一回 定日盗簪逢场作戏 先期祝寿改扮乔装 ……（400）
第一百十二回 招贤纳士准其投诚 合意同心何妨结拜 ……（403）
第一百十三回 钟太保贻书招贤士 蒋泽长冒雨访宾朋 ……（407）
第一百十四回 忍饥挨饿进庙杀僧 少水无茶开门揖盗 ……（410）
第一百十五回 随意戏耍智服柳青 有心提防结交姜铠 ……（414）

第一百十六回 计出万全极其容易 算失一着事甚为难 ……（417）
第一百十七回 智公子负伤追儿女 武伯南逃难遇豺狼 ……（421）
第一百十八回 除奸淫错投大木场 救急困赶奔神树岗 ……（424）
第一百十九回 神树岗小侠救幼子 陈起望众义服英雄 ……（427）
第一百二十回 安定军山同归大道 功成湖北别有收缘 ……（431）

《侠义传》序

是书本名《龙图公案》，又曰《包公案》。说部中演了三十馀回，从此书内又续成六十多本。虽是传奇志异，难免怪力乱神。兹将此书翻旧出新，添长补短，删去邪说之事，改出正大之文，极赞忠烈之臣、侠义之士。且其中烈妇烈女，义仆义鬟，以及吏役、平民、僧俗人等，好侠尚义者，不可枚举，故取传名曰“忠烈侠义”四字，集成一百二十回。虽系演义之词，理浅文粗，然叙事叙人皆能刻画尽致，接缝斗榫亦俱巧妙无痕。能以日用寻常之言，发挥惊天动地之事。所有三侠、五义，诸多豪杰之所行，诚是惊心落魄。有人不敢为而为，人不能作而作，才称得起“侠义”二字。至于善恶邪正，各有分别，真是善人必获福报，恶人总有祸临，邪者定遭凶殃，正者终逢吉庇。昭彰不爽，报应分明，使读者有拍案称快之乐，无废书长叹之时。无论此事有无，但能情理兼尽，使人可以悦目赏心，便是绝妙好辞。此书一部中，包公本是个纲领，起首应从包公说起，为何要先叙仁宗呢？其中有个缘故。只因包公事繁，仁宗事简，开口若说包公降生，如何坎坷，怎么受害，将来仁宗的书补出来时，反觉赘笔；莫若先君后臣，将仁宗事叙明，然后再言包公降生，一气文字贯通，方不紊乱。就是后文草桥遇后时，也觉省笔，读者一目了然。唯是书篇页过多，抄录匪易，是以藉聚珍版而攒成之，以供同好。第句中有因操土音，故书讹字，读者宜自明之。是为序。

光绪己卯孟夏，问竹主人识。

序

余由弱冠弃儒而仕，公余之暇，即性好披览群书，每闻有传奇志异之编，必博探而旁求之。卅年来，搜罗构觅，案满箧盈，亦鄙人之一癖耳；暇时唯把卷流连，无他好焉。辛未春，由友人问竹主人处得是书而卒读之，爱不释手。虽系演义，无深文，喜其笔墨淋漓，叙事尚免冗泛，且无淫秽语言；至于报应昭彰，尤可感发善心，总为开卷有益之帙，是以草录一部而珍藏之。乙亥司榷淮安，公余时重新校阅，另录成编，订为四函，年余始获告成。去冬有世好友人退思主人者，亦癖于斯，因携去。久假不归，是以借书送迟嘲之。渠始嗫嚅言爱，竟已付刻于聚珍版矣。余亦笑其所好尚有甚于我者也，爰成短序，以供同好一粲奚疑。

光绪己卯夏月，入迷道人识。

序

原夫《龙图》一传，旧有新编，貂续千言，新成其帙。补就天衣无缝，独具匠心；裁来云锦缺痕，别开生面。百廿回之通络贯脉，三五人之义胆侠肠，信乎文正诸臣之忠也，金氏等辈之烈也，欧阳众士之侠也，玉堂多人之义也，命之以《忠烈侠义传》名，诚不诬矣！作者煞是费心，阅者能弗动目？虽非熔经铸史，且喜除旧翻新；勿论事之荒唐，最爱语无污秽。使读者能兴感发之善，不入温柔之乡。开笔悦闲情，雨窗月夜之余，较读才子佳人杂书，满纸脂香粉艳，差足胜耳。况余素性喜闻说鬼，雅爱搜神，每遇志异各卷，莫不快心而浏览焉。戊寅冬，于友人入迷道人处得是书之写本，知为友人问竹主人互相参合删定，汇而成卷。携归卒读，爱不释手。缘商两友，就付聚珍版，以供同好云尔。

光绪己卯新秋，退思主人识。

第一回　设阴谋临产换太子　奋侠义替死救皇娘

诗曰：

纷纷五代乱离间，一旦云开复见天。
草木百年新雨露，车书万里旧江山。
寻常巷陌陈罗绮，几处楼台奏管弦。
天下太平无事日，莺花无限日高眠。

话说宋朝自陈桥兵变，众将立太祖为君，江山一统，相传至太宗，又至真宗，四海升平，万民乐业，真是风调雨顺，君正臣良。

一日早朝，文武班齐，有西台御史兼钦天监文彦博出班奏道："臣夜观天象，见天狗星犯阙，恐于储君不利。恭绘形图一张，谨呈御览。"承奉接过，陈于御案之上。天子看走吧，笑曰："朕观此图，虽则是上天垂象，但朕并无储君，有何不利之处？卿且归班，朕自有道理。"早朝已毕，众臣皆散。

转向宫内，真宗闷闷不乐，暗自忖道："自御妻薨后，正宫之位久虚，幸有李、刘二妃现今俱各有娠，难道上天垂象就应于他二人身上不成？”才要宣召二妃见驾，谁想二妃不宣而至。参见已毕，跪而奏曰：“今日乃中秋佳节，妾妃等已将酒宴预备在御园之内，特请圣驾今夕赏月，做做个不夜之欢。”天子大喜，即同二妃来到园中。但见秋色萧萧，花香馥馥，又搭着金风瑟瑟，不禁心旷神怡。真宗玩赏，进了宝殿，归了御座，李、刘二妃陪侍。宫娥献茶已毕，真宗道：“今日文彦博具奏，他道现时天狗星犯阙，

主储君不利。朕虽乏嗣，且喜二妃俱各有孕，不知将来谁先谁后，是男是女。上天既然垂兆，朕赐汝二人玉玺龙袱各一个，镇压天狗冲犯；再朕有金丸一对，内藏九曲珠子一颗，系上皇所赐，无价之宝，朕幼时随身佩带。如今每人各赐一枚，将妃子等姓名、宫名刻在上面，随身佩带。”李、刘二妃听了，望上谢恩。天子即将金丸解下，命太监陈林拿到尚宝监，立时刻字去了。

这里二位妃子吩咐摆宴，安席进酒。登时鼓乐迭奏，彩戏俱陈，皇家富贵自不必说。到了晚间，皓月当空，照得满园如同白昼。君妃快乐，共赏冰轮，星斗齐辉，觥筹交错。天子饮到半酣，只见陈林手捧金丸，跪呈御前。天子接来细看，见金丸上面，一个刻着“玉宸宫李妃”，一个刻着“金华宫刘妃”，镌得甚是精巧。天子深喜，即赏了二妃。二妃跪领，钦遵佩带后，每人又各献金爵三杯。天子并不推辞，一连饮了，不觉大醉，哈哈大笑道：“二妃如有生太子者，立为正宫。”二妃又谢了恩。

天子酒后说了此话不知紧要，谁知生出无限风波。你道为何？皆因刘妃心地不良，久怀嫉妒之心。今一闻此言，唯恐李妃生下太子立了正宫，李妃居左，自己在右。自那日归宫之后，便与总管都堂郭槐暗暗铺谋定计，要害李妃。谁知一旁有个宫人名唤寇珠，乃刘妃承御的宫人。此女虽是刘妃心腹，他却为人正直，素怀忠义。见刘妃与郭槐计议，好生不乐，从此后各处留神，悄地窥探。

单言郭槐奉了刘妃之命，派了心腹亲随，找了个守喜婆尤氏，他就屁滚尿流，又把自己男人托付郭槐，也做了添喜郎了。一日，郭槐与尤氏秘密商议，将刘妃要害李妃之事细细告诉。奸婆听了，始而为难。郭槐道：“若能办成，你便有无穷富贵。”婆子闻听，不由满心欢喜，眉头一皱，计上心来，便对郭槐说：“如此如此，这般这般。”郭槐闻听，说：“妙，妙！真能办成，将来刘妃生下太子，你真有不世之功。”又嘱咐临期不要误事，并给了好些东西。婆子欢喜而去。郭槐进宫，将此事回明刘妃，欢喜无限，专等临期行事。

光阴迅速，不觉得到三月，圣驾到玉宸宫看视李妃。李妃参驾，天子说："免参。"当下闲谈，忽然想起明日乃是南清宫八千岁的寿辰，便特派首领陈林前往御园办理果品，来日与八千岁祝寿。陈林奉旨去后，只见李妃双眉紧蹙，一时腹痛难禁。天子着惊，知是要分娩了，立刻起驾出宫，急召刘妃带领守喜婆前来守喜。刘妃奉旨，先往玉宸宫去了。郭槐急忙告诉尤氏，尤氏早已备办停当，双手捧定大盒，交付郭槐，一同齐往玉宸宫而来。

你道此盒内是什么东西？原来就是二人定的奸计，将狸猫剥去皮毛，血淋淋，光油油，认不出是何妖物，好生难看。二人来至玉宸宫内，别人以为盒内是吃食之物，哪知其中就里。恰好李妃临蓐，刚刚分娩，一时血晕，人事不知。刘妃、郭槐、尤氏做就活局，趁着忙乱之际，将狸猫换出太子，仍用大盒将太子就用龙袱包好装上，抱出玉宸宫，竟奔金华宫而来。刘妃即唤寇珠提籐篮暗藏太子，叫他到销金亭用裙绦勒死，丢在金水桥下。寇珠不敢不应，唯恐派了别人，此事更为不妥，只得提了藤篮，出凤右门至昭德门外，直奔销金亭上，忙将藤篮打开，抱出太子。且喜有龙袱包裹，安然无恙。抱在怀中，心中暗想："圣上半世乏嗣，好容易李妃产生太子，偏遇奸妃设计陷害。我若将太子谋死，天良何在？也去吧，莫若抱着太子一同赴河，尽我一点忠心罢了。"刚刚出得销金亭，只见那边来了一人，即忙抽身，隔窗细看。见一个公公打扮的人，踏过引仙桥。手中抱定一个宫盒，穿一件紫罗袍绣立蟒，粉底乌靴，胸前悬一挂念珠，斜插一个拂尘儿于项左；生的白面皮，精神好，一双目把神光显。这寇承御一见，满心欢喜，暗暗地念佛说："好了，得此人来，太子有了救了！"原来此人不是别人，就是素怀忠义首领陈林。只因奉旨到御园采办果品，手捧着金丝砌就龙妆盒，迎面而来。一见寇宫人怀抱小儿，细问情由，寇珠将始末根由说了一回。陈林闻听吃惊不小，又见有龙袱为证。二人商议，即将太子装入盒内，刚刚盛得下。偏偏太子啼哭，二人又暗暗地祷告。祝赞已毕，哭声顿止。二人暗暗念佛，保佑太子平安无事就是造化。二人又望空叩首走吧，寇宫人急忙回宫去了。

陈林手捧妆盒，一腔忠义，不顾死生，直往禁门而来。才转过桥，走至禁门，只见郭槐拦住道："你往那里去？刘娘娘宣你，有话面问。"陈公公闻听，只得随往进宫。却见郭槐说："待我先去启奏。"不多时，出来说："娘娘宣你进去。"陈公公进宫，将妆盒放在一旁，朝上跪倒，口尊："娘娘，奴婢陈林参见。不知娘娘有何懿旨？"刘妃一言不发，手托茶杯，慢慢吃茶。半晌，方才问道："陈林，你提这盒子往那里去？上有皇封是何缘故？"陈林奏道："奉旨前往御园采拣果品，与南清宫八大王上寿，故有皇封封定，非是奴婢擅敢自专的。"刘妃听了，瞧瞧妆盒，又看看陈林，复又说道："里面可有夹带，从实说来！倘有虚伪，你吃罪不起。"陈林当此之际，把生死付于度外，将心一横，不但不怕，反倒从容答道："并无夹带。娘娘若是不信，请去皇封，当面开看。"说着话，就要去揭皇封。刘妃一见，连忙拦住道："既是皇封封定，谁敢私行开看，难道你不知规矩吗？"陈林叩头说："不敢，不敢！"刘妃沉吟半晌，因明日果是八千岁寿辰，便说："既是如此，去吧！"陈林起身，手提盒子才待转身，忽听刘妃说："转来！"陈林只得转身。刘妃又将陈林上下打量一番，见他面上颜色丝毫不漏，方缓缓地说道："去吧。"陈林这才出宫，倒觉得得心中乱跳。这也是一片忠心至诚感格，始终瞒过奸妃，脱了这场大难。

出了禁门，直奔南清宫内，传："旨意到！"八千岁接旨入内殿，将盒供奉上面，行礼已毕。因陈林是奉旨钦差，才要赐座，只见陈林扑簌簌泪流满面，双膝跪倒，放声大哭。八千岁一见，吓得惊疑不止，便问道："伴伴，这是何故？有话起来说。"陈林目视左右。贤王心内明白，便吩咐："左右回避了。"陈林见没人，便将情由细述一遍。八千岁便问："你怎么就知道必是太子？"陈林说："现有龙袱包定。"贤王听罢，急忙将妆盒打开，抱出太子一看，果有龙袱。只见太子哇的一声，竟痛哭不止，仿佛诉苦的一般。真是圣天子，百灵相助。贤王爷急忙抱入内室，并叫陈林随入里面，见了狄娘娘，又将缘由说了一遍。大家商议，将太子暂寄南清宫抚养，候朝廷诸事安顿后，再做道理。陈林告别，回朝复命。

谁知刘妃已将李妃产生妖孽奏明圣上。天子大怒，立将李妃贬入冷宫下院，加封刘妃为玉宸宫贵妃。可怜无靠的李妃受此不白之冤，向谁申诉！幸喜吉人天相，冷宫的总管姓秦名凤，为人忠诚，素与郭槐不睦，已料此事必有奸谋。今见李妃如此，好生不忍，向前百般安慰。又吩咐小太监余忠好生服侍娘娘，不可怠慢。谁知余忠更有奇异之处，他的面貌酷似李妃的玉容，而且素来做事豪侠，往往为他人奋不顾身。因此秦凤更加疼爱他，虽是师徒，情如父子。他今见娘娘受此苦楚，恨不能以身代之，每欲设计救出，只是再也想不出法子来，也只得罢了。

且说刘妃此计已成，满心欢喜，暗暗的重赏了郭槐与尤氏，并叫尤氏守自己的喜。到了十月满足，恰恰也产了一位太子。奏明圣上，天子大喜，即将刘妃立为正宫，颁行天下，从此人人皆知国母是刘妃了。待郭槐如开国元勋一般，尤氏就为掌院，寇珠为主管承御，清闲无事。

谁知乐极生悲，过了六年，刘后所生之子，竟至得病，一命呜呼。圣上大痛，自叹半世乏嗣，好容易得了太子，偏又夭亡，焉有不心疼的呢？因为伤心过度，竟是连日未能视朝。这日八千岁进宫问安，天子召见八千岁。奏对之下，赐座闲谈，问及"世子共有几人，年纪若干"，八千岁一一奏对。说至三世子，恰与刘后所生之子岁数相仿，天子闻听，龙颜大悦，立刻召见。进宫见驾。一见世子，不由龙心大喜，更奇怪的是形容态度与自己分毫不差，因此一乐病就好了。即传旨将三世子承嗣，封为东宫守缺太子。便传旨叫陈林带东宫往参见刘后，并往各宫看视。陈林领旨，引着太子先到昭阳正院朝见刘后，并启奏说："圣上将八千岁之三世子封为东宫太子，命奴婢引来朝见。"太子行礼毕，刘后见太子生的酷肖天子模样，心内暗暗诧异。陈林又奏还要到各宫看视。刘后说："既如此，你就引去，快来见我，还有话说呢。"陈林答应着，随把太子引往各宫去。

路过冷宫，陈林便向太子说："这是冷宫。李娘娘因产生妖物，圣上将李娘娘贬入此宫。若说这位娘娘，是最贤德的。"太子闻听产生妖物一事，心中就有几分不信。这太子乃一代帝王，何等天聪，如何信这怪异之事，可也断断想不到就在自己身上。便要进去看视。恰好秦凤走出宫来——陈林素与秦凤最好，已将换太子之事悄悄说明，如今八千岁的三世子就是抵换的太子。秦凤听了大喜——先参见了太子，便转身奏明李娘娘。不多时，出来说道："请太子进宫。"陈林一同引进。见了娘娘，他不由得泪流满面，这正是母子天性攸关。陈林一见心内着忙，急将太子引出，仍回正宫去了。

刘后正在宫中闷坐细想，忽见太子进宫，面有泪痕，追问何故啼哭。太子又不敢隐瞒，便说："适从冷宫经过，见李娘娘形容憔悴，心实不忍，奏明情由，还求母后遇便在父王跟前解劝解劝，使脱了沉埋，以慰孩儿凄惨之忱。"说着说着，便跪下去了。刘后闻听，便心中一惊，假意连忙搀起，口中夸赞道："好一个仁德的殿下！只管放心，我得便就说便了。"太子仍随着陈林上东宫去了。

太子去后，刘后心中那里丢得下此事？心中暗想："适才太子进宫，猛然一看，就有些李妃形景。何至见了李妃之后，就在哀家跟前求情，事有可疑。莫非六年前叫寇珠抱出宫去，并未勒死，不曾丢在金水桥下？"因又转想："曾记那年有陈林手提妆盒从御园而来，难道寇珠擅敢将太子交与陈林，携带出去不成？若要明白此事，须拷问寇珠这贱人，便知分晓。"越想越觉可疑，即将寇珠唤来，剥去衣服，细细拷问，与当初言语一字不差。刘后更觉恼怒，便召陈林当面对证，也无异词。刘后心内发焦，说："我何不以毒攻毒，叫陈林掌刑追问。他二人做的事，如今叫一人受苦，焉有不说的道理？"便命陈林掌刑，拷问寇珠。刘后虽是如此心毒，哪知横了心的寇珠，视死如归。可怜他柔弱身躯，只打得身无完肤，也无一字招承。正在难解难分之时，见有圣旨来宣陈林。刘后唯恐耽延工夫，露了马脚，只得打发陈林去了。寇宫人见陈林已去，大约刘后必不干休，与其零碎受苦，莫若寻个自尽，因此触槛而死。刘后吩咐将尸抬出，就有寇珠心腹小宫人偷偷埋在玉宸宫后。刘后因无故打死宫人，威逼自尽，不敢启奏，也不敢追究了。

刘后不得真情，其妒愈深，转恨李妃不能忘怀。悄与郭槐商议，密访李妃嫌隙，必须置之死地方休。也是合当有事。且说李妃自见太子之后，每日伤感，多亏秦凤百般开解，暗将此事一一奏明。李妃听了如梦方醒，欢喜不尽，因此每夜烧香，祈保太子平安。被奸人访着，暗在天子前启奏，说李妃心下怨恨，每夜降香诅咒，心怀不善，情实难宥。天子大怒，即赐白绫七尺，立时赐死。

谁知早有人将信暗暗透于冷宫。秦凤一闻此言，胆裂魂飞，忙忙奏知李娘娘。李娘娘闻听，登时昏迷不醒。正在忙乱，只见余忠赶至面前说道："事不宜迟，快将娘娘衣服脱下与奴婢穿了，奴婢情愿自身替死。"李妃苏醒过来，一闻此言，只哭得哽气倒噎，如何还说得出话来。余忠不容分说，自己摘下花帽，扯去网巾，将发散开，挽了一个绺儿，又将衣服脱下放在一旁，只求娘娘早将衣服赐下。秦凤见他如此忠烈，又是心疼，又是羡慕，只得横了心在旁催促更衣。李妃不得已，将衣脱下与他换了，便哭说道："你二人是我大恩人了！"说罢，又昏过去了。秦凤不敢耽延，忙忙将李妃移至下房，装作余忠卧病在床。

刚刚收拾完了，只见圣旨已到，钦派孟彩嫔验看。秦凤连忙迎出，让至偏殿暂坐，俟娘娘归天后，请贵人验看就是了。孟彩嫔一来年轻不敢细看，二来感念李妃素日恩德，如今遭此凶事，心中悲惨，如何想得到是别人替死呢。不多时，报道："娘娘已经归天了，请贵人验看。"孟彩嫔闻听，早已泪流满面，那里还忍近前细看，便道："我今回复复圣旨去了。"此事若非余忠与娘娘面貌仿佛，如何遮掩的过去。于是按礼埋葬。

此事已毕，秦凤便回明余忠病卧不起。郭槐原与秦公公不睦，今闻余忠患病，又去了秦凤膀臂，正中心中机关，便不容他调养，立刻逐出，回籍为民。因此秦凤将假余忠抬出，特派心腹人役送至陈州家内去了。后文再表。

从此秦凤踽踽凉凉，凄凄惨惨，时常思念徒儿死得可怜又可敬，又惦记着李娘娘在家中怕受了委屈。这日晚间正在伤心，只见本宫四面火起。秦凤一见，已知郭槐之计，一来要斩草除根，二来是公报私仇。"我总然逃出性命，也难免失火之罪，莫若自焚，也省的与他作对。"于是秦凤自己烧死在冷宫之内。此火果然是郭槐放的。此后，刘后与郭槐安心乐意，以为再无后患了。哪知后来恶贯满盈，自有报应呢！就是太子也不知其中详细，谁也不敢泄漏。又奉旨钦派陈林督管东宫，总理一切，闲杂人等不准擅入。这陈林却是八千岁在天子面前保举的。从此太平无事了。如今将仁宗的事已叙明了，暂且搁起，后文自有交代。

便说包公降生，自离娘胎，受了多少折磨，较比仁宗，坎坷更加百倍，正所谓"天将降大任"之说。闲言少叙。单表江南庐州府合肥县内有个包家村，住一包员外，名怀，家富田多，骡马成群，为人乐善好施，安分守己，因此人人皆称他为包善人，又曰包百万。包怀原是谨慎之人，既有百万之称，自恐担当不起。他又难以拦阻众人，只得将包家村改为包村，一是自己谦和，二免财主名头。院君周氏，夫妻二人皆四旬以外。所生二子，长名包山，娶妻王氏，生了一子，尚未满月；次名包海，娶妻李氏，尚无儿女。他弟兄二人，虽是一母同胞，却大不相同。大爷包山为人忠厚老诚，正直无私，恰恰娶了王氏，也是个好人。二爷包海为人尖酸刻薄，奸险阴毒，偏偏娶了李氏，也是心地不端。亏得老员外治家有法，规范严肃；又喜大爷凡事宽和，诸般逊让兄弟，再也叫二爷说不出话来。就是妯娌之间，王氏也是从容和蔼，在小婶前毫不较量，李氏虽是刁悍，他也难以施展。因此一家尚为和睦，每日大家欢欢喜喜。父子兄弟春种秋收，务农为业，虽非诗书门第，却是勤俭人家。

不意老院君周氏安人年已四旬开外，忽然怀孕。员外并不乐意，终日忧愁。你说这是什么意思呢？老来得子是快乐，包员外为何不乐？只因夫妻皆是近五旬的人了，已有两个儿子，并皆娶妻生子，如今安人又养起儿女来了。再者院君偌大年纪，今又产生，未免受伤。何况乳哺三年更觉勤劳，如何禁得起呢！因此每日忧烦，闷闷不乐，竟是时刻不能忘怀。这正是家遇吉祥反不乐，时逢喜事顿添愁。

未审后事如何，且听下回分解。

第二回　奎星兆梦忠良降生　雷部宣威狐狸避难

且说包员外终日闷闷，这日独坐书斋，正踌躇此事，不觉双目困倦，伏几而卧。正朦胧之际，只见半空中祥云缭绕，瑞气氤氲。猛然红光一闪，面前落下个怪物来。头生双角，青面红发，巨口獠牙，左手拿一银锭，右手执一朱笔，跳舞着奔落前来。员外大叫一声醒来，却是一梦，心中尚觉乱跳。正自出神，忽见丫鬟掀帘而入，报道："员外大喜了！方才安人产生一位公子，奴婢特来禀知。"员外闻听，抽了一口凉气，只唬得惊疑不止。怔了多时，咳了一声道："罢了，罢了。家门不幸，生此妖邪，真是冤家到了。"急忙立起身来，一步一咳，来至后院看视。幸安人无恙，略问了几句话，连小孩也不瞧，回身仍往书房来了。这里服侍安人的，包裹小孩的，殷实之家自然俱是便当的，不必细表。

单说包海之妻李氏，抽空儿回到自己房中，只见包海坐在那里发呆。李氏道："好好儿的二一添作五的家当，如今弄成三一三十一了。你到底想个主意呀！"包海答道："我正为此事发愁。方才老当家的将我叫到书房，告诉我梦见一个青脸红发的怪物，从空中掉将下来，把老当家的唬醒了，谁知就生此子。我细细想来，必是咱们东地里西瓜成了精了。"李氏闻听便撺掇道："这还了得！若是留在家内，他必做耗。自古书上说，妖精入门家败人亡的多着的呢！如今何不趁早儿告诉老当家的，将他抛弃在荒郊野外，岂不省了担着心，就是家私也省了三一三十一了。一举两得，你想好不好？"这妇人一套话，说得包海如梦初醒，连忙立身，来到书房。一见员外，便从头至尾的细说了一遍，止于不提起家私一事。谁知员外正因此烦恼，一闻包海之言，恰合了念头，连声说好："此事就交付于你，快快办去。将来你母亲若问时，就说落草不多时就死了。"包海领命，回身来至卧房，托言公子已死，急忙抱出。用茶叶篓子装好，携至锦屏山后，见一坑深草，便将篓子放下。刚要撂出小儿，只见草丛里有绿光一闪，原来是一只猛虎眼光射将出来。包海一见，只唬得魂不附体，连尿都唬出来了，连篓带小孩一同抛弃，抽身跑将回来。气喘吁吁，不顾回禀员外，跑到自己房中，倒在炕上，连声说道："唬杀我也，唬杀我也！"李氏忙问道："你这等见神见鬼的，不是妖精作了耗了？"包海定了定神答道："厉害，厉害！"一五一十说与李氏，道："你说可怕不可怕？只是那茶叶篓子没得拿回来。"李氏笑道："你真是'整篓洒油，满地捡芝麻'，大处不算小处算咧！一个篓能值几何，一份家私省了，岂不乐吗！"包海笑嘻嘻道："果然是'表壮不如里壮'，这事多亏了贤妻你巧咧！这孩子这时候管保叫虎吧嗒咧！"谁知他二人在屋内说话，不妨窗外有耳，恰遇贤人王氏从此经过，一一听去。急忙回至屋中，细想此事好生残忍，又着急又心痛，不觉落下泪来。正自悲泣，大爷包山从外边进来，见此光景，便问情由。王氏将此事一一说知。包山道："原来有这等事！不要紧，锦屏山不过五六里地，待我前去看看再做道理。"说罢，立刻出房去了。王氏自丈夫去后，耽惊害怕，唯恐猛虎伤人，又恐找不着三弟，心中好生委决不下。

且言包山急急忙忙奔到锦屏山后，果见一片深草。正在四下找寻，只见茶叶篓子横躺在地，却无三弟。大爷着忙，连说："不好！大约是被虎吃了。"又往前走了数步，只见一片草俱各倒卧在地，足有一尺多厚，上爬着个黑漆漆、亮油油、赤条条的小儿。大爷一见满心欢喜，急忙打开衣服，将小儿抱起揣在怀内，转身竟奔家来，悄悄地悄地归到自己屋内。

王氏正在盼望之际，一见丈夫回来，将心放下。又见抱了三弟回来，喜不自胜，连忙将自己衣襟解开，接过包公以胸膛偎抱。谁知包公到了贤人怀内，天生的聪俊，将头乱拱，仿佛要乳食吃的一般。贤人即将乳头放在包公口内，慢慢地喂哺。包山在旁便与贤人商议："如今虽将三弟救回，但我房中忽然有了两个小孩，别人看见岂不生疑吗？"贤人闻听道："莫若将自己才满月的儿另寄别处，寻人抚养，妾身单单乳哺三弟岂不两全呢！"包山闻听大喜，便将自己孩儿偷偷抱出，寄于他处断养。可巧就有本村的乡民张得禄，因妻子刚生一子，未满月已经死了，正在乳旺之时，如今得了包山之子，好生欢喜。这也是大爷夫妻一点至诚感格，故有此机会。可见人有善念，天必从之；人怀恶意，天必诛之。李氏他陷害包公，将来也必有报应的。

且说由春而夏，自秋徂冬，光阴迅速，转瞬过了六个年头。包公已到七岁，总以兄嫂呼为父母，起名就叫黑子。最奇怪的是，从小至七岁未尝哭过，也未尝笑过。每日里哭丧着小脸儿，不言不语，就是人家逗他，他也不理。因此人人皆嫌，除了包山夫妻百般护持外，人皆没有爱他的。一日，乃周氏安人生辰，不请外客，自家家宴。王氏贤人带领黑子与婆婆拜寿，行礼已毕，站立一旁。只见包黑跑到安人跟前，双膝跪倒，恭恭敬敬也磕了三个头。把个安人喜的眉开眼笑，将他抱在怀中，因说道："曾记六年前产生一子，正在昏迷之时，不知怎么落草就死了。若是活着，也与他一般大了。"王氏闻听，见旁边无人，连忙跪倒禀道："求婆婆恕媳妇胆大之罪。此子便是婆婆所生，媳妇恐婆婆年迈，乳食不足，担不得乳哺操劳，故此将此子暗暗抱至自己屋内抚养，不敢明言。今因婆婆问及，不敢不以实情禀告。"贤人并不提起李氏夫妻陷害一节。周氏老安人连忙将贤人扶起，说道："如此说来，吾儿多亏媳妇抚养，又免我劳心，真是天下第一贤德人了。但只一件，我那小孙孙现在何处？"王氏禀道："现在别处断养。"安人闻听，立刻叫将小孙孙领来。面貌虽然不同，身量却不甚分别。急将员外请至，大家言明此事。员外心中虽乐，然而想起从前情事，对不过安人，如今事已如此，也就无可奈何了。从此包黑认过他父母，改称包山夫妻仍为兄嫂。安人是年老惜子，百般珍爱，改名为三黑。又有包山夫妻照应，各处留神，总然包海夫妇暗暗打算，也是不能凑手。

转眼之间又过了两年，包公到了九岁之时，包海夫妇心心念念要害包公。这一日，包海在家，便在员外跟前下了谗言，说："咱们庄户人总以勤俭为本，不宜游荡，将来闲得得好吃懒做得如何使得？现今三黑已九岁了，也不小了，应该叫他跟着庄村牧童，或是咱家的老周的儿子长保儿，学习牧放牛羊，一来学本事，二来也不吃闲饭。"一片话说得员外心活，便与安人说明，犹如三黑天天跟着闲逛的一般。安人应允，便嘱长工老周加意照料。老周又嘱咐长保儿："天天出去牧放牛羊，好好儿哄着三官人玩耍，倘有不到之处，我是现打不赊的。"因此三公子每日同长保出去牧放牛羊，或在村外，或在河边，或在锦屏山畔，总不过离村五六里之遥，再也不肯远去的。一日，驱逐牛羊来至锦屏山鹅头峰下，见一片青草，将牛羊就在此处牧放。乡中牧童彼此玩耍，独有包公一人或观山水，或在林木之下席地而坐，或在山环之中枕席而眠，却是无精打彩，仿佛心有所思的一般。正在山环之中石上歇息，只见阴云四合，雷闪交加，知道必有大雨，急忙立起身来，跑至山窝古庙之中。才走至殿内，只听得呼啦啦霹雳一声，风雨骤至。包公在供桌前盘膝端坐，忽觉背后有人一搂，将腰抱住。包公回头看时，却是一个女子，羞容满面，其惊怕之态令人可怜。包公暗自想道："不知谁家女子从此经过，遇此大雨，看他光景，想来是怕雷。慢说此柔弱女子，就是我三黑闻此雷声亦觉胆寒。"因此，索性将衣服展开遮护女子。外边雷声愈急，不离顶门。约有两三刻的工夫，雨声渐小，雷始止声。不多时，云散天晴，日已夕晖。回头看时，不见了那女子，心中纳闷，走出庙来，找着长保驱赶牛羊。

刚才到村头，只见服侍二嫂嫂丫鬟秋香手托一碟油饼，说道："这是二奶奶给三官人做点心吃的。"包公一见，便说道："回去替我给嫂嫂道谢。"说着拿起要吃，不觉手指一麻，将饼落在地下。才待要捡，从后来了一只癞犬，竟自衔饼去了。长保在旁便说："可惜一张油饼，却被他吃了。这是我家癞犬，等我去赶回来。"包公拦住道："他既衔去，总然拿回也吃不得了。咱们且交代牛羊要紧。"说着来到老周屋内。长保将牛羊赶入圈中，只听他在院内嚷道："不好了，怎么癞狗七孔流血了。"老周闻听，同包公出得院来，只见犬倒在地，七窍流血。老周看了诧异道："此犬乃服毒而死的，不知他吃了什么了。"长保在旁插言："刚才二奶奶叫秋香送饼与三官人吃，失手落地，被咱们的癞狗吃了。"老周闻听，心下明白。请三官人来至屋内，暗暗的嘱咐："以后二奶奶给的吃食，务要留神，不可坠入术中。"包公闻听，不但不信，反倒嗔怪他离间叔嫂不和，赌气别了老周回家，好生气闷。

过了几天，只见秋香来请，说二奶奶有要紧的事，包公只得随他来至二嫂屋内。李氏一见，满面笑容，说秋香昨日到后园，忽听古井内有人说话，因在井口往下一看，不想把金簪掉落井中，恐怕安人见怪。若叫别人打捞，井口又小，下不去，又恐声张出来。没奈何，故此叫他急请三官人来。问包公道："三叔，因你身量又小，下井将金簪摸出，以免嫂嫂受责，不知三叔你肯下井去吗？"包公道："这不打紧，待我下去给嫂嫂摸出来就是了。"于是李氏呼秋香拿绳子，同包公来到后园井边。包公将绳拴在腰间，手扶井口，叫李氏同秋香慢慢地慢地松放。刚才系到多一半，只听上面说："不好，揪不住了！"包公觉得绳子一松，身如败絮一般，扑通一声竟自落在井底。且喜是枯井无水，却未摔着，心中方才明白，暗暗思道："怪不得老周叫我留神，原来二嫂嫂果有害我之心。只是如今既落井中，别人又不知道，我却如何出得去呢？"正在闷闷之际，只见前面忽有光明一闪。包公不知何物，暗忖道："莫非果有金钗放光吗？"向前用手一扑，并未扑着，光明又往前去。包公诧异，又往前赶，越扑越远，再也扑他不着。心中焦躁，满面汗流，连说："怪事，怪事，井内如何有许多路径呢？"不免尽力追去，看是何物。因此扑赶有一里之遥，忽然光儿不动。包公急忙向前扑住，看时却是古镜一面。翻转细看，黑暗之处再也瞧不出来，只觉得冷气森森，透人心胆。正看之间，忽见前面明亮，忙将古镜揣起，爬将出来。看时，乃是场院后墙以外地沟。心内自思道："原来我们后园枯井竟与此道相通。不要管他，幸喜脱了枯井之内，且自回家便了。"走到家中，好生气闷，自己坐着，无处发泄这口闷气，走到王氏贤人屋内，噘着嘴发怔。贤人问道："老三，你从何处而来？为着何事这等没好气，莫不有人欺负你了？"包公说："我告诉嫂嫂，并无别人欺我，皆因秋香说二嫂嫂叫我赶着去见，谁知他叫我摸簪。"于是将赚入枯井之事，一一说了一回。王氏闻听，心中好生不平，又是难受，又无可奈何，只得解劝安慰，嘱咐以后要处处留神。包公连连称是。说话间，从怀中掏出古镜交与王氏，便说是从暗中得来的，嫂嫂好好收藏，不可失落。

包公去后，贤人独坐房中，心里暗想："叔叔、婶婶所作之事，深谋密略，莫说三弟孩提之人难以揣度，就是我夫妻二人，亦难测其阴谋。将来倘若弄出事端，如何是好？可笑他二人只为家私，却忘伦理。"正在嗟叹，只见大爷包山从外而入，贤人便将方才之话，说了一遍。大爷闻听连连摇首道："岂有此理！这必是三弟淘气，误掉入枯井之中，自己恐怕受责，故此捏造出这一片谎言，不可听他。日后总叫他时时在这里就是了，可也免许多口舌。"大爷口虽如此说，心中万分难受，暗自思道："二弟从前做的事体我岂不知，只是我做哥哥的焉能认真，只好含糊罢了。此事若是明言，一来伤了手足的和气，二来添妯娌疑忌。"沉吟半晌，不觉长叹一声，便向王氏说："我看三弟气宇不凡，行事奇异，将来必不可限量。我与二弟已然耽搁，自幼不曾读书，如今何不延师教训三弟，倘上天怜念，得个一官半职，一来改换门庭，二来省受那赃官污吏的闷气，你道好也不好？"贤人闻听，点头连连称是。又道："公公之前须善为语词方好。"大爷说："无妨，我自有道理。"

次日，大爷料理家务已毕，来见员外。便道："孩儿面见爹爹，有一事要禀。"员外问道："何事？"大爷说："只因三黑并无营生，与其叫他终日牧羊，在外游荡，也学不出好来，何不请个先生教训教训呢？就是孩儿等自幼失学，虽然后来补学一二，遇见为难的账目，还有念不下去的，被人欺哄。如今请个先生，一来教三黑些书籍；二来有为难的字帖，亦可向先生请教；再者三黑学会了，也可以管些出入账目。"员外闻听可管些账目之说，便说："使得。但是一件，不必请饱学先生，只要比咱们强些的就是了，教个三年二载，认得字就得了。"大爷闻听员外允了，心中大喜，即退出来，便托乡邻延请饱学先生，是必要叫三弟一举成名。看官，这非是包山故违父命，只因见三弟一表非凡，终成大器，故此专要请一名儒教训，以为将来显亲扬名，光宗耀祖。

闲言少叙。且表众乡邻闻得“包百万”家要请先生，谁不献勤，这个也来说，那个也来荐。谁知大爷非名儒不请。可巧隔村有一宁老先生，此人品行端正，学问渊深，兼有一个古怪脾气，教徒弟有三不教：笨了不教；到馆中只要书童一个，不许闲人出入；十年之内只许先生辞馆，不许东家辞先生。有此三不教，束脩不拘多少，故此无人敢请。一日，包山访听明白，急亲身往谒。见面叙礼，包山一见，真是好一位老先生，满面道德，品格端方，即将延请之事说明，并说：“老夫子三样规矩，其二其三小子俱是敢应的，只是恐三弟笨些，望先生善导为幸。”当下言明，即择日上馆。是日，备席延请，递贽敬束脩，一切礼仪自不必说。即领了包公来至书房，拜了圣人，拜了老师。这也是前生缘分，师徒一见，彼此对看，爱慕非常。并派有伴童包兴，与包公同岁，一来伺候书房茶水，二来也叫他学几个字儿。这正是：英才得遇春风入，俊杰来从喜气生。

未审后事如何，下回分解。

第三回　金龙寺英雄初救难　隐逸村狐狸三报恩

且说当下开馆节文已毕，宁老先生入了师位，包公呈上《大学》，老师点了句读，教道：“大学之道……”包公便说：“在明明德。”老师道：“我说的是‘大学之道’。”包公说：“是。难道下句不是‘在明明德’吗？”老师道：“再说。”包公便道：“在新民，在止于至善。”老师闻听，甚为诧异，叫他往下念，依然丝毫不错。然仍不大信，疑是在家中有人教他的，或是听人家念学就了的，尚不在怀。谁知到后来，无论什么书籍俱是如此，教上句便会下句，有如温熟书的一般，真是把个老先生喜的乐不可支，自言道：“天下聪明子弟甚多，未有不教而成者，真是生就的神童，天下奇才，将来不可限量。哈哈，不想我宁某教读半世，今在此子身上成名。这正是孟子有云：‘得天下英才而教育之，一乐也。’”遂乃给包公起了官印一个“拯”字，取意将来可拯民于水火之中；起字“文正”，取其意，文与正岂不是“政”字么，言其将来理国政必为治世良臣之意。

不觉光阴荏苒，早过了五个年头，包公已长成十四岁，学得满腹经纶，诗文之佳自不必说。先生每每催促递名送考，怎奈那包员外是个勤俭之人，恐怕赴考有许多花费。从中大爷包山不时在员外跟前说道：“叫三黑赴考，若得进一步也是好的。”无奈员外不允。大爷只好向先生说：“三弟年纪太小，恐怕误事，临期反为不美。”

于是又过了几年，包公已长成十六岁了。这年又逢小考，先生实在忍耐不住，急向大爷包山说道："此次你们不送考，我可要替你们送了。"大爷闻听，急又向员外跟前禀说道："这不过先生要显弄他的本领，莫若叫三黑去，这一次若是不中，先生也就死心塌地了。"大爷说的员外一时心活，就便允了。大爷见员外已应允许考，心中大喜，急来告知先生。先生当时写了名字报送。即到考期，一切全是大爷张罗，员外毫不介意，大爷却是谆谆盼望。到了揭晓之期，天尚未亮，只听得一阵喧哗，老员外以为必是本县差役前来，不是派差就是拿车。正在犹疑之际，只见院公进来报喜道："三公子中了生员了！"员外闻听倒抽了一口气，说道："罢了，罢了！我上了先生的当了。这也是家运使然，活该是冤孽，再也躲不开的。"因此一烦，自己藏于密室，连亲友前来贺他也不见，就是先生他也不致谢一声。多亏了大爷一切周旋，方将此事完结。唯有先生暗暗地想道："我自从到此课读，也有好几年了，从没见过本家老员外。如今教的他儿子中了秀才，何以仍不见面？连个谢字也不道，竟有如此不通情理之人，实实又令人纳闷了。又可气，又可恼！"每每见了包山，说了好些嗔怪的言语。包山连忙赔罪说道："家父事务冗繁，必要定日相请，恳求先生宽恕。"宁公是个道学之人，听了此言，也就无可说了。亏得大爷暗暗求告太爷，求至再三，员外方才应允。定了日子，下了请帖，设席与先生酬谢。

是日，请先生到待客厅中，员外迎接，见面不过一揖，让至屋内，分宾主坐下。坐了多时，员外并无致谢之辞。然后摆上酒筵，将先生让至上座，员外在主位相陪。酒至二巡，菜上五味，只见员外愁容满面，举止失措，连酒他也不吃。先生见此光景，忍耐不住，只得说道："我学生在贵府打搅了六七年，虽有微劳开导指示，也是令郎天分聪明，所以方能进此一步。"员外闻听，呆了半晌，方才说道："好。"先生又说道："若论令郎刻下学问，慢说是秀才，就是举人、进士，也是绰绰有余的了，将来不可限量，这也是尊府上德行。"员外听说至此，不觉双眉紧蹙，发狠道："什么德行，不过家门不幸，生此败家子。将来但能保得住不家败人亡，就是造化了。"先生闻听，不觉诧异道："贤东何出此言，世上哪有不望儿孙中会做官之理呢？此话说来，真真令人不解。"员外无奈，只得将生包公之时所作噩梦说了一遍，如今提起，还是胆寒。宁公原是饱学之人，听见此梦之形景，似乎奎星。又见包公举止端方，更兼聪明过人，就知是有来历的，将来必是大贵，暗暗点头。员外又说道："以后望先生不必深教小儿，就是十年束脩断断不敢少的，请放心。"一句话将个正直宁公说得面红过耳，不悦道："如此说来，令郎是叫他不考的了。"员外连声道："不考了，不考了！"先生不觉勃然大怒道："当初你的儿子叫我教，原是由得你的。如今是我的徒弟，叫他考却是由得我的。以后不要你管，我自有主张罢了。"怒冲冲不等席完，径自去了。你道宁公为何如此说？他因员外是个愚鲁之人，若是谏劝，他绝不听，而且自己徒弟又保得必作脸，莫若自己拢来，一则不致误了包公，二则也免包山跟着为难。这也是他读书人一片苦心。

到了乡试年头，全是宁公做主，与包山一同商议，硬叫包公赴试，叫包山都推在老先生身上。到了挂榜之期,谁知又高高的中了乡魁。包山不胜欢喜,唯有员外愁个不了,仍是藏着不肯见人。大爷备办筵席,请了先生坐了上席,所有贺喜的乡亲两边相陪,大家热闹了一天。诸事已毕,便商议叫包公上京会试。禀明员外。员外到了此时,也就没的说了,只是不准多带跟人,唯恐耗费了盘川,只有伴童包兴一人。包公起身之时,拜别了父母,又辞了兄嫂。包山暗与了盘川。包公又到书房参见了先生,先生嘱咐了多少言语,又将自己的几两脩金送给了包公。包兴备上马,大爷包山送至十里长亭,兄弟留恋多时,方才分手。包公认镫乘骑,带了包兴,竟奔京师。一路上少不得饥餐渴饮,夜宿晓行。

一日,到了座镇店,主仆两个找了一个饭店。包兴将马接过来,交与店小二喂好。找了一个座儿,包公坐在正面,包兴打横。虽系主仆,只因出外,又无外人,爷儿两个就在一处吃了。堂官过来安放杯筷,放下小菜。包公随便要一角酒,两样菜。包兴斟上酒,包公刚才要饮,只见对面桌上来了一个道人,坐下要了一角酒,且自出神,拿起壶来不向杯中斟,哗啦啦倒了一桌子。见他嗐声叹气,似有心事的一般。包公正然纳闷,又见从外进来一人,武生打扮,叠暴着英雄精神,面带着侠气。道人见了,连忙站起,只称:"恩公请坐。"那人也不刚要坐下,从怀中掏出一锭大银,递给道人道:"将此银暂且拿去,等晚间再见。"那道人接过银子,趴在地下磕了一个头,出店去了。包公见此人年纪约有二十上下,气宇轩昂,令人喜爱,因此立起身来,执手当胸道:"尊兄请了。若不弃嫌,何不请过来彼此一叙。"那人闻听,便将包公上下打量了一番,便笑容满面道:"既承错爱,敢不奉命。"包兴连忙站起,添份杯筷,又要了一角酒,二碟菜,满满斟上一杯。包兴便在一旁侍立,不敢坐了。包公与那人分宾主坐了,便问:"尊兄贵姓?"那人答道:"小弟姓展名昭,字熊飞。"包公也通了姓名。二人一文一武,言语投机,不觉饮了数角。展昭便道:"小弟现有些小事情,不能奉陪尊兄,改日再会。"说罢,会了钱钞。包公也不谦让。包兴暗道:"我们三爷嘴上抹石灰。"那人竟自作别去了。包公也料不出他是什么人。

吃饭已毕,主仆乘马登程。因店内耽误了工夫,天色看看已晚,不知路径。忽见牧子归来,包兴便向前问道:"牧童哥,这是什么地方?"童子答道:"由西南二十里方是三元镇,是个大去处。如今你们走差了路了,此是正西,若要绕回去,还有不足三十里之遥呢!"包兴见天色已晚,便问道:"前面可有宿处吗?"牧童道:"前面叫作沙屯儿,并无店口,只好找个人家歇了去吧。"说罢赶着牛羊去了。

包兴回复包公,竟奔沙屯儿而来。走了多时,见道旁有座庙宇,匾上大书"敕建护国金龙寺"。包公道:"与其在人家借宿,不若在此庙住宿一夕,明日布施些香资,岂不方便。"包兴便下马,用鞭子前去叩门。里面出来了一个僧人,问明来历,便请进了山门。包兴将马拴好,喂在槽上。和尚让至云堂小院三间净室,叙礼归座。献罢茶汤,和尚问了包公家乡姓氏,知是上京的举子。包公问道:"和尚上下?"回说:"僧人法名叫法本,还有师弟法明,此庙就是我二人住持。"说罢,告辞出去。一会儿,小和尚摆上斋来,不过是素菜素饭。主仆二人用毕,天已将晚,包公即命包兴将家伙送至厨房，省得小和尚来回跑。包兴闻听，急忙把家伙拿起，因不知厨房在那里，出了云堂小院来至禅院，只见几个年轻的妇女，花枝招展，携手嬉笑，说道："西边云堂小院住下客了，咱们往后边去吧。"包兴无处可躲，只得退回，容他们过去才将厨房找着。家伙送去，急忙回至屋内告知包公，恐此庙不大安静。

正说话间，只见小和尚左手拿一只灯，右手提一壶茶来。走进来贼眉贼眼将灯放下，又将茶壶放在桌上，两只贼眼东瞧西看，连话也不说，回头就走。包兴一见连说不好，"这是个贼庙！"急来外边看时，山门已经倒锁了。又看别处，竟无出路，急忙跑回。包公尚可自主，包兴张口结舌说："三爷，咱们快想出路才好。"包公道："门已关锁，又无别路可出，往那里走？"包兴着急道："现有桌椅，待小人搬至墙边，公子赶紧跳墙逃生。等凶僧来时，小人与他拼命。"包公道："我自小儿不会登梯爬高，若是有墙可跳，你赶紧逃生。回家报信，也好报仇。"包兴哭道："三官人说哪里话来，小人至死再也不离了相公的。"包公道："既是如此，咱主仆二人索性死在一处，等那僧人到来再作道理，只好听命由天罢了。"包公将椅子挪在中间门口，端然正坐。包兴无物可拿，将门栓擎在手中，立在包公之前，说："他若来时，我将门栓尽力向他一杵，给他个冷不防。"两只眼直勾勾地瞋瞅着板院门。正在凝神，忽听门外钉锔哓哧一声，仿佛砍掉一般，门已开了，进来一人。包兴吓了一跳，门栓已然落地，浑身乱抖，堆缩在一处。只见那人浑身是青，却是夜行打扮。包公细看，不是别人，就是白日在饭店遇见那个武生。包公猛然省悟，他与道人有晚间再见一语，此人必是侠客。

原来列位不知，白日饭店中那道人，也是在此庙中的。皆因法本、法明二人抢掠妇女，老和尚嗔责，二人不服，将老僧杀了。道人唯恐干连，又要与老和尚报仇，因此告至当官。不想凶僧有钱，常与书吏差役人等交接，买嘱通了，竟将道人重责二十大板，作为诬告良人，逐出境外。道人冤屈无处可伸，来到林中欲寻自尽，恰遇展爷行到此间，将他救下。问得明白，叫他在饭店等候，他却暗暗采访实在，方赶到饭店之内，赠了道人银两，不想遇见包公。同饮多时，他便告辞，先行回到旅店歇息。至天交初鼓，改扮行装，施展飞檐走壁之能，来至庙中，从外越墙而入，悄地行藏飞至宝阁。只见阁内有两个凶僧，旁列四五个妇女，正在饮酒作乐。又听得说："云堂小院那个举子，等到三更时分再去下手不迟。"展爷闻听，暗道："我何不先救好人，后杀凶僧，还怕他飞上天去不成。"因此来到云堂小院，用巨阙宝剑削去钉锔铁环，进来看时，不料就是包公。真是主仆五行有救。展爷上前拉住包公，携了包兴，道："尊兄随我来。"出了小院，从旁边角门来至后墙，打百宝囊中掏出如意索来，系在包公腰间。自己提了绳头，飞身一跃上了墙头，骑马势蹲住，将手轻轻一提，便将包公提在墙上。悄悄附耳说道："尊兄下去时，便将绳子解开，待我再救尊管。"说罢向下一放，包公两脚落地。急忙解开绳索，展爷提将上去，又将包兴救出。向外低声道："你主仆二人就此逃走去吧。"只见身形一晃就不见了。

包兴搀扶着包公，哪敢稍停，深一步，浅一步，往前没命地好跑。好容易奔到一个村头，天已五鼓，远远有一灯光。包兴说："好了，有人家了。咱们暂且歇息歇息，等到天明再走不迟。"急忙上前叫门，柴扉开处，里面走出一个老者来，问是何人。包兴道："因我二人贪赶路程，起得早了，辨不出路径，望你老人家方便方便，俟天明便行。"老者看了包公是一儒流，又看了包兴是个书童打扮，却无行李，只当是近处的，便说道："既是如此，请到里边坐。"主仆二人来至屋中，原来是连舍三间，两明一暗。明间安一磨盘，并方屉罗桶等物，却是卖豆腐生理。那边有小小土炕，让包公坐下。包兴问道："老人家贵姓？"老者道："老汉姓孟，还有老伴，并无儿女，以卖豆腐为生。"包兴道："老人家，有热水讨一杯吃。"老者道："我这里有现成的豆腐浆儿，是刚出锅的。"包兴道："如此更好。"孟老道："待我拿个灯儿与你们盛浆。"说罢，在壁子里拿出一个三条腿的桌子放在炕上，又用土坯将那条腿儿支好。掀开旧布帘子，进里屋内拿出一个黄土泥的蜡台，又在席篓子里摸了半天，摸出一枝半截的蜡来，向油灯点着，安放在小桌上。包兴一旁道："小村中竟有胳膊粗的大蜡。"细看时，影影绰绰原来是绿的，上面尚有"冥路"二字，方才明白是吊祭用过的，孟老得来舍不得点，预备待客的。只见孟老从锅台上拿了一个黄沙碗，用水洗净，盛了一碗白亮亮热腾腾的浆，递与包兴。包兴捧与包公喝时，其香甜无比。包兴在旁看着，馋的好不难受。只见孟老又盛一碗递与包兴，包兴连忙接过，如饮甘露一般。他主仆劳碌了一夜，又受惊恐，今在草房之中，如到天堂；喝这豆腐浆，不亚如饮玉液琼浆。不多时，大豆腐得了。孟老化了盐水，又与每人盛了一碗。真是饥渴之下，吃下去肚内暖烘烘的，好生快活。又与孟老闲谈，问明路途，方知离三元镇尚有不足二十里之遥。正在叙话之间，忽见火光冲天。孟老出院看时，只见东南角上一片红光，按方向好似金龙寺内走水。包公同包兴也到院中看望，心内料定必是侠士所为。只得问孟老："这是何处走水？"孟老道："天理昭彰，循环报应，老天爷是再不错的。二位不知，这金龙寺自老和尚没后，留下这两个徒弟，无法无天，时常谋杀人命，抢掠妇女。他比杀人放火的强盗还厉害呢！不想他今日也有此报应！"说话之间，又进屋内歇了多时，只听鸡鸣茅店，催客前行。主仆二人深深致谢了孟老，"改日再来酬报。"孟老道："些小微意，何劳齿及。"送至柴扉外，指引了路径："出了村口，过了树林，便是三元镇的大路了。"包兴道："多承指引了。"

主仆执手告别，出了村口，竟奔树林而来。又无行李马匹，连盘川银两俱已失落。包公却不着意，觉得两腿酸痛，步履艰难，只得一步捱一步，往前款款行走。爷儿两个一边走着，说着话。包公道："从此到京尚有几天路程，似这等走法，不知道多咱才到京中。况且又无盘川，这便如何是好？"包兴听了此言，又见相公形景可惨，恐怕愁出病来，只得要撒谎安慰，便道："这也无妨，只要到了三元镇，我那里有个舅舅，向他借些盘缠，再叫他备办一头驴子与相公骑坐，小人步下跟随，破着十天半月的工夫，焉有不到京师之理。"包公道："若是如此甚好了，只是难为你了。"包兴道："这有什么要紧，咱们走路仿佛闲游一般，包管就生出乐趣，也就不觉苦了。"这虽是包兴宽慰他主人，却是至理。主仆就说着话儿，不知不觉已离三元镇不远了。看看天气已有将午，包兴暗暗打算："真是，我那里有舅舅？已到镇上，且同公子吃饭，先从我身上卖起，混一时是一时，只不叫相公愁烦便了。"一时来到镇上，只见人烟稠密，铺户繁杂。包兴不找那南北碗菜应时小卖的大馆，单找那家常便饭的二荤铺，说："相公，咱爷儿俩在此吃饭吧。"包公却分不出那是贵贱，只不过吃饭而已。主仆二人来到铺内，虽是二荤铺，俱是连脊的高楼。包兴引着包公上楼，拣了个干净座儿，包公上座，包兴仍是下边打横。跑堂的过来放下杯筷，也有两碟小菜，要了随便的酒饭。登时间，主仆饱餐已毕，包兴立起身来，向包公悄悄地道："相公在此等候别动，小人去找我舅舅就来。"包公点头。包兴下楼出了铺子，只见镇上热闹非常，先抬头认准了饭铺字号，却是望春楼，这才迈步。原打算来找当铺，到了暗处，将自己内里青绸夹袍蛇蜕皮脱下来，暂当几串铜钱，雇上一头驴，就说是舅舅处借来的，且混上两天再作道理。不想四五里地长街，南北一直再没有一个当铺。及至问人时，原有一个当铺，如今却是止当候赎了。包兴闻听，急的浑身是汗。包兴说道："罢咧，这便如何是好？"正在为难，只见一簇人围绕着观看。包兴挤进去，见地下铺一张纸，上面字迹分明。忽听旁边有人侉声侉气说道："告白。"又说："白老四是我的朋友，为什么告他呢？"包兴闻听，不由笑道："不是这等，待我念来。上面是：'告白四方仁人君子知之。今有隐逸村内李老大人宅内，小姐被妖迷住，倘有能治邪捉妖者，谢纹银三百两，决不食言。谨此告白。'"包兴念完，心中暗想道："我何不如此如此。倘若事成，这一路上京便不吃苦了；即或不成，也混他两天吃喝也好。"想罢上前。这正是：难里巧逢机会事，急中生出智谋来。

未审后事如何，下回分解。

第四回　除妖魅包文正联姻　受皇恩定远县赴任

且说包兴见了"告白"，急中生出智来。见旁边站着一人，他即便向那人道："这隐逸村离此多远？"那人见问，连忙答道："不过三里之遥，你却问他怎的？"包兴道："不瞒你们说，只因我家相公惯能驱逐邪祟，降妖捉怪，手到病除。只是一件，我们原是外乡之人，我家相公他虽有些神通，却不敢露头，唯恐妖言惑众，轻易不替人驱邪，必须来人至诚恳求。相公必然说是不会降妖，越说不会，越要恳求。他试探了来人果是真心，一片至诚，方能应允。"那人闻听，说："这有何难。只要你家相公应允，我就是赴汤蹈火也是情愿的。"包兴道："既然如此，闲话少说。你将这'告白'收起，随了我来。"两旁看热闹之人，闻听有人会捉邪的，不由得都要看看，后面就跟了不少的人。包兴带领那人来在二荤铺门口，便向众人说道："众位乡亲，倘我家相公不肯应允，欲要走时，求列位拦阻拦阻。"那人也向众人说道："相烦众位高邻，倘若法师不允，奉求帮衬帮衬。”包兴将门口儿埋伏了个结实，进了饭店，又向那人说道：“你先到柜上将我们钱会了，省得回来走时又要耽延工夫。”那人连连称是。来到柜上，只见柜内俱各执手相让，说：“李二爷请了，许久未来到小铺。”谁知此人姓李名保，乃李大人宅中主管。李保连忙答应道：“请了。借重，借重。楼上那位相公、这位管家吃了多少钱文，写在我账上罢。”掌柜的连忙答应，暗暗告诉跑堂的知道。包兴同李保来至楼梯之前，叫李保听咳嗽为号，急便上楼恳求。李保答应，包兴方才上楼。

谁知包公在楼上等的心内焦躁，眼也望穿了，再也不见包兴回来，满腹中胡思乱想。先前犹以为见他母舅必有许多的缠绕，或是借贷不遂，不好意思前来见我。后又转想，从来没听见他说有这门亲戚，别是他见我行李盘费皆无，私自逃走了罢。或者他年轻幼小，错走了路头也未可知。疑惑之间，只见包兴从下面笑嘻嘻地上来。包公一见，不由得动怒，嗔道：“你这狗才往那里去了，叫我在此好等！”包兴上前悄悄地道：“我没找着我母舅，如今到有一事。”便将隐逸村李宅小姐被妖迷住请人捉妖之事，说了一遍：“如今请相公前去混他一混。”包公闻听不由得大怒，说：“你这狗才！”包兴不容分说，在楼上连连咳嗽。只见李保上得楼来，对着包公双膝跪倒，道：“相公在上，小人名叫李保，奉了主母之命，延请法官以救小姐。方才遇见相公的亲随，说相公神通广大，法力无边，望祈搭救我家小姐才好。”说罢磕头，再也不肯起来。包公说道：“管家休听我那小价之言，我是不会捉妖的。”包兴一旁插言道：“你听见了，说出不会来了，快磕头罢。”李保闻听，连连叩首，连楼板都碰了个山响。包兴又道：“相公，你看他一片诚心，怪可怜的。没奈何，相公慈悲慈悲罢。”包公闻听，双眼一瞪道：“你这狗才，满口胡说。”又向李保道：“管家你起来，我还要赶路呢，我是不会捉妖的。”李保哪里肯放，道：“相公，如今是走不得了。小人已哀告众位乡邻，在楼下帮扶着小人拦阻。再者，众乡邻皆知相公是法官，相公若是走了，倘被小人主母知道，小人实实吃罪不起。”说罢又复叩首。包公被缠不过，只是暗恨包兴。复又转想道：“此事终属妄言，如何会有妖魅。我包某以正胜邪，莫若随他看看，再作脱身之计便了。”想罢，向李保道：“我不会捉妖，却不信邪。也罢，我随你去看看就是了。”李保闻听包公应允，满心欢喜，磕了头站起来，在前引路。包公下得楼来，只见铺子门口人山人海，俱是看法官的。李保一见，连忙向前说道：“有劳列位乡亲了。且喜我李保一片至诚，法官业已应允，不劳众位拦阻。望乞众位闪闪，让开一条路，实为方便。”说罢奉了一揖。众人闻听，往两旁一闪，当中让出一条胡同来。仍是李保引路，包公随着，后面是包兴。只听众人中有称赞的道：“好相貌，好神气！怪道有此等法术，只这一派的正气，也就可以避邪了。”其中还有好细儿的，不辞劳苦，跟随到隐逸村的也就不少。不知不觉进了村头，李保先行禀报去了。

且说这李大人不是别人，乃吏部天官李文业，告老退归林下。就是这隐逸村名，也是李大人起的，不过是退归林下之意。夫人张氏，膝下无儿，只生一位小姐。

因游花园，偶然中了邪祟。原是不准声张，无奈夫人疼爱女儿的心盛，特差李保前去各处觅请法师退邪。李老爷无可奈何，只得应允。这日正在卧房，夫妻二人讲论小姐之病。只见李保禀道："请到法师，是个少年儒流。"老爷闻听，心中暗想："既是儒流，读圣贤之书，焉有攻乎异端之理？待我出去责备他一番。"想罢，叫李保请至书房。李保回身来至大门外，将包公主仆引至书房。献茶后，复进来说道："家老爷出见。"包公连忙站起。从外面进来一位须发半白、面若童颜的官长，包公见了，不慌不忙上前一揖，口称："大人在上，晚生拜揖。"李大人看见包公气度不凡，相貌清奇，连忙还礼，分宾主坐下。便问："贵姓仙乡，因何来到敝处？"包公便将上京会试、路途遭劫，毫无隐匿，和盘说出。李大人闻听，原来是个落难的书生，你看他言语直爽，倒是忠诚之人。但不知他学问如何，于是攀话之间，考问多少学业，包公竟是问一答十，就便是宿儒名流也不及他的学问渊博。李大人不胜欢喜，暗想道："看此子骨骼清奇，又有如此学问，将来必为人上之人。"谈不多时，暂且告别。并吩咐李保："好生服侍包相公，不可怠慢。晚间就在书房安歇。"说罢回内去了，所有捉妖之事，一字却也未提。

谁知夫人暗里差人告诉李保，务必求法官到小姐屋内捉妖，如今已将小姐挪至夫人卧房去了。李保便问："法官应用何物趁早预备。"包兴便道："用桌子三张，椅子一张，随围桌椅披，在小姐室内设坛。所有朱砂、新笔、黄纸、宝剑、香炉、烛台，俱要洁净的，等我家相公定性养神，二鼓上坛便了。"李保答应去了。不多时，回来告诉包兴道："俱已齐备。"包兴道："既已齐备，叫他们拿到小姐绣房，大家帮着我设坛去。"李保闻听，叫人抬桌搬椅，所有软片东西，俱是自己拿着，请了包兴，一同引至小姐卧房。只闻房内一股幽香。就在明间堂屋，先将两张桌子并好，然后搭了一张搁在前面桌子上，又把椅子放在后面桌子上，系好了桌围，搭好了椅披，然后摆设香炉烛台，安放墨砚、纸笔、宝剑等物。摆设停当，方才同李保出了绣房，竟奔书房而来。叫李保不可远去，听候呼唤即便前来，李保连声答应，包兴便进了书房。已有初更的时候。谁知包公劳碌了一夜，又走了许多路程，乏困已极，虽未安寝，已经困的前仰后合。包兴一见，说："我们相公吃饱了食困，也不怕存住食。"便走到跟前，叫了一声相公。包公惊醒，见包兴，说："你来得正好，服侍我睡觉罢。"包兴道："相公就是这么睡觉？还有什么说的？咱们不是捉妖来了吗。"包公道："那不是你这狗才干的！我是不会捉妖的。"包兴悄悄道："相公也不想想，小人费了多少心机，给相公找了这样住处，又吃那样的美馔，喝那样好陈绍酒，又香又陈。如今吃喝足了，就要睡觉。俗语话：'无功受禄，寝食不安。'相公也是这么过意的去吗？咱们何不到小姐卧房看看，凭着相公正气，或者胜了邪魅，岂不两全其美呢！"一席话，说的包公心活；再者自己也不信妖邪，原要前来看看的。只得说道："罢了，由着你这狗才闹罢了。"包兴见包公立起身来，急忙呼唤："快掌灯呀！"只听外面连声答应："伺候下了。"包公出了书房，李保提灯在前引道。来至小姐卧房一看，只见灯烛辉煌，桌椅高搭，设摆的齐备，心中早已明白是包兴闹的鬼。迈步来到屋中，只听包兴吩咐李保道:“所有闲杂人等,俱各回避,最忌的是妇女窥探。”李保闻听,连忙退出藏躲去了。

包兴拿起香来,烧放炉内,趴在地下又磕了三个头。包公不觉暗笑。只见他上了高桌,将朱砂墨研好,蘸了新笔,又将黄纸撕了纸条儿。刚才要写,只觉得手腕一动,仿佛有人把着的一般。自己看时,上面写的:“淘气,淘气!该打,该打!”包兴心中有些发毛,急急在灯上烧了,忙忙的下了台。只见包公端坐在那边。包兴走至跟前道:“相公与其在这里坐着的,何不在高台上坐着呢,岂不是好。”包公无奈,只得起身上了高台,坐在椅子上。只见桌子上面放着宝剑一口,又有朱砂、黄纸、笔砚等物。包公心内也暗自欢喜,难为他想得周到。因此不由得将笔提起,蘸了朱砂,铺下黄纸。刚才要写,不觉腕随笔动,顺手写将下去。才要看时,只听得外面哎哎呀了一声,咕咚栽倒在地。包公闻听,急忙提了宝剑,下了高台,来至卧房外看时,却是李保。见他惊惶失色,说道:“法官老爷,吓死小人了。方才来至院内,只见白光一道,冲户而出。是小人看见,不觉失色栽倒。”包公也觉纳闷。进得屋来却不见包兴,与李保寻时,只见包兴在桌子底下缩作一堆,见有人来,方敢出头。却见李保在旁,便遮饰道:“告诉你们,我家相公作法不可窥探,连我还在桌子底下藏着呢,你们何得不遵法令?幸亏我家相公法力无边。”一片谎言说得很像,这也是他的聪明机变的好处。李保方才说道:“只因我家老爷夫人唯恐相公夜深劳苦,叫小人前来照应,请相公早早安歇。”包公闻听,方叫包兴打了灯笼前往书房去了。

李保叫人来拆了法台,见有个朱砂黄纸字帖,以为法官留下的镇压符咒,连宝剑一同拿起,回身来到内堂,禀道:“包相公业已安歇了,这是宝剑,还有符咒,俱各交进。”丫鬟接进来。李保才待转身,忽听老爷说道:“且住,拿来我看。”丫鬟将黄纸字帖呈上。李老爷灯下一阅,原来不是符咒,却是一首诗句,道:“避劫山中受大恩,欺心毒饼落于尘。寻钗井底将君救,三次相酬结好姻。”李老爷细看诗中隐藏事迹,不甚明白。便叫李保暗向包兴探问其中事迹,并打听娶妻不曾,明日一早回话。李保领命。你道李老爷为何如此留心?只因昨日书房见了包公之后,回到内宅见了夫人,连声夸奖,说包公人品好,学问好,将来不可限量。张氏夫人闻听道:“既然如此,他若将我孩儿治好,何不就与他结为秦晋之好呢?”老爷道:“夫人之言正合我意。且看我儿病体何如再作道理。”所以老两口儿惦记此事。又听李保说,二鼓还要上坛捉妖,因此不敢早眠。天交二鼓,尚未安寝,特遣李保前来探听。不意李保拿了此帖回来,故叫他细细地访问。

到了次日,谁知小姐其病若失,竟自大愈,实是奇事。老爷夫人更加欢喜,急忙梳洗已毕,只见李保前来回话:“昨晚细问包兴,说这字帖上的事迹,是他相公自幼儿遭的磨难,皆是逢凶化吉,并未遇害。并且问明尚未定亲。”李老爷闻听,满心欢喜,心中已明白是狐狸报恩,成此一段良缘,便整衣襟来至书房。李保通报,包公迎出。只见李老爷满面笑容道:“小女多亏贤契救拔,如今沉疴已愈,实为奇异。老夫无儿,只生此女,尚未婚配,意欲奉为箕帚,不知贤契意下如何?”包公答道:“此事晚生实实不敢自专，须要禀明父母兄嫂方敢联姻。”李老爷见他不肯应允，便笑嘻嘻从袖中掏出黄纸帖儿递与包公道：“贤契请看此帖便知，不必推辞了。”包公接过一看，不觉面红过耳，暗暗思道：“我晚间恍惚之间，如何写出这些话来？”又想道：“原来我小时山中遇雨见那女子，竟是狐狸避劫。却蒙他累次救我，他竟知恩报恩。”包兴在旁着急，恨不得赞成相公应允此事，只是不敢插口。李老爷见包公沉吟不语，便道：“贤契不必沉吟，据老夫看来，并非妖邪作祟，竟为贤契来做红线来了。可见凡事自有一定道理，不可过于迂阔。”包公闻听，只得答道：“既承大人错爱，敢不从命。只是一件须要禀明：候晚生会试以后，回家禀明父母兄嫂，那时再行纳聘。”李老爷见包公应允，满心欢喜，便道：“正当如此。大丈夫一言为定，谅贤契绝不食言，老夫竟候佳音便了。”说话之间，排开桌椅，摆上酒饭，老爷亲自相陪。饮酒之间，又谈论些齐家治国之事，包公应答如流，说的有经有纬，把个李老爷乐的事不有余，再不肯放他主仆就行，一连留住三日，又见过夫人。三日后，备得行囊、马匹、衣服、盘费，并派主管李保跟随上京。包公拜别了李老爷，复又嘱咐一番。包兴此时欢天喜地，精神百倍，跟了出来。只见李保牵马坠镫，包公上了坐骑。李保小心伺候，事事精心。一日，来到京师，找寻了下处。所有吏部投文之事，全不用包公操心，竟等临期下场而已。

且说朝廷国政，自从真宗皇帝驾崩，仁宗皇帝登了大宝，就封刘后为太后，立庞氏为皇后，封郭槐为总管都堂，庞吉为国丈加封太师。这庞吉原是个谗佞之臣，倚了国丈之势，每每欺压臣僚；又有一班趋炎附势之人，结成党羽，明欺圣上年幼，暗有擅自专权之意。谁知仁宗天子自幼历过多少磨难，乃是英明之主。先朝元老左右辅弼，一切正直之臣照旧供职，就是庞吉也奈何不得，因此朝政法律严明，尚不至紊乱。只因春闱在迩，奉旨钦点太师庞吉为总裁，因此会试举子就有走门路的，打关节的，纷纷不一，唯有包公自己仗着自己学问。考罢三场，到了揭晓之期，因无门路，将包公中了第二十三名进士，翰林无分。奉旨榜下即用知县，得了凤阳府定远县知县。包公领凭后，收拾行李，急急出京。先行回家拜见父母兄嫂，禀明路上遭险，并与李天官结亲一事。员外安人又惊又喜，择日祭祖，叩谢宁老夫子。过了数日，拜别父母兄嫂，带了李保、包兴起身赴任。将到定远县地界，包公叫李保押着行李慢慢行走，自己同包兴改装易服，沿路私访。

有话即长，无话即短。一日，包公与包兴暗暗进了定远县，找了个饭铺打尖。正在吃饭之时，只见从外面来了一人。酒保见了嚷道：“大爷少会呀！”那人拣个座儿坐下。酒保转身提了两壶酒，拿了两个杯子过来。那人便问：“我一人如何要两壶酒、两个杯子呢？”酒保答道：“方才大爷身后面有一个人一同进来，披头散发，血渍模糊。我只打量你是劝架给人和息事情，怎么一时就不见了？或者是我瞧恍惚了也未可知。”

不知那人闻听如何，且听下回分解。

第五回　墨斗剖明皮熊犯案　乌盆诉苦别古鸣冤

且说酒保回答那人说：方才还有一人，披头散发，血渍满面，跟了进来，一时就不见了，说了一遍。只见那人一闻此言，登时惊慌失色，举止失宜，太不像方才进来之时那等骄傲之状。只见坐不移时，发了回怔，连那壶酒也未吃便匆匆会了钱钞而去。包公看此光景，因问酒保道："这人是谁？"酒保道："他姓皮名熊，乃二十四名马贩之首。"包公记了姓名。吃完了饭，便先叫包兴到县传谕，就说老爷即刻到任。包公随后就出了饭铺，尚未到县，早有三班衙役书吏人等迎接上任。

到了县内，有署印的官交了印信，并一切交代，不必细说。包公便将秋审册籍细细稽查，见其中有个沈清伽蓝殿杀死僧人一案，情节支离，便即传出谕去，立刻升堂，审问沈清一案。所有衙役三班早知消息，老爷暗自一路私访而来，就知这位老爷的厉害，一个个兢兢业业，早已预备齐全。一闻传唤，立刻一班班进来，分立两旁，喊了堂威。包公入座，标了禁牌，便吩咐带沈清。不多时，将沈清从监内提出，带至公堂，打去刑具，朝上跪倒。包公留神细看，只见此人不过三旬年纪，战战兢兢匍匐在埃尘，不像个行凶之人。包公看罢便道："沈清，你为何杀人，从实招来。"沈清哭诉道："只因小人探亲回来，天气太晚，那日又漾漾下雨，地下泥泞，实在难行。素来又胆小，又不敢夜行，因在这县南三里多地有个古庙暂避风雨。谁知次日天未明，有公差在路，见小人身后有血迹一片，公差便问小人从何而来。小人便将昨日探亲回来，天色太晚，在庙内伽蓝殿上存身的话说了一遍。不想公差拦住不放，务要同小人回至庙中一看。哎呀太爷呀！小人同差役到庙看时，见佛爷之旁有一杀死的僧人，小人实是不知僧人是谁杀的，因此二位公差将小人解至县内，竟说小人谋杀和尚。小人真是冤枉，求青天大老爷照察！"包公闻听，便问道："你出庙时是什么时候？"沈清答道："天尚未明。"包公又问道："你这衣服因何沾了血迹？"沈清回道："小人原在神厨之下，血水流过，将小人衣服玷污了。"老爷闻听点头，吩咐带下，仍然收监。立刻传轿，打道伽蓝殿。包兴伺候主人上轿，安好扶手，包兴乘马跟随。

包公在轿内暗思："他既谋害僧人，为何衣服并无血迹，光有身后一片呢？再者，虽是刀伤，彼时并无凶器。"一路盘算，来到伽蓝殿。老爷下轿，吩咐跟役人等，不准跟随进去，独带包兴进庙。至殿前，只见佛像残朽败坏，两旁配像俱已坍塌。又转到佛像背后，上下细看，不觉暗暗点头。回身细看神厨之下，地上果有一片血迹迷乱。忽见那边地下放着一物，便捡起看时，一言不发，拢入袖中，即刻打道回衙。来至书房，包兴献茶，回道："李保押着行李来了。"包公闻听，叫他进来。李保连忙进来，给老爷叩头。老爷便叫包兴传该值的头目进来，包兴答应。去不多时，带了进来，朝上跪倒："小人胡成，给老爷叩头。"包公问道："咱们县中可有木匠吗?"胡成应道："有。"包公道："你去多叫几名来，我有紧要活计要做的，明早务要俱各传到。"胡成连忙答应，转身去了。

到了次日，胡成禀道："小人将木匠俱已传齐，现在外面伺候。"包公又吩咐道："预备矮桌数张，笔砚数份，将木匠俱带至后花厅，不可有误。去吧。"胡成答应，连忙备办去了。这里包公梳洗已毕，即同包兴来至花厅，吩咐木匠俱各带进来。只见进来了九个人，俱各跪倒，口称："老爷在上，小的叩头。"包公道："如今我要做各样的花盆架子，务要新奇式样。你们每人画他一个，老爷拣好的用，并有重赏。"说罢吩咐拿矮桌笔砚来。两旁答应一声，登时齐备。只见九个木匠分在两旁，各自搜索枯肠，谁不愿新奇讨好呢。内中就有使惯了竹笔，拿不上笔来的；也有怯官的，哆嗦画不像样的；竟有从容不迫，一挥而就的。包公在座上，往下细细留神观看。不多时，俱各画完，挨次呈递。老爷接一张看一张，便问道："你叫什么名字?"那人道："小的叫吴良。"包公便向众木匠道："你们散去，将吴良带至公堂。"左右答应一声，立刻点鼓升堂。

包公入座，将惊堂木一拍，叫道："吴良，你为何杀死僧人？从实招来，免得皮肉受苦。"吴良听说，吃惊不小，回道："小人以木匠做活为生，是极安分的，如何敢杀人呢？望乞老爷详察。"老爷道："谅你这厮决不肯招。左右，尔等立刻到伽蓝殿将伽蓝神好好抬来。"左右答应一声，立刻去了。不多时，将伽蓝神抬至公堂。百姓们见把伽蓝神泥胎抬到县衙听审，谁不要看看新奇的事，都来。只见包公离了公座，迎将下来，向伽蓝神似有问答之状。左右观看，不觉好笑。连包兴也暗说道："我们老爷这是装什么腔儿呢?"只见包公重新入座，叫道："吴良，适才神圣言道，你那日行凶之时，已在神圣背后留下暗记，下去比来。"左右将吴良带下去。只见那神圣背后肩膀以下，果有左手六指儿的手印。谁知吴良左手却是六指儿，比上时丝毫不错。吴良唬的魂飞胆裂，左右的人无不吐舌，说："这位太爷真是神仙，如何就知是木匠吴良呢?"殊不知包公那日上庙验看时，地下捡了一物，却是个墨斗。又见那伽蓝神身后有六指手的血印，因此想到木匠身上。左右又将吴良带至公堂跪倒，只见包公把惊堂一拍，一声断喝，说："吴良，如今真赃实犯，还不实说吗?"左右复又威吓说："快招，快招!"吴良着忙道："太爷不必动怒，小人实招就是了。"刑房书吏在一旁写供。吴良道："小人原与庙内和尚交好，这和尚素来爱喝酒，小人也是酒头鬼儿。因那天和尚请我喝酒，谁知他就醉了。我因劝他收个徒弟，以为将来的收缘结果。他便说：'如今徒弟实在难收，就是将来收缘结果，我也不怕。这几年的工夫，我也积攒了有二十多两银子了。'他原是醉后无心的话，小人便问他：'你这银子收藏在何处呢？若是丢了，岂不白费了这几年的工夫么。'他说：'我这银子是再丢不了的，放的地方人人再也想不到的。'小人就问他：'你到底搁在哪里呢?'他就说：'咱们俩这样相好，我告诉你，你可不许告诉别人。'他方说出将银子放在伽蓝神脑袋以内。小人一时见财起意，又见他醉了，原要用斧子将他劈死了。回老爷，小人素来拿斧子劈木头惯了，从来未劈过人。乍乍儿的劈人，不想手就软了。头一斧子未劈中，偏遇和尚泼皮要夺我斧子，我如何肯让他？又将他按住，连劈几斧，他就死了，闹了两手血。因此上神桌，便将左手扶住神背，右手在神圣的脑袋内掏出银子，不意留下了个手印子。今被太爷神明断出，小人实实该死。"包公闻听所供是实，又将墨斗拿出与他看了。吴良认了是自己之物，因抽斧子落在地下。包公叫他画供，上了刑具收监。沈清无故遭屈，官赏银十两释放。

刚要退堂，只听有击鼓喊冤之声，包公即着带进来。但见从角门进来二人，一个年纪二十多岁，一个有四十上下，来到堂上二人跪倒。年轻的便道："小人名叫匡必正，有一叔父开缎店，名叫匡天佑。只因小人叔父有一个珊瑚扇坠，重一两八钱，遗失三年未有下落，不想今日遇见此人，他腰间佩的正是此物。小人原要借过来看看，怕的是认错了。谁知他不但不借给看，开口就骂，还说小人讹他，扭住小人不放，太爷详察。"又只见那人道："唔么是江苏人，姓吕名佩。今日狭路相逢，遇见这个后生，将我拦住，硬说吾腰间佩的珊瑚坠子说是他的。青天白日竟敢拦路打抢，这后生实实可恶。求太爷与唔剖断剖断。"包公闻听，便将珊瑚坠子要来一看，果然是真的，淡红光润无比。便向匡必正道："你方才说此坠重够多少？"匡必正道："重一两八钱，倘若不对，或者东西一样的也有，小人再不敢讹人。"包公又问吕佩道："你可知道此坠重够多少？"吕佩道："此坠乃友人送的，并不晓得多少分两。"包公回头叫包兴取戥子来。包兴答应，连忙取戥平了，果然重一两八钱。包公便向吕佩道："此坠若按分两，是他说的不差，理应是他的。"吕佩着急道："哎呀，太爷呀，此坠原是我写得好朋友送吾的，又凭什么分两呢。唔们江苏人是不敢撒谎的。"包公道："既是你相好朋友送的，他叫什么名字？实说。"吕佩道："唔这朋友姓皮名熊，他是马贩头儿，人所共知的。"包公猛然听皮熊二字，触动心事。吩咐将他二人带下去，立刻出签传皮熊到案。包公暂且退堂，用了酒饭。不多时，人来回话，皮熊传到。包公复又升堂带皮熊。皮熊上堂跪倒，口称："太爷在上，传小人有何事故？"包公道："闻听你有珊瑚扇坠，可是有的？"皮熊道："有的，那是三年前小人捡的。"包公道："此坠你可送过人吗？"皮熊道："小人不知何人失落，如何敢送人呢？"包公便问："此坠尚在何处？"皮熊道："现在小人家中。"包公吩咐将皮熊带在一边，叫把吕佩带来。包公问道："方才问过皮熊，他并未曾送你此坠。此坠如何到了你手，快说！"吕佩一时慌张，方说出是皮熊之妻柳氏给的。包公就知话内有因，连问道："柳氏他如何给你此坠呢？实说！"吕佩便不言语。包公吩咐掌嘴。两旁人役刚要上前，只见吕佩摇手道："唔呀，老爷不必动怒。唔说就是了。"便将与柳氏通奸，是柳氏私赠此坠的话说了一遍。皮熊在旁听见他女人和人通奸，很觉不够瞧的。包公立刻将柳氏传到。谁知柳氏深恨丈夫在外宿奸，不与自己一心一计，因此来到公堂，不用审问，便说出丈夫皮熊素与杨大成之妻毕氏通奸："此坠从毕氏处携来，交与小妇人收了二三年。小妇人与吕佩相好，私自赠他的。"包公立刻出签传毕氏到案。

正在审问之际，忽听得外面又有击鼓之声，暂将众人带在一旁，先带击鼓之人上堂。只见此人年有五旬，原来就是匡必正之叔匡天佑，因听见有人将他侄儿扭结到官，故此急急赶来，禀道："三年前不记日子，托杨大成到缎店取缎子，将此坠作为执照。过了几日，小人到铺问时，并未见杨大成到铺，亦未见此坠，因此小人到杨大成家内。谁知杨大成就是那日晚间死了，亦不知此坠的下落，只得隐忍不言。不料小人侄儿今日看见此坠，被人告到太爷台前。唯求太爷明镜高悬，伸此冤枉。"说罢磕下头去。包公闻听，心下明白，叫天佑下去，即带皮熊、毕氏上堂。便问毕氏："你丈夫是何病死的？"毕氏尚未答言，皮熊在旁答道："是心疼病死的。"包公便将惊堂木一拍，喝声："该死的狗才！她丈夫心疼病死的，你如何知道？明是因奸谋命。快把怎生谋害杨大成致死情由从实招来！"两旁一齐威吓："招，招，招！"皮熊惊慌说道："小人与毕氏通奸是实，并无谋害杨大成之事。"包公闻听说："你这刁嘴的奴才，曾记得前在饭店之中，你要吃酒，后面跟着带血之人。酒保说出，唬的你酒也未敢吃，立时会了钱钞而去。今日公堂之上还敢支吾！左右，抬上刑来。"皮熊只唬得哑口无言，暗暗自思道："这位太爷连喝酒之事俱已知道，别的谅也瞒不过他去。莫若实说，也免得皮肉受苦。"想罢，连连叩头道："太爷不必动怒，小人愿招。"包公道："招来！"皮熊道："只因小人与毕氏通奸，情投意合，唯恐杨大成知道将我二人拆散，因此定计将他灌醉，用刀杀死，暗用棺木盛殓，只说心疼暴病而死。彼时因见珊瑚坠，小人拿回家去，交付妻子收了。即此便是实情。"包公闻听，叫他画供。即将毕氏定了凌迟，皮熊定了斩决，将吕佩责四十板释放，柳氏官卖，匡家叔侄将珊瑚坠领回无事。因此人人皆知包公断事如神，各处传扬，就传到个行侠仗义的一个老者耳内。

且说小河窝内有一老者，姓张行三，为人耿直，好行侠义，因此人都称他为别古。与众不同谓之"别"，不合时宜谓之"古"。原是打柴为生，皆因他有了年纪，挑不动柴草，众人就叫他看着过秤，得了利息大家平分，这也是他素日为人拿好儿换来的。一日闲暇无事，偶然想起："三年前，东塔洼赵大欠我一担柴钱四百文。我若不要了，有点对不过众伙计们。他们不疑惑我使了，我自己居心实在的过意不去。今日无事，何不走走呢？"于是拄了竹杖，锁了房门，竟往东塔洼而来。

到了赵大门首，只见房舍焕然一新，不敢敲门。问了问邻右之人，方知赵大发财了，如今都称"赵大官人"了。老头子闻听，不由心中不悦，暗想道："赵大这小子，长处掐，短处捏，那一种行为，连柴火钱都不想着还，他怎么配发财呢？"转到门口，便将竹杖敲门，口中道："赵大，赵大。"只听里面答应道："是谁这么赵大赵二的？"说话间门已开了。张三看时，只见赵大衣帽鲜明，果然不是先前光景。赵大见是张三，连忙说道："我道是谁，原来是张三哥么！"张三道："你先少合我论哥儿们，你欠我的柴火钱也该给我了。"赵大闻听道："这什么要紧，老弟老兄的，请到家里坐。"张三道："我不去，我没带着钱。"赵大说："这是什么话？"张三道："正经话。我若有钱,肯找你来要账吗?”正说着,只见里面走出一个妇人来,打扮的怪模怪样的,问道:“官人,你同谁说话呢?”张三一见说:“好呀赵大,你干这营生呢,怨的发财呢!”赵大道:“休得胡说,这是你弟妹小婶。”又向妇人道:“这不是外人,是张三哥到了。”妇人便上前万福。张三道:“恕我腰疼,不能还礼。”赵大说:“还是这等爱开玩笑,还请里面坐吧。”张三只得随着进来。到了屋内,只见一路一路的盆子堆的不少,彼此让座,赵大叫妇人倒茶,张三道:“我不喝茶,你也不用闹酸款。欠我的四百多钱总要还我的,不用闹这个软局子。”赵大说:“张三哥你放心,我那就短了你四百文呢。”说话间,赵大拿了四百钱递与张三。张三接来,揣在怀内,站起身来说道:“不是我爱小便宜,我上了年纪,夜来时常爱起夜,你把那小盆给我一个,就算折了欠我的零儿罢。从此两下开交,彼此不认得却使得。”赵大道:“你这是‘何苦吃井水!’这些盆子俱是挑出来的,没沙眼,拿一个就是了。”张三挑了一个趣黑的乌盆,挟在怀中转身就走,也不告别,竟自出门去了。

这东塔洼离小沙窝也有三里之遥。张三满怀不平,正遇着深秋景况,夕阳在山之时,来到树林之中,耳内只听一阵阵秋风飒飒,败叶飘飘。猛然间,滴溜溜一个旋风,只觉得寒毛眼里一冷,老头子将脖子一缩,腰儿一弓,刚说一个“好冷”,不妨将怀中盆子掉在尘埃,在地下咕噜噜乱转,隐隐悲哀之声,说:“掉了我的腰了。”张三闻听,连连唾了两口,捡起盆子,往前就走。有年纪之人,如何跑得动。只听后面说道:“张伯伯,等我一等。”回头又不见人。自己怨恨道:“真是时衰鬼弄人。我张三生平不做亏心之事,如何白日就会有鬼?想是我不久于人世了。”一边想一边走,好容易奔至草房。急忙放下盆子,撂了竹杖,开了锁儿,拿了竹杖,拾起盆子,进得屋来,将门顶好。觉得乏困已极,自己说:“管他什么鬼不鬼的,且梦周公。”刚才说完,只听得悲悲切切,口呼:“伯伯,我死得好苦也!”张三闻听道:“怎么的,竟自把鬼关在屋里了?”别古秉性忠直,不怕鬼邪,便说道:“你说罢,我这里听着呢。”隐隐说道:“我姓刘名世昌,在苏州阊门外八宝乡居住,家有老母周氏,妻子王氏,还有三岁的孩子乳名百岁,本是缎行生理。只因乘驴回家,行李沉重,那日天晚,在赵大家借宿。不料他夫妻好狠,将我杀害,谋了资财,将我血肉和泥焚化。到如今,闪了老母,抛却妻子,不能见面。九泉之下,冤魂不安。望求伯伯替我在包公前申明此冤,报仇雪恨。就是冤魂在九泉之下,也感恩不尽。”说罢放声痛哭。张三闻听他说的可怜,不由得动了他豪侠的心肠,全不畏惧,便呼道:“乌盆。”只听应道:“有呀,伯伯。”张三道:“虽则替你鸣冤,唯恐包公不能准状,你须跟我前去。”乌盆应道:“愿随伯伯前往。”张三见他应叫应声,不觉满心欢喜,道:“这去告状,不怕包公不信。言虽如此,我是上了年纪之人,记性平常,必须将他姓名住处记清背熟了方好。”于是重新背了一回,样样记明。老头儿为人心热,一夜不曾合眼,不等天明,爬起来,挟了乌盆,拄起竹杖,锁了屋门,竟奔定远县而来。出得门时,冷风透体,寒气逼人,又在天亮之时,若非张三好心之人,谁肯冲寒冒冷替人鸣冤。及至到了定远县,天气过早,尚未开门。只冻得他哆哆嗦嗦,找了个避风的所在,席地而坐。喘息多时,身上觉得和暖，老头儿高起兴来了，将盆子扣在地下，用竹杖敲着盆底儿，唱起《什不闲》来了。刚唱了一句“八月中秋月照台”，只听得一声响，门分两扇，太爷升堂。张三忙拿起盆子，跑向前来喊冤枉。就有该值的回禀，立刻带进。包公座上问道：“有何冤枉，诉上来。”张三就把东塔洼赵大家讨账得了一个黑盆，遇见冤魂自述的话说了一遍：“现有乌盆为证。”包公闻听，便不以此事为妄谈。就在座上唤道：“乌盆！”并不见答应。又连唤两声，亦无影响。包公见别古老年昏愦，也不动怒，便叫左右撵出去便了。

张老出了衙门，口呼“乌盆”。只听应道：“有呀，伯伯！”张老道：“你随我诉冤，你为何不进去呢？”乌盆说道：“只因门上门神拦阻，冤魂不敢进去，求伯伯替我说明。”张老闻听又嚷冤枉。该值得出来嗔道：“你这老头子还不走，又嚷的是什么。”张老道：“求爷们替我回复一声，乌盆有门神拦阻，不敢进见。”该值的无奈，只得替他回禀。包公闻听，提笔写了一张，叫该值拿出门前焚化，仍将老头子带进来，再讯二次。张老抱着盆子上了公堂，将盆子放在当地，他跪在一旁。包公问道：“此次叫他可应了？”张老说是。包公吩咐左右：“尔等听着。”两边人役应声，洗耳静听。只见包公座上唤道：“乌盆！”不见答应。包公不由动怒，将惊堂木一拍：“我把你这狗才，本县念你年老之人，方才不加责于你，如今还敢如此。本县也是你愚弄的吗？”用手抽签，吩咐将他重责十板，以戒下次。两旁不容分说，将张老打了十板。闹的老头儿龇牙咧嘴，一拐一拐的挟了乌盆，拿了竹杖，出衙去了。转过影壁，便将乌盆一扔，只听得“哎呀”一声，说：“踒了我脚面了。”张老道：“奇怪，你为何又不进去呢？”乌盆道：“只因我赤身露体，难见星主。没奈何，再求伯伯替我申诉明白。”张老道：“我已然为你挨了十大板，如今再去，我这两条腿不用长着咧！”乌盆又苦苦哀求。张老是个心软的人，只得拿起盆子。他却又不敢申冤，只得从角门溜溜啾啾往里便走。只见那边来了一个厨子，一眼看见，便叫：“胡头儿，胡头儿，那老头儿又来了。”胡头儿正在班房谈论此事说笑，忽听老头子又来了，连忙跑出来要拉。张老却有主意，就势坐在地下叫起屈来了。包公那里也听见了，吩咐带上来，问道：“你这老头子为何又来，难道不怕打吗？”张老叩头道：“方才小人出去又问乌盆，他说赤身露体，不敢见星主之面。恳求太爷赏件衣服遮盖遮盖，他才敢进来。”包公闻听，叫包兴拿件衣服与他。包兴连忙拿了一件夹袄，交与张老。张老拿着衣服出来，该值地说：“跟着他，看他是拐子。”只见他将盆子包好，拿起来，不放心，又叫道：“乌盆，随我进来。”只听应道：“有呀，伯伯。我在这里！”张老闻听他答应，这一回留上心了，便不住叫着进来。到了公堂，仍将乌盆放在当中，自己在一旁跪倒。

包公又吩咐两边仔细听着，两边答应：“是。”此所谓上命差遣，概不由己。有说老头子有了病了的，又有说太爷好性儿的，也有暗笑的，连包兴在旁也不由得暗笑：“老爷今日叫疯子磨住了。”只见包公座上大声呼唤道：“乌盆！”不想衣内答应说：“有呀，星主！”众人无不诧异。只见张老听见乌盆答应了，他便忽地跳将起来，恨不能要上公案桌子。两旁众人吆喝，他才复又跪下。包公细细问了张老。张老仿佛背书的一般:他姓甚名谁,家住那里,他家有何人,作何生理,怎么遇害,是谁害的,滔滔不绝说了一回,清清楚楚。两旁听的,无不叹息。包公听罢,吩咐包兴取十两银子来,赏了张老,叫他回去听传。别古千恩万谢地去了。

包公立刻吩咐书吏办文一角,行到苏州,调取尸亲前来结案。即行出签,拿赵大夫妇。登时拿到,严加讯问,并无口供。包公沉吟半晌,使吩咐:“赵大带下去,不准见刁氏。”即传刁氏上堂,包公说:“你丈夫供称:陷害刘世昌,全是你的主意。”刁氏闻听,恼恨丈夫,便说出赵大用绳子勒死的,并言现有未用完的银两。即行画招,押了手印。立刻派人将赃银起来。复又带上赵大,叫他女人质对。谁知这厮好狠,横了心再也不招,言银子是积攒的。包公一时动怒,请了大刑来,夹棍套了两腿,问时仍然不招。包公一声断喝,说了一个“收”字,不想赵大不禁夹,就呜呼哀哉了。包公见赵大已死,只得叫人搭下去。立刻办详禀了本府,转又行文上去,至京启奏去了。此时尸亲已到,包公将未用完的银子,俱叫他婆媳领取讫;并将赵大家私奉官折变,以为婆媳养赡。婆媳感念张老替他鸣冤之恩,愿带到苏州养老送终。张老也因受了冤魂的嘱托,亦愿照看孀居孤儿。因此商量停当,一同起身往苏州去了。

要知后事如何,且听下回分解。

第六回 罢官职逢义士高僧 应龙图审冤魂怨鬼

且说包公断明了乌盆,虽然远近闻名这位老爷正直无私,断事如神,未免犯了上司之嫉,又有赵大刑毙,故此文书到时,包公例应革职。包公接到文书,将一切事宜交代署印之人,自己住庙。李保看此光景,竟将银两包袱收拾收拾,逃之夭夭了。包公临行,百姓遮道哭送。包公劝勉了一番,方才乘马,带着包兴,出了定远县,竟不知投奔何处才好。包公在马上自己叹息,暗里思量道:“我包某命运如此淹蹇,自幼受了多少的颠险,好容易蒙兄嫂怜爱,聘请恩师,教诲我一举成名。不想妄动刑具,致毙人命。虽是他罪应如此,究竟是粗心浮躁,以至落了个革职,至死也无颜回家。无处投奔,莫若仍奔京师,再作计较。”只顾马上嗟叹。包兴跟随,明知老爷为难,又不敢问。信马由缰,来至一座山下,虽不是峻岭高峰,也觉得凶恶。正在观看之际,只听一棒锣响,出来了无数的喽兵,当中一个矮胖黑汉,赤着半边身的胳膊,雄赳赳,气昂昂,不容分说,将主仆两人拿下捆了,送上山去。谁知山中尚有三个大王,见缚了两人前来,吩咐绑在两边柱子上,等四大王到来再行发落。不一时,只见四大王慌慌张张,喘吁吁跑了来,嚷道:“不好了,山下遇见一人好本领,强小弟十倍,才一交手,我便倒了。幸亏跑得快,不然吃了大亏了。那位哥哥去会会他?”只见大大王说:“二弟,待劣兄前往。”二大王说:“小弟奉陪。”于是二人下山。见一人气昂昂在山坡站立，大大王近前一看，不觉哈哈大笑道："原来是兄长，请到山中叙话。"

你道此山何名？名叫土龙岗，原是山贼蜗居之所。原来张龙、赵虎误投庞府，见他是权奸之门，不肯逗留，偶过此山，将山贼杀走，他二人便作了寨主。后因王朝、马汉科考武场，亦被庞太师逐出，愤恨回家，路过此山，张、赵两个即请到寨，结为兄弟。王朝居长，马汉第二，张龙第三，赵虎第四。王、马、张、赵四人已表明来历。

且说马汉同定那人来至山中，走上大厅，见两旁柱上绑定二人，走近一看，不觉失声道："啊呀，县尊为何在此？"包公睁眼看时，说道："莫不是恩公展义士吗？"王朝闻听，连忙上前解开，立刻让至厅上。坐定了，展爷问及，包公一一说了，大家俱各叹息。展爷又叫王、马、张、赵给包公赔了罪，分宾主坐下。立时摆酒，彼此谈心，甚是投机。包公问道："我看四位俱是豪杰，为何作这勾当？"王朝道："我等皆因功名未遂，亦不过暂借此安身，不得已而为之。"展爷道："我看众弟兄皆是异姓骨肉，今日恰逢包公在此，虽则目下革职，将来朝廷必要擢用。那时众位弟兄何不弃暗投明，与国出力，岂不是好？"王朝道："我等久有此心。老爷倘蒙朝廷擢用，我等俱效犬马之劳。"包公只得答应："岂敢，岂敢。"大家饮至四更方散。至次日，包公与展爷告辞。四人款留不住，只得送下山来。王朝素与展爷相好，又远送几里。包公与展爷恋恋不舍，无奈分别而去。

单言包公主仆，乘马竟奔京师。一日，来至大相国寺门前，包公头晕眼花，竟从马上栽将下来。包兴一见，连忙下马看时，只见包公二目双合，牙关紧闭，人事不知。包兴叫着不应，放声大哭。惊动庙中方丈，乃得道高僧，俗家复姓诸葛名遂，法号了然，学问渊深，以至医卜星相无一不精。闻得庙外人声，来到山门以外，近前诊了脉息，说："无妨，无妨。"又问了方才如何落马的光景，包兴告诉明白。了然便叫僧众帮扶抬到方丈东间，急忙开方抓药。包兴精心用意煎好，吃不多时，至二鼓天气，只听包公"啊呀"一声，睁开二目。见灯光明亮，包兴站在一旁，那边椅子上坐着个僧人，包公便问："此是何处？"包兴便将老爷昏过多时，亏这位师父慈悲，用药救活的话说了一回。包公刚要挣扎起来致谢，和尚过来按住道："不可劳动，须静静安心养神。"过了几日，包公转动如常，才致谢和尚。以至饮食用药调理，俱已知是和尚的，心中不胜感激。了然细看包公气色，心下明白，便问了年命，细算有百日之难，过了日子就好了，自有机缘，便留住包公庙内居住。于是将包公改作道人打扮，每日里与了然不是下棋便是吟诗，彼此爱慕。将过了三个月，一日，了然求包公写"冬季唪经祝国裕民"八字，叫僧人在山门两边粘贴。包公无事，同了然出来一旁观看。只见那壁厢来了一个厨子，手提菜筐，走至庙前，不住将包公上下打量，瞧了又瞧，看了又看，直瞧着包公进了庙，他才飞也似的跑了。包公却不在意，回庙去了。

你道此人是谁？他乃丞相府王芑的买办厨子。只因王老大人面奉御旨，赐图像一张，乃圣上梦中所见，醒来时宛然在目，御笔亲画了形象，特派王老大人暗暗密访此人。丞相遵旨，回府又叫妙手丹青照样画了几张，吩咐虞候、伴当、执事人员各处留神，细细访查。不想这日买办从大相国寺经过，恰遇包公，急忙跑回相府，找着该值的虞候，便将此事说了一遍。虞候闻听，不能深信，亦不敢就回，即同买办厨子暗到庙中闲游的一般，各处瞻仰。后来看到方丈，果见有一道人与老僧下棋，细看相貌，正是龙图之人。心中不胜惊骇，急忙赶回相府禀知相爷。王大人闻听，立刻传轿到大相国寺拈香。一是王大人奉旨所差之事不敢耽延，二是老大人为国求贤一番苦心。不多时来在庙内，小沙弥闻听，急忙跑至方丈室内，报与老和尚知道。只见了然与包公对弈，全然不理。倒是包公说道："吾师也当迎接。"了然道："老僧不走权贵之门，迎他则甚？"包公道："虽然如此，他乃是个忠臣，就是迎他，也不至于沾碍老师。"了然闻听，方起身道："他此来与我无沾碍，恐与足下有些瓜葛。"说罢迎出去了。接至禅堂，分宾主坐了。献茶已毕，便问了然："此庙有多少僧众，多少道人？老夫有一心愿，愿施僧鞋僧袜每人各一双，须当面领去。"了然明白，即吩咐僧道领取。一一看过，并无此人。王大人问道："完了吗？你庙中还有人没有？"了然叹道："有是还有一人，只是他未必肯要大人这一双鞋袜。如要见这人么，大概还须大人以礼相见。"王宰相闻听忙道："就烦长老引见引见何如？"了然答应，领至方丈。包公隔窗一看，也不能回避了，只得上前一揖道："废员参见了。"王大人举目细看，形容与圣上御笔画的龙图分毫不差，不觉大惊，连忙让座，问道："足下何人？"包公便道："废员包拯，曾在定远县。"因将断乌盆革职的话说了一遍。王大人道："此案终属妄诞，老夫实难凭信。"包公不觉正色答道："虽则理之所无，却是事之必有。自古负屈含冤之魂，凭物申诉者不可枚举，难道都是妄诞吗？只要自己秉公断理民情，焉肯以'妄诞'二字就置之不问，岂不使怨鬼含冤于泉下乎？何况废员非攻乎异端之人，此事亦非攻乎异端之案。"王大人见包公说话耿直，忠正严肃，不觉满心欢喜。立刻鞴马，请包公随至相府。进了相府，大家看大人轿后一个道士，不知什么缘故。当下留在书房安歇。

次日早朝，仍将包公换了县令服色，先在朝房伺候。净鞭三下，天子升殿。王芑出班奏明，仁宗天子大喜："立刻宣召见朕。"包公步上金阶跪倒，山呼已毕。天子闪龙目一看，果是梦中所见之人，满心欢喜，便问为何罢职。包公便将断乌盆将人犯刑毙身死情由，毫无遮饰，一一奏明。王芑在班中着急，恐圣上见怪。谁知天子不但不怪，反喜道："卿家既能断乌盆负屈之冤魂，必能镇皇宫作祟之邪。今因玉宸宫内，每夕有怨鬼哀啼，甚属不净，不知是何妖邪，特派卿前往镇压一番。"即着王芑在内阁听候，钦派太监总管杨忠带领包公，至玉宸宫镇压。

这杨忠素来好武，胆量甚好，因此人皆称他为杨大胆。奉旨赐他宝剑一口，每夜在内巡逻。今日领包公进内，他那里瞧得起包公呢。先问了姓，后又问了名，一路称为老黑，又叫老包。来到昭德门，说道："进了此门就是内廷了，想不到你七品前程如此造化，今日对了圣心，派你入宫，将来回到家乡里说古去吧。是不是？老黑呀，怎么我和你说话，你怎么纺丝吊面——布里儿呢？”包公无奈答道：“公公说的是。”杨忠又道：“你别合我闹这个整脸儿，我是好玩好乐的。这就是你，别人还巴结不上呢！”说着话，进了凤右门。只见有多少内侍垂手侍立，内中有一个头领上前执手道：“老爷今日有何贵干？”杨忠说：“辛苦，辛苦！咱家奉旨带领此位包先儿前到玉宸宫镇邪。此乃奉旨官差，我们完差之时，不定三更五更回来，可就不照门了，省得又劳动你们。请罢！请罢！”说罢，同定包公，竟奔玉宸宫。只见金碧交辉，光华灿烂，到了此地，不觉肃然起敬。连杨忠爱说爱笑，到了此地，也就哑口无言了。

来至殿门，杨忠止步，悄向包公道：“你是钦奉谕旨，理应进殿除邪。我就在这门槛上照看便了。”包公闻听，轻移慢步侧身而入。来至殿内，见正中设立宝座，连忙朝上行了三跪九叩之礼。又见旁边设立座位，包公躬身入座。杨忠见了，心下暗自佩服道：“瞧不得小小官儿，竟自颇知国礼。”又见包公如对君父一般，秉正端坐，凝神养性，二目不往四下观瞧，另有一番凛然难犯的神色，不觉得暗暗夸奖道：“怪不得圣上见了他喜欢呢！”正在思想之际，不觉得谯楼上漏下矣。猛然间听的呼吁风响，杨忠觉得毛发皆竖，连忙起身，手掣宝剑试舞一回。要不了几路，已然气喘，只得归入殿内，锐气已消，顺步坐在门槛子上。包公在座上不由得暗暗发笑。杨忠正自发怔，只见丹墀以下，起了一个旋风，滴溜溜在竹丛里团团乱转，又隐隐的听得风中带着悲泣之声。包公闪目观瞧，只见灯光忽暗，杨忠在外扑倒。片刻工夫，见他复起，袅袅婷婷走进殿来，万福跪下。此时灯光复又明亮。包公以为杨忠戏耍，便以假作真开言问道：“你今此来有何冤枉，诉上来。”只听杨忠娇滴滴声音哭诉道：“奴婢寇珠，原是金华宫承御，只因救主遭屈，含冤地府，于今廿载，专等星主来临，完结此案。”便将当初定计陷害的原委，哭诉了一遍：“因李娘娘不日难满，故特来泄机。由星主细细搜查，以报前冤，千万不可泄漏。”包公闻听，点头道：“既有如此沉冤，包某必要搜查。但你必须隐形藏迹，恐惊主驾，获罪不浅。”冤魂说道：“谨遵星主台命。”叩头站起，转身出去，仍坐在门槛子上。

不多时，只见杨忠张牙欠嘴，仿佛睡醒的一般。看见包公仍在那边端坐，不由得悄悄地道：“老黑，你没见什么动静？咱家怎生回复圣旨？”包公道：“鬼已审明。只是你贪睡不醒，叫我在此呆等。”杨忠闻听，诧异道：“什么鬼？”包公道：“女鬼。”杨忠道：“女鬼是谁？”包公道：“名叫寇珠。”杨忠闻听，只唬得惊异不止，暗自思道：“寇珠之事，算来将近二十年之久，他竟如何知道？”连忙赔笑道：“寇珠他为什么事在此作祟呢？”包公道：“你是奉旨同我进宫除邪，谁知你贪睡。我已将鬼审明，只好明日见了圣上我奏我的，你说你的便了。”杨忠闻听，不由着急道：“啊呀，包、包先生，包、包老爷，我的亲亲的包、包大哥，你这不把我毁透了么！可是你说的，圣上命我同你进宫，归齐我不知道，睡着了，这是什么差使眼儿呢？怎的了，可见你老人家就不疼人了，过后就真没有用我们的地方了？看你老爷们这个劲儿，立刻给我个眼里插棒槌，也要我们搁的住吓！好包先生，你告诉我，我明日送你个小巴狗儿，这么短的小嘴儿。"包公见他央求可怜，方告诉他道："明日见了圣上，就说审明了女鬼，系金华宫承御寇珠，含冤负屈来求超度他的冤魂。臣等业已相许，以后再不作祟。"杨忠听毕，记在心头，并谢了包公，如敬神的一般，他也不敢言语亵渎了。

出了玉宸宫，来至内阁，见了丞相王芑，将审明情由细述明白。少时圣上临朝，包公合杨忠一一奏明，只说冤魂求超度，却不提别的。圣上大悦，愈信乌盆之案，即升用开封府府尹、阴阳学士。包公谢恩。加封"阴阳"二字，从此人传包公善于审鬼，白日断阳，夜间断阴，一时哄传遍了。包公先拜了丞相，王芑爱慕非常；后谢了了然，又至开封府上任，每日查办事件。便差包兴回家送信，并具禀替宁老夫子请安。又至隐逸村投递书信，一来报喜，二来求婚毕姻。包兴奉命，即日起身先往包村去了。

未知后事如何，且听下回分解。

第七回　得古今盆完婚淑女　收公孙策密访奸人

且说包兴奉了包公之命，寄信回家，后又到隐逸村。这日包兴回来，叩见包公，呈上书信，言："太老爷太夫人甚是康健，听见老爷得了府尹，欢喜非常，赏了小人五十两银子。小人又见大老爷大夫人，欢喜自不必说，也赏了小人三十两银子。唯有大夫人给小人带了个薄薄儿包袱，嘱咐小人好好收藏，到京时交付老爷。小人接在手中，虽然有些分两，不知是何物件，唯恐路上磕碰。还是大夫人见小人为难，方才说明，此包内是一面古镜，原是老爷井中捡的。因此镜光芒生亮，大夫人挂在屋内。有一日，二夫人使唤的秋香，走至大夫人门前滑了一跤，头已跌破，进屋内就在挂镜处一照，谁知血滴镜面，忽然云翳开豁。秋香大叫一声，回头跑在二夫人屋内，冷不防按住二夫人，将右眼挖出；从此疯癫，至今锁禁，犹如活鬼一般。二夫人死去两三番，现在延医调治，尚未痊愈。小人见二老爷，他无精打彩的，也赏了小人二两银子。"说着话将包袱呈上。包公也不开看，吩咐好好收讫。包兴又回道："小人又见宁师老爷，他看了书信十分欢喜，说叫老爷好好办事，尽忠报国，还教导了小人好些话。小人在家住了一天，即到隐逸村报喜投书。李大人大喜，满口应承随后便送小姐来就亲。赏了小人一个元宝、两匹尺头，并回书一封。"即将书呈上。包公接着看毕，原来是张氏夫人同着小姐于月内便可来京。立刻吩咐预备住处，仍然派人前去迎接。便叫包兴暂且歇息，次日再商量办喜事一节。不多几日，果然张氏夫人带领小姐俱各到了。一切定日迎娶事务，俱是包兴尽心备办妥当。到了吉期，也有多少官员前来贺喜，不必细表。

包公自毕姻后，见李氏小姐幽娴贞静，体态端庄，果然是大家模范，满心欢喜。

而且妆奁中有一宝物，名曰古今盆，上有阴阳二孔，堪称希世奇珍。包公却不介意。过了三朝满月，张氏夫人别女回家。临行又将自己得用的一个小厮名唤李才，留下服侍包公。

一日，包公放告坐堂。见有个乡民，年纪约有五旬上下，口称冤枉，立刻带至堂上。包公问道："你姓甚名谁，有何冤枉，诉上来。"那人向上叩头道："小人姓张名致仁，在七里村居住。有一族弟名叫张有道，以货郎为生，相离小人不过数里之遥。有一天，小人到族弟家中探望，谁知三日前竟自死了。问我小婶刘氏是何病症，为何连信也不送呢？刘氏回答是心疼病死的，因家中无人，故此未能送信。小人因有道死得不明，在祥符县申诉情由，情愿开棺检验。县太爷准了小人状子，及至开棺检验，谁知并无伤痕。刘氏他就放起刁来，说了许多诬赖的话。县太爷将小人责了二十大板，讨保回家。越想此事，实实张有道死得不明，无奈何投到大老爷台前，求青天与小人做主。"说罢，眼泪汪汪，匍匐在地。包公便问道："你兄弟素来有病吗？"张致仁道："并无疾病。"包公又问道："你几时没见张有道？"致仁道："素来弟兄和睦，小人常到他家，他也常来小人家。五日前，尚在小人家中。小人因他五六天没来，因此小人找到他家，谁知三日前竟自死了。"包公闻听想到：五日前尚在他家，他第六天去探望，又是三日前死的，其中相隔一两天，必有缘故。包公想罢，准了状子，立刻出签传刘氏到案。暂且退了堂来至书房，细看呈子，好生纳闷。包兴与李才旁边侍立。忽听外边有脚步声响，包兴连忙迎出，却是外班手持书信一封，道："外面有一儒流求见，此书乃了然和尚的。"包兴闻听，接过书信，进内回明，呈上书信。包公是极敬了然和尚的，急忙将书拆阅，原来是荐函，言此人学问品行。包公看罢，即命包兴去请。

包兴出来看时，只见那人穿戴的衣冠全是包公在庙时换下的衣服，又肥又长，勒里勒得的，并且帽子上面还捏着褶儿。包兴看罢，知是当初老爷的衣服，必是了然和尚与他穿戴的，也不说明，便向那人说道："我家老爷有请。"只见那人斯斯文文，随着包兴进来。到了书房，包兴掀帘。只见包公立起身来，那人向前一揖，包公答了一揖，让座。包公便问："先生贵姓？"那人答道："晚生复姓公孙名策，因久困场屋，屡落孙山，故流落在大相国寺。多承了然禅师优待，特具书信前来，望祈老公祖推情收录。”包公见他举止端庄，言语明晰，又问了些书籍典故，见他对答如流，学问渊博，竟是个不得第的才子，包公大喜。正谈之间，只见外班禀道：“刘氏现已传到。”包公吩咐：“伺候。”便叫李才陪侍公孙先生，自己带了包兴，立刻升堂。

入了公座，便叫带刘氏。应役之人接声喊道：“带刘氏，带刘氏！”只见从外角门进来一个妇人，年纪不过二十多岁，面上也无惧色，口中尚自言自语说道：“好端端的人，死了叫他翻尸倒骨的，不知前生作了什么孽了。如今又把我传到这里来，难道还生出什么巧招儿来哩。”一边说，一边上堂，也不东瞧西看，他便袅袅婷婷朝上跪倒，是一个久惯打官司的样儿。包公便问道：“你就是张刘氏吗？”妇人答道：“小妇人刘氏，嫁与货郎张有道为妻。”包公又问道：“你丈夫是什么病死的？”刘氏道：“那一天晚上，我丈夫回家，吃了晚饭，一更之后便睡了。到了二更多天，忽然心里怪疼的。小妇人唬得了不得，急忙起来，便嚷疼的厉害，谁知不多一会就死了，害的小妇人好不苦也。”说罢泪流满面。包公把惊堂木一拍，喝道：“你丈夫到底是什么病死的，说来！”站堂喝道：“快讲！”刘氏向前跪爬半步说道：“老爷，我丈夫实是害心疼病死的，小妇人焉敢撒谎。”包公喝道：“既是害病死的，你为何不给他哥哥张致仁送信？实对你说，现在张致仁在本府堂前已经首告，实实招来免得皮肉受苦。”刘氏道：“不给张致仁送信，一则小妇人烦不出人来，二则也不敢给他送信。”包公闻听道：“这是为何？”刘氏道：“因小妇人丈夫在日，他时常到小妇人家中，每每见无人，他言来语去，小妇人总不理他。就是前次他到小妇人家内，小妇人告诉他兄弟已死，不但不哭，反倒向小妇人胡说乱道，连小妇人如今直学不出口来。当时被小妇人连嚷带骂，他才走了。谁知他恼羞成怒，在县告了，说他兄弟死得不明，要开棺检验。后来太爷到底检验了，并无伤痕，才将他打了二十板。不想他不肯歇心，如今又告到老爷台前。可怜小妇人丈夫死后，受如此罪孽，小妇人又担如此丑名，实实冤枉。恳老青天与小妇人做主呵！”说着说着就哭起来了。包公见他口似悬河，牙如利剑，说的有情有理。暗自思道：“此妇听他言语，必非善良。若与张致仁质对，我看他那诚朴老实形景，必要输与妇人口角之下。须得查访实在情形，妇人方能服输。”想罢，向刘氏说道：“如此说来，你竟是无故被人诬赖了。张致仁着实可恶，我自有道理。你但下去，三日后听传罢了。”刘氏叩头下去，似有得色，包公更觉生疑。

退堂之后，来到书房，便将口供、呈词与公孙策观看。公孙策看毕，躬身说道：“据晚生看此口供，张致仁疑的不差。只是刘氏言语狡猾，必须采访明白，方能折服妇人。”不料包公心中所思主见，被公孙策一言道破，不觉欢喜，道：“似此如之奈何？”公孙策正欲作进见之礼，连忙立起身来道：“待我晚生改扮行装，暗里访查，如有机缘，再来禀复。”包公闻听道：“如此说，有劳先生了。”叫包兴将先生盘川并要何物件急忙预备，不可误了。包兴答应，跟随公孙策来至书房。公孙策告诉明白，包兴连忙办理去了。不多时，俱各齐整。原来一个小小药箱儿，一个招牌，还有道衣、丝绦、鞋袜等物。公孙策通身换了，背起药箱，连忙从角门暗暗溜出，到七里村查访。

谁知乘兴而来，败兴而返。闹了一天，并无机缘可寻。看看天晚，又觉得腹中饥饿，只得急忙且回开封府再做道理。不料慌不择路，原是往北，他却往东南岔下去了，多走数里之遥。好容易奔至镇店，问时，知是榆林镇，找了兴隆店投宿。又乏又饿，正要打算吃饭，只见来了一群人数匹马，内中有一黑矮之人，高声嚷道："凭他是谁，快快与我腾出，若要惹恼了你老爷的性儿，连你这店俱给你拆了。"旁有一人说道："四弟不可。凡事有个先来后到，就是叫人家腾挪，也要好说，不可如此啰唣。"又向店主人道："东人，你去说说看，皆因我们人多，两下住着不便，奉托，奉托！"店东无奈，走到上房，向公孙策说道："先生，没有什么说的，你老将就将就，我们说不得，屈尊你老在东间居住，把外间这两间让给我们罢。"说罢，深深一揖。公孙策道："来时原不要住上房，是你们小二再三说，我才住此房内。如今来的客既是人多，我情愿将三间满让，店东给我个单房我住就是了。皆是行路，纵有大厦千间，不过占七尺眠，何必为此吵闹呢。"正说之间，只见进来了黑乎乎一条大汉，满面笑容道："使不得，使不得，老先生请自尊便罢，这外边两间承情让与我等足以够了。我等从人，俱叫他们下房居住，再不敢劳动了。"公孙策再三谦逊，那大汉只是不肯，只得挪在东间去了。

那大汉叫从人搬下行李，揭下鞍辔，俱各安放妥协。又见上人却是四个，其余余五六个俱是从人。要净面水，唤开水壶，吵嚷个不了。又见黑矮之人先自呼酒要菜，店小二一阵好忙，闹得公孙策竟喝了一壶空酒，菜总没来，又不敢催。忽听黑矮人说道："我不怕别的，明日到了开封府，恐他纪念前仇，不肯收录，那却如何是好？"又听黑脸大汉道："四弟放心。我看包公绝不是那样之人。"公孙策听至此言，不由站起身来，出了东间，对着四人举手道："四位原是上开封的，小弟不才，愿做引进之人。"四人听了连忙起身来。仍是那大汉道："足下何人？请过来坐，方好讲话。"公孙策又谦逊再三，方才坐下，各通姓名，原来这四人正是土龙岗的王朝、马汉、张龙、赵虎四条好汉。听说包公作了府尹，当初原有弃暗投明之话，故将山上喽啰粮草金银俱各分散，只带了得用伴当五六人，前来开封府投效，以全信行。他们又问公孙策，公孙策答道："小可现在开封府，因目下有件疑案，故此私行暗暗查访，不想在此得遇四位，实实三生有幸了。"彼此谈论多时，真是文武各尽其妙，大家欢喜非常。唯有赵四爷粗俗，却酒量颇豪。王朝恐怕他酒后失言，叫外人听之不雅，只得速速要饭。大家吃毕，闲谈饮茶，到二更以后。大家商议，今晚安歇后，明日可早早起来行路呢。这正是：只因清正声名远，致使英雄跋涉来。

未审明日王、马、张、赵投奔开封府如何，且听下回分解。

第八回 救义仆除凶铁仙观 访疑案得线七里村

且说四爷赵虎因多贪了几杯酒，大家闲谈，他也连一句话插不上，在旁前仰后合，不觉得瞌睡起来，后来索性放倒头酣睡如雷。因打呼，方把大家提醒。王朝说："只顾说话儿，天已三更多了，先生也乏了，请安歇罢。"大家方才睡下。谁知赵四爷心内惦着上开封府，睡的容易，醒的剪绝。外边天气不过四鼓之半，他便一咕噜声爬起来，乱嚷道："天亮了，快些起来赶路！"又喊道叫从人备马，捎行李，把大家吵醒。谁知公孙策心中有事尚未睡着，也只得随大家起来，这老先生算烟袋铺铁丝儿——通了杆了。只见大爷将从人留下一个，腾出一匹马叫公孙策乘坐。叫那人将药箱儿、招牌俟天亮时背至开封府，不可违误。吩咐已毕，叫店小二开了门，大家乘马，趁着月色，迤逦而行。天气尚未五更，正走之间，过了一带林子，却是一座庙宇。猛见墙角边人影一晃，再细看时，却是一个女子，身穿红衣，到了庙门挨身而入。大家看得明白，口称奇怪。张龙说："深夜之间，女子入庙，必非好事。天气尚早，我们何不到庙看看呢？"马汉说："半夜三更，无故敲打山门，见了僧人，怎么说呢？"王朝道："不妨就说贪赶路程，口渴之甚，讨杯茶吃，有何不可？"公孙策道："既如此，就将马匹行李叫从人在树林等候，省得僧人见了兵刃生疑。"大家闻听，齐说有理，有理。于是大家下马，叫从人在树林看守，从人答应，五位老爷迈步竟奔山门而来。到了庙门，趁着月光看得明白，匾上大书"铁仙观"。公孙策道："那女子挨身而入，未听见他插门，如何是关着呢？"赵虎上前，抡起拳头在山门上就是咚咚咚的三拳，口中嚷道："道爷开门来！"口中嚷着，随手又是三拳，险些儿把山门砸掉。只听里面道："是谁？是谁？半夜三更怎么说！"只听哗啦一声，山门开处见个道人。公孙策连忙上前施礼道："道爷，多有惊动了。我们一行人贪赶路程，口渴舌干，欲借宝刹歇息歇息，讨杯茶吃，自有香资奉上，望祈方便方便。"那道人闻听，便道："等我禀明白了院长，再来相请。"正说之间，只见走出一个浓眉大眼、膀阔腰粗、怪肉横生的道士来，说道："既是众位要吃茶，何妨请进来。"王朝等闻听，一拥而入。来至大殿，只见灯烛辉煌，彼此逊坐。见道人凶恶非常，并且酒气喷人，已知是不良之辈。

张龙、赵虎二人悄地出来寻那女子，来至后面，并无踪迹。又到一后院，只见一口大钟，并无别物。行至钟边，只听有人呻吟之声。赵虎说："在这里呢。"张龙说："贤弟，你去掀钟，我拉人。"赵虎挽挽袖子，单手抓住钟上铁爪，用力向上一掀。张龙说："贤弟，吃住劲，不可松手，等我把住底口。"往上一挺，就把钟内之人曳将出来。赵爷将手一松，仍将钟扣在那边。仔细看此人时，却不是女子，是个老者，捆做一堆，口内塞着棉花。急忙掏出，松了捆绑。那老者干呕做一团，定了定神，方才说："啊呀，苦死我也。"张龙便问："你是何人？因何被他们扣在钟下？"那老头儿道："小人名唤田忠，乃陈州人氏。只因庞太师之子安乐侯庞昱奉旨前往赈济，不想庞昱到了那里，并不放赈，在彼盖造花园，抢掠民间女子。我主人田起元，主母金氏玉仙。因婆婆染病，割肉煎药，老太太病好，主母上庙还愿，被庞昱窥见，硬行抢去，又将我主人送县监禁。老太太一闻此信时，生生唬死。是我将老主母埋葬已毕，想此事一家被害，非上京控告不可。因此贪赶路程，过了宿头，于四更后投至此庙。原为歇息，谁知道人见我行李沉重，欲害小人。正在动手之时，忽听众位爷们敲门，便将小人扣在钟下，险些儿丧了性命。"正在说话间，只见那边有一道人探头缩脑。赵四爷急忙赶上，噔的一脚踢翻在地，将拳向面上一晃："你嚷，我就是一拳。"那贼道看见柳斗大的皮锤，那里还有魂咧，赵四爷便将他按住在钟边。

不想这前边凶道名唤萧道智，在殿上张罗烹茶，不见了张、赵二人，叫道人去请，也不见回来，便知事有不妥，悄悄地退出殿来，到了自己屋内，将长衣卸去，手提一把明亮亮的朴刀，竟奔后院而来。恰入后门，就瞧见老者已放，赵虎按着道人，不由心头火起，手举朴刀便搠张龙。张爷手疾眼快，斜刺里就是一腿。道人将身躲过，一刀照定张龙面门削来。张爷手无寸铁，全仗步法巧妙，身体灵便，头一偏，将刀躲过，顺手就是一掌，恶道唯恐是暗器，急待侧身时，张爷下边又是一扫腿。好恶道，金丝绕腕势躲过，回手反背又是一刀。究竟有兵刃的气壮，无家伙的胆虚，张龙支持了几个照面，看看不敌。正在危急之际，只见王朝、马汉二人见张龙受敌，王朝赶近前来，虚晃一掌，左腿飞起，直奔肋下。恶道闪身时，马汉后边又是一拳打在背后。恶道往前一扑，急转身，甩手就是一刀。亏得马汉眼快，歪身一闪，刚刚躲过，恶道倒垂势又奔了王朝而来。三个人赤着手，刚刚敌的住——就是防他的刀便了。王朝见恶道奔了自己，他便推月势等刀临近将身一撤，恶道把身使空，身往旁边一闪，后面张龙照腰就是一脚。恶道觉得后面有人，趁着月影，也不回头，伏身将脚往后一蹬。张龙脚刚落地，恰被恶道在迎面骨上登了一脚，力大势猛，身子站立不住，不由得斗了个豆墩。赵虎在旁看见，急忙叫道："三哥，你来挡住那个道人。"张龙连忙起来，挡住道人。只见赵虎站起来，竟奔东角门边去了。张龙以为四爷必是到树林取兵刃去了。

迟了不多时，却见赵虎从西角门进来。张龙想道："他取兵刃不能这么快，他必是解了解手儿回来了。"眼瞧着他迎面扑了恶道，将左手一扬，是个虚晃架势，对准面门一捽，口中说："恶道，看我的法宝取你。"只见白扑扑一股烟云打在恶道面上，登时二目难睁，鼻口倒噎，连气也喘不过来。马汉又在小肚上尽力地一脚，恶道站立不住，咕咚栽倒在地，将刀扔在一边。赵虎赶进步一跪腿，用磕膝盖按住胸膛，左手按膀背，将右袖重新向恶道脸上一路乱抖。原来赵虎绕到前殿，将香炉内香灰装在袖内。俗话说得好，"光棍眼内揉不下沙子去"，何况是一炉香灰，恶道如何禁得起？四个人一齐动手，将两个道人捆缚，预备送到祥符县去。此系祥符地面之事，由县解府，按劫掠杀命定案。四人复又搜寻，并无人烟。后又搜至旁院之中，却是菩萨殿三间，只见佛像身披红袍，大家方明白，红衣女子乃是菩萨现化。可见田忠有救，道人恶贯已满，报应不爽。此时，公孙策已将树林内伴当叫来拿获道人，便派从人四名，将恶道交送至县内，立刻祥符县申报到府。大家带了田忠，一同出庙。此时天已大亮，竟奔开封府而来，暂将四人寄在下处。

公孙策进内参见包公，言访查之事尚无确实，今有土龙岗王、马、张、赵四人投到，并铁仙观救了田忠，捉拿恶道交祥符县，不日解到的话说了一遍。复又立起身来说："晚生还要访查刘氏案去。"当下辞了包公至茶房，此时药箱、招牌俱已送到。公孙策先生打扮停当，仍从角门去了。且说包公见公孙策去后，暗叫包兴将田忠带至书房，问他替主鸣冤一切情形；叫左右领至茶房居住，不可露面，恐走漏了风声，庞府知道。又吩咐包兴，将四勇士暂在班房居住，俟有差听用。

且说公孙策离了衙门，复至七里村沿途暗访，心下自思："我公孙策时乖运蹇，屡试不第，幸赖了然和尚一封书函，荐至开封府，偏偏头一天到来，就遇见这一段公案，不知何日方能访出。总是我的运气不好，以致诸事不顺。"越思越想，心内越烦，不知不觉出了七里村。忽然想起，自己叫着自己说："公孙策你好呆，你是做什么来了？就是这么走着，有谁知你是医生呢？既不知道你是医生，你又焉能打听出来事情呢？实实呆的可笑。"原来公孙策只顾思索，忘了摇串铃了。这时想起，连忙将铃儿摇起，口中说道："有病早来治，莫要多延迟。养病如养虎，虎大伤人的。凡有疑难大症，管保手到病除。贫不计利。"正在念诵，可巧那一边一个老婆子唤道："先生，这里来，这里来。"公孙策闻听，向前问道："妈妈唤我吗？"那婆子道："可不是。只因我媳妇身体有病，求先生医治医治。"公孙策闻听，说："既是如此，妈妈引路。"那婆子引进柴扉，掀起了蒿子秆的帘子，将先生请进。看时却是三间草房，一明两暗。婆子又掀起西里间单布帘子，请先生土炕上坐了。

公孙策放了药箱，倚了招牌，刚要坐下，只见婆子搬了个不带背的三条腿椅子，在地下相陪。婆子便说道："我姓尤，丈夫早已去世，有个儿子名叫狗儿，在陈大户陈应杰家做长工。只因我的媳妇得病有了半月了，他的精神短少，饮食懒进，还有点午后发烧。求先生看看脉，吃点药儿。"公孙策道："令媳现在那屋？"婆子道："在东屋里呢，待我告诉他。"说着，站起往东屋里去了。只听说道："媳妇，我给你请个先生来，求他老看看，管保就好咧！"只听妇人道："母亲，不看也好，一来我没有什么大病，二来家无钱钞，何苦妄费钱文。"婆子道："啊呀，媳妇啊！你听见先生说么，'贫不计利'。再者，养病如养虎。好孩子，请先生瞧瞧罢。你早些好了，也省得老娘悬心。我就是倚靠你了，我那儿子也不指望他了。"说至此，妇人便道："请先生过来看看就是了。"婆子闻听，说："还是我这孩子听说，好个孝顺的媳妇。"一边说着，便来到西屋请公孙策。公孙策跟定婆子，来至东间，与妇人诊脉。

原来医生有望、闻、问、切四条，给右科看病，也不可不望，不过一目了然。又道"医者易也，易者移也"。故有移重就轻之法。假如给老年人看准脉息不好，必要安慰说道："不要紧，立个方儿，吃与不吃均可。"后至出来，方向本家说道："老人家脉息不好得很，赶紧预备后事罢。"本家问道："先生，你为何方才不说？"医家道："我若不开导着说，上年纪的人听说厉害，痰向上一涌，那不登时交代了么！"此是移重就轻之法。闲言少叙。且说公孙策与妇人看病，虽是私访，他素来原有实学，所有医理先生尽皆知晓。诊完脉息，已知病源。站起身来，仍然来至西间坐下，说道："我看令媳之脉，乃是双脉。"尤氏闻听，道："啊呀，何尝不是！他大约有四五个月没见。"公孙策又道："据我看来，病源因气恼所致，郁闷不舒，竟是个气裹胎了。若不早治，恐人痨症。必须将病源说明，方好用药。"婆子闻听，不由得吃惊："先生真是神仙，谁说不是气恼上得的呢！待我细细告诉先生。只因我儿子在陈大户家做长工，素日多亏大户帮些银钱。那一天，忽然我儿子拿了两个元宝回来……"说至此处，只听东屋妇人道："此事不必说了。"公孙策忙说道："用药必须说明，我听的确，下药方能见效。"婆子说："孩子，你养你的病，这怕什么？"又说道："我见元宝不免生疑，便问这元宝从何而来。我儿子说，只因大户与七里村张有道之妻不大清楚，这一天陈大户到张家去了，可巧叫他男人撞见，因此大户要害他男人。给我儿两个元宝……"说至此，东屋妇人又道："母亲不消说了，此事如何说得！"婆子道："儿呀，先生也不是外人，说明了好用药呀！"公孙策道："正是，正是。若不说明，药断不灵。"婆子接说："交给我儿子两个元宝，是叫他找什么东西的。原是我媳妇劝他不依，后来跪在地下央求。谁知我不肖的儿子不但不听，反将媳妇踢了几脚，揣起元宝，赌气走了未回。后来果然听张有道死了，又听见说，接三的那日晚上，棺材里连响了三阵，仿佛诈尸的一般，连和尚都唬跑了。因此我媳妇更加忧闷，这便是得病的缘由。"

公孙策听毕，提起笔来写了一方递与婆子。婆子接来一看，道："先生，我看别人方子有许多的字，怎么先生的方儿只一行字呢？"公孙策答道："药用当而通神，我这方乃是独用奇方。用红棉一张，阴阳瓦焙了，老酒冲服，最是安胎活血的。"婆子闻听记下。公孙策又道："你儿子做成此事，难道大户也无谢礼吗？"公孙策问及此层，他算定此案一明，尤狗儿必死，婆媳二人全无养赡，就势要给他婆媳二人想出个主意。这也是公孙策文人妙用。话已说明。且说婆子说道："听说他许给我儿子六亩地。"先生道："这六亩地可有字样吗？"婆子道："那有字样呢，还不定他给不给呢！"先生道："这如何使得！给他办此大事，若无字据，将来你如何养赡呢？也罢，待我替你写张字儿，倘若到官时，以此字合他要地。"真是乡里人好哄，当时婆子乐了个事不有余，说："多谢先生！只是没有纸可怎么好呢？"公孙策道："不妨，我这里有纸。"打开药箱，拿出一大张纸来，立刻写就，假画了中保，押了个花押，交给婆子。婆子深深谢了。

先生背起药箱，拿了招牌，起身便走。婆子道："有劳先生，又无谢礼，连杯茶也没吃，叫婆子好过意不去。"公孙策道："好说！好说！"出了柴扉，此时精神百倍，快乐非常。原是屡试不第，如今仿佛金榜标了名的似的，连乏带饿全忘了，两脚如飞，竟奔开封府而来。这正是:心欢访得稀奇事,意快听来确实音。

未审后事如何,且听下回分解。

第九回　断奇冤奏参封学士　造御刑查赈赴陈州

且说公孙策回到开封府,仍从角门悄悄而入。来至茶房,放下药箱招牌,找着包兴回了包公。立刻请见。公孙策见礼已毕,便将密访的情由,如此如此,这般这般,细细述了一遍。包公闻听欢喜,暗想道:"此人果有才学,实在难为他访查此事。"便叫包兴与公孙策更衣,预备酒饭,请先生歇息。又叫李才将外班传进,立刻出签,拿尤狗儿到案。外班答应。去不多时,前来回说:"尤狗儿带到。"

老爷点鼓升堂,叫"带尤狗儿",上堂跪倒。包公问道:"你就是尤狗儿吗?"回道:"老爷,小人叫驴子。"包公一声断喝:"哇,你明是狗儿,你为何叫驴子呢?"狗儿回道:"老爷,小人原叫狗儿来着,只因他们说狗的个儿小,改叫驴子岂不大些儿呢,因此就改了叫驴子。老爷若不爱叫驴子,还叫狗儿就是了。"两旁喝道:"少说,少说!"包公叫道:"狗儿。"应道:"有。""只因张有道的冤魂告到本府台前,说你与陈大户主仆定计,将他谋死。但此事皆是陈大户要图谋张有道的妻子刘氏,你不过是上人差遣,概不由己。虽然受了两个元宝,也是小事。你可要从实招来,自有本府与你做主,出脱你的罪名便了。你不必忙,慢慢地讲来。"狗儿听见冤魂告状,不由得心中害怕。后又见老爷和颜悦色的出脱他的罪名,与他做主,放了心了。即向上叩头道:"老爷既施大恩与小人做主,小人只得实说。因小人当家的与张有道的女人有交情,可合张有道没有交情。那一天被张有道撞见了,他跑回来就病了,总想念刘氏。他又不敢去,因此想出一个法子来,须得将张有道害了,他或上刘氏家去,或将刘氏娶到家里来方才遂心。故此将小人叫到跟前:'我托付你一宗事情。'我说:'当家的,有什么事呢?'他说:'这宗事情不容易,你须用心搜寻才有。'我就问:'找什么呢?'他说:'这宗东西叫尸龟,仿佛金头虫儿,尾巴上发亮,有蝼虫大小。'我就问:'这宗东西出在哪里呢?'他说:'须在坟里找,总要尸首肉都化了,独有脑子未干,才有这虫儿。'小人一听就为了难了,说:'这可怎么找法呢?'他见小人为难,他便给小人两个元宝,叫小人且自拿着,'事成之后,再给你六亩地。不论日子,总要找了来,白日也不做活,养着精神,夜里好找。'可是老爷说的,上人差遣,概不由己。又说,受人之托,当忠人之事。因此小人每夜出去刨坟,刨到第十七个上,好容易得了此虫。晒成干,研了末,或茶或饭酒上,必是心疼而死,并无伤痕。唯有眉攒中间有小小红点,便是此毒。后来听见张有道死了,大约就是这宗东西害的。求老爷与小人做主。"包公听罢此话,大约无什么虚假。书吏将供单呈上,包公看了,拿下去叫狗儿画了招。立刻出签，将陈应杰拿来。老爷又吩咐狗儿道："少时陈大户到案，你可要当面质对，老爷好与你做主。"狗儿应允。包公点头，吩咐带下去。

只见差人当堂跪倒，禀道："陈应杰拿到。"包公又吩咐，传刘氏并尤氏婆媳。先将陈大户带上堂来，当堂去了刑具。包公问道："陈应杰，为何谋死张有道，从实招来。"陈大户闻听，唬得惊疑不止，连忙说道："并无此事呀，青天老爷。"包公将惊堂木一拍，道："你这大胆的奴才，在本府堂前还敢支吾吗？左右，带狗儿。"立刻将狗儿带上堂来，与陈应杰当面对证。大户只唬得抖衣而战，半晌方说道："小人与刘氏通奸实情，并无谋死有道之事。这都是狗儿一片虚词，老爷千万莫信。"包公大怒，吩咐看大刑伺候。左右一声喊，将三木往堂上一掼，把陈大户唬的胆裂魂飞，连忙说道："愿招，愿招。"便将狗儿找寻尸龟，悄悄交与刘氏，叫或茶或饭洒上，立刻心疼而死。并告诉他放心，并无一点伤痕，连血迹也没有，从头至尾说了一遍。包公看了供单，叫他画了招。只见差役禀道："刘氏与尤氏婆媳俱各传到。"包公吩咐先带刘氏。只见刘氏仍是洋洋得意，上得堂来，一眼瞧见陈大户，不觉朱颜更变，行色张皇，免不得向上跪倒。包公却不问他，便叫陈大户与妇人当面质对。陈大户对着刘氏哭道："你我干此事，以为机密，再也无人知道。谁知张有道冤魂告到老爷台前，事已败露，不能不招。我已经画招，你也画了罢，免得皮肉受苦。"妇人闻听，骂了一声冤家，"想不到你竟如此脓包，没能为。你今既招承，我又如何推托呢？"只得向上叩首道："谋死亲夫张有道情实，再无别词。就是张致仁调戏一节，也是诬赖他的。"包公也叫画了手印。又将尤氏婆媳带上堂来。婆子哭诉前情，并言毫无养赡，"只因陈大户曾许过几亩地，婆子恐他诬赖，托人写了一张字儿。"说着话，从袖中将字儿拿出呈上。包公一看，认得是公孙策的笔迹，心中暗笑道："说不得这可要讹陈大户了。"便向陈大户道："你许给他地亩，怎不拨给他呢？"陈大户无可奈何，并且当初原有此言，只得应许拨给几亩地与尤氏婆媳。包公便饬发该县办理。包公又问陈大户道："你这尸龟的方子是如何知道的？"陈大户回道："是我家教书的先生说的。"包公立刻将此先生传来，问他如何知道的，为何教他这法子。先生费士奇回道："小人素来学习些医家，因知药性，或于完了功课之时，或刮风下雨之日，不时合东人谈谈论论。因提及此药不可乱用，其中有六脉八反，乃是最毒之物，才提到尸龟。小人是无心闲谈，谁知东家却是有心记忆，故此生出事来。求老爷详察。"包公点头道："此语虽是你无心说出，只是不当对匪人言论。此事亦当薄薄有罪，以为妄谈之戒。"即行办理文书，将他递解还乡。刘氏定了凌迟，陈大户定了斩立决，狗儿定了绞监候。原告张致仁无事。

包公退了堂，来至书房，即打了摺底，叫公孙策誊清。公孙策刚刚写完，包兴进来，手中另持一纸，向公孙策道："老爷说咧，叫把这个誊清，夹在摺内，明早随着折子一同具奏。"先生接过一看，不觉目瞪神痴，半晌方说道："就照此样写吗？"包兴道："老爷亲自写的，叫先生誊清，焉有不照样写的理呢？"公孙策点头说："放下，我写就是了。"心中好不自在。原来这个夹片，是为陈州放粮不该信用椒房宠信之人，直说圣上用人不当，一味顶撞言语。公孙策焉有不耽惊之理呢？"写只管写了，明日若递上去，恐怕是辞官表一道。总是我公孙策时运不顺，偏偏遇的都是这些事，只好明日听信儿再为打算罢。"

至次日五鼓，包公上朝。此日正是老公公陈伴伴接折子，递上多时，就召见包公。原来圣上见了包公折子，初时龙心甚为不悦，后来转又一想，此乃直言敢谏，正是忠心为国，故而转怒为喜，立刻召见。包公奏对之下，明系陈州放赈恐有情弊。因此圣上加封包公为龙图阁大学士，仍兼开封府事务，前往陈州稽查放赈之事，并统理民情。包公并不谢恩，跪奏道："臣无权柄，不能服众，难以奉诏。"圣上道："再赏卿御札三道，谁敢不服！"包公谢恩，领旨出朝。

且说公孙策自包公入朝后，他便提心吊胆，坐立不安，满心要打点行李起身，又恐谣言惑众，只得忍耐。忽听一片声喊，以为事体不妥。正在惊惶之际，只见包兴先自进来告诉，老爷圣上加封龙图阁大学士，派往陈州查赈。公孙策闻听，这一乐真是喜出望外。包兴道："特派我前来与先生商议，打发报喜人等，不准他们在此嘈杂。"公孙策欢欢喜喜与包兴斟酌妥协，赏了报喜的去后，不多时，包公下朝。大家叩喜已毕，便对公孙策道："圣上赐我御札三道，先生不可大意。你须替我仔细参详，莫要辜负圣恩。"说罢进内去了。这句话把个公孙策打了闷葫芦，回至自己屋内，千思万想，猛然省悟说："是了，这是逐客之法。欲要不用我，又赖不过了然的情面，故用这样难题目。我何不如此如此，鬼混一番，一来显显我胸中的抱负，二来也看看包公胆量。左右是散伙罢咧！"于是研墨蘸笔，先度量了尺寸，注写明白。后又写了做法，并分上中下三品，龙虎狗的式样。他用笔画成三把铡刀，故意的以"札"字做"铡"字，"三道"做"三刀"，看包公有何话说。画毕来至书房，包兴回明了，包公请进。公孙策将画单呈上，以为包公必然大怒，彼此一拱手就完了。谁知包公不但不怒，将单一一看明，不由春风满面，口中急急称赞："先生真天才也！"立刻叫包兴传唤木匠，"就烦先生指点，务必连夜荡出样子来，明早还要恭呈御览。"公孙策听了此话，愣柯柯的连话也说不出来。此事就要说"这是我画着玩的"，也改不过口来了。又见包公连催外班快传匠役。公孙策见真要办理此事，只得退出，重新将单子细细的搜求，又添上如何包铜叶子，如何钉金钉子，如何安鬼王头，又添上许多样式。不多时，匠役人等来到。公孙策先叫看了样子，然后教他做法。众人不知有何用处，只得按着吩咐的样子荡起。一个个手忙脚乱，整整闹了一夜，方才荡得。包公临上朝时，俱各看了，吩咐用黄箱盛上，抬至朝中，预备御览。

包公坐轿来至朝中，三呼已毕，出班奏道："臣包拯昨蒙圣恩，赐御铡三刀，臣谨遵旨，拟得式样，不敢擅用，谨呈御览。"说着话，黄箱已然抬到，摆在丹墀。圣上闪目观瞧，原来是三口铡刀的样子，分龙虎狗三品。包公又奏："如有犯法者，各按品级行法。"圣上早已明白，包公用意是借"札"字之音教学"铡"字，做成三口铡刀，以为镇唬外官之用，不觉龙颜大喜，称赞包公奇才巧思，立刻准了所奏："不必定日请训，俟御刑造成，急速起身。"包公谢恩，出朝上轿。

刚到街市之上，见有父老十名，一齐跪倒，手持呈词。包公在轿内看得分明，将脚一跺轿底，这是暗号，登时轿夫止步打杵。包兴连忙将轿帘微掀，将呈子递进。不多时，包公吩咐掀起轿帘，包兴连忙将轿帘掀起。只见包公嗤嗤将呈子撕了个粉碎，掷在地下，口中说道："这些刁民，焉有此事！叫地方将他押去城外，唯恐在城内滋生是非。"说罢，起轿径自去了。这些父老哭哭啼啼，抱抱怨怨说道："我们不辞辛苦奔至京师，指望申冤报恨，谁知这位老爷也是惧权势的，真是闻名不如见面，我等冤枉再也无处诉了。"说罢，又大哭起来。旁边地方催促道："走吧，别叫我们受罪，大小是个差使。哭也无益，何处没有屈死的呢？"众人闻听，只得跟随地方出城。刚到城外，只见一骑马飞奔前来，告诉地方道："送他们出城，你就不必管了，你回去吧。"地方连忙答应，抽身便回去了。来人却是包兴，跟定父老到无人处，方告诉他们道："老爷不是不准呈子，因市街上耳目过多，走漏风声，反为不美。老爷吩咐你们俱不可散去，且找幽僻之处藏身，暗暗打听老爷多咱起身时，叫你们一同随去。如今先叫两个有年纪的，悄悄跟我进城，到衙门有话问呢。"众人闻听，俱各欢喜。其中单叫两个父老，远远跟定包兴。到了开封府，包兴进去回明，方将两个父老带至书房。包公又细细问了一遍，原来是十三家，其中有收监的，有不能来的。包公吩咐他们："在外不可声张，俟我起身时一同随行便了。"二老者叩头谢了，仍然出城去了。

且说包公自奏明御刑之后，便吩咐公孙策督工监造，务要威严赫耀，更要纯厚结实。便派王、马、张、赵四勇士服侍御刑，王朝掌刀，马汉卷席捆人，张龙、赵虎抬人入铡。公孙策每日除监造之外，便与四勇士服侍御刑，操演规矩，定了章程礼法，不可紊乱。不数日光景，御刑打造已成。包公具摺请训，便有无数官员前来饯行。包公将御刑供奉堂上，只等众官员到齐，同至公堂之上验看御刑。众人以为新奇，正要看看是何治度。不时俱到公堂，只见三口御铡上面俱有黄龙袱套，四位勇士雄赳赳，气昂昂，上前抖出黄套，露出刑外之刑，法外之法。真是光闪闪，令人毛发皆竖；冷飕飕，使人心胆俱寒。正大君子看了，尚可支持；奸邪小人见了，魂魄应飞。真算从古至今未有之刑也。众人看毕，也有称赞的，也有说奇的，就有暗说过苛的，并有暗说多事的，纷纷议论不一。大家只得告别，包公送至仪门，回归后面。所有内外执事人等，忙忙乱乱打点起身。包公又暗暗吩咐，叫田忠跟随公孙策同行。到了起行之日，有许多同僚在十里长亭送别，亦不必细表。沿途上，叫告状的父老也暗暗跟随。

这日包公走至三星镇，见地面肃静，暗暗想道：地方官制度有方。正自思想，忽听喊冤之声，却不见人。包兴早已下马，顺着声音找去，原来在路旁空柳树里，及至露出身来，却又是个妇人，头顶呈词，双膝跪倒。包兴连忙接过呈子。此时轿已打杵，上前将状子递入轿内。包公看毕，对那妇人道："你这呈子上言家中无人，此呈却是何人所写？"妇人答道："从小熟读诗书，父兄皆是举贡，嫁得丈夫也是秀才，笔墨常不释手。"包公将轿内随行纸墨笔砚，叫包兴递与妇人，另写一张。只见不加思索，援笔立就呈上。包公接过一看，连连点头道："那妇人，你且先行回去听传。待本阁到了公馆，必与你审问此事。"那妇人磕了一个头说："多谢青天大人！"当下包公起轿，直投公馆去了。

未识后事如何，且听下回分解。

第十回 买猪首书生遭横祸 扮花子勇士获贼人

且说包公在三星镇，接了妇人的呈子。原来那妇人，娘家姓文，嫁与韩门为妻。自从丈夫去世，膝下只有一子，名唤瑞龙，年方一十六岁，在白家堡租房三间居住。韩文氏做些针黹，训教儿子读书。子在东间读书，母在西间做活，娘儿两个将就度日，并无仆妇下人。一日晚间，韩瑞龙在灯下念书，猛回头见西间帘子一动，有人进入西间，是葱绿衣襟，大红朱履，连忙立起身赶入西间，见他母亲正在灯下做活。见瑞龙进来，便问道："吾儿晚上功课完了吗？"瑞龙道："孩儿偶然想起个典故，一时忘怀，故此进来找书查看查看。"一壁说着，奔了书箱。虽则找书，却暗暗留神，并不见有什么。只得拿一本书出来，好生纳闷。又怕有贼藏在暗处，又不敢声张，恐怕母亲害怕，一夜也未合眼。到了次日晚间，读书到了初更之后，一时恍惚，又见西间帘子一动，仍是那朱履绿衫之人进入屋内。韩生连忙赶至屋中，口叫"母亲"。只这一声，倒把个韩文氏吓了一跳，说道："你不念书，为何大惊小怪的？"韩生见问，一时不能答对，只得实诉道："孩儿方才见有一人进来，及至赶入屋内却不见了，昨晚也是如此。"韩文氏闻听不觉诧异："倘有歹人窝藏，这还了得！我儿持灯照看照看便了。"韩生接过灯来在床下一照，说："母亲，这床下土为何高起许多呢？"韩文氏连忙看时，果是浮土，便道："且把床挪开细看。"娘儿两个抬起床来，将浮土略略扒开，却露出一只箱子，不觉心中一动，连忙找了铁器，将箱盖一开。不看则可，只因一看，便是时衰鬼弄人了。韩生见里面满满的一箱子黄白之物，不由满心欢喜，说道："母亲，原来是一箱子金银，敢则是财来寻人。"文氏闻听，喝道："胡说，焉有此事！总然是财，也是非义之财，不可混动。"无奈韩生年幼之人，见了许多金银，如何割舍得下；又因母子很窘，便对文氏道："母亲，自古掘土得金的不可枚举，况此物非是私行窃取的，又不是别人遗失捡了来的，何以谓之不义呢？这必是上天怜我母子孤苦，故而才有此财发现，望乞母亲详察。"文氏听了也觉有理，便道："既如此，明早买些三牲祭礼，谢过神明之后，再做道理。"韩生闻听母亲应允，不胜欢喜，便将浮土仍然掩上，又将木床暂且安好，母子各自安寝。

韩生那里睡得着，翻来覆去，胡思乱想，好容易心血来潮入了梦乡，总是惦念此事。猛然惊醒，见天发亮，急忙起来禀明母亲，前去办买三牲祭礼。谁知出了门一看，只见月明如昼，天气尚早，只得慢慢行走。来至郑屠铺前，见里面却有灯光，连忙敲门要买猪头。忽然灯光不见了，半晌毫无人应，只得转身回来。刚走了几步，只听郑屠门响。回头看时，见灯光复明。又听郑屠道："谁买猪头？"韩生应道："是我赊个猪头。"郑屠道："原来是韩相公。既要猪头，为何不拿个家伙来？"韩生道："出门忙了就忘了，奈何？"郑屠道："不妨，拿一块垫布包了，明日再送来罢。"因此用垫布包好，交付韩生。韩生两手捧定，走不多时，便觉乏了，暂且放下歇息，然后又走。迎面恰遇巡更人来，见韩生两手捧定带血布包，又累得气喘吁吁，未免生疑，便问是何物件。韩生答道："是猪头。"说话气喘，字儿不真，巡更人更觉疑心。一人说话，一人弯腰打开布包验看。月明之下，又有灯光照的真切，只见里面是一颗血淋淋发髻蓬松女子人头。韩生一见，只唬得魂飞魄散。巡更人不容分说，即将韩生解至郸县，俟天亮禀报。

县官见是人命，立刻升堂。带上韩生一看，却是个懦弱书生，便问道："你叫何名？因何杀死人命？"韩生哭道："小人叫韩瑞龙，到郑屠铺内买猪首，忘拿家伙，是郑屠用布包好递与小人。后遇巡更之人追问，打开看时，不想是颗人头。"说罢，痛哭不止。县官闻听，立刻出签拿郑屠到案。谁知郑屠拿到，不但不应，他便说连买猪头之事也是没有的。又问他："垫布不是你的吗？"他又说："垫布是三日前韩生借去的，不想他包了人头，移祸于小人。"可怜年幼的书生如何敌得过这狠心屠户，幸亏官府明白，见韩生不像行凶之辈，不肯加刑，连屠户暂且收监，设法再问。

不想韩文氏在三星镇递了呈词，包公准状。及至来到公馆，县尹已然迎接，在外伺候。包公略为歇息吃茶，便请县尹相见，即问韩瑞龙之案。县官答道："此案尚在审讯，未能结案。"包公吩咐，将此案人证俱各带至公馆听审。少刻带到，包公升堂入座。先带韩瑞龙上堂，见他满面泪痕，战战兢兢，跪倒堂前。包公叫道："韩瑞龙，因何谋杀人命，诉上来。"韩生泪涟涟道："只因小人在郑屠铺内买猪头，忘带家伙，是他用垫布包好递给小人，不想闹出这场官司。"包公道："住了。你买猪头遇见巡更之人是什么时候？"韩生道："天尚未亮。"包公道："天未亮你就去买猪头何用？讲。"韩生到了此时，不能不说，便一五一十回明堂前，放声大哭："求大人超生革命。"包公暗暗点头道："这小孩子家贫，贪财心胜。看此光景，必无谋杀人命之事。"吩咐带下去。便对县官道："贵县，你带人役到韩瑞龙家相验板箱，务要搜查明白。"县官答应，出了公馆，乘马带了人役去了。

这里包公又将郑屠提出，带上堂来。见他凶眉恶眼，知是不良之辈。问他时，与前供相同。包公大怒，打了二十个嘴巴，又责了三十大板。好恶贼，一言不发，真会挺刑。吩咐带下去。只见县官回来，上堂禀道："卑职奉命前去韩瑞龙家验看板箱，打开看时，里面虽是金银，却是冥资纸锭。又往下搜寻，谁知有一无头死尸，却是男子。"包公问道："可验明是何物之伤？"一句话把个县官问了个怔，只得禀道："卑职见是无头之尸，未及验看是何物所伤。"包公嗔道："既去查验，为何不验看明白？"县尹连忙道："卑职粗心，粗心。"包公吩咐："下去！"县尹连忙退出，唬了一身冷汗，暗自说："好一位厉害钦差大人，以后诸事小心便了。"

再说包公吩咐再将韩瑞龙带上来，便问道："韩瑞龙，你住的房屋是祖积，还是自己盖造的呢？"韩生回道："俱不是，乃是租赁居住的，并且住了不久。"包公又问："先前是何人居住？"韩生道："小人不知。"包公听罢，叫将韩生并郑屠寄监。老爷退堂，心中好生忧闷。叫人请公孙先生来，彼此参详此事。一个女子头，一个男子身，这便如何处治？公孙先生又要私访。包公摇头道："得意不宜再往，待我细细思索便了。"公孙策退出，与王、马、张、赵大家参详此事，俱各无有定见。公孙先生自回下处。

四爷赵虎便对三位哥哥言道："你我投至开封府，并无寸箭之功。如今遇了为难的事，理应替老爷分忧，待小弟暗访一番。"三人听了不觉大笑说："四弟，此乃机密细事，岂是你粗鲁之人干得的？千万莫要留个话柄。"说罢复又大笑。四爷脸上有些下不来，搭搭讪讪地回到自己屋内，没好谤气的。倒是跟四爷的从人有机变，向前悄悄对四爷到耳边说："小人倒有个主意。"四爷说："你有什么主意？"从人道："他们三位不是笑话你老吗，你老倒要赌赌气，偏去私访，看是如何。然而必须乔装打扮，叫人认不出来。那时若是访着了，固然是你老的功劳；就是访不着，悄悄儿回来也无人知觉，也不至于丢人。你老想好不好？"四爷闻听大喜，说："好小子，好主意。你就替我办理。"从人连忙去了，半晌回来道："四爷，为你这宗事，好不费事呢，好容易才找了来了，花了十六两五钱银子。"四爷说："什么多少，只要办的事情妥当就是了。"从人说："管保妥当。咱们找个僻静的地方，小人就把你老打扮起来好不好？"四爷闻听满心欢喜，跟着从人出了公馆，来至静处。打开包袱，叫四爷脱了衣襟。包袱内里面却是锅烟子，把四爷脸上一抹，身上手上俱各花花答答抹了，然后拿出一顶半零不落的开花儿的帽子与四爷戴上，又拿上一片滴零耷拉的破衣与四爷穿上，又叫四爷脱了裤子鞋袜，又拿条少腰没腿的破裤衩儿与四爷穿上，腿上给四爷贴了两个膏药，唾了几口吐沫，抹了些花红柳绿的，算是流的脓血，又有没脚跟的榨板鞋叫四爷趿拉上，馀外有个黄磁瓦罐，一根打狗棒，叫四爷拿定，登时把四爷打扮了个花铺盖相似。这一身行头，别说十六两五钱银子，连三十六个钱谁也不要他。只因四爷大秤分金，扒堆使银子，那里管他多少，况且又为的是官差私访，银子上更不打算盘了。临去时，从人说："小人于起更时仍在此处等候你老。"四爷答应。左手提罐，右手拿棒，竟奔前村而去。

走着，走着，觉得脚趾扎的生疼。来到小庙前石上坐下，将鞋拿起一看，原来是鞋底的钉子透了。抡起鞋来，在石上啪嗒啪嗒紧摔，好容易将钉子摔下去。不想惊动了庙内的和尚，只当有人敲门。及至开门一看，是个叫花子在那里摔鞋。四爷抬头一看，猛然问："和尚，你可知女子之身男子之头在于何处？"和尚闻听道："原来是个疯子。"并不答言，关了山门进去了。四爷忽然省悟，自己笑道："我原来是私访，为何信口开河？好不是东西。快些走吧！"自己又想道："既扮作花子，应当叫花才是。这个我可没有学过，说不得到那里说那里，胡乱叫两声便了。"便道："可怜我一碗半碗，烧的黄的都好。”先前还高兴，以为我私访，到后来，见无人理他，自想道：“似此如何打听得事出来？”未免心中着急。又见日色西斜，看看的黑了。幸喜是月望之后，天气虽然黑了，东方却早一轮明月。走至前村，也是事有凑巧，只见一家后墙有个人影往里一跳。四爷心中一动，暗说：“才黑如何便有偷儿？不要管他，我也跟进去瞧瞧。那个要饭的有良心呢，非偷即摸。若有良心，也不要饭了。”思罢，放下瓦罐，丢了木棒，摔了破鞋，光着脚丫子，一伏身往上一纵，纵上墙头。看墙内有柴火垛一堆，就从柴垛顺溜下去。留神一看，见有一人趴伏在那里。愣爷上前伸手按住，只听那人“啊呀”一声。四爷说：“你嚷我就捏死你。”那人道：“我不嚷，我不嚷，求爷爷饶命。”四爷道：“你叫什么名字？偷的什么包袱？放在哪里？快说。”只听那人道：“我叫叶阡儿，家有八十岁老母。因无养赡，我是头次干这营生呀！爷爷！”四爷说：“你真没偷什么？”一面问，一面搜查细看。只见地下露着白绢条儿，四爷一拉，土却是松的，越拉越长，猛力一抖，见是一双小小金莲。复又将腿攥住，尽力一掀，原来是一个无头的女尸。四爷一见，道：“好呀，你杀了人还合我闹这个腔儿呢。实对你说，我非别个，乃开封府包大人阁下赵虎的便是。因为此事，特来暗暗私访。”叶阡儿闻听，只唬的胆裂魂飞，口中哀告道：“赵爷，赵爷！小人做贼情实，并没有杀人。”四爷说：“谁管你，且捆上再说。”就拿白绢条子绑上，又恐他嚷，又将白绢条子撕下一块，将他口内塞满，方才说：“小子，好好在这里，老爷去去就来。”四爷顺着柴垛跳出墙外，也不顾瓦罐木棒与那破鞋，光着脚奔走如飞，直向公馆而来。

此时天交初鼓，只见从人正在那里等候。瞧着像四爷，却听见脚底下呱咭呱咭的声响，连忙赶上去说：“事干得如何？”四爷说：“小子，好兴头得很！”说着话就往公馆飞跑。从人看此光景，必是闹出来了，一壁也就随着跟来。谁知公馆之内因钦差在此，各处俱有人把门，甚是严整。忽然见个花子从外面跑进，连忙上前拦阻，说道：“你这人好生撒野，这是什么地方……”话未说完，四爷将手向左右一分，一个个一溜歪斜，几乎栽倒，四爷已然进去。众人才待再嚷，只见跟四爷的从人进来说道：“别嚷，那是我们四老爷。”众人闻听，各皆发怔，不知什么缘故。这位愣爷跑到里面，恰遇包兴，一伸手拉住说：“来得甚好。”把个包兴吓了一跳，连忙问道：“你是谁？”后面从人赶到说：“是我们四爷。”包兴在黑影中看不明白，只听赵虎说：“你替我回禀大人，就说赵虎求见。”包兴方才听出声音来：“啊呀，我的愣爷，你唬杀我咧！”一同来至灯下，一看，四爷好模样儿，真是难画难描，不由得好笑。四爷着急道：“你且别笑，快回老爷！你就说我有要紧事求见。快着，快着！”包兴见他这般光景，必是有什么事，连忙带着赵爷到了包公书房。包兴进内回禀，包公立刻叫进来。见了赵虎这个样子，也觉好笑，便问：“有什么事？”赵虎便将如何私访，如何遇着叶阡儿，如何见了无头女尸之话，从头至尾细述一回。包公正因此事没有头绪，今闻此言，不觉满心欢喜。

未知如何，且听下回分解。

第十一回 审叶阡儿包公断案 遇杨婆子侠客挥金

且说包公听赵虎拿住叶阡儿,立刻派差头四名,着两个看守尸首,派两人急将叶阡儿押来。吩咐去后,方叫赵虎后面更衣,又极力夸说他一番。赵虎洋洋得意,退出门来。从人将净面水衣服等,俱各预备妥协。四爷进了门,就赏了从人十两银子,说:"好小子,亏得你的主意,老爷方能立此功劳。"愣爷好生欢喜,慢慢地梳洗,安歇安歇。

且言差头去不多时,将叶阡儿带到,仍是捆着。大人立刻升堂,带上叶阡儿,当面松绑。包公问道:"你叫何名,为何故杀人,讲来。"叶阡儿回道:"小人名叫叶阡儿,家有老母,只因穷苦难当,方才做贼。不想头一次就被人拿住,望求老爷饶命。"包公道:"你做贼已属不法,为何又去杀人呢?"叶阡儿道:"小人做贼是真,并未杀人。"包公将惊堂木一拍:"好个刁恶奴才,束手问你,断不肯招。左右,拉下去打二十大板。"只这二十下子,把个叶阡儿打了个横迸,不由着急道:"我叶阡儿怎么这么时运不顺,上次是那么着,这次又这么着,真是冤枉冤哉!"包公闻听话里有话,便问道:"上次是那么着?快讲。"叶阡儿自知失言,便不言语。包公见他不语,吩咐:"掌嘴,着实的打!"叶阡儿着急道:"老爷不要动怒,我说,我说!只因白家堡有个白员外,名叫白熊,他的生日之时,小人便去张罗,为的是讨好儿,事完之后,得些赏钱,或得点子吃食。谁知他家管家白安,比员外更小气刻薄,事完之后,不但没有赏钱,连杂烩菜也没给我一点。因此小人一气,晚上便偷他去了。"包公说:"你方才说道是头次做贼,如今是第二次了。"叶阡儿回道:"偷白员外是头一次。"包公道:"偷了怎么?讲!"叶阡儿道:"他家道路小人是认得的,就从大门溜进去,竟奔东屋内隐藏。这东厢房便是员外的妾名玉蕊住的,小人知道他的箱柜东西多呢。正在隐藏之时,只听得有人弹隔扇响。只见玉蕊开门,进来一人,又把隔扇关上。小人在暗处一看,却是主管白安。见他二人笑嘻嘻地进了帐子。不多时,小人等他二人睡了,便悄悄地开柜子,一摸摸着木匣子,甚是沉重,便携出越墙回家。见上面有锁,旁边挂着钥匙,小人乐得了不得。及至打开一看,罢咧!谁知里面是个人头。这次又遇着这个死尸,故此小人说'上次是那么着,这次是这么着'。这不是小人时运不顺吗?"包公便问道:"匣内人头是男是女,讲来。"叶阡儿回道:"是个男头。"包公道:"你将此头是埋了,还是报了官了呢?"叶阡儿道:"也没有埋,也没有报官。"包公道:"既没埋,又没报官,你将这人头丢在何处了呢?讲来。"叶阡儿道:"只因小人村内有个邱老头子,名叫邱风。因小人偷他的倭瓜,被他拿住……"包公道:"偷倭瓜这是第三次了。"叶阡儿道:"偷倭瓜才是头一次呢。这邱老头子恨急了，将井绳蘸水，将小人打了个扁饱，才把小人放了。因此怀恨在心，将人头掷在他家了。”包公便立刻出签两枝，差役四名，二人拿白安，二人拿邱凤，俱于明日听审。将叶阡儿押下去寄监。

至次日，包公正在梳洗，尚未升堂。只见看守女尸差人回来一名，禀道：“小人昨晚奉命看守死尸。至今早查看，谁知这院子正是郑屠的后院，前门封锁，故此转来禀报。”包公闻听，心内明白，吩咐：“知道了。”那人仍然回去。包公立刻升堂，先带郑屠，问道：“你这该死的奴才，自己杀害人命，还要拖累他人。你既不知女子之头，如何你家后院埋着女子之尸？从实招来。讲！”两旁威喝：“快说，快说！”郑屠以为女子之尸，必是老爷派人到他铺中搜出来的，一时惊得木塑相似，半晌说道：“小人愿招。只因那天五鼓起来，刚要宰猪，听见有人叩门求救，小人连忙开门放人。又听得外面有追赶之声，口中说道：‘既然没有，明早细细搜查。大约必是在那里窝藏下了。’说着话，仍归旧路回去了。小人等人静后方才点灯，一看却是个年幼女子。小人问他因何黉夜逃出，他说名叫锦娘，只因身遭拐骗，卖人烟花，‘我是良家女子，不肯依从。后来有蒋太守之子，倚仗豪势，多许金帛，要买我为妾。我便假意殷勤，递酒戏媚，将太守之子灌得大醉，得便脱逃出来。’小人见他美貌，又是满头珠翠，不觉邪心顿起。谁知女子嚷叫不从。小人顺手提刀，原是威吓他，不想刀才到脖子上，头就掉了。小人见他已死，只得将外面衣服剥下，将尸埋在后院。回来正拔头上簪环，忽听有人叫门买猪头，小人连忙把灯吹灭了。后来一想，我何不将人头包了，叫他替我抛了呢。总是小人糊涂慌恐，也是冤魂缠绕，不知不觉就将人头用垫布包好，重新点上灯，开开门，将买猪头的叫回来，就是韩相公。可巧没拿家伙，因此将布包的人头递与他，他就走了。及至他走后，小人又后悔起来。此事如何叫人掷的呢？必要闹出事来。复又一想，他若替我掷了，也就没事；倘若闹出事来，总给他个不应就是了。不想老爷明断，竟把个尸首搜出来了。可怜小人杀了会子人，所有的衣服等物动也没动，就犯了事了。小人冤枉！”包公见他俱各招认，便叫他画招。

刚刚带下去，只见差人禀道：“邱凤拿到。”包公吩咐带上来，问他何故私埋人头。邱老儿不敢隐瞒，只得说：“那夜听见外面咕咚一响，怕是歹人偷盗，连忙出屋看时，见是个人头，不由害怕，因叫长工刘三拿去掩埋。谁知刘三不肯，合小人要一百两银子。小人无奈，给了他五十两银子，他才肯埋了。”包公道：“埋在何处？”邱老说：“问刘三便知分晓。”包公又问：“刘三现在何处？”邱老儿说：“现在小人家内。”包公立刻吩咐县尹带领差役，押着邱老，找着刘三，即将人头刨来。

刚刚去后，又有差役回来禀道：“白安拿到。”立刻带上堂。见他身穿华服，美貌少年。包公问道：“你就是白熊的主管白安吗？”应道：“小人是。”“我且问你，你主人待你如何？”白安道：“小人主人待小人如同骨肉，实在是恩同再造。”包公将惊堂木一拍：“好一个乱伦的狗才！既如此说，为何与你主人侍妾通奸？讲。”白安闻听，不觉心惊，道：“小人素日奉公守法，并无此事吓。”包公吩咐带叶阡儿。叶阡儿来至堂上，见了白安，说："大叔不用分辩了，应了罢！我已然替你回明了。你那晚弹槁扇与玉蕊同进了帐子，我就在那屋里来着。后来你们睡了，我开了柜，拿出木匣，以为发注财，谁知里面是个人脑袋。没什么说的，你们主仆做的事儿，你就从实招了罢。大约你不招也是不行的。"一席话说的白安张口结舌，面目变色。包公又在上面催促说："那是谁的人头？从实说来。"白安无奈，爬半步道："小人招就是了。那人头，乃是小人家主的表弟，名叫李克明。因家主当初穷时，借过他纹银五百两，总未还他。那一天，李克明到我们员外家，一来看望，二来讨取旧债。我主人相待酒饭。谁知李克明酒后失言，说他在路上遇一疯癫和尚，名叫陶然公，说他面上有晦气，给他一个游仙枕，叫他给予星主，他又不知星主是谁，问我主人。我主人也不知是谁，因此要借他游仙枕观看。他说，里面阆苑琼楼，奇花异草，奥妙非常。我主人一来贪看游仙枕，二来又省还他五百两银子，因此将他杀死，叫我将尸埋在堆货屋子里。我想，我与玉蕊相好，倘被主人识破，如何是好？莫若将割下的人头灌下水银，收在玉蕊的柜内，以为将来主人识破的把柄。谁知被他偷去此头，今日闹出事来。"说罢往上叩头。包公又问道："你埋尸首之屋，在于何处？"白安道："自埋之后闹起鬼来了，因此将这三间屋子另行打出，开了门，租与韩瑞龙居住。"包公闻听，心内明白，叫白安画了招，立刻出签拿白熊到案。

此时县尹已回，上堂来禀道："卑职押解邱凤，先找着刘三，前去刨头，却在井边。刘三指地基时，里面却是个男子之尸。验过额角，是铁器所伤。因问刘三，刘三方说道：'刨错了，这边才是埋人头的地方。'因此又刨，果有人头，系用水银灌过的男子头。卑职不敢自专，将刘三一干人证带到听审。"包公闻听县尹之言，又见他一番谨慎，不似先前的荒唐，心中暗喜，便道："贵县辛苦，且歇息歇息去。"叫带刘三上堂，包公问道："井边男子之尸，从何而来？讲。"两边威吓："快说！"刘三连忙叩头，说："老爷不必动怒，小人说就是了。回老爷，那男子之尸不是外人，是小人的叔伯兄弟刘四。只因小人得了当家的五十两银子，提了人头刚要去埋，谁知刘四跟在后面。他说：'私埋人头，应当何罪？'小人许了他十两银子，他还不依；又许他对半平分，他还不依。小人问他要多少呢，他说：'要四十五两。'小人一想，通共才五十两，小人才五两剩头。气他不过，小人于是假应，叫他帮着刨坑，要深深地。小人见他折腰撮土，小人就照着太阳上一锹头，就势儿先把他埋了。然后又刨一坑，才埋了人头。不想今日阴错阳差。"说罢，不住叩头。包公叫他画了招，且自带下去。此时白熊业已传到，所供与白安相符，并将游仙枕呈上。包公看了，交与包兴收好，即行断案：郑屠与女子抵命，白熊与李克明抵命，刘三与刘四抵命，俱各判斩；白安以小犯上，定了绞监候；叶阡儿充军；邱老儿私埋人头，畏罪行贿，定了徒罪；玉蕊官卖；韩瑞龙不听母训，贪财生事，理当责处，姑念年幼无知，释放回家，孝养孀母，上进攻书；韩文氏抚养课读，见财思义，教子有方，着县尹赏银二十两，以为旌表；县官理应奏参，念他勤劳，办事尚肯用心，照旧供职。包公断明此案，声名远振。歇息一天，再起身赴陈州便了。

且言常州府武进县遇杰村有侠客展昭，自从土龙岗与包公分手，独自遨游名山胜迹，到处玩赏。一日归家，见了老母甚好，多亏老家人展忠，料理家务井井有条，全不用主人操一点心。为人耿直，往往展爷常被他抢白几句。展爷念他是个义仆，又是有年纪的人，也不计较他。唯有在老母前，晨昏定省，克尽孝道。一日老母心内觉得不爽，展爷赶紧延医调治，衣不解带，昼夜侍奉。不想桑榆暮景，竟自一病不起，服药无效，一命归西去了。展爷呼天抢地，痛哭流血。所有丧仪，一切全是老仆展忠办理，风风光光将老太太殡葬了。展爷在家守制遵礼，到了百日服满，他仍是行侠作义，如何肯在家中。一切事体，俱交与展忠照管，他便只身出门，到处游山玩水。遇有不平之事，便与人分忧解难。

有一日，遇一群逃难之人，携男抱女，哭哭啼啼，好不伤心惨目。展爷便将钞包银两分散众人，又问他们从何处而来。众人同声回道："公子爷，再休提起。我等俱是陈州良民，只因庞太师之子安乐侯庞昱奉旨放赈，到陈州原是为救饥民，不想他倚仗太师之子，不但不放赈，他反将百姓中年轻力壮之人，挑去造盖花园，并且抢掠民间妇女，美貌的作为姬妾，蠢笨者充当服役。这些穷民本就不能活，这一荼毒，岂不是活活要命吗？因此我等往他方逃难去，以延残喘。"说罢大哭去了。展爷闻听，气破英雄之胆，暗说道："我本无事，何妨往陈州走走。"主意已定，直奔陈州大路而来。

这日正走之间，看见一座坟茔，有个妇人在那里啼哭，甚是悲痛。暗暗想道："偌大年纪，有何心事如此悲哀，必有古怪。"欲待上前，又恐男女嫌疑。偶见那边有一张烧纸，连忙捡起作为因由，便上前道："老妈妈，不要啼哭，这里还有一张纸没烧呢。"那婆子止住悲声，接过纸去，归入堆中烧了。展爷便搭搭讪讪问道："妈妈贵姓？为何一人在此啼哭？"婆子流泪道："原是好好的人家，如今闹的剩了我一个，焉有不哭！"展爷道："难道妈妈家中俱遭了不幸了吗？"婆子道："若都死了，也觉死心塌地了，唯有这不死不活的更觉难受。"说罢，又痛泪如梭。展爷见这婆子说话拉拢，不由心内着急，便道："妈妈，有甚为难之事，何不对我说说呢？"婆子拭拭眼泪，又瞧了展爷，见是武生打扮，知道不是歹人，便说道："我婆子姓杨，乃是田忠之妻。"便将主人田起元夫妻遇害之事，一行鼻涕两行泪，说了一遍。又说："丈夫田忠上京控告，至今杳无音信。现在小主人在监受罪，连饭俱不能送。"展爷闻听，这英雄又是凄惶，又是愤恨，便道："妈妈不必啼哭，田起元与我素日最相好。我因在外访友，不知他遭了此事。今既饔飧不济，我这里有白银十两，暂且拿去使用。"说罢，抛下银两，竟奔皇亲花园而来。

未知如何，且听下回分解。

第十二回 展义士巧换藏春酒 庞奸侯设计软红堂

且说展爷来至皇亲花园，只见一带簇新的粉墙，虽然不能看见，露出楼阁重重。用步丈量了一番，就在就近处租房住了。到了二更时分，英雄换上夜行的衣靠，将灯吹灭，听了片时，寓所已无动静，悄悄开门，回手带好，仍然放下软帘，飞上房，离了寓所，来到花园。白昼间已然丈量过了，约略远近，在百宝囊中掏出如意绦来，用力往上一抛，是练就准头，便落在墙头之上。用脚尖登住砖牙，飞身而上。到了墙头，将身趴伏，又在囊中取一块石子，轻轻抛下，侧耳细听。此名为投石问路，下面或是有沟，或是有水，就是落在实地，再没有听不出来的。又将钢抓转过，手搂丝绦，顺手而下。两脚落了实地，脊背贴墙，往前面与左右观看一回，方将五爪丝绦往上一抖，收下来装在百宝囊中。蹑足潜踪，脚尖儿着地，真有鹭浮鹤行之能。来至一处，见有灯光。细细看时，却是一明两暗，东间明亮，窗上透出人影，乃是一男一女二人饮酒。展爷悄立窗下。只听得男子说话，却是南方口音说道："此酒走呀，娘子只管吃的，是无妨的；外间案上那一瓶，断断动弗得哉。"又听妇人道："那个酒叫什么名儿呢？"男子道："叫作藏春酒。若是妇人吃了，欲火烧身，无不依从。只因侯爷抢了金玉仙来，这妇人至死不从，侯爷急的没法。是我在旁说道：'可以配药造酒，管保随心所欲。'侯爷闻听，立刻叫吾配酒。吾说此酒大费周折，须用三百两银子。"那妇人便道："什么酒，费这许多银子？"男子道："娘子你弗晓得。侯爷他恨不能妇人一时到手，吾不趁此时赚他的银两，如何发财呢？吾告诉你说，配这酒不过高高花上十两头，这个财是发定了。"说毕哈哈大笑。又听妇人道："虽然发财，岂不损德呢。况且又是个贞烈之妇，你如何助纣为虐呢？"男子说道："吾是为穷乏所使，不得已而为之。"正在说话间，只听外面叫道："臧先生。"展爷回头，见树梢头露出一点灯光，便闪身进入屋内，隐在软帘之外。又听男子道："是那位？"一壁起身，一壁说："娘子，你还是躲在西间去，不要抛头露面的。"妇人往西间去了。臧先生走出门来。

这时展爷进入屋内，将酒壶提出。见外面案上放着一个小小的玉瓶，又见那边有个红瓶，忙将壶中之酒倒在红瓶之内，拿起玉瓶的藏春酒倒入壶中，又把红瓶内的好酒倾入玉瓶之内。提起酒壶，仍然放在屋内，悄地出来，盘柱而上，贴住房檐往下观看。原来外面来的是跟侯爷的家丁庞福，奉了主人之命，一来取藏春酒，二来为合臧先生讲帐。这先生名唤臧能，乃是个落第的穷儒，半路儿看了些医书，记了些偏方，投在安乐侯处做帮衬。当下出来见了庞福，问道："主管到此何事？"庞福说："侯爷叫我来取藏春酒。叫你亲手拿去，当面就兑银子。可是先生，白花花的三百两,难道你就独吞吗?我们辛辛苦苦白跑不成?多少不拘,总要染染手儿呀。先生,你说怎么样?"臧能道:"当得,当得,再也白弗得的。倘若银子到手,必要请你吃酒的。"庞福道:"先生真是明白爽快人。好的,咱们要交交咧。先生,取酒去吧。"臧能回来,进屋拿了玉瓶,关上门随庞福去了,直奔软红堂。哪知南侠见他二人去后,盘柱而下,暗暗的也就跟将下去了。

这里妇人从西间屋内出来,到了东间,仍然坐在旧处,暗自思道:"丈夫如此伤天害理,作的都是不仁之事。"越思越想,好不愁烦。不由得拿起壶来斟了一杯,慢慢地独酌。谁知此酒入腹之后,药性发作,按纳不住。正在胡思乱想之际,只听有人叫门,连忙将门开放,却是庞禄,怀中抱定三百两银子送来。妇人让至屋内,庞禄将银子交代明白,回身要走。倒是妇人留住,叫他坐下,便七长八短地说。正在说时,只听外面咳嗽,却是臧能回来了。庞禄出来迎接着,张口结舌说道:"这三、三百两银子已交付大嫂子了。"说完抽身就走。臧能见此光景,忙进屋内一看,只见他女人红扑扑的脸,仍是坐在炕上发怔,心中好生不乐:"吾呀,这是怎么了?"说罢在对面坐了。这妇人因方才也是一惊,一时心内清醒,便道:"你把别人的妻子设计陷害,自己老婆如此防范。你拍心想想,别人恨你不恨?"一句话,问的臧能闭口无言,便拿壶来斟上一杯,一饮而尽。不多时,坐立不安,心痒难抓。便道:"弗好哉,奇怪得很。"拿起壶来一闻,忙道:"了弗得,了弗得!快拿凉水来。"自己等不得,立起身来,急找凉水吃下。又叫妇人吃了一口,方问道:"你才吃这酒来吗?"妇人道:"因你去后,我刚吃得一杯酒……"将下句咽回去了。又道:"不想庞禄送银子来,才进屋内放下银子,你就回来了。"臧能道:"还好,还好,佛天保佑,险些儿把个绿头巾戴上。只是这酒在小玉瓶内,为何跑在这酒壶里来了?好生蹊跷。"妇人方明白,才吃的是藏春酒,险些儿败了名节,不由得流泪道:"全是你安心不善,用尽了机谋,害人不成,反害了自己。可见天理昭彰,报应不爽。"臧能道:"弗用说了,我竟是个混账东西。看此地也弗是久居之地。如今有了这三百两银子,待明早托个事故,回咱老家便了。"

再说展爷随至软红堂,见庞昱叫使女掌灯,自己手执白玉瓶,前往丽芳楼而去。南侠到了软红堂,见当中鼎内焚香,上前抓了一把香灰;又见花瓶内插着蝇刷,拿起来插在领后,穿香径,先至丽芳楼,隐在软帘后面。只听得那众姬妾正在那里劝慰金玉仙,说:"我们抢来,当初也是不从。到后来弄的不死不活,无奈顺从了,倒得好吃好喝的……"金玉仙不等说完,口中大骂:"你这一群无耻贱人,我金玉仙有死而已。"说罢放声大哭。这些侍妾被他骂的闭口无言,正在发怔,只见丫鬟二名引着庞昱上得楼来,笑容满面道:"你等劝他从也不从?既然不从,我这里有酒一杯,叫他吃了便放他回去。"说罢执杯上前。金玉仙唯恐恶贼近身,劈手夺过掷于楼板之上。庞昱大怒,便要吩咐众姬妾一齐下手。只听楼梯上响,见使女杏花上楼喘吁吁禀道:"才庞福叫回禀侯爷,太守蒋完有要紧话回禀,立刻求见,现在软红堂恭候着呢。"庞昱闻听太守黑夜而来,必有要紧之事。回头吩咐众姬妾:"你们再将这贱人开导开导，再要扭性，我回来定然不饶。"说着话，站起身来直奔楼梯。刚下到一层，只见毛哄哄一拂，脑后灰尘飞扬，脚底下觉得一绊，站立不稳，咕噜噜滚下楼去；后面两个丫鬟也是如此。三个人滚到楼下，你拉我，我拉你，好容易才立起身来，奔至楼门。庞昱说道："吓杀我也，吓杀我也！什么东西毛哄哄的，好怕人也。"丫鬟执起灯一看，只见庞昱满头的香灰。庞昱见两个丫鬟也是如此，大叫道："不好了，不好了！必是狐仙见了怪了，快走吧！"两个丫鬟那里还有魂咧！三个人不管高低，深一步，浅一步，竟奔软红堂而来。迎头遇见庞福，便问道："有什么事？"庞福回道："太守蒋完说紧急之事，要立刻求见，在软红堂恭候。"庞昱连忙掸去香灰，整理衣襟，大摇大摆步入软红堂来。

太守参见已毕，在下座坐了。庞昱问道："太守深夜至此，有何要事？"太守回道："卑府今早接得文书，圣上特派龙图阁大学士包公前来查赈，算来五日内必到。卑府一闻此信，不胜惊惶。特来禀知侯爷，早为准备才好。"庞昱道："包黑子乃吾父门生，谅不敢不回避我。"蒋完道："侯爷休如此说。闻得包公秉正无私，不畏权势，又有钦差御赐御铡三口，甚属可畏。"又往前凑了一凑道："侯爷所做之事，难道包公不知道吗？"庞昱听罢，虽有些发毛，便硬着嘴道："他知道便把我怎么样吗？"蒋完着急道："君子防未然，这事非同小可。除非是此时包公死了，万事皆休。"这一句话提醒了恶贼，便道："这有何难，现在我手下有一个勇士，名唤项福。他会飞檐走壁之能，即可派他前往两三站去路上行刺，岂不完了此事？"太守道："如此甚好，必须以速为妙。"庞昱连忙叫庞福去唤项福立刻来至堂上。恶奴去不多时，将项福带来。参过庞昱，又见了太守。此时南侠早在窗外窃听，一切定计话儿，俱各听得明白了。因不知项福是何等人物，便从窗外往里偷看。见果然身体魁梧，品貌雄壮，真是一条好汉，可惜错投门路。只听庞昱说："你敢去行刺吗？"项福道："小人受侯爷大恩，别说行刺，就是赴汤蹈火也是情愿的。"南侠外边听了，不由骂道："瞧不得这么一条大汉，原来是一个谄谀的狗才，可惜他辜负了好胎骨！"正自暗想，又听庞昱说："太守，你将此人领去，应如何派往吩咐，务妥协机密为妙。"蒋完连连称是，告辞退出。太守在前，项福在后，走不几步，只听项福说："太守慢行，我的帽子掉了。"太守只得站住。只见项福走出好几步，将帽子拾起。太守道："帽子如何落得这么远呢？"项福道："想是树枝一刮，嘣出去的。"说罢，又走几步，只听项福说："好奇怪，怎么又掉了。"回头看，又没人，太守也觉奇怪。一同来至门首，太守坐轿，项福骑马，一同回衙去了。

你道项福的帽子连落二次，是何缘故？这是南侠试探项福学业何如。头次从树旁经过，即将帽子于项福头上提了抛去，隐在树后，见他毫不介意；二次走至太湖石畔，又将他帽子提了抛去，隐在石后。项福只回头观看，并不搜查左右。可见他粗心，学艺不精，就不把他放在心上，且回寓所歇息便了。

未识如何，且听下回分解。

第十三回 安平镇五鼠单行义 苗家集双侠对分金

且说展爷离了花园，暗暗回寓，天已五更，悄悄地进屋换下了夜行衣靠，包裹好了，放倒头便睡了。至次日，别了店主，即往太守衙门前私自窥探。影壁前拴着一匹黑马，鞍辔鲜明，后面梢绳上拴着一个小小包袱，又搭着个钱褡裢。有一个人，拿着鞭子席地而坐。便知项福尚未起身，即在对过酒楼之上，自己独酌眺望。不多一会，只见项福出了太守衙门。那人连忙站起，拉过马来，递了马鞭子。项福接过，认镫乘上，加了一鞭，便往前边去了。南侠下了酒楼，悄地跟随。到了安平镇地方，见路西也有一座酒楼，匾额上写着“潘家楼”。项福拴马，进去打尖，南侠跟了进去。见项福坐在南面座上，展爷便在北面拣了一个座头坐下。跑堂的擦抹桌面，问了酒菜。展爷随便要了，跑堂的传下楼去。展爷复又闲看，见西面有一老者，昂然而坐，仿佛是个乡宦，情景可恶，俗态不堪。不多时，跑堂的端了酒菜来，安放停当。展爷刚刚饮酒，只听楼梯声响，又见一人上来，武生打扮，眉清目秀，年少焕然。展爷不由得放下酒杯，暗暗喝彩，又细细观看一番，好生的羡慕。那人才要拣个座头，只见南面项福连忙出席，向武生一揖，口中说道：“白兄，久违了！”那武生见了项福，还礼不迭，答道：“项兄，阔别多年，今日幸会。”说着话，彼此谦逊让至同席。项福将上座让了那人，那人不过略略推辞，即便坐了。展爷看了，心中好生不乐，暗想道：“可怜这样一个人，却认得他，真是天渊之别了。”一壁细听他二人说些什么。只听项福说道：“自别以来，今已三载有馀，久欲到尊府拜望，偏偏的小弟穷忙。令兄可好？”那武生听了，眉头一皱，叹口气道：“家兄已去世了。”项福惊讶道：“怎么，大恩人已故了？可惜，可惜！”又说了些欠情短礼没要紧的言语。

你道此人是谁？他乃陷空岛五义士，姓白名玉堂，绰号锦毛鼠的便是。当初项福原是要拳棒卖膏药的，因在街前卖艺，与人角持，误伤了人命。多亏了白玉堂之兄白金堂，见他像个汉子，离乡在外，遭此官司，甚是可怜。因此将他极力救出，又助了盘川，叫他上京求取功名。他原想进京寻个进身之阶，可巧路途之间遇见安乐侯上陈州放赈。他打听明白，先婉转结交庞福，然后方荐与庞昱。庞昱正要寻觅一个勇士助己为虐，把他收留在府内，他便以为荣耀已极。似此行为，便是下贱不堪之人了。

闲言少叙。且说项福正与玉堂叙话，见有个老者上得楼来，衣衫褴褛，形容枯瘦。见了西面老者，紧行几步，双膝跪倒，二目滔滔落泪，口中苦苦哀求。那老者仰面摇头，只是不允。展爷在那边看着好生不忍，正要问时，只见白玉堂过来，问着老者道：“你如何向他如此？有何事体，何不对我说来？”那老者见白玉堂这番情景，料非常人，口称："公子爷有所不知。因小老儿欠了员外的私债，员外要将小女抵偿，故此哀求，员外只是不允。求公子爷与小老儿排解排解。"白玉堂闻听，瞅了老者一眼，便道："他欠你多少银两？"那老者回过头来，见白玉堂满面怒色，只得执手答道："原欠我纹银五两，三年未给利息，就是三十两，共欠银三十五两。"白玉堂听了，冷笑道："原来欠银五两。"复又向老者道："当初他借的时，至今三年，利息就是三十两？这利息未免太轻些。"一回身，便叫跟人平三十五两，向老者道："当初有借约没有？"老者闻听立刻还银子，不觉立起身来道："有借约。"忙从怀中掏出，递与玉堂，玉堂看了。从人将银子平来，玉堂接过递与老者道："今日当着大众，银约两交，却不该你的了。"老者接过银子，笑嘻嘻答道："不该了，不该了。"拱拱手儿，即刻下楼去了。玉堂将借约交付老者道："以后似此等利息银两，再也不可借他的了。"老者答道："不敢借了。"说罢叩下头去。玉堂搀起，仍然归座。那老者千恩万谢而去。刚走至展爷桌前，展爷说："老丈不要忙。这里有酒，请吃一杯，压压惊再走不迟。"那老者道："素不相识，怎好叨扰。"展爷笑道："别人费去银子，难道我连一杯水酒也花不起吗？不要见外，请坐了。"那老者道："如此承蒙抬爱了。"便坐于下首。展爷与他要了一角酒吃着，便问："方才那老者姓甚名谁？在那里居住？"老儿说道："他住在苗家集，他名叫苗秀。只因他儿子苗恒义在太守衙门内当经承，他便成了封君了。每每的欺侮邻党，盘剥重利。非是小老儿受他的欺侮便说他这些愤恨之言，不信，爷上打听就知我的话不虚了。"展爷听在心里。老者吃了几杯酒，告别去了。

又见那边白玉堂问项福的近况如何，项福道："当初多蒙令兄抬爱，救出小弟，又赠银两，叫我上京求取功名。不想路遇安乐侯，蒙他另眼看待，收留在府。今特奉命前往天昌镇，专等要办宗紧要事件。"白玉堂闻听，便问道："那个安乐侯？"项福道："焉有两个呢。就是庞太师之子，安乐侯庞昱。"说罢，面有得色。玉堂不听则可，听了登时怒气嗔嗔，面红过耳，微微冷笑道："你敢则投在他门下了。好！"急唤从人会了账，立起身来，回头就走，一直下楼去了。展爷看得明白，不由暗暗称赞道："这就是了。"又自忖道："方才听项福说，他在天昌镇专等。我曾打听，包公还得等几天到天昌镇。我何不趁此时，且至苗家集走走呢？"想罢，会钱下楼去了。真是行侠作义之人，到处随遇而安。非是他务必要拔树搜根，只因见了不平之事，他便放不下，仿佛与自己的事一般，因此才不愧那个"侠"字。

闲言少叙。到了晚间初鼓之后，改扮行装，潜入苗家集。来到苗秀之家，所有蹿房越脊自不必说。展爷在暗中见有待客厅三间，灯烛明亮，内有人说话。蹑足潜踪，悄立窗下细听。正是苗秀问他儿子苗恒义道："你如何弄了许多银子？我今日在潘家集也发了个小财，得了三十五两银子。"便将遇见了一个俊哥替还银子的话说了一遍，说罢大笑。苗恒义亦笑道："爹爹除了本银，得了三十两银子的利息。如今孩儿一文不费，白得了三百两银子。"苗秀笑嘻嘻地问道："这是什么缘故呢？"苗恒义道："昨日太守打发项福起身之后，又与侯爷商议一计，说项福此去成功便罢，倘不成功，叫侯爷改扮行装，私由东皋林悄悄入京，在太师府内藏躲。候包公查赈之后有何本章，再作道理。又打点细软箱笼并抢来女子金玉仙，叫他们由观音庵岔路上船，暗暗进京。因问本府：‘沿途盘川所有船只，须用银两多少，我好打点。’本府太爷哪里敢要侯爷的银子呢，反倒躬身说道：‘些许小事，俱在卑府身上。’因此，回到衙内，立刻平了三百两银子交付孩儿，叫我办理此事。我想，侯爷所行之事，全是无法无天的。如今临走，还把抢来的妇人暗送入京，况他又有许多的箱笼。到了临期，孩儿传与船户，叫他只管装去，到了京中，费用多少合他那里要；他若不给，叫他把细软留下做押账为当头。爹爹想，侯爷所做的，俱是暗昧之事，一来不敢声张，二来也难考查。这项银两，原是本府太爷应允，给与不给，侯爷如何知道？这三百两银子，难道不算白得吗？”展爷在窗外听至此，暗自说道：“真是恶人自有恶人磨，再不错的。”猛回头，见那边又有一个人影儿一晃，及至细看，仿佛潘家楼遇见的武生，就是那替人还银子的俊哥儿，不由暗笑道：“白日替人还银子，夜间就讨账来了。”忽然远远的灯光一闪，展爷唯恐有人来，一伏身盘柱而上，贴住房檐往下观看，却又不见了那个人，暗道：“他也躲了。何不也盘在那根柱子上，我们二人闹个二龙戏珠呢。”正自暗笑，忽见丫鬟慌慌张张跑至厅上说：“员外，不好了，安人不见了！”苗秀父子闻听吃了一惊，连忙一齐往后面跑去了。南侠急忙盘柱而下，侧身进入屋内，见桌上放着六包银子，外有一小包。他便揣起了三包，心中说道：“三包一小包，留下给那花银子的，叫他也得点利息。”抽身出来，暗暗到后边去了。

原来，那个人影儿果是白玉堂。先见有人在窗外窃听，后见他盘柱而上，贴住房檐，也自暗暗喝彩，说：“此人本领不在我下。”因见灯光，他便迎将上来，恰是苗秀之妻同丫鬟执灯前来登厕。丫鬟将灯放下，回身取纸。玉堂趁空，抽刀向着安人一晃，说道：“要嚷，我就一刀。”妇人吓得骨软筋酥，那里嚷得出来。玉堂伸手将那妇人提出了茅厕，先撕下一块裙子塞住妇人之口。好狠玉堂，又将妇人削去双耳，用手提起掷在厕旁粮食囤内，他却在暗处偷看。见丫鬟寻主母不见，奔至前厅报信。听得苗秀父子从西边奔入，他却从东边转至前厅。此时南侠已揣银走了。玉堂进了屋内一看，桌上只剩了三封银子另一小包，心内明知是盘柱之人拿了一半，留下一半给我。暗暗承他的情，将银子揣起也就走去了也。

这里，苗家父子赶至后面，一面追问丫鬟，一面执灯找寻。至粮囤旁，听见呻吟之声，却是妇人，连忙搀起细看，浑身是血，口内塞着东西，急急掏出。苏醒了半晌，方才嗳哟出来，便将遇害的情由说了一遍。这才瞧见两个耳朵没了。忙着丫鬟仆妇搀入屋内，喝了点糖水。苗恒义猛然想起，待客厅上还有三百两银子，连说：“不好，中了贼人调虎离山之计了。”说罢向前飞跑。苗秀闻听，也就跟在后面。到了厅上一看，那里还有银子咧！父子二人怔了多时，无可如何，唯有心疼怨恨而已。

未知端底，且听下回分解。

第十四回 小包兴偷试游仙枕 勇熊飞助擒安乐侯

且说苗家父子丢了银子，因是暗昧之事，也不敢声张，竟吃了哑巴亏了。白玉堂揣着自奔前程，展爷是拿了银子一直奔天昌镇去了。这且不言。

单说包公在三星镇审完了案件歇马，正是无事之时。包兴纪念着游仙枕，心中想道："今晚我何不悄悄地睡睡游仙枕，岂不是好？"因此到晚间伺候包公安歇之后，便嘱咐李才说："李哥，你今晚辛苦一夜，我连日未能歇息，今晚脱个空儿。你要惊醒些，老爷要茶水时，你就伺候。明日我再替你。"李才说："你放心去吧，有我呢。彼此都是差使，何分你我。"包兴点头一笑，即回至自己屋内，又将游仙枕看了一番，不觉困倦，即将枕放倒。头刚着枕，便入梦乡。

出了屋门，见有一匹黑马，鞍鞯俱是黑的。两边有两个青衣，不容分说，搀上马去。迅速非常，来到一个所在，似开封府大堂一般。下了马，心中纳闷："我如何还在衙门里呢？"又见上面挂着一匾，写着"阴阳宝殿"。正在纳闷，又见来了一个判官，说道："你是何人，擅敢假充星主前来鬼？昆！"喝声："拿下！"便出来了一个金甲力士，一声断喝，将包兴吓醒，出了一身冷汗。暗自思道："凡事皆有先成的造化，我连一个枕头都消受不了。判官说我假充星主，将来此枕想是星主才睡得呢，怨得李克明要送与星主。"左思右想，那里睡得着呢。赌气子起来，听了听，方交四鼓，急忙来至包公住的屋内。只见李才坐在椅子上，前仰后合在那里打盹。又见灯花结了个如意儿，烧了多长，连忙用剪烛剪了一剪。只见桌上有个字帖儿，拿起一看，不觉失声道："这是那里来的？"一句话，将李才吓醒，连忙说道："我没有睡呀！"包兴说："没睡，这字帖儿打那里来的？"李才尚未答言，只听包公问道："什么字帖，拿来我看。"包兴执灯，李才掀帘，将字帖呈上。包公接来一看，便问道："天有什么时候了？"包兴举灯向表上一看，说："才交寅刻。"包公道："也该起来了。"二人服侍包公穿衣净面时，包公便叫李才去请公孙先生。不多时，公孙先生来到，包公便将字帖与他观看。公孙策接来，只见上面写道："明日天昌镇，谨防刺客凶。分派众人役，分为两路行。一路东皋林，捉拿恶庞昱。一路观音庵，救活烈妇人。要紧，要紧。"旁有一行小字："烈妇人即金玉仙"。公孙策道："此字从何而来呢？"包公道："何必管他的来历。明日到天昌镇严加防范；再派人役，先生吩咐他们在两路稽查便了。"公孙策连忙退出，与王、马、张、赵四勇士商议，大家俱各小心留神。你道此字从何而来？只因南侠离了苗家集，奔至天昌镇，见包公尚未到来，心中一想，恐包公促忙来至，不及提防，莫若我迎将上去，遇便泄漏机关，包公也好早做准备。好英雄，不辞辛苦，他便赶至三星镇。恰好三更，来至公馆，见李才睡着，也不去惊动他，便溜进去，将纸条儿放下，仍回天昌镇等候去了。

且说次日包公到了天昌镇，进了公馆，前后左右搜查明白。公孙策暗暗吩咐马快、步快两个头儿，一名耿春，一名郑平，二人分为左右，稽查出入之人。叫王、马、张、赵四人围住老爷的住所，前后巡逻。自己同定包兴、李才护持包公。倘有动静，大家知会，一齐动手。分派已定，看看到了掌灯之时，处处灯烛照如白昼。外面巡更之人，往来不断。别人以为是钦差大人在此居住，哪里知道是暗访刺客呢。内里王、马、张、赵四人摩拳擦掌，暗藏兵器，百倍精神，准备捉拿刺客，真是防范的严谨。到了三更之后，并无动静。只见外面巡更的灯光明亮，照彻墙头；里面赵虎仰面各处里观瞧。顺着墙外灯光，走至一株大榆树下，赵虎忽然往上一看，便嚷道："有人了！"只这一声，王、马、张三人亦皆赶到。外面巡更之人，也止住步了。掌灯一齐往树上观看，果然有个黑影儿。先前仍以为是树梃，后来树上之人见下面人声嘶喊，灯火辉煌，他便动手动脚的。大家一见，更觉鼎沸起来。只听外面人道："跳下去了，里面防范着！"谁知树上之人趁着这一声，便攥住树杪，将身悠起，趁势落在耳房上面。一伏身，往起一纵，便到了大房前坡。赵虎嚷道："好贼，那里走。"话未说完，迎面飞下一摞瓦来。楞爷急闪身，虽则躲过，他用力太猛，闹了个跟头。房上之人，趁势扬腿刚要迈脊，只听"嗳哟"一声，咕噜噜从房上滚将下来，恰落在四爷旁边。四爷一翻身，急将他按住。大家上前先拔去背上的单刀，方用绳子捆了，推推拥拥来见包公。

此时包公、公孙策便衣便帽，笑容满面。包公道："好一个雄壮的勇士，堪称勇烈英雄。"回头对公孙策道："先生，你替我松了绑。"公孙先生会意，假做吃惊道："此人前来行刺，如何放得？"包公笑道："我求贤若渴，见了此等勇士，焉有不爱之理。况我与壮士又无仇恨，他如何肯害我？这无非是受小人的捉弄。快些松绑。"公孙策对那人道："你听见了，老爷待你如此大恩，你将何以为报？"说罢，吩咐张、赵二人与他松了绑。王朝见他腿上钉着一枝袖箭，赶紧替他拔出。包公又吩咐包兴看座。那人见包公如此光景，又见王、马、张、赵分立两旁，虎势昂昂，不由良心发现，暗暗夸道："闻听人说包公正直，又目识英雄，果不虚传。"一翻身扑倒在地，口中说道："小人冒犯钦差大人，实实小人该死。"包公连忙说道："壮士请起，坐下好讲。"那人道："钦差大人在此，小人焉敢就座。"包公道："壮士只管坐了何妨。"那人只得鞠躬坐了。包公道："壮士贵姓尊名，到此何干？"那人见包公如此看待，不因不由得就顺口说出来了，答道："小人名唤项福。只因奉庞昱所差……"便一五一十说了一遍，"不想大人如此厚待，使小人愧怍无地。"包公笑道："这却是圣上隆眷过重，使我声名远播于外，故此招忌，谤我者极多。就是将来与安乐侯对面时，壮士当面证明，庶不失我与太师师生之谊。"项福连忙称是。包公便吩咐公孙策与壮士好好调养箭伤。公孙策领项福去了。包公暗暗叫王朝来，叫他将项福明是疏放，暗地拘留。王朝又将袖箭呈上说："此乃南侠展爷之箭。"包公闻听道："原来展义士暗中帮助。前日三星镇留下字柬，必也是义士所为。"心中不胜感羡之至。王朝退出。此时公孙先生已分派妥当：叫马汉带领马步头目耿春、郑平前往观音庵，解救金玉仙；又派张龙、赵虎前往东皋林，捉拿庞昱。

单说马汉带着耿春、郑平竟奔观音庵而来，只见驼轿一乘，直扑庙前去了。马汉看见，飞也似的赶来。及至赶到，见旁有一人叫道："贤弟，为何来迟？"马汉细看，却是南侠，便道："兄，此轿何往？"展爷道："劣兄已将驼轿截取，将金玉仙安顿在观音庵内。贤弟来得正好，咱二人一同到彼。"说话间，耿春、郑平亦皆赶到，围绕着驼轿来至庙前。打开山门，里面出来一个年老的妈妈，一个尼姑。这妈妈却是田忠之妻杨氏。众人搭下驼轿，搀出金玉仙来。主仆见面，抱头痛哭。原来杨氏也是南侠送信，叫他在此等候。又将轿内细软俱行搬下。南侠对杨氏道："你主仆二人就在此处等候。候你家相公官司完了时，叫他到此寻你。"又对尼姑道："师父用心服侍，田相公来时必有重谢。"吩咐已毕，便对马汉道："贤弟回去，多多拜上老大人，就说展昭另日再为禀见，后会有期。将金玉仙下落禀复明白，他乃贞烈之妇，不必当堂对质。拜托，拜托。请了！"竟自扬长而去。马汉也不敢挽留，只得同耿春、郑平二人回归旧路去禀知包公。这且不言。

再说张、赵二人到了东皋林，毫不见一点动静。赵虎道："难道这厮先过去了不成？"张爷道："前面一望无际，并无人行，焉有过去之理。"正说间，只见远远有一伙人乘马而来。赵爷一见，说："来咧，来咧。哥，你我如此如此，庶不至于舛错。"张龙点头，带领差役隐在树后。众人催马刚到此地，赵虎从马前一过，栽倒在地。张爷从树后转出来，便乱喊道："不好了，不好了，撞死人了！"上前将庞昱马环揪住道："你撞了人，还往那里去？"众差役一齐拥上。众恶奴发话道："你这些好大胆的人，竟敢拦挡侯爷不放。"张龙道："谁管他侯爷公爷的，只要将我们的人救活了便罢。"众恶奴道："好生撒野。此乃安乐侯，太师之子，改扮行装出来私访。你们竟敢拦阻去路，真是反了天了！"赵爷在地下听准是安乐侯再无舛错，一咕噜声爬起来，先照着说话的劈面一掌，喊道："我们反了天了，我们净等着反了天的人呢！"说罢，先将庞昱拿下马来，差役掏出锁来套上。众恶奴见事不祥，个个加上一鞭，忽地一声俱各逃之夭夭了。张、赵追他不及，只顾庞昱，连追也不追。众人押解着奸侯，竟奔公馆而来。

要知端的，且听下回分解。

第十五回　斩庞昱初试龙头铡　遇国母晚宿天齐庙

且说张、赵二人押解庞昱到了公馆，即行将庞昱带上堂来。包公见他项戴铁锁，连忙吩咐道："你等太不晓事，侯爷如何锁得。还不与我卸去！"差役连忙上前将锁卸下。庞昱到了此时，不觉就要屈膝。包公道："不要如此。虽则不可以私废公，然而我与太师有师生之谊，你我乃年家弟兄，有通家之好。不过因有此案要当面对质对质，务要实实说来，大家方有个计较，千万不要畏罪回避。"说毕，叫带上十父老并田忠、田起元及抢掠的妇女，立刻提到。包公按呈子一张一张讯问。庞昱因见包公方才言语，颇有护他的意思，又见和容悦色，一味地商量，必要设法救我。莫若我从实应了，求求包黑，或者看爹爹面上，往轻里改正改正，也就没了事了。想罢说道："钦差大人不必细问，这些事体，俱是犯官一时不明做成，此事后悔也是迟了。唯求大人笔下超生，犯官感恩不尽。"包公道："这些事既已招承，还有一事。项福是何人所差？"恶贼闻听，不由得一怔，半晌答道："项福乃太守蒋完差来，犯官不知。"包公吩咐："带项福。"只见项福走上堂来，仍是照常行色，并非囚禁的样子。包公道："项福，你与侯爷当面质对。"项福上前对恶贼道："侯爷不必隐瞒。一切事体，小人俱已回明大人了。侯爷只管实说了，大人自有主见。"恶贼见项福如此，也只得应了是自己派来的。包公便叫他画供。恶贼此时也不能不画了。

画招后，只见众人证俱到，包公便叫各家上前厮认。也有父认女的，也有兄认妹的，也有夫认妻的，也有婆认媳的，纷纷不一，号哭之声不忍入耳。包公吩咐，叫他们在堂阶两边听候判断；又派人去请太守速到。包公便对恶贼道："你今所为之事，理应解京。我想道途遥远，反受折磨。再者，到京必归三法司判断，那时难免皮肉受苦。倘若圣上大怒，必要从重治罪。那时如何辗转？莫若本阁在此发放了，倒觉得爽快。你想好不好？"庞昱道："但凭大人做主，犯官安敢不遵。"包公登时把黑脸放下，见虎目一瞪，吩咐："请御刑！"只这三个字，两边差役一声喊，堂威震赫。只见四名衙役将龙头铡抬至堂上，安放周正。王朝上前，抖开黄龙套，露出金煌煌、光闪闪、惊心落魄的新刑。恶贼一见，胆裂魂飞。才待开言，只见马汉早将他丢翻在地。四名差役过来，与他口内衔了木嚼，剥去衣服，将芦席铺放，恶贼那里还能挣扎，立刻卷起，用草绳束了三道。张龙、赵虎二人将他抬起，走至铡前，放入铡口，两头平均。此时，大汉王朝黑面向里，左手执定刀把，右手按定刀背，直瞧座上。包公将袍袖一拂，虎项一扭，口说"行刑"二字。王朝将彪躯一纵，两膀用力，只听咣喳一声，将恶贼登时腰斩，分为两头一边齐的两段。四名差役，连忙跑上堂去，个个腰束白布裙，跑至铡前，有前有后，先将尸首往上一扶，抱将下去。张、赵二人又用白布擦抹铡口的血迹。堂阶之下，田起元主仆以及父老并田妇村姑，见铡了恶贼庞昱，方知老爷赤心为国，与民除害，有念佛的，有称愿的，就有胆小不敢看的。

包公上面吩咐："换了御刑，与我拿下。"听了一个"拿"字，左右一伸手，便将项福把住。此时，这厮见铡了庞昱，心内已然突突乱跳，今又见拿他，不由得骨软筋酥，高声说道："小人何罪？"包公一拍堂木，喝道："你这背反的奴才！本阁乃奉命钦差，你擅敢前来行刺。行刺钦差即是叛朝廷，还说无罪？尚敢求生吗？"项福不能答言。左右上前，照旧剥了衣服，带上木嚼，拉过一领粗席卷好。此时狗头铡已安放停当，将这无义贼行刑过了，擦抹御铡，打扫血迹，收拾已毕。只见传知府之人上堂跪倒，禀道："小人奉命前去传唤知府，谁知蒋完畏罪自缢身死。"包公闻听道："便宜了这厮。"另行委员前去验看。又吩咐将田起元带上堂来，训诲一番：不该放妻子上庙烧香，以致生出此事，以后家门务要严肃，并叫他上观音庵接取妻子；老仆田忠替主鸣冤，务要好好看待他；从此努力攻书，以求上进；所有驼轿内细软必系私蓄，勿庸验看，俱着田忠领讫。又吩咐父老："各将妇女带回，好好安分度日。本阁还要按户稽查花名，秉公放赈，以抒民困，庶不负圣上体恤之鸿恩。"众人一齐叩头，欢欢喜喜而散。老爷立刻叫公孙策打了摺底看过，并将原呈招供一齐封妥，外附夹片一纸，请旨补放知府一缺。即日拜发，赍京启奏去了。一面出示委员稽查户口放赈。真是万民感仰，欢呼载道。

一日，批摺回来，包公恭接。叩拜毕，打开一看，见朱批甚属夸奖："至公无私，所办甚是。知府一缺，即着拣员补放。"包公暗自沉吟道："圣上总然隆眷优渥，现有老贼庞吉在京，见我铡了他的爱子，他焉有轻轻放过之理？这必是他别进谗言，安慰妥了，候我进京时他再摆布于我，一定是这个主意。老贼呀，老贼，我包某秉正无私，一心为国，焉怕你这鬼鬼祟祟！如今趁此权柄未失，放完赈后，偏要各处访查访查，要做几件惊天动地之事。一来不负朝廷，二来与民除害，三来也显显我包某胸中的抱负。"谁知老爷想到此地，下文就真生出一件惊天动地的事来。

你道是何事件？自从包公秉正放赈已完，立意要各处访查，便不肯从旧路回来，特特由新路而归。一日，来至一个所在，地名草州桥东，乘轿慢慢而行。猛然听的咯吱一阵乱响，连忙将轿落平。包兴下马，仔细看时，双杆皆有裂纹，幸喜落平实地，险些儿双杆齐折。禀明包公，吩咐带马。将马带过，老爷刚刚扳鞍上去，那马"咴"的一声，往旁一闪。幸有李才在外首坠镫，连忙拢住。老爷从新搂搂扯手，翻身上马。虽然骑上，他却不走，尽在那里打旋转圈。老爷连加两鞭，那马鼻翅一扇，反倒往后退了两步。老爷暗想："此马随我多年，他有三不走：遇歹人不走，见冤魂不走，有刺客不走。难道此处有事故不成？"将马带住，叫包兴换地方。

不多时，地方来到马前跪倒。老爷闪目观瞧，见此人年有三旬上下，手提一根竹竿，口称："小人地方范宗华，与钦差大人叩头。"包公问道："此处是何地名？"范宗华道："不是河，名叫草州桥。虽然有个平桥，却没有桥，也没有草。不知当初是怎么起的这个名儿，连小人也闹的纳闷儿。"两旁吆喝："少说，少说！"老爷又问道："可有公馆没有？"范宗华道："此处虽是通衢大道，却不是镇店码头，也不过是荒凉幽僻的所在，如何能有公馆呢。再者，也不是站头……"包兴在马上着急道："没公馆你就说没公馆就完了，何必这许多的话。"老爷在马上用鞭指着问道："前面高大的房子是何所在？"范宗华回道："那是天齐庙。虽然是天齐庙，里面是菩萨殿、老爷殿、娘娘殿俱有，旁边跨所还有土地祠。就着老道看守，因没有什么香火，也不能多养活人。"包兴道："你太唠叨了，谁问你这些。"老爷吩咐："打道天齐庙。"两旁答应。老爷将马一带，驯驯顺顺的竟奔天齐庙，他也不闹了。马通灵性，真也奇怪。

包兴上马，一抖丝缰，先到天齐庙，撵开闲人，并告诉老道："钦差大人打此经过，一概茶水不用。你们伺候完了香，连忙躲开，我们大人是最爱清静的。”老道连连答应：“是。”正说间，包公已到。包兴连忙接马。包公进得庙来，便吩咐李才在西殿廊下设了公座。老爷带包兴直奔正殿，老道已将香烛预备。伺候焚香已毕，包兴使个眼色，老道连忙回避。包公下殿来至西廊，入了公位，吩咐众人俱在庙外歇息，独留包兴在旁，暗将地方叫进来。包兴悄悄把范宗华叫道，他又给包兴打了个千儿。包兴道：“我瞧你很机灵，就是话太多了。方才大人问你，你就拣近的说就完咧，什么枝儿叶儿的，闹一大郎当作什么。”范宗华连忙笑着说：“小人唯恐话回得不明白，招大人嗔怪，故此要往清楚里说，谁知话又多了。没什么说的，求二太爷担待小人罢。”包兴道：“谁来怪你？不过告诉你，恐其话太多，反招大人嗔怪。如今大人又叫你呢，你见了大人，问什么答应什么就是了，不必唠叨了。”范宗华连连答应，跟包兴来至西廊，朝上跪倒。包公问道：“此处四面可有人家没有？”范宗华禀道：“南通大道，东有榆树林，西有黄土岗，北边是破窑，共有不足二十家人家。”老爷便着地方掮了高脚牌，上面写“放告”二字，叫他知会各家，如有冤枉前来天齐庙申诉。范宗华应“是”，即掮了高脚牌奔至榆树林，见了张家便问：“张大哥，你打官司不打？”见了李家便问：“李老二，你冤枉不冤枉？”招的众人无不大骂：“你是地方，总盼人家打官司，你好讹钱。我们过的好好清静日子，你找上门来叫打官司。没有什么说的，要打官司儿就合你打。什么东西，趁早儿滚开！真他妈的丧气，你怎么配当地方呢？我告诉你，马二把打嘎，你给我走球罢！”范宗华无奈，又到黄土岗，也是如此被人通骂回来了。他却不怕骂，不辞辛苦，来到破窑地方，又嚷道：“今有包大人在天齐庙宿坛放告，有冤枉的没有，只管前去申冤。”一言未了，只听有人应道：“我有冤枉，领我前去。”范宗华一看，说道：“啊呀，我的妈呀！你老人家有什么事情，也要打官司呢？”

谁知此位婆婆，范宗华他却认得，可不知底里，只知道是秦总管的亲戚，别的不知。这是什么缘故呢？只因当初余忠替了娘娘殉难，秦凤将娘娘顶了余忠之名抬出宫来，派亲信之人送到家中，吩咐与秦母一样侍奉。谁知娘娘终日思想储君，哭的二目失明。那时范宗华之父名唤范胜，当时众人俱叫他“剩饭”，正在秦府打杂，为人忠厚老实好善。娘娘因他爱行好事，时常周济赏赐他，故此范胜受恩极多。后来秦凤被害身死，秦母亦相继而亡。所有子孙，不知娘娘是何等人，所谓人在人情在，人亡两无交。娘娘在秦宅存身不住，故此离了秦宅，无处栖身。范胜欲留在他家，娘娘决意不肯。幸喜有一破窑，范胜收拾了收拾，搀扶娘娘居住。多亏他时常照拂，每遇阴天下雨，他便送了饭来。又恐别人欺侮他，叫儿子范宗华在窑外搭了个窝铺，坐冷子看守。虽是他答报受德受恩之心，哪里知道此位就是落难的娘娘。后来范胜临危，还告诉范宗华道：“破窑内老婆婆你要好好侍奉，他当初是秦总管派人送到家中，此人是个有来历的，不可怠慢。”这也是他一生行好，竟得了一个孝顺的儿子。范宗华自父亡之后，真是遵依父训，侍奉不衰。平时即以老太太呼之，又叫妈妈。

现今娘娘要告状，故问："你老人家有什么事情，也要告状呢？"娘娘道："为我儿子不孝，故要告状。"范宗华道："你老人家可是悖晦了。这些年也没见你老人家说有儿子，今儿虎拉巴的又告起儿子来了。"娘娘道："我这儿子，非好官不能判断。我常听见人说，这包公老爷善于剖断阴阳，是个清正官儿，偏偏他总不从此经过，故此耽延了这些年。如今他既来了，我若不趁此时申诉，还要等待何时呢？"范宗华听罢说："既是如此，我领了你老人家去。到了那里，我将竹杖儿一拉，你可就跪下，好歹别叫我受热。"说着话，拉着竹杖，领到庙前。先进内回禀，然后将娘娘领进庙内。

到了公座之下，范宗华将竹杖一拉，娘娘连理也不理。他又连拉了几拉，娘娘反将竹杖往回里一抽。范宗华好生的着急。只听娘娘说道："大人吩咐左右回避，我有话说。"包公闻听，便叫左右暂且退出，座上方说道："左右无人，有什么冤枉，诉将上来。"娘娘不觉失声道："啊呀包卿，苦煞哀家了！"只这一句，包公座上不胜惊讶。包兴在旁，急泠泠打了个冷战。登时，包公黑脸也黄了，包兴吓得也呆了，暗说："我、我的妈呀，闹出'哀家'来咧！我看这事怎么好呢。"

未识如何，且听下回分解。

第十六回　学士怀忠假言认母　夫人尽孝祈露医睛

且说包公见贫婆口呼包卿，自称哀家，平人如何有这样口气？只见娘娘眼中流泪，便将已往之事，滔滔不绝述说一番。包公闻听，唬得惊疑不止，连忙立起身来问道："言虽如此，不知有何证据？"娘娘从里衣内掏出一个油渍渍的包儿，包兴上前，不敢用手来接，撩起衣襟向前兜住，说道："松手罢。"娘娘放手，包儿落在衣襟。包兴连忙呈上。千层万裹，里面露出黄缎袱子来。打开包袱一看，里面却是金丸一粒，上刻着玉宸宫字样，并娘娘名号。包公看罢，急忙包好，叫包兴递过，自己离了座位。包兴会意，双手捧定包儿，来至娘娘面前，双膝跪倒，将包儿顶在头上，递将过去，然后一拉竹杖，领至上座。入了座位，包公秉正参拜。娘娘吩咐："卿家平身。哀家的冤枉，全仗卿家了。"包公奏道："娘娘但请放心，臣敢不尽心竭力以报君乎？只是目下耳目众多，恐有泄漏，实属不便。望祈娘娘赦臣冒昧之罪，权且认为母子，庶免众口纷纷，不知凤意如何？"娘娘道："既如此，但凭吾儿便了。"包公又望上叩头谢恩，连忙立起，暗暗吩咐包兴，如此如此。

包兴便跑至庙外，只见县官正在那里吆喝地方呢："怪！钦差大人在此宿坛，你为何不早早禀我知道？"范宗华分辩道："大人到此，问这个，又问那个，又派小人放告，多少差使，连一点空儿无有，难道小人还有什么分身法不成？"一句话惹恼了县官，一声断喝："好奴才，你误了差使还敢强辩，就该打折了你的狗腿！"说至此，恰好包兴出来，便说道："县太爷，算了罢。老爷自己误了，反倒怪他。他是张罗不过来吓！"县官听了笑道："大人跟前，须是不好看。"包兴道："大人也不嗔怪，不要如此了。大人吩咐咧，立刻叫贵县备新轿一乘，要伶俐丫鬟二名，并上好衣服簪环一份，急速办来。立等立等！再者，公馆要分内外预备。所有一切用度花费的银两，叫太爷务必开清，俟到京时再为奉还。"又向范宗华笑道："你起来吧，不用跪着了。方才你带来的老婆婆，如今与大人母子相认了。老太太说你素日很照应，还要把你带进京去呢，你就是伺候老太太的人了。"范宗华闻听，犹如入云端的一般，乐的他不知怎么样才好。包兴又对县官道："贵县将他的差使止了罢。大人吩咐，叫他随着上京，沿途上伺候老太太。怎么把他也打扮打扮才好，这可打老爷个秋丰罢。"县官连连答应道："使得，使得。"包兴又道："方才分派的事，太爷赶紧就办了罢。并将他带去，就教他押解前来就是了。务必先将衣服、首饰、丫鬟速速办来。"县官闻听，赶忙去了。包兴进庙禀复了包公，又叫老道将云堂小院打扫干净。不多时，丫鬟二名并衣服首饰一齐来到，服侍娘娘在云堂小院沐浴更衣不必细说。包公就在西殿内安歇，连忙写了书信，密密封好，叫包兴乘马先行进京，路上务要小心。包兴去后，范宗华进来与包公叩头，并回明轿马齐备，县官沿途预备公馆等事。包公见他通身换了服色，真是人仗衣帽，却不似先前光景。包公便吩咐他："一路小心伺候。老太太自有丫鬟服侍，你无事不准入内。"范宗华答应退出。他却很知规矩，以为破窑内的婆婆如今作了钦差的母亲，自然非前可比。他哪知道，那婆婆便是天下的国母呢。

至次日，将轿抬至云堂小院的门首，丫鬟服侍娘娘上轿。包公手扶轿杆，一同出庙。只见外面预备停当，拨了四名差役跟随老太太，范宗华随在轿后，也有匹马。县官又派了官兵四名护送。包公步行有一箭多地，便说道："母亲先进公馆，孩儿随后即行。"娘娘说道："吾儿，在路行程不必多礼，你也坐轿走吧。"包公连连称是，方才退下。众人见包公走后，一个个方才乘马，也就起了身了。这样一宗大事，别人可瞒过，唯有公孙先生心下好生疑惑，却又猜不出是什么底细。况且大人与包兴机密至甚，先差包兴入京送信去了，想来此事重大，不可泄漏的。因此更不敢问，亦不向王、马、张、赵提起，唯有心中纳闷而已。

单说包兴揣了密书，连夜赶到开封。所有在府看守之人，俱各相见。众人跪了老爷的钧安，马夫将马牵去喂养刷遛，不必细表。包兴来到内衙，敲响云牌。里面妇女出来问明，见是包兴，连忙告诉丫鬟禀明李氏诰命。诰命正因前次接了报摺，知道老爷已将庞昱铡死，唯恐太师怀恨，欲生奸计，每日提心吊胆。今日忽见包兴独自回来，不胜惊骇，急忙传进见面。夫人先问了老爷安好，包兴急忙请安，答道："老爷甚是平安，先打发小人送来密书一封。"说罢双手一呈。丫鬟接过，呈与夫人。夫人接来，先看皮面上写着"平安"二字，即将外皮拆去，里面却是小小封套，正中签上写着"夫人密启"。夫人忙用金簪挑开封套，抽出书来一看，上言在陈州认了太后李娘娘，假作母子。即将佛堂东间打扫洁净，预备娘娘住宿；夫人以婆媳礼相见，遮掩众人耳目，千万不可走漏风声。后写着“看后付丙”。诰命看完，便问包兴：“你还回去吗？”包兴回道：“老爷吩咐小人，面递了书信，仍然迎着回去。”夫人道：“正当如此。你回去迎着老爷，就说我按着书信内所云，俱已备办了，请老爷放心，这也不便写回信。”叫丫鬟拿二十两银子赏他。包兴连忙谢赏道：“夫人没有什么吩咐，小人喂喂牲口也就赶回去了。”说罢，又请了一个禀辞的安。夫人点头说：“去吧，好好地伺候老爷，你不用我嘱咐。告诉李才，不准懒惰，眼看差竣就回来了。”包兴连连应“是”。方才退出，自有相好众人约他吃饭。包兴一壁道谢，一壁擦面，然后大家坐下吃饭。未免提了些官事，路上怎么防刺客，怎么铡庞昱。说至此，包兴便问：“朝内老庞，没有什么动静吓？”伙伴答道：“可不是，他原参奏来着。上谕甚怒，将他儿子招供摔下来了。他瞧见，没有什么说的了，倒请了一回罪。皇上算是恩宽，也没有降不是。大约咱们老爷这个毒儿种得不小，将来总要提防便了。”包兴听罢，点了点头儿，又将陈州认母一节，略说大概，以安众心。唯恐娘娘轿来，大家盘诘之时不便。说罢，急忙吃毕，马夫拉过马来，包兴上去，拱拱手儿，加上一鞭，他便迎下包公去了。

这里诰命照书信预备停当，每日至至诚诚敬候凤驾。一日，只见前拨差役来了二名，进内衙敲响云牌，回道：“太夫人已然进城，离府不远了。”诰命忙换了吉服，带领仆妇丫鬟，在三堂后恭候。不多时，大轿抬至三堂落平，差役轿夫退出，掩了仪门，诰命方至轿前，早有丫鬟掀起轿帘。夫人亲手去下扶手，双膝跪倒，口称：“不孝媳妇李氏接见娘亲，望婆婆恕罪。”太后伸手，李氏诰命忙将双手递过，彼此一拉。娘娘说道：“媳妇吾儿起来。”诰命将娘娘轻轻扶出轿外，搀至佛堂净室，娘娘入座。诰命递茶，回头吩咐丫鬟等，将跟老太太的丫鬟让至别室歇息。诰命见屋内无人，复又跪下，方称：“臣妾李氏，愿娘娘千岁，千千岁。”太后伸手相搀，说道：“吾儿千万不可如此，以后总以婆媳相称就是了。唯恐拘了国体，倘有泄漏，反为不美，俟包卿回来再作道理。况且哀家姓李，媳妇你也姓李，咱娘儿就是母女，你不是我媳妇，是我女儿了。”诰命连忙谢恩。娘娘又将当初遇害情由，悄悄述说一番，不觉昏花二目又落下泪来，自言：“二目皆是思君想子哭坏了，到如今诸物莫睹，只能略透三光，这可怎么好？”说罢又哭起来。诰命在旁流泪，猛然想起一物善能治目，“我何不虔诚祷告，倘能天露将娘娘凤目治好，一来是尽我一点忠心，二来也不辜负了此宝。”欲要奏明，唯恐无效，若是不奏，又恐娘娘临期不肯洗目。想了多时，只得勉强奏道：“臣妾有一古今盆，上有阴阳二孔，取接天露，便能医目重明。待今晚臣妾叩求天露便了。”娘娘闻听，暗暗说道：“好一个贤德的夫人，他见我痛苦于心，就如此宽慰于我，莫要负他的好意。”便道：“我儿，既如此，你就叩天求露。倘有至诚格天，二目复明，岂不大妙呢。”诰命领了懿旨，又叙了一回闲话，伺候晚膳已毕，诸事分派妥协，方才退出。

看看掌灯以后，诰命洗净了手，方将古今盆拿出。吩咐丫鬟秉烛来至园中，至诚焚香祷告天地，然后捧定金盆叩求天露。真是忠心感动天地，一来是诰命至诚，二来是该国母的难满。起初盆内潮润，继而攒聚露珠，犹如哈气一般。后来渐渐大了，只见滴溜溜满盆乱转，仿佛滚盘珠相似，左旋右转，皆流入阴阳孔内便不动了。诰命满心欢喜，手捧金盆，擎至净室，只累得两膀酸麻，汗下如雨。恰好娘娘尚未安寝，诰命捧上金盆，娘娘伸玉腕蘸露洗目，只觉冷冷冷通澈心腑，香馥馥透入泥丸，登时两额角微微出了点香汗，二目中稍觉转动。闭目息神，不多时，忽然心花开朗，胸膈畅然。眼乃心之苗，不由得将二目一睁，哪知道云翳早退，瞳子重生，已然黑白分明，依旧的盈盈秋水了。娘娘这一欢喜，真是非常之乐。诰命更觉欢喜。娘娘把手一拉诰命，方才细细看了一番。只见两旁有多少丫鬟，只得说道："亏我儿至诚感格，将老身二目医好，都是出于媳妇孝心。"说着说着，不由得一阵伤惨。诰命一见，连忙劝慰道："母亲此病原因伤心过度，如今初愈，只有欢喜的，不要悲伤。"娘娘点头道："此言甚是。我如今俱各看见了，再也不伤心了。我的儿，你也歇息去吧，有话咱们母女明日再说罢。可是你说的，我二目甫愈，也该闭目息神。"夫人见如此说，方才退出，叫丫鬟携了金盆，并嘱咐众人好生服侍，又派两个得用的丫鬟前来帮替。吩咐已毕，慢慢回转卧室去了。次日，忽见包兴前来禀道："老爷已然在大相国寺住了，明日面了圣方能回署。"夫人说："知道了。"包兴退出。

未知如何，且听下回分解。

第十七回　开封府总管参包相　南清宫太后认狄妃

且说李太后自凤目重明之后，多亏了李诰命每日百般劝慰，诸事遂心，以致饮食起居无不合意，把个老太后哄的心儿里喜欢，已觉玉容焕发，精神倍长，不是破窑的形象了。唯有这包兴回来说："老爷在大相国寺住宿，明日面圣。"诰命不由得有些悬心，唯恐见了圣上，提起庞昱之事，奏对抗直，致干圣怒，心内好生放心不下。谁知次日包公入朝见驾，奏明一切，天子甚夸办事正直，深为嘉赏。钦赐五爪蟒袍一袭，攒珠宝带一条，四喜白玉扳指一个，珊瑚豆大荷包一对。包公谢恩。早朝已毕，方回至开封府，所有差役人等叩安。老爷连忙退入内衙，照旧穿着朝服。诰命迎将出来，彼此见礼后，老爷对夫人说道："欲要参见太后，有劳夫人代为启奏。"夫人领命。知道老爷必要参见，早将仆妇丫鬟吩咐不准跟随，引至佛堂净室。

夫人在前，包公在后，来至明间，包公便止步。夫人掀帘入内，跪奏："启上太后，今有龙图阁大学士兼理开封府臣夫包拯，差竣回京，前来参叩凤驾。"太后闻听，便问道："吾儿在哪里？"夫人奏道："现在外间屋内。"太后吩咐："快宣来。"夫人掀帘，早见包公跪倒尘埃，口称："臣包拯参见娘娘，愿娘娘千岁，千千岁。臣荜室狭隘，有屈凤驾，伏乞赦宥。"说罢，匍匐在地。太后吩咐："吾儿抬起头来。"包公秉正跪起。娘娘先前不过闻声，如今方才见面。见包公方面大耳，阔口微须，黑漆漆满面生光，闪灼灼双睛暴露，生成福相，长就威颜，跪在地下还有人高。真乃是丹心耿耿冲霄汉，黑面沉沉镇鬼神。太后看罢，心中大喜，以为仁宗有福，方能得这样能臣。又转想自己受此沉冤，不觉得滴下泪来，哭道："哀家多亏你夫妇这一番的尽心。哀家之事，全仗包卿了。"包公叩头奏道："娘娘且免圣虑，微臣见机而作，务要秉正除奸，以匡国典。"娘娘一壁拭泪，一壁点头说道："卿家平身，歇息去吧。"包公谢恩，鞠躬退出。诰命仍将软帘放下，又劝娘娘一番。外面丫鬟见包公退出，方敢进来伺候。娘娘又对诰命说："媳妇吓，你家老爷刚刚回来，你也去罢，不必在此伺候了。"这原是娘娘一片爱惜之心，谁知反把个诰命说得不好意思，满面通红起来，招的娘娘也笑了。丫鬟掀帘，夫人只得退出，回转卧室。只见外边搬进行李，仆妇丫鬟正在那里接收。

诰命来至屋内，只见包公在那里吃茶，放下茶杯，立起身来笑道："有劳夫人，传宣官差完了？"夫人也笑了，道了鞍马劳乏，彼此寒暄一番，方才坐下。夫人便问一路光景，"为庞昱一事，妾身好生担心。"又悄悄问如何认了娘娘。包公略略述说一番，夫人也不敢细问，便传饭，夫妻共桌而食。食罢，吃茶闲谈几句，包公到书房料理公事。包兴回道："草州桥的衙役回去，请示老爷有什么分派？"包公便问在天齐庙所要衣服簪环开了多少银子，就叫他带回，叫公孙先生写一封回书道谢。皆因老爷今日才下马，所有事件暂且未回。老爷也有些劳乏，便回后歇息去了。一宿不提。

至次日，老爷正在卧室梳洗，忽听包兴在廊下轻轻咳了一声。包公便问："什么事？"包兴隔窗禀道："南清宫宁总管特来给老爷请安，说有话要面见。"包公素来从不交接内官，今见宁总管忽然亲身来到，未免将眉头一皱，说道："他要见我做什么？你回复他，就说我办理公事，不能接见。如有要事，候明日朝房再见罢。"包兴刚要转身，只听夫人说："且慢。"包兴只得站住，却又听不见里面说些什么。迟了多时，只听包公道："夫人说的也是。"便叫包兴将他让在书房待茶，"说我梳洗毕即便出迎。"包兴转身出去了。你道夫人适才与包公悄悄相商说些什么？正是为娘娘之事，说："南清宫现有狄娘娘，知道宁总管前来为着何事呢？老爷何不见他，问问来历。倘有机缘，娘娘若能与狄后见面，那时便好商量了。"包公方肯应允，连忙梳洗冠带，前往书房而来。

单说包兴奉命来请宁总管说："我们老爷正在梳洗，略为少待便来相见，请太辅书房少坐。"老宁听见"相见"二字，乐了个眉开眼笑，道："有劳管家引路。我说咱家既来了，没有不赏脸的。素来的交情，焉有不赏见之理呢。"说着说着，来至书房。李才连忙赶出掀帘。宁总管进入书房，见所有陈设，毫无奢华俗态，点缀而已，不觉得啧啧称羡。包兴连忙点茶让座，且在下首相陪。宁总管知道是大人的亲信，而且朝中时常见面，亦不敢小看于他。正在攀谈之际，忽听外面老爷问道："请进来没有？"李才回道："已然请至。"包兴连忙迎出，已将帘子掀起。

包公进屋，只见宁总管早已站立相迎，道："咱家特来给大人请安。一路劳乏，辛苦辛苦。原要昨日就来，因大人乏乏的身子，不敢起动，故此今早前来，唯恐大人饭后有事。大人可歇过乏来了？"说罢到地一揖。包公连忙还礼，道："多承太辅惦念。未能奉拜，反先劳驾，心实不安。"说罢让座，重新点茶。包公便道："太辅降临，不知有何见教？望祈明示。"宁总管嘻嘻笑道："咱家此来不是什么官事。只因六合王爷深敬大人忠正贤能，时常在狄娘娘跟前提及，娘娘听了甚为欢喜。新近大人为庞昱一事，先斩后奏，更显得赤心为国，不畏权奸。我们王爷下朝就把此事奏明娘娘，把个娘娘乐得了不得，说这才是匡扶社稷治世的贤臣呢。却又教导了王爷一番，说我们王爷年轻，总要跟着大人学习，做一个清心正直的贤王，庶不负圣上洪恩。我们王爷也是羡慕大人的很呢，只是无故的又不能亲近。咱家一想：目下就是娘娘千秋华诞，大人何不备一份水礼前去庆寿，彼此亲近亲近，一来不辜负娘娘一番爱喜之心，二来我们王爷也可以由此跟着大人学习些见识，岂不是件极好的事呢？故此今日我来特送此信。"包公闻听，暗自沉吟道："我本不接交朝内权贵，奈因目下有太后之事。当今就知狄后是生母，哪里知道生母受如此之冤。莫如将计就计，如此如此，倘有机缘，到省了许多曲折。再者，六合王亦是贤王，就是交接他也不玷辱于我。"想罢，便问道："但不知娘娘圣诞在于何时？"宁总管道："就是明日寿诞，后日生辰。不然，我们怎么赶獐的似的呢？只因事在临迩，故此特来送信。"包公道："多承太辅指教挂心，敢不从命。还有一事，我想娘娘圣诞，我们外官是不能面叩的。现在家慈在署，明日先送礼，后日正期，家慈欲亲身一往，岂不更亲近吗？未知可否？"宁总管闻听："啊呀，怎么老太太到了？如此更好。咱家回去，就在娘娘前奏明。"包公致谢道："又要劳动太辅了。"老宁道："好说，好说。既如此，咱家就回去了，先替我在老太太前请安罢。等后日，我在宫内再接待他老人家便了。"包公又托付了一回："家慈到宫时，还望照拂。"宁总管笑道："这还用着大人吩咐？老人家前当尽心的，咱们的交情要紧。不用送，请留步吧。"包公送至仪门，宁总管再三拦阻，方才作别而去。

包公进内，见了夫人细述一番，就叫夫人将才事暗暗奏明太后。夫人领命往静室去了。包公又来到书房，吩咐包兴备一份寿礼，明日送往南清宫去。又嘱他好好看待范宗华，事毕自有道理，千万不可泄漏底里与他。包兴也深知此事重大，漫说范宗华，就是公孙先生、王、马、张、赵诸人，也被他瞒个结实。真是有其主必有其奴，所谓强将手下无弱兵也。

至次日，包兴已办成寿礼八色，与包公过了目，也无非是酒、烛、桃、面等物，先叫差役挑往南清宫。自己随后乘马来至南清宫横街，已见人伕轿马，送礼物的，抬的抬，扛的扛，人声嘈杂，拥挤不开，只得下马，吩咐人役，俟这些人略散散时，再将马溜至王府，自己步行至府门。只见五间宫门，两边大炕上坐着多少官员。又见各处送礼的，俱是手捧名帖，低言回话。那些王府官们，还带理不理的。包兴见此光景，只得走上台阶，来至一位王官的跟前，从怀中掏出帖来，说道："有劳老爷们替我回禀一声……"才说至此，只见那人将眼一翻，说："你是哪的？"包兴道："我乃开封府……"才说了三个字，忽见那人站起来说："必是包大人送礼来的。"包兴道："正是。"那人将包兴一拉，说："好兄弟，辛苦辛苦。今早总管爷就传谕出来，说大人那里今日必送礼来。我这里正等候着呢。请罢，咱们里面坐着。"回头又吩咐本府差役："开封府包大人的礼物在哪里？你们倒是张罗张罗呀！"只听见有人早已问下去："那是包大人礼物？挑往这里来。"此时，那王府官已将包兴引至书房，点茶陪坐，说道："我们王爷今早就吩咐了，提到大人若送礼来，赶紧回禀。兄弟既来了，还是要见王爷，还是不见呢？"包兴答道："既来了，敢则是见见好。只是又要劳动大老爷了。"那人闻听道："好兄弟，以后把'老爷'收了，咱们都是好兄弟。我姓王行三，我比兄弟痴长几岁，你就叫我三哥。兄弟再来时，你问秃王三爷就是我。皆因我卸顶太早，人人皆叫我王三秃子。我可不会唱打童。"说罢一笑。只见礼物挑进，王三爷俱瞧过了，拿上帖，辞了包兴，进内回话去了。

不多时，王三爷出来，对包兴道："王爷叫在殿上等着呢。"包兴连忙跟随王三来至大殿，步上玉阶，绕走丹墀，至殿门以外。但见高卷帘栊，正面一张太师椅上坐着一位束发金冠、蟒袍玉带的王爷，两边有多少内辅伺候。包兴连忙叩头。只听上面说道："你回去上复你家老爷，说我问好。如此费心多礼，我却领了，改日朝中面见了再谢。"又吩咐内辅："将原帖璧回，给他谢帖，赏他五十两银子。"内辅忙忙交与王三。王三在旁悄悄说："谢赏。"包兴叩头站起，仍随王三爷才下银安殿，只见那旁宁总管笑嘻嘻迎来说道："主管，你来了么！昨日叫你受乏。回去见了大人，就提我已在娘娘前奏明了，明日请老太太只管来。老娘娘说了，不在拜寿，为是说说话儿。"包兴答应。宁总管说："恕我不陪了。"包兴回说："太辅请治事罢。"方随着王三爷出来，仍要让至书房，包兴不肯。王三爷将帖子银两交与包兴，包兴道了乏，直至宫门，请王三爷留步。王三爷务必瞅着包兴上马。包兴无奈，道："恕罪。"下了台阶，马已拉过，包兴认镫上马，口道："磕头了，磕头了。"加鞭前行。心内思想："我们八色水礼，才花了二十两银子，王爷到赏了五十两。真是待下恩宽。"

不多时，来至开封府，见了包公，将话一一回禀。包公点头。来在后面，便问："夫人见了太后，启奏的如何？"夫人道："妾身已然回明。先前听了，为难说：'我去穿何服色，行何礼节？'妾身道：'娘娘暂屈凤体，穿一品服色。到了那里，大约狄娘娘断没有居然受礼之理。事到临期，见景生情就混过去了。倘有机缘，泄漏实情，明是庆寿，暗里却是进宫之机会。不知凤意如何？'娘娘想了一想方才说：'事到临头，也不得不如此了，只好明日前往南清宫便了。'"包公听见太后已经应允，不胜欢喜，便告诉夫人，派两个伶俐丫鬟跟去，外面再派人护送。

至次日，仍将轿子搭至三堂之上上轿。轿夫退出，掩了仪门。此时，诰命已然伺候娘娘梳洗已毕，及至换了服色之时，娘娘不觉泪下。诰命又劝慰几句，总以大义为要，方才换了。收拾已完，夫人吩咐丫鬟等"俱在三堂伺候去吧"。众人散出，诰命重新叩拜。此一拜不甚紧要，漫说娘娘，连诰命夫人也止不住扑簌簌泪流满面。娘娘用手相搀，哽噎的连话也说不出来。还是诰命强忍悲痛，切嘱道：“娘娘此去，关乎国典礼法，千万见景生情透了真实，不可因小节误了大事。”娘娘点头含泪道：“哀家二十载沉冤，多亏了你夫妇二人。此去若能重入宫闱，那时宣召我儿，再叙心曲便了。”夫人道：“臣妾理应朝贺，敢不奉召。”说罢搀扶娘娘出了门，慢慢步至三堂之上。诰命伺候娘娘上轿坐稳，安好扶手，丫鬟放下轿帘。只听太后说：“媳妇我儿，回去罢，不必送了。”诰命答应，退入屏后。外面轿夫进来，将轿抬起，慢慢地出了仪门。却见包公鞠躬伺候，上前手扶轿杆，跟随出了衙署。娘娘看得明白，吩咐：“我儿回去罢，不必远送了。”包公答应“是”，止住了步。看轿子落了台阶，又见那壁厢范宗华远远对着轿子磕了一个头。包公暗暗点首，道：“他不但有造化，并且有规矩，真乃福至心灵，不错的。”只见包兴打着顶马，后面拥护多人，尾随着去了。

包公回身进内，来到后面，见夫人眼睛哭的红红儿的，知是方才与娘娘作别未免伤心，也不肯细问，不过悄悄地又议论一番：娘娘此去，不知见了狄后是何光景，且自静听消息便了。妄拟多时，又与诰命谈了些闲话。夫人又言道：“娘娘慈善，待人厚道，当初如何受此大害？这也是前生造定。”包公点头叹息，仍来至书房，料理官事。

不知娘娘此去如何，且听下回分解。

第十八回　奏沉疴仁宗认国母　宣密诏良相审郭槐

且说包兴跟随太后，在前打着顶马来到南清宫。今日比昨日更不相同，多半尽是关防轿。所有嫔妃、贵妃、王妃以及大员的命妇，往来不绝。包兴却懂规矩，预先催马来至王府门下马，将马拴在桩上，步上宫门。恰见秃王三爷在那里，忙执手上前道：“三老爷，我们老太太到了。”王三爷闻听，飞跑进内。不多时，只见里面出来了两个内辅，对着门上众人说道：“回事的老爷们听着：娘娘传谕，所有来的关防俱各道乏，一概回避，单请开封府老太太会面。”众人连声答应。包兴闻听，即催本府的轿夫抬至宫门，自有这两个内辅引进去了。然后王三爷出来张罗包兴，让至书房吃茶。今日见了，比昨日更觉亲热。

单说娘娘大轿抬至二门，早见出来了四个太监，将轿夫换出，又抬至三门，过了仪门，方才落平。早有宁总管来至轿前，揭起帘子，口中说道：“请太夫人安。”忙去了扶手，自有跟来的丫鬟搀扶下轿。娘娘也瞧了瞧宁总管，也回问了一声：“公公好。”宁总管便在前引路，来至寝宫。只见狄娘娘已在门外接待，远远地见了太夫人，吃了一惊，不觉心里思想，觉得面善，熟识得很，只是一时想不起来。娘娘来至跟前，欲行参拜之礼。狄后连忙用手拦住，说："免礼。"娘娘也就不谦让了。彼此携手，一同入座。娘娘看狄后，比当时面目苍老了许多。狄后此时对面细看，忽然想起好像李妃，因已赐死，再也想不到却是当今国母，只是心里总觉不安。献茶已毕，叙起话来，问答如流，气度从容，真是大家风范，把个狄后乐了个了不得，甚是投缘，便留太夫人在宫住宿，多盘桓几天。此一留，正合娘娘之心，即便应允。遂叫内辅传出："所有轿马人等，不必等候了，娘娘留太夫人多住几日呢。跟役人等俱各照例赏赐。"早有值事的内辅，应声答应，传出去了。

这里传膳。狄后务要与太夫人并肩坐了，为的是接谈便宜。娘娘也不过让，更显得直爽大方，狄后尤其欢喜非常。饮酒间，狄后盛称包公忠正贤良，这皆是夫人教训之德。娘娘略略谦逊。狄后又问："太夫人年庚？"娘娘答言："四十二岁。"又问："令郎年岁几何？"一句话，把个娘娘问的闭口无言，登时急得满面通红，再也答对不来。狄后看此光景，不便追问，即以酒的冷暖遮饰过去。娘娘也不肯饮酒了，便传饭吃毕，散坐闲谈，又到各处瞻仰一番，皆是狄后相陪。越瞧越像去世的李后，心中好生的犯疑，暗暗想道："方才问他儿子的岁数，他如何答不上来，竟会急得满面通红？世间哪有母亲不记得儿子岁数之理呢？其中实有可疑。难道他竟敢欺哄我不成？也罢，既已将他留下，晚间叫他与我同眠，明是与他亲热，暗里再细细盘诘他便了。"心中却是这等犯想，眼睛却不住的看，见娘娘举止动作，益发是李后无疑，心内更自委决不下了。

到了晚间，吃毕晚膳，仍是散坐闲话。狄后吩咐："将静室打扫干净，并将枕衾亦铺设在净室之中，我还要与夫人谈心，以消永夜。"娘娘见此光景，正合心意。及至归寝之时，所有承御之人，连娘娘丫鬟自有安排，非呼唤不敢擅入。狄后因惦念着盘问为何不知儿子的岁数，便从此追问。即言："夫人有意欺哄，是何道理？"语语究的甚是紧急。娘娘不觉失声答道："皇姐，你难道不认得哀家了吗？"虽然说出此语，已然悲不泄音。狄后闻听，不觉大惊道："难道夫人是李后娘娘吗？"娘娘泪流满面，那里还说得出话来。狄后着急，催促道："此时房内无人，何不细细言来？"娘娘止住悲声，方将当初受害，怎么余忠替死，怎么送往陈州，怎么遇包公假认为母，怎么在开封府净室居住，多亏李氏诰命叩天求露，洗目重明，今日来给皇姐祝寿，为是吐露真情的话细细说了一遍，险些儿没有放声哭出来。狄后听了目瞪痴呆，不觉也落下泪来，半晌说道："不知有何证据？"娘娘即将金丸取出递将过去。狄后接在手中，灯下验明，连忙战兢兢将金丸递过，便双膝跪倒，口中说道："臣妃不知凤驾降临，实属多有冒犯，望乞太后娘娘赦宥！"李太后连忙还礼相搀，口称："皇姐不要如此。如何能叫圣上知道方好。"狄后谢道："娘娘放心，臣妃自有道理。"便将当日刘后与郭槐定计，用狸猫换出太子，多亏承御寇珠抱出太子，交付陈林用提盒送至南清宫抚养，后来刘后之子病夭，方将太后太子补了东宫之缺。因太子游宫，在寒宫见了娘娘，母子天性，面带泪痕，刘后生疑，拷问寇珠。寇珠怀忠，触阶而死。因此刘后在先皇前进了谗言，方将娘娘赐死情由也说了一遍。李太后如梦方醒，不由伤心。狄后再三劝慰，太后方才止泪，问道："皇姐，如何叫皇儿知道，使我母子重逢呢？"狄后道："待臣妃装起病来，遣宁总管奏知当今，圣上必然亲来。那时，臣妃吐露真情便了。"娘娘称善，一宿不提。到了次日清晨，便派宁总管上朝奏明圣上，说狄后娘娘夜间偶然得病，甚是沉重。宁总管不知底里，不敢不去。只得遵懿旨，上朝去了。狄后又将此事告知六合王。

谁知圣上夜间得一奇梦，见彩凤一只，翎毛不全，望圣上哀叫三声。仁宗从梦中惊醒，心里纳闷，不知是何缘故。及至五鼓，刚要临朝，只见仁寿宫总管前来启奏，说："太后夜间得病，一夜无眠。"天子闻听，以为应了梦兆，即先至仁寿宫请安。便悄悄吩咐，不可声张，恐惊了太后。轻轻迈步，进了寝殿，已听见了有呻吟之声。忽听见太后说："寇宫人，你竟敢如此无理！"又听"啊呀"一声。此时宫人已将绣帘揭起，天子侧身进内，来至御榻之前。刘后猛然惊醒，见天子在旁，便说："有劳皇儿挂念。哀家不过偶受风寒，没有什么大病。且请放心。"天子问安已毕，立刻传御医调治。唯恐太后心内不耐烦，略略安慰几句，即便退出。

才离了仁寿宫，刚至分宫楼，只见南清宫总管跪倒奏道："狄后娘娘夜间得病甚重，奴婢特来启奏。"仁宗闻听，这一惊非同小可，立刻吩咐，亲临南清宫。只见六合王迎接，圣上先问了狄后得病的光景，六合王含糊奏对："娘娘夜间得病，此时略觉好些。"圣上心内稍觉安慰，便吩咐随侍的俱各在外伺候，单带陈林跟随。

此旨一下，暗合六合王之心，侧身前引来至寝宫以内。但见静悄悄寂寞无声，连个承御丫鬟一个也没有。又见御榻之上，锦帐高悬，狄后面里而卧。仁宗连忙上前问安。狄后翻转身来，猛然间问道："陛下，天下至重至大者，以何为先？"天子答道："莫过于孝。"狄后叹了一口气道："既是孝字为先，有为人子不知其母存亡的吗？又有人子为君，而不知其母在外飘零的吗？"这两句话问的个天子茫然不懂，犹以为是狄后病中谵语。狄后又道："此事臣妃尽知底蕴，唯恐陛下不信。"仁宗听狄后自称臣妃，不觉大惊，道："皇娘何出此言，望乞明白垂训。"狄后转身，从帐内拉出一个黄匣来，便道："陛下可知此物的来由吗？"仁宗接过，打开一看，见是一块玉玺，龙袱上面有先皇的亲笔御记："镇压天狗冲犯，故此用上宝印。"仁宗看罢，连忙站起。

谁知老伴伴陈林在旁睹物伤情，想起当年，早已泪流满面。天子猛回头，见陈林啼哭，更觉诧异，便追问此袱的来由。狄后方将郭槐与刘后图谋正宫，设计陷害李后。其中多亏了两个忠义之人：一个是金华宫承御寇珠，一个是陈林。寇珠奉刘后之命，将太子抱出宫来，那时就用此袱包裹，暗暗交付陈林。仁宗听至此，又瞅了陈林一眼，此时陈林已哭的泪人一般。狄后又道："多亏陈林经了多少颠险，方将太子抱出，入南清宫内，在此抚养六年。陛下七岁时承嗣，与先皇补了东宫之缺。千不合，万不合，陛下见了寒宫母亲落泪，才惹起刘后疑忌，生生把个寇珠处死，又要赐死母后。其中又多亏了两个忠臣：一个小太监余忠，情愿替太后殉难，秦凤方将母后换出，送往陈州。后来秦凤死了，家中无主，母后不能存留，只落得破窑乞食。

幸喜包卿在陈州放粮，由草桥认了母后，假称母子以掩耳目。昨日与臣妃做寿，方能与国母见面。”仁宗听罢，不胜惊骇，泪如雨下，道：“如此说来，朕的皇娘现在何处？”只听得罩壁后悲声切切，出来了一位一品服色的夫人。仁宗见了发怔。太后恐天子生疑，连忙将金丸取出，付与仁宗。

天子接来一看，正与刘后金丸一般，只是上面刻的是玉宸宫，下书娘娘名号。仁宗抢行几步，双膝跪倒，道：“孩儿不孝，苦煞皇娘了！”说至此，不由放声大哭。母子抱头悲痛不已。只见狄妃已然下床来，跪倒尘埃，匍匐请罪。连六合王及陈林俱各跪倒在旁，哀哀相劝。母子伤感多时，天子又叩谢了狄妃，搀扶起来。复又拉住陈林的手，哭道：“若不亏你忠心为国，焉有朕躬！”陈林已然说不出话来，唯有流泪谢恩而已。大家平身。仁宗又向太后说道：“皇娘如此受苦，孩儿枉为天子，何以对满朝文武，岂不得罪于天下乎？”说至此，又怨又愤。狄后在旁劝道：“圣上还朝降旨，即着郭槐、陈林一同前往开封府宣读，包学士自有办法。”这却是包公之计，命李诰命奏明李太后的；太后告诉狄后，狄后才奏的。当下仁宗准奏，又安慰了太后许多言语，然后驾转回宫，立刻御笔草诏，密密封好，钦派郭槐、陈林往开封府宣读。郭槐以为必是加封包公，欣然同定陈林竟奔开封府而来。

且说包公自昨日伺候娘娘去后，迟不多时，包兴便押空轿回来说：“狄后将太夫人留下，要多住几日，小人押空轿回来。那里赏了跟役人等二十两银子，赏了轿上二十吊钱。”包公点头吩咐道：“明日五鼓，你到朝房打听，要悄悄地。如有什么事，急忙回来禀我知道。”包兴领命。至次日黎明时便回来了，知道包公尚在卧室，连忙进内，在廊下轻轻咳嗽。包公便问：“你回来了，打听有什么事没有？”包兴禀道：“打听得刘后夜间欠安，圣上立刻驾至仁寿宫请安。后来又传旨，立刻亲临南清宫，说狄后娘娘也病了。大约此时圣驾还未还宫呢。”包公听毕，说：“知道了。”包兴退出。包公与夫人计议道：“这必是太后吐露真情，狄后设的计谋。”夫妻二人，暗暗欢喜。

才用完早饭，忽报圣旨到了。包公忙换朝服，接入公堂之上。只见郭槐在前，陈林在后，手捧圣旨。郭槐自以为是都堂，应宣读圣旨。展开御封，包公山呼已毕，郭槐便念道：“奉天承运皇帝诏曰：‘今有太监郭……’”刚念至此，他看见自己的名字，便不能向下念了。旁边陈林接过来，宣读道：“‘今有太监郭槐，谋逆不端，奸心叵测。先皇乏嗣，不思永祚之忠诚；太后怀胎，遽遭兴妖之暗算。怀抱龙袱，不遵凤诏，寇宫人之志可达天；离却北阙，竟赴南清，陈总管之忠堪贯日。因泪痕，生疑忌，将明朗朗初吐宝珠立毙杖下；假诅咒，进谗言，把气昂昂一点余忠替死梁间。致令堂堂国母，廿载沉冤，受尽了背井离乡之苦。若非耿耿包卿一腔忠赤，焉得有还珠返璧之期。似此灭伦悖理，宜当严审细推。按诏究出口供，依法剖其心腹。事关国典，理重君亲。钦交开封府严加审讯。上命钦哉！’望诏谢恩。”包公口呼万岁，立起身来接圣旨，吩咐一声：“拿下！”只见愣爷赵虎竟奔了贤伴伴陈林，伸手就要去拿。包公连忙喝住：“大胆，还不退下！”赵爷发怔。还是王朝、马汉将郭槐衣服冠履打去，提到当堂，向上跪倒。上面供奉圣旨，包公向左设了公座，旁边设一侧座，叫陈林坐了。当日，包公入了公位，向郭槐说道："你快将已往之事从实招来。"

未识郭槐招与不招，且听下回分解。

第十九回　巧取供单郭槐受戮　明颁诏旨李后还宫

且说包公将郭槐拿下，喊了堂威，入了公座，旁边又设了个侧座，叫陈林坐了。包公便叫道："郭槐，将当初陷害李后，怎生抵换太子，从实招来。"郭槐说："大人何出此言？当初系李妃产生妖孽，先皇震怒，才贬冷宫。焉有抵换之理呢？"陈林接着说道："既无有抵换，为何叫寇承御抱出太子，用裙绦勒死丢在金水桥下呢？"郭槐闻听道："陈总管，你为何质证起咱家来？你我皆是进御之人，难道太后娘娘的性格，你是不知道的吗？倘然回来太后懿旨到来，只怕你也吃罪不起。"包公闻听，微微冷笑道："郭槐，你敢以刘后欺压本阁吗？你不提刘后便罢，既已提出，说不得可要得罪了。"吩咐拉下去，重责二十板。左右答应，一声呐喊，将他翻倒在地，打了二十。只打得皮开肉绽，龇牙咧嘴，哀声不绝。包公问道："郭槐，你还不招认吗？"郭槐到了此时，岂不知事关重大，横了心，再也不招，说道："当日原是李妃产生妖孽，自招愆尤，与我郭槐什么相干。"包公道："既无抵换之事，为何又将寇承御处死？"郭槐道："那是因寇珠顶撞了太后，太后方才施刑。"陈林在旁又说道："此话你又说差了。当初拷问寇承御，还是我掌刑杖。刘后紧紧追问着他将太子抱出置于何地，你如何说是顶撞呢？"郭槐闻听，将双眼一瞪，道："既是你掌刑，生生是你下了毒手，将寇承御打的受刑不过，他才触阶而死。为何反来问我呢？"包公闻听道："好恶贼，竟敢如此狡猾。"吩咐左右，"与我拶起来。"左右又一声喊，将郭槐双手并

齐，套上拶子，把绳往左右一分，只闻郭槐杀猪也似的喊起来。包公问道："郭槐，你还不招认吗？"郭槐咬定牙根道："没有什么招的呀！"见他汗似蒸笼，面目更色。包公吩咐卸刑。松放拶子时，郭槐又是哀声不绝，神魂不定。只得暂且收监，明日再问。先叫陈林将今日审问的情由，暂且复旨。

包公退堂来至书室，便叫包兴请公孙先生。不多时，公孙策来到，已知此事的底里，参见包公已毕，在侧坐了。包公道："今日圣旨到来，宣读之时，先生想来已明白此事了，我也不用述说了。只是郭槐再不招认，我见拶他之时，头上出汗，面目更改，恐有他变。此乃奉旨的钦犯，他又搁不住大刑，这便如何是好？故此，请了先生来，设想一个法子，只伤皮肉，不动筋骨，要叫他招承方好。"公孙策道："待晚生思索了，画成式样，再为呈阅。"说罢退出。来到自己房内，筹思多时。偶然想起，急忙提笔画出，又拟了名儿，来到书房，回禀包公。包公接来一看，上面注明尺寸，仿佛大熨斗相似，却不是平面。上面皆是垂珠圆头钉儿，用铁打就。临用时，将炭烧红，把犯人肉厚处烫炙，再也不能损伤筋骨，止于皮肉受伤而已。包公看了问道："此刑可有名号？"公孙策道："名日'杏花雨'，取其落红点点之意。"包公笑道："这样恶刑，却有这等雅名，先生真才人也。"即着公孙策立刻传铁匠打造。次日隔了一天，此刑业已打就。到了第三日，包公便升堂，提审郭槐。

且说郭槐在监牢之中，又是手疼，又是板疮，呻吟不绝，饮食懒进。两日光景，便觉形容憔悴。他心中却暗自思道："我如今在此三日，为何太后懿旨还不见到来呢？"猛然又想起太后欠安，"想来此事尚未得知。我是咬定牙根，横了心，再不招承。既无口供，包黑他也难以定案。只是圣上忽然间为何想起此事来呢？真真令人不解。"正在犯想之际，忽然一提牢前来说道："老爷升堂，请郭总管呢。"郭槐就知又要审讯了，不觉的心内突突地乱跳，随着差役上了公堂。只见红艳艳的一盆炭火，内里烧着一物，却不知是何作用，只得朝上跪倒。只听包公问道："郭槐，当初因何定计害了李后，用物抵换太子，从实招来，免得皮肉受苦。"郭槐道："实无此事，叫咱家从何招起？若果有此事，漫说迟滞这些年，管保早已败露了。望祈大人详察。"包公闻听，不由怒发冲冠，将惊堂木一拍，道："恶贼，你的奸谋业已败露，连圣上皆知，尚敢推诿，其实可恶！"吩咐左右，"将他剥去衣服。"上来了四个差役，剥去衣服，露出脊背。左右二人把住，只见一人用个布帕连发将头按下去。那边一人从火盆内攥起木把，拿起"杏花雨"，站在恶贼背后。只听包公问道："郭槐，你还不招吗？"郭槐横了心，并不言语。包公吩咐："用刑。"只见"杏花雨"往下一落，登时皮肤皆焦，臭味难闻。只疼得恶贼浑身乱抖，先前还有哀叫之声，后来只剩得发喘了。包公见此光景，只得吩咐住刑，容他喘息再问。左右将他扶住，郭槐那里还挣扎得来呢，早已瘫在地下。包公便叫搭下去。公孙策早已暗暗吩咐差役，叫搭在狱神庙内。

郭槐到了狱神庙，只见提牢手捧盖碗，笑容满面，到跟前悄悄地说道："太辅老爷，多有受惊了。小人无物可敬，觅得定痛丸药一服，特备黄酒一杯，请太辅老爷用了，管保益气安神。”郭槐见他劝慰殷勤，话言温和，不由得接过来道：“生受你了。咱家倘有出头之日，再不忘你便了。”提牢道：“老爷何出此言？如若离了开封，那时求太辅老爷略一伸手，小人便受赐多多矣。”一句话，奉承的恶贼满心欢喜，将药并酒服下，立时觉得心神俱安，便问道：“此酒尚有否？”提牢道：“有，有，多着呢。”便叫人急速送酒来。自己接过，仍叫那人退了，又恭恭敬敬地给恶贼斟上。郭槐见他如此光景，又精细，又周到，不胜欢喜。一壁饮酒，一壁问道：“你这几日，可曾听见朝中有什么事情没有呢？”提牢道：“没有听见什么咧，听见说太后欠安，因寇宫人作祟，如今痊愈了，圣上天天在仁寿宫请安。大约不过迟一二日，太后必然懿旨到来，那时太辅老爷必然无事，就是我们大人也不敢违背懿旨。”郭槐听至此，心内畅然，连吃了几杯。谁知前两日肚内未曾吃饭，今日一连喝了几碗空心酒，不觉的面赤心跳，二目朦胧，登时醉醺醺起来，有些前仰后合。

提牢见此光景，便将酒撤去，自己也就回避了。只落得恶贼一人，踽踽凉凉，虽然多饮，心内却牵挂此事，不能去怀，暗暗踌躇道：“方才听提牢说太后欠安，却因寇宫人作祟，幸喜如今痊愈了，太后懿旨不一日也就下来了。”又想：“寇宫人死的本来冤枉，难怪他作祟。”正在胡思乱想，觉得一阵阵凉风习习，尘沙簌簌，落在窗棂之上，而且又在春暮之时，对此凄凄惨惨的光景。猛见前面似有人形，若近若远，咿咿唔唔声音。郭槐一见，不由得心中胆怯起来。才要唤人，只见那人影儿来至面前说道：“郭槐，你不要害怕。奴非别人，乃寇承御，特来求太辅质对一言。昨日与太后已在森罗殿证明，太后说此事皆是太辅主裁，故此放太后回宫。并且查得太后与太辅尚有阳寿一纪，奴家不能久在幽冥，今日特来与太辅辨明当初之事，奴便超生去也。”郭槐闻听，毛骨悚然。又见面前之人，披发，满面血痕，唯闻得嗓音细气，已知是寇宫人显魂，正对了方才提牢之话。不由得答道：“寇宫人，真正委屈死你了。当初原是我与尤婆定计，用剥皮狸猫换出太子，陷害李后。你彼时并不知情，竟自含冤而死。如今我既有阳寿一纪，倘能出狱，我请高僧高道超度你便了。”又听女鬼哭道：“郭太辅，你既有此好心，奴家感谢不尽。少时到了森罗殿，只要太辅将当初之事说明，奴家便得超生，何用僧道超度？若忏悔不至诚，反生罪孽。”

刚言至此，忽听鬼语啾啾，出来了两个小鬼，手执追命索牌，说：“阎罗天子升殿，立召郭槐的生魂随屈死的怨鬼前往质对。”说罢，拉了郭槐就走。恶贼到了此时，恍恍惚惚，不因不由跟着，弯弯曲曲来到一座殿上。只见黑漆漆，阴惨惨，也辨不出东南西北。忽听小鬼说道：“跪下。”恶贼连忙跪倒。便听叫道：“郭槐，你与刘后所作之事，册籍业已注明，理应堕入轮回。奈你阳寿未终，必当回生阳世。唯有寇珠冤魂，地府不便收此游荡女鬼，你须将当初之事诉说明白，他便从此超生。事已如此，不可隐瞒了。”郭槐闻听，连忙朝上叩头。便将当初刘后图谋正宫，用剥皮狸猫抵换太子，陷害了李妃的情由述说一遍。忽见灯光明亮，上面坐着的正是包公。两旁衙役罗列，真不亚如森罗殿一般。早有书吏将口供呈上，又有狱神庙内书吏一名，亦将郭槐与女鬼说的言语一并呈上。包公一同看了，吩咐拿下去，叫他画供。恶贼到了此时，无奈已落在圈套，只得把招画了。你道女鬼是谁？乃是公孙策暗差耿春、郑平，到勾栏院将妓女王三巧唤来。多亏公孙策谆谆教演，便假扮女鬼，套出真情。赏了他五十两银子，打发他回去了。

此时，包公仍将郭槐寄监，派人好生看守，等次日五鼓上朝，奏明仁宗，将供招谨呈御览。仁宗袖了供招，朝散回宫，便往仁寿宫而来。见刘后昏沉之间，手舞足蹈，似有招架之态。猛然醒来，见天子立在面前，便道："郭槐系先皇老臣，望皇儿格外赦宥。"仁宗闻听，也不答言，从袖中将郭槐的供招向刘后前一掷。刘后见此光景，拿起一看，登时胆裂魂飞，气堵咽喉。久病之人，如何禁得住罪犯天条。一吓，竟自呜呼哀哉了。仁宗吩咐，将刘后抬入偏殿，按妃礼殡殓了，草草奉移而已。传旨即刻打扫宫院。

次日升殿，群臣山呼已毕，圣上宣召包公，说道："刘后已惊惧而亡，就着包卿代朕草诏，颁行天下，匡正国典。"从此黎民、内外臣宰方知国母太后姓李，却不姓刘。当时圣上着钦天监拣了吉日，斋戒沐浴，告祭各庙，然后排了銮舆，带领合朝文武，亲至南清宫迎请太后还宫。所有奉迎礼节仪注，不必细表。太后娘娘乘了御辇，狄后贤妃也乘了宝舆跟随入宫。仁宗天子请了太后之后，先行回銮，在宫内伺候。此时王妃命妇俱各入朝，排班迎接凤驾。太后入宫，升座受贺已毕，起身更衣。传旨宣召龙图阁大学士包拯之妻李氏夫人进宫。太后与狄后仍以姐妹之礼相见，重加赏赐。仁宗亦有酬报，不必细表。外面众臣朝贺已毕，天子传旨将郭槐立剐。此时尤婆已死，照例戮尸。又传旨在仁寿宫寿山福海地面，丈量妥协，左边敕建寇宫人祠堂，名曰忠烈祠。右边敕建秦凤、余忠祠堂，名曰双义祠。工竣，亲诣拈香。

一日，老丞相王苞递了一本，因年老力衰，情愿告老休致。圣上怜念元老，仍赏食全俸，准其养老。即将包公加封为首相。包公又奏明公孙策与四勇士累有参赞功绩，仁宗于是封公孙策为主簿，四勇士俱赏六品校尉，仍在开封府供职。又奉太后懿旨，封陈林为都堂，范宗华为承信郎，将破窑改为庙宇，钦赐白银千两，香火地十顷，就叫范宗华为庙官，春秋两祭，永垂不朽。

未知后事如何，且听下回分解。

第二十回　受魇魔忠良遭大难　杀妖道豪杰立奇功

且说包公自升为首相，每日勤劳王事，不畏权奸，秉正条陈，圣上无有不允。就是满朝文武，谁不钦仰。纵然素有仇隙之人，到了此时，也奈何他不得。一日，包公朝罢，来到开封，进了书房，亲自写了一封书信，叫包兴备厚礼一份，外带银三百两，选了个能干差役，前往常州府武进县遇杰村聘请南侠展熊飞；又写了家信，一并前去。

刚刚去后，只见值班头目向上跪倒："启上相爷，外面有男女二人，口称冤枉，前来申诉。"包公吩咐："点鼓升堂。"立刻带至堂上。包公见男女二人皆有五旬年纪，先叫将婆子带上来。婆子上前跪倒，诉说道："婆子杨氏，丈夫姓黄，久已去世。有两个女儿，长名金香，次名玉香。我这小女儿，原许与赵国盛之子为妻，昨日他家娶去。婆子因女儿出嫁，未免伤心。及至去了之后，谁知我的大女儿却不见了。婆子又忙到各处寻找，再也没有，急得婆子要死。老爷想，婆子一生就仗着女儿。我寡妇失业的，原打算将来两个女婿有半子之分，可以照看寡妇。如今把个大女儿丢了，竟自不知去向。婆子又是急，又是伤心。正在啼哭之时，不想我们亲家赵国盛找了我来，合我不依，说我把女儿抵换了。彼此纷争不清，故此前来求老爷替我们判断判断，找找我的女儿才好。"包公听罢，问道："你家可有常来往的亲眷没有？"杨氏道："漫说亲眷，就是街坊邻舍，无事也是不常往来的，婆子孤苦的很呢。"说至此就哭起来了。包公吩咐把婆子带下去，将赵国盛带上来。赵国盛上前跪倒，诉道："小人赵国盛，原与杨氏是亲家。他有两个女儿，大的丑陋，小的俊俏。小人与儿子定的是他小女儿，娶来一看，却是他大女儿。因此急急赶到他家与他纷争为何抵换。不料杨氏他倒不依，说小人把他两个女儿都娶去了，欺侮他孀居寡妇了。因此到老爷台前，求老爷剖断剖断。"包公问道："赵国盛，你可认明是他大女儿吗？"赵国盛道："怎么认得不明呢？当初有我们亲家在日，未做亲时，他两个女儿小人俱是见过的。大的极丑，小的甚俊。因小人爱他小女，才与小人儿子定了亲事。那个丑的，小人断不要的。"包公听罢，点了点头。便叫："你二人且自回去听候传讯。"

老爷退堂，来至书房，将此事揣度。包兴倒过茶来，恭恭敬敬送至包公面前。只见包公坐在椅上，身体乱晃，两眼发直，也不言语，也不接茶。包兴见此光景，连忙放下茶杯，悄悄问道："老爷怎么了？"包公忽然将身子一挺，说道："好厉害血腥气吓！"往后便倒，昏迷不醒。包兴急急扶着，口中乱叫："老爷，老爷！"外面李才等一齐进来，彼此搀扶，抬至床榻之上。一时传到里面，李氏诰命闻听，唬得惊疑不止，连忙赶至书房看视，李才等急回避。只见包公躺在床上，双眉紧皱，二目难睁，四肢全然不动，一语也不发。夫人看毕，不知是何缘故。正在纳闷，包兴在窗外道："启上夫人，公孙主簿前来与老爷诊脉。"夫人闻听，只得带领丫鬟回避。包兴同着公孙先生来至书房榻前，公孙策细细搜求病源。诊了左脉，连说"无妨"；又诊右脉，便道"怪事"。包兴在旁问道："先生看相爷是何病症？"公孙策道："据我看来，相爷六脉平和，并无病症。"又摸了摸头上并心上，再听气息亦顺，仿佛睡着的一般。包兴将方才的形象述说一遍，公孙策闻听便觉纳闷，并断不出病从何处起的。只得先叫包兴进内安慰夫人一番，并禀明须要启奏。自己便写了告病折子，来日五鼓上朝呈递。

天子闻奏，钦派御医到开封府诊脉，也断不出是何病症。一时，太后也知道了，又派老伴伴陈林前来看视。此时开封府内外上下人等，也有求神问卜的，也有说偏方的。无奈包公昏迷不醒，人事不知，饮食不进，止于酣睡而已。幸亏公孙先生颇晓医理，不时在书房诊脉照料。至于包兴、李才，更不消说了，昼夜环绕，不离左右。就是李氏诰命，一日也是要到书房几次。唯有外面公孙策与四勇士，个个急的摩拳擦掌，短叹长吁，竟自无法可施。谁知一连就是五天，公孙策看包公脉息渐渐地微弱起来，大家不由得着急。独包兴与别人不同，他见老爷这般光景，因想当初罢职之时，曾在大相国寺得病，与此次相同，那时多亏了然和尚医治，偏偏他又云游去了。由此便想起当初经了多少颠险，受了多少奔波，好容易熬到如此地步，不想旧病复发，竟自不能医治。越想越愁，不由得泪流满面。正在哭泣之际，只见前次派去常州的差役回来，言："展熊飞并未在家。老仆说：'我家官人若能早晚回来，必然急急的赶赴开封，决不负相爷大恩。'"又说："家信也送到了，现有带来的回信，老爷府上俱各平安。"差人说了许多的话，包兴也止于出神点头而已，把家信接过送进去了。信内无非是"平安"二字。

你道南侠那里去了？他乃行义之人，浪迹萍踪，原无定向。自截了驼轿，将金玉仙送至观音庵，与马汉分别之后，他便朝游名山，暮宿古庙。凡有不平之事，他不知又做了多少。每日闲游，偶闻得人人传说，处处讲论，说当今国母原来姓李，却不姓刘，多亏了包公访查出来。现今包公入阁，拜了首相。当作一件新闻处处传闻。南侠听在耳内，心中暗暗欢喜道："我何不前往开封探望一番呢？"一日午间，来至榆林镇，上酒楼独坐饮酒。正在举杯要饮，忽见面前走过一个妇人来，年纪约有三旬上下，面黄肌瘦，憔悴形容，却有几分姿色。及至看他身上穿着，虽是粗布衣服，却又极其干净。见他欲言不言，迟疑半晌，羞得面红过耳，方才说道："奴家王氏，丈夫名叫胡成，现在三宝村居住。因年荒岁旱，家无生理，不想婆婆与丈夫俱各病倒，万分出于无奈，故此小妇人出来抛头露面，沿街乞化，望乞贵君子周济一二。"说罢，深深万福，不觉落下泪来。展爷见他说的可怜，一回手在兜肚中摸出半锭银子，放在桌上道："既是如此，将此银拿去，急急回家，赎帖药饵。余者作为养病之资，不要沿街乞化了。"妇人见是一大半锭银子，约有三两多，却不敢受，便道："贵客方便，赐我几文钱足矣。如此厚赐，小妇人实不敢领的。"展爷道："岂有此理！我施舍于你，你为何拒而不纳呢？这却令人不解。"妇人道："贵客有所不知，小妇人求乞，全是出于无奈。今一旦将此银拿回家去，唯恐婆婆丈夫反生疑忌，那时恐负贵客一番美意。"展爷听罢，甚为有理。谁知堂官在旁插言道："你只管放心，这位既然施舍，你便拿回，若你婆婆丈夫嗔怪时，只管叫你丈夫前来见我，我便是个证见，难道你还不放心吗？"展爷连忙称是，道："你只管拿去吧吧，不必疑惑了。"妇人又向展爷深深万福，拿起银子下楼去了。跑堂又向展爷添酒要菜，也下楼去了。

不料那边有一人，他见展爷给了那妇人半锭银子，便微微地一笑。此人名唤季娄儿，为人谲诈多端，极是个不良之辈。他向展爷说道："客官不当给这妇人许多银子。他乃故意作生理的。前次有个人赠银与他，后来被她丈夫讹诈，说调戏他女人了，逼索遮羞银一百两，方才完事。如今客官给他银两，唯恐少时她丈夫又来要讹诈呢。”展爷闻听，虽不介意，不由得心中辗转道：“若依此人所说，天下人还敢有行善的吗？他要果真讹诈，我却不怕他，唯恐别人就要入了他的骗局了。细细想来，似这样人，也就好生可恶呢。也罢，我原是无事，何不到三宝村走走。若果有此事，将他处治一番，以戒下次。”想罢，吃了酒饭，会钱下楼，出门向人问明三宝村而来。相离不远，见天色甚早，路旁有一道士庙叫作通真观，展爷便在此庙作了下处。因老道邢吉有事拜坛去，观内只有两个小道士，名唤谈明、谈月。就在庙二门外西殿内住下。

天交初鼓，展爷换了夜行衣服，离了通真观，来到三宝村胡成家内。早已听见婆子唁声，男子恨怨，妇人啼哭，喋喋不休。忽听婆子道：“若非有外心，何以有许多银子呢？”男子接着说道：“母亲不必说了，明日叫他娘家领回就是了。”并听不见妇人折辩，唯有呜呜地哭泣而已。南侠听至此，想起白日妇人在酒楼之言，却有先见之明，叹息不止。猛抬头，忽见门外有一人影，又听得高声说道：“既拿我的银子，应了我的事，就该早些出来。如今既不出来，必须将银子早早还我。”南侠闻听，气冲斗牛。赶出篱门，一伸手把那人揪住。仔细看时，却是季娄儿。季娄儿害怕，哀告道：“大王爷饶命！”南侠也不答言，将他轻轻一提，扭至院内，也就高声说道：“吾乃夜游神是也。适遇日游神，曾言午间有贤孝节妇，因婆婆丈夫染病，含羞乞化，在酒楼上遇正直君子，怜念孝妇，赠银半锭。谁知被奸人看见，顿起不良之心，夜间前来讹诈。吾神在此，岂容奸人陷害。且随吾神到荒郊之外，免得连累良善之家。”说罢，提了季娄儿出篱门去了。胡家母子听了，方知媳妇得银之故，连忙安慰王氏一番，深感贤妇不题。

且说南侠将季娄儿提至旷野，拔剑斩讫。见斜刺里有一蚰蜒小路，以为从此可以奔至大路。信步行去，见面前一段高墙，细细看来，原来是通真观的后阁，不由得满心欢喜。自己暗暗道：“不想倒走近便了，我何不从后面而入，岂不省事？”将身子一纵，上了墙头，翻身躯轻轻落在里面。蹑步悄足行来，偶见跨所内灯光闪烁，心中想道：“此时已交三鼓之半，为何尚有灯光？我何不看看呢？”用手推门，却是关闭，只得飞身上了墙头。见人影照在窗上，仿佛小道士谈月光景。忽又听见妇人说道：“你我虽然定下此计，但不知我姐姐顶替去了，人家依与不依。”又听得小道士说：“他纵然不依，自有我那岳母答复他，怕他怎的？你休要多虑，趁此美景良宵，且自同赴阳台要紧。”说着，便立起身来。展爷听到此处，心中暗道：“原来小道士做此暗昧之事，也就不是出家的道理了。且待明日再作道理。”大凡夜行人，最忌的是采花，又忌的是听淫声。展爷刚转身，忽又听见妇人说道：“我问问你，你说庞太师暗害包公，此事到底是怎么样了？”展爷听了此句，连忙缩脚侧听。只听谈月道：“你不知道，我师父此法百发百中。现今在庞太师花园设坛，于今业已五日了，赶到七日，必然成功。那时得谢银一千两。我将此银偷出，咱们远走高飞，岂不是长久夫妻么。”

展爷听了，登时惊疑不止。连忙落下墙来，赶到前面殿内，束束包裹，并不换衣，也不告辞，竟奔汴梁城内而来。不过片时工夫，已至城下。见满天星斗，听了听，正打四更。展爷无奈何，绕过护城河，来至城下，将包袱打开，把爬城索取出，依法安好，一步一步上得城来；将爬城索取下，上面安好，缒城而下。脚落实地，将索抖下，收入包袱内，背在肩上，直奔庞太师府而来。来至花园墙外，找了棵小树，将包袱挂上，这才跳进花园。只见高结法台，点烛焚香，有一老道披着发在上面作法。展爷暗暗步上高台，在老道身后悄悄地抽出剑来。

不知老道性命如何，且听下回分解。

第二十一回　掷人头南侠惊佞党　除邪祟学士审虔婆

且说邢吉正在作法，忽觉得脑后寒光一缕，急将身体一闪，已然看见展爷目光炯炯，煞气腾腾，一道阳光直奔瓶上。所谓邪不侵正，只听得啪啪的一声响亮，将个瓶子炸为两半。老道见他法术已破，不觉“啊呀”了一声，栽下法台。展爷恐他逃走，翻身赶下台来。老道刚刚爬起要跑，展爷抽后就是一脚。老道往前一扑，趴在地下。展爷即上前，从脑后手起剑落，已然身首异处。展爷斩了老道，重新上台来细看，见桌上污血狼藉，当中有一个木头人儿，连忙轻轻提出。低头一看，见有围桌，便扯了一块将木头人儿包裹好了，揣在怀内。下得台来，提了人头，竟奔书房而来，此时已有五鼓之半。

且说庞吉正与庞福在书房说道：“今日天明已是六日，明日便可成功。虽然报了杀子之仇，只是便宜他全尸而死。”刚说至此，只听得唿嚓的一声，把窗户上大玻璃打破，掷进一个毛茸茸血淋淋的人头来。庞吉猛然吃这一吓，儿乎在椅子上栽倒，旁边庞福吓得缩作一团。迟了半晌，并无动静，庞贼主仆方才仗着胆子，掌灯看时，却是老道邢吉的首级。庞吉忽然省悟：这必是开封府暗遣能人前来破了法术，杀了老道。即叫庞福传唤家人，四下里搜寻，那里有个人影。只得叫人打扫了花园，埋了老道尸首，撤去法台，愤愤悔恨而已。

且说南侠离了花园，来至墙外，树上将包裹取下，拿了大衫披在身上，直奔开封。只见内外灯烛辉煌，俱是守护相爷。连忙叫人通报。公孙先生闻声展爷到来，不胜欢喜，便同四勇士一并迎将出来。刚刚见面，不及叙寒温，展爷便道：“相爷身体欠安吗？”公孙先生诧异道：“吾兄何以知之？”展爷道：“且到里面，再为细讲。”大家拱手来至公所，将包裹放下，彼此逊坐。献茶已毕，公孙策便问展爷：“何以知道相爷染病？请道其详。”南侠道：“说起来话长，众位贤弟且看此物便知分晓。”说罢，怀中掏出一物，连忙打开，却是一块围桌片儿，里面裹定一个木头人儿。公孙策接来，与众人在灯下仔细端详，不解其故。公孙策又细细看出上面有字，仿佛是包公的名字与年庚,不觉失声道:“啊呀,这是使的魇魔法儿罢!”展爷道:“还是老先生大才,猜得不错。”众人便问展爷此物从何处得来,展爷才待要说,只见包兴从里跑出来道:“相爷已然醒来,今已坐起,现在书房喝粥呢!派我出来,说与展义士一同来的,叫我来请进书房一看。不知展爷来也不曾?”大家听了个个欢喜。原是灯下围绕着看木头人儿,包兴未看见展爷,倒是展爷连忙站起,过来见了包兴。包兴只乐得心花开放,便道:“果然展爷来了。请罢,我们相爷在书房恭候呢。”

此时公孙先生同定展爷,立刻来至书房,参见包公。包公连忙让座,展爷告坐,在对面椅子上坐下。公孙主簿在侧首下位相陪。只听包公道:“本阁屡叨义士救护,何以酬报!即如今若非义士,我包某几乎一命休矣。从今后,务望义士常在开封,扶助一二,庶不负渴想之诚。”展爷连说:“不敢,不敢。”公孙策在旁答道:“前次相爷曾差人到尊府去聘请,吾兄恰值公出未回,不料吾兄今日才到。”展爷道:“小弟萍踪无定,因闻得老爷拜了相,特来参贺。不想在通真观闻得老爷得病缘由,故此连夜赶来。果然老爷病体痊愈,在下方能略尽微忱。这也是相爷洪福所致。”包公与公孙策闻听展爷之言,不甚明白,问:“通真观在哪里?如何在那里听得信呢?”展爷道:“通真观离三宝庄不远。”便将夜间在跨所听见小道士与妇人的言语,因此急急赶到太师的花园,正见老道拜坛,瓶子炸了,将老道杀死,包了木人前来,滔滔不绝述说了一遍。包公闻听,如梦方醒。公孙策在旁道:“如此说来,黄寡妇一案也就好办了。”一句话提醒包公,说:“是呀,前次那婆子他说不见了女儿,莫非是小道士偷拐去了不成?”公孙策连忙称是,“相爷所见不差。”复站起身来,将递折子告病,圣上钦派陈林前来看视,并赏御医诊视,一并禀明。包公点头道:“既如此,明日先生办一本参奏的折子,一来恭请圣安,销假谢恩;二来参庞太师善用魇魔妖法,暗中谋害大臣,即以木人并杀死的老道邢吉为证。我于后日五鼓上朝呈递。”包公吩咐已毕,公孙策连忙称是。只见展爷起身告辞,因老爷初愈,唯恐劳了神思。包公便叫公孙策好生款待。二人作别,离了书房。

此时天已黎明,包公略为歇息,自有包兴、李才二人伺候。外面公所内,展爷与公孙先生、王、马、张、赵等各叙阔别之情。展爷又将新闻相爷欠安的情由述说一遍,大家闻听,方才省悟,不胜欢喜。虽然熬了几夜未能安眠,到了此时,个个精神焕发,把乏困俱各忘在九霄云外了。所谓人逢喜事精神爽,是再不能错的。彼此正在交谈,只见伴当人等安放杯筷,摆上酒肴,极其丰盛。却是四勇士于展爷见包公之时,便吩咐厨房赶办肴馔,一来与展爷接风掸尘,二来彼此大家庆贺。因这些日子相爷欠安,闹得上下沸腾,个个愁闷焦躁,谁还拿饭当事呢?不过是喝几杯闷酒而已。今日这一畅快,真是非常之乐。换盏传杯,高谈阔论。说到快活之时,投机之处,不由得哈哈大笑,欢呼震耳。唯有四爷赵虎比别人尤其放肆,杯杯净,盏盏干,乐得他手舞足蹈,未免的丑态毕露。包兴忽然从外面进来,大家彼此让座。包兴满面笑容道:“我奉相爷之命,出来派差,抽空特来敬展爷一二杯。”展爷忙道:“岂敢,岂敢。适才酒已过量,断难从命。”包兴哪里肯依。赵虎在旁撺掇,定要叫展爷立饮三杯。还是王朝分解,叫包兴满满斟上了一盏敬展爷。展爷连忙接过,一饮而尽。大家又让包兴坐下。包兴道:“我是不得空儿的,还要复命相爷。”公孙策问道:“此时相爷又派出什么差使呢?”包兴道:“相爷方才睡醒,喝了粥,吃了点心,便立刻出签,叫往通真观捉拿谈明、谈月合那妇人,并传黄寡妇、赵国盛一齐到案。大约传到就要升堂办事,可见相爷为国为民,时刻在念,真不愧首相之位,实乃国家之大幸也。”包兴告辞,上书房回话去了。这里众人听见相爷升堂,大家不敢多饮,唯有赵虎已经醉了。连忙用饭已毕,公孙策便约了展爷来至自己屋内,一壁说话,一壁打算参奏的折底。

此时已将谈明、谈月并金香、玉香以及黄寡妇、赵国盛俱各传到,包公立刻升堂。喊了堂,入了座,便吩咐先带谈明。即将谈明带上堂来,双膝跪倒。见他有三旬以上,形容枯瘦,举止端详,不像个作恶之人。包公问道:“你就是叫谈明的吗?快将所做之事报上来。”谈明向上叩头道:“小道士谈明,师父邢吉,在通真观内出家。当初原是我师徒二人,我师父邢吉每每行些暗昧之事,是小道时常谏劝,不但不肯听劝,反加责处,因此小道忧思成病。不料后来小道有一族弟,他来看视小道。因他赌博蓄娼,无所不为,闹得甚是狼狈,原是探病为由前来借贷。小道如何肯理他呢?他便哀求啼哭。谁知被师父邢吉听见,将他叫去,不知怎么,三言两语也出了家了。登时换了衣服鞋袜,起名叫作谈月。啊呀,老爷呀!自谈月到了庙中,我师父如虎生翼。他二人做的不尬不尴之事,难以尽言。后来我师父被庞太师请去,却是谈月跟随,小道在庙看守。忽见一日夜间,有人敲门,小道连忙开了山门一看,只见谈月带了个少年小道士一同进来。小道以为是同道,不然,又不知是他师徒行的什么鬼祟,小道也不敢管,关了山门,便自睡了。至次日,小道因谈月带了同道之人,也应当见礼,小道便到跨所,进去一看,就把小道吓慌了。谁知不是道士,却是个少年女子在那里梳头呢。小道才要抽身,却见谈月小解回来,便道:‘师兄既已看见,我也不必隐瞒。此女乃是我暗里带来,无事便罢,如要有事,自有我一人承当,唯求师兄不要声张就是了。’老爷想,小道素来受他的挟制,他如此说,小道还能管他吗?只得诺诺退去,求其不加害于我便是万幸了。自那日为始,他每日又到庞太师府中去,他便将跨所封锁。回来时,便同那女子吃喝耍笑。不想今日他刚要走,就被老爷这里去了多人将我等拿获。这便是实在事迹,小道敢作证见,再不敢撒谎的。”老爷听罢,暗暗点头道:“看此道不是作恶之人,果然不出所料。”便吩咐带在一旁,便带谈月。

只见谈月上堂跪倒。老爷留神细看,见他约有二旬年岁,生的甚是俏丽,两个眼睛滴溜嘟噜地乱转,已露出是个不良之辈了。又见他满身华裳,更不是出家人的形景。老爷将惊堂木一拍,道:“奸人妇女,私行拐带,这也是你出家人作的吗?讲!”谈月才待开言,只见谈明在旁厉声道:“谈月,今日到了公堂之上,你可要从实招上去,我方才将你所作所为俱各禀明了。”一句话把个谈月噎地倒抽了一口气,只得据实招道:“小道谈月,因从那黄寡妇门口经过,只见有两个女子,一个极丑,一个很俊,小道便留心。后来一来二去,渐渐的熟识。每日见那女子门前站立,彼此有眷恋之心,便暗定私约,悄从后门出入。不想被黄寡妇撞见,是小道多用金帛买嘱,黄寡妇便应允了。谁知后来赵家要迎娶,黄寡妇着了急了,便定了计策,就那日迎娶的夜里,趁着忙乱之际,小道算是俗家的亲戚,便将玉香改装,私行逃走。彼时已与金香说明,他原是长得丑陋,无人聘娶,莫若顶替去了,到了那里生米已成熟饭了,他也就反悔不来了。心想是个巧宗儿,谁知今日犯在当官。”说罢往上磕头。包公问道:“你用多少银子买嘱了黄寡妇?”谈月道:“纹银三百两。”包公问道:“你一个小道士,那里有许多银子呢?”谈月道:“是偷我师父的。”包公道:“你师父那里有许多银子呢?”谈月道:“我师父原有魇魔神法,百发百中。若要害人,只用桃木做个人儿,上面写着名姓年庚,用污血装在瓶内。我师父做起法来,只消七日,那人便气绝身亡。只因老包……”说至此,自己连忙啐了一口,“呸,呸!只因老爷有杀庞太师之子之仇,庞太师怀恨在心,将我师父请去,言明做成此事,谢银一千五百两。我师父先要五百两,下欠一千两,等候事成再给。”包公听罢,便道:“怪不得你还要偷你师父一千两,与玉香远走高飞,做长久夫妻呢!这就是了。”谈月听了此言,吃惊不小:“此话是我与玉香说的,老爷如何知道呢?必是被谈明悄悄听去了。”他哪哪里知道暗地里有个展爷与他泄了底呢。先将他二人带将下去,吩咐带黄寡妇母女上堂。

不知如何审办,且听下回分解。

第二十二回　金銮殿包相参太师　耀武楼南侠封护卫

且说包公审明谈月,吩咐将黄寡妇母女三人带上来。只见金香果然丑陋不堪,玉香虽则俏丽,甚是妖淫。包公便问黄寡妇:“你受了谈月三百两在于何处?”黄寡妇已知谈月招承,只得吐实,禀道:“现藏在家中柜底内。”包公立刻派人前去起赃。将她母女每人拶了一拶,发在教坊司,母为虔婆,暗合了贪财卖奸之意;女为娼妓,又遂了倚门卖俏之心。金香自惭貌陋,无人聘娶,情愿身入空门为尼。赃银起到,偿了赵国盛银五十两,着他另行择娶。谈明素行谨慎,即着他在通真观为观主。谈月定了个边远充军,候参奏下来,质对明白,再行起解。审判已明,包公退堂,来至书房。此时公孙先生已将摺底办妥请示。包公看了,又将谈月的口供叙上了几句,方叫公孙策缮写,预备明日五鼓参奏。

至次日,天子临轩。包公出班,俯伏金阶。仁宗一见包公,满心欢喜,便知他病体痊愈,急速宣上殿来。包公先谢了恩,然后将折子高捧,谨呈御览。圣上看毕,又有桃木人儿等作证,不觉心中辗转道:“怪道包卿得病不知从何而起,原来暗中有人陷害。”又一转想:“庞吉,你乃堂堂国戚,如何行此小人暗昧之事,岂有此理!”想至此,即将庞吉宣上殿来。仁宗便将参摺掷下。庞吉见龙颜带怒,连忙捧读,不由的面目更色,双膝跪倒,唯有俯首服罪而已。圣上痛加申饬,念他是椒房之戚,着从宽罚俸三年。天子又安慰了包公一番,立时叫庞吉当面与包公赔罪。庞贼遵旨,不敢违背,只得向包公跟前谢过。包公亦知他是国戚,皇上眷顾,而且又将他罚俸,也就罢了。此事幸亏和事的天子,才化为乌有。二人重新谢了恩。大家朝散,天子还宫。

包公五六日未能上朝,便在内阁料理这几日公事。只见圣上亲派内辅出来宣旨,道圣上在修文殿宣召包公。包公闻听,即随内辅进内,来至修文殿,朝了圣驾。天子赐座,包公谢恩。天子便问道:“卿六日未朝,朕如失股肱,不胜郁闷。今日见了卿家,才觉畅然。”包公奏道:“臣猝然遘疾,有劳圣虑,臣何以克当。”天子又问道:“卿参摺上云义士展昭,不知他是何如人?”包公奏道:“此人是个侠士,臣屡蒙此人救护。”又说:“当初赶考时路过金龙寺,遇凶僧陷害,多亏了展昭将臣救出;后来奉旨陈州放赈,路过天昌镇擒拿刺客项福,也是此人;即如前日在庞吉花园破了妖魔,也是此人。”天子闻听,龙颜大悦,道:“如此说来,此人不独与卿有恩,他的武艺竟是超群的了。”包公奏道:“若论展昭武艺,他有三绝:第一,剑法精奥;第二,袖箭百发百中;第三,他的纵跃法,真有飞檐走壁之能。”天子听至此,不觉鼓掌大笑道:“朕久已要选武艺超群的,未得其人。今听卿家之言,甚合朕意。此人可现在否?”包公奏道:“此人现在臣的衙内。”天子道:“既如此,明日卿家将此人带领入朝,朕亲往耀武楼试艺。”包公遵旨,叩辞圣驾,出了修文殿,又来到内阁。料理官事已毕,乘轿回到开封,至公堂落轿,复将官事料理一番。退堂,进了书房。包兴递茶,包公叫请展爷。

不多时,展爷来到书房。包公便将今日圣上旨意一一述说,“明早就要随本阁入朝,参见圣驾。”展爷到了此时虽不愿意,无奈包公已遵旨,只得谦虚了几句:“唯恐艺不惊人,反要辜负了相爷一番美意。”彼此又叙谈了多少时,方才辞了包相,来到公所之内。此时,公孙策与四勇士俱已知道展爷明日引见,一个个见了未免就要道喜,大家又聚饮一番。

至次日五鼓,包公乘轿,展爷乘马,一同入朝伺候。驾幸耀武楼,合朝文武扈从。天子来至耀武楼,升了宝座。包公便将展昭带往丹墀,跪倒参驾。圣上见他有三旬以内年纪,气宇不凡,举止合宜,龙心大悦。略问了问家乡籍贯,展昭一一奏对,甚是明晰。天子便叫他舞剑,展爷谢恩下了丹墀,早有公孙策与四勇士俱各暗暗跟来,将宝剑递过。展爷抱在怀中,步上丹墀,朝上叩了头。将袍襟略为掖了一掖,先有个开门式。只见光闪闪,冷森森,一缕银光翻腾上下。起初时,身随剑转,还可以注目留神;到后来,竟使人眼花缭乱。其中的删砍劈剁、勾挑拨刺,无一不精。合朝文武以及丹墀之下众人,无不暗暗喝彩。唯有四勇士更为关心,仰首翘望,捏着一把汗,在那里替他用力。见他舞到妙处,不由得甘心佩服:“真不愧南侠二字!"展爷这里施展平生学艺,着着用意,处处留心。将剑舞完,仍是怀中抱月的架势收住,复又朝上磕头。见他面不更色,气不发喘。

天子大乐,便问包公道:"真好剑法,怨不得卿家夸奖。他的袖箭又如何试法?"包公奏道:"展昭曾言,夜间能打灭香头之火。如今白昼,只好用较射的木牌,上面糊上白纸,圣上随意点上三个朱点,试他的袖箭。不知圣意若何?"天子道:"甚合朕意。"谁知包公早已吩咐预备下了,自有执事人员将木牌拿来。天子验看,上面糊定白纸,连个黑星皱纹一概没有,由不得提起朱笔,随意点了三个大点,叫执事人员随展昭去,该立于何处任他自便。因袖箭乃自己练就的步数,远近与别人的兵刃不同。展昭深体圣意,随执事人员下了丹墀,斜行约二三十步远近,估量圣上必看得见,方叫人把木牌立稳。左右俱各退后。展昭又在木牌之前,对着耀武楼遥拜。拜毕立起身来,看准红点,翻身竟奔耀武楼跑来。约有二十步,只见他将左手一扬,右手便递将出去,只听木牌上啪的一声;他便立住脚,正对了木牌,又是一扬手,只听那边木牌上又是一声啪;展爷此时却改了一个卧虎势,将腰一弓,脖项一扭,从胳肢窝内将右手往外一推,只听得啪,将木牌打的乱晃。展爷一伏身,来到丹墀之下,望上叩头。此时,已有人将木牌拿来,请圣上验看。见三枝八寸长短的袖箭,俱各钉在朱红点上,唯有末一枝已将木牌钉透。天子看了,甚觉罕然,连声称道:"真绝技也!"

包公又奏:"启上吾主,展昭第三技乃纵跃法,非登高不可。须脱去长衣,方能灵便。就叫他上对面五间高阁,我主可以登楼一望,看的始能真切。"天子道:"卿言甚是。"圣上起身,刚登胡梯,便传旨:"所有大臣俱各随朕登楼,余者俱在楼下。"便有随侍内监回身传了圣旨。包公领班,慢慢登了高楼。天子凭栏入座,众臣环立左右。展昭此时已将袍服脱却,扎缚停当。四爷赵虎不知从何处暖了一杯酒来,说道:"大哥且饮一杯,助助兴,提提气。"展爷道:"多谢贤弟费心。"接过一饮而尽。赵爷还要斟时,见展爷已走出数步。愣爷却自己悄悄地饮了三杯,过来跷着脚儿,往对面阁上观看。单说展昭到了阁下,转身又向耀武楼上叩拜。立起来,他便在平地上鹭伏鹤行,徘徊了几步。忽见他身体一缩,腰背一弓,飕的一声,犹如云中飞燕一般,早已轻轻落在高阁之上。这边天子惊喜非常,道:"卿等看他如何一展眼间就上了高阁呢?"众臣宰齐声夸赞。此时展爷显弄本领,走到高阁柱下,双手将柱一搂,身体一飘,两腿一飞,嗤嗤嗤嗤,顺柱倒爬而上。到了柁头,用左手把住,左腿盘在柱上,将虎体一挺,右手一扬,做了个探海势。天子看了,连声赞好。群臣以及楼下人等无不喝彩。又见他右手抓住椽头,滴溜溜身体一转,把众人吓了一跳。他却转过左手,抓住椽头,脚尖儿登定檩方,上面两手倒把,下面两脚拢步。由东边蹿到西边,由西边又蹿到东边。蹿来蹿去,蹿到中间,忽然把双脚一蜷,用了个蜷身势往上一翻,脚跟蹬定瓦垄,平平的将身子翻上房去。天子看至此,不由失声道:"奇哉,奇哉!这那里是个人,分明是朕的御猫一般。"谁知展爷在高处业已听见,便就在房上与圣上叩头。众人又是欢喜,又替他害怕。只因圣上金口说了"御猫"二字,南侠从此就得了这个绰号,人人称他为御猫。此号一传不大紧要,便惹起了多少英雄好汉,人人奇才,个个豪杰。也是大宋洪福齐天,若非这些异人出世,如何平定襄阳的大事。后文慢表。

当下仁宗天子亲试了展昭的三艺,当日驾转还宫,立刻传旨:“展昭为御前四品带刀护卫,就在开封府供职。”包公带领展昭望阙叩头谢恩。诸事已毕,回转府中。包公进了书房,立刻叫包兴备了四品武职服色送与展爷。展爷连忙穿起,随着包兴来到书房,与包公行礼。包公哪里肯受,逊让多时,只受了半礼,展爷又叫包兴进内,在夫人跟前代言,就说展昭与夫人磕头。包兴去了多时,回来说道:“夫人说,老爷屡蒙展老爷救护,实实感谢不尽,日后还要求展老爷时时帮助相爷。给展老爷道喜,礼是不敢当的。”展爷恭恭敬敬连连称“是”。包公又告诉他:“明早具公服上朝,本阁替你代奏谢恩。”展爷谢道:“卑职谨依钧命。”说罢退出,来到公所。公孙策与四勇士俱各上前道喜,彼此逊让一番,大家入座。不多时,摆上丰盛酒肴,这是众人与展爷贺喜的。公孙策为首,便要安席敬酒。展爷哪里肯依,便道:“你我皆知己弟兄,若如此,便是拿我当外人看了。”大家见展爷如此,公议共敬三杯。展爷领了,谢过众人,彼此就座。饮酒之间,又提起今日试艺,大家赞不绝口。展爷再三谦逊,毫无自满之意,大家更为佩服。

正在饮酒之际,只见包兴进来,大家让座。包兴道:“实实不能相陪,相爷叫我来请公孙先生来了。”众人便问何事,包兴道:“方才老爷进内吃了饭,出来便到书房叫请公孙先生,不知为着何事。”公孙暂向众人告辞,同包兴进内往书房去了。这里众人纳闷,再也测度不出是为什么事来。不多会,只见公孙策出来。大家便问:“相爷呼唤,有何台谕?”公孙策道:“不为别的,一来给展大哥办理谢恩折子;二来为前在修文殿召见之时,圣上说了一句几天没见咱家相爷,如失股肱。相爷因想起国家总以选拔人才为要,况有太后入宫大庆之典礼,宜加一科,为国求贤。叫我打个条陈摺底儿,请开恩科。”展爷道:“这也是一件极好的事。既如此,咱们吃饭吧,不可耽搁了贤弟正事。”公孙策道:“一个摺底也甚容易,何必太忙。”展爷道:“虽则如此,相爷既然吩咐,想来必是等着看呢。你我朝夕聚首,何争此一刻呢?”公孙策听展爷说得有理,只得要饭来,大家用毕,离席散坐吃茶。公孙先生得便来到自己屋内,略为思索,提笔一挥而就,交包兴请示相爷看过,即立刻缮写清楚,预备明日呈递。

至次日五鼓,包公带领展爷到了朝房,伺候谢恩。众人见了展爷,无不悄悄议论夸赞的。又见展爷穿着簇新的四品武职服色,越显得气宇轩昂,威风凛凛,真真令人羡慕之中可畏可亲。及至圣上升殿,展爷谢过恩后,包公便将加恩科的本章递上。天子看了甚喜,朱批依议。发到内阁,立刻出抄,颁行各省。所有各处,文书一下,人人皆知。

不识后文如何,且听下回分解。

第二十三回　洪义赠金夫妻遭变　白雄打虎甥舅相逢

且说恩科文书行至湖广，便惊动了一个饱学之人。你道此人姓甚名谁？他乃湖广武昌府江夏县南安善村居住，姓范名仲禹。妻子白氏玉莲，孩儿金哥年方七岁，一家三口度日。他虽是饱学名士，却是一介寒儒，家道艰难，止于餬口。一日会文回来，长吁短叹，闷闷不乐。白氏一见，不知丈夫为着何事，或者与人合了气了，便向前问道："相公，今日会文回来，为何不悦呢？"范生道："娘子有所不知。今日与同窗会文，却未做课。见他们一个个装束行李，张罗起身，我便问他，如此的忙碌，要往那里去？同窗朋友道：'怎么，范兄你还不知道吗？如今圣上额外旷典，加了恩科，文书早已行到本省。我们尚要前去赴考，何况范兄呢？范兄若到京时，必是鳌头独占了。'是我听了此言，不觉扫兴而归。娘子，你看家中一贫如洗，我学生焉能到得京中赴考呢？"说罢，不觉长叹了一声。白氏道："相公原来如此。据妾身想来，此事也是徒愁无益。妾身亦久有此意。我自别了母亲，今已数年之久，原打算相公进京赴考时，妾身意欲同相公一同起身，一来相公赴考，二来妾身亦可顺便探望母亲。无奈事不遂心，家道艰难，也只好置之度外罢了。"白氏又劝慰了丈夫许多言语。范生一想，原是徒愁无益之事，也就只好丢开。

至次日清晨，正在梳洗，忽听有人叩门。范生连忙出去，开门一看，却是个知己的老朋友刘洪义，不胜欢喜，二人携手进了茅屋。因刘洪义是个年老之人，而且为人忠梗，素来白氏娘子俱不回避的，便上前与伯伯见礼；金哥亦来拜揖。刘老者好生欢喜。逊坐烹茶，刘老者道："我今来，特为一事与贤弟商议。当今额外旷典，加了恩科，贤弟可知道吗？"范生道："昨日会文去方知。"刘老者道："贤弟既已知道，可有什么打算呢？"范生叹道："别人可瞒，似老兄跟前，小弟焉敢撒谎。兄看室如悬磬，叫小弟如之奈何？"说罢，不觉惨然。刘老一见便道："贤弟不要如此，但不知赴京费用须得多少呢？"范生道："此事说来，尤其叫人为难。"便将昨日白氏欲要顺便探母的话说了一遍。刘老闻听，连连点头："人生莫大于孝，这也是该当的。如此算来，约用几何？"范生答道："昨日小弟细细盘算，若三口人一同赴京，一切用度，至少也得需七八十两。一时如何措办的来呢？也只好丢开罢了。"刘老闻听，沉吟了半晌，道："既如此，待我与你筹划筹划去。倘得事成，岂不是件好事呢。"范生连连称谢。刘老者立起身来要走，范生断不肯放，是必留下吃饭。刘老者道："吃饭是小事，唯恐耽误了正事。容我早早回去，张罗张罗事情要紧。"范生便不肯紧留，送出柴门。分别时，刘老者道："就是明日罢，贤弟务必在家中听我的信息。"说罢执手，扬长而去。范生送了刘老者回来，心中又是欢喜又是浩叹，欢喜的是事有凑巧；

浩叹的是自己艰难,却又赘累朋友。又与白氏娘子望空扑影的盘算了一回。

到了次日,范生如坐针毡一般,坐立不安,时刻盼望。好容易天将交午,只听有人叩门。范生忙将门开了,只见刘老者拉进一头黑驴,满面是汗,喘吁吁的进来说道:"好黑驴,许久不骑他,他就闹起手来了,一路上累的老汉通身是汗!"说着话,一同到屋内坐下,说道:"幸喜事已成就,竟是贤弟的机遇。"一壁说着,将驴上的钱叉儿从外面拿下来,放在屋内桌上,掏出两封银子,又放在床上,说道:"这是一百两银子。贤弟与弟妇带领侄儿可以进京了。"范生此时真是喜出望外,便道:"如何用的了这许多呢?再者,不知老兄如何借来,望乞明白指示。"刘老者笑道:"贤弟不必多虑。此银也是我相好借来的,并无利息;纵有利息,有我一面承管。再者银子虽多,贤弟只管拿去。俗语说得好:穷家富路。我又说句不吉祥的话儿,倘若贤弟落了孙山,就在京中居住,不必往返跋涉。到了明年,又是正科,岂不省事?总是敷馀些好。"范生听了此言有理,知道刘老为人豪爽,也不致谢,唯有铭感而已。刘老又道:"贤弟起身应用何物,亦当办理。"范生道:"如今有了银子便好办了。"刘老者道:"既如此,贤弟便计虑明白。我今日也不回去了,同你上街办理行装。明日极好的黄道日期,就要起身了。"范生便同刘老者牵了黑驴出柴门,竟奔街市制办行装。白氏在家中,亦收拾起身之物。到了晚间,刘老与范生回来,一同收拾行李,直闹到三鼓方歇。所有粗壮的家伙以及房屋,俱托刘老者照管。刘老者上了年纪之人,如何睡得着。范生又惦念着明日行路,也是不能安睡。二人闲谈,刘老者便嘱咐了多少言语,范生一一谨记。

刚到黎明,车子便来,急将行李装好。白氏拜别了刘伯伯,不觉泪下。母子二人上车。刘老者便道:"贤弟,我有一言奉告。"指着黑驴道:"此驴乃我蓄养多年,因他是个孤蹄,恐妨主人。我今将此驴奉送贤弟,遇便将他卖了,另买一头骑上京去便了。"范生道:"既蒙兄赐,不敢推辞。卖是断断不卖的,人生穷通有命,显晦因时,皆有定数,岂在一畜?未闻有畜类而能妨人者,兄勿多疑。"刘老听了欢喜道:"吾弟真达人也。"范生拉了黑驴出柴门,二人把握,难割难舍,不忍分离,范生哭得连话也说不出来。还是刘老者硬着心肠道:"贤弟,请乘骑,恕我不远送了。"说罢,竟自进了柴门,范生只得含悲去了。这里刘老者封锁门户,照看房屋,这且不表。

单言范生一路赴京,无非是晓行夜宿,饥餐渴饮,却是平平安安得到了京都。找了住所,安顿家小,范生就要到万全山寻找岳母去。倒是白氏拦住道:"相公不必太忙,原为的是科场而来,莫若场后诸事已毕再去不迟。一来别了数年,到了那里,未免有许多应酬,又要分心。目下且养心神,候场务完了,我母子与你同去。二来相别许久,何争此一时呢?"范生听白氏说得有理,只得且料理科考,投文投卷。到场期已近,却是奉旨钦派包公首相的主考,真是至正无私,诸弊全消。范生三场完竣,甚是得意。因想:"妻子同来,原为探望岳母。场前贤妻体谅于我,恐我分心劳神,迟到至今。我若不体谅贤妻,他母子分别数载之久,今离咫尺,不能使他母子相逢,岂不显得我过于情薄了吗?"于是备上黑驴,觅了车辆,言明送至万全山即回。

夫妻父子三人，锁了寓所的门，一直竟奔万全山而来。

到了万全山，将车辆打发回去，便同妻子入山寻找白氏娘家。以为来到便可以找着，谁知问了多少行人俱各不知。范生不由得烦躁起来，后悔不该将车打发回去。原打算既到了万全山，纵然再有几里路程，叫妻子乘驴抱了孩儿，自己也可以步行。他却如何料得到，竟会找不着呢。因此，便叫妻子带同孩儿在一块青石之上歇息，将黑驴放青啃草，自己便放开脚步一直出了东山口。逢人便问，并无有一个知道白家的，心中好生气闷，又纪念着妻子，更搭着两腿酸疼，只得慢慢踱将回来。及至来到青石之处，白氏娘子与金哥俱各不见了。这一惊非同小可，只急得眼似銮铃，四下瞭望，那里有个人儿呢？到了此时，不觉高声呼唤。声音响处，山鸣谷应，却有谁来答应？唤够多时，声哑口干，也就没有劲了，他就坐在石上放声大哭。正在悲恐之际，只见那边来个年老的樵人，连忙上前问道："老丈，你可曾见有一妇人带领个孩儿吗？"樵人道："见可见个妇人，并没有小孩子。"范生即问道："这妇人在哪里？"樵人摇首道："说起来凶的很呢！足下你不晓得，离此山五里远，有一村名唤独虎庄，庄中有个威烈侯名叫葛登云。此人凶悍非常，抢掠民间妇女。方才见他射猎回来，见马上驼一个啼哭的妇人，竟奔他庄内去了。"范生闻听，忙忙问道："此庄在山下何方？"樵人道："就在东南方。你看那边远远一丛树林，那里就是。"范生听了一看，也不作别，竟飞跑下山，投庄中去了。

你道金哥为何不见？只因葛登云带了一群豪奴，进山搜寻野兽，不想从深草丛中赶起一只猛虎。虎见人多，各执兵刃，不敢扬威，他便跑下山来。恰恰从青石经过，他就一张口把金哥衔去，就将白氏吓得昏晕过去。正遇葛登云赶下虎来，一见这白氏，他便令人驼在马上回庄去了。那虎往西去了，连越两小峰。不妨那边树上有一樵夫正在伐柯，忽见猛虎衔一小孩，也是急中见识，将手中板斧照定虎头抛击下去，正打在虎背之上。那虎猛然被斧击中，将腰一塌，口一张，便将小儿落在尘埃。樵夫见虎受伤，便跳下树来，手疾眼快，拉起扁担，照着虎的后胯就是一下，力量不小，只听吼的一声，那虎窜过岭去。樵夫忙将小儿扶起，抱在怀中。见他还有气息，看了看，虽有伤痕，却不甚重，呼唤多时，渐渐地苏醒过来，不由得满心欢喜。又恐再遇野兽，不是当耍的，急急搂定小儿，先寻着板斧掖在腰间，然后提扁担步下山来，一直竟奔西南，进了八宝村。走不多会，到了自己门首，便呼道："母亲开门，孩儿回来了。"只见里面走出一个半白头发的婆婆来，将门开放，不觉失声道："啊呀，你从何处抱了个小儿回来？"樵夫道："母亲，且到里面再为细述。"婆婆接过扁担，关了门户。

樵夫进屋，将小儿轻轻放在床上，自己拔去板斧，向婆婆道："母亲，可有热水取些来！"婆婆连忙拿过一盏。樵夫将小儿扶起，叫他喝了点热水，方才转过气来，"啊呀"一声道："吓死我了！"此时，那婆婆亦来看视。见他虽有尘垢，却是眉清目秀，心中疼爱的不知要怎么样才好。樵夫便将从虎口救出之话说了一回。那婆婆听了，又不胜惊骇，便抚摩着小儿道："你是虎口余生，将来造化不小，富贵绵长。休要害怕，慢慢地将家乡住处告诉于我。”小儿道：“我姓范，名叫金哥，年方七岁。”婆婆见他说话明白，又问他：“可有父母没有？”金哥道：“父母俱在。父名仲禹，母亲白氏。”婆婆听了，不觉诧异道：“你家住哪里？”金哥道：“我不是京都人，乃是湖广武昌府江夏县安善村居住。”婆婆听了，连忙问道：“你母亲莫非乳名叫玉莲吗？”金哥道：“正是。”婆婆闻听，将金哥一搂道：“啊呀，我的乖乖呀，你可疼煞我也！”说罢，就哭起来了。金哥怔了，不知为何。旁边樵夫道：“我告诉你，你不必发怔。我叫白雄，方才提的玉莲，乃是我的同胞姐姐，这婆婆便是我的母亲。”金哥道：“如此说来，你是我的母舅，他是我的外祖母了。”说罢，将小手儿把婆婆一搂，也就痛哭起来。

要知如何，且听下回分解。

第二十四回　受乱棍范状元疯癫　贪多杯屈胡子丧命

且说金哥认了母舅，与外祖母搂着痛哭。白雄含泪劝慰多时，方才住声。白老安人道：“既是你父母来京，为何不到我这里来？”金哥道：“皆因为寻找外祖母，我才被虎衔去。”便将父亲来京赴考，母亲顺便探母的话说了一遍：“是我父母商议，定于场后寻找外祖母，故此今日至万全山下。谁知问人俱各不知，因此我与母亲在青石之上等候，爹爹出东山口找寻去了。就在此时，猛然出来一个老虎，就把我衔着走了，我也不知道了，不想被母舅救到此间。只是我父母不知此时哭到什么地步，岂不伤感坏了呢！”说罢又哭起来了。白雄道：“此处离万全山有数里之遥，地名八宝村。你等在东山口找寻，如何有人知道呢？外甥不必啼哭，今日天气已晚，待我明日前往东山口找寻你父母便了。”说罢，忙收拾饭食，又拿出刀伤药来，白老安人与他掸尘洗漱，将药敷了伤痕。又怕他小孩子家想念父母，百般地哄他。

到了次日黎明，白雄掖了板斧，提着扁担，竟奔万全山而来。到了青石之旁，左右顾盼，那里有个人影儿。正在陈望，忽见那边来了一人，头发蓬松，血渍满面，左手提着衣襟，右手执定一只朱履，慌慌张张竟奔前来。白雄一见，才待开言，只见那人举起鞋来，照着白雄就打，说道：“好狗头呀，你打得老爷好！你杀得老爷好！”白雄急急闪过，仔细一看，却像姐丈范仲禹的模样。及至问时，却是疯癫的言语，并不明白。白雄忽然想起：“我何不回家背了外甥来叫他认认呢。”因说道：“那疯汉，你在此略等一等，我去去便来。”他就直奔八宝村去了。

你道那疯汉是谁？原来就是范仲禹。只因听了老樵人之言，急急赶到独虎庄，便向威烈侯门前要他的妻子。可恨葛贼，暗用稳军计留下范生，到了夜间，说他无故将他家人杀害，一声喝令，一顿乱棍将范生打的气闭而亡。他却叫人弄个箱子，把范生装在里面,于五鼓时抬至荒郊抛弃。不想路上遇见一群报录的人将此箱劫去。这些报录的,原是报范生点了头名状元的,因见下处无人,封锁着门,问人时,说范生合家具探亲往万全山去了。因此,他等连夜赶来。偶见二人抬定一只箱子,以为必是黄夜窃来的,又在旷野之间,倚仗人多,便将箱子劫下,抬箱子人跑了。众人算发了一注外财,抽去绳杠,连忙开看。不料范生死而复苏,一挺身跳出箱来,拿定朱履就是一顿乱打。众人见他披发带血,情景可怕,也就一哄而散。他便踉踉跄跄,信步来至万全山,恰与白雄相遇。

再说白雄回到家中,对母亲说知,背了金哥急往万全山而来。及至来到,疯汉早已不知往哪里去了。白雄无可如何,只得背了金哥回转家中。他却不辞辛苦,问明了金哥在城内何方居住,从八宝山村要到城中,也有四十多里,他哪管远近,一直竟奔城中而来。到了范生下处一看,却是仍然封锁。真是乘兴而来,败兴而返。忽听街市之上,人人传说新科状元范仲禹不知去向。他一听见,满心欢喜,暗道:"他既已中了状元,自然有在官人役访查找寻,必是要有下落的了。且自回家报了喜信,我再细细盘问外甥一番便了。"白雄自城内回家,见了母亲备述一切。金哥闻听父母不知去向,便痛哭起来。白老安人劝慰多时方才住声,白雄便细细盘问外甥。金哥便将母子如何坐车,父亲骑驴到了山下,如何把驴放青啃草,我母子如何在青石之上等候,我父亲如何出东山口打听,此时就被虎衔了去的话说了一遍。白雄都一一记在心间,等次日再去寻找便了。你说白雄这一天多辛苦,来回跑了足有一百四五十里,也真难为他。只顾说他这一边的辛苦,就落了那一边的正文。野史有云:一张口难说两家话。真是果然。就是他辛苦这一天,便有许多事故在内。你道何事?

原来城中鼓楼大街西边有座兴隆木厂,却是山西人开张。弟兄二人,哥哥名叫屈申,兄弟名唤屈良。屈申长的相貌不扬,又搭着一嘴巴扎煞胡子,人人皆称他为"屈胡子"。他最爱杯中之物,每日醺醺,因此又得了个外号儿叫"酒曲子"。他虽然好喝,却与正事不误,又加屈良帮助,把个买卖做了个铁桶相似,甚为兴旺。因万全山南便是木商的船厂,这一天屈申与屈良商议道:"听说新货已到,乐(老)子要到那里看看,如若对劲儿,咱便批下些岂不便宜呢?"屈良也甚愿意,便拿褡裢钱叉子装上四百两纹银,备了一头酱色花白的叫驴。此驴最爱赶群,路上不见驴他不好生走,若见了驴他就追,也是惯了的毛病儿。屈申接过银子,褡裢搭在驴鞍上面,乘上驴竟奔万全山南。到了船厂,木商彼此相熟,看了多少木料,行市全然不对。买卖中的规矩,交易不成仁义在,虽然木料没批,酒肴是要预备的。屈申一见了酒,不觉勾起他的馋虫来。左一杯,右一杯,说也有,笑也有,竟自乐而忘归。猛然一抬头,看日色已然偏西了,他便忙了,道:"乐子含(还)要净(进)沉(城)呢,天万(晚)拉(咧),天万拉。"说着话,便起身作揖拱腰儿,连忙拉了酱色花驴,竟奔万全山而来。

他越着急,驴越不走。左一鞭,右一鞭,骂道:"洼(王)八日的臭屎蛋!养军千日，用在一朝。老阳儿眼看着没拉，你含(合)我闹哩哩呢!”话未说完，忽见那驴两耳一支楞，“吗”的一声就叫起来，四个蹄子乱蹿飞跑。屈申知道他的毛病，必是听见前面有叫驴唤，他必要追。因此拢住扯手，由他跑去，到底比闹哩哩强。谁知跑来跑去，果见前面有一头驴。他这驴一见，便将前蹄扬起，连蹦带跳。屈申坐不住鞍心，顺着驴屁股掉将下来，连忙爬起，用鞭子乱打一回，只得揪住嚼子，将驴带转拴在那边一株小榆树上。过来一看，却是一头黑驴，鞍韂俱全。这便是昨日范生骑来的黑驴，放青啃草，急促之际将他撇下。黑驴一夜未吃麸料，信步由缰出了东山口外，故在此处仍啃青。屈申看了多时，便嚷道:“这是谁的黑驴?”连嚷几声，并无人应。自己说道:“好一头黑驴!”又瞧了瞧口，才四颗牙，膘满肉肥，而且鞍韂鲜明。暗暗想道:“趁着无人，乐子何不换他娘的!”即将钱叉子拿过来，搭在黑驴身上，一扯扯手，翻身上去。只见黑驴迤迤迤迤却是飞快地好走儿。屈申心中欢喜，以为得了便宜。忽然见天气改变，狂风骤起，一阵黄沙打的二目难睁。此时已有掌灯时候，屈申心中踌躇道:“这官(光)景城是进不去了，我还有四百两莹(银)子，这可咱(怎)的好?前面万全山，若遇见个打梦(闷)棍的，那才是早(糟)儿糕呢。只好找个仍(人)家借个休(宿)儿。”心里想着，只见前面有个褡裢坡儿，南上坡忽有灯光。屈申便下了黑驴，拉到上坡。

来到门前，忽听里面有妇人说道:“嫁汉嫁汉，穿衣吃饭。有把老婆饿起来的吗?”又听男子说话道:“你饿着，谁又吃什么来呢?”妇人接着说道:“你没吃什么，你到灌丧黄汤子了。”男子又道:“谁又叫你不喝呢?”妇人道:“我要会喝，我早喝了!既弄了来，不知籴柴米，你先张罗你的酒!”男子道:“这难说，也是我的口头福儿。”妇人道:“既爱吃现成儿的，索性明儿我挣了你吃爽利，叫你享享福儿。”男子道:“你别胡说，我虽穷，可是好朋友。”妇人道:“街市上哪有你这样的好朋友呢?”屈申听至此，暗道:“这个妇人才是薄哥儿们呢。”欲待不敲门，看了看四面黑，别处又无灯光，只得用鞭子敲户道:“借官儿，寻个休儿。”里面却不言语了。屈申又叫了半天，方听妇人问道:“找谁的?”屈申道:“我是行路的，因天贺(黑)了，借官儿寻个休儿，明儿重礼相谢。”妇人道:“你等等。”又迟了半天，方见有个男子出来，打着一个灯笼问道:“做什么的?”屈申作个揖道:“我是个走路儿的。因天万拉，难以行走，故此惊动，借个休儿。明儿重礼相谢。”男子道:“原来如此，这有什么呢，请到家里坐。”屈申道:“我还有一头驴。”男子道:“只管拉进来。”将驴子拴在东边树上，便持灯引进来，让至屋内。屈申提了钱叉子随在后面。进来一看，却是两明一暗三间草房。屈申将叉子放在炕上，重新与那男子见礼。那男子还礼道:“茅屋草舍，掌柜的不要见笑。”屈申道:“好说，好说。”男子便问:“尊姓?在那里发财?”屈申道:“姓屈，名叫屈生(申)，在沉(城)里故(鼓)楼大该(街)开个心(兴)伦(隆)木厂。我含没吝(领)教你老贵信(姓)?”男子道:“我姓李，名叫李保。”屈申道:“原来是李大过(哥)，失敬，失敬!”李保道:“好说，好说。屈大哥，久仰!久仰!”你道这李保是谁?他就是李天官派了跟包公上京赴考的李保。后因包公罢职，他以为包公再没有出头之日,因此将行李银两拐去逃走。每日花街柳巷,花了不多的日子,便将行李银两用尽,流落至此,投在李老儿店中。李老儿夫妻见他勤谨小心,膝下又无儿子,只有一女,便将他招赘作了养老的女婿。谁知他旧性不改,仍是嫖赌吃喝,生生把李老儿夫妻气死,他便接过店来,更无忌惮,放荡自由。加着李氏也是个好吃懒做的女人,不上一二年,便把店关了。后来闹得实在无法,就将前面家伙等项典卖与人,又将房屋拆毁卖了,只剩了三间草房。到今日,落得一贫如洗。偏偏遇见倒运的屈申前来投宿。

当日,李保与他攀话,见灯内无油,立起身来,向东间掀起破布帘子进内取油。只见他女人悄悄问道:“方才他往炕上一放,咕咚一声,是什么?”李保道:“是个钱叉子。”妇人欢喜道:“活该咱家要发财。”李保道:“怎见得?”妇人道:“我把你这傻兔子!他单单一个钱叉子,而且沉重,那必是硬头货了。你如今问他会喝不会喝,他若会喝,此事便有八分了。有的是酒,你尽力地将他灌醉了,自有道理。”李保会意,连忙将油罐拿了出来,添上灯,拨的亮亮儿的,他便大哥长、大哥短的问话。说到热闹之间,便问:“屈大哥,你老会喝不会?”一句话问的个屈申口角流涎,馋不可解,答道:“这么半夜三更的,那里讨酒哈(喝)呢?”李保道:“现成有酒。实对大哥说,我是最爱喝的。”屈申道:“对净(劲)儿,我也是爱喝的,咱两个竟是知己的好盆(朋)友了。”李保说着话,便温起酒来,彼此对坐。一来屈申爱喝,二来李保有意,一让两让连三让,便把个屈申灌得酩酊大醉,连话也说不出来,前仰后合。他把钱叉子往里一推,将头刚刚枕上,便呼呼酣睡。此时李氏已然出来,李保悄悄说道:“他醉是醉了,只是有何方法呢?”妇人道:“你找绳子来。”李保道:“要绳子做什么?”妇人道:“我把你这呆瓜日的!将他勒死就完了事咧。”李保摇头道:“人命关天不是玩的。”妇人发怒道:“既要发财,却又胆小。松忘八,难道老娘就跟着你挨饿不成?”李保到了此时,也顾不得天理昭彰,便将绳子拿来。妇人已将破炕桌儿挪开,见李保颤颤哆嗦,知道他不能下手,恶妇便将绳子夺过来,连忙上炕,绕到屈申里边,轻轻儿的从他枕的钱叉之下递过绳头，慢慢拴过来，紧了一扣。一点手，将李保叫上炕来，将一头递给李保，拢住了绳子，两个人往两下里一勒，妇人又将脚一登，只见屈申手脚扎煞。李保到了此时，虽然害怕，也不能不用力了。不多时屈申便不动了，李保也就瘫了。这恶妇连忙将钱叉子抽出，伸手掏时，见一封一封的却是八包，满心欢喜。

未知如何，且听下回分解。

第二十五回 白氏还魂阴差阳错 屈申附体醉死梦生

且说李保夫妇将屈申谋害，李氏将钱叉子抽出，伸手一封一封地掏出，携灯进屋，将炕面揭开，藏于里面。二人出来，李保便问："尸首可怎么样呢？"妇人道："趁此夜静无人，背至北上坡抛于庙后，又有谁人知晓。"李保无奈，叫妇人仍然上炕，将尸首扶起。李保背上才待起身，不想屈申的身体甚重，连李保俱各栽倒。复又站起来，尽力地背。妇人悄悄地开门，左右看了看，说道："趁此无人，快背着走吧。"李保背定，竟奔北上坡而来。刚刚走了不远，忽见那边个黑影儿一晃，李保觉得眼前金花乱迸，寒毛皆竖，身体一闪，将死尸掷于地上，他便不顾性命的往南上坡跑来。只听妇人道："在这里呢，你往那里跑？"李保喘吁吁的道："把我吓糊涂了。刚刚到北上坡不远，谁知那边有个人。因此将尸首掷于地上，就跑回来了，不想跑过去了。"妇人道："这是你疑心生暗鬼，你忘了北上坡那棵小柳树儿了，你必是拿他当作人了。"李保方才省悟，连忙道："快关门罢。"妇人道："门且别关，还没有完事呢。"李保问道："还有什么事？"妇人道："那头驴怎么样？留在家中岂不是个祸胎吗？"李保道："是呀，依你怎么样？"妇人道："你连这么个主意也没有？把他轰出去就完了。"李保道："岂不可惜了的？"妇人道："你发了这么些财，还稀罕这个驴。"李保闻听，连忙到了院里，将偏缰解开，拉着往外就走。驴子到了门前，再不肯走。好狠妇人，提起门闩，照着驴子的后胯就是一下。驴子负痛，往外一蹿，李保顺手一撒，妇人又将门闩从后面一戳，那驴子便跑下坡去了。恶夫妇进门，这才将门关好。李保总是心跳不止，倒是妇人坦然自得，并教给李保："明日依然照旧，只管井边汲水。倘若北上坡有人看见死尸，你只管前去看看，省得叫别人生疑心。候事情安静之后，咱们再慢慢受用。你说这件事情作的干净不干净？严密不严密？"妇人一片话，说的李保壮起胆来。

说着话，不觉得鸡已三唱，天光发晓，路上已有行人。有一人看见北上坡有一死尸首，便慢慢地积聚多人，就有好事的给地方送信。地方听见本段有了死尸，连忙跑来。见脖项有绳子一条，却是极松的，并未环扣。地方看了道："原来是被勒死的。众位乡亲，大家照看些，好歹别叫野牲口嚼了。我找我们伙计去，叫他看着，我好报县。"地方嘱托了众人，他就往西去了。刚刚走了数步，只听众人叫道："苦头儿，苦头儿，回来，回来。活咧，活咧。"苦头儿回头道："别顽笑吓，我是烧心的事，你们这是什么劲儿呢，还打我的糠登子。"众人道："真的活咧，谁合你顽笑呢！"苦头听了只得回来，果见尸首蜷手蜷脚动弹，真是苏醒了。连忙将他扶起，盘上双腿。迟了半晌，只听得"啊呀"一声，气息甚是微弱。苦头在对面蹲下，便问道："朋友，你苏醒苏醒，有什么话，只管对我说。"只见屈申微睁二目，看了看苦头儿，又瞧了瞧众人便道："吓，你等是什么人，为何与奴家对面交谈？是何道理？还不与我退后些。"说罢，将袖子把面一遮，声音极其娇细。众人看了不觉笑将起来，说道："好个奴家，好个奴家！"苦头儿忙拦道："众位乡亲别笑，这是他刚刚苏醒，神不守舍之故。众位压静，待我细细的问他。"众人方把笑声止住。苦头儿道："朋友，你被何人谋害？是谁将你勒死的？只管对我说。"只见屈申羞羞惭惭的道："奴家是自己悬梁自尽的，并不是被人勒死的。"众人听了乱说道："这明是被人勒死的，如何说是吊死的？既是吊死，怎么能够项带绳子躺在这里呢？"苦头儿道："众位不要多言，待我问他。"便道："朋友，你为什么事上吊呢？"只听屈申道："奴家与丈夫、儿子探望母亲，不想遇见什么威烈侯将奴家抢去，藏闭在后楼之上，欲行苟且。奴假意应允，支开了丫鬟，自尽而死。"苦头儿听了，向众人道："众位听见了？"便伸个大拇指头来，"其中又有这个主儿，这个事情。怪呀，看他的外面，与他所说的话，有点底脸儿不对呀。"正在诧异，忽然脑后有人打了一下子。苦头儿将手一摸，"啊呀"道："这是谁呀？"回头一看，见是个疯汉，拿着一只鞋，在那里赶打众人。苦头儿埋怨道："大清早起，一个倒卧闹不清，又挨了一鞋底子，好生的晦气。"忽见屈申说道："那拿鞋打人的，便是我的丈夫，求众位爷们将他拢住。"众人道："好朋友，这个脑袋样儿，你还有丈夫呢？"

正在说笑，忽见有两个人扭结在一处，一同拉着花驴，高声乱喊："地方，地方！我们是要打定官司了。"苦头发狠道："真他妈的，我是什么时气儿，一宗不了又一宗。"只得上前说道："二位松手，有话慢慢地说。"你道这二人是谁？一个是屈良，一个是白雄。只因白雄昨日回家，一到黎明，又到万全山，出东山口各处找寻范爷。忽见小榆树上拴着一头酱色花驴。白雄以为是他姐夫的驴子，只因金哥没说是黑驴，他也没问是什么毛片。有了驴子，便可找人，因此解了驴子牵着正走，恰恰的遇见屈良。屈良因哥哥一夜未回，又有四百两银子，甚不放心。因此等城门一开，急急地赶来，要到船厂询问。不想遇见白雄拉着花驴，正是他哥哥屈申骑坐的。他便上前一把揪住道："你把我们的驴拉着到那里去？我哥哥呢？我们的银子呢？"白雄闻听，将眼一瞪道："这是我亲戚的驴子，我还问你要我的姐夫、姐姐呢。"彼此扭结不放，是要找地方打官司呢。恰好巧遇地方，他只得上前说道："二位松手，有话慢慢地说。"不料屈良他一眼瞧见他哥哥席地而坐，便嚷道："好了，好了，这不是我哥哥么！"将手一松，连忙过来说道："我哥哥，你怎的在此呢？脖子上怎的又拴着绳子呢？"忽听屈申道："啶，你是甚等样人，竟敢如此无礼！还不与我退后。"屈良听他哥竟是妇人声音，也不是山西口气，不觉纳闷道："你这是怎的了呢？咱们山西人是好朋友，你这个光景，以后怎的见人呢？"忽见屈申向着白雄道："你不是我兄弟白雄吗？啊呀，兄弟呀，你看姐姐好不苦也！"倒把个白雄听了一怔。忽然又听众人说道："快闪开，快闪开！那疯汉又回来了。"白雄一看，正是前日山内遇见之人。又听见屈申高声说道："兄弟，那边是你姐夫范仲禹，快些将他拢住。"白雄到了此时，也就顾不得了，将花驴偏缰递给地方，他便上前将疯汉揪了个结实，大家也就相帮才拢住。苦头儿便道："这个事情我可闹不清。你们二位也不必纷争，只好将你们一齐送到县里，你们那里说去吧。"

刚说至此，只见那边来人。苦头儿便道："快来吧我的太爷，你还慢慢地蹭呢。"只听那人道："我才听见说，赶着就跑了来咧。"苦头道："牌头，你快快地找两辆车来。那个是被人谋害的，不能走；这个是个疯子。还有他们两个，俱是事中人。快快去吧。"那牌头听了，连忙转去。不多时，果然找了两辆车来，便叫屈申上车。屈申偏叫白雄搀扶，白雄却又不肯。还是大家说着，白雄无奈，只得将屈申搀起。见他两只大脚丫儿，仿佛是小小金莲一般，扭扭捏捏，一步挪不了四指儿的行走，招的众人大笑。屈良在旁看着，实在脸上磨不开，唯有嗐声叹气而已。屈申上了车，屈良要与哥哥同车，反被屈申叱下车来，却叫白雄坐上。屈良只得与疯汉同车，又被疯汉脑后打了一鞋底子，打下车来。及至要骑花驴，地方又不让。说此驴不定是你的不是你的，还是我骑着为是。屈良无可奈何，只得跟着车在地下跑，竟奔祥符县而来。正走中间，忽然来了个黑驴，花驴一见就追。地方在驴上紧勒扯手，那里勒得住。幸亏屈良步行，连忙上前将嚼子揪住，道："你不知道这个驴子的毛病儿，他惯闻骚儿，见驴就追。"说着话，见后面有一黑矮之人，敞着衣襟，跟着一个伴当，紧跟那驴往前去了。

你道此人是谁？原来是四爷赵虎。只因包公为新科状元遗失，入朝奏明。天子即着开封府访查。刚刚下朝，只听前面人声聒耳，包公便脚跺轿底，立刻打杵，问："前面为何喧嚷？"包兴等俱各下马，连忙跑去问明。原来有个黑驴，鞍辔俱全，并无人骑着，竟奔大轿而来，板棍击打不开。包公听罢，暗暗道："莫非此驴有些冤枉吗？"吩咐不必拦阻，看他如何。两旁执事左右一分，只见黑驴奔至轿前。可煞作怪，他将两只前蹄一屈，望着轿将头点了三点，众人道怪。包公看得明白，便道："那黑驴，你果有冤枉，你可头南尾北，本阁便派人跟你前去。"包公刚说完，那驴便站起转过身来，果然头南尾北。包公心下明白，即唤了声："来……"谁知道赵虎早已欠着脚儿静听，估量着相爷必要叫人，刚听个来字，他便赶至轿前。包公即吩咐："跟随此驴前去查看，有何情形异处，禀我知道。"

赵爷奉命下来，那驴便在前引路，愣爷紧紧跟随。刚刚出了城，赵爷已跑得吁吁带喘，只得找块石头坐在上面歇息。只见自己的伴当从后面追来，满头是汗，喘着说道："四爷要巴结差使，也打算打算。两条腿跟着四条腿跑，如何赶得上呢？黑驴呢？"赵爷说："他在前面跑，我在后面追，不知他往那里去了。"伴当道："这是什么差使呢？没有驴子如何交差呢？”正说着，只见那黑驴又跑回来了。四爷便向黑驴道：“呀呀呀，你果有冤枉，你须慢着些儿走，我老赵方能赶得上。不然我骑你几步，再走几步如何？”那黑驴果然抿耳攒蹄的不动。四爷便将他骑上，走了几里，不知不觉就到万全山的褡裢坡，那驴一直奔了北上坡去了。四爷走热了，敞开衣襟，跟定黑驴，亦到万全山。见是庙的后墙，黑驴站着不动。此时伴当已来到了，四面观望，并无形迹可疑之处。主仆二人心中纳闷。

忽听见庙墙之内，喊叫救人。四爷听见，便叫伴当蹲伏着身子，四爷登定肩头。伴当将身往上长，四爷把住墙头将身一纵，上了墙头。往里一看，只见有一口薄皮棺材，棺盖倒在一旁。那边有一个美貌妇人，按着老道厮打。四爷不管高低便跳下去，赶至跟前问道：“你等男女授受不亲，如何混缠厮打？”只听妇人说道：“乐子被人谋害，图了我的四百两银子。不知怎的，乐子就跑到这棺材里头来了。谁知老道他来打开棺材盖，不知他安着什么心，我不打他怎的呢？”赵虎道：“既如此，你且放他起来，待我问他。”那妇人一松手，站在一旁。老道爬起向赵爷道：“此庙乃是威烈侯的家庙，昨日抬了一口棺材来，说是主管葛寿之母病故，叫我即刻埋葬。只因目下禁土，暂且停于后院。今日早起，忽听棺内乱响，是小道连忙将棺盖撬开。谁知这妇人出来就将我一顿好打，不知是何缘故？”赵虎听老道之言，又见那妇人虽是女形，却是像男子的口气，而且又是山西口音，说的都是图财害命之言。四爷听了不甚明白，心中有些不耐烦，便道：“俺老赵不管你们这些闲事。我是奉包老爷差遣，前来寻踪觅迹，你们只好随我到开封府说去。”说罢，便将老道束腰丝绦解下，就将老道拴上，拉着就走；叫那妇人后面跟随。绕到庙的前门，拔去插闩，开了山门。此时伴当已然牵驴来到。

不知出得庙门有何事体，且听下回分解。

第二十六回　聆音察理贤愚立判　鉴貌辨色男女不分

且说四爷赵虎出了庙门，便将老道交与伴当，自己接过驴来。忽听后面妇人说道：“那南上坡站立那人，仿佛是害我之人。”紧行数步，口中说道：“何尝不是他！”一直跑至南上坡，在井边揪住那人，嚷道：“好李保吓，你将乐子勒死，你把我的四百两银子藏在那里？乐子是贪财不要命的，你趁早儿还我就完了。”只听那人说道：“你这妇人好生无理，我与你素不相识，谁又拿了你的银子咧？”妇人更发急道：“你这个王八日的！图财害命，你还合乐子闹这个腔儿呢！”赵爷听了，不容分说，便叫从人将拴老道的丝绦那一头儿，也把李保儿拴上，带着就走，竟奔开封府而来。

此时，祥符县因有状元范仲禹，他不敢质讯，亲将此案的人证解到开封府，略将大概情形回禀了包公。包公立刻升堂，先叫将范仲禹带上堂来。差役左右护持。只见范生到了公堂，嚷道："好狗头们吓，你们打得老爷好，你们杀得老爷好！"说罢，拿着鞋就要打人。却是作公人手快，冷不防将他的朱履夺了过来，范仲禹便胡言乱语说将起来。公孙主簿在旁看出，他是气迷疯痰之症，便回了包公，必须用药调理于他。包公点头应允，叫差役押送至公孙先生那里去了。

包公又叫带上白雄来。白雄朝上跪倒。包公问道："你是什么人？作何生理？"白雄禀道："小人白雄，在万全山西南八宝村居住，打猎为生。那日从虎口内救下小儿，细问姓名、家乡住处，才知是自己的外甥。因此细细盘问，说我姐夫乘驴而来，故此寻至东山口外，见小榆树上拴着一花驴，小人以为是我姐夫骑来的。不料路上遇见个山西人，说此驴是他的，还合小人要他哥哥并银子。因此我二人去找地方，却见众人围着一人，这山西人一见，说是他哥哥，向前相认。谁知他哥哥却是妇人的声音，不认他为兄弟，反将小人说是他的兄弟。求老爷与小人做主。"包公问道："你姐夫叫什么名字？"白雄道："小人姐夫叫范仲禹，乃湖广武昌府江夏县人氏。"包公听了，正与新科状元籍贯相同，点了点头，叫他且自下去。带屈良上来。屈良跪下禀道："小人叫作屈良，哥哥叫屈申，在鼓楼大街开一座兴隆木厂。只因我哥哥带了四百两银子上万全山南批木料，去了一夜没有回来。是小人不放心，等城门开了，赶到万全山东山口外，只见有个人拉着我哥哥的花驴。小人同他要驴，他不但不给驴，还合小人要他的什么姐夫。因此我二人去找地方，却见我哥哥坐在地下。不知他怎的改了形景，不认小人是他兄弟，反叫姓白的为兄弟。求老爷与我们明断明断。"包公问道："你认明花驴是你的吗？"屈良道："怎的不认得呢？这个驴子有毛病儿，他最爱闻骚儿。"包公叫他也暂且下去。叫把屈申带上来。左右便道："带屈申，带屈申！"只见屈胡子他却不动。差役只得近前说道："大人叫你上堂呢。"只见他羞羞惭惭，扭扭捏捏走上堂来，临跪时，先用手扶地，仿佛袅娜的了不得。两边衙役看此光景，由不得要笑，又不敢笑。

只听包公问道："你被何人谋害，诉上来。"只见屈申禀道："小妇人白玉莲。丈夫范仲禹上京科考，小妇人同定丈夫来京，顺便探亲。就于场后，带领孩儿金哥，前往万全山寻问我母亲住处。我丈夫便进山访问去了，我母子在青石之上等候。忽然来了一只猛虎，将孩儿叼去。小妇人正在昏迷之际，只见一群人，内有一官长连忙说'抢'，便将小妇人拉拽上马。到他家内，闭于楼中。是小妇人投缳自尽，恍惚之间，觉得凉风透体。睁眼看时，见围绕多人，小妇人改变了这般模样。"包公看他形景，听他言语，心中纳闷，便将屈良叫上堂来，问道："你可认得他吗？"屈良道："是小人的哥哥。"又问屈申道："你可认得他吗？"屈申道："小妇人并不认得他是什么人。"包公叫屈良下去，又将白雄叫上堂来，问道："你可认得此人吗？"白雄回道："小人并不认得。"忽听屈申道："我是你嫡亲姐姐，你如何不认得？岂有此理！"白雄唯有发怔而已。包公便知是魂错附了体了，只是如何办理呢？只得将他们俱各带下去。

只见愣爷赵虎上堂，便将跟了黑驴查看情形，述说了一遍，所有一干人犯俱各带到。包公便叫将道士带上来。道士上堂跪倒，禀道："小道乃是给威烈侯看家庙的，姓业名苦修。只因昨日侯爷府中抬了口薄皮材来，说是主管葛寿的母亲病故，叫小道即刻埋葬。小道因目下禁土，故叫他们将此棺放在后院里。"包公听了道："你这狗头，满口胡说。此时是什么节气，竟敢妄言禁土！左右，掌嘴。"道士忙了，道："老爷不必动怒，小道实说，实说。因听见是主管的母亲，料他棺内必有首饰衣服。小道一时贪财心胜，故谎言禁土。以为撬开棺盖得些东西，不料刚将棺材起开，那妇人他就活了，把小道按住一顿好打。他却是一口的山西话，并且力量很大。小道又是怕，又是急，无奈喊叫救人。便见有人从墙外跳进来，就把小道拴了来了。"包公便叫他画了招，立刻出签拿葛寿到案。

道士带下去，叫带妇人。左右一迭连声道："带妇人，带妇人！"那妇人却动也不动。还是差役上前说道："那妇人，老爷叫你上堂呢！"只听妇人道："乐子是好朋友，谁是妇人？你不要玩笑呀！"差役道："你如今现在是个妇人，谁和你玩笑呢！你且上堂说去。"妇人听了，便大叉步儿走上堂来，咕咚一声跪倒。包公道："那妇人，你有何冤枉，诉上来。"妇人道："我不是妇人，我名叫屈申。只因带着四百两银子到万全山批木头去，不想买卖不成。因回来晚咧，在道儿上见个没主儿的黑驴，又是四颗牙儿，因此我就把我的花驴拴在小榆树儿上，我就骑了黑驴，以为是个便宜。谁知刮起大风来了，天又晚了，就在南坡上一个人家寻宿儿。这个人名叫李保儿，他将我灌醉了，就把我勒死了。正在缓不过气儿来之时，忽见天光一亮，却是一个道士撬开棺盖。我也不知怎么跑到棺材里面去了。我又不见了四百两银子，因此我才把老道打了。不想刚出庙门，却见南坡上有个汲水的，就是害我的李保儿。我便将他揪住，一同拴了来了。我们山西人，千乡百里亦非容易，命却不要了，是要定了我的四百两银子咧。弄得我这个样儿，这是怎么说呢？"包公听了，叫把白雄带上来，道："你可认得这个妇人吗？"白雄一见，不觉失声道："你不是我姐姐玉莲吗？"刚要向前厮认，只听妇人道："谁是你姐姐？乐子是好朋友哇。"白雄听了，反倒吓了一跳。包公叫他下去。把屈良叫上来，问妇人道："你可认得他吗？"此话尚未说完，只听妇人说道："哎呀，我的兄弟呀！你哥哥被人害了，千万想着咱们银子要紧。"屈良道："这是咱的了，我多咱有这样儿的哥哥呢？"包公吩咐一齐带下去，心中早已明白，是男女二魂错附了体了，必无疑矣。又叫带李保上堂来。包公一见，正是逃走的恶奴。已往不究，单问他为何图财害命。李保到了此时，看见相爷的威严，又见身后包兴、李才，俱是七品郎官的服色，自己悔恨无地，唯求速死。也不推辞，他便从实招认。包公叫他画了招，即差人前去起赃，并带李氏前来。

刚刚去后，差人禀道："葛寿拿到。"包公立刻吩咐带上堂来，问道："昨日抬到你家主的家庙内那一口棺材，死的是什么人？"葛寿一闻此言，登时惊慌失色，道："是小人的母亲。"包公道："你在侯爷府中当主管，自然是多年可靠之人。既是你母亲，为何用薄皮材盛殓？你即或不能，亦当求求家主赏赐，竟自忍心如此潦草完事,你也太不孝了。来!”“有!”“拉下去,先打四十大板!”两旁一声答应,将葛寿重责四十,打得满地乱滚。包公又问道:“你今年多大岁数了?”葛寿道:“今年三十六岁。”包公又问道:“你母亲多大年纪了?”一句话问得他张口结舌,半天说道:“小人不、不记得了。”包公怒道:“满口胡说！天下那有人子不记得母亲岁数的道理。可见你心中无母,是个忤逆之子。来!”“有!”,“拉下去,再打四十大板!”葛寿听了忙道:“相爷不必动怒,小人实说,实说。”包公道:“讲!”左右公人催促:“快讲,快讲!”恶奴到了此时,无可如何,只得说道:“回老爷,棺材里那个死人,小人却不认得。只因前日,我们侯爷打围回来,在万全山看见一个妇人在那里啼哭,颇有姿色。旁边有个亲信之人,他叫刁三,就在侯爷跟前献勤,说了几句言语,便将那妇人抢到家中,闭于楼上,派了两仆妇劝慰于他。不想后来有个姓范的找他的妻子,也是刁三与侯爷定计,将姓范的请到书房,好好看待,又应许给他找寻妻子……”包公便问道:“这刁三现在何处?”葛寿道:“就是那天夜里死的。”包公道:“想是你与他有仇,将他谋害了。来!”“有!”“拉下去打!”葛寿着忙道:“小人不曾害他,是他自己死的。”包公道:“他如何自己死的呢?”葛寿道:“小人索性说了罢。因刁三与我们侯爷定计,将姓范的留在书房。到三更时分,刁三手持利刃,前往书房杀姓范的去。等到五更未回,我们侯爷又派人去查看。不料刁三自不小心,被门槛子绊了一跤,手中刀正中咽喉,穿透而死。我们侯爷便另着家丁,一同来到书房,说姓范的无故谋杀家人,一顿乱棍,就把他打死了。又用一个旧箱子,将尸首装好,趁着天未亮,就抬出去抛于山中了。”包公道:“这妇人如何又死了呢?”葛寿道:“这妇人被仆妇丫鬟劝慰的却应了。谁知他是假的,眼瞅不见他就上了吊咧。我们侯爷一想未能如意,枉自害了三条性命,因用棺木盛好女尸,假说是小人之母,抬往家庙埋葬。这是已往从前之事,小人不敢撒谎。”包公便叫他画了招。所有人犯,俱各寄监。唯白氏女身男魂,屈申男身女魂,只得在女牢分监,不准亵渎相戏。又派王朝、马汉前去带领差役捉拿葛登云,务于明日当堂听审。分派已毕,退了堂。大家也就陆续散去。

此时唯有地方苦头儿最苦。自天亮时整整儿闹了一天,不但挨饿,他又看着两头驴,谁也不理他。此时有人来,他便搭讪着给人道辛苦,问相爷退了堂了没有。那人应道:“退了堂了。”他刚要提那驴子,那人便走。一连问了多少人,谁也不理他,只急得抓耳挠腮,嗐声叹气。好容易等着跟四爷的人出来,他便上前央求。跟四爷的人见他可怜,才叫他拉了驴到马号里去。偏偏的花驴又有毛病儿不走,还是跟四爷的人帮着他拉到号中。见了管号的,交代明白,就在号里喂养,方叫地方回去,叫他明儿早早来听着。地方千恩万谢而去。

且说包公退堂用了饭,便在书房思想此案。明知是阴错阳差,却想不出如何办理的法子来。包兴见相爷双眉紧蹙,二目频翻,竟自出神,口中嘟哝嘟哝说道:“阴错阳差,阴错阳差,这怎么办呢?”包兴不由得跪下道:“此事据小人想来,非到阴阳宝殿查去不可。”包公问道:“这阴阳宝殿在于何处?”包兴道:“在阴司地府。”包公闻听，不由得大怒，断喝一声："哇，好狗才，为何满口胡说？"

未知如何，且听下回分解。

第二十七回　仙枕示梦古镜还魂　仲禹抡元熊飞祭祖

且说包公听见包兴说在阴司地府，便厉声道："你这狗才，竟敢胡说！"包兴道："小人如何敢胡说。只因小人去过，才知道的。"包公问道："你几时去过？"包兴便将白家堡为游仙枕害了他表弟李克明，后来将此枕当堂呈缴，"因相爷在三星镇歇马，小人就偷试此枕，到了阴阳宝殿，说小人冒充星主之名，被神赶了回来"的话说了一遍。包公听了"星主"二字，便想起："当初审乌盆，后来又在玉宸宫审鬼，冤魂皆称我为星主。如此看来，竟有些意思。"便问："此枕现在何处？"包兴道："小人收藏。"连忙退出，不多时，将此枕捧来。包公见封固甚严，便叫："打开我看。"包兴打开，双手捧至面前。包公细看了一回，仿佛一块朽木，上面有蝌蚪文字，却也不甚分明。包公看了，也不说用，也不说不用，只于点了点头。包兴早已心领神会，捧了仙枕来到里面屋内，将账钩挂起，把仙枕安放周正。回身出来，又递了一杯茶。包公坐了多时，便立起身来，包兴连忙执灯引至屋内。包公见帐钩挂起，游仙枕已安放周正，暗暗合了心意，便上床和衣而卧。包兴放下帐子，将灯移出，寂寂无声，在外伺候。

包公虽然安歇，无奈心中有事，再也睡不着，不由翻身向里。头刚着枕，只觉自己在丹墀之上，见下面有二青衣牵着一匹黑马，鞍辔俱是黑的。忽听青衣说道："请星主上马。"包公便上了马，一抖丝缰，谁知此马迅速如飞，耳内只听风响。又见所过之地，俱是昏昏惨惨，虽然黑暗，瞧的却又真切。只见前面有座城池，双门紧闭，那马竟奔城门而来。包公心内着急，说是不好，必要碰上。一转瞬间，城门已过，进了个极大的衙门。到了丹墀，那马便不动了。只见有两个红黑判官迎出来，说道："星主升堂。"包公便下了马，步上丹墀。见大堂上有匾，大书"阴阳宝殿"四字，又见公位桌椅等项俱是黑的。包公不暇细看，便入公座。只听红判道："星主必是为阴错阳差之事而来。"便递过一本册子。包公打开看时，上面却无一字。才待要问，只见黑判官将册子拿起，翻上数篇，便放在公案之上。包公仔细看时，只见上面写着工工整整八句粗话，起首云："原是丑与寅，用了卯与辰。上司多误事，因此错还魂。若要明此事，井中古镜存。临时滴血照，磕破中指痕。"当下，包公看了，并无别的字迹。刚刚要问，两判拿了册子而去，那黑马也没有了。包公一急，忽然惊醒，叫人，包兴连忙移灯近前。包公问道："什么时候了？"包兴回道："方交三鼓。"包公道："取杯茶来。"忽见李才进来禀道："公孙主簿求见。"包公便下了床，包兴打帘，来至外面。只见公孙策参见道："范生之病，晚生已将他医好。"包公听了大悦，道："先生用何方医治好的？"公孙回道："用五木汤。"包公道："何为五木汤？"公孙道："用桑、榆、桃、槐、柳五木熬汤，放在浴盆之内。将他搭在盆上，趁热烫洗，然后用被盖严，上露着面目，通身见汗为度。他的积痰瘀血化开，心内便觉明白。现在唯有软弱而已。"包公听了，赞道："先生真妙手奇方也！即烦先生好好将他调理便了。"公孙领命退出。包兴递上茶来，包公便叫他进内取那面古镜，又叫李才传外班在二堂伺候。

包兴将镜取来。包公升了二堂，立刻将屈申并白氏带至二堂。此时，包兴已将照胆镜悬挂起来。包公叫他二人分男左女右，将中指磕破，把血滴在镜上，叫他们自己来照。屈申听了，咬破右手中指，以为不是自己指头，也不心疼，将血滴在镜上。白氏到了此时，也无可如何，只得将左手中指咬破些许，把血也滴在镜上。只见血到镜面，滴溜溜乱转，将云翳俱各赶开。霎时光芒四射，照的二堂之上人人二目难睁，个个心胆俱冷。包公吩咐男女二人，对镜细看。二人及至看时，一个是上吊，一个是被勒，正是那气堵咽喉，万箭钻心之时，那一番的难受，不觉气闷神昏，登时一齐跌倒。但见宝镜光芒渐收，众人打了个冷战，却仍是古镜一面。包公吩咐将古镜、游仙枕并古今盆，俱各交包兴好好收藏。再看他二人时，屈申动手动脚的，猛然把眼一睁，说道："好李保吓，你把乐子勒死倒是小事，偷我四百两银子倒是大事。我和你要定咧！"说着话，他便自己上下瞧了瞧，想了多时，忽把自己下巴一摸，欢喜道："唔，是咧，是咧！这可是我咧。"便向上叩头："求大人与我判判，银子是四百两呢，不是玩的咧。"此时，白氏已然苏醒过来，便觉羞容凄惨。包公吩咐将屈申交与外班房，将白氏交内茶房婆子好生看待。包公退堂歇息。

至次日清晨起来，先叫包兴问问公孙先生，范生可以行动么。去不多时，公孙便带领范生慢慢而来。到了书房，向前参见，叩谢大人再造之恩。包公连忙拦阻道："不可，不可。"看他形容虽然憔悴，却不是先前疯癫之状。包公大喜，吩咐看座。公孙策与范生俱告了座。略述大概，又告诉他妻子无恙，只管放心调养。叫他无事时将场内文字抄录出来，"待本阁具本题奏，保你不失状元就是了。"范生听了，更加欢喜，深深的谢了。包公又嘱咐公孙好好将他调理。二人辞了包公，出外面去了。只见王朝、马汉进来禀道："葛登云今已拿到。"包公立刻升堂讯问。

葛登云仗着势力人情，自己又是侯爷，就是满招了，谅包公也无可如何。他便气昂昂的一一招认，毫无推辞。包公叫他画了招。相爷登时把黑脸沉下来，好不怕人，说一声："请御刑！"王、马、张、赵早已请示明白了，请到御刑，抖去龙袱，却是虎头铡。此铡乃初次用，想不到拿葛登云开了张了。此时，葛贼已经面如土色，后悔不来，竟死于铡下。又换狗头铡，将李保铡了。葛寿定了斩监候。李保之妻李氏，定了绞监候。业道士盗尸，发往陕西延安府充军。屈申、屈良当堂将银领去。因屈申贪便宜换驴，即将他的花驴入官。黑驴申冤有功，奉官喂养。范生同白氏玉莲当堂叩谢了包公，同白雄一齐到八宝村居住，养息身体，再行听旨。至于范生与儿子相会,白氏与母亲见面,自有一番悲痛欢喜,不必细表。

且说包公完结此案,次日即具摺奏明:威烈侯葛登云作恶多端,已请御刑处死。并声明新科状元范仲禹,因场后探亲,遭此冤枉,现今病未痊愈,恳恩展限十日,着一体金殿传胪,恩赐琼林筵宴。仁宗天子看了折子,甚是欢喜,深嘉包公秉正除奸,俱各批了依议。又有个夹片,乃是御前四品带刀护卫展昭因回籍祭祖,告假两个月。圣上亦准了他的假。凡是包公所奏的,圣上无有不依从。真是君正臣良,太平景象。

且说南侠展爷既已告下假来,他便要起身。公孙策等给他饯行,又留住几日,才束装就出了城门。到了幽僻之处,依然改作武生打扮,直奔常州府武进县遇杰村而来。到了门前,刚刚击户,听得老仆在内说道:"我这门从无人敲打的。我又不欠人家账目,我又不与人通来往,是谁这等敲门呢?"及至将门开放,见了展爷,他又道:"原来大官人回来了。一去就不想回来,也不管家中事体如何,只管叫老奴经理。将来老奴要来不及了,那可怎么样呢?暧哟,又添了浇裹了。又是跟人,又是两匹马,要买去也得一百五六十两银子。连人带牲口,这一天也耗费好些呢。"唠唠叨叨,聒絮不休。南侠也不理他,一来念他是世仆老奴,二来爱他忠义持家,三来他说的句句皆是好话,又难以驳他。只得拿话岔他,说道:"房门可曾开着吗?"老仆道:"自官人去后,又无人来,开着门预备谁呢?老奴怕的丢了东西,莫若把他锁上,老奴也好放心。如今官人回来了,说不得书房又要开了。"又向伴当道:"你年轻,腿脚灵便,随我进去取出钥匙,省得我奔奔波波的。"说着话,往里面去了。伴当随进,取出钥匙,开了书房。只见灰尘满案,积土多厚。伴当连忙打扫,安放行囊。

展爷刚要坐下,又见展忠端了一碗热茶来。展爷吩咐伴当接过来,口内说道:"你也歇歇去吧吧!"原是怕他说话的意思。谁知展忠说道:"老奴不乏。"又说道:"官人也该务些正事了。每日在外闲游,又无日期归来,耽误了多少事体。前月,开封府包大人那里打发人来请官人,又是礼物,又是聘金。老奴答言,官人不在家,不肯收礼。那人哪里肯依,他将礼物放下,他就走了;还有书子一封。"说罢,从怀中掏出,递过去道:"官人看看,作何主意?俗语说得好:'无功受禄,寝食不安。'也该奋志往上巴结才是。"南侠也不答言,接过书来,拆开看了一遍,道:"你如今放心吧,我已然在开封府作了四品的武职官了。"展忠道:"官人又来说谎了,做官如何还是这等服色呢?"展爷闻听,道:"你不信,看我包袱内的衣服就知道了。我告诉你说,只因我得了官,如今特地告假回家祭祖。明日预备祭礼,到坟前一拜。"此时伴当已将包袱打开。展忠看了,果有四品武职服色,不觉欢喜非常,笑嘻嘻道:"大官人真个作了官了,待老奴与官人叩喜头。"展爷连忙搀住道:"你乃是有年纪之人,不要多礼。"展忠道:"官人既然作了官,总以接续香烟为重,从此要早毕婚姻,成立家业要紧。"南侠趁口道:"我也是如此想。前在杭州有个朋友,曾提过门亲事。过了明日,后日我还要往杭州前去联姻呢。"展忠听了道:"如此甚好,老奴且备办祭礼去。"他就欢天喜地去了。

到了次日,便有多少乡亲邻里前来贺喜,帮忙往坟上搬运祭礼。及至展爷换了四品服色,骑了高头大马到坟前,便见男女老少俱是看热闹的乡党。展爷连忙下马步行,伴当接鞭牵马,在后随行。这些人看见展爷衣冠鲜明,相貌雄壮,而且知礼,谁不羡慕,谁不欢喜。你道如何有许多人呢?只因昨日展忠办祭礼去,乐的他在路途上逢人便说,遇人便讲,说:“我们官人做了皇家四品带刀的御前护卫了,如今告假回家祭祖。”因此一传十,十传百,所以聚集多人。且说展爷到了坟上,礼拜已毕,又细细周围看视了一番。见坟冢树木俱各收拾齐整,益信老仆的忠义持家。留恋多时,方转身乘马回去,便吩咐伴当,帮着展忠张罗这些帮忙乡亲。展爷回家后,又出来与众人道乏。一个个张口结舌,竟有想不出说什么话来的。也有见过世面的,展老爷长,展老爷短,尊敬个不了。展爷在家一天,倒觉得分心劳神,定于次日起身上杭州,叫伴当收拾行李。到第二日,将马扣备停当,又嘱托了义仆一番,出门上马,竟奔杭州而来。

未知如何,且听下回分解。

第二十八回　许约期湖亭欣慨助　探底细酒肆巧相逢

且说展爷他那里是为联姻,皆因游过西湖一次,他时刻在念,不能去怀,因此谎言,特为赏玩西湖的景致,这也是他性之所爱。一日来至杭州,离西湖不远,将从者马匹寄在五柳居,他便慢慢步行至断桥亭上。徘徊瞻眺,真令人心旷神怡。正在畅快之际,忽见那边堤岸上有一老者,将衣搂起,把头一蒙,纵身跳入水内。展爷见了,不觉失声道:“嗳哟,不好了,有人投了水了!”自己又不会水,急的他在亭子上搓手跺脚,无法可施。猛然见有一只小小渔舟,犹如弩箭一般,飞也似赶来。到了老儿落水之处,见个少年渔郎,把身体向水中一顺,仿佛把水刺开的一般,虽有声息却不咕咚。展爷看了,便知此人水势精通,不由得凝眸注视。不多时,见少年渔郎将老者托起,身子浮于水面,荡悠悠竟奔岸而来。展爷满心欢喜,下了亭子,绕在那边堤岸之上。见少年渔郎将老者两足高高提起,头向下,控出多少水来。展爷且不看老者性命如何,他细细端详渔郎。见他年纪不过二旬光景,英华满面,气度不凡,心中暗暗称羡。又见少年渔郎将老者扶起,盘上双膝,在对面慢慢唤道:“老丈醒来,老丈醒来!”此时展爷方看老者。见他白发苍髯,形容枯瘦,半日方哼了一声,又吐了好些清水,“嗳哟”了一声苏醒过来。微微把眼一睁,道:“你这好人生生多事,为何将我救活?我是活不得的人了。”

此时已聚集许多看热闹之人,听老者之言,俱各道:“这老头子竟如此无礼,人家把他救活了他倒抱怨。”只见渔郎儿并不动气,反笑嘻嘻地道:“老丈不要如此。

蝼蚁尚且贪生，何况是人呢？有什么委屈何不对小可说明。倘若真不可活，不妨我再把你送下水去。”旁人听了，俱悄悄道：“只怕难罢。你既将他救活，谁又眼睁睁地瞅着容你把他又淹死呢。”只听老者道：“小老儿姓周名增，原在中天竺开了一座茶楼。只因三年前冬天大雪，忽然我铺子门口卧倒一人。是我慈心一动，叫伙计们将他抬至屋中，暖被盖好，又与他热姜汤一碗，他便苏醒过来。自言姓郑名新，父母俱亡，又无兄弟，因家业破落，前来投亲，偏又不遇。一来肚内无食，遭此大雪，故此卧倒。老汉见他说的可怜，便将他留在铺中，慢慢地将养好了。谁知他又会写，又会算，在柜上帮着我办理，频频的殷勤。也是老汉一时错了主意。老汉有个女儿，就将他招赘为婿，料理买卖颇好。不料去年我女儿死了，又续娶了王家姑娘，就不像先前光景，也还罢了。后来因为收拾门面，郑新便向我说：‘女婿有半子之劳，唯恐将来别人不服，何不将周家改个郑字，将来也免得人家讹赖。’老汉一想，也可以使得，就将周家茶楼改为郑家茶楼。谁知自改了字号之后，他们便不把我看在眼内了。一来二去，言语中渐渐露出说老汉白吃他们了，他们倒得养活我了，是我赖他们了。一闻此言，便与他纷争。无奈他夫妻二人口出不逊，就以周家卖给郑家为题，说老汉讹了他了。因此老汉气愤不过，在本处仁和县将他告了一状。他又在县内打点通了，反将小老儿打了二十大板，逐出境外。渔哥你想，似此还有个活头儿吗？不如死了，在阴司把他再告下来，出出这口气。”渔郎听罢笑了，道：“老丈，你错打了算盘了。一个人既断了气，可还能出出气呢？再者，他有钱使的鬼推磨，难道他阴司就不会打点吗？依我倒有个主意，莫若活着和他赌气，你说好不好？”周老道：“怎么和他赌气呢？”渔郎说：“再开个周家茶楼气气他，岂不好吗？”周老者闻听，把眼一瞪道：“你还是把我推下水去！老汉衣不遮体，食不充饥，如何还能够开茶楼呢？你还是让我死了好。”渔郎笑道：“老丈不要着急。我问你，若要开这茶楼，可要用多少银两呢？”周老道：“纵省俭，也要耗费三百多银子。”渔郎道：“这不打紧。多了不能，这三四百银子，小可还可以巴结的来。”

展爷见渔郎说了此话，不由心中暗暗点头道：“看这渔郎好大口气，竟能如此仗

义疏财，真正难得。”连忙上前对老丈道：“周老丈，你不要狐疑。如今渔哥既说此话，决不食言。你若不信，在下情愿作保如何？”只见那渔郎将展爷上下打量了一番，便道：“老丈，你可曾听见了？这位公子爷谅也不是谎言的。咱们就定于明日午时，千万千万在那边断桥亭子上等我，断断不可过了午时。”说话之间，又从腰内掏出五两一锭银子来，托于掌上道：“老丈，这是银子一锭，你先拿去作为衣食之资。你身上衣服皆湿，难以行走。我那边船上有干净衣服，你且换下来。待等明日午刻，见了银两，再将衣服对换，岂不是好。”周老儿连连称谢不尽。那渔郎回身一点手，将小船唤至岸边，便取衣服叫周老换了，把湿衣服抛在船上，一拱手道：“老丈请了。千万明日午时不可错过。”将身一纵，跳上小船，荡荡悠悠摇向那边去了。周老攥定五两银子，向大众一揖道：“多承众位看顾，小老儿告别了。”说罢也就往北去了。展爷悄悄跟在后面，见无人时便叫道：“老丈，明日午时断断不可失信的，倘那渔哥无银时，有我一面承管，准准地叫你重开茶楼便了。”周老回身作谢道：“多承公子爷的错爱，明日小老儿再不敢失信的。”展爷道：“这便才是，请了。”急回身，竟奔五柳居而来。见了从人，叫他连马匹俱各回店安歇：“我因遇见知己邀请，今日不回去了。你明日午时，在断桥亭接我。”从人连声答应。

展爷回身，直往中天竺。租下客寓，问明郑家楼，便去踏看门户路径。走不多路，但见楼房高耸，茶幌飘扬。来至切近，见匾额上写一边是“兴隆斋”，一边是“郑家楼”，展爷便进了茶铺。只见柜堂竹椅上坐着一人，头带摺巾，身穿华氅，一手扶住磕膝，一手搭在柜上；又往脸上一看，却是形容瘦弱，尖嘴缩腮，一对眯缝眼，两个挖挲耳朵。他见展爷瞧他，他便连忙站起执手道：“爷上欲吃茶，或请登楼，又清净又豁亮。”展爷一执手道：“甚好，甚好。”便手扶栏杆，慢登楼梯。来至楼上一望，见一溜五间楼房，甚是宽敞，拣个座儿坐下。茶博士过来，用代手搽抹桌面。且不问茶问酒，先向那边端了一个方盘，上面蒙着纱罩。打开看时，却是四碟小巧茶果，四碟精致小菜，极其齐整干净。安放已毕，方问道：“爷是吃茶是饮酒，还是会客呢？”展爷道：“却不会客，是我要吃杯茶。”茶博士闻听，向那边摘下个水牌来，递给展爷道：“请爷吩咐吃什么茶？”展爷接过水牌，且不点茶名，先问茶博士何名。博士道：“小人名字，无非是三槐、四槐，若遇客官喜欢，七槐、八槐都使得。”展爷道：“少了不好，多了不好，我就叫你六槐罢。”博士道：“六槐极好，是最合乎中的。”展爷又问道：“你东家姓什么？”博士道：“姓郑。爷没看见门上匾额吗？”展爷道：“我听见说，此楼原是姓周，为何姓郑呢？”博士道：“以先原是周家的，后来给了郑家了。”展爷道：“我听见说，周、郑二姓还是亲戚呢。”博士道：“爷上知道底细。他们是翁婿，只因周家的姑娘没了，如今又续娶了。”展爷道：“续娶的可是王家的姑娘吗？”博士道：“何曾不是呢。”展爷道：“想是续娶的姑娘不好；但凡好么，如何他们翁婿会在仁和县打官司呢？”博士听至此，却不答言，唯有瞅着展爷而已。又听展爷道：“你们东家住于何处？”博士道：“就在这后面五间楼上。此楼原是钩连搭十间，自当中隔开。这面五间做客座，那面五间做住房。差不多的都知道离住房很近，承赐顾者到了楼上,皆不肯胡言乱语道的。”展爷道:“这原是理当谨言的。但不知他家内还有何人?”博士暗想道:“此位是吃茶来咧,还是私访来咧?”只得答道:“家中并无多人,唯有东家夫妻二人,还有个丫鬟。”展爷道:“方才进门时,见柜前竹椅儿上坐的那人,就是你们东家吗?”博士道:“正是,正是。”展爷道:“我看满面红光,准要发财。”博士道:“多谢老爷吉言。”展爷方看水牌,点了雨前茶。博士接过水牌,仍挂在原处。

方待下楼去泡一壶雨前茶来,忽听楼梯响处,又上来一位武生公子,衣服鲜艳,相貌英华,在那边拣一座,却与展爷斜对。博士不敢怠慢,显灵机,露熟识,便上前擦抹桌子,道:“公子爷,一向总没来,想是公忙。”只听那武生道:“我却无事,此楼我是初次才来。”茶博士见言语有些不相合,也不言语,便向那边也端了一方盘,也用纱罩儿蒙着,依旧是八碟,安放妥当。那武生道:“我茶酒尚未用着,你先弄这个做什么?”茶博士道:“这是小人一点敬意。公子爷爱用不用,休要介怀。请问公子爷是吃茶,是饮酒,还是会客呢?”那武生道:“且白吃杯茶,我是不会客的。”茶博士便向那边摘下水牌来,递将过去。忽听下边说道:“雨前茶泡好了。”茶博士道:“公子爷先请看水牌,小人与那位取茶去。”转身不多时,擎了一壶茶,一个杯子,拿至展爷那边。又应酬了几句,回身又仍到武生桌前,问道:“公子爷吃什么茶?”那武生道:“雨前罢。”茶博士便吆喝道:“再泡一壶雨前来!”

刚要下楼,只听那武生唤道:“你这里来。”茶博士连忙上前问道:“公子爷有什么吩咐?”那武生道:“我还没问你贵姓?”茶博士道:“承公子爷一问足以够了,如何耽的起‘贵’字?小人姓李。”武生道:“大号呢?”茶博士道:“小人岂敢称大号呢?无非是三槐、四槐,或七槐、八槐,爷们随意呼唤便了。”那武生道:“少了不可,多了也不妥,莫若就叫你六槐罢。”茶博士道:“六槐就是六槐,总要公子爷合心。”说着话,他却回头望了望展爷。又听那武生道:“你们东家原先不是姓周么,为何又改姓郑呢?”茶博士听了,心中纳闷道:“怎么今日这二位吃茶,全是问这些的呢?”他先望了望展爷,方对武生说道:“本是周家的,如今给了郑家了。”那武生道:“周、郑两家原是亲戚,不拘谁给谁都使得。大约续娶的这位姑娘有些不好罢?”茶博士道:“公子爷如何知道这等详细?”那武生道:“我是测度。若是好的,他翁婿如何会打官司呢?”茶博士道:“这是公子爷的明鉴。”口中虽如此说,他却望了望展爷。那武生道:“你们东家住在哪里?”茶博士暗道:“怪事!我莫若告诉他,省得再问。”便将后面还有五间楼房,并家中无有多人,只有一个丫鬟,合盘的全说出来。说完了,他却望了望展爷。那武生道:“方才我进门时,见你们东家满面红光,准要发财。”茶博士听了此言,更觉诧异,只得含糊答应,搭讪着下楼取茶。他却回头,狠狠地望了望展爷。

未知后文如何,且听下回分解。

第二十九回　丁兆蕙茶铺偷郑新　展熊飞湖亭会周老

且说那边展爷,自从那武生一上楼时,看去便觉熟识。后又听他与茶博士说了许多话,恰与自己问答的一一相对。细听声音,再看面庞,恰就是救周老的渔郎。心中踌躇道:"他既是武生,为何又是渔郎呢?"一壁思想,一壁擎杯,不觉出神,独自呆呆地看着那武生。忽见那武生立起,向着展爷一拱手道:"尊兄请了!"展爷连忙放下茶杯,答礼道:"兄台请了!若不弃嫌,何不屈驾这边一叙。"那武生道:"既承雅爱,敢不领教。"于是过来,彼此一揖。展爷将前首座儿让与武生坐了,自己在对面相陪。此时茶博士将茶取过来,见二人坐在一处,方才明白:"他两个敢是一路同来的,怨不得问的话语相同呢。"笑嘻嘻将他一壶雨前茶、一个茶杯也放在那边。那边八碟儿外敬,算他白安放了,刚刚放下茶壶,只听武生道:"六槐,你将茶且放过一边,我们要上好的酒拿两角来。菜蔬不必吩咐,只要应时配口的拿来就是了。"六槐连忙答应,下楼去了。

那武生便问展爷道:"尊兄贵姓?仙乡何处?"展爷道:"小弟常州府武进县,姓展名昭,字熊飞。"那武生道:"莫非新升四品带刀护卫钦赐'御猫',人称南侠展老爷吗?"展爷道:"惶恐,惶恐。岂敢,岂敢。请问兄台贵姓?"那武生道:"小弟松江府茉花村姓丁名兆蕙。"展爷惊讶道:"莫非令兄名兆兰,人称为双侠丁二官人吗?"丁二爷道:"惭愧,惭愧。贱名何足挂齿。"展爷道:"久仰尊昆仲名誉,屡欲拜访,不意今日邂逅,实为万幸。"丁二爷道:"家兄时常思念吾兄,原要上常州地面,未得其便。后来又听得吾兄荣升,因此不敢仰攀。不料今日在此幸遇,实慰渴想。"展爷道:"兄台再休提那封职,小弟其实不愿意。似乎你我弟兄疏散惯了,寻山觅水,何等的潇洒。今一旦为官羁绊,反觉心中不能畅快,实实出于不得已也。"丁二爷道:"大丈夫生于天地之间,理宜与国家出力报效。吾兄何出此言,莫非言与心违吗?"展爷道:"小弟从不撒谎。其中若非关碍着包相爷一番情意,弟早已的桂冠远隐了。"说至此,茶博士将酒馔俱已摆上。丁二爷提壶斟酒,展爷回敬,彼此略为谦逊,饮酒畅叙。

展爷便问:"丁二兄如何有渔郎装束?"丁二爷笑道:"小弟奉母命上灵隐寺进香,行至湖畔,见此名山,对此名泉,一时技痒,因此改扮了渔郎。原为遣兴作耍,无意中救了周老,也是机缘凑巧,兄台休要见笑。"正说之间,忽见有个小童上得楼来便道:"小人打谅二官人必是在此,果然就在此间。"丁二爷道:"你来做什么?"小童道:"方才大官人打发人来,请二官人早些回去,现有书信一封。"丁二爷接过来看了道:"你回去告诉他说,我明日即回去。"略顿了一顿,又道:"你叫他暂且等等罢。”展爷见他有事，连忙道：“吾兄有事，何不请去。难道以小弟当外人看待吗？”丁二爷道：“其实也无什么事，既如此，暂告别。请吾兄明日午刻千万到桥亭一会。”展爷道：“谨当从命。”丁二爷便将六槐叫过来道：“我们用了多少，俱在柜上算账。”展爷也不谦逊，当面就作谢了。丁二爷执手告别，下楼去了。

展爷自己又独酌了一会，方慢慢下楼，在左近处找了寓所。歇至二更以后，他也不用夜行衣，就将衣襟拽了一拽，袖子卷了一卷，佩了宝剑，悄悄出寓所。至郑家后楼，见有墙角，纵身上去。绕至楼边，又一跃，到了楼檐之下。见窗上灯光有妇人影儿，又听杯箸声音。忽听妇人问道：“你请官人如何不来呢？”丫鬟道：“官人与茶行兑银两呢，兑完了也就来了。”又停一会，妇人道：“你再去看看，天已三更，如何还不来呢？丫鬟应答下楼。猛又听得楼梯乱响，只听有人唠叨道：“没有银子要银子，及至有了银子，他又说黄夜之间难拿，暂且寄存，明日再拿罢。可恶的很！上上下下，叫人费事。”说着话，只听唧叮咕咚一阵响，是将银子放在桌子上的光景。展爷便临窗牖偷看，见此人果是白昼在竹椅上坐的那人；又见桌上堆定八封银子，俱是西纸包妥，上面影影绰绰有花押。只见郑新一壁说话，一壁开那边的假门儿，口内说道：“我是为交易买卖，娘子又叫丫鬟屡次请我，不知有什么紧要事？”手中却一封一封将银收入格子里面，仍将假门儿扣好。只听妇人道：“我因想起一宗事来，故此请你。”郑新道：“什么事？”妇人道：“就是为那老厌物。虽则逐出境外，我细想来，他既敢在县里告下你来，就保不住他在别处告你，或府里，或京控，俱是不免的。那时怎么好呢？”郑新听了，半晌叹道：“若论当初，原受过他的大恩。如今将他闹到这步田地，我也就对不过我那亡妻了。”说至此，声音却甚惨切。

展爷在窗外听，暗道：“这小子尚有良心。”忽听有摔筷箸蹾酒杯之声，再细听时，又有抽抽噎噎之音，敢则是妇人哭了。只听郑新说道：“娘子不要生气，我不过是那么说。”妇人道：“你既惦着前妻，就不该叫他死吓，也不该又把我娶来吓。”郑新道：“这原是因话提话，人已死了，我还惦记做什么？再者，他要紧你要紧呢？”说着话，便凑过妇人那边去央告道：“娘子，是我的不是，你不要生气，明日再设法出脱那老厌物便了。”又叫丫鬟烫酒，“与你奶奶换酒。”一路紧央告，那妇人方不哭了。

大凡妇人晓得三从四德，不消说，那便是贤德的了；唯有这不贤之妇，他不晓三从为何物，四德为何事。他单有三个字的诀窍，是那三个字呢？乃惑、触、吓也。一进门时，尊敬丈夫，言语和气。丈夫说这个好，他便说妙不可言；丈夫说那个不好，他便说断不可用。真是百依百顺，哄的丈夫心花俱开。趁着欢喜之际，他便暗下针砭，这就用着蛊惑了。说那个不当这么着，说这个不当那么着。看丈夫的光景，若是有主意的男子，迎头拦住，他这惑字便用不着，只好另打主意；若遇无主意的男子，听了那蛊惑之言，渐渐的心地就贴服了妇人。妇人便大施神威，处处全以惑字当先，管保叫丈夫再也逃不出这惑字圈儿去。此是第一诀窍，算用着了。将丈夫的心笼络住了，他便渐渐的放肆起来。稍有不合心意之处，不是蹾摔，就是嚷闹，故意的触动丈夫之怒，看丈夫能受不能受。若刚强的男子，便怒上加怒，不是喝骂，就是殴打。见他触字不能行,他便敛声息气,赶早收起来。偏有一等不做脸儿男子,本是自己生气来着,忽见妇人一闹,他不但没气,反倒笑了。只落得妇人聒絮不休,那男子竟会无言可对。从此后,再要想他不触而不可得。至于吓,又是从触中生出来的变格文字。今日也触,明日也触,触得丈夫全然不知不觉习惯成自然了,他又从触字之余波,改成了吓字之机变。三行鼻涕,两行泪,无故的关门不语,呼之不应;平空的嘱托后事,仿佛是临别赠言。更有一等可恶者,寻刀觅剪,明说大卖,就犹如明火执仗的强盗相似。弄得男人抿耳攒蹄束手待毙,恨不得歃血盟誓。自朝至夕,但得承一时之欢颜,不亚如放赦的一般。家庭之间若真如此,虽则男子的乾刚不振,然而妇人之能为从此已毕矣。即如郑新之妇,便是用了三绝艺,已至于惑触之局中,尚未用吓字之变格。

且说丫鬟奉命温酒,刚刚下楼,忽听"嗳哟"一声,转身就跑上楼来,只唬得他张口结舌,惊慌失措。郑新一见,便问道:"你是怎么样了?"丫鬟喘吁吁方说道:"了、了不得,楼、楼底下火、火球儿乱、乱滚。"妇人听了便接言道:"这也犯的上唬的这个样儿?这别是财罢?想来是那老厌物攒下的私蓄,埋藏在那里罢。我们何不下去瞧瞧,记明白了地方儿,明日慢慢地再刨。"一席话,说的郑新贪心顿起,忙叫丫鬟点灯笼。丫鬟他却不敢下楼取灯笼,就在蜡台上见有个蜡头儿,在灯上对着,手里拿着,在前引路。妇人后面跟随,郑新也随在后,同下楼来。此时,窗外展爷满心欢喜,暗道:"我何不趁此时撬窗而入,偷取他的银两呢?"刚要抽剑,忽见灯光一晃,却是个人影儿。连忙从窗牖孔中一望,只乐了个事不有余。原来不是别人,却是救周老儿的渔郎到了。暗暗笑道:"敢则他也是向这里挪借来了。只是他不知放银之处,这却如何能告诉他呢?"心中正自思想,眼睛却往里留神。只见丁二爷也不东瞧西望,他竟奔假门而来。将手一按,门已开放,只见他一封一封往怀里就揣。屋里在那里揣,展爷在外头记数儿,见他一连揣了九次,仍然将假门儿关上。展爷心中暗想:"银子是八封,他却揣了九次,不知那一包是什么?"正自揣度,呼啦啦听楼梯一阵乱响。有人抱怨道:"小孩子家,看不真切就这么大惊小怪的!"正是郑新夫妇同着丫鬟上楼来了。展爷在窗外不由得暗暗着急道:"他们将楼门堵住,我这朋友他却如何脱身呢?他若是持刀威吓,那就不是侠客的行为了。"忽然眼前一黑,再一看时,屋内已将灯吹灭了。展爷大喜,暗暗称妙。忽听郑新嗳哟道:"怎么楼上灯也灭了?你又把蜡头儿掷了,灯笼也忘了捡起来,这还得下楼取火去。"展爷在外听得明白,暗道:"丁二官人真好灵机,并借着灭灯他就走了,真正的爽快。"忽又自己笑道:"银两业已到手,我还在此做什么?难道人家偷驴,我还等着拔橛儿不成。"将身一顺,早已跳下楼来,复又上了墙角,落在外面,暗暗回到下处。真是神安梦稳,已然睡去了。再说郑新叫丫鬟取了火来,一看格子门仿佛有人开了。自己过去开了一看,里面的银子一封也没有了,忙嚷道:"有了贼了!"他妻子便问:"银子失了吗?"郑新道:"不但才拿来的八封不见了,连旧存的那一包二十两银子也不见了。"夫妻二人又下楼寻找了一番,那里有个人影儿。两口子就只齐声叫苦,这且不言。

展熊飞直睡至次日红日东升，方才起来梳洗，就在客寓吃了早饭，方慢慢往断桥亭而来。刚至亭上，只见周老儿坐在栏杆上打盹儿呢。展爷悄悄过去，将他扶住了方唤道："老丈醒来，老丈醒来。"周老猛然惊醒，见是展爷，连忙道："公子爷来了，老汉久等多时了。"展爷道："那渔哥还没来吗？"周老道："尚未来呢。"展爷暗忖道："看他来时是何光景。"正犯想间，只见丁二爷带着仆从二人竟奔亭上而来。展爷道："送银子的来了。"周老儿看时，却不是渔郎，也是一位武生公子。及至来到切近细细看时，谁说不是渔郎呢？周老者怔了一怔，方才见礼。丁二爷道："展兄早来了吗？真信人也。"又对周老道："老丈，银子已有在此。不知你可有地基吗？"周老道："有地基。就在郑家楼有一箭之地，有座书画楼，乃是小老儿相好孟先生的。因他年老力衰，将买卖收了，临别时就将此楼托付我了。"丁二爷道："如此甚好。可有帮手吗？"周老道："有帮手，就是我的外甥乌小乙。当初原是与我照应茶楼，后因郑新改了字号，就把他撵了。"丁二爷道："既如此，这茶楼是开定了，这口气也是要赌准了。如今我将我的仆人留下，帮着与你料理一切事体，此人是极可靠的。"说罢，叫小童将包袱打开。展爷在旁细细留神。

不知改换的如何，且听下回分解。

第三十回　济弱扶倾资助周老　交友投分邀请南侠

且说丁二爷叫小童打开包袱。仔细一看，却不是西纸，全换了桑皮纸，而且大小不同，仍旧是八包。丁二爷道："此八包分两不同，有轻有重，通共是四百二十两。"展爷方明白，晚间揣了九次，原来是饶了二十两来。周老儿欢喜非常，千恩万谢。丁二爷道："若有人问你银子从何而来，你就说镇守雄关总兵之子丁兆蕙给的，在松江府茉花村居住。"展爷也道："老丈，若有人问谁是保人，你就说常州府武进县遇杰村姓展名昭的保人。"周老一一记了。又将昨日丁二爷给的那一锭银子拿出来，双手捧与丁二爷道："这是昨日公子爷所赐，小老儿尚未敢动。今日奉还。"丁二爷笑道："我晓得你的意思了。昨日我原是渔家打扮，给你银两，你恐使了被我讹诈。你如今放心吧。既然给你银两，再没有又收回来的道理。就是这四百多两银子，也不和你要利息。若后日有事，到了你这里，只要好好的预备一碗香茶，那便是利息了。"周老儿连声应道："当得。当得。"丁二爷又叫小童将昨日的渔船唤了来，将周老的衣服业已洗净晒干，叫他将渔衣换了。又赏了渔船上二两银子。就叫仆从帮着周老儿拿着银两，随去料理。周老儿便要跪倒叩头，丁二爷与展爷连忙搀起，又嘱咐道："倘若茶楼开了之后，再不要粗心改换字号。"周老儿连说："再不改了，再不改了。”随着仆人欢欢喜喜去了。

此时展爷从人已到，拉着马匹在一边伺候。丁二爷问道：“那是展兄的尊骑吗？”展爷道：“正是。”丁二爷道：“昨日家兄遣人来唤小弟，小弟叫来人带信回禀家兄，说与吾兄巧遇。家兄欲见吾兄，如渴想浆。弟要敦请展兄到敝庄盘桓几日，不知肯光顾否？”展爷想了一想，自己原是无事，况假满尚有日期，趁此何不会会知己，也是快事，便道：“小弟久已要到宝庄奉谒，未得其便。今既承雅爱，敢不从命。”便叫过从人来告诉道：“我上松江府茉花村丁大员外丁二员外那里去了。我们乘舟，你将马匹俱各带回家去吧。不过五六日，我也就回家了。”从人连连答应。刚要转身，展爷又唤住悄悄地道：“展忠问时，你就说为联姻之事去了。”从者奉命，拉着马匹各自回去不提。

且说展爷与丁二爷带领小童一同登舟，竟奔松江府。水路极近，丁二爷乘舟惯了，不甚理会；唯有展爷今日坐在船上，玩赏沿途景致，不觉得神清气爽，快乐非常，与丁二爷说说笑笑，情投意合。彼此方叙明年庚。丁二爷小，展爷大两岁，便以大哥呼之。展爷便称丁二爷为贤弟。因叙话间又提起周老儿一事，展爷问道：“贤弟奉伯母之命前来进香，如何带许多银两呢？”丁二爷道：“原是要买办东西的。”展爷道：“如今将此银赠了周老，又拿什么买办东西呢？”丁二爷道：“弟虽不才，还可以借得出来。”展爷笑道：“借得出来更好，他若不借，必然将灯吹灭，便可借来。”丁二爷听了，不觉诧异道：“展大哥，此话怎讲？”展爷笑道：“莫道人行早，还有早行人。”便将昨晚之事说明。二人鼓掌大笑。

说话间，舟已停泊，搭了跳板，二人弃舟登岸。丁二爷叫小童先由捷径送信，他却陪定展爷慢慢而行。展爷见一条路径，俱是三合土垒成，一半是天然，一半是人力，平平坦坦，干干净净。两边皆是密林，树木丛杂。中间单有引路树，树下各有一人，俱是浓眉大眼，阔腰厚背。头上无网巾，发挽高绺，戴定芦苇编的圈儿。身上各穿着背心，赤着双膊，青筋暴露，抄手而立。却赤着双足，也有穿着草鞋的，俱将裤腿卷在膝盖之上，不言不语。一对树下有两个人，展爷往那边一望，一对一对的实在不少。心中纳闷，便问丁二爷道：“贤弟，这些人俱是做什么的？”二爷道：“大哥有所不知，只因江中有船五百余只，每每的械斗伤人。因在江中芦花荡分为交界，每人各管船二百余只。十船一小头目，百船一大头目，又有一总首领。奉府内明文，芦花荡这边俱是我弟兄二人掌管。除了府内的官用鱼虾，其下定行市开秤，唯我弟兄命令是从。这些人俱是头目，特来站班朝面的。”展爷听罢，点了点头。

走过土基的树林，又有一片青石鱼鳞路，方是庄门。只见广梁大门，左右站立多少庄丁伴当。台阶之上，当中立着一人，后面又尾随着多少小童执事之人。展爷临近，见那人降阶迎将上来，倒把展爷吓了一跳。原来兆兰弟兄乃是同胞双生，兆兰比兆蕙大一个时辰，因此面貌相同。从小儿兆蕙就淘气，庄前有卖吃食的来，他吃了不给钱，抽身就走。少时卖吃食的等急了，在门前乱嚷，他便同哥哥兆兰一齐出来，叫卖吃食的厮认，那卖吃食的竟会分不出来是谁吃的。再不然，他兄弟二人倒替着吃了，也竟分不出是谁多吃，是谁少吃。必须卖吃食的着急，央告他二人，方把钱文付给，以博一笑而已。如今展爷若非与丁二官人同来，也竟分不出是大爷来。彼此相见，欢喜非常。携手刚至门前，展爷便从腰间把宝剑摘下来，递给旁边一个小童。一来初到友家，不当腰悬宝剑；二来又知丁家弟兄有老伯母在堂，不宜携带利刃，这是展爷细心处。

三个人来至待客厅上，彼此又重新见礼。展爷与丁母太君请安。丁二爷正要进内请安去，便道："大哥暂且请坐。小弟必替大哥在家母前禀明。"说罢进内去了。厅上丁大爷相陪，又嘱咐预备洗面水，烹茗献茶，彼此畅谈。丁二爷进内有二刻的工夫方才出来说："家母先叫小弟问大哥好。让大哥歇息歇息，少时还要见面呢。"展爷连忙立起身来，恭敬答应。只见丁二爷改了面皮，不似路上的光景，嘻嘻笑笑，又是顽戏，又是刻薄，竟自放肆起来。展爷以为他到了家，在哥哥的面前娇痴惯了，也不介意。丁二爷便问展爷道："可是吓大哥，包公待你甚厚，听说你救过他多少次，是怎么件事情呀？小弟要领教，何不对我说说呢。"展爷道："其实也无要紧。"便将金龙寺遇凶僧，土龙岗逢劫夺，天昌镇拿刺客，以及庞太师花园冲破邪魔之事，滔滔说了一回。道："此事皆是你我行侠之人当作之事，不足挂齿。"二爷道："也倒有趣，听着怪热闹的。"又问道："大哥又如何面君呢？听说耀武楼试三绝技，敕赐'御猫'的外号儿，这又是什么事情呢？"展爷道："此事便是包相爷的情面了。"又说包公如何递摺，圣上如何见面："至于演试武艺，言之实觉可愧。无奈皇恩浩荡，赏了'御猫'二字，又加封四品之职。原是个潇洒的身子，如今倒弄的被官拘束住了。"二爷道："大哥休出此言。想来是你的本事道的去，不然圣上如何加恩呢？大哥提舞剑，请宝剑一观。"展爷道："方才交付盛价了。"丁二爷回首道："你们谁接了展老爷的剑了？拿来我看。"只见一个小童将宝剑捧过来呈上。二爷接过来，先瞧了瞧剑鞘，然后拢住剑靶，将剑抽出，隐隐有钟磬之音。连说："好剑，好剑！但不知此剑何名？"展爷暗道："看他这半天言语嬉笑于我，我何不叫他认认此宝，试试他的目力如何。"便道："此剑乃先父手泽，劣兄虽然佩带，却不知是何名色，正要在贤弟跟前领教。"二爷暗道："这是难我来了。倒要细细看看。"瞧了一会道："据小弟看，此剑仿佛是'巨阙'。"说罢，递与展爷。展爷暗暗称奇道："真好眼力，不愧他是将门之子！"便道："贤弟说是'巨阙'，想来是'巨阙'无疑了。"便要将剑入鞘。

二爷道："好哥哥，方才听说舞剑，弟不胜钦仰。大哥何不试舞一番，小弟也长长学问。"展爷是断断不肯，二爷是苦苦相求。丁大爷在旁却不拦挡，止于说道："二弟不必太忙，让大哥喝杯酒助助兴，再舞不迟。"说罢，吩咐道："快摆酒来。"左右连声答应。展爷见此光景，不得不舞，再要推托，便是小家气了。只得站起身来，将袍襟掖了一掖，袖子挽了一挽，说道："劣兄剑法疏略，不到之处，望祈二位贤弟指教为幸。"大爷、二爷连说："岂敢，岂敢！"一齐出了大厅。在月台之上，展爷便舞起剑来。丁大爷在那边恭恭敬敬留神细看，丁二爷却靠着厅柱，跳着脚儿观瞧。见舞到妙处，他便连声叫好。展爷舞了多时，刹住脚步道："献丑，献丑！二位贤弟看着如何？”丁大爷连声道好称妙。二爷道：“大哥剑法虽好，惜乎此剑有些押手。弟有一剑，管保合式。”说罢便叫过一个小童来，秘密吩咐数语。小童去了。

此时，丁大爷已将展爷让进厅来，见桌前摆列酒肴，丁大爷便执壶斟酒，将展爷让至上面，弟兄左右相陪。刚饮了几杯，只见小童从后面捧了剑来。二爷接过来，噌楞一声将剑抽出，便递与展爷道：“大哥请看。此剑也是先父遗留，弟等不知是何名色，请大哥看看，弟领教。”展爷暗道：“丁二真正淘气，立刻他就报仇，也来难我来了。倒要看看。”接过来弹了弹，掂了掂，便道：“好剑！此乃‘湛卢’也。未知是与不是？”丁二爷道：“大哥所言不差。但不知此剑舞起来又当何如？大哥尚肯赐教吗？”展爷却瞧了瞧丁大爷，意思叫他拦阻。谁知大爷乃是个老实人，便道：“大哥不要忙，先请饮酒助助兴，再舞未迟。”展爷听了道：“莫若舞完了再饮罢。”出了席，来至月台，又舞一回。丁二爷接过来道：“此剑大哥舞着吃力吗？”展爷满心不乐，答道：“此剑比劣兄的轻多了。”二爷道：“大哥休要多言，轻剑即是轻人。此剑却另有个主儿，只怕大哥惹他不起。”一句话激恼了南侠，便道：“老弟，你休要害怕。任凭是谁的，自有劣兄一面承管，怕他怎的！你且说出这个主儿来。”二爷道：“大哥悄言，此剑乃小妹的。”展爷听了，瞅了二爷一眼，便不言语了。大爷连忙递酒。

忽见丫鬟出来说道：“太君来了。”展爷闻听，连忙出席整衣，向前参拜。丁母只略略谦逊，便以子侄礼见毕。丁母坐下，展爷将座位往侧座挪了一挪，也就告坐坐了。此时，丁母又细细留神将展爷相看了一番，比屏后看得更真切了。见展爷一表人才，不觉满心欢喜，开口便以贤侄相称。这却是二爷与丁母商酌明白的：若老太太看了中意，就呼为贤侄；倘若不愿意，便以贵客呼之。再者男婚女配，两下愿意，也须暗暗通个消息，妹子愿意方好。二爷见母亲称呼展爷为贤侄，就知老太太是愿意了，他便悄悄儿溜出，竟往小姐绣户而来。

未知说些什么，且听下回分解。

第三十一回 展熊飞比剑定良姻 钻天鼠夺鱼甘赔罪

且说丁二爷到了院中，只见丫鬟抱着花瓶换水插花。见了二爷进来，丫鬟扬声道：“二官人进来了。”屋内月华小姐答言：“请二哥哥屋内坐。”丁二爷掀起绣帘来至屋内，见小姐正在炕上弄针黹呢。二爷问道：“妹子做什么活计？”小姐说：“锁镜边上头口儿呢。二哥，前厅有客，你怎么进了里面来了呢？”丁二爷佯问道：“妹子如何知道前厅有客呢？”月华道：“方才取剑，说有客要领教，故此方知。”丁二爷道：“再休提剑。只因这人乃常州府武进县遇杰村姓展名昭，表字熊飞，人皆称他为南侠，如今现作皇家四品带刀的护卫。哥哥久已知道此人，但未会面。今日见了，果然好人品，好相貌，好本事，好武艺。未免才高必狂，艺高必傲，竟将咱们家的湛卢剑贬得不成样子。哥哥说此剑是另有个主儿的，他问是谁，哥哥就告诉他是妹子的。他便鼻孔里一笑道：'一个闺中弱秀，焉有本领！'"月华听至此，把脸一红，眉头一皱，便将活计放下了。丁二爷暗说："有因，待我再激他一激。"又说道："我就说：'我们将门中岂无虎女？'他就说：'虽是这么说哟，未必有真本领。'妹子，你真有胆量，何不与他较量较量呢？倘若胆怯，也只好由他说去吧。现在老太太也在厅上，故此我来对妹妹说说。"小姐听毕，怒容满面道："既如此，二哥先请，小妹随后就到。"

二爷得了这个口气，便急忙来到前厅，在丁母耳边悄悄说道："妹子要与展哥比武。"话刚刚说完，只见丫鬟报道："小姐到！"丁母便叫过来与展爷见礼。展爷心中纳闷道："功勋世胄，如此家风？"只得立起身来一揖。小姐还了万福。展爷见小姐庄静秀美，却是一脸的怒气。又见丁二爷转身过来，悄悄地道："大哥，都是你褒贬人家剑，如今小妹出来不依来了。"展爷道："岂有此理！"二爷道："什么理不理的，我们将门虎女，焉有怕见人的理呢？"展爷听了，便觉不悦。丁二爷却又到小姐身后悄悄道："展大哥要与妹子较量呢。"小姐点头首肯。二爷又转到展爷身后道："小妹要领教大哥的武艺呢。"展爷此时更不耐烦了，便道："既如此，劣兄奉陪就是了。"谁知此时小姐已脱去外面衣服，穿着绣花大红小袄，系定素罗百摺单裙，头罩玉色绫帕，更显得妩媚娉婷。丁二爷已然回禀丁母，说不过是虚耍假试，请母亲在廊下观看。先挪出一张圈椅，丁母坐下。月华小姐怀抱宝剑，抢在东边上首站定。展爷此时也无可奈何，只得勉强掖袍挽袖。二爷捧过宝剑，展爷接过，只得在西边下首站了。说了一声"请"，便各拉开架式。兆兰、兆蕙在丁母背后站立。才对了不多几个回合，丁母便道："算了罢。剑对剑俱是锋芒，不是玩的。"二爷道："母亲放心，且再看看，不妨事的。"

只见他二人比并多时，不分胜负。展爷先前不过搪塞虚架，后见小姐颇有门路，不由暗暗夸奖，反倒高起兴来。凡有不到之处，俱各点到，点到却又抽回。来来往往，忽见展爷用了个垂华势，斜刺里将剑递进，即便抽回，就随着剑尖滴溜溜落下一物。又见小姐用了个风吹败叶势，展爷忙把头一低，将剑躲过。才要转身，不想小姐一翻玉腕，又使了个推窗撵月势，将展爷的头巾削落。南侠一伏身，跳出圈外声言道："我输了，我输了！"丁二爷过来拾起头巾，掸去尘土。丁大爷过来捡起先落的物件一看，却是小姐耳上之环。便上前对展爷道："是小妹输了，休要见怪。"二爷将头巾交过。展爷挽发整巾，连声赞道："令妹真好剑法也！"丁母差丫鬟即请展爷进厅，小姐自往后边去了。

丁母对展爷道："此女乃老身侄女，自叔叔婶婶亡后，老身视如亲生女儿一般。久已闻贤侄名望，就欲联姻，未得其便。不意贤侄今日降临寒舍，实乃彩丝系足，美满良缘。又知贤侄此处并无亲眷，又请谁来相看，必要推诿；故此将小女激诱出来比剑，彼此一会，令贤侄放心，非是我世胄人家毫无规范也。”丁大爷亦过来道：“非是小弟在旁不肯拦阻，皆因弟等与家母已有定算，故此多有亵渎。”丁二爷亦赔罪道：“全是小弟之过，唯恐吾兄推诿，故用此诡计诓哄仁兄，望乞恕罪。”展爷到此时方才明白。也是姻缘，更不推辞，慨然允许，便拜了丁母，又与兆兰、兆蕙彼此拜了。就将巨阙、湛卢二剑彼此换了，作为定礼。

二爷手托耳环，提了宝剑，一直来到小姐卧室。小姐正自纳闷：“我的耳环何时削去，竟不知道，也就险得很呢。”忽见二爷笑嘻嘻的手托耳环道：“妹子，耳环在这里。”掷在一边，又笑道：“湛卢剑也被人家留下了。”小姐才待发话，二爷连忙说道：“这都是太太的主意，妹子休要问我，少时问太太便知，大约妹子是大喜了。”说完，放下剑，笑嘻嘻地就跑了。小姐心下明白，也就不言语了。丁二爷来至前厅，此时丁母已然回后去了。他三人重新入座，彼此说明，仍论旧交，不论新亲。大爷、二爷仍呼展爷为兄，脱了俗套，更觉亲热。饮酒吃饭，对坐闲谈。

不觉展爷在茉花村住了三日，就要告别，丁氏昆仲哪里肯放。展爷再三要行，丁二爷说：“既如此，明日弟等在望海台设一席，你我弟兄赏玩江景，畅叙一日，后日大哥再去如何？”展爷应允。

到了次日早饭后，三人出了庄门。往西走了有一里之遥，弯弯曲曲绕到山岭之上，乃是极高的所在，便是丁家庄的后背。上面盖了高台五间，甚是宽阔。遥望江面一带，水势茫茫，犹如雪练一般。再看船只往来，络绎不绝。郎舅三人观望江景，实实畅怀。不多时，摆上酒肴，慢慢消饮。正在快乐之际，只见来一渔人在丁大爷旁边悄语数言。大爷吩咐：“告诉头目办去吧。”丁二爷也不理会，展爷更难细问，仍然饮酒。迟不多时，又见来一渔人，甚是慌张，向大爷说了几句。此次二爷却留神，听了一半就道：“这还了得！若要如此，以后还有个规矩吗？”对那渔人道：“你把他叫来我瞧瞧。”展爷见此光景，似乎有事，方问道：“二位贤弟，为着何事？”丁二爷道：“我这松江的渔船原分两处，以芦花荡为界。荡南有一个陷空岛，岛内有一个卢家庄。当初有卢太公在日，乐善好施，家中巨富。待至生了卢方，此人和睦乡党，人人钦敬。因他有爬杆之能，大家送了他个绰号叫作钻天鼠。他却结了四个朋友，共成五义。大爷就是卢方；二爷乃黄州人，名叫韩彰，是个行伍出身，会做地沟地雷，因此他的绰号儿叫作彻地鼠；三爷乃山西人，名叫徐庆，是个铁匠出身，能探山中十八孔，因此绰号叫穿山鼠；至于四爷，身材瘦小，形如病夫，为人机巧伶便，智谋甚好，是个大客商出身，乃金陵人，姓蒋名平字泽长，能在水中居住，开目视物，绰号人称翻江鼠；唯有五爷，少年华美，气宇不凡，为人阴险狠毒，却好行侠作义，就是行事刻毒，是个武生员，金华人氏，姓白名玉堂。因他形容秀美，文武双全，人呼他绰号为锦毛鼠。”展爷听说白玉堂，便道：“此人我却认得，愚兄正要访他。”丁二爷问道：“大哥如何认得他呢？”展爷便将苗家集之事述说一回。

正说时，只见来了一伙渔户，其中有一人怒目横眉，伸出掌来说道：“二位员外看见了？他们过来抢鱼，咱们拦阻，他就拒起捕来了。抢了鱼不算，还把我削去四指，光光的剩了一个大拇指头，这才是好朋友呢！”丁大爷连忙拦道：“不要多言。你等急唤船来，待我等亲身前往。”众人一听员外要去，嗯的一声俱各飞跑去了。展爷道：“劣兄无事，何不一同前往？”丁二爷道：“如此甚好。”三人下了高台，一同来至庄前。只见从人伴当伺候多人，各执器械。丁家兄弟、展爷俱各佩了宝剑，来至停泊之处。只见大船两只，是预备二位员外的。大爷独上了一只大船，二爷同展爷上了一只大船，其余小船纷纷乱乱，不计其数，竟奔芦花荡而来。

才至荡边，见一队船皆是荡南的字号，便知是抢鱼的贼人。丁大爷催船前进，二爷紧紧相随。来至切近，见那边船上立着一人，凶恶非常，手托七股鱼叉，在那里尽候厮杀。大爷的大船先到，便说：“这人好不晓事。我们素有旧规，以芦花荡为交界，你如何擅敢过荡，抢了我们的鱼，还伤了我们的渔户，是何道理？”那边船上那人道：“什么交界不交界，咱全不管！只因我们那边鱼少，你们这边鱼多，今日暂且借用。你若不服，咱就比试比试。”丁大爷听了这话有些不说理，便问道：“你叫什么名字？”那人道：“咱叫分水兽邓彪，你问咱怎的？”丁大爷道：“你家员外那个在此？”邓彪道：“我家员外俱不在此，此一队船只就是咱管领的。你敢与咱合气吗？”说着话就要托七股叉刺来。丁大爷才待拔剑，只见邓彪翻身落水。这边渔户立刻下水将邓彪擒住，托出水面，交到丁二爷船上。二爷却跳在大爷船上，前来帮助。

你道邓彪为何落水？原来丁大爷问答之际，二爷船已赶到，见他出言不逊，却用弹丸将他打落水中。你道什么弹丸？这是二爷自幼练就的。用竹板一块，长够一尺八寸，宽有二寸五分，厚五分，上面有个槽儿，用黄蜡掺铁渣子团成核桃大小，临用时安上，在数步中打出，百发百中。又不是弹弓，又不是弩弓，自己纂名儿叫做竹弹丸。这原是二爷小时玩耍的小顽艺儿，今日拿着偌大的一个分水兽，竟会叫英雄的一个小小铁丸打下水去咧！这才是真本领呢。且言邓彪虽然落水，他原是会水之人，虽被擒，不肯服气，连声喊道：“好吓，好吓！你敢用暗器伤人，万不与你们干休！”展爷听至此句，说用暗器伤人，方才留神细看，见他眉攒里肿起一个大紫包来，便喝道：“你既被擒，还喊什么！我且问你，你家五员外他可姓白吗？”邓彪答道：“姓白怎么样？他如今已下山了。”展爷问道：“往哪里去了？”邓彪道：“数日之前，上东京找什么‘御猫’去了。”展爷闻听，不由的心下着忙。

只听得那边一人嚷道：“丁家贤弟呀，看我卢方之面，恕我失察之罪，我情愿认罚呀！”众人抬头，只见一只小船飞也似赶来，嚷的声音渐近了。展爷留神细看来人，见他一张紫面皮，一部好胡须，面皮光而生亮，胡须润而且长，身量魁梧，气宇轩昂。丁氏兄弟亦执手道：“卢兄请了。”卢方道：“邓彪乃新收头目，不遵约束，实是劣兄之过。违了成约，任凭二位贤弟吩咐。”丁大爷道：“他既不知，也难谴责。此次乃无心之过也。”回头吩咐将邓彪放了。这边渔户便道：“他们还抢了咱们好些鱼罟呢。”丁二爷连忙喝住：“休要多言！”卢方听见，急急吩咐：“快将那边鱼罟连咱们鱼罟俱给送过去。”这边送人，那边送罟。卢方立刻将邓彪革去头目，即差人送往府里究治。丁大爷吩咐：“是咱们鱼罟收下，是那边的俱各退回。”两下里又说了多少谦让的言语，无非论交情，讲过节，彼此方执手各自归庄去了。

未知后事如何，且听下回分解。

第三十二回　夜救老仆颜生赴考　晚逢寒士金客扬言

且说丁氏兄弟同定展爷来至庄中，赏了削去四指的渔户拾两银子，叫他调养伤痕。展爷便提起："邓彪说白玉堂不在山中，已往东京找寻劣兄去了。刻下还望二位仁弟备只快船，我须急急回家，赶赴东京方好。"丁家兄弟听了展爷之言，再也难以阻留，只得应允。便于次日备了饯行之酒，殷勤送别，反觉得恋恋不舍。展爷又进内叩别了丁母。丁氏兄弟送至停泊之处，瞧着展爷上船，分手作别。

展爷真是归心似箭。这一日，天有二鼓，已到了武进县，以为连夜可以到家。刚走到一带榆树林中，忽听有人喊道："救人吓！了不得了，有了打扛子的了！"展爷顺着声音迎将上去，却是个老者背着包袱，喘的连嚷也嚷不出来。又听后面有人追着，却喊得洪亮道："了不得，有人抢了我的包袱去了！"展爷心下明白，便道："老者，你且隐藏。待我拦阻。"老者才往树后一隐，展爷便蹲下身去。后面赶的只顾往前，展爷将腿一伸，那人来的势猛，扑哧的一声闹了个嘴吃屎。展爷赶上前按住，解下他的腰间褡包，寒鸦儿凫水的将他捆了。见他还有一根木棍，就从腰间插入，斜担的支起来。将老者唤出问道："你姓甚名谁，家住那里，慢慢讲来。"老者从树后出来，先叩谢了。此时喘已定了，道："小人姓颜，名叫颜福，在榆林村居住。只因我家相公要上京投亲，差老奴到窗友金必正处借了衣服银两。多承金相公一番好意，留下小人吃饭，临走又交付老奴三十两银子，是赠我家相公作路费的。不想年老力衰，又加目力迟钝，因此来路晚了。刚走到榆树林之内，便遇见这人一声断喝，要什么'买路钱'。小人一听，那里还有魂咧，一路好跑，喘的气也换不上来了。幸亏大老爷相救，不然我这老命必丧于他手。"展爷听了便道："榆林村乃我必由之路，我就送你到家如何？"颜福复又叩谢。展爷对那人道："你这厮。黄夜劫人，你还嚷人家抢了你的包袱去了。幸遇某家，这也是你昭彰报应。我也不加害于你，你就在此歇歇吧，再等个人来救你便了。"说罢叫老者背了包袱，出了林子，竟奔榆林村。到了颜家门首，老者道："此处便是。请老爷里面待茶。"一壁说话，用手叩门。只听里面道："外面可是颜福回来了吗？"展爷听得明白，便道："我不吃茶了，还要赶路呢。"说毕迈开大步，竟奔遇杰村而来。

单说颜福听得是小主人的声音，便道："老奴回来了。"门开处，颜福提包进来，仍然将门关好。你道这小主人是谁？乃是姓颜名査散，年方二十二岁。寡母郑氏，连老奴颜福，主仆三口度日。因颜老爷在日，为人正直，作了一任县尹，两袖清风，一贫如洗，清如秋水，严似寒霜。可惜一病身亡，家业零落。颜生素有大志，总要克绍书香，学得满腹经纶。屡欲赴京考试，无奈家道寒难，不能如愿。因明年就是考试的年头，还是郑氏安人想出个计较来，便对颜生道："你姑母家道丰富，何不投托在彼。一来可以用功，二来可以就亲，岂不两全其美呢？"颜生道："母亲想的虽是，但姑母处已有多年不通信息，父亲在日还时常寄信问候，自父亲亡后，遣人报信，并未见遣一人前来吊唁，至今音梗信杳。虽是老亲，又是姑舅结下新亲，奈目下孩儿功名未成，如今时势，恐到那里也是枉然。再者孩儿这一进京，母亲在家也无人侍奉。二来盘费短少，也是无可如何之事。"母子正在商议之间，恰恰的颜生窗友金生名必正特来探访。彼此相见，颜生就将母亲之意对金生说了。金生一力担当，慨然允许，便叫颜福跟了他去打点进京的用度。颜生好生欢喜，即禀明老人家。安人闻听，感之不尽。母子又计议了一番，郑氏安人亲笔写了一封书信，言言哀恳，大约姑母无有不收留孩儿之理。娘儿两个呆等颜福回来，天已二更，尚不见到。颜生劝老母安息，自己把卷独对青灯，等到四更。心中正自急躁，颜福方回来了。交了衣服银两，颜生大悦，叫老仆且去歇息。颜福一路劳乏，又受惊恐，已然支持不住，有话明日再说，也就告退了。

到了次日，颜生将衣服银两与母亲看了。正要商酌如何进京，只见老仆颜福进来说道："相公进京，敢则是自己去吗？"颜生道："家内无人，你须好好侍奉老太太，我是要自己进京的。"老仆道："相公若是一人赴京，是断断去不得的。"颜生道："却是为何？"颜福便将昨晚遇劫之事说了一遍。郑氏安人听了颜福之言，说："是吓，若要如此，老身是不放心的。莫若你主仆二人同去方好。"颜生道："孩儿带了他去，家内无人，母亲叫谁侍奉？孩儿放心不下。"正在计算为难，忽听有人叩门。老仆答应。开门看时，见是一个小童，一见面就说道："你老人家昨晚回来好吓，也就不早了罢。"颜福尚觑着眼儿瞧他，那小童道："你老人家瞧什么，我是金相公那里的，昨日给你老人家斟酒不是我吗？"颜福道："哦，哦，是，是。我倒忘了，你到此何事？"小童道："我们相公打发我见颜相公来了。"老仆听了，将他带至屋内见了颜生，又参拜了安人。颜生便问道："你做什么来了？你叫什么？"小童答道："小人叫雨墨。我们相公知道相公无人，唯恐上京路途遥远不便，叫小人特来服侍相公进京。"又说："这位老主管有了年纪，眼力不行，可以在家伺候老太太，照看门户，彼此都可以放心。又叫小人带来十两银子，唯恐路上盘川不足，是要敷馀些个好。"安人与颜生听了不胜欢喜，不胜感激，连颜福俱乐的了不得。安人又见雨墨说话伶俐明白，便问："你今年多大了？"雨墨道："小人十四岁了。"安人道："你小儿家能够走路吗？"雨墨笑道："回禀老太太得知，小人自八岁上，就跟着小人的父亲在外贸易，漫说走路，什么处儿的风俗，遇事眉高眼低，那算瞒不过小人的了。差不多的道儿，小人都认得。至于上京，更是熟路了，不然我们相公就派我来跟相公呢！"安人闻听，更觉欢喜放心。颜生便拜了老母。安人未免伤心落泪，将亲笔写的书信交与颜生道："你到京中祥符县问双星巷，便知你姑父的居址了。"雨墨在旁道："祥符县南有个双星巷，又名双星桥，小人认得的。"安人道："如此甚好，你要好好服侍相公。"雨墨道："不用老太太嘱咐，小人知道。"颜生又吩咐老仆颜福一番，暗暗将十两银子交付颜福供养老母。雨墨已将小小包裹背起来，主仆二人出门上路。

颜生是从未出过门的，走了一二十里便觉两腿酸疼，问雨墨道："咱们自离家门，如今走了也有五六十里路了罢？"雨墨道："可见相公没有出过门。这才离家有多大工夫，就会走了五六十里，那不成飞腿了吗？告诉相公说，共总走了没有三十里路。"颜生吃惊道："如此说来，路途遥远，竟自难行的很呢。"雨墨道："相公不要着急，走道儿有个法子，越不到越急越走不上来，必须心平气和，不紧不慢，仿佛游山玩景的一般。路上虽无景致，拿着一村一寺皆算是幽景奇观，遇着一石一木亦当作是点缀的美景。如此走来走去，心也宽了，眼也亮了，乏也就忘了，道儿也就走得多了。"颜生被雨墨说的高起兴来，真果沿途玩赏。不知不觉又走了一二十里，觉得腹中有些饥饿，便对雨墨道："我此时虽不觉乏，只是腹中有点空空儿的，可怎么好？"雨墨用手一指说："那边不是镇店吗？到了那里，买些饭食吃了再走。"又走了多会，到了镇市。颜相公见个饭铺，就要进去。雨墨道："这里吃不现成，相公随我来。"把颜生带了二荤铺里去了。一来为省事，二来为省钱，这才透出他是久惯出外的油子手儿来了呢。

主仆二人用了饭，再往前走了十多里，或树下，或道旁，随意歇息歇息再走。到了天晚，来到一个热闹地方，地名双义镇。雨墨道："相公，咱们就在此处住了罢，再往前走就太远了。"颜生道："既如此，就住了罢。"雨墨道："住是住了，若是投店，相公千万不要多言，自有小人答复他。"颜生点头应允。及至来到店门，挡槽儿的便道："有干净房屋，天气不早了，再要走可就太晚了。"雨墨便问道："有单间厢房没有？或有耳房也使得。"挡槽儿的道："请升进去看看就是了。"雨墨道："若是有呢，我们好看哪；若没有，我们上那边住去。"挡槽儿的道："请进去看看何妨，不如意再走如何？"颜生道："咱们且看看就是了。"雨墨道："相公不知，咱们若进去，他就不叫出来了。店里的脾气我是知道的。"正说着，又出来了一个小二道："请进去，不用犹疑，讹不住你们二位。"颜生便向里走，雨墨只得跟随。只听店小二道："相公请看，很好的正房三间，裱糊的又干净又豁亮。"雨墨道："是不是？不进来，你们紧让，及至进来，就是上房三间。我们爷儿两个，又没有许多行李，住三间上房，你这还不讹了我们呢！告诉你，除了单厢房或耳房，别的我们不住。"说罢回身就要走。小二一把拉住道："怎的了我的二爷！上房三间，两明一暗。你们二位住那暗间，我们算一间的房钱好不好？"颜生道："就是这样罢。"雨墨道："咱们先小人后君子，说明了，我可就给一间的房钱。"小二连连答应。

主仆二人来至上房，进了暗间，将包裹放下，小二便用手擦外间桌子道："你们二位在外间用饭罢，不宽阔么！"雨墨道："你不用诱。就是外间吃饭，也是住这暗间，我也是给你一间的房钱。况且我们不喝酒，早起吃的，这时候还饱着呢，我们不过找补点就是了。"小二听了，光景没有什么大来头，便道："闷一壶高香片茶来罢?”雨墨道:“路上灌的凉水,这时候还满着呢,不喝。”小二道:“点个烛灯罢?”雨墨道:“怎么你们店里没有油灯吗?”小二道:“有呵,怕你们二位嫌油烟子气,又怕油了衣服。”雨墨道:“你只管拿来,我们不怕。”小二才回身,雨墨便道:“他倒会玩。我们花钱买烛,他却省油,敢则是里外里。”小二回头瞅了一眼,取灯取了半天方点了来,问道:“二位吃什么?”雨墨道:“说了找补吃点。不用别的,给我们一个烩锅炸,就带了饭来罢。”店小二估量着没有什么想头,抽身就走了,连影儿也不见了。等的急催他,他说没得。再催他,他说:“就得,已经下了杓了,就得,就得。”

正在等着,忽听外面嚷道:“你这地方就敢小看人吗?小菜碟儿,一个大钱,吾是照顾你,赏你们脸哪!你不住我,还要凌辱斯文,这等可恶!吾将你这狗店用火烧了!”雨墨道:“该!这倒替咱们出了气了。”又听店东道:“都住满了,真没有屋子了,难道为你现盖吗?”又听那人更高声道:“放狗屁不臭,满口胡说!你现盖?现盖也要吾等得吓!你就敢凌辱斯文?你打听打听,念书的人也是你敢欺侮得的吗?”颜生听至此,不由得出了门外。雨墨道:“相公,别管闲事。”刚刚拦阻,只见院内那人向着颜生道:“老兄,你评评这个理。他不叫吾住使得,就将我这等一推,这不岂有此理么!还要与我现盖房去,这等可恶!”颜生答道:“兄台若不弃嫌,何不将就在这边屋内同住呢?”只听那人道:“萍水相逢,如何打搅呢?”雨墨一听,暗说:“此事不好,我们相公要上当。”连忙迎出,见相公与那人已携手登阶,来至屋内,就在明间彼此坐了。

未知如何,且听下回分解。

第三十三回　真名士初交白玉堂　美英雄三试颜查散

且说颜生同那人进屋坐下。雨墨在灯下一看,见他头戴一顶开花儒巾,身上穿一件零碎蓝衫,足下穿一双无根底破皂靴头儿,满脸尘土,实在不像念书之人,倒像个无赖子。正思想却他之法,又见店东亲来赔罪。那人道:“你不必如此。大人不记小人过,饶恕你便了。”店东去后,颜生便问道:“尊兄贵姓?”那人道:“吾姓金,名懋叔。”雨墨暗道:“他也配姓金!我主人才姓金呢,那是何等体面仗义。像他这个穷样子,连银也不配姓吓!常言说,姓金没有金,一定穷断筋。我们相公是要上他的当。”又听那人道:“没领教兄台贵姓。”颜生也通了姓名。金生道:“原来是颜兄,失敬,失敬。请问颜兄用过了饭了没有?”颜生道:“尚未,金兄可用过了?”金生道:“不曾,何不共桌而食呢?叫小二来。”此时,店小二拿了一壶香片茶来放在桌上。金生便问道:“你们这里有什么饭食?”小二道:“上等饮食八两,中等饭六两,下等饭……”刚说至此,金生拦道:“谁吃下等饭呢,就是上等饭罢。吾且问你,这上等饭是什么肴馔?”小二道:“两海碗,两镟子,六大碗,四中碗,还有八个碟儿。无非鸡鸭鱼肉翅子海参等类,调度的总要合心配口。”金生道:“这鱼是‘包鱼’吓还是‘漂儿’呢?”小二道:“是‘漂儿’。”金生道:“你说是‘漂儿’,那就是‘包鱼’。可有活鲤鱼吗?”小二道:“要活鲤鱼,是大的,一两二钱银子一尾。”金生道:“既要吃,不怕花钱。吾告诉你,鲤鱼不过一斤的叫作‘拐子’,过了一斤的才是鲤鱼。不独要活的,还要尾巴像那胭脂瓣儿相似,那才是新鲜的呢。你拿来吾看。”又问酒是什么酒,小二道:“不过随便常行酒。”金生道:“不要那个,吾要喝陈年女贞陈绍。”小二道:“有十年蠲下的女贞陈绍,就是不零卖,那是四两银子一坛。”金生道:“你好贫哪!什么四两五两,不拘多少,你搭一坛来,当面开开吾尝就是了。吾告诉你说,吾要那金红颜色浓浓香,倒了碗内要挂碗,犹如琥珀一般,那才是好的呢。”小二道:“搭一坛来当面锥尝,不好不要钱,如何?”金生道:“那是自然的。”

说话间,已经掌上两枝灯烛。此时店小二欢喜非常,小心殷勤自不必说。少时端了一个腰子形儿的木盆来,里面欢蹦乱跳、足一斤多重的鲤鱼,说道:“爷上请看,这尾鲤鱼何如?”金生道:“鱼却是鲤鱼,你务必用这半盆水叫那鱼躺着,一来显大,二来水浅他必扑腾,算是活跳跳的,卖这个手法儿。你不要拿着走,就在此处开了膛,省得抵换。”店小二只得当面收拾。金生又道:“你收拾好了,把他鲜氽。可是你们加什么作料?”店小二道:“无非是香菌、口蘑,加些紫菜。”金生道:“吾是要‘尖上尖’的。”小二却不明白。金生道:“怎么,你不晓得‘尖上尖’?就是那青笋尖儿上头的尖儿,总要嫩,切成条儿,要吃那咯吱咯吱的才好。”店小二答应。不多时又搭了一坛酒来,拿着锥子、倒流儿,并有个瓷盆。当面锥透,下上倒流儿。撤出酒来,果然美味真香。先斟一杯递与金生尝了尝,道:“也还罢了。”又斟了一杯递与颜生尝了尝,自然也说好。便倒了一盆灌入壶内,略烫一烫,二人对面消饮。小二放下小菜,便一样一样端上来。金生连箸也不动,只于就佛手疙瘩慢饮,尽等吃活鱼。二人饮酒闲谈,越说越投机,颜生欢喜非常。少时,大盘盛了鱼来,金生便拿起箸子来让颜生道:“鱼是要吃热的,冷了就要发腥了。”布了颜生一块,自己便将鱼脊背拿箸子一划,要了姜醋碟,吃一块鱼,喝一杯酒,连声称赞:“妙哉!妙哉!”将这面吃完,箸子往鱼鳃里一插,一翻手就将鱼的那面翻过来。又布了颜生一块,仍用箸子一划,又是一块鱼一杯酒,将这面也吃了。然后要了一个中碗来,将蒸食双落一对掰在碗内,一连掰了四个,舀了鱼汤,泡了个稀糟,或喽或喽吃了。又将碟子扣上,将盘子那边支起,从这边舀了三匙汤喝了,便道:“吾是饱了,颜兄自便,莫拘莫拘。”颜生也饱了,二人出席。金生吩咐:“我们就只一个小童,该蒸的该热的,不可与他冷吃。想来还有酒,他若喝时,只管给他。”店小二连连答应。说着话,他二人便进里间屋内去了。

雨墨此时见剩了许多东西全然不动,明日走路又拿不得,瞅着又是心疼,他那里吃得下去,止于喝了两杯闷酒就算了。连忙来到屋内,只见金生张牙欠口,前仰后合,已有困意。颜生道:“金兄既已乏倦,何不安歇呢?”金生道:“如此,吾就要告罪了。"说罢往床上一躺,呱嗒一声,皂靴头儿掉了一只。他又将这条腿向膝盖一敲,又听扑哧一声,把那只皂靴头儿扣在地下。不一会,已然呼声震耳。颜生使眼色,叫雨墨将灯移出,自己也就悄悄睡了。雨墨移出灯来,坐在明间,心中发烦,那里睡得着。好容易睡着,忽听有脚步之声。睁眼看时,天已大亮。见相公悄悄从里间出来,低言道:"取脸水去。"雨墨取来,颜生净了面。忽听屋内有咳嗽之声,雨墨连忙进来。见金生伸懒腰打哈声,两只脚却露着黑漆漆的底板儿,敢则是没袜底儿。忽听他口中念道:"大梦谁先觉,平生我自知。草堂春睡足,窗外日迟迟。"念完,一骨碌爬起来道:"略略歇息,天就亮了。"雨墨道:"店家,给金相公打脸水。"金生道:"吾是不洗脸的,怕伤水。叫店小二开开我们的账,拿来吾看。"雨墨暗道:"有意思,他竟要会账。"只见店小二开了单来,上面共银十三两四钱八分。金生道:"不多不多,外赏你们小二、灶上连打杂的二两。"店小二谢了。金生道:"颜兄,我也不闹虚了,咱们京中再见,吾要先走了。"他拉他拉竟自出店去了。

这里颜生便唤:"雨墨,雨墨!"叫了半天,雨墨才答应:"有。"颜生道:"会了银两走路。"雨墨又迟了多会,答应:"哦。"赌气子拿了银子到了柜上,争争夺夺,连外赏给了十四两银子,方同相公出了店。来到村外,到无人之处,便说:"相公看金相公是个什么人?"颜生道:"是个念书的好人咧。"雨墨道:"如何? 相公还是没有出过门,不知路上有许多艰险呢。有诓嘴吃的,有拐东西的,甚至有设下圈套害人的,奇奇怪怪的样子多着呢。相公如今拿着姓金的当好人,将来必要上他的当。据小人看来,他也不过是个篾片之流。"颜生正色嗔怪道:"休得胡说! 小小的人,造这样的口过。我看金相公斯文中含着一股英雄的气概,将来必非等闲之人。你不要管,纵然他就是诓嘴,也无非多花几两银子,有甚要紧! 你休再来管我。"雨墨听了相公之言,暗暗笑道:"怪道人人常言书呆子,果然不错。我原来为好,倒嗔怪起来,只好暂且由他老人家,再做道理罢了。"

走不多时,已到打尖之所,雨墨赌气子要了个热闹锅炸。吃了早饭又走。到了天晚,来到兴隆镇又住宿了,仍是三间上房,言给一间的钱。这个店小二比昨日的却和气多了。刚刚坐了未暖席,忽见店小二进来笑容满面问道:"相公是姓颜吗?"雨墨道:"不错,你怎么知道?"小二道:"外面有一位金相公找来了。"颜生闻听,说:"快请,快请。"雨墨暗暗道:"这个得了,他是吃着甜头儿了。但只一件,我们花钱,他出主意,未免太冤。今晚我何不如此如此呢?"想罢,迎出门来道:"金相公来了,很好。我们相公在这里恭候着呢。"金生道:"巧极,巧极! 又遇见了。"颜生连忙执手相让,彼此就座,今日更比昨日亲热了。说了数语之后,雨墨在旁道:"我们相公尚未吃饭。金相公必是未曾,何不同桌而食? 叫了小二来,先商议叫他备办去呢。"金生道:"是极,是极。"正说时,小二拿了茶来放在桌上。雨墨便问道:"你们是什么饭食?"小二道:"等次不同。上等是八两,中等饭是六两,下等……"刚说了一个"下"字,雨墨就说:"谁吃下等饭,就是上等罢。我也不问什么肴馔,无非鸡鸭鱼肉翅子海参等类。你们这鱼是'包鱼'吓,是'漂儿'呢? 必然是'漂儿'。'漂儿'就是‘包鱼’。我问你，有活鲤鱼没有呢？”小二道：“有，不过贵些。”雨墨道：“既要吃，还怕花钱吗？我告诉你，鲤鱼不过一斤叫‘拐子’，总得一斤多，那才是鲤鱼呢。必须尾巴要像胭脂瓣儿相似，那才新鲜呢。你拿来我瞧就是了。还有酒，我们可不要常行酒，要十年的女贞陈绍，管保是四两银子一坛。”店小二说：“是。要用多少？”雨墨道：“你好贫吓，什么多少，你搭一坛来当面尝。先说明，我可要金红颜色浓浓香的，倒了碗内要挂碗，犹如琥珀一般。错过了，我可不要。”小二答应。

不多时，点上灯来。小二端了鱼来，雨墨上前，便道：“鱼可却是鲤鱼。你务必用半盆水躺着，一来显大，二来水浅他必扑腾，算是欢蹦乱跳，卖这个手法儿。你就在此处开膛，省得抵换。把他鲜汆。看你们作料，不过香菌、口蘑、紫菜，可有‘尖上尖’没有？你管保不明白。这‘尖上尖’就是青笋尖儿上头的尖儿，可要切成嫩条儿，要吃那咯吱咯吱的。”小二答应，又搭了酒来推开。雨墨舀了一杯，递给金生，说道：“相公尝，管保喝地过。”金生尝了道：“蛮好个，蛮蛮好个。”雨墨也就不叫颜生尝了，便灌入壶中，略烫烫拿来斟上。只见小二安放小菜，雨墨道：“你把佛手疙瘩放在这边，这位相公爱吃。”金生瞅了雨墨一眼道：“你也该歇歇了。他这里上菜，你少时再来。”雨墨退出，单等鱼来。小二往来端菜，不一时，拿了鱼来，雨墨跟着进来道：“带姜醋碟儿。”小二道：“来了。”雨墨便将酒壶提起，站在金生旁边，满满斟了一杯，道：“金相公，拿起筷子来。鱼是要吃热的，冷了就要发腥了。”金生又瞅了他一眼。雨墨道：“先布我们相公一块？”金生道：“那是自然的。”果然布过一块。刚要用筷子再夹，雨墨道：“金相公还没有用筷子一划呢。”金生道：“吾倒忘了。”重新打鱼脊背上一划，方夹到醋碟一蘸，吃了。端起杯来，一饮而尽。雨墨道：“酒是我斟的，相公只管吃鱼。”金生道：“妙极，妙极！吾倒省了事了。”仍是一杯一块。雨墨道：“妙哉，妙哉！”金生道：“妙哉的很，妙哉的很！”雨墨道：“又该把筷子往腮里一插了。”金生道：“那是自然的了。将鱼翻过来，吾还是布你们相公一块，再用筷子一划，省得你又提拔吾。”雨墨见鱼剩了不多，便叫小二拿一个中碗来。小二将碗拿到。雨墨说：“金相公，还是将蒸食双落儿掰上四个泡上汤？”金生道：“是的，是的。”泡了汤，喊喽之时，雨墨便将碟子扣在那盘子上，那边支起来，道：“金相公，从这边舀三匙汤喝了也就饱了，也不用陪我们相公了。”又对小二道：“我们二位相公吃完了，你瞧该热的该蒸的捡下去，我可不吃凉的。酒是有，在那里我自己喝就是了。”小二答应，便往下捡。忽听金生道：“颜兄，这个小管家叫他跟吾倒好，我倒省话。”颜生也笑了。今日雨墨可想开了，到在外头盘膝稳坐，叫小二服侍，吃了那个又吃这个，吃完了来到屋内，就在明间坐下，竟等呼声。少时，听呼声震耳，进里间将灯移出，也不愁烦，竟自睡了。

至次日天亮，仍是颜生先醒，来到明间，雨墨伺候净面水。忽听金生咳嗽，连忙来到里间。只见金生伸懒腰打哈声，雨墨急念道：“大梦谁先觉，平生我自知。草堂春睡足，窗外日迟迟。”金生睁眼道：“你真聪明，都记得。好的，好的。”雨墨道：“不用给相公打脸水了，怕伤了水。叫店小二开了单来算账。”一时开上单来，共用银十四两六钱五分。雨墨道："金相公，十四两六钱五分不多罢。外赏他们小二、灶上、打杂的二两罢。"金生道："使得的，使得的。"雨墨道："金相公管保不闹虚了，京中再见罢，有事只管先请罢。"金生道："说的是，说的是，吾就先走了。"便对颜生执手告别，他拉他拉出店去了。雨墨暗道："一斤肉包的饺子，好大皮子！我打算今个扰他呢，谁知反被他扰去。"正在发笑，忽听相公呼唤。

未知如何，且听下回分解。

第三十四回 定兰谱颜生识英雄 看鱼书柳老嫌寒士

且说颜生见金生去了，便叫雨墨会账。雨墨道："银子不够了，短的不足四两呢。我算给相公听：咱们出门时共剩了二十八两有零，两天两顿早尖连零用共费了一两二三钱，昨晚吃了十四两，再加今日的十六两六钱，共合银三十一两九钱零。岂不是短了不足四两么！"颜生道："且将衣服典当几两银子，还了账目，余下的作盘费就是了。"雨墨道："刚出门两天就当当。我看除了这几件衣服，今日当了，明日还有什么！"颜生也不理他。雨墨去了多时，回来道："衣服共当了八两银子，除还饭账，下剩四两有零。"颜生道："咱们走路吧。"雨墨道："不走还等什么呢？"出了店门，雨墨自言道："轻松灵便，省得有包袱背着怪沉的。"颜生道："你不要多说了。事已如此，不过多费去些银两，有甚要紧。今晚前途任凭你的主意就是了。"雨墨道："这金相公也真真的奇怪。若说他是讴嘴吃的，怎么要了那些菜来，他连筷子也不动呢？就是爱喝好酒，也不犯上要一坛来，却又酒量不很大，一坛子喝不了一零儿，就全剩下了，白便宜了店家。就是爱吃活鱼，何不竟要活鱼呢？说他有意要冤咱们，却又素不相识，无仇无恨。饶白吃白喝，还要冤人，更无此理。小人测不出他是什么意思来。"颜生道："据我看来，他是个潇洒儒流，总有些放浪形骸之外。"

主仆二人途次闲谈，仍是打了早尖，多歇息歇息，便一直赶到宿头。雨墨便出主意道："相公，咱们今晚住小店，吃顿饭每人不过花上二钱银子，再也没的耗费了。"颜生道："依你，依你。"主仆二人竟投小店。刚刚就坐，只见小二进来道："外面有位金相公找颜相公呢。"雨墨道："很好，请进来。咱们多费上二钱银子，这个小店也没有什么出主意的了。"说话间，只见金生进来道："吾与颜兄真是三生有幸，竟会到那里就遇得着。"颜生道："实实小弟与兄台缘分不浅。"金生道："这么样罢，咱们两个结盟拜把子罢。"雨墨暗道："不好，他要出矿。"连忙上前道："金相公要与我们相公结拜，这个小店备办不出祭礼来，只好改日再拜罢。"金生道："无妨。隔壁太和店是个大店口，什么俱有，漫说是祭礼，就是酒饭回来也是那边要去。"雨墨暗暗顿足道："活该，活该。算是吃定我们爷儿们了。"金生也不唤雨墨，就叫本店的小二将隔壁太和店的小二叫来，便吩咐如何先备猪头三牲祭礼，立等要用；又如何预备上等饭，要鲜汆活鱼；又如何搭一坛女贞陈绍，仍是按前两次一样。雨墨在旁唯有听着而已。又看见颜生与金生说说笑笑，真如异姓兄弟一般，毫不介意。雨墨暗道："我们相公真是书呆子，看明早这个饥荒怎么打算。"不多时，三牲祭礼齐备，序齿烧香。谁知颜生比金生大两岁，理应先焚香。雨墨暗道："这个定了，把弟吃准了把兄咧！"无奈何，在旁服侍。结拜完了，焚化钱粮后，便是颜生在上首坐了，金生在下面相陪。你称仁兄，我称贤弟，更觉亲热。雨墨在旁听着好不耐烦。少时，酒至菜来，无非还是前两次的光景。雨墨也不多言，只等二人吃完，他便在外盘膝坐下道："吃也是如此，不吃也是如此，且自乐一会儿是一会儿。"便叫："小二，你把那酒抬过来。我有个主意，你把太和店的小二也叫了来，有的是酒，有的是菜，咱们大伙儿同吃，算是我一点敬意儿。你说好不好？"小二闻听，乐不可言，连忙把那边的小二叫了来。二人一壁服侍着雨墨，一壁跟着吃喝，雨墨倒觉得畅快。吃喝完了，仍然进来等着移出灯来，也就睡了。

到了次日，颜生出来净面。雨墨悄悄道："相公昨晚不该与金相公结义。不知道他家乡住处，知道他是什么人？倘若要是个篾片，相公的名头不坏了么！"颜生忙喝道："你这奴才，休得胡说！我看金相公行止奇异，谈吐豪侠，绝不是那流人物。既已结拜，便是患难相扶的弟兄了。你何敢在此多言！别的罢了，这是你说的吗？"雨墨道："非是小人多言，别的罢了，回来店里的酒饭银两，又当怎么样呢？"刚说至此，只见金生掀帘出来。雨墨忙迎上来道："金相公，怎么今日伸了懒腰还没有念诗就起来呢？"金生笑道："吾要念了你念什么？原是留着你念的，不想你也误了，竟把诗句两耽搁了。"说罢，便叫："小二，开了单来吾看。"雨墨暗道："不好，他要起翅。"只见小二开了单来，上面写着连祭礼共用银十八两三钱。雨墨递给金生，金生看了道："不多，不多，也赏他二两。这边店里没用什么，赏他一两罢。"说完便对颜生道："仁兄吓……"旁边雨墨吃这一惊不小，暗道："不好，他要说'不闹虚了'，这二十多两银子又往那里算去？"谁知金生今日却不说此句，他却问颜生道："仁兄吓，你这上京投亲，就是这个样子，难道令亲那里就不憎嫌吗？"颜生叹气道："此事原是奉母命前来，愚兄却不愿意。况我姑父姑母又是多年不通音信的，恐到那里未免要费些唇舌呢。"金生道："须要打算打算方好。"雨墨暗道："真关心吓，结了盟就是另一个样儿了。"

正想着，只见外面走进一个人来。雨墨才待要问找谁的，话未说出，那人便与金生磕头，道："家老爷打发小人前来，恐爷路上缺少盘费，特送四百两银子叫老爷将就用罢。"此时颜生听得明白，见来人身量高大，头戴鹰翅大帽，身穿皂布短袍，腰束皮鞓带，足下登一双大曳拔靸鞋，手里还提着个马鞭子。只听金生道："吾行路焉用许多银两？既承你家老爷好意，也罢，留下二百两银子，下剩仍然拿回去，替吾道谢。"那人听了，放下马鞭子，从褡裢叉子里一封一封掏出四封，摆在桌上。金生便打开一包，拿了两个锞子递与那人道："难为你大远的来，赏你喝茶吧。"那人又趴在地下磕了个头，提了褡裢、马鞭子才要走时，忽听金生道：“你且慢着，你骑了牲口来了吗？”那人道：“是。”金生道：“很好，索性一客不烦二主，吾还要烦你辛苦一趟。”那人道：“不知爷有何差遣？”金生便对颜生道：“仁兄，兴隆镇的当票子放在哪里？”颜生暗想道：“我当衣服，他怎么知道了？”便问雨墨。雨墨此时看得都呆了，心中纳闷道：“这么个金相公，怎么会有人给他送银子来呢？果然我们相公眼力不差，从今我到长了多番见识。”正在呆想，忽听颜生问他当票子，他便从腰间掏出一个包儿来，连票子和那剩下的四两多银子俱搁在一处递将过来。金生将票子接在手中，又拿了两个锞子对那人道：“你拿此票到兴隆镇，把他赎回来。除了本利，下剩的你作盘费就是了。你将这个褡裢子放在这里，回来再拿。吾还告诉你，你回时不必到这里了，就在隔壁太和店，吾在那里等你。”那人连连答应，竟拿了马鞭子出店去了。

金生又重新拿了两锭银子，叫雨墨道：“你这两天多有辛苦，这银子赏你罢。吾可不是箧片了？”雨墨哪里还敢言语呢，只得也磕头谢了。金生对颜生道：“仁兄呀，咱们上那边店里去吧。”颜生道：“但凭贤弟。”金生便叫雨墨抱着桌子上的银子。雨墨又腾出手来，还要提那褡裢。金生在旁道：“你还拿那个？你不傻了么！你拿得动吗吗？叫这店小二拿着，跟咱们送过那边去呀。你都聪明，怎么此时又不聪明了？”说的雨墨也笑了。便叫了小二拿了褡裢，主仆一同出了小店，来到太和店，真正宽阔。雨墨也不用说，竟奔上房而来，先将抱着的银子放在桌上，又接了小二拿的褡裢。颜生与金生在迎门两边椅子上坐了，这边小二殷勤泡了茶来。金生便出主意，与颜生买马，治簇新的衣服靴帽，全是使他的银子。颜生也不谦让。到了晚间，那人回来，将当交明，提了褡裢去了。这一天，吃饭饮酒也不像先前那样，止于拣可吃的要来，吃剩的不过将够雨墨吃的。

到了次日，这二百两银子除了赏项、买马、赎当、治衣服等，并会了饭账，共费去银八九十两，下仍有一百多两，金生便都赠了颜生。颜生哪里肯受。金生道：“仁兄只管拿去，吾路上自有相知应付吾的盘费，吾是不用银子的。还是吾先走，咱们京都再会罢。”说罢执手告别，他拉他拉出店去了。颜生倒觉得依恋不舍，眼巴巴地真真的目送出店。此时雨墨精神百倍，装束行囊，将银两收藏严密，止于将剩的四两有余带在腰间。叫小二把行李搭在马上，扣备停当，请相公骑马，登时阔起来了。雨墨又把雨衣包了个小包袱背在肩头，以防天气不测。颜生也给他雇了一头驴，沿路盘脚。

一日来至祥符县，竟奔双星桥而来。到了双星桥，略问一问，柳家人人皆知，指引门户。主仆来到门前一看，果然气象不凡，是个殷实人家。原来颜生的姑父名叫柳洪，务农为业，为人固执，有个悭吝毛病，处处好打算盘，是个顾财不顾亲的人。他与颜老爷虽是郎舅，却有些水火不同炉。只因颜老爷是个堂堂的县尹，以为将来必有发迹，故将自己的女儿柳金蝉自幼儿就许配了颜查散。不意后来颜老爷病故，送了信来，他就有些后悔，还关碍着颜氏安人，不好意思。谁知三年前，颜氏安人又一病呜呼了。他就决意的要断了这门亲事,因此连信息也不通了。他却又续娶冯氏,又是个面善心毒之人,幸喜他很疼爱小姐。他疼爱小姐又有他的一番意思,只因员外柳洪每每提起颜生,便嗐声叹气,说当初不该定这门亲事,已露出有退婚之意,冯氏便暗怀着鬼胎。因他有个侄儿名唤冯君衡,与金蝉小姐年纪相仿。他打算着把自己的侄儿作为养老的女婿,就是将来柳洪亡后,这一份家私也逃不出冯家之手。因此他却疼爱小姐,又叫侄儿冯君衡时常在员外跟前献些殷勤。员外虽则喜欢,无奈冯君衡的相貌不扬,又是一个白丁,因此柳洪总未露出口吻来。

一日,柳洪正在书房,偶然想起女儿金蝉,年已及岁,颜生那里杳无音信,闻得他家道艰窘,难以度日,唯恐女儿过去受罪,怎么想个法子退了此亲方好。正在烦思,忽见家人进来禀道:"武进县的颜姑爷来了。"柳洪听了,吃了一惊不小,登时就会没了主意。半天说道:"你就回复他,说我不在家。"那家人刚刚回身,他又叫住问道:"是什么形象来的?"家人道:"穿着鲜明的衣服,骑着高头大马,带着书童,甚是齐整。"柳洪暗道:"颜生必是发了财了,特来就亲。幸亏细心一问,险些儿误了大事。"忙叫家人快请,自己也就迎了出来。只见颜生穿着簇新大衫,又搭着俊俏的容貌,后面又跟着个伶俐小童,拉着一匹润白大马,不由得心中羡慕,连忙上前相见。颜生即以子侄之礼参拜,柳洪哪里肯受,谦让至再至三才受半礼。彼此就座,叙了寒暄。家人献茶已毕,颜生便渐渐地说道家业零落,特奉母命投亲,在此攻书,预备明年考试,并有家母亲笔书信一封。说话之间,雨墨已将书信拿出来交与颜生。颜生呈与柳洪,又奉了一揖。此时柳洪却把那黑脸面放下来,不是先前那等欢喜。无奈何将书信拆阅已毕,更觉烦了,便吩咐家人,将颜相公送至花园幽斋居住。颜生还要拜见姑母,老狗才道:"拙妻这几日有些不爽快,改日再见。"颜生看此光景,只得跟随家人上花园去了。幸亏金生打算,替颜生治办衣服马匹,不然老狗才绝不肯纳,可见金生奇异。

特不知柳洪是何主意,且听下回分解。

第三十五回　柳老赖婚狼心难测　冯生联句狗屁不通

话说柳洪便袖了书信来到后面,忧容满面。冯氏问道:"员外为着何事如此的烦闷?"柳洪便将颜生投亲的缘由说了一遍。冯氏初时听了也是一怔,后来便假意欢喜,给员外道喜,说道:"此乃一件好事,员外该当做的。"柳洪闻听,不由得怒道:"什么好事!你往日明白,今日糊涂了。你且看书信,他上面写着,叫他在此读书,等到明年考试。这个用度须耗费多少?再者,若中了,还有许多的应酬;若不中,就叫我这里完婚。过一月后,叫我这里将他小两口儿送往武进县去。你白打算打算,这注财要耗费多少银子？归齐我落个人财两空。你如何还说做得呢？这不岂有此理么！”冯氏趁机便探柳洪的口气道：“若依员外，此事便怎么样呢？”柳洪道：“也没有什么主意，不过是想把婚姻退了，另找个财主女婿，省得女儿过去受罪，也免得我将来受累。”冯氏见柳洪吐出退婚的话来，他便随机应变，冒出坏包来了。对柳洪道：“员外既有此心，暂且将颜生在幽斋冷落几天。我保不出十日，管叫他自己退婚，叫他自去之计。”柳洪听了喜道：“安人果能如此，方去我心头大病。”

两个人在屋中计议，不妨跟小姐的乳母田氏从窗外经过，这些话一一俱各听了去了。他急急地奔到后楼，来到香闺，见了小姐一五一十俱各说了，便道：“小姐不可为俗礼所拘，仍作闺门之态。一来解救颜姑爷，二来并救颜老母。此事关系匪浅，不可因小节而坏大事，小姐早早拿个主意。”小姐道：“总是我那亲娘去世，叫我向谁申诉呢？”田氏道：“我倒有个主意。他们商议原不出十天，咱们就在这三五日内，小姐与颜相公不论夫妻，仍论兄妹，写一字柬，叫绣红约他在内书房夜间相会。将原委告诉明白了颜相公，小姐将私蓄赠些与他，叫他另寻安身之处。俟科考后功名成就，那时再来就亲，大约员外无有不允之理。”小姐闻听，尚然不肯。还是田氏与绣红百般开导解劝，小姐无奈才应允了。

大凡为人各有私念。似乳母、丫鬟这一番私念，原是为顾惜颜生，疼爱小姐，是一片好心。这个私念，理应如此。竟有一等人，无故一心私念，闹的他自己亡魂失魄，仿佛热地蚂蚁一般，行踪无定，居止不安。就是冯君衡这小子，自从听见他姑妈有意将金蝉小姐许配于他，他便每日跑破了门，不时地往来。若遇见员外，他便卑躬下气，假作斯文。那一宗胁肩谄笑，便叫人宁耐不得。员外看了，总不大合心。若是员外不在跟前，他便合他姑妈讪皮讪脸，百般的央告，甚至于屈膝，只要求冯氏早晚在员外跟前玉成其事。偏偏的有一日，凑巧恰值金蝉小姐给冯氏问安。娘儿两个正在闲谈，这小子他就一步儿跑进来了。小姐躲闪不及，冯氏便道：“你们是表兄妹，皆是骨肉，是见得的，彼此见了。”小姐无奈，把袖子福了一福。他便作下一揖去，半天直不起腰来。那一双贼眼，直勾勾地瞧着小姐。旁边绣红看不上眼，拥簇着小姐回绣阁去了。他就呆了半晌。他这一瞧，直不是人，瞧人没有那么瞧的。往往书上多有眉目传情，又云眉来眼去，仔细想来，这个眉毛竟无用处。眼睛为的是瞧，眉毛跟在里头可搅什么呢？不是这么说嘛，要是没有他真砢碜。就犹如笑话上说的嘴合鼻说话：“哈，老鼻呀，你有什么本事，竟敢居在我的上头呢？”鼻子答道：“你若不亏我闻见，你如何分的出香臭来呢？”鼻子又合眼睛说话：“哈，老眼呀，你有什么本事，竟敢居在我的上头呢？”眼睛答道：“你若不亏我瞧见，你如何知道好歹呢？”眼睛又合眉毛说话：“哈，老眉呀，你有什么本事，竟敢居在我的上头呢？”眉毛答道：“我原没有什么本事，不过是你的配搭儿。你若不愿意在你上头，我就挪在你的底下去，看你得样儿不得样儿。”冯君衡他这一瞧，真是把眉毛错安了位了。自那一天见了小姐之后，他便谋求得狠了，恨不得立刻到手，天天来至柳家探望。

这一天刚进门来，见院内拴着一匹白马，便问家人道：“此马从何而来？”家人回道:“是武进县颜姑爷骑来的。”他一闻此言,就犹如平空的打了个焦雷,只惊得目瞪痴呆,魂飞天外,半晌方透过一口气来。暗想:“此事却怎么处?”只得来到书房,见了柳洪。见员外愁眉不展,他知道必是为此事发愁:“想来颜生必然穷苦至甚,我何不见他,看看他倒是怎么的光景。如若真不像样,就当面奚落他一场,也出了我胸中恶气。”想罢,便对柳洪言明要见颜生。柳洪无奈,只得将他带入幽斋。他原打算奚落一场,谁知见了颜生,不但衣冠鲜明,而且相貌俊美,谈吐风雅,反觉得踢蹐不安,自惭形秽,竟自无地可容,连一句整话也说不出来。柳洪在旁观瞧,也觉得妍媸自分,暗道:“据颜生相貌才情,堪配吾女。可惜他家道贫寒,是一宗大病。”又看冯君衡,耸肩缩背,挤眉弄眼,竟不知如何是好。柳洪倒觉不好意思,搭讪着道:“你二人在此攀话,我料理我的事去了。”说罢就走开了。冯君衡见柳洪去后,他便抓头不是尾,险些儿没急出毛病来。略坐一坐,便回书房去了。一进门来,自己便对穿衣镜一照,自己叫道:“冯君衡吓,冯君衡,你瞧瞧人家是怎么长来着,你是怎么长来着!我也不怨别的,怨只怨我那爷娘,既要好儿子,为何不下上点好好的工夫呢?教导教导,调理调理,真是好好儿的,也不至于见了人说不出话来。”自己怨恨一番,忽又想道:“颜生也是一个人,我也是一个人,我又何必怕他呢?这不是我自损志气吗?明日倒要乍着胆子与他盘桓盘桓,看是如何。”想罢,就在书房睡了。

到了次日,吃毕早饭,依然犹疑了半天,后来发了一个狠儿,便上幽斋而来。见了颜生,彼此坐了。冯君衡便问道:“请问你老高寿?”颜生道:“念有二岁。”冯君衡听了不明白,便“念”呀“念”的尽着念。颜生便在桌上写出来。冯君衡见了道:“哦,敢则是单写的二十呀。若是这么说,我敢则是念了。”颜生道:“冯兄尊齿二十了吗?”冯君衡道:“我的牙却是二十八个,连槽牙。我的岁数却是二十。”颜生笑道:“尊齿便是岁数。”冯君衡便知是自己答应错了,便道:“颜大哥,我是个粗人,你和我总别闹文。”颜生又问道:“冯兄在家作何功课?”冯君衡却明白“功课”二字,便道:“我家也有个先生,可不是瞎子,也是睁眼儿先生。他教给我做什么诗,五个字一句,说四句是一首。还有什么韵不韵的,我那里弄得上来呢?后来做惯了,觉得顺溜了,就只能作半截儿,任凭怎么使劲儿,再也作不下去了。有一遭儿,先生出了个‘鹅群’叫我作。我如何作的下去呢?好容易作了半截儿。”颜生道:“可还记得吗?”冯君衡道:“记得的很呢。我好容易作的,焉有不记得呢。我记得是:‘远看一群鹅,见人就下河。’”颜生道:“底下呢?”冯君衡道:“说过就做半截儿,如何能够满作了呢?”颜生道:“待我与你续上半截如何?”冯君衡道:“哪敢则好。”颜生道:“白毛分绿水,红掌荡清波。”冯君衡道:“似乎是好,念着怪有个听头儿的。还有一遭,因我们书房院子里有棵枇杷,先生以此为题。我做的是:‘一棵枇杷树,两个大楼桠。’”颜生道:“我也与你续上罢:未结黄金果,先开白玉花。”

冯君衡见颜生又续上了,他却不讲诗,便道:“我最爱对对子。怎么缘故呢?作诗须得论平仄押韵,对对子就平空的想出来。若有上句,按着那边字儿一对就得了。颜大哥，你出个对子我对。”颜生暗道：“今日重阳，而且风鸣树吼。”便写了一联道：“九日重阳风落叶。”冯君衡看了半天，猛然想起，对道：“八月中秋月照台。颜大哥，你看我对的如何？你再出个我对。”颜生见他无甚行止，便写一联道：“立品修身，谁能效子游子夏。”冯君衡按着字儿扣了一会，便对道：“交朋结友，我敢比刘六刘七。”颜生便又写了一联，却是明褒暗贬之意。冯君衡接来一看，写的是：“三坟五典，你乃百宝箱。”便又想了对道：“一转两晃，我是万花筒。”他又磨着颜生出对。颜生实在不耐烦了，便道：“愿安承教你无门。”这明是说他请教不得其门。冯君衡他却呆想，忽然笑道：“可对上了。”便道：“不敢从命我有窗。”

他见颜生手中摇着扇子，上面有字，便道：“颜大哥，我瞧瞧扇子。”颜生递过来，他就连声夸道：“好字，好字，真写了个龙争虎斗。”又翻着那面，却是素纸，连声可惜道：“这一面如何不画上几个人儿呢？颜大哥，你瞧我的扇子却是画了一面，那一面却没有字，求颜大哥的大笔写上几个字儿罢。”颜生道：“我那扇子是相好朋友写了送我的，现有双款为证，不敢虚言。我那拙笔焉能奉命，唯恐有污尊摇。”冯君衡道：“说了不闹文么，什么‘尊摇’不‘尊摇’的呢！我那扇子也是朋友送我的，如今再求颜大哥一写，更成全起来了。颜大哥，你看看那画的神情儿颇好。”颜生一看，见有一只船，上面有一妇人摇桨，旁边跪着一个小伙拉着桨绳。冯君衡又道：“颜大哥，你看那边岸上，那一人拿着千里眼镜儿，哈着腰儿瞧的神情儿，真是活的一般。”颜生便问道：“这是什么名色？”冯君衡道：“怎么，颜大哥连‘次姑咙咚呛’也不知道吗？”颜生道：“这话我不明白。”冯君衡道：“本名儿就叫荡湖船。千万求颜大哥把那面与我写了。我先拿了颜大哥扇子去，俟写得时再换。”颜生无奈，将他的扇子插入笔筒之内。

冯君衡告辞转身，回了书房，暗暗想道：“颜生他将我两次诗不用思想开口就续上了，他的学问哪，比我强多咧。而且相貌又好，他若在此了呵，只怕我那表妹被他夺了去。这便如何是好呢？”他也不想想，人家原是许过的，他却是要图谋人家的，可见这恶贼利欲熏心，什么天理全不顾了。他便思前想后，总要把颜生害了才合心意。翻来覆去，一夜不曾合眼，再也想不出计策来。到了次日，吃毕早饭，又往花园而来。

不知后文如何，且听下回分解。

第三十六回　园内赠金丫鬟丧命　厅前盗尸恶仆忘恩

且说冯君衡来至花园，忽见迎头来了个女子，仔细看时，却是绣红，心中陡然疑惑起来，便问道：“你到花园来做什么？”绣红道：“小姐派我来掐花儿。”冯君衡道：

"掐的花儿在哪里?"绣红道:"我到那边看了,花儿尚未开呢,因此空手回来。你查问我做什么?这是柳家花园,又不是你们冯家的花园,用你多管闲事!好没来由呀。"说罢扬长去了。气的个冯君衡直瞪瞪的一双贼眼,再也对答不出来。心中更加疑惑,急忙奔至幽斋。偏偏雨墨又进内烹茶去了,见颜生拿着个字帖儿,正要开看。猛抬头见了冯君衡,连忙让座,顺手将字帖儿掖在书内,彼此闲谈。冯君衡道:"颜大哥可有什么浅近的诗书借给我看看呢?"颜生因他借书,便立起身来,向书架上找书去了。冯君衡便留神,见方才掖在书内字帖儿露着个纸角儿,他便轻轻抽出,暗盗在袖里。及至颜生找了书来,急忙接过,执手告别,回转书房而来。

进了书房,将书放下,便从袖中掏出字儿一看,只吓得惊疑不止,暗道:"这还了得,险些儿坏了大事!"原来此字正是前次乳母与小姐商议的,定于今晚二鼓,在内角门相会,私赠银两,偏偏的被冯贼偷了来了。他便暗暗想道:"今晚他们若相会了,小姐一定身许颜生,我的姻缘岂不付之流水!这便如何是好?"忽又转念一想道:"无妨,无妨。如今字儿既落吾手,大约颜生恐我识破,他绝不敢前去。我何不于二鼓时假冒颜生,倘能到手,岂不仍是我的姻缘。即便露出马脚,他若不依,就拿着此字作个见证。就是姑爷知道,也是他开门揖盗,却也不能奈何于我。"心中越想此计越妙,不由得满心欢喜,恨不得立刻就交二鼓。

且说金蝉小姐虽则叫绣红寄柬与颜生,他便暗暗打点了私蓄银两并首饰衣服,到了临期,却派了绣红持了包袱银两去赠颜生。田氏在旁劝道:"何不小姐亲身一往?"小姐道:"此事已是越礼之举,再要亲身前去,更失了闺阁体统。我是断断不肯去的。"绣红无奈,提了包袱银两,刚来到角门以外,见个人伛偻而来,细看行色不是颜生,便问道:"你是谁?"只听那人道:"我是颜生。"细听语音却不对。忽见那人向前就要动手,绣红见不是势头,才嚷道"有贼"二字,冯君衡着忙,急伸手,本欲蒙嘴,不意蠢夫使的力莽,丫鬟人小软弱,往后仰面便倒。恶贼收手不及,扑跌在丫鬟身上,以至手按在绣红喉间一挤。及至强徒起来,丫鬟已气绝身亡,将包袱银两抛于地上。冯贼见丫鬟已死,急忙提了包袱,捡起银两包儿来,竟回书房去了。将颜生的扇子并字帖儿留于一旁。小姐与乳母在楼上提心吊胆,等绣红不见回来,好生着急。乳母便要到角门一看。谁知此时走更之人见丫鬟倒毙在角门之外,早已禀知员外、安人了。乳母听了此信,魂飞天外,回转绣阁给小姐送信。只见灯笼火把,仆夫、丫鬟同定员外、安人竟奔内角门而来。柳洪将灯一照,果是小绣红。见他旁边撂着一把扇子,又见那边地上有个字帖儿,连忙俱各捡起。打开扇子,却是颜生的,心中已然不悦。又将字帖儿一看,登时气冲牛斗。也不言语,竟奔小姐的绣阁。冯氏不知是何缘故,便随在后面。

柳洪见了小姐说:"干的好事!"将字帖儿就当面掷去。小姐此时已知绣红已死,又见爹爹如此,真是万箭攒心,一时难以分辨,唯有痛哭而已。亏得冯氏赶到,见此光景,忙将字帖儿拾起看了一遍,说道:"原来为着此事。员外你好糊涂,焉知不是绣红那丫头干的鬼呢?他素来笔迹原与女儿一样,女儿现在未出绣阁,他却死在角门以外,你如何不分皂白就埋怨女儿来呢?只是这颜姑爷,既已得了财物,为何又将丫鬟掐死呢?竟自不知是什么意思。”一句话提醒了柳洪,便把一天愁恨俱搁在颜生身上。他就连忙写一张呈子,说颜生无故杀害丫鬟,并不提私赠银两之事,唯恐与自己名声不好听,便把颜生送往祥符县内。可怜颜生睡在梦里,连个影儿也不知。幸喜雨墨机灵,暗暗打听明白,告诉了颜生。颜生听了,他便立了个百折不回的主意。且说冯氏安慰小姐,叫乳母好生看顾,他便回至后边,将计就计,在柳洪跟前竭力撺掇,务将颜生置之死地,恰恰又暗合柳洪之心。柳洪等候县尹来相验了,绣红实是扣喉而死,并无别的情形。柳洪便咬定牙说是颜生谋害的,总要颜生抵命。

县尹回至衙门,立刻升堂,将颜生带上堂来。仔细一看,却是个懦弱书生,不像那杀人的凶手,便有怜惜他的意思,问道:“颜查散,你为何谋害绣红,从实招上来。”颜生禀道:“只因绣红素来不服呼唤,屡屡逆命。昨又因他口出不逊,一时气愤难当,将他赶至后角门。不想刚刚扣喉,他就倒毙而亡。这也是前世冤缠,做了今生的孽报。望祈老父母早早定案,犯人再也无怨的了。”说罢向上叩头。县宰见他满口应承,毫无推诿,而且情甘认罪,绝无异词,不由心下为难。暗暗思忖道:“看此光景,绝非行凶行恶之人。难道他素有疯癫不成?或者其中别有情节,碍难吐露,他情愿就死亦未可知。此事本县倒要细细访查,再行定案。”想罢,吩咐将颜生带下去寄监。县官退入后堂,自然另有一番思索。你道颜生为何情甘认罪?只因他怜念小姐一番好心,不料自己粗心失去字帖儿,致令绣红遭此惨祸,已然对不过小姐了;若再当堂和盘托出,岂不败坏了小姐名节呢?莫若自己应承,省得小姐出头露面,有伤闺门的风范。这便是颜生的一番衷曲,他却哪里知道暗中苦了一个雨墨呢。

且说雨墨从相公被人拿去之后,他便暗暗揣了银两,赶赴县前,悄悄打听。听说相公满口应承,当堂全认了,只吓得他胆裂魂飞,泪流满面。后来见颜生入监,他便上前苦苦哀求禁子,并言有薄敬奉上。禁子与牢头相商明白,容他在内服侍相公。雨墨便将银子交付了牢头,嘱托一切俱要看顾。牢头见了白花花一包银子,满心欢喜,满口应承。雨墨见了颜生,又痛哭,又是抱怨说:“相公不该应承了此事。”见颜生微微含笑,毫不介意,雨墨竟自不知是何缘故。

谁知此时柳洪那里俱各知道颜生当堂招认了,老贼乐的满心欢喜,仿佛去了一块大病的一般。苦只苦了金蝉小姐,一闻此言,只道颜生绝无生理。仔细想来,全是自己将他害了。“他既无命,我岂独生?莫若以死相酬。”将乳母支出去烹茶,他便倚了绣阁,投缳自尽身亡。及至乳母端了茶来,见门户关闭,就知不好,便高声呼唤,也不见应。再从门缝看时,见小姐高高地悬起,只吓得他骨软筋酥,踉踉跄跄报与员外安人。

柳洪一闻此言,也就顾不得了,先带领家人奔到楼上,打开绣户,上前便把小姐抱住,家人忙上前解了罗帕。此时冯氏已然赶到。夫妻二人打量还可以解救,谁知香魂已渺，不由得痛哭起来。更加着冯氏数数落落，一壁里哭小姐，一壁里骂柳洪道："都是你这老乌龟，老杀才，不分青红皂白，生生儿的要了你的女儿命了。那一个刚刚送县，这一个就上了吊了。这个名声传扬出去才好听呢！"柳洪听了此言，咯噔地把泪收住道："幸亏你提拔我，似此事如何办理？哭是小事，且先想个主意要紧。"冯氏道："还有别的什么主意吗？只好说小姐得了个暴病，有些不妥。先着人悄悄抬个棺材来，算是预备后事，与小姐冲冲喜。却暗暗的将小姐盛殓了，浮厝在花园敞厅上。候过了三朝五日，便说小姐因病身亡，也就遮了外面的耳目，也省得人家谈论了。"柳洪听了，再也想不出别的高主意，只好依计而行。便嘱咐家人搭棺材去，倘有人问，就说小姐得病甚重，为的是冲冲喜。家人领命。去不多时，便搭了来了，悄悄抬至后楼。此时冯氏与乳母已将小姐穿戴齐备，所有小姐素日惜爱的簪环、首饰、衣服俱各盛殓了。且不下销，便叫家人等暗暗抬至花园敞厅停放。员外、安人又不敢放声大哭，唯有呜呜悲泣而已。停放已毕，唯恐有人看见，便将花园门倒锁起来。所有家人，每人赏了四两银子，以压口舌。

谁知家人之中，有一人姓牛名唤驴子。他爹爹牛三，原是柳家的老仆。只因双目失明，柳洪念他出力多年，便在花园后门外盖了三间草房，叫他与他儿子并媳妇马氏一同居住，又可以看守花园。这日，牛驴子拿了四两银子回来，马氏问道："此银从何而来？"驴子便将小姐自尽，并员外、安人定计，暂且停放花园敞厅，并未下销的情由说了一遍，"这四两银子便是员外赏的，叫我们严密此事，不可声张。"说罢，又言小姐的盛殓的东西实在的是不少，什么凤头钗，又是什么珍珠花、翡翠环，这个那个说了一套。马氏闻听，便觉垂涎道："可惜了儿的这些好东西。你就是没有胆子，你若有胆量，到了夜间，只隔着一段墙，偷偷儿的进去……"刚说至此，只听那屋牛三道："媳妇，你说的这是什么话。咱家员外遭了此事，已是不幸，人人听见该当叹息，替他难受。怎么你还要就热窝儿去偷盗尸首的东西？人要天理良心，看昭彰报应要紧。驴儿呀驴儿，此事是断断做不得的。"老头儿说罢，恨恨不已。谁知牛三刚说话时，驴子便对着他女人摆手儿，后来又听见叫他不可做此事，驴子便赌气子道："我知道，他不过是那么说，那里我就做了呢？"说着话，便打手势叫他女人预备饭，自己便打酒去。少时酒也有了，菜也得了。且不打发牛三吃，自己便先喝酒。女人一壁服侍，一壁跟着吃，却不言语，尽打手势。到吃喝完了，两口子便将家伙归着起来。驴子便在院内找了一把板斧掖在腰间，等到将有二鼓，他直奔到花园后门，拣了个地势高耸之处，扳住墙头，纵将上去，他便往里一跳，直奔敞厅而来。

未知如何，且听下回分解。

第三十七回　小姐还魂牛儿遭报　幼童侍主侠士挥金

且说牛驴子于起更时来至花园，扳住墙头纵身上去，他便往里一跳，只听扑扑通一声，自己把自己倒吓了一跳。但见树林中透出月色，满园中花影摇曳，仿佛都是人影儿一般。毛手毛脚，贼头贼脑，他却认得路径，一直竟奔敞厅而来。见棺材停放中间，猛然想起小姐入殓之时形景，不觉从脊梁骨上一阵发麻灌海，登时头发根根倒竖，害起怕来，又连打了几个寒噤。暗暗说："不好，我别要不得。"身子觉软，就坐在敞厅栏杆踏板之上，略定了定神，回手拔出板斧，心里想道："我此来原为发财，这一上去，打开棺盖，财帛便可到手，你却怕他怎的？这总是自己心虚之过。漫说无鬼，就是有鬼，也不过是闺中弱女，有什么大本事呢？"想至此，不觉得雄心陡起，提了板斧便来到敞厅之上。对了棺木，一时天良难昧，便双膝跪倒，暗暗祝道："牛驴子实在是个苦小子，今日暂借小姐的簪环衣服一用，日后充足了，我再多多的给小姐烧些纸锞罢。"祝毕起来，将板斧放下，只用双手从前面托住棺盖，尽力往上一起，那棺盖就离了位了。他便往左边一跨，又绕到后边，也是用双手托住，往上一起，他却往右边一跨，那材盖便横斜在材上。才要动手，忽听"嗳哟"一声，便吓得他把脖子一缩，跑下厅来，格嗒嗒一个整颤，半晌还不过气来。又见小姐挣扎起来，口中说道："多承公公指引。"便不言语了。

驴子喘息了喘息，想道："小姐他会还了魂了？"又一转念："他纵然还魂，正在气息微弱之时，我这上去将他掐住咽喉，他依然是死。我照旧发财，有何不可呢？"想至此，又煞神附体，立起身来，从老远地就将两手比着要掐的式样。尚未来到敞厅，忽有一物飞来，正打在左手之上。驴子又不敢嗳哟，只疼得他咬着牙摔着手，在厅下打转。只见从太湖石后来了一人，身穿夜行衣服，竟奔驴子而来。瞧着不好，刚刚要跑，已被那人一个箭步赶上，就是一脚，驴子便跌倒在地，口中叫道："爷爷饶命！"那人便将驴子按在地上，用刀一晃道："我且问你，棺木内死的是谁？"驴子道："是我家小姐，昨日吊死的。"那人吃惊道："你家小姐如何吊死呢？"驴子道："只因颜生当堂招认了，我家小姐就吊死了，不知是什么缘故。只求爷爷饶命！"那人道："你初念贪财，还可饶恕，后来又生害人之心，便是可杀不可留了。"说到"可杀"二字，刀已落将下来，登时，驴子入了汤锅了。

你道此人是谁？他便是改名金懋叔的白玉堂。自从赠了颜生银两之后，他便先到祥符县，将柳洪打听明白，已知道此人悭吝，必然嫌贫爱富。后来打听颜生到此甚是相安，正在欢喜，忽听得颜生被祥符县拿去，甚觉诧异，故此夤夜到此，打听个水落石出。已知颜生负屈含冤，并不知小姐又有自缢之事。适才问了驴子方才明白,即将驴子杀了。又见小姐还魂,本欲上前搀扶,又要避盟嫂之嫌疑,猛然心生一计:“我何不如此如此呢?”想罢,便高声嚷道:“你们小姐还了魂了!快来救人吓!”又向那角门上膛的一脚,连门带框俱各歪在一边。他却飞身上房,竟奔柳洪住房去了。

且说巡更之人原是四个,前后半夜倒换。这前半夜的二人正在巡更,猛听得有人说小姐还魂之事,又听得哓嚓一声响亮,二人吓了一跳。连忙顺着声音打着灯笼一照,见花园角门连门框俱各歪在一边。二人乍着胆子进了花园,趁着月色先往敞厅上一看,见棺材盖横在材上。连忙过去细看,见小姐坐在棺内,闭着双睛,口内尚在咕哝。二人见了悄悄说道:“谁说不是活了呢?快报员外、安人去。”刚刚回身,只见那边有一块黑乎乎的,不知是什么,打过灯笼一照,却是一个人。内中有个眼尖的道:“伙计,这不是牛驴子吗?他如何躺在这里呢?难道昨日停放之后把他落在这里了?”又听那人道:“这是什么,稀泞地踩了我一脚。啊呀,怎么他脖子上有个口子呢?敢则是被人杀了。快快报与员外,说小姐还魂了。”柳洪听了,即刻叫开角门。冯氏也连忙起来,唤齐仆妇丫鬟,俱往花园而来。谁知乳母田氏一闻此言,预先跑来扶着小姐呼唤。只听小姐咕哝道:“多承公公指引,叫奴家何以报答?”柳洪、冯氏见小姐果然活了,不胜欢喜。大家搀扶出来,田氏转身背负着小姐,仆妇帮扶,左右尾随,一直来到绣阁。安放妥协,又灌姜汤,少许渐渐地苏醒过来。容小姐静一静,定定神,止于乳母田氏与安人小丫鬟等在左右看顾,柳洪就慢慢地下楼去了。只见更夫仍在楼门之外伺候,柳洪便道:“你二人还不巡更,在此作甚?”二人道:“等着员外回话,还有一宗事呢!”柳洪道:“还有什么事呢?不是要讨赏吗?”二人道:“讨赏忙什么呢,咱们花园躺着一个死人呢!”柳洪闻听大惊道:“如何有死人呢?”二人道:“员外随我们看看就知道了,不是生人,却是个熟人。”

柳洪跟定更夫进了花园,来至敞厅,更夫举起灯笼照着,柳洪见满地是血,战战兢兢看了多时,道:“这不是牛驴子吗?他如何被人杀了呢?”又见棺盖横着,旁边又有一把板斧,猛然省悟道:“别是他前来开棺盗尸罢?如何棺盖横过来呢?”更夫说道:“员外爷想得不错,只是他被何人杀死呢?难道他见小姐活了,他自己抹了脖子?”柳洪无奈,只得派人看守,准备报官相验。先叫人找了地保来,告诉他此事。地保道:“日前掐死了一个丫鬟尚未结案,如今又杀了一个家人,所有这些喜庆事情全出在尊府。此事就说不得了,只好员外爷辛苦辛苦同我走一趟。”柳洪知道是故意的拿捏,只得进内取些银两给他们就完了。不料来至套间屋内见银柜的锁头落地,柜盖已开,这一惊非同小可。连忙查对,散碎银两俱各未动,单单整封银两短了十封,心内这一阵难受,又不是疼,又不是痒,竟不知如何是好。发了会子怔,叫丫鬟去请安人。一面平了一两六钱有零的银,算是二两,央求地保呈报。地保得了银子,自己去了。

柳洪急回身来至屋内,不觉泪下。冯氏便问:“叫我有什么事?女儿活了,应该喜欢,为何反倒哭起来了呢?莫不成牛驴子死了,你心疼他吗?”柳洪道:“那盗尸贼，我心疼他做什么！”冯氏道：“既不为此，你哭什么？”柳洪便将银子失去十封的话说了一遍，“因为心疼银子，不觉泪流。这如今意欲报官，故此请你来商议商议。”冯氏听了也觉一惊，后来听柳洪说要报官，连说：“不可，不可。现在咱们家有两宗人命的大案尚未完结，如今为丢银子又去报官，别的都不遗失，单单的丢了十封银子，这不是提官府的醒儿吗？可见咱家积蓄多金。他若往歪里一问，只怕再花上十封也未必能结案。依我说，这十封银子只好忍个肚子疼，算是丢了罢。”柳洪听了此言深为有理，只得罢了。不过一时时揪着心系子怪疼的。

且说马氏撺掇丈夫前去盗尸，以为手到成功，不想呆呆地等了一夜，未见回来，看看的天已发晓，不由得埋怨道：“这王八蛋好生可恶！他不亏我指引明路，教他发财，如今得了手，且不回家，又不知填还那个小妈儿去了。少时他瞎爹若问起来，又该无故唠叨。”正在自言自语埋怨，忽听有人敲门道：“牛三哥，牛三哥！”妇人答道：“是谁呀？这么早就来叫门。”说罢，将门开了一看，原来是捡粪的李二。李二一见马氏便道：“侄儿媳妇，你烦恼吓！”马氏听了啐道：“呸！大清早起的，也不嫌个丧气。这是怎么说呢。”李二说：“敢则是丧气。你们驴子叫人杀了，怎么不丧气！”牛三已在屋内听见，便接言道：“李老二，你进屋里来告诉明白了我，这是怎么一件事情。”李二便进屋内，见了牛三说：“告诉哥哥说，驴子侄儿不知为何被人杀死在那边花园子里了。你们员外报官了，少时就要来相验呢。”牛三道：“好吓，你们干的好事呀！有报应没有？昨日那么拦你们，你们不听，到底儿遭了报了。这不叫员外受累吗？李老二，你拉了我去。等着官府来了，我拦验就是了。这不是吗，我的儿子既死了，我那儿妇是断不能守的，莫若叫他回娘家去吧。这才应了俗语儿了：‘驴的朝东，马的朝西。’”说着话，拿了明杖，叫李二拉着他竟奔员外宅里来。见了柳洪，便将要拦验的话说了。柳洪甚是欢喜，又教导了好些话，那个说的，那个说怨不得，怎么具结领尸。编派停当，又将装小姐的棺木挪在间屋，算是为他买的寿木。及至官府到来，牛三拦验，情愿具结领尸。官府细问情由，方准所呈，不必细表。

且说颜生在监，多亏了雨墨服侍，不至受苦。自从那日过下堂来，至今并未提审，竟不知定了案不曾，反觉得心神不定。忽见牢头将雨墨叫将出来，在狱神庙前便发话道：“小伙子，你今儿得出去了，我不能只是替你耽惊儿。再者，你们相公今儿晚上也该叫他受用受用了。”雨墨见不是话头，便道：“贾大叔，可怜我家相公负屈含冤，望大叔将就将就。”贾牢头道：“我们早已可怜过了。我们若遇见都像你们这样打官司，我们都饿死了。你打量里里外外费用轻呢？就是你那点子银子，一哄儿就结了。俗语说：‘衙门的钱，下水的船。’这总要现了现。你总得想个主意才好呢，难道你们相公就没个朋友吗？”雨墨哭道：“我们从远方投亲而来，这里如何有相知呢？没奈何，还是求大叔可怜我们相公才好。”贾牢头道：“你那是白说。我倒有个主意，你们相公有个亲戚，他不是财主吗，你为甚不弄他的钱呢？”雨墨流泪道：“那是我家相公对头，他如何肯资助呢？”贾牢头道：“不是那么说。你与相公商量商量，怎么想个法子，将他的亲戚咬出来，我们弄他的银钱，好照应你们相公吓。是这么个主意。”雨墨摇头道：“这个主意却难，只怕我家相公做不出来罢。”贾牢头道：“既如此，你今儿就出去，直不准你在这里。”雨墨见他如此神情，心中好生为难，急得泪流满面，痛哭不止，恨不得跪在地下哀求。

忽听监门口有人叫：“贾头儿，贾头儿，快来哟！”贾牢头道：“是了，我这里说话呢。”那人又道：“你快来，有话说。”贾牢头道：“什么事这么忙，难道弄出钱来我一人使吗？也是大家伙儿分。”那外面说话的乃是禁子吴头儿。他便问道：“你又驳办谁呢？”贾牢头道：“就是颜查散的小童儿。”吴头儿道：“啊呀我的太爷，你怎么惹他呢，人家的照应到了。此人姓白，刚才上衙门口，略一点染就是一百两呀！少时就进来了，你快快好好儿的预备着伺候着罢。”牢头听了，连忙回身。见雨墨还在那里哭呢，连忙上前道：“老雨呀，你怎么不禁呕呢？说说笑笑，嗽嗽呕呕，这有什么呢？你怎么就认起真来？我问问你，你家相公可有个姓白的朋友吗？”雨墨道：“并没有姓白的。”贾牢头道：“你藏奸，你还恼着我呢？我告诉你，如今外面有个姓白的，瞧你们相公来了。”

说话间，只见该值的头目陪着一人进来，头带武生巾，身穿月白花氅，内衬一件桃红衬袍，足登官靴，另有一番英雄气概。雨墨看了，很像金相公，却不敢认。只听那武生叫道：“雨墨，你敢则也在此吗？好孩子，真正难为你。”雨墨听了此言，不觉地落下泪来，连忙上前参见道：“谁说不是金相公呢！”暗暗忖道：“如何连音也改了呢？”他却哪里知道，金相公就是白玉堂呢？白五爷将雨墨扶起道：“你家相公在哪里？”

不知雨墨如何回答，且听下回分解。

第三十八回　替主鸣冤拦舆告状　因朋涉险寄柬留刀

且说白玉堂将雨墨扶起道：“你家相公在哪里？”贾牢头不容雨墨答言，他便说：“颜相公在这单间屋内，都是小人们伺候。”白五爷道：“好。你们用心服侍，我自有赏赐。”贾牢头连连答应几个“是”。此时雨墨已然告诉了颜生。白五爷来至屋内，见颜生蓬头垢面，虽无刑具加身，已然形容憔悴。连忙上前执手道：“仁兄如何遭此冤枉？”说至此，声音有些惨切。谁知颜生他却毫不动念，便说道：“嗐，愚兄愧见贤弟。贤弟到此何干？”那白五爷见颜生并无忧愁哭泣之状，唯有羞容满面，心中暗暗点头夸道：“颜生真乃英雄也。”便问此事因何而起。颜生道：“贤弟问他怎么？”白玉堂道：“你我知己弟兄，非泛泛可比。难道仁兄还瞒着小弟不成？”颜生无奈，只得说道：“此事皆是愚兄之过。”便将绣红寄柬：“愚兄并未看明柬上是何言词，因有人来，便将柬儿放在书内，谁知此柬遗失，到了夜间就生出此事，柳洪便将愚兄呈送本县。后来亏得雨墨暗暗打听，方知是小姐一片苦心，全是为顾愚兄。愚兄自恨遗失柬约，酿成祸端。兄若不应承，难道还攀扯闺阁弱质，坏他的清白？愚兄唯有一死而已。”白玉堂听了颜生之言，颇觉有理。复转念一想道：“仁兄知恩报恩，舍己成人，原是大丈夫所为。独不念老伯母在家悬念乎？”一句话却把颜生的伤心招起，不由得泪如雨下。半晌说道：“事成不改。命中所造，大料难逃。这也是前世冤孽，今生报应。奈何，奈何！愚兄死后，望贤弟照看家母，兄在九泉之下亦得瞑目。”说罢痛哭不止，雨墨在旁亦落泪。白玉堂道：“何至如此。仁兄且自宽心，凡事还要再思。虽则为人，亦当为己。闻得开封府包相断事如神，何不到那里去申诉呢？”颜生道：“贤弟此言差矣。此事非是官府屈打成招的，乃是兄自行承认的，又何必向包公那里分辩去呢？”白玉堂道：“仁兄虽如此说，小弟唯恐本县详文若到开封，只怕包相就不容仁兄招认了。那时又当如何？”颜生道：“书云：‘匹夫不可夺志也。’况愚兄乎？”

白玉堂见颜生毫无回转之心，他便另有个算计了。便叫雨墨将禁子牢头叫进来。雨墨刚刚来到院中，只见禁子牢头正在那里嘁嘁喳喳，指手画脚。忽见雨墨出来，便有二人迎将上来道：“老雨呀，有什么吩咐的吗？”雨墨道：“白老爷请你二人呢。”二人听得此话，便狗颠屁股垂儿似的跑向前来。白五爷叫伴当拿出四封银子，对他二人说道：“这是银子四封，赏你二人一封，表散众人一封，余下二封便是伺候颜相公的。从此后，颜相公一切事体全是你二人照管。倘有不到之处，我若闻知，却是不依你们的。”二人屈膝谢赏，满口应承。白五爷又对颜生道：“这里诸事妥协，小弟要借雨墨随我几日，不知仁兄叫他去否？”颜生道：“他也在此无事，况此处俱已安置妥协，愚兄也用他不着，贤弟只管将他带去。”谁知雨墨早已领会白五爷之意，便欣然叩辞了颜生，跟随白五爷出了监中。

到了无人之处，雨墨便问白五爷道：“老爷将小人带出监来，莫非叫小人瞒着我家相公，上开封府呈控吗？”一句话问的白五爷满心欢喜，道：“怪哉，怪哉！你小小年纪，竟有如此聪明，真正罕有。我原有此意，但不知你敢去不敢去？”雨墨道：“小人若不敢去，也就不问了。自从那日我家相公招承之后，小人就要上京内开封府控告去。只因监内无人伺候，故此耽延至今。今日又见老爷话语之中提拔我家相公，我家相公毫不省悟。故此方才老爷一说要借小人跟随几天，小人就明白了是为着此事。”白五爷哈哈大笑道：“我的意思竟被你猜着了。我告诉你，你相公入了情魔了，一时也化解不开。须到开封府告去，方能打破迷关。你明日就到开封府，就把你家相公无故招承认罪缘由申诉一番，包公自有断法。我在暗中给你安置安置，大约你家相公就可脱了此灾了。”说罢便叫伴当给他十两银子。雨墨道：“老爷前次赏过两个锞子，小人还没使呢。老爷改日再赏罢。再者小人告状去，腰间也不好多带银子。”白五爷点头道：“你说的也是。你今日就往开封府去，在附近处住下，明日好去申冤。”雨墨连连称是，竟奔开封府去了。

谁知就是此夜，开封府出了一件诧异的事。包公每日五更上朝，包兴、李才预备伺候，一切冠带、袍服、茶水、羹汤俱各停当，只等包公一呼唤便诸事齐整。二人正在静候，忽听包公咳嗽，包兴连忙执灯掀起帘子来至里屋内。刚要将灯往桌上一放，不觉骇目惊心，失声道："哎呀！"包公在帐子内便问道："什么事？"包兴道："这是那里来的刀、刀、刀吓？"包公听见，急披衣坐起，撩起帐子一看，果见是明晃晃的一把钢刀横在桌上，刀下还压着柬帖儿。便叫包兴："将柬帖拿来我看。"包兴将柬帖从刀下抽出，持着灯递给相爷一看，见上面有四个大字，写着："颜查散冤。"包公忖度了一会，不解其意，只得净面穿衣，且自上朝，俟散朝后，再慢慢地访查。

到了朝中，诸事已完，便乘轿而回。刚至衙门，只见从人丛中跑出个小孩子来，在轿旁跪倒，口称冤枉。却好王朝走到，将他获住。包公轿至公堂，落下轿，立刻升堂，便叫带那小孩子。该班的传出。此时王朝正在角门外问雨墨的名姓，忽听叫带小孩子，王朝嘱咐道："见了相爷，不要害怕，不可胡说。"雨墨道："多承老爷教导。"王朝进了角门，将雨墨带上堂去，雨墨便跪倒向上叩头。包公问道："那小孩子叫什么名字，为着何事，诉上来。"雨墨道："小人名叫雨墨，乃武进县人。只因同我家主人到祥符县投亲……"包公道："你主人叫什么名字？"雨墨道："姓颜名查散。"包公听了"颜查散"三字，暗暗道："原来果有颜查散。"便问道："投在什么人家？"雨墨道："就是双星桥柳员外家。这员外名叫柳洪，他是小主人的姑夫。谁知小主人的姑母三年前就死了，此时却是续娶的冯氏安人。只因柳洪膝下有个姑娘，名柳金蝉，是从小儿就许与我家相公为妻。小人的主人原奉母命前来投亲，一来在此读书，预备明年科考；二来又为的是完姻。谁知柳洪将我主仆二人留在花园居住，敢则是他不怀好意。住了才四天，那日清早，便有本县的衙役前来把我主人拿去了，说我主人无故的将小姐的丫鬟绣红掐死在内角门以外。回相爷，小人与小人的主人时刻不离左右，小人的主人并未出花园的书斋，如何会在内角门掐死了丫鬟呢？不想小人的主人被县里拿去，刚过头一堂，就满口应承，说是自己将丫鬟掐死，情愿抵命，不知是什么缘故。因此小人到相爷台前，恳求相爷与小人的主人做主。"说罢，复又叩头。

包公听了，沉吟半晌，便问道："你家相公既与柳洪是亲戚，想来出入是不避的了？"雨墨道："柳洪为人极其固执，漫说别人，就是这个续娶的冯氏，也未容我家主人相见。主仆在那里四五天，尽在花园书斋居住，所有饭食茶水，俱是小人进内自取，并未派人服侍，很不像待亲戚的道理。菜里头连一点儿肉星也没有。"包公又问道："你可知道小姐那里，除了绣红还有几个丫头呢？"雨墨道："听得说小姐那里就只一个丫鬟绣红，还有个乳母田氏。这个乳母却是个好人。"包公忙问道："怎见得？"雨墨道："小人进内取茶饭时，他就向小人说：'园子空落，你们主仆在那里居住须要小心，恐有不测之事。依我说，莫若过一两天，你们还是离了此处好。'不想果然就遭了此事了。"包公暗暗地踌躇道："莫非乳母晓得其中原委呢？何不如此如此，看是如何。"想罢，便叫将雨墨带下去，就在班房听候。立刻吩咐差役，将柳洪并他家乳母田氏分别传来，不许串供。又吩咐到祥符县提颜查散到府听审。

包公暂退堂。用饭毕，正要歇息，只见传柳洪的差役回来禀道："柳洪到案。"老爷吩咐伺候升堂。将柳洪带上堂来问道："颜查散是你什么人？"柳洪道："是小老儿的内侄。"包公道："他来此做什么来了？"柳洪道："他在小老儿家读书，为的是明年科考。"包公道："闻听得他与你女儿自幼联姻，可是有的吗？"柳洪暗暗的纳闷道："怨不得人说包公断事如神，我家里事他如何知道呢？"至此无奈，只得说道："是从小儿定下的婚姻。他此来一则为读书预备科考，二则为完姻。"包公道："你可曾将他留下？"柳洪道："留他在小老儿家居住。"包公道："你家丫头绣红，可是服侍你女儿的吗？"柳洪道："是从小儿跟随小女儿，极其聪明，又会写，又会算，实实死的可惜。"包公道："为何死的？"柳洪道："就是被颜查散扣喉而死。"包公道："什么时候死的？死于何处？"柳洪道："及至小老儿知道，已有二鼓之半，却是死在内角门以外。"包公听罢，将惊堂木一拍道："我把你这老狗，满口胡说。方才你说，及至你知道的时节已有二鼓之半，自然是你的家人报与你知道的。你并未亲眼看见是谁掐死的，如何就知是颜查散相害？这明明是你嫌贫爱富，将丫鬟掐死，有意诬赖颜生。你还敢在本阁跟前支吾吗？"柳洪见包公动怒，连忙叩头道："相爷请息怒，容小老儿细细地说。丫鬟被人掐死，小老儿原也不知是谁掐死的，只因死尸之旁落下一把扇子，却是颜生的名款，因此才知道是颜生所害。"说罢，复又叩头。包公听了，思想了半晌："如此看来，定是颜生做下不才之事了。"

又见差役回道："乳母田氏传到。"包公叫把柳洪带下去，即将田氏带上堂来。田氏那里见过这样堂威，已然吓得魂不附体，浑身抖衣而战。包公问道："你就是柳金蝉的乳母吗？"田氏道："婆、婆子便是。"包公道："丫鬟绣红为何死的，从实说来。"田氏到了此时，哪敢撒谎，便把如何听见我家员外、安人私语要害颜生，自己如何与小姐商议要救颜生，如何叫绣红私赠颜生银两，"谁知颜姑爷得了财物，不知何故竟将绣红掐死了，偏偏的又落下一把扇子连那个字帖儿。我家员外见了，气得了不得，就把颜姑爷送了县了，谁知我家的小姐就上了吊了。"包公听至此，不觉愣然道："怎么柳金蝉竟自死了吗？"田氏道："死了之后又活了。"包公又问道："如何又会活了呢？"田氏道："皆因我家员外、安人商量此事，说道颜姑爷是头一天进了监，第二天姑娘就吊死了，况且又是未过门之女。这要是吵嚷出去，这个名声儿不好听的。因此就说是小姐病的要死，买口棺材来冲一冲，却悄悄地把小姐装殓了，停放后花园内敞厅上。谁知半夜里有人嚷说：'你们小姐还了魂了！'大家伙儿听见了，连忙过去一看，谁说不是活了呢！棺材盖也横过来了，小姐在棺材里坐着呢。"包公道："棺材盖如何会横过来呢？"田氏道："听说是宅内的下人牛驴子偷偷儿盗尸去，他见小姐活了，不知怎么他又抹了脖子了。"

包公听毕，暗暗思想道："可惜金蝉一番节烈，竟被无义的颜生辜负了。可恨颜生既得财物，又将绣红掐死，其为人的品行就不问可知了。如何又有寄柬留刀之事，并有小童雨墨替他申冤呢？"想至此，便叫带雨墨。左右即将雨墨带上堂来。包公把惊堂木一拍道："好狗才，你小小年纪竟敢大胆蒙混本阁，该当何罪？"雨墨见包公动怒,便向上叩头道:“小人句句是实话,焉敢蒙混相爷。”包公一声断喝:“你这狗才,就该掌嘴!你说你主人并未离书房,他的扇子如何又在内角门以外呢?讲!”

不知雨墨回答什么言语,且听下回分解。

第三十九回　铡斩君衡书生开罪　石惊赵虎侠客争锋

且说包公一声断喝:“唗,你这狗才,就该掌嘴!你说你主人并未离了书房,他的扇子如何又在内角门以外呢?”雨墨道:“相爷若说扇子,其中有个情节。只因柳洪内侄名叫冯君衡,就是现在冯氏安人的侄儿。那一天合我主人谈诗对对子,后来他要我主人扇子瞧,却把他的扇子求我主人写。我家主人不肯写,他不依,就把我主人的扇子拿去,他说写得了再换。相爷不信,打发人取来,现时仍在笔筒内插着。那把‘次姑咙咚呛’的扇了,就是冯君衡的。小人断不敢撒谎。”忽见包公哈哈大笑,雨墨只当包公听见这“次姑咙咚呛”乐了呢,他哪里知道包公因问出扇子的根由,心中早已明白此事,不由哈哈大笑,十分畅快。立刻出签,捉拿冯君衡到案。此时祥符县已将颜查散解到,包公便叫将田氏带下去,叫雨墨跪在一旁。将颜生的招状看了一遍,已然看出破绽,不由暗暗笑道:“一个情愿甘心抵命,一个以死相酬自尽,他二人也堪称为义夫节妇了。”便叫带颜查散。

颜生此时镯镣加身,来至堂上,一眼看见雨墨,心中纳闷道:“他到此何干?”左右上来去了刑具,颜生跪倒。包公道:“颜查散抬起头来。”颜生仰起面来。包公见他虽然蓬头垢面,却是形容秀美,良善之人,便问:“你如何将绣红掐死?”颜生便将在县内口供,一字不改,诉将上去。包公点了点头,道:“绣红也真正的可恶。你是柳洪的亲戚,又是客居他家,他竟敢不服呼唤,口出不逊,无怪你愤恨。我且问你,你是什么时候出了书斋?由何路径到内角门?什么时候掐死绣红?他死于何处?讲!”颜生听包公问到此处,竟不能答,暗暗地道:“好厉害,好厉害!我何尝掐死绣红,不过是恐金蝉出头露面,名节攸关,故此我才招认掐死绣红。如今相爷细细的审问,何时出了书斋,由何路径到内角门,我如何说得出来?”正在为难之际,忽听雨墨在旁哭道:“相公此时还不说明,真个就不念老安人在家悬念吗?”颜生一闻此言,触动肝腑,又是着急又惭愧,不觉泪流满面,向上叩头道:“犯人实实罪该万死,唯求相爷笔下超生。”说罢,痛哭不止。包公道:“还有一事问你:柳金蝉既已寄柬与你,你为何不去?是何缘故?”颜生哭道:“哎呀,相爷呀,千错万错,错在此处。那日绣红送柬之后,犯人刚刚要看,恰值冯君衡前来借书,犯人便将此柬掖在案头书内。谁知冯君衡去后,遍寻不见,再也无有。犯人并不知柬中是何言词,如何知道有内角门之约呢?”包公听了,便觉了然。

只见差役回道:“冯君衡拿到。”包公便叫颜生主仆下去,立刻带冯君衡上堂。包公见他兔耳鹰腮,贼眉鼠眼,已知是不良之辈。把惊堂木一拍道:“冯君衡,快将假名盗财,因奸致命,从实招来!”左右连声催吓:“讲,讲,讲!”冯君衡道:“没有什么招的。”包公道:“请大刑!”左右将三根木往堂上一撂,冯君衡害怕,只得口吐实情,将如何换扇,如何盗柬,如何二更之时拿了扇柬冒名前去,只因绣红要嚷,如何将他扣喉而死,又如何撇下扇柬,提了包袱银两回转书房,从头至尾述说一遍。包公问明,叫他画了供,立刻请御刑。王、马、张、赵将狗头铡抬来,还是照旧章程,登时将冯君衡铡了。丹墀之下,只吓得柳洪、田氏以及颜生主仆谁敢仰视。

刚将尸首打扫完毕,御刑仍然安放堂上。忽听包公道:“带柳洪!”这一声把个柳洪吓得胆裂魂飞,筋酥骨软,好容易挣扎爬至公堂之上。包公道:“我把你这老狗!颜生受害,金蝉悬梁,绣红遭害,驴子被杀,以及冯君衡遭刑,全由你这老狗嫌贫爱富的起见,致令生者、死者、死而复生者受此大害。今将你废于铡下,大概不委屈你罢?”柳洪听了叩头碰地道:“实在不屈。望相爷开天地之恩,饶恕小老儿改过自新,以赎前愆。”包公道:“你既知要赎罪,听本阁吩咐:今将颜生交付与你,就在你家攻书,所有一切费用,你要好好看待。俟明年科考之后,中与不中,即便毕姻。倘颜查散稍有疏虞,我便把你拿来,仍然废于铡下。你敢应吗?”柳洪道:“小老儿愿意,小老儿愿意。”包公便将颜查散、雨墨叫上堂来道:“你读书要明大义,为何失大义而全小节,便非志士,乃系腐儒。自今以后,必须改过。务要好好读书,按日期将窗课送来,本阁与你看视。倘得寸进,庶不负雨墨一片为主之心。就是平素之间,也要将他好好看待。”颜生向上叩头道:“谨遵台命。”三个人又重新向上叩头。柳洪携了颜生的手,颜生携了雨墨手,又是欢喜,又是伤心,下了丹墀,同了田氏一齐回家去了。

此案已结,包公退堂来至书房,便叫包兴请展护卫。你道展爷几时回来的?他却来在颜查散、白玉堂之先,只因腾不出笔来,不能叙写。事有缓急,况颜生之案是一气的文字,再也间断不得,如何还有工夫提展爷呢?如今颜生之案已完,必须要说一番。

展爷自从救了老仆颜福之后,那夜便赶到家中。见了展忠,将茉花村比剑联姻之事述说一回。彼此换剑作了定礼,便将湛卢宝剑给他看了。展忠满心欢喜。展爷又告诉他,现在开封府有一件紧要之事,故此连夜赶回家中,必须早赴东京。展忠道:“作皇家官,理应报效朝廷。家中之事,全有老奴照管,爷自请放心。”展爷便叫伴当收拾行李鞴马,立刻起程,竟奔开封府而来。

及至到了开封府,便先见了公孙先生与王、马、张、赵等,却不提白玉堂来京,不过略问了问一向有什么事故没有。大家俱言无事。又问展爷道:“大哥原告两个月的假,如何恁早回来?”展爷道:“回家祭扫完了,在家无事,莫若早些回来,省得临期匆忙。”也就遮掩过去。他却参见了相爷,暗暗将白玉堂之事回了。包公听了,吩咐严加防范，设法擒拿。展爷退回公所，自有众人与他接风掸尘，一连热闹了几天。展爷却每夜防范，并不见什么动静。

不想由颜查散案中，生出寄柬留刀之事。包公虽然疑心，尚未知虚实，如今此案已经断明，果系"颜查散冤"，应了柬上之言。包公想起留刀之人，退堂后来至书房，便请展爷。展爷随着包兴进了书房，参见包公。包公便提起寄柬留刀之人行踪诡秘，令人可疑，"护卫须要严加防范才好。"展爷道："卑职前日听见主管包兴述说此事，也就有些疑心。这明是给颜查散瓣冤，暗里却是透信。据卑职想，留刀之人恐是白玉堂了。卑职且与公孙策计议去。"包公点头。

展爷退出，来至公所，已然秉上灯烛。大家摆上酒饭，彼此就座。公孙先生便问展爷道："相爷请吾兄有何见谕？"展爷道："相爷为寄柬留刀之事，叫大家防范些。"王朝道："此事原为替颜查散明冤，如今既已断明，颜生已归柳家去了，此时又何必防什么呢？"展爷此时却不能不告诉众人白玉堂来京找寻之事。便将在茉花村比剑联姻，后至芦花荡方知白玉堂进京来找"御猫"，"故此劣兄一闻此言，就急急赶来。"张龙道："原来大哥定了亲了，还瞒着我们呢，恐怕兄弟们要吃大哥的喜酒。如今既已说出来，明日是要加倍罚的。"马汉道："吃酒是小事。但不知锦毛鼠是怎么个人？"展爷道："此人姓白名玉堂，乃五义中的朋友。"赵虎道："什么五义？小弟不明白。"展爷便将陷空岛的众人说出，又将绰号儿说与众人听了。公孙先生在旁听得明白，猛然省悟道："此人来找大哥，却是要与大哥合气的。"展爷道："他与我素无仇隙，与我合什么气呢？"公孙策道："大哥你自想想，他们五人号称'五鼠'，你却号称'御猫'，焉有猫儿不捕鼠之理？这明是嗔大哥号称'御猫'之故，所以知道他要与大哥合气。"展爷道："贤弟所说似乎有理。但我这'御猫'乃圣上所赐，非是劣兄立意称'猫'，要欺压朋友。他若真个为此事而来，劣兄甘拜下风，从此后不称'御猫'也未为不可。"众人尚未答言，唯赵虎正在豪饮之间，听见展爷说出此话，他却有些不服气，拿着酒杯，立起身来道："大哥，你老素昔胆量过人，今日何自馁如此。这'御猫'二字，乃圣上所赐，如何改得？倘若是那个什么白糖咧，黑糖咧，他不来便罢，他若来时，我烧一壶开开的水把他冲着喝了，也去去我的滞气。"展爷连忙摆手说："四弟悄言。岂不闻窗外有耳？"

刚说至此，只听啪的一声，从外面飞进一物，不偏不歪，正打在赵虎擎的那个酒杯之上，只听当啷啷一声，将酒杯打了个粉碎。赵爷吓了一跳，众人无不惊骇。只见展爷早已出席，将桶扇虚掩，回身复又将灯吹灭，便把外衣脱下，里面却是早已结束停当的。暗暗的将宝剑拿在手中，却把隔扇假做一开，只听得一声，又是一物打在桶扇上。展爷这才把隔扇一开，随着劲一伏身蹿将出去。只觉得迎面一股寒风，飕的就是一刀。展爷将剑扁着往上一迎，随招随架，用目在星光之下仔细观瞧。见来人穿着簇青的夜行衣靠，脚步伶俐，依稀是前在苗家集见的那人。二人也不言语，唯听刀剑之声叮当乱响。展爷不过招架，并不还手。见他刀刀逼紧，门路精奇，南侠暗暗喝彩。又想道："这朋友好不知进退。我让着你，不肯伤你，又何必赶尽杀绝？难道我还怕你不成？”暗道：“也叫他知道知道。”便把宝剑一横，等刀临近，用个鹤唳长空势，用力往上一削，只听噌的一声，那人的刀已分为两段，不敢进步。只见他将身一纵，已上了墙头。展爷一跃身，也跟上去。那人却上了耳房，展爷又跃身而上。及至到了耳房，那人却上了大堂的房上。展爷赶至大堂房上，那人一伏身越过脊去。展爷不敢紧追，恐有暗器，却退了几步。从这边房脊刚要越过，瞥见眼前一道红光，忙说：“不好！”把头一低，刚躲过面门，却把头巾打落。那物落在房上，咕噜噜滚将下去，方知是个石子。

原来夜行人另有一番眼力，能暗中视物，虽不真切，却能分别。最怕猛然火光一亮，反觉眼前一黑。犹如黑天在灯光之下，乍从屋内来，必须略站片时方觉眼前光亮些。展爷方才觉眼前有火光亮一晃，已知那人必有暗器，赶紧把头一低，所以将头巾打落。要是些微力笨点的，不是打在面门之上，重点打下房来咧！此时展爷再往脊的那边一望，那人早已去了。此际公所之内，王、马、张、赵带领差役，灯笼火把，各执器械，俱从角门绕过，遍处搜查，那里有个人影儿呢？唯有愣爷赵虎怪叫吆喝，一路乱嚷。

展爷已从房上下来，找着头巾，同到公所，连忙穿了衣服与公孙先生来找包兴。恰遇包兴奉了相爷之命来请二人，二人即便随同包兴一同来至书房，参见了包公，便说方才与那人交手情形，“未能拿获，实卑职之过。”包公道：“黑夜之间，焉能一战成功？据我想来，唯恐他别生枝叶，那时更难拿获，倒要大费周折呢。”又嘱咐了一番，阖署务要小心。展爷与公孙先生连连答应。二人退出，来至公所，大家计议。唯有赵虎噘着嘴，再也不言语了。自此夜之后，却也无甚动静，唯有小心而已。

未知后事如何，且听下回分解。

第四十回　思寻盟弟遣使三雄　欲盗赃金纠合五义

且说陷空岛卢家庄，那钻天鼠卢方，自从白玉堂离庄，算来将有两月，未见回来，又无音信，甚是放心不下。每日里嗐声叹气，坐卧不安，连饮食俱各减了。虽有韩、徐、蒋三人劝慰，无奈卢方实心忠厚，再也解释不开。一日，兄弟四人同聚于待客厅上。卢方道：“自我弟兄结拜以来，朝夕相聚，何等快乐。偏是五弟少年心性，好事逞强，务必要与什么‘御猫’较量。至今去了两月有余，未见回来，劣兄好生放心不下。”四爷蒋平道：“五弟未免过于心高气傲，而且不服人劝。小弟前次略略说了几句，险些儿与我反目。据我看来，唯恐五弟将来要从这上头受害呢。”徐庆道：“四弟再休提起。那日要不是你说他，他如何会私自赌气走了呢？全是你多嘴的不好。哪有你三哥也不会说话，也不劝他的好呢？”卢方见徐庆抱怨蒋平，唯恐他二人纷争起来，便道："事已至此，别的暂且不必提了。只是五弟此去倘有疏虞，那时怎了？劣兄意欲亲赴东京寻找寻找，不知众位贤弟以为如何？"蒋平道："此事又何必大哥前往。既是小弟多言，他赌气去了，莫若小弟去寻他回来就是了。"韩彰道："四弟是断然去不得的。"蒋平道："却是为何？"韩彰道："五弟这一去必要与姓展的分个上下，倘若得了上风，那还罢了；他若拜了下风，再想起你的前言，为何还肯回来？你是断去不得的。"徐庆接言道："待小弟前去如何？"卢方听了却不言语，知道徐庆为人粗鲁，是个浑愣。他这一去，不但不能找回五弟，巧咧倒要闹出事来。韩彰见卢方不语，心中早已明白了，便道："三弟要去，待劣兄与你同去如何？"卢方听韩彰要与徐庆同去，方答言道："若得二弟同去，劣兄稍觉放心。"蒋平道："此事因我起见，如何二哥、三哥辛苦，小弟倒安逸呢？莫若小弟也同去走一遭如何？"卢方也不等韩彰、徐庆说，便答言道："若是四弟同去，劣兄更觉放心。明日就与三位贤弟饯行便了。"

忽见庄丁进来禀道："外面有凤阳府柳家庄柳员外求见。"卢方听了，问道："此系何人？"蒋平道："弟知此人。他乃金头太岁甘豹的徒弟，姓柳名青，绰号白面判官。不知他来此为着何事。"卢方道："三位贤弟且先回避，待劣兄见他，看是如何。"吩咐庄丁快请，卢方也就迎了出去。柳青同了庄丁进来。见他身量却不高大，衣服甚是鲜明；白馥馥一张面皮，暗含着恶态；叠暴着环睛，明露着诡计多端。彼此相见，各通姓名，卢方便执手让至待客厅上，就座献茶。卢爷便问道："久仰芳名，未能奉谒。今蒙降临，有屈台驾。不知有何见教，敢乞明示。"柳青道："小弟此来不为别事，只因仰慕卢兄行侠仗义，故此斗胆前来，殊觉冒昧。大约说出此事，决不见责。只因敝处太守孙珍，乃兵马司孙荣之子，却是太师庞吉之外孙。此人淫欲贪婪，剥削民脂，作恶多端，概难尽述。刻下，为与庞吉庆寿，他备得松景八盆，其中暗藏黄金千两，以为趋奉献媚之资。小弟打听得真实，意欲将此金劫下。非是小弟贪爱此金，因敝处连年荒旱，即以此金变了价，买粮米赈济，以抒民困。奈弟独力难成，故此不辞跋涉，仰望卢兄帮助是幸。"卢方听了，便道："弟蜗居山庄，原是本分人家。虽有微名，并非要结而得。至行劫窃取之事，更不是我卢方所为。足下此来，竟自徒劳。本欲款留盘桓几日，唯恐有误足下正事，反为不美。莫若足下早早另为打算。"说罢，一执手道："请了。"柳青听卢方之言，只羞得满面通红，把个白面判官竟成了红面判官了。暗道："真乃闻名不如见面，原来卢方是这等人！如此看来，义在哪里？我柳青来的不是路了。"站起身来，也说一个"请"字，头也不回竟出门去了。

谁知庄门却是两个相连，只见那边庄门出来了一个庄丁，迎头拦住道："柳员外暂停贵步，我们三位员外到了。"柳青回头一看，只见三个人自那边过来。仔细留神，见三个人高矮不等，胖瘦不一，各具一种豪侠气概。柳青只得止步，问道："你家大员外既已拒绝于我，三位又系何人？请言其详。"蒋平向前道："柳兄不认得小弟了吗？小弟蒋平。"指着二爷、三爷道："此是我二哥韩彰，此是我三哥徐庆。"柳青道："久仰，久仰！失敬，失敬！请了。"说罢回身就走。蒋平赶上前，说道："柳兄不要如此。方才之事，弟等皆知。非是俺大哥见义不为，只因这些日子心绪不定，无暇及此，诚非有意拒绝尊兄，望乞海涵。弟等情愿替大哥赔罪！"说罢就是一揖。柳青见蒋平和容悦色，殷勤劝慰，只得止步，转身道："小弟原是仰慕众兄的义气干云，故不辞跋涉而来。不料令兄竟如此固执，使小弟好生的抱愧。"二爷韩彰道："实是大兄长心中有事，言语耿直，多有得罪，柳兄不要介怀。弟等请柳兄在这边一叙。"徐庆道："有话不必在此叙谈，咱们且到那边再说不迟。"柳青只得转步。进了那边庄门，也有五间客厅。韩爷将柳青让至上面，三人陪坐，庄丁献茶。蒋平又问了一番凤阳太守贪赃受贿，剥削民膏的过恶。又问："柳兄既有此举，但不知用何计策？"柳青道："弟有师传的蒙汗药、断魂香，到了临期，只需如此如此，便可成功。"蒋爷、韩爷点了点头，唯有徐爷鼓掌大笑，连说："好计，好计！"大家欢喜。

蒋爷又对韩、徐二位道："二位哥哥在此陪着柳兄，小弟还要到大哥那边一看。此事须要瞒着大哥。如今你我俱在这边，唯恐工夫大了，大哥又要烦闷。莫若小弟去到那里，只说二哥、三哥在这里打点行装。小弟在那里陪着大哥，二位兄长在此陪着柳兄，庶乎两便。"韩爷道："四弟所言甚是，你就过那边去吧。"徐庆道："还是四弟有算计。快去，快去。"蒋爷别了柳青，与卢方解闷去了。这里柳青便问道："卢兄为着何事烦恼？"韩爷道："哎，说起此事来，全是五弟任性胡为。"柳青道："可是呀，方才卢兄提白五兄进京去了，不知为着何事？"韩彰道："听得东京有个号称'御猫'姓展的，是老五气他不过，特前去会他。不想两月有余，毫无信息。因此大哥又是思念，又是着急。"柳青听至此，叹道："原来卢兄特为五弟不耐烦，这样爱友的朋友，小弟几乎错怪了。然而大哥与其徒思无益，何不前去找寻找寻呢？"徐庆道："何尝不是呢，原是俺要去找老五，偏偏的二哥、四弟要与俺同去。若非他二人耽搁，此时俺也走了五六十里路了。"韩爷道："虽则耽延程途，幸喜柳兄前来，明日正好同往。一来为寻五弟，二来又可暗办此事，岂不是两全其美吗？"柳青道："既如此，二位兄长就打点行装，小弟在前途恭候，省得卢兄看见又要生疑。"韩爷道："到此焉有不待酒饭之理！"柳青笑道："你我非酒肉朋友，吃喝是小事，还是在前途恭候的为是。"说罢立起身来。韩爷、徐庆也不强留，定准了时刻地方，执手告别。韩徐二人送了柳青去后，也到这边来见了卢方，却不提柳青之事。到了次日，卢方预备了送行的酒席，兄弟四人吃喝已毕，卢方又嘱咐了许多的言语，方将三人送出庄门，亲看他们去了，立了多时，才转身回去。他三人赶步向前，竟赴柳青的约会去了。

他等只顾讨取孙珍的寿礼，未免耽延时日。不想白玉堂此时在东京闹下出类拔萃的乱子来了。自从开封府夤夜与南侠比试之后，悄悄回到旅店，暗暗思忖道："我看姓展的本领果然不差。当初我在苗家集曾遇夜行之人，至今耿耿在心。今见他步法形景，颇似当初所见之人，莫非苗家集遇见的就是此人？若真是他，则是我意中朋友。再者南侠称'猫'之号，原不是他出于本心，乃是圣上所赐。圣上只知他的技艺巧于猫，如何能够知道我锦毛鼠的本领呢？我既到了东京，何不到皇宫内走走，倘有机缘，略略施展施展。一来使当今知道我白玉堂；二来也显显我们陷空岛的人物；三来我做的事圣上知道，必交开封府，既交到开封府，再没有不叫南侠出头的。那时我再设个计策，将他诓入陷空岛，奚落他一场：是猫儿捕了耗子，还是耗子咬了猫？纵然罪犯天条，斧钺加身，也不枉我白玉堂虚生一世。哪怕从此倾生，也可以名传天下。但只一件，我在店中存身不大稳便。待我明日找个很好的去处隐了身体，那时叫他们望风捕影，也知道姓白的厉害！"他既横了心立下此志，就不顾什么纪律了。

单说内苑万代寿山有总管姓郭名安，他乃郭槐之侄。自从郭槐遭诛之后，他也不想想所做之事该剐不该剐，他却自具一偏之见，每每暗想道："当初咱叔叔谋害储君，偏偏的被陈林救出，以致久后事犯被戮。细细想来，全是陈林之过，必是有意与郭门作对。再者，当初我叔叔是都堂，他是总管，尚且被他治倒，置之死地。何况如今他是都堂，我是总管，倘或想起前仇，咱家如何逃出他的手心里呢？以大压小更是容易。怎么想个法子将他害了，一来与叔叔报仇，二来也免得每日担心。"一日晚间，正然思想，只见小太监何常喜端了茶来，双手捧至郭安面前。郭安接茶慢饮。这何太监年纪不过十五六岁，极其伶俐，郭安素来最喜欢他。他见郭安默默不语，若有所思，便知必有心事，又不敢问，只得搭讪着说道："前日雨前茶你老人家喝着没味儿，今日奴婢特向都堂那里和伙伴们寻一瓶上用的龙井茶来，给你老人家泡了一小壶儿。你老人家喝着这个如何？"郭安道："也还罢了。只是以后你倒少要往都堂那边去，他那里黑心人多。你小孩子家懂的什么，万一叫他们害了，岂不白白把个小命送了吗？"

何常喜听了，暗暗辗转道："听他之言，话内有因。他别与都堂有什么拉拢罢？我何不就棍打腿探探呢？"便道："敢则是这么着吗？若不是你老人家教导，奴婢哪里知道呢？但只一件，他们是上司衙门，往往的捏个短儿，拿个错儿，你老人家还担得起，若是奴婢，那里搁的住呢！一来年轻，二来又不懂事，时常去到那里，叔叔长，大爷短，合他们鬼混。明是讨他们好儿，暗里却是打听他们的事情。就是他们安着坏心，也不过仗着都堂的威势欺人罢了。"郭安听了，猛然心内一动，便道："你常去，可听见他们有什么事没有呢？"何常喜道："却倒没有听见什么事。就是昨日奴婢寻茶去，见他们拿着一匣人参，说是圣上赏都堂的。因为都堂有了年纪，神虚气喘，嗽声不止，未免是当初操劳太过，如今百病乘虚而入。因此赏参，要加上别的药味，配什么药酒，每日早晚喝些，最是消除百病，益寿延年。”郭安闻听，不觉发狠道：“他还要益寿延年！恨不能他立刻倾生，方消我心头之恨！”

不知郭安怎生谋害陈林，且听下回分解。

第四十一回　忠烈题诗郭安丧命　开封奉旨赵虎乔装

且说何太监听了一怔，道：“奴婢瞧都堂为人行事却是极好的，而且待你老人家不错，怎么这样恨他呢？想来都堂是他跟的人不好，把你老人家闹寒了心咧。”郭安道：“你小人家不懂的圣人的道理。圣人说：‘父母之仇，不共戴天。’他害了我的叔叔，就如父母一般，我若不报此仇，岂不被人耻笑呢？我久怀此心，未得其便。如今他既用人参做酒，这是天赐其便。”何太监暗暗想道：“敢则与都堂原有仇隙，怨不得他每每的若有所思呢。但不知如何害法？我且问明白了，再做道理。”便道：“他用人参乃是补气养神的，你老人家怎么倒说天赐其便呢？”郭安道：“我且问你，我待你如何？”常喜道：“你老人家是最疼爱我的，真是吃虱子落不下大腿，不亚如父子一般，谁不知道呢？”郭安道：“既如此，我这一宗事也不瞒你。你若能帮着我办成了，我便另眼看待于你，咱们就认义为父子，你心下如何呢？”

何太监听了，暗忖道：“我若不应允，必与他人商议。那时不但我不能知道，反叫他记了我的仇了。”便连忙跪下道：“你老人家若不憎嫌，儿子与爹爹磕头。”郭安见他如此，真是乐得了不得，连忙扶起来道：“好孩子，真令人可疼！往后必要提拔于你。只是此事须要严密，千万不可泄漏。”何太监道：“那是自然，何用你老人家嘱咐呢。但不知用儿子做什么？”郭安道：“我有个漫毒散的方子，也是当初老太爷在日，与尤奶奶商议的，没有用着，我却记下这个方子。此乃最忌的是人参，若吃此药误用人参，犹如火上浇油，不出七天，必要命尽无常，这都是‘八反’里头的。如今将此药放在酒里，请他来吃。他若吃了，回去再一喝人参酒，毒气相攻，虽然不能七日身亡，大约他有年纪的人了，也就不能多延时日，又不露痕迹。你说好不好？”何太监说：“此事却用儿子做什么呢？”郭安道：“你小人家又不明白了。你想想，跟都堂的哪一个不是鬼灵精儿似的，若请他吃酒，用两壶斟酒，将来有个好歹，他们必疑惑是酒里有了毒了，那还了得吗？如今只用一把壶斟酒，这可就用着你了。”何太监道：“一个壶里怎么能装两样酒呢？这可闷煞人呢！”郭安道：“原是呀，为什么必得用你呢？你进屋里去，在博古阁子上把那把洋錾填金的银酒壶拿来。”

何常喜果然拿来在灯下一看：见此壶比平常酒壶略粗些，底儿上却有两个窟窿。打开盖一瞧，见里面中间却有一层隔膜圆桶儿，看了半天却不明白。郭安道："你瞧不明白，我告诉你罢。这是人家送我的玩意儿，若要灌人的酒，叫他醉了，就用着这个了。此壶名叫转心壶，待我试给你看。"将方才喝的茶还有半碗，揭开盖灌入左边。又叫常喜舀了半碗凉水，顺着右边灌入，将盖盖好。递与何常喜，叫他斟。常喜接过，斟了半天也斟不出来。郭安哈哈大笑道："傻孩子，你拿来罢，别呕我了。待我斟给你看。"常喜递过壶去，郭安接来道："我先斟一杯水。"将壶一低，果然斟出水来。又道："我再斟一杯茶。"将壶一低，果然斟出茶来。常喜看了纳闷，道："这是什么缘故呢？好老爷子，你老细细告诉孩儿罢。"郭安笑道："你执着壶把，用手托住壶底。要斟左边，你将右边窟窿堵住，要斟右边，将左边窟窿堵住，再没有斟不出来的，千万要记明白了。你可知道了？"何太监道："话虽如此说，难道这壶嘴儿他也不过味吗？"郭安道："灯下难瞧。你明日细细看来，这壶嘴里面也是有隔膜的，不过灯下斟酒，再也看不出来的。不然，如何人家不能犯疑呢？一个壶里吃酒还有两样吗？哪里知道真是两样呢！这也是能人巧制想出这蹊跷法子来。且不要说这些，我就写个帖儿，你此时就请去。明日是十五，约他在此赏月。他若果来，你可抱定酒壶，千万记了左右窟窿，好歹别斟错了，那可不是玩的！"何常喜答应，拿了帖子，便奔都堂这边来了。

刚过太湖石畔，只见柳荫中蓦然出来一人，手中钢刀一晃，光华夺目。又听那人说道："你要嚷就是一刀！"何常喜唬的哆嗦做一团。那人悄悄道："俺将你捆缚好了，放在太湖石畔柳树之下，若明日将你交到三法司或开封府，你可要直言申诉。倘若隐瞒，我明晚割你的首级！"何太监连连答应，束手就缚。那人一提，将他放在太湖石畔柳荫之下。又叫他张口，填了一块棉絮。执着明晃晃的刀，竟奔郭安屋中而来。

这里郭安呆等小太监何常喜，忽听脚步声响，以为是他回来，便问道："你回来了吗？"外面答道："俺来也。"郭安一抬头，见一人手持利刃，只唬得嚷了一声："有贼！"谁知头已落地。外面巡更太监忽听嚷了一声，不见动静，赶来一看，但见郭安已然被人杀死在地。这一惊非同小可，急去回禀了执事太监，不敢耽延，回禀都堂陈公公，立刻派人查验。又在各处搜寻，于柳荫之下救了何常喜，松了绑背，掏出棉絮，容他喘息。问他，他却不敢说，止于说："捆我的那个人曾说来，叫我到三法司或开封府方敢直言实说，若说错了，他明晚还要取我的首级呢。"众人见他说的话内有因，也不敢追问，便先回禀了都堂。都堂添派人好生看守，待明早启奏便了。

次日五鼓，天子尚未临朝，陈公公进内请了安，便将万代寿山总管郭安不知被何人杀死，并将小太监何常喜被缚一切言语，俱各奏明。仁宗闻奏，不由得诧异道："朕之内苑，如何敢有动手行凶之人？此胆量也就不小呢。"就将何常喜交开封府审讯。陈公公领旨，才待转身，天子又道："今乃望日，朕要到忠烈祠拈香，老伴伴随朕一往。"陈林领旨出来，先传了将何常喜交开封府的旨意，然后又传圣上到忠烈祠拈香的旨意。

掌管忠烈祠太监知道圣上每逢朔望必来拈香,早已预备。圣上摆驾到忠烈祠,只见杆上黄幡飘荡,两边鼓响钟鸣。圣上来至内殿,陈伴伴紧紧跟随。正面塑着忠烈寇承御之像,仍是宫妆打扮,却是站像。两边也塑着随侍四个配像。天子朝上默祝拈香,虽不下拜,那一番恭敬也就至诚的很呢。拈香已毕,仰观金像。唯有陈公公在旁,见塑像面貌如生,不觉得滴下泪来。又不敢哭,连忙拭去。谁知圣上早已看见,便不肯正视,反仰面瞧了瞧佛门宝幡。猛回头,见西山墙山花之内字迹淋漓,心中暗道:“此处却有何人写字?”不觉移步近前仰视。老伴伴见圣上仰面看视,心中也自狐疑:“此字是何人写的呢?”幸喜字体极大,看得真切,却是一首五言绝句诗。写的是:“忠烈保君王,哀哉杖下亡。芳名垂不朽,博得一炉香。”词语虽然粗俗,笔气极其纵横,而且言简意深,包括不遗。圣上便问道:“此诗何人所写?”陈林道:“奴婢不知,待奴婢问来。”转身将管祠的太监唤来,问此诗的来由。这人听了,只唬得惊疑不止,跪奏道:“奴婢等知道今日十五,圣上必要亲临。昨日带领多人细细掸扫,拂去浮尘,各处留神,并未见有此诗句。如何一夜之间竟有人擅敢题诗呢?奴婢实系不知。”仁宗猛然省悟道:“老伴伴,你也不必问了,朕却明白此事。你看题诗之处,非有出奇的本领之人,再也不能题写;郭安之死,非有出奇的本领之人,再也不能杀死。据朕想来,题诗的即是杀人的,杀人的就是题诗的。且将首相包卿宣来见朕。”

不多时,包公来到,参见了圣驾。天子便将题诗杀命的缘由说了一番。包公听了,正因白玉堂闹了开封之后,这些日子并无动静,不想他却来在禁苑来了。不好明言,只得启奏:“待臣慢慢访查。”却又踏看了一番,并无形迹,便护从圣驾还宫,然后急急乘轿回衙。立刻升堂,将何常喜审问。何太监便将郭安定计如何要谋害陈林,现有转心壶,还有茶水为证。并将捆他那人如何形象、面貌、衣服,说的是何言语,一字不敢撒谎,从实诉将出来。包公听了,暂将何太监令人看守,便回转书房,请了展爷、公孙策来,大家商酌一番。二人也说:“此事必是白玉堂所为无疑,须要细细访拿才好。”二人别了包公,来到官厅,又与四义士一同聚议。次日,包公入朝,将审何常喜的情由奏明。天子闻听,更觉欢喜,称赞道:“此人虽是暗昧,他却秉公除奸,行侠作义,却也是个好人。卿家必须细细访查,不拘时日,务要将此人拿住,朕要亲览。”包公领旨,到了开封,又传与众人。谁不要建立此功?从此后,处处留神,人人小心,再也毫无影响。

不料愣爷赵虎,他又想起当初扮花子访得一案实然的兴头,如今何不照旧再走一遭呢?因此叫小子又备了行头。此次却不隐藏,改扮停当,他就从开封府角门内大摇大摆地出来,招的众人无不嘲笑。他却鼓着腮帮子,当正经事办,以为是查访,不可亵渎。其中就有好性儿地跟着他,三三两两在背后指指戳戳。后来这三两个人见跟的人多了,他们却刹住脚步,别人却跟着不离左右。赵虎一想:“可恨这些人没有开过眼,连一个讨饭的也没看见过。真是可恶得很咧!”

要知端底,且听下回分解。

第四十二回　以假为真误拿要犯　将错就错巧讯赃金

且说赵虎扮作花子,见跟的人多了,一时性发,他便拽开大步飞也似的跑了二三里之遥。看了看左右无人,方将脚步放缓了往前慢走。谁知方才众人围绕着,自己以为得意,却不理会,及至剩了一人,他把一团高兴也过去了,就觉着一阵阵的风凉。先前还挣扎的住,后来便哈着腰儿,渐渐捂住胸脯。没奈何,又双手抱了肩头往前颠跑。偏偏的日色西斜,金风透体,那里还搁的住呢。两只眼睛好似鹭鸡,东瞧西望。见那壁厢有一破庙,山门倒坏,殿宇坍塌,东西山墙孤立,便奔到山墙之下,蹲下身体,以避北风。自己未免后悔,不该穿着这样单寒行头,理应穿一份破烂的棉衣才是,凡事不可粗心。

正在思想,只见那边来了一人,衣衫褴褛,与自己相同,却夹着一捆干草,竟奔到大柳树之下,扬手将草掷在里面。却见他扳住柳枝,将身一纵,钻在树窟窿里面去了。赵虎此时见那人,觉得比自己暖和多了,恨不得也钻在里面暖和暖和才好。暗暗想道:"往往到了饱暖之时,便忘却了饥寒之苦。似我赵虎,每日在开封府饱食暖衣,何等快乐。今日为私访而来,遭此秋风,便觉得寒冷至甚。见他钻入树窟,又有干草铺垫,似这等看来,他那人就比我这六品校尉强多了。"心里如此想,身上更觉得打噤儿。忽见那边又来一人,也是褴褛不堪,却也抱着一捆干草,也奔了这棵枯柳而来。到了跟前,不容分说,将草往里一抛。只听里面人"啊呀"道:"这是怎么了?"探出头来一看,道:"你要留点神吓,为何闹了我一头干草呢?"外边那人道:"老兄恕我不知,敢则是你早来了。没奈何,匀便匀便,咱二人将就在一处,又暖和又不寂寞,我还有话和你说呢。"说着话,将树枝扳住,身子一纵,也钻入树窟之内。只听先前那人道:"我一人正好安眠,偏偏的你又来了,说不得只好打坐便了。"又听后来那人道:"大厦千间,不过身眠七尺。咱二人虽则穷苦,现有干草铺垫,又温又暖,也算罢了。此时管保就有不如你我的!"

赵虎听了,暗道:"好小子,这是说我呢。我何不也钻进去做个不速之客呢?"刚刚走到树下,又听那人道:"就以开封府说吧,堂堂的首相,他竟会一夜一夜大瞪着眼睛,不能安睡。难道他老人家还短了暖床热被吗?只因国事操心,日夜烦劳,把个大人愁的没有困了!"赵虎听了,暗暗点头。又听这个问道:"相爷为什么睡不着呢?"那人又道:"怎么,你不知道吗?只因新近宫内不知什么人在忠烈祠题诗,又在万化寿山杀命,奉旨将此事交到开封府查问细访。你说这个无影无形的事情,往那里查去?"忽听这个道:"此事我虽知道,我可没那么大胆子上开封府。我怕惹乱子,不是玩的。"那人道:"这怕什么呢?你还丢什么吗?你告诉我,我帮着你好不好？”这人道：“既是如此，我告诉你。前日，咱们鼓楼大街路北，那不是吉升店么，来了一个人，年纪不大，好俊样儿，手下带着从人，骑着大马，将那么一个大店满占了。说要等他们伙伴，声势很阔。因此我暗暗打听，止于听说，此人姓孙，他与宫中有什么拉拢，这不是这件事吗？”赵虎听见，不由得满心欢喜，把冷付于九霄云外，一口气便跑回开封府，立刻找了包兴回禀相爷，如此如此。

包公听了，不能不信，只得多派差役，跟随赵虎，又派马汉、张龙一同前往，竟奔吉升店门。将差役安放妥当，然后叫开店门。店里不知为着何事，连忙开门。只见愣爷赵虎当先便问道：“你这店内可有姓孙的吗？”小二含笑道：“正是前日来的。”四爷道：“在哪里？”小二道：“现在上房居住，业已安歇了。”愣爷道：“我们乃开封府，奉相爷钧谕，前来拿人。逃走了，唯你是问！”店小二听罢，忙了手脚。愣爷便唤差役人等，叫小二来将上房门口堵住，叫小二叫唤，说有同事人找呢。只听里面应道：“想是伙计赶到了，快请。”只见跟从之人开了桶扇，赵虎当先来到屋内。从人见不是来头，往旁边一闪。愣爷却将软帘向上一掀，只见那人刚才下地，衣服尚在掩着。赵爷急上前一把抓住，说道：“好贼呀，你的事犯了！”只听那人道：“足下何人？放手，有话好说。”赵虎道：“我若放手，你不跑了吗？实对你说，我们乃开封府来的。”那人听了“开封府”三字，便知此事不妥。赵爷道：“奉相爷钧谕，特来拿你。若不访查明白，敢拿人吗？有什么话，你只好上堂说去。”说罢将那人往外一拉，喝声：“捆了！”又吩咐各处搜寻，却无别物。唯查包袱内有书信一包，赵爷却不认得字，将书信撂在一边。此时马汉、张龙知道赵爷成功，连忙进来。正见赵爷将书信撂在一边，张龙忙拿起灯来一看，上写“内信二封”，中间写“平安家报”，后面有年月日，“凤阳府署密封”。张爷看了，就知此事有些舛错，当着大众不好明言，暗将书信揣起，押着此人且回衙门再作道理。店家也不知何故，难免提心吊胆。

单言众人来到开封府，急速禀了相爷。相爷立刻升堂。赵虎当堂交差，当面去缚。张龙却将书信呈上。包公看了，便知此事错了，只得问道：“你叫何名，因何来京，讲！”左右连声催喝。那人磕头在地有声，他却早已知道开封府非别的衙门可比，战兢兢回道：“小人乃、乃凤阳府太守孙、孙珍的家人，名唤松、松福。奉了我们老爷之命，押解寿礼给庞太师上寿。”包公道：“什么寿礼？现在哪里？”松福道：“是八盆松景。小人有个同伴之人，名唤松寿，是他押着寿礼，尚在路上，还没到呢。小人是前站，故此在吉升店住着等候。”包公听了，已知此事错拿无疑。只是如何开放呢？此时，赵爷听了松福之言，好生难受。忽见包公将书皮往复看了，便问道：“你家寿礼内，你们老爷可有什么夹带，从实诉上来。”只此一问，把个松福呼地抖衣而战，形色仓皇。包公是何等样人，见他如此光景，把惊堂木一拍道：“好狗才，你还不快说吗？”松福连连叩头道：“相爷不必动怒，小人实说，实说。”心中暗想道：“好厉害！怨的人说开封府的官司难打，果不虚传。怪道方才拿我时说我事犯了，‘若不访查明白，如何敢拿人呢？’这些话明是知道，我如何隐瞒呢？不如实说了，省得皮肉受苦。”便道：“实系八盆松景内暗藏着万两黄金。唯恐路上被人识破，故此埋在花盆之内。不想相爷神目如电，早已明察秋毫，小人再不敢隐瞒。不信老爷看书信便知。”包公便道：“这里面书信二封，是给何人的？”松福道：“一封是小人的老爷给小人的太老爷的，一封是给庞太师的。我们老爷原是庞太师的外孙子。”包公听了点头，叫将松福带下去，好生看守。你道包公如何知道有夹带呢？只因书皮上有“密封”二字，必有怕人知觉之事，故此揣度必有夹带。这便是才略过人，心思活泼之处。

包公回转书房，便叫公孙先生急缮奏折，连书信一并封入。次日，进朝奏明圣上。天子因是包公参奏之摺，不便交开封审讯，只得着大理寺文彦博讯问。包公便将原供并松福俱交大理寺。文彦博过了一堂，口供相符，便派差役人等前去，要截凤阳太守的礼物，不准落于别人之手。立刻抬至当堂，将八盆松景从板箱抬出一看，却是用松针扎成的“福如东海寿比南山”八个大字，却也做得新奇。此时也顾不得松景，先将“福”字拔出一看，里面并无黄金，却是空的。随即逐字看去，俱是空的，并无黄金。唯独“山”字盆内有一个象牙牌子，上面却有字迹，一面写着“无义之财”，一面写着“有意查收”。文大人看了，便知此事诧异，即将松寿带上堂来，问他路上却遇何人。松寿禀道：“路上曾遇四个人，带着五六个伴当，说是开封府六品校尉王、马、张、赵。我们一处住宿，彼此投机。同桌吃饭饮酒，不知怎么沉醉，人事不知，竟被这些人将金子盗去。”文大人问明此事，连牙牌子回奏圣上。仁宗天子又问包公。包公回奏：“四勇士天天随朝，并未远去，不知是何人托言诡计。”圣上又将此事交包公访查，并传旨内阁发抄，说：“凤阳府知府孙珍年幼无知，不称斯职，着立刻解职来京。松福、松寿即行释放，着无庸议。”庞太师与他女婿孙荣知道此事，不能不递摺请罪。圣上一概宽免。唯独包公又添上一宗为难事，暗暗访查，一时如何能得。就是赵虎听了旁言误拿了人，虽不是此案，幸喜究出赃金，也可以减去老庞的威势。

谁知庞吉果因此事一烦，到了生辰之日不肯见客，独自躲在花园先月楼中去了。所有客来，全托了他女婿孙荣照料。自己在园中也不观花，也不玩景，唯有思前想后，叹气嗐声。暗暗道：“这包黑真是我的对头。好好一桩事，如今闹得黄金失去，还带累外孙解职。真也难为他，如何访查得来呢？实实令人气他不过！”正在暗恨，忽见小童上楼禀道：“二位姨奶奶特来与太师爷上寿。”老贼闻听，不由得满面堆下笑来，问道：“在哪里？”小童道：“小人方才在楼下看见，刚过莲花浦的小桥。”庞贼道：“既如此，他们来时就叫他们上楼来罢。”小童下楼，自己却凭栏而望。果见两个爱妾姹紫、嫣红，俱有丫鬟搀扶。他二人打扮的袅袅娜娜，整整齐齐。又搭着满院中花红柳绿，更显得百媚千娇，把个老贼乐的姥姥家都忘了，在楼上手舞足蹈，登时心花大放，把一天的愁闷俱散在“哈蜜国”去了。

不多时二妾来到楼上，丫鬟搀扶步上胡梯。这个说，你踩了我的裙子咧；那个说，你碰了我的花儿了。一阵咭咭呱呱方才上楼来，一个个娇喘吁吁。先向太师万福，禀道：“你老人家会乐呀！躲在这里来了，叫我们两个好找。让我们歇歇再行礼罢。”老贼哈哈笑道：“你二人来了就是了，又何必行什么礼呢？”姹紫道：“太师爷千秋，焉有不行礼的呢？”嫣红道：“若不行礼，显得我们来的不志诚了。”说话间，丫鬟已将红毡铺下。二人行礼毕，立起身来又禀道：“今晚妾身二人在水晶楼备下酒肴，特与太师爷祝寿。务求老人家赏个脸儿，千万不可辜负了我们一片志诚。”老贼道：“又叫你二人费心，我是必去的。”二人见太师应允必去，方才在左右坐了。彼此嬉笑戏谑，弄的个老贼丑态百出，不一而足。正在欢乐之际，忽听小童楼下咳嗽，胡梯响亮。

不知小童又回何事，且听下回分解。

第四十三回　翡翠瓶污羊脂玉秽　太师口臭美妾身亡

且说老贼庞吉正在先月楼与二妾欢语，只见小童手持着一个手本，上得楼来递与丫鬟，口中说道：“这是咱们本府十二位先生特与太师爷祝寿，并且求见，要亲身觌面行礼，还有寿礼面呈。”丫鬟接来，呈与庞吉。庞吉看了，便道：“既是本府先生前来，不得不见。”对着二妾道：“你二人只好下楼回避。”丫鬟便告诉小童先下楼去，叫先生们躲避躲避，让二位姨奶奶走后再进来。这里姹紫、嫣红立起身来，向庞吉道：“倘若你老人家不去，我们是要狠狠地咒得你老人家心神也是不定的！”老贼听了，哈哈大笑。又叮嘱一回水晶楼之约，庞贼满口应承必要去的。看着二妾下楼去远，方叫小童去请师爷们，自己也不出去迎，在太师椅上端然而坐。

不多时，只见小童引路来至楼下，打起帘栊，众位先生衣冠齐楚，鞠躬而入，外面随进多少仆从虞候。庞吉慢慢立起身来，执手道：“众位先生光降，使老夫心甚不安。千万不可行礼，只行常礼罢。”众先生又谦让一番，只得彼此一揖，复又各人递各人的寿礼：也有一画的，也有一对的，也有一字的，也有一扇的，无非俱是秀才人情而已。老庞一一谢了。此时仆从已将座位调开，仍是太师中间坐定，众师爷分列两旁。左右献茶，彼此叙话，无非高抬庞吉，说些寿言寿语，吉祥话头。谈不多时，仆从便放杯箸，摆上果品，众先生又要与庞吉安席敬寿酒。还是老庞拦阻道：“今日乃因老夫贱辰，有劳众位台驾，理应老夫各敬一杯才是，莫若大家免了，也不用安席敬酒，彼此就座，开怀畅饮，倒觉爽快。”众人道：“既是太师吩咐，晚生等便从命了。”说罢，各人朝上一躬，仍按次序入席。酒过三巡之后，未免脱帽露顶，舒手划拳，呼幺喝六，壶倒杯干。

正饮在半酣之际，只见仆从抬进一个盆来，说是孙姑老爷孝敬太师爷的河豚鱼，极其新鲜，并且不少。众先生听说是新鲜河豚，一个个口角垂涎，俱各称赞道：“妙哉，妙哉！河豚乃鱼中至味，鲜美异常。”庞太师见大家夸奖，又是自己女婿孝敬，当着众人颇有得色，吩咐搭下去，叫厨子急速做来，按桌俱要。众先生听了，个个喜欢，竟有立刻杯箸不动，单等吃河豚鱼的。不多时，只见从人各端了一个大盘，先从太师桌上放起，然后左右挨次放下。庞吉便举箸向众人让了一声："请呀。"众师爷答应如流，俱各道："请，请！"只听杯箸一阵乱响，风卷残云，立刻杯盘狼藉。众人舔嘴咂舌无不称妙。忽听那边咕咚一声响亮，大家看时，只见麴先生连椅儿栽倒在地，俱各诧异。又听那边米先生嚷道："哇呀，了弗得，了弗得！河豚有毒，河豚有毒！这是受了毒了。大家俱要栽倒的，俱要丧命呀！这还了得，怎么一时吾就忘了有毒呢？总是口头馋的弗好。"旁边便有插言的道："如此说来，我们是没得救星的了。"米先生猛然想起道："还好，还好。有个方子可解，非金汁不可，如不然人中黄亦可，若要速快，便是粪汤更妙。"庞贼听了，立刻叫虞候仆从快快拿粪汤来。

一时间，下人手忙脚乱，抓头不是尾，拿拿这个不好，动动那个不妥。还是有个虞候有主意，叫了两个仆从，将大案上摆的翡翠碧玉闹龙瓶，两边兽面衔着金环，叫二人抬起；又从多宝格上拿下一个净白光亮的羊脂白玉荷叶式的碗，交付二人。叫他们到茅厕里即刻舀来，越多越好。二人问道："要多何用？"虞候道："你看人多吃的多，粪汤也必要多，少了是灌不过来的。二人来到粪窖之内，捂着鼻子闭着气，用羊脂白玉碗连屎带尿一碗一碗舀了，往翡翠碧玉瓶里灌。可惜这两样古玩落在权奸府第，也跟着遭此污秽，真也是劫数使然，无可如何。足足灌了个八分满，二人提住金环，直奔到先月楼而来。

虞候上前，先拿白玉碗盛了一碗，奉与太师爷。庞吉若要不喝，又恐毒发丧命；若要喝时，其臭难闻，实难下咽。正在犹豫，只见众先生各自动手，也有用酒杯的，也有用小菜碟的，儒雅些的却用羹匙，就有鲁莽的，扳倒瓶，嘴对嘴，紧赶一气用了个不少。庞吉看了，不因不由端起玉碗，一连也就饮了好几口。米先生又怜念同寅，将先倒的麴先生令人扶住，自己蹲在身旁，用羹匙也灌了几口，以尽他疾病扶持之谊。迟了不多时，只见麴先生苏醒过来，觉得口内臭味难当，只道是自己酒醉，出而哇之，哪里知道别人用好东西灌了他呢？米先生便问道："麴兄怎么样呢？"麴先生道："不咋的。为何吾这口边粪臭得紧咧？"米先生道："麴兄，你是受了河豚毒了。是小弟用粪汤灌活吾兄，以尽朋友之情的。"哪知道，这位麴先生方才因有一块河豚被人抢去吃了，自己未能到口，心内一烦恼，犯了旧病，因此栽倒在地。今闻用粪汤灌了他，爬起来道："哇呀，怪道，怪道！臭得很，臭得很！吾是羊角风吓，为何用粪汤灌吾？"说罢呕吐不止。他这一吐不打紧，招的众人谁不恶心，一张口洋溢泛滥。吐不及的逆流而上，从鼻孔中也就开了闸了。登时之间，先月楼中异味扑鼻，连虞候、伴当、仆从，无不是唢呐、喇叭，齐吹出儿儿哇、哇哇儿的不止。好容易吐声渐止，这才用凉水漱口，喷得满地汪洋。米先生不好意思，抽空儿他就溜之乎也了。闹得众人走又不是，坐又不是。老庞终是东人，碍不过脸去，只得吩咐："往芍药轩敞厅去吧。大家快快离开此地，省得闻这臭味难当。"众人俱各来在敞厅，一时间心清目朗。又用上等雨前喝了许多，方觉得心中快活。庞贼便吩咐摆酒，索性大家痛饮,尽醉方休。众人谁敢不遵,不多时,秉上灯烛,摆下酒馔,大家又喝起来,依然是划拳行令,直喝至二鼓方散。

庞贼醺醄酒醉,踏着明月,手扶小童,竟奔水晶楼而来。趔趔趄趄地问道:“天有几鼓了?”小童道:“已交二鼓。”庞吉道:“二位姨奶奶等急了,不知如何盼望呢。到了那里,不要声张,听他们说些什么。你看那边为何发亮?”小童道:“前面是莲花浦,那是月光照的水面。”说话间过了小桥,老贼又吃惊道:“那边好像一个人!”小童道:“太师爷忘了,那是补栽的河柳,衬着月色摇曳,仿佛人影儿一般。”谁知老庞疑心生暗鬼,竟是以邪招邪了。及至到了水晶楼,刚到楼下,见隔扇虚掩,不用窃听,已闻得里面有男女的声音,连忙止步。只听男子说道:“难得今日有此机会,方能遂你我之意。”又听女子说道:“趁老贼陪客,你我且到楼上欢乐片时,岂不美哉。”隐隐听的嘻嘻笑笑上楼去了。庞吉听至此,不由气冲牛斗,暗叫小童将主管庞福唤来,叫他带领虞候准备来拿人,自己却轻轻推开隔扇,竟奔楼梯。上得楼来,见满桌酒肴,杯中尚有馀酒。又见烛上结成花蕊,忙忙剪了蜡花。回头一看,见绣帐金钩挂起,里面却有男女二人相抱而卧。老贼看了,一把无明火往上一攻,见壁间悬挂宝剑,立刻抽出,对准男子用力一挥,头已落地。嫣红睡眼朦胧,才待起来,庞贼也挥了一剑。可怜两个献媚之人,无故遭此摧折。谁知男子之头落在楼板之上,将头巾脱落,却也是个女子。仔细看时,却是姹紫。老贼“啊呀”了一声,当啷啷宝剑落地。此时,楼的下面,庞福带领多人俱各到了。听得楼上又是“啊呀”,又是响亮,连忙跑上楼来一看,见太师杀了二妾,已然哀不成音了。

这老贼乐的也不像,叫他这里哭一会儿,腾出笔来说个理儿。姹紫、嫣红死得冤屈之中不很冤屈,庞吉气的糊涂之中却极糊涂。何以见得呢?原来二妾因老贼不来,心中十分怨恨,以酒杀气,你推我让。盼的没有遣兴的了,这姹紫与嫣红假扮男女,来至绣帐,将金钩挂起,同上牙床相抱而卧。姹紫又将庞吉的软巾戴上,彼此戏耍,便自昏沉睡去。这便是招杀的由头。至于庞吉的糊涂,虽系酒后,亦不应如此冒失。你就要杀,也该想想,方才来到楼下,刚听见二人才上楼,如何就能够沉睡呢?不论情由,他便手起剑落,连伤二命,这岂不是他极其糊涂吗?然而,千不怨万不怨,怨只怨这个行事的人真是促狭狠毒,又装什么像声儿呢,所谓贼出飞智也。是老贼的素日行为过于不堪,故惹的这行侠仗义之人单单地与他过不去,生生儿将他两个爱妾的性命断送。

庞吉哭够多时,又气又恼又后悔,便吩咐庞福将二妾收拾盛殓。立刻派人请他得意门生,乃乌台御史官名廖天成,急速前来商议此事。自己带了小童,离了水晶楼,来至前边大厅之上,等候门生。

及至廖天成来时,天已三鼓之半,见了庞吉,师生就座。庞吉便将误杀二妾的情由说了一遍。这廖天成原是个谄媚之人,立刻逢迎道:“若据门生想来,多半是开封府与老师作对。他那里能人极多,必是悄地差人探访,见二位姨奶奶酒后戏耍酣眠,他便生出巧智,特装男女声音,使之闻之,叫老师听见焉有不怒之理!因此二位姨奶奶倾生。此计也就毒的狠呢,这明是搅乱太师家宅不安,暗里是与老师作对。”他这几句话说的个庞贼咬牙切齿,愤恨难当,气愤愤的问道:“似此如之奈何?怎么想个法子以消我心头之恨。”廖天成犯想多时,道:“依门生愚见,莫若写个折子,直说开封府遣人杀害二命,将包黑参倒,以警将来。不知老师钧意若何?”庞吉听了道:“若能参倒包黑,老夫生平之愿足矣。即求贤契大才,此处不方便,且到内书房去说吧。”师弟立起身来,小童持着灯引至书房。现成笔墨,廖天成便拈笔构思。难为他凭空立意,竟敢直陈,真是糊涂人对糊涂人,办得糊涂事。不多时,已脱草稿。老贼看了,连说:“妥当结实,就劳贤契大笔一挥。”廖天成又端端楷楷缮写已毕,后面又将同党之人派上五个,算是联衔参奏。庞吉一壁吩咐小童:“快给廖老爷倒茶。”

小童领命来至茶房,用茶盘托了两碗现烹的香茶。刚进了月亮门,只听竹声乱响,仔细看时,却见一人蹲伏在地,怀抱钢刀。这一唬非同小可,丢了茶盘,一迭连声嚷道:“有了贼了!”就望书房跑来,连声儿都嚷岔了。庞贼听了,连忙放下奏折,赶出院内。廖天成也就跟了出来,便问小童:“贼在哪里?”小童道:“在那边月亮门竹林之下。”庞吉与廖天成竟奔月亮门而来。此时,仆从人等已然听见,即同庞福各执棍棒赶来。一看,虽是一人,却是捆绑停当,前面腰间插着一把宰猪的尖刀,仿佛抱着相似。大家向前将他提出,再一看时,却是本府厨子刘三。问他不应,止于仰头张口。连忙松了绑缚,他便从口内掏出一块代手来,干呕了半天,方才转过气来。庞吉便问道:“却是何人将你捆绑在此?”刘三对着庞吉叩头道:“小人方才在厨房瞌睡,忽见飕的进来一人,穿着一身青靠,年纪不过二十岁,眉清目朗,手持一把明晃晃的钢刀。他对小人说:‘你要嚷,我就是一刀!’因此小人不敢嚷。他便将小人捆了,又撕了一块搌布,给小人填在口内,把小人一提就来在此处。临走,他在小人胸前就把这把刀插上,不知是什么缘故。”庞贼听了,便问廖天成道:“你看此事,这明是水晶楼装男女声音之人了。”廖天成闻听,忽然心机一动,道:“老师且回书房要紧。”老贼不知何故,只得跟了回来。进了书房,廖天成先拿起奏折逐行逐字细细看了,笔画并未改讹,也未玷污。看罢说道:“还好,还好。幸喜折子未坏。”即放在黄匣之内。庞吉在旁夸奖道:“贤契细心,想得周到。”又叫各处搜查,那里有个人影。

不多时,天已五鼓,随便用了些点心羹汤,庞吉与廖天成一同入朝,敬候圣上临殿,将本呈上。仁宗一看就有些不悦。你道为何?圣上知道包、庞二人不对,偏偏今日此本又是参包公的,未免有些不耐烦。何故他二人冤仇再不解呢?心中虽然不乐,又不能不看。见开笔写着:“臣庞吉跪奏。为开封府遣人谋杀二命事。”后面叙着二妾如何被杀。仁宗看到杀妾二命,更觉诧异。因此反复翻阅,见背后忽露出个纸条儿来。

抽出看时,不知上面写着是何言语,且听下回分解。

第四十四回　花神庙英雄救难女　开封府众义露真名

且说仁宗天子细看纸条，上面写道："可笑，可笑，误杀反诬告。胡闹，胡闹，老庞害老包。"共十八个字。天子看了，这明是自杀，反要陷害别人。又看笔迹有些熟识，猛然想起忠烈祠墙上的字体，却与此字相同。真是聪明不过帝王，暗道："此帖又是那人写的了。他屡次做的俱是磊磊落落之事，又何为隐隐藏藏，再也不肯当面呢？实在令人不解。只好还是催促包卿便了。"想罢，便将折子连纸条儿俱各掷下，交大理寺审讯。庞贼见圣上从摺内翻出个纸条儿来，已然唬得魂不附体；联衔之人俱各暗暗耽惊。一时散朝之后，庞贼悄向廖天成道："这纸条儿从何而来？"廖乌台猛然醒悟道："是了，是了。他捆刘三者，正为调出老师与门生来，他就于此时放在摺背后的。实实门生粗心之过。"庞吉听了连连点首，道："不错，不错。贤契不要多心，此事如何料的到呢？"及至到了大理寺，庞吉一力担当，从实说了，唯求文大人婉转复奏。文大人只得将他畏罪的情形，代为陈奏。圣上传旨："庞吉着罚俸三年，不准抵销。联衔的罚俸一年，不准抵销。"圣上却暗暗传旨与包公，务必要题诗杀命之人，定限严拿。包公奉了此旨，回到开封，便与展爷、公孙先生计议。无法可施，只得连王、马、张、赵俱各天天出去到处访查，那里有个影响。偏又值隆冬年近，转瞬间又早新春。过了元宵佳节，看看到了二月光景，包公屡屡奉旨，总无影响。幸亏圣眷优渥，尚未嗔怪。

一日，王朝与马汉商议道："咱们天天出去访查，大约无人不知。人既知道，更难探访。莫若咱二人悄悄出城，看个动静。贤弟以为何如？"马汉道："出城虽好，但不知往何处去呢？"王朝道："咱们信步行去，固然在热闹丛中踩访，难道反往幽僻之处去吗？"二人说毕，脱去校尉服色，各穿便衣，离了衙门，竟往城外而来，沿路上细细赏玩艳阳景色。见了多少人，带着香袋的，执着花的，不知是往那里去的。及至问人时，原来花神庙开庙，热闹非常，正是开庙正期。二人满心欢喜，随着众人来至花神庙各处游玩。却见后面有块空地，甚是宽阔，搭着极大的芦棚，内中设摆着许多兵器架子。那边单有一座客棚，里面坐着许多人。内中有一少年公子，年纪约有三旬，横眉立目，旁若无人。王、马二人见了，便向人暗暗打听，方知此人姓严名奇，他乃是已故威烈侯葛登云的外甥，极其强梁霸道，无恶不作。只因他爱眠花宿柳，自己起了个外号叫花花太岁。又恐有人欺负他，便用多金请了无数的打手，自己也跟着学了些三角毛儿四门斗儿，以为天下无敌。因此庙期热闹非常，他在庙后便搭一芦棚，比试棒棍拳脚。谁知设了一连几日，并无人敢上前比试，他更心高气傲，自以为绝无对手。

二人正观望，只见外面多少恶奴推推拥拥，搀搀架架，却是一个女子哭哭啼啼被众人簇拥着过了芦棚，进了后面敞厅去了。王、马二人心中纳闷，不知为了何事。忽又见从外面进来一个婆子，嚷道："你们这伙强盗，青天白日就敢抢良家女子，是何道理？你们若将他好好还我便罢，你们若要不放，我这老命就合你们拼了！"众恶奴一面拦挡，一面吆喝。忽见从棚内又出来两个恶奴，说道："方才公子说了，这女子本是府中丫鬟，私行逃走，总未寻着，并且拐了好些东西。今日既然遇见，把他拿住，还要追问拐的东西呢。你这老婆子趁早儿走吧，倘若不依，公子说咧，就把你送县。"婆子闻听，只急的号啕痛哭。又被众恶奴往外面拖拽，这婆子如何支撑得住，便脚不沾地往外去了。

王朝见此光景，便与马汉送目。马汉会意，即便跟下去打听底细，二人随后也就出来。刚走到二层殿的夹道，只见外面进来一人，迎头拦住道："有话好说。这是什么意思？请道其详。"声音洪亮，汉仗高大，紫巍巍一张面皮，黑漆漆满部髭须，又是军官打扮，更显得威严壮健。王、马二人见了，便暗暗喝彩称羡。忽听恶奴说道："朋友，这个事你别管。我劝你有事治事，无事趁早儿请，别讨没趣儿。"那军官听了冷笑道："天下人管天下事，那有管不得的道理。你们不对我说，何不对着众人说说。你们如不肯说，何妨叫那妈妈自己说说呢。"众恶奴闻听道："伙计，你们听见了。这个光景他是管定了。"忽听婆子道："军官爷爷，快救婆子性命吓！"旁边恶奴顺手就要打那婆子。只见那军官把手一隔，恶奴倒退了好几步，龇牙咧嘴把胳膊乱甩。王、马二人看了，暗暗欢喜。又听军官道："妈妈不必害怕，慢慢讲来。"那婆子哭着道："我姓王，这女儿乃是我街坊。因他母亲病了，许在花神庙烧香。如今他母亲虽然好了，尚未复原，因此求我带了他来还愿，不想竟被他们抢去。求军官爷搭救搭救。"说罢痛哭。只见那军官听了，把眉一皱道："妈妈不必啼哭，我与你寻来就是了。"谁知众恶奴方才见那人把手略略一隔，他们伙计就龇牙咧嘴，便知这军汉手头儿凶。大约婆子必要说出根由，怕军官先拿他们出气，他们便一个个溜了。来到后面，一五一十俱告诉花花太岁。这严奇一听，便气冲牛斗。以为今日若不显显本领，以后别人怎肯甘心佩服呢。便一声断喝："引路！"众恶奴狐假虎威，来至前面，嚷道："公子来了，公子来了！"众人见严奇来到，一个个俱替那军官担心，以为太岁不是好惹的。

此时王、马二人看得明白，见恶霸前来，知道必有一番较量，唯恐军汉寡不敌众。若到为难之时，我二人助他一膀之力。哪知那军汉早已看见，撇了婆子便迎将上去。众恶奴指手画脚道："就是他，就是他！"严奇一看，不由得暗暗吃惊道："好大身量！我别不是他的个儿罢。"便发话道："你这人好生无礼，谁叫你多管闲事？"只见那军汉抱拳赔笑道："非是在下多管闲事，因那婆子形色仓皇，哭得可怜。恻隐之心，人皆有之。望乞公子贵手高抬，开一线之恩，饶他去吧。"说毕就是一揖。严奇若是有眼力的，就依了此人，从此做个相识，只怕还有个好处。谁知这恶贼恶贯已满，难以躲避。他见军官谦恭和蔼，又是外乡之人，以为可以欺侮，竟敢拿鸡蛋往鹅卵石上碰，登时把眼一翻道："好狗才，谁许你多管？"冷不防飕的就是一脚迎面踢来。这恶贼原想着是个暗算，趁着军汉作下揖去，不能防备，这一脚定然鼻青脸肿。哪知那军汉不慌不忙，瞧着脚临切近，略一扬手，在脚面上一拂，口中说道："公子休得无礼！"此话未完，只见公子"啊呀"，半天挣扎不起。众恶奴一见，便嚷道："你这厮竟敢动手！"一拥齐上，以为好汉打不过人多。谁知那人只用手往左右一分，一个个便东倒西歪，那个还敢上前！

忽听那边有人喊了一声："闪开，俺来也！"手中木棍高扬，就照军汉劈面打来。军汉见来得势猛，将身往旁边一闪。不想严奇刚刚地站起，恰恰的太岁头就受了此棍，吧的一声，打了个脑浆迸裂。众恶奴发了一声喊，道："了不得了，公子被军汉打死了！快拿呀，快拿呀！"早有保甲、地方并本县官役，一齐将军汉围住。只听那军官道："众位不必动手，俺随你们到县就是了。"众人齐说道："好朋友，好朋友！敢作敢当，这才是汉子呢。"忽见那边走过两个人来，道："众位，事要公平。方才原是他用棍打人，误打在公子头上，难道他不随着赴县吗？理应一同解县才是。"众人闻听讲得有理，就要拿那使棍之人。那人将眼一瞪道："俺史丹不是好惹的，你们谁敢前来？"众人唬的往后倒退。只见两个人之中有一人道："你慢说是史丹，就是屎蛋，也要推你一推。"说时迟那时快，顺手一掠，将那棍也就逼住，拢过来往怀里一带，又向外一推，真成了屎蛋咧，叽里咕噜滚在一边。那人上前按住，对保甲道："将他锁了！"你道这二人是谁？原来是王朝、马汉。又听军汉说道："俺遭逢此事，所为何来？原为救那女子，如今为人不能为彻，这便如何是好？"王、马二人听了，满口应承："此事全在我二人身上，朋友，你只管放心。"军汉道："既如此，就仰仗二位了。"说罢执手，随众人赴县去了。

这里，王、马二人带领婆子到后面。此时众恶奴见公子已死，也就一哄而散，谁也不敢出头。王、马二人一直进了敞厅，将女子领出，交付婆子护送出庙。问明了住处姓名，恐有提问质对之事，方叫他们去了。二人不辞辛苦，即奔祥符县而来。到了县里，说明姓名。门上急忙回禀了县官，立刻请二位到书房坐了。王、马二人将始末情由说了一遍，"此事皆系我二人目睹，贵县不必过堂，立刻解往开封府便了。"正说间，外面拿进个略节来，却是此案的名姓。死的名严奇，军汉名张大，持棍的名史丹。县官将略节递与王、马二人，便吩咐将一干人犯多派衙役，立刻解往开封。

王、马二人先到了开封府，见了展爷、公孙先生，便将此事说明。公孙策尚未开言，展爷忙问道："这军官是何行色？"王、马二人将脸盘儿、身体儿说了一番。展爷听了大喜，道："如此说来，别是他罢？"对着公孙先生伸出大拇指。公孙策道："既如此，少时此案解来，先在外班房等候，悄悄叫展兄看看。若要不是那人也就罢了，倘若是那人冒名，展兄不妨直呼其名，使他不好改口。"众人听了，俱各称善。王、马二人又找了包兴，来到书房，回禀了包公，深赞张大的品貌行事豪侠。包公听了，虽不是寄柬留刀之人，或者由这人身上也可以追出那人的下落，心中也自暗暗忖度。

王、马又将公孙策先生叫南侠偷看，也回明了。包公点了点头，二人出来。

不多时，此案解到，俱在外班房等候。王、马二人先换了衣服，前往班房，现放下帘子。随后展爷已到，便掀起帘缝一瞧，不由得满心欢喜，对着王、马二人悄悄道："果然是他。妙极，妙极！"王、马二人连忙问道："此人是谁?"展爷道："贤弟休问，等我进去呼出名姓，二位便知。二位贤弟即随我进来，劣兄给你们彼此一引见，他也不能改口了。"王、马二人领命。展爷一掀帘子进来，道："小弟打量是谁？原来是卢方兄到了。久违吓，久违！"说着，王、马二人进来。展爷给引见道："二位贤弟不认得吗？这位便是陷空岛卢家庄号称钻天鼠名卢方的卢大员外。二位贤弟快来见礼。"王、马急速上前。展爷又向卢方道："卢兄，这便是开封府四义士之中的王朝、马汉两位老弟。"三个人彼此执手作揖。卢方到了此时，也不能说我是张大，不是姓卢的。人家连家乡住处俱各说明，还隐瞒什么呢？卢方反倒问展爷道："足下何人？为何知道卢方的贱名?"展爷道："小弟名唤展昭，曾在茉花村芦花荡，为邓彪之事，小弟见过尊兄。终日渴想至甚，不想今日幸会。"卢方听了方才知道是南侠，便是号"御猫"的。他见展爷人品气度和蔼之甚，毫无自满之意，便想起五弟任意胡为，全是自寻苦恼，不觉暗暗感叹。面上却赔着笑道："原来是展老爷。就是这二位老爷，方才在庙上多承垂青看顾，我卢方感之不尽。"三人听了不觉哈哈大笑道："卢兄太外道了，何得以老爷相呼？显见得我等不堪为弟了。"卢方道："三位老爷太言重了。一来三位现居皇家护卫之职，二来卢方刻下乃人命重犯，何敢以弟兄相称？岂不是太不知自量了吗！"展爷道："卢兄过于能言了。"王、马二人道："此处不是讲话的所在，请卢兄到后面一叙。"卢方道："犯人尚未过堂，如何敢蒙如此厚待！断难从命。"展爷道："卢兄放心，全在小弟等身上。请到后面，还有众人等着要与老兄会面。"卢方不能推辞，只得随着三人来到后面公厅。早见张、赵、公孙三位降阶而迎，展爷便一一引见，欢若平生。

来到屋内，大家让卢方上座。卢方断断不肯，总以犯人自居，"理当侍立，能够不罚跪，足见高情。"大家哪里肯依。还是愣爷赵虎道："彼此见了，放着话不说，且自闹这些个虚套子。卢大哥，你是远来，你就上面坐。"说着把卢方拉至首座。卢方见此光景，只得从权坐下。王朝道："还是四弟爽快。再者卢兄从此什么犯人咧、老爷咧，也要免免才好，省得闹的人怪肉麻的。"卢方道："既是众位兄台抬爱，拿我卢某当个人看待，我卢方便从命了。"左右伴当献茶已毕，还是卢方先提起花神庙之事。王、马二人道："我等俱在相爷台前回明，小弟二人便是证见。凡事有理，断不能难为我兄。"只见公孙先生和展爷彼此告过失陪，出了公所，往书房去了。

未知相爷如何，且听下回分解。

第四十五回　义释卢方史丹抵命　误伤马汉徐庆遭擒

且说公孙先生同展爷去不多时，转来道："相爷此时已升二堂，特请卢兄一见。"卢方闻听只打量要过堂了，连忙立起身来，道："卢方乃人命要犯，如何这样见得相爷？卢方岂是不知规矩的吗？"展爷连声道"好"，一回头吩咐伴当快看刑具。众人无不点头称羡。少时，刑具拿到，连忙与卢方上好，大家尾随来至二堂以下。王朝进内禀道："卢方带到。"忽听包公说道："请。"这一声，连卢方都听见了，自己登时反倒不得主意了。随着王朝来至公堂，双膝跪倒，匍匐在地。忽听包公一声断喝道："本阁着你去请卢义士，如何用刑具拿到，是何道理？还不快快卸去！"左右连忙上前卸去刑具。包公道："卢义士，有话起来慢慢讲。"卢方哪里敢起来，连头也不敢抬，便道："罪民卢方，身犯人命重案，望乞相爷从公判断，感恩不尽。"包公道："卢义士休如此迂直。花神庙之事，本阁尽知。你乃行侠仗义，济弱扶倾。就是严奇丧命，自有史丹对抵，与你什么相干？他等强恶，助纣为虐，冤冤相报，暗有循环。本阁已有办法，即将史丹定了误伤的罪名，完结此案。卢义士理应释放无事。只管起来，本阁还有话讲。"展爷向前悄悄道："卢兄休要辜负相爷一片爱慕之心，快些起来，莫要违背钧谕。"那卢方到了此时，概不由己，朝上叩头。展爷顺手将他扶起，包公又吩咐看座。卢方哪里敢坐，鞠躬侍立。偷眼向上观瞧，见包公端然正坐，不怒而威，那一派的严肃正气，实令人可畏而可敬，心中暗暗夸奖。

忽见包公含笑问道："卢义士因何来京，请道其详。"一句话问的个卢方紫面上套着紫，半晌答道："罪民因寻盟弟白玉堂，故此来京。"包公又道："是义士一人前来，还有别人？"卢方道："上年初冬之时，罪民已遣韩彰、徐庆、蒋平三个盟弟一同来京。不料自去冬至今，杳无音信。罪民因不放心，故此亲身来寻。今日方到花神庙。"包公听卢方直言无隐，便知此人忠厚笃实，遂道："原来众义士俱各来了。义士既以实言相告，本阁也就不隐瞒了。令弟五义士在京中做了几件出类拔萃之事，连圣上俱各知道。并且圣上还夸奖他是个侠义之人，钦派本阁细细访查。如今义士既已来京，肯替本阁代为细细访查吗？"卢方听至此，连忙跪倒道："白玉堂年幼无知，惹下滔天大祸，致干圣怒，理应罪民寻找擒拿到案，任凭圣上天恩，相爷的垂照。"包公见他应了，便叫："展护卫。""有。""同公孙先生好生款待，恕本阁不陪。留去但凭义士，不必拘束。"卢方听了，复又叩头，起来同定展爷出来。到了公所之内，只见酒肴早已齐备，却是公孙先生预先吩咐的。仍将卢方让至上座，众人左右相陪。饮酒之间，便提此事。卢爷是个豪爽忠诚之人，应了三日之内有与无必来复信，酒也不肯多饮，便告别了众人。众人送出衙外，也无赘话烦言，彼此一执手，卢方便扬长去了。

展爷等回至公所,又议论卢方一番:为人忠厚、老诚、豪爽。公孙策道:“卢兄虽然诚实,唯恐别人却不似他。方才听卢方之言,说那三义已于客冬之时来京,想来也必在暗中探访。今日花神庙之事,人人皆知解到开封府,他们如何知道立刻就把卢兄释放了呢?必以为人命重案,寄监收禁。他们若因此事,夤夜前来淘气,却也不可不防。”众人听了,俱各称是,“似此如之奈何?”公孙策道:“说不得大家辛苦些,出入巡逻,第一保护相爷要紧。”此时天已初鼓,展爷先将里衣扎缚停当,佩了宝剑,外面罩了长衣,同公孙先生竟进书房去了。这里四勇士也就个个防备,暗藏兵刃,俱各留神小心。

单言卢方离了开封府之时,已将掌灯,又不知伴当避于何处,有了寓所不曾,自己虽然应了找寻白玉堂,却又不知他落于何处。心内思索,竟自无处可归。忽见迎面来了一人,天气昏黑,看不真切。及至临近一看,却是自己伴当,满心欢喜。伴当见了卢方,反倒一怔,悄悄问道:“员外如何能够回来?小人已知员外解到开封,故此急急进京,城内找了下处,安放了行李。带上银两,特要到开封府去与员外安置,不想员外竟会回来了。”卢方道:“一言难尽,且到下处再讲。”伴当道:“小人还有一事,也要告禀员外呢。”

说着话,伴当在前引路,主仆二人来到下处。卢方掸尘净面之时,酒饭已然齐备。卢方入座,一壁饮酒,一壁对伴当悄悄说道:“开封府遇见南侠,给我引见了多少朋友,真是人人义气,个个豪杰。多亏了他们在相爷跟前竭力分析,全推在那姓史的身上,我是一点事儿没有。”又言:“包公相待甚好,义士长义士短的称呼,赐座说话。我便偷眼观瞧,相爷真好品貌,真好气度,实在是国家的栋梁,万民之福!后来问话之间,就提起五员外来了。相爷觌面吩咐,托我找寻。我焉有不应的呢?后来大家又在公所之内设了酒肴,众朋友方说出五员外许多的事来。敢则他做的事不少,什么寄柬留刀,与人辩冤,夜间大闹开封府,南侠比试,这还庶乎可以。谁知他又上皇宫内苑,题什么诗,又杀了总管太监。你说五员外胡闹不胡闹?并且还有奏折内夹纸条儿,又是什么盗取黄金,我也说不了许多了。我应了三日之内,找得着找不着,必去复信,故此我就回来了。你想,哪知五员外下落?往那里去找呢?你方才说还有一事,是什么事呢?”伴当道:“若依员外说来,要找五员外却甚容易。”卢方听了,欢喜道:“在哪里呢?”伴当道:“就是小人寻找下处之时,遇见了跟二爷的人。小人便问他众位员外在那里居住。他便告诉小人说,在庞太师花园后楼,名叫文光楼,是个堆书籍之所,同五员外都在那里居住呢。小人已问明了,庞太师的府第却离此不远,出了下处,往西一片松林,高大的房子便是。”卢方听了,满心畅快,连忙用毕了饭。

此时天气已有初更,卢方便暗暗装束停当,穿上夜行衣靠,吩咐伴当看守行李,悄悄地竟奔了庞吉府的花园文光楼而来。到了墙外,他便施展飞檐走壁之能,上了文光楼。恰恰遇见白玉堂独自一人在那里,见面之时,不由得长者之心,落下几点忠厚泪来。白玉堂却毫不在意。卢方述说了许多思念之苦，方问道："你三个兄长往哪里去了？"白玉堂道："因听见大哥遭了人命官司，解往开封府，他们哥儿三方才俱换了夜行衣服，上开封府了。"卢方听了大吃一惊，想道："他们这一去，必要生出事来，岂不辜负相爷一团美意？倘若有些差池，我卢某何以见开封众位朋友呢？"想至此，坐立不安，好生的着急。直盼到交了三鼓，还不见回来。

你道韩彰、徐庆、蒋平为何去许久？只因他等来到开封府，见内外防范甚严，便越墙从房上而入。刚到跨所大房之上，恰好包兴由茶房而来，猛一抬头，见有人影，不觉失声道："房上有人！"对面便是书房，展爷早已听见。脱去长衣，拔出宝剑，一伏身斜刺里一个箭步。往房上一望，见一人已到檐前。展爷看得真切，从囊中一伸手，掏出袖箭，反背就是一箭。只见那人站不稳身体，一歪掉下房来。外面王、马、张、赵已然赶进来了，赵虎紧赶一步，按住那人，张龙上前帮助绑了。展爷正要纵身上房，忽见房上一人，把手一扬，向下一指。展爷见一缕寒光，竟奔面门，知是暗器，把头一低，刚刚躲过。不想身后是马汉，肩头之下已中了弩箭。展爷一飞身已到房上，竟奔了使暗器之人。那人用了个风扫败叶势，一顺手就是一朴刀。一片冷光奔了展爷的下三路。南侠忙用了个金鸡独立回身势，用剑往旁边一削，只听当的一声，朴刀却短了一段。只见那人，一转身越过房脊，又见金光一闪，却是三棱鹅眉刺，竟奔眉攒而来。展爷将身一闪，刚用宝剑一迎，谁知钢刺抽回，剑却使空。南侠身体一晃，几乎栽倒。忙一伏身，将宝剑一拄，脚下立住。用剑逼住面门，长起身来。再一看时，连个人影儿也不见了。展爷只得跳下房来，进了书房，参见包公。

此时已将捆缚之人带至屋内。包公问道："你是何人？为何黌夜至此？"只听那人道："俺乃穿山鼠徐庆，特为救俺大哥卢方而来，不想中了暗器遭擒。不用多言，只要叫俺见大哥一面，俺徐庆死也甘心瞑目。"包公道："原来三义士到了。"即命左右松了绑，看座。徐庆也不致谢，也不逊让，便一屁股坐下。将左脚一伸，顺手将袖箭拔出，道："是谁的暗器，拿了去。"展爷过来接去。徐庆道："你这袖箭不及俺二哥的弩箭。他那弩箭有毒，若是着上，药性一发，便不省人事。"正说间，只见王朝进来禀道："马汉中了弩箭，昏迷不醒。"徐庆道："如何？千万不可拔出，还可以多活一日。明日这时候，也就呜呼了。"包公听了，连忙问道："可有解药没有？"徐庆道："有啊。却是俺二哥带着，从不传人。受了此毒，总在十二个时辰之内用了解药，即刻回生。若过了十二个时辰，纵有解药也不能好了。这是俺二哥独得的奇方，再也不告诉人的。"包公见他说话虽然粗鲁，却是个直爽之人，堪与赵虎称为伯仲。徐庆忽又问道："俺大哥卢方"包公便道："昨晚已然释放，卢义士已不在此了。"徐庆听了，哈哈大笑道："怪道人称包老爷是个好相爷，忠正为民。如今果不虚传。俺徐庆倒要谢谢了！"说罢，扑通趴在地下就是一个头，招的众人不觉要笑。徐庆起来就要找卢方去。包公见他天真烂漫，不拘礼法，只要合了心就乐，便道："三义士，你看外面已交四鼓，黌夜之间，哪里寻找？暂且坐下，我还有话问你。"徐庆却又坐下。包公便问白玉堂所作之事。愣爷徐庆一一招承："唯有劫黄金一事，却是俺二哥、四弟并有柳青，假冒王、马、张、赵之名，用蒙汗药酒将那群人药倒，我们盗取了黄金。”众人听了，个个点头舒指。徐庆正在高谈阔论之时，只见差役进来禀道：“卢义士在外求见。”包公听了，急着展爷请来相见。

不知卢方来此为了何事，且听下回分解。

第四十六回　设谋诓药气走韩彰　遣兴济贫欣逢赵庆

且说卢方又到开封府求见，你道却为何事？只因他在文光楼上盼到三更之后，方见韩彰、蒋平。二人见了卢方，更觉诧异，忙问道：“大哥如何能在此呢？”卢方便将包相以恩相待，释放无事的情由说了一遍。蒋平听了，对着韩、白二人道：“我说不用去，三哥务必不依。这如今闹地到不成事了！”卢方道：“你三哥往哪里去了？”韩彰把到了开封，彼此对垒的话说了一遍。卢方听了，只急得搓手，半晌叹了口气道：“千不是，万不是，全是五弟不是。”蒋平道：“此事如何抱怨五弟呢？”卢方道：“他若不找什么姓展的，咱们如何来到这里？”韩彰听了却不言语。蒋平道：“事已如此，也不必抱怨了。难道五弟有了英名，你我做哥哥的岂不光彩吗？只是如今依大哥怎么样呢？”卢方道：“再无别说，只好劣兄将五弟带至开封府，一来恳求相爷在圣驾前保奏，二来当与南侠赔个礼儿，也就没事了。”玉堂听了，登时气的双眉紧皱，二目圆睁，若非在文光楼上，早已怪叫吆喝起来。便怒道：“大哥，此话从何说起？小弟既来寻找南侠，便与他誓不两立。虽不能他死我活，总要叫他甘心拜服于我，方能出这口恶气。若非如此，小弟至死也是不从的！”蒋平听了，在旁赞道：“好兄弟，好志气！真与我们陷空岛争气！”韩彰在旁瞅了蒋平一眼，仍是不语。

卢方道：“据五弟说来，你与南侠有仇吗？”玉堂道：“并无仇隙。”卢方道：“既无仇隙，你为何恨他到如此地步呢？”玉堂道：“小弟也不恨他，只恨这‘御猫’二字。我也不管他是有意，我也不管是圣上所赐，只是有个御猫，便觉五鼠减色，是必将他治倒方休。如不然，大哥就求包公回奏圣上，将南侠的‘御猫’二字去了，或改了，小弟也就情甘认罪。”卢方道：“五弟，你这不是为难劣兄吗？劣兄受包相知遇之恩，应许寻找五弟。如今既已见着，我却回去求包公改‘御猫’二字，此话劣兄如何说得出口来？”玉堂听了，冷笑道：“哦，敢则大哥受了包公知遇之恩。既如此，就该拿了小弟去请功候赏吓！”

只这一句话，把个仁义的卢方噎的默默无言，站起身来，出了文光楼，跃身下去，便在后面大墙以外走来走去。暗道：“我卢方交结了四个兄弟，不想为此事，五弟竟如此与我翻脸。他还把我这长兄放在心里吗？”又转想包公相待的那一番情义，自己对众人说的话，更觉心中难受。左思右想，心乱如麻。一时间浊气上攻，自己把脚一跺道："嗳，莫若死了，由着五弟闹去，也省得我提心吊胆。"想罢一抬头，只见那边从墙上斜插一枝杈椏，甚是老干，自己暗暗点头道："不想我卢方竟自结果在此地了。"说罢，从腰间解下丝绦，往上一扔，搭在树上，将两头比齐，刚要结扣，只见这丝绦哧哧哧自己跑到树上去了。卢方怪道："可见时衰鬼弄人了。怎么丝绦也会活了呢？"正自思忖，忽见顺着枝干下来一人，却是蒋四爷，说道："五弟糊涂了，怎么大哥也悖晦了呢？"卢方见了蒋平，不觉滴下泪来，道："四弟，你看适才五弟是何言语？叫劣兄有何面目生于天地之间？"蒋平道："五弟此时一味的心高气傲，难以治服。不然小弟如何肯随和他呢。须要另设别法，折服于他便了。"卢方道："此时你我往何方去好呢？"蒋平道："赶着上开封府。就算大哥方才听见我等到了，故此急急前来赔罪。再者，也打听打听三哥的下落。"卢方听了，只得接过丝绦，将腰束好，一同竟奔开封府而来。

见了差役，说明来历。差役去不多时，便见南侠迎了出来。彼此相见，又与蒋平引见。随即来到书房。刚一进门，见包公穿着便服，在上面端坐，连忙双膝跪倒，口中说道："卢方罪该万死，望乞恩相赦宥。"蒋平也就跪在一旁。徐庆正在那里坐着，见卢方与蒋平跪倒，他便顺着座儿一溜，也就跪下了。包公见他们这番光景，真是豪侠义气，连忙说道："卢义士，他等前来，原不知本阁已将义士释放，故此为义气而来。本阁也不见罪，只管起来，还有话说。"卢方等听了，只得向上叩头，立起身来。包公见蒋平骨瘦如柴，形如病夫，便问："此是何人？"卢方一一回禀。包公方知就是善会水的蒋泽长。忙命左右看座。连展爷与公孙策俱各坐了。包公便将马汉中了毒药弩箭，昏迷不醒的话说了一回。依卢方就要回去向韩彰取药。蒋平拦道："大哥若取药，唯恐二哥当着五弟总不肯给的；莫若小弟使个计策，将药诓来，再将二哥激发走了，剩了五弟一人，孤掌难鸣，也就好擒了。"卢方听说，便问："计将安出？"蒋平附耳道："如此如此。二哥焉有不走之理。"卢方听了道："这一来，你二哥与我岂不又分散了吗？"蒋平道："目下虽然分别，日后自然团聚。现在外面已交五鼓，事不宜迟，且自取药要紧。"连忙向展爷要了纸笔墨砚，提笔一挥而就。折叠了，叫卢方打上花押，便回明包公，仍从房上回去，又近又快。包公应允，蒋平出了书房，将身一纵，上房越脊，登时不见。众人无不称羡。

单说蒋爷来至文光楼，还听见韩彰在那里劝慰白玉堂。原来玉堂的馀气还未消呢。蒋平见了二人道："我与大哥将三哥好容易救回，不想三哥中了毒药袖箭，大哥背负到前面树林，再也不能走了。小弟又背他不动，只得二哥与小弟同去走走。"韩爷听了，连忙离了文光楼。蒋平便问："二哥，药在何处？"韩彰从腰间摘下个小荷包来，递与蒋平。蒋平接过，摸了摸，却有两丸，急忙掏出。将衣边钮子咬下两个，咬去鼻儿，滴溜圆，又将方才写的字帖裹了裹，塞在荷包之内，仍递与韩彰。将身形略转了几转，他便抽身竟奔开封而来。

这里韩爷只顾奔前面树林，以为蒋平拿了药去，先解救徐庆去了，哪里知道他是奔了开封呢？韩二爷来到树林，四下里寻觅，并不见大哥、三弟，不由心下纳闷。

摸摸荷包，药仍二丸未动，更觉不解。四爷也不见了，只得仍回文光楼来。见了白玉堂，说了此事，未免彼此狐疑。韩爷回手又摸了摸荷包道："呀！这不像药。"连忙叫白玉堂敲着火种，隐着光亮一看，原来是字帖儿裹着钮子。忙将字儿打开观看，却有卢方花押，上面写着叫韩彰绊住白玉堂，作为内应，方好擒拿。白玉堂看了，不由得设疑，道："二哥，就把小弟绑了罢，交付开封就是了。"韩爷听了急道："五弟休出此言。这明是你四哥恐我帮助于你，故用此反间之计。好好好，这才是结义的好弟兄呢！我韩彰也不能做内应，也不能帮扶五弟，俺就此去也！"说罢，立起身来，出了文光楼，跃身去了。

这时，蒋平诓了药回转开封，已有五鼓之半。连忙将药研好，一丸灌将下去，不多时马汉回转过来，吐了许多毒水，心下方觉明白。大家也就放了心了，略略歇息，天已大亮。到了次日晚间，蒋平又暗暗到文光楼。谁知玉堂却不在彼，不知投何方去了。卢方又到下处，叫伴当将行李搬来。从此，开封府又添了陷空岛的三义，帮扶着访查此事。却分为两班：白日却是王、马、张、赵细细缉访，夜晚却是南侠同着三义暗暗搜寻。

不想这一日，赵虎因包公入闱，闲暇无事，想起王、马二人在花神庙巧遇卢方，暗自想道："我何不也出城走走呢？"因此，扮了个客人的模样，悄悄出城，信步行走。正走着觉得腹中饥饿，便在村头小饭馆内意欲独酌，吃些点心。刚刚坐下，要了酒，随意自饮，只见那边桌上有一老头儿，却是外乡行景，满面愁容，眼泪汪汪，也不吃，也不喝，只是瞅着赵爷。赵爷见他可怜，便问道："你这老头儿，瞧俺则甚？"那老者见问，忙立起身来道："非是小老儿敢瞧客官，只因腹中饥饿，缺少钱钞。见客官这里饮酒，又不好启齿，望乞见怜。"赵虎听了哈哈大笑道："敢则是你饿了，这有何妨呢？你便过来，俺二人同桌而食，有何不可？"那老儿听了欢喜，未免脸上有些羞惭。及至过来，赵爷要了点心、馍馍叫他吃。他却一壁吃着，一壁落泪。赵爷看了，心中不悦，道："你这老头儿好不晓事。你说饿了，俺给你吃，你又哭什么呢？"老者道："小老儿有心事，难以告诉客官。"赵爷道："原来你有心事，这也罢了。我且问你，你姓什么？"老儿道："老儿姓赵。"赵虎道："哎哟！原来是当家子。"老者又接着道："小老儿姓赵名庆，乃是仁和县的承差。只因包三公子太原进香……”赵虎听了道：“什么包三公子？”老者道：“便是当朝宰相包相爷的侄儿。”赵虎道：“哦，哦。包三公子进香怎么样？”老者道：“他故意的绕走苏州，一来为游山玩景，二来为勒索州县的银两。”赵虎道：“竟有这等事？你讲，你讲。”老者道：“只因路过管城县，我家老爷派我预备酒饭，迎至公馆款待。谁想三公子说铺垫不好，预备的不佳，他要勒索程仪三百两。我家老爷乃是一个清官，并无许多银两。又说小人借水行舟，希图这三百两银子，将我打了二十板子。幸喜衙门上下，俱是相好，却未打着。后来见了包三公子，将我吊在马棚，这一顿马鞭子，打得却不轻。还是应了另改公馆，孝敬银两，方将我放出来。小老儿一时无法，因此脱逃，意欲到京，寻找一个亲戚。不想投亲不着，只落得有家难奔，有国难投。衣服典当已尽，看看不能餬口，将来难免饿死，作定他乡之鬼呀！”说罢痛哭。赵爷听至此，又是心疼赵庆，又是气恨包公子，恨不得立刻拿来出这口恶气。因对赵庆道：“老人家，你负此沉冤，何不写个诉呈，在上司处分晰呢？”

未知赵庆如何答对，且听下回分解。

第四十七回　错递呈权奸施毒计　巧结案公子辨奇冤

且说赵虎暗道：“我家相爷，赤心为国，谁知他的子侄如此不法。我何不将他指引到开封府，看我们相爷如何办理？是秉公呵，还是徇私呢？”想罢道：“你正该写个呈子分诉。”赵庆道：“小老儿上京投亲，正为递呈分诉。”赵虎道：“不知你想在何处去告呢？”赵庆道：“小老儿闻得大理寺文大人那里颇好。”赵爷道：“文大人虽好，总不如开封府包太师那里好。”赵庆道：“包太师虽好，唯恐这是他本家之人，未免要有些袒护，与事反为不美。”赵虎道：“你不知道，包太师办事极其公道，无论亲疏，总要秉正除奸。若在别人手里告了，他倒可托个人情，或者官府做个人情，那到有的。你若在他本人手里告了，他便得秉公办理，再也不能偏向的。”赵庆听了有理，便道：“既承指教，明日就在太师跟前告就是了。”赵虎道：“你且不要忙。如今相爷现在场内，约于十五日后，你再进城拦轿呈诉。”当下叫他吃饱了，却又在肚兜内摸出半锭银子来，道：“这还有五六天工夫呢，莫不成饿着吗？拿去做盘费用罢。”赵庆道：“小老儿既蒙赏吃点心，如何还敢受赐银两？”赵虎道：“这有什么要紧，你只管拿去。你若不要，俺就恼了。”赵庆只得接过来，千恩万谢地去了。

赵虎见赵庆去后，自己又饮了几杯，才出了饭铺，也不访查了，便往旧路归来。心中暗暗盘算，倒替相爷为难。此事要接了呈子，生气是不消说了，只是如何办法呢？自己又嘱咐：“赵虎吓赵虎，你今日回开封，可千万莫露风声，这可是要紧的吓！”他虽如此想，哪里知道凡事不可预料。他若是将赵庆带至开封，倒不能错，谁知他又细起心来了，这才闹的错大发了呢。赵虎在开封府等了几天，却不见赵庆鸣冤，心中暗暗辗转道："那老儿说是必来，如何总未到呢？难道他是个诓嘴吃的？若是如此，我那半锭银子花得才冤呢！"

你道赵庆为何不来？只因他过了五天，这日一早赶进城来，正走到热闹丛中，忽见两旁人一分，嚷道："闪开，闪开！太师爷来了，太师爷来了！"赵庆听见"太师"二字，便刹住脚步，等着轿子临近，便高举呈词，双膝跪倒，口中喊道："冤枉吓，冤枉！"只见轿已打杵，有人下马接过呈子，递入轿内。不多时，只听轿内说道："将这人带至府中问去。"左右答应一声。轿夫抬起轿来，如飞的竟奔庞府去了。你道这轿内是谁？却是太师庞吉。这老奸贼得了这张呈子，如拾珍宝一般，立刻派人请女婿孙荣与门生廖天成。及至二人来到，老贼将呈子与他等看了，只乐得手舞足蹈，屁滚尿流，以为此次可将包黑参倒了。又将赵庆叫到书房，好言好语，细细地问了一番。便大家商议，缮起奏折，预备明日呈递。又暗暗定计，如何行文搜查勒索的银两，又如何到了临期使他再不能更改。洋洋得意，乐不可言。

至次日，圣上临殿。庞吉出班，将呈子谨呈御览。圣上看了，心中有些不悦，立刻宣包公上殿，便问道："卿有几个侄儿？"包公不知圣意，只得奏道："臣有三个侄男。长次俱务农，唯有第三个却是生员，名叫包世荣。"圣上又问道："你这侄男可曾见过没有？"包公奏道："微臣自在京供职以来，并未回家。唯有臣的大侄见过，其余二侄、三侄俱未见过。"仁宗天子点了点头，便叫陈伴伴："将此摺递与包卿看。"包公恭敬捧过一看，连忙跪倒奏道："臣子侄不肖，理应严拿，押解来京，严加审讯。臣有家教不严之罪，亦当从重究治。仰恳天恩依律施行。"奏罢，便匍匐在地。圣上见包公毫无遮饰之词，又见他惶愧至甚，圣心反觉不安，道："卿家日夜勤劳王事，并未回家，如何能够知道家中事体？卿且平身，俟押解来京时，朕自有道理。"包公叩头，平身归班。圣上即传旨意：立刻行文，着该府、州、县，无论包世荣行至何方，立即押解驰驿来京。

此钞一发，如星飞电转，迅速之极。不一日，便将包三公子押解来京。刚到城内热闹丛中，见那壁厢一骑马飞也似跑来。相离不远，将马收住，滚鞍下来，便在旁边屈膝禀道："小人包兴，奉相爷钧谕，求众押解老爷略留情面，容小人与公子微述一言，再不能久停。"押解的官员听是包太师差人前来，谁也不好意思的，只得将马勒住道："你就是包兴吗？既是相爷有命，容你与公子见面就是了。但你主仆在那里说话呢？"那包兴道："就在这边饭铺罢，不过三言两语而已。"这官员便吩咐将闲人逐开。此时，看热闹的人山人海，谁不知包相爷的人情到了。又见这包三公子人品却也不俗，同定包兴进铺，自有差役暗暗跟随。不多会，便见出来。包兴又见了那位老爷，屈膝跪倒道："多承老爷厚情，容小人与公子一见。小人回去必对相爷细禀。"那官儿也只得说："给相爷请安。"包兴连声答应，退下来，抓鬃上马，如飞地去了。这里，押解三公子的先到兵马司挂号，然后便到大理寺听候纶音。谁知此时庞吉已奏明圣上，就交大理寺，额外添派兵马司、都察院三堂会审。圣上准奏。你道此贼又添此二处为何？只因兵马司是他女婿孙荣，都察院是他门生廖天成，全是老贼心腹。唯恐文彦博审的袒护，故此添派二处。他哪知道，文老大人忠正办事，毫无徇私呢？

不多时，孙荣、廖天成来到大理寺，与文大人相见。皆系钦命，难分主客，仍是文大人居了正位，孙、廖二人两旁侧坐。喊了堂威，便将包世荣带上堂来。便问他如何进香，如何勒索州县银两。包三公子因在饭铺听了包兴之言，说相爷已在各处托嘱明白，审讯之时，不必推诿，只管实说，相爷自有救公子之法。因此，三公子便道："生员奉祖母之命，太原进香。闻得苏杭名山秀水极多，莫若趁此进香，就便游玩。只因路上盘川缺少，先前原是在州县借用，谁知后来他们俱送程仪，并非有意勒索。"文大人道："既无勒索，那赵显谟如何休致？"包世荣道："生员乃一介儒生，何敢妄干国政？他休致不休致生员不得而知，想来是他才力不及罢了。"孙荣便道："你一路逢州遇县，到底勒索了多少银两？"包世荣道："随来随用，也记不清了。"

正问至此，只见进来一个虞候，却是庞太师寄了一封字儿，叫面交孙姑老爷的。孙荣接来看了，道："这还了得！竟有如此之多！"文大人便问道："孙大人，却是何事？"孙荣道："就是此子在外勒索的数目，家岳已令人暗暗查来。"文大人道："请借一观。"孙荣便道："请看。"递将过去。文大人见上面有各州县的消耗数目，后面又见有庞吉嘱托孙荣极力参奏包公的话头。看完了也不递给孙荣，便笼入袖内，望着来人说道："此系公堂之上，你如何擅敢妄传书信，是何道理？本当按照搅乱公堂办理，念你是太师的虞候，权且饶恕。左右，与我用棍打出去！"虞候唬了个心惊胆战，左右一喊，连忙逐下堂去。文大人对孙荣道："令岳做事太率意了。此乃法堂，竟敢遣人送书，于理说不去罢？"孙荣连连称"是"，字柬儿也不敢往回要了。廖天成见孙荣理屈，他却搭讪着问包世荣道："方才押解官回禀：包太师曾命人拦住马头，要见你说话，可是有的？"包世荣道："有的。无非告诉生员不必推诿，总要实说，求众位大人庇佑之意。"廖天成道："那人他叫什么名字？"包世荣道："叫包兴。"廖天成立刻吩咐差役，传包兴到案，暂将包世荣带下去。

不多时，包兴传到。孙荣一肚子闷气无处发挥，如今见了包兴，却作起威来，道："好狗才，你如何擅敢拦住钦犯，传说信息，该当何罪。讲！"包兴道："小人只知伺候相爷，不离左右，何尝拦住钦犯，又擅敢私传信息？此事包兴实实不知。"孙荣一声断喝道："好狗才，还敢强辩。拉下去重打二十！"可怜包兴无故遭此惨毒，二十板打得死而复生，心中想道："我跟了相爷多年，从来没受过这等重责。相爷审过多少案件，也从来没有这般的乱打。今日活该，我包兴遇见对头了。"早已横了心，再不招认此事。孙荣又问道："包兴，快快招上来！"包兴道："实在没有此事，小人一概不知。"孙荣听了，怒上加怒，吩咐左右请大刑。只见左右将三根木往堂上一掼。包兴虽是懦弱身躯，他却是雄心豪气，早已把死付于度外。何况这样刑具，他是看惯了的了，全然不惧，反冷笑道："大人不必动怒。大人既说小人拦住钦犯，私传信息，似乎也该把我家公子带上堂来，质对质对才是。"孙荣道："哪有工夫与你闲讲，左右，与我夹起来！”文大人在上，实实看不过，听不上，便叫左右把包世荣带上，当面对证。

包世荣上堂见了包兴，看了半天道：“生员见的那人虽与他相仿，只是黑瘦些，却不是这等白胖。”孙荣听了，自觉着有些不妥。忽见差役禀道：“开封府差主簿公孙策，赍有文书，当堂投递。”文大人不知何事，便叫领进来。公孙策当下投了文书，在一旁站立。文大人当堂拆封，将来文一看，笑容满面，对公孙策道：“他三个俱在此吗？”公孙策道：“是，现在外面。”文大人道：“着他们进来。”公孙策转身出去。文大人方将来文与孙、廖二人看了。两个贼登时就目瞪痴呆，面目更色，竟不知如何是好。

不多时，只见公孙策领进了三个少年，俱是英俊非常，独有第三个尤觉清秀。三个人向上打躬。文大人立起身来道：“三位公子免礼。”大公子包世恩、二公子包世勋却不言语，独有三公子包世荣道：“家叔多多上复文老伯，叫晚生亲至公堂，与假冒名的当堂质对。此事关系生员的声名，故敢冒昧直陈，望乞宽宥。”不料大公子一眼看见当堂跪的那人，便问道：“你不是武吉祥吗？”谁知那人见了三位公子到来，已然唬的魂不附体，如今又听大爷一问，不觉得抖衣而战，那里还答应得出来呢。文大人听了，问道：“怎么，你认得此人吗？”大公子道：“他是弟兄两个，他叫武吉祥，他兄弟叫武平安，原是晚生家的仆从。只因他二人不守本分，因此将他二人撵出去了。不知他为何又假冒我三弟之名前来。”文大人又看了看武吉祥，面貌果与三公子有些相仿，心中早已明白，便道：“三位公子请回衙署。”又向公孙策道：“主簿回去多多上复阁台，就说我这里即刻具本复奏，并将包兴带回，且听纶音便了。”三位公子又向上一躬，退下堂来。公孙策扶着包兴，一同回开封去了。

且说包公自那日被庞吉参了一本，始知三公子在外胡为。回到衙中，又气又恨又惭愧。气的是大老爷养子不教；恨的是三公子年少无知，在外闯此大祸，恨不能自己把他拿住，依法处置；所愧者，自己励精图治，为国忘家，不想后辈子侄不能恪守家范，以致生出事来，使我在大廷之上碰头请罪，真真令人羞死。从此后有何面目在相位忝居呢？越想越烦恼，这些日连饮食俱各减了。后来又听得三公子解到，圣上添了三堂会审，便觉心上难安。偏偏又把包兴传去，不知为着何事。正在踌躇不安之时，忽见差役带进一人，包公虽然认得，一时想不起来。只见那人朝上跪倒道：“小人包旺，与老爷叩头。”包公听了，方想起果是包旺，心中暗道：“他必是为三公子之事而来。”暂且按住心头之火，问道：“你来此何事？”包旺道：“小人奉了太老爷、太夫人、大老爷、大夫人之命，带领三位公子前来与相爷庆寿。”包公听了，不觉诧异道：“三位公子在哪里？”包旺道：“少刻就到。”包公便叫李才同定包旺在外立等，三位公子到了，即刻领来。二人领命去了。包公此时早已料到此事有些蹊跷了。少时，只见李才领定三位公子进来。包公一见，满心欢喜。三位公子参见已毕，包公搀扶起来，请了父母的安好，候了兄嫂的起居。又见三人中，唯有三公子相貌清奇，更觉喜爱，便叫李才带领三位公子进内给夫人请安。包公既见了三位公子，便料定那个是假冒名的了。立刻请公孙先生来，告诉了此事，急办文书，带领三位公子到大理寺当面质对。

此时，展爷与卢义士、四勇士俱各听明了，唯有赵虎暗暗更加欢喜。展南侠便带领三义四勇，来到书房，与相爷称贺。包公此时把连日闷气登时消尽，见了众人进来，更觉欢喜畅快，便命大家坐了。就此，将此事测度了一番。然后又问了问这几日访查的光景，俱各回言并无下落。还是卢方忠厚的心肠，立了个主意道："恩相为此事甚是焦心，而且钦限又紧，莫若恩相再遇圣上追问之时，且先将卢方等三人奏知圣上，一来且安圣心，二来理当请罪。如能够讨下限来，岂不又缓一步吗？"包公道："卢义士说的也是，且看机会便了。"正说间，公孙策带领三位公子回来，到了书房参见。

未知后事如何，且听下回分解。

第四十八回　访奸人假公子正法　贬佞党真义士面君

且说公孙策与三位公子回来，将文大人之言一一禀明。大公子又将认得冒名的武吉祥也回了。唯有包兴一瘸一拐，见了包公，将孙荣蛮打的情节述了一遍。包公安慰了他一番，叫他且自歇息将养。众人彼此见了三位公子，也就告别了。来至公厅，大家设席与包兴压惊。里面却是相爷与三位公子接风掸尘，就在后面同定夫人、三位公子叙天伦之乐。

单言文大人具了奏折，连庞吉的书信与开封府的文书，俱各随摺奏闻。天子看了又喜又恼，喜的是包卿子侄并无此事，可见他传家有法，不愧诗书门第，将来总可以继绍簪缨。恼的是庞吉屡与包卿作对，总是他的理亏。如今索性与孙荣等竟成群党，全无顾忌，这不是有意要陷害大臣吗？他真要如此，叫朕也难庇护了。便将文彦博原摺、案卷、人犯，俱交开封府问讯。

包公接到此旨，看了案卷，升堂略问了问赵庆。将武吉祥带上堂来，一鞫即服。又问他："同事者多少人？"武吉祥道："小人有个兄弟，名叫武平安，他原假充包旺，还有两个伴当。不想风声一露，他们就预先逃走了。"包公因有庞吉私书，上面有查来各处数目，不得不问。果然数目相符。又问他："有个包兴曾给你送信，却在何处？说的是何言语？"武吉祥便将在饭铺内说的话一一回明。包公道："若见了此人，你可认得吗？"武吉祥道："若见了面，自然认得。"包公叫他画招，暂且收监。包公问道："今日当值的是谁？"只见下面上来二人，跪禀道："是小人江樊、黄茂。"包公看了，又添派了马、步快头耿春、郑平二人，吩咐道："你四人前往庞府左右细细访查，如有面貌与包兴相仿的只管拿来。"四个人领命去了。包公退堂来至书房，请了公孙先生来商议具摺复奏,并定罪名处分等事不表。

且言领了相谕的四人,暗暗来到庞府,分为两路细细访查。及至两下里四个人走个对头,俱各摇头。四人会意,这是没有的缘故。彼此纳闷,可往那里去寻呢?真真事有凑巧,只见那边来了个醉汉,旁边有一人用手相搀,恰恰的仿佛包兴。四人喜不自胜,就迎了上来。只听那醉汉道:“老二吓,你今儿请了我了,你算包兴兄弟了;你要是不请我呀,你可就是包兴的儿子了。”说罢哈哈大笑。又听那人道:“你满嘴里说的是些什么!喝点酒儿混闹。这叫人听见,是什么意思?”说话之间,四人已来到跟前,将二人一同获住,套上铁链,拉着就走。这人唬得面目焦黄,不知何事。那醉汉还胡言乱语地讲交情过节儿,四个人也不理他。及至来到开封府,着二人看守,二人回话。

包公正在书房与公孙先生商议奏折,见江樊、耿春二人进来,便将如何拿的一一禀明。包公听了,立刻升堂。先将醉汉带上来问道:“你叫什么名字?”醉汉道:“小人叫庞明,在庞府账房里写帐。”包公问道:“那一个,他叫什么?”庞明道:“他叫庞光,也在庞府账房里。我们俩是同手儿伙计。”包公道:“他既叫庞光,为何你又叫他包兴呢? 讲!”庞明说:“这个……那个……他是什么件事情。他……这……那么……这么件事情呢。”包公吩咐:“掌嘴!”庞明忙道:“我说,我说! 他原当过包兴,得了十两银子。小人才呕着他,喝了他个酒儿。就是说兄弟咧,儿子咧,我们原本玩笑,并没有打架拌嘴,不知为什么就把我们拿来了。”包公吩咐将他带下去,把庞光带上堂来。包公看了,果然有些仿佛包兴,把惊堂木一拍道:“庞光,你把假冒包兴情由诉上来!”庞光道:“并无此事吓。庞明是喝醉了,满口里胡说。”包公叫提武吉祥上堂,当面认来。武吉祥见了庞光道:“合小人在饭铺说话的正是此人。”庞光听了,心下慌张。包公吩咐拉下去,重打二十大板。打得他叫苦连天,不能不说。便将庞吉与孙荣、廖天成在书房如何定计,“恐包三公子不应,故此叫小人假扮包兴,告诉三公子只管应承,自有相爷解救。别的,小人一概不知。”包公叫他画了供,同武吉祥一并寄监,俟参奏下来再行释放。庞明无事,叫他去了。

包公仍来至书房,将此事也叙入摺内。定了武吉祥御刑处死:“至于庞吉与孙荣、廖天成私定阴谋,拦截钦犯,传递私信,皆属挟私陷害,臣不敢妄拟罪名,仰乞圣聪明示,睿鉴施行。”此本一上,仁宗看毕,心中十分不悦。即明发上谕:“庞吉屡设奸谋,频施毒计,挟制首相,谗害大臣,理宜贬为庶民,以惩其罪。姑念其在朝有年,身为国戚,着仍加恩赏给太师衔,赏食全俸,不准入朝从政。倘再不知自励,暗生事端,即当从重治罪。孙荣、廖天成阿附庞吉,结成党类,实属不知自爱,俱着降三级调用。馀依议。钦此。”此旨一下,众人无不称快。包公奉旨,用狗头铡将武吉祥正法,庞光释放。赵庆亦着他回去,额外赏银十两。立刻行文到管城县,赵庆仍然在役当差。此事已结,包公便庆寿辰,圣上与太后俱有赏赉。至于众官祝贺,凡送礼者俱是璧回,众官亦多有不敢送者,因知相爷为人忠梗无私。不必细述。过了生辰,即叫三位公子回去。唯有三公子,包公甚是喜爱,叫他回去禀明了祖父、祖母与他父母，仍来开封府，在衙内读书，自己与他改正诗文，就是科考亦甚就近。打发他等去后，办下谢恩折子，预备明日上朝呈递。

次日入内递摺请安。圣上召见，便问访查的那人如何。包公趁机奏道："那人虽未拿获，现有他同伙三人自行投到。臣已讯明，他等是陷空岛内卢家庄的五鼠。"圣上听了问道："何以谓之五鼠？"包公奏道："是他五个人的绰号：第一盘桅鼠卢方，第二是彻地鼠韩彰，第三是穿山鼠徐庆，第四是混江鼠蒋平，第五是锦毛鼠白玉堂。"圣上听了，喜动天颜，道："听他们这些绰号，想来就是他们本领了。"包公道："正是。现今唯有韩彰、白玉堂不知去向，其余三人俱在臣衙内。"仁宗道："既如此，卿明日将此三人带进朝内，朕在寿山福海御审。"包公听了，心下早已明白。这是天子要看看他们的本领，故意的以御审为名。如果要御审，又何必单在寿山福海呢？再者，包公为何说盘桅鼠、混江鼠呢？包公为此筹划已久，恐说出"钻天""翻江"，有犯圣忌，故此改了，这也是怜才的一番苦心。当日早朝已毕，回到开封，将事告诉了卢方等三人，并着展爷与公孙先生等明日俱随入朝，为照应他们三人。又嘱咐了他三人多少言语，无非是敬谨小心而已。

到了次日，卢方等绝早的就披上罪裙罪衣。包公见了，吩咐不必，俟圣旨召见时，再穿不迟。卢方道："罪民等今日朝见天颜，理宜奉公守法。若临期再穿，未免简慢，不是敬君上之理。"包公点头道："好，所论极是。若如此，本阁可以不必再嘱咐了。"便上轿入朝。展爷等一群英雄，跟随来至朝房，照应卢方等三人，不时地问问茶水等项。卢方到了此时，唯有低头不语，蒋平也是暗自沉吟，独有楞爷徐庆，东瞧西望，问了这里，又打听那边，连一点安顿气儿也是没有。忽见包兴从那边跑来，口内打哧，又点手儿。展爷已知是圣上过寿山福海那边去了，连忙同定卢方等随着包兴往内里而来。包兴又悄悄嘱咐卢方道："卢员外不要害怕，圣上要问话时，总要据实陈奏。若问别的，自有相爷代奏。"卢方连连点头。

刚来至寿山福海，只见宫殿楼阁，金碧交辉；宝鼎香烟，氤氲结彩；丹墀之上，文武排班。忽听钟磬之音嘹亮，一对对提炉引着圣上升了宝殿，顷刻肃然寂静。却见包相牙笏上捧定一本，却是卢方等的名字，跪在丹墀。圣上宣至殿上，略问数语，出来了。老伴伴陈林来至丹墀之上道："旨意带卢方、徐庆、蒋平。"此话刚完，早有御前侍卫，将卢方等一边一个架起胳膊，上了丹墀。任你英雄好汉，到了此时没有不动心的。慢说卢、蒋二人，连浑楞儿的徐庆，他也觉心中乱跳。两边的侍卫又将他等一按，悄悄说道："跪下。"三人匍匐在地，侍卫往两边一闪。圣上见他等觳觫战栗，不敢抬头。叫卢方抬起头来。卢方秉正向上，仁宗看了，点了点头，暗道："看他相貌出众，武艺必定超群。"因问道："居住何方？结义几人？作何生理？"卢方一一奏罢。圣上又问他："因何投到开封府？"卢方连忙叩首奏道："罪民因白玉堂年幼无知，惹下滔天大祸，全是罪民素日不能规箴忠告善导，致令酿成此事。唯有仰恳天恩，将罪民重治其罪。"奏罢，叩头碰地。

仁宗见他情甘替白玉堂认罪，真不愧结盟的义气，圣心大悦。忽见那边忠烈祠旗杆上黄旗被风刮的嘲喇喇乱响，又见两旁的飘带有一根却裹住滑车。圣上却借题发挥道："卢方，你为何叫作盘桅鼠?"卢方奏道："只因罪民船上篷索断落，罪民曾爬桅结索，因此叫为盘桅鼠，实乃罪民末技。"圣上道："你看，那旗杆上飘带缠绕不清，你可能够上去解开吗?"卢方跪着，扭项一看，奏道："罪民可以勉力巴结。"圣上命陈林将卢方领下丹墀，脱去罪衣罪裙，来到旗杆之下。他便挽掖衣袖，将身一纵，蹲在夹杆石上，只用手一扶旗杆，两膝一蜷，只听哧哧哧哧，犹如猿猴一般，迅速之极，早已到了挂旗之处。先将绕在旗杆上的解开，只见他用腿盘旗杆，将身形一探，却把滑车上的也就脱落下来。此时，圣上与群臣看得明白，无不喝彩。忽又见他伸开一腿，只用一腿盘住旗杆，将身体一平，双手一伸，却在黄旗一旁又添上了一个顺风旗。众人看了，谁不替他耽惊。忽又用了个拨云探月架势，将左手一甩，将那一条腿早离了杆。这一下，把众人吓了一跳。及至看时，他早用左手单挽旗杆，又使了个单展翅。下面自圣上以下，无不喝彩连声。猛见他把头一低，滴溜溜顺将下来，仿佛失手的一般。却把众人唬着了，齐说："不好!"再一看时，他却从夹杆石上跳将下来，众人方才放心。天子满心欢喜，连声赞道："真不愧'盘桅'二字。"陈林仍带卢方上了丹墀，跪在旁边。

看第二名的叫彻地鼠韩彰，不知去向。圣上即看第三的，名叫穿山鼠徐庆，便问道："徐庆。"徐庆抬起头来，道："有!"他这声答应的极其脆亮。天子把他一看，见他黑漆漆一张面皮，光闪闪两个环睛，鲁莽非常，毫无畏惧。

不知仁宗看了问出什么话来，且听下回分解。

第四十九回　金殿试艺三鼠封官　佛门递呈双乌告状

话说天子见那徐庆鲁莽非常，因问他如何穿山。徐庆道："只因我……"蒋平在后面悄悄拉他，提拔道："罪民，罪民!"徐庆听了，方说道："我——罪民在陷空岛连钻十八孔，故此人人叫我——罪民穿山鼠。"圣上道："朕这万寿山也有山窟，你可穿得过去吗?"徐庆道："只要是通的就钻的过去。"圣上又派了陈林将徐庆领至万寿山下，徐庆脱去罪衣罪裙。陈林嘱咐他道："你只要穿山窟过去，应个景儿即便下来，不要耽延工夫。"徐庆只管答应，谁知他到了半山之间，见个山窟，把身子一顺就不见了，足有两盏茶时不见出来。陈林着急道："徐庆，你往哪里去了?"忽见徐庆在南山尖之上应道："唔，俺在这里。"这一声，连圣上与群臣俱各听见了。卢方在一旁跪着暗暗着急，恐圣上见怪。谁知徐庆应了一声又不见了，陈林更自着急。等了多会，方见他从山窟内穿出。陈林连忙点手呼他下来。此时，徐庆已不成模样，浑身青苔，满头尘垢。陈林仍把他带在丹墀，跪在一旁。圣上连连夸奖："果真不愧‘穿山’二字。”

又见单上第四名混江鼠蒋平。天子往下一看，见他身材渺小，再搭着匍匐在地，更显猥琐。及至叫他抬起头来，却是面黄肌瘦，形如病夫。仁宗有些不悦，暗想道：“看他这光景，如何配称混江鼠呢？”无奈何问道：“你既叫混江鼠，想是会水了？”蒋平道：“罪民在水间能开目视物，能水中整个月住宿，颇识水性，因此唤作混江鼠。这不过是罪民小巧之技。”仁宗听说“颇识水性”四字，更不喜悦。立刻吩咐备船，叫陈林：“进内取朕的金蟾来。”少时，陈伴伴取到。天子命包公细看，只见金漆木桶之中，内有一只三足蟾。宽有三寸按三才，长有五寸遵五行，两个眼睛如琥珀一般，一张大口恰似胭脂，碧绿的身子，雪白的肚儿，更趁着两个金睛圈儿，周身的金点儿，实实好看，真是稀奇之物。包公看了赞道：“真乃奇宝。”天子命陈林带着蒋平上一只小船。却命太监提了木桶，圣上带领首相及诸大臣登在大船之上。此时，陈林看蒋平光景，唯恐他不能捉蟾，悄悄告诉他道：“此蟾乃圣上心爱之物，你若不能捉时，趁早言语。我与你奏明圣上，省得吃罪不起。”蒋平笑道：“公公但请放心，不要多虑。有水靠求借一件。”陈林道：“有，有。”立刻叫小太监拿几件来。蒋平挑了一身极小的，脱了罪衣罪裙，穿上水靠，刚刚合体。只听圣上那边大船上太监手提木桶，道：“蒋平，咱家这就放蟾了。”说罢，将木桶口儿向下，底儿朝上，连蟾带水俱各倒在海内。只见那蟾在水皮之上发愣。陈林这边紧催蒋平：“下去，下去！”蒋平却不动。不多时，那蟾灵性清醒，三足一晃就不见了。蒋平方向船头将身一顺，连个声息也无，也不见了。

天子那边看得真切，暗道：“看他入水势颇有能为，只是金蟾唯恐遗失。”眼睁睁往水中观看，半天不见影响。天子暗说：“不好！朕看他懦弱身躯，如何禁的住在水中许久。别是他捉不住金蟾，畏罪自溺死了罢？这是怎么说！朕为一蟾，要人一命，岂是为君的道理。”正在着急，忽见水中咕嘟嘟翻起泡来。此泡一翻，连众人俱各猜疑了：这必是沉了底儿了。仁宗好生难受。君臣只顾远处观望，未想到船头以前，忽然水上起波，波纹往四下里一开，发了一个极大的圈儿。从当中露出人来，却是面向下，背朝上，真是河漂子一般。圣上看了，不由得一怔。猛见他将腰一拱，仰起头来。却是蒋平在水中跪着，两手上下合拢。将手一张，只听金蟾在掌中呱呱地乱叫。天子大喜道：“岂但颇识水性，竟是水势精通了！真是好混江鼠，不愧其称。”忙吩咐太监，将木桶另注新水。蒋平将金蟾放在里面，跪在水皮上，恭恭敬敬向上叩了三个头。圣上及众人无不夸赞。见他仍然踏水奔至小船，脱了衣靠。陈林更喜，仍把他带往金銮殿来。

此时圣上已回转殿内，宣包公进殿，道：“朕看他等技艺超群，豪侠尚义。国家总以鼓励人才为重，朕欲加封他等职衔，以后也令有本领的各怀向上之心。卿家以为何如？”包公原有此心，恐圣上设疑，不敢启奏，今一闻此旨，连忙跪倒奏道：“圣主神明，天恩浩荡。从此大开进贤之门，实国家之大幸也。”仁宗大悦，立刻传旨，赏了卢方等三人，也是六品校尉之职，俱在开封供职。又传旨，务必访查白玉堂、韩彰二人，不拘时日。包公带领卢方等谢恩。天子驾转回宫。

包公散朝来到衙署，卢方等三人重新又叩谢了包公。包公甚喜，却又谆谆嘱咐："务要访查二义士、五义士，莫要辜负圣恩。"公孙策与展爷、王、马、张、赵俱各与三人贺喜，独有赵虎心中不乐，暗自思道："我们辛苦了多年，方才挣得个校尉。如今他三人不发一刀一枪，便也是校尉，竟自与我等为伍。若论卢大哥，他的人品轩昂，为人忠厚，武艺超群，原是好的。就是徐三哥，直直爽爽，就合我赵虎的脾气似的，也还可以。独有那姓蒋的，三分不像人，七分不像鬼，瘦的那个样儿，眼看着成了干儿了，不是筋连着也就散了！他还说动话儿，闹雁儿孤，尖酸刻薄，怎么配与我老赵同堂办事呢？"心中老大不乐。因此，每每聚谈饮酒之间，赵虎独独与蒋平不对，蒋爷毫不介意。他等一壁里访查正事，一壁里彼此聚会，又耽延了一个月的光景。

这一天，包公下朝，忽见两个乌鸦随着轿呱呱乱叫，再不飞去。包公心中有些疑惑。又见有个和尚迎轿跪倒，双手举呈，口呼"冤枉"。包兴接了呈子，随轿进了衙门。包公立刻升堂，将诉呈看毕，把和尚带上来问了一堂。原来此僧名叫法明，为替他师兄法聪辩冤。即刻命将和尚暂带下去，忽听乌鸦又来乱叫。及至退堂来到书房，包兴递了一盏茶，刚刚接过，那两个乌鸦又在檐前呱呱乱叫。包公放下茶杯，出书房一看，仍是那两个乌鸦。包公暗暗道："这乌鸦必有事故。"吩咐李才将江樊、黄茂二人唤进来，李才答应。不多时，二人跟了李才进来，到书房门首。包公就差他二人跟随乌鸦前去，看有何动静。江、黄二人忙跪下禀道："相爷叫小人跟随乌鸦往那里去？请即示下。"包公一声断喝道："哇，好狗才，谁许你等多说？派你二人跟随，你便跟去。无论是何地方，但有形迹可疑的即便拿来见我。"说罢，转身进了书房。

江、黄二人彼此对瞧了瞧，不敢多言，只得站起，对乌鸦道："往那里去？走呀！"可煞作怪，那乌鸦便展翅飞起，出衙去了。二人哪敢怠慢，赶出了衙门。却见乌鸦在前，二人不管别的，低头看看脚底下，却又仰面瞧瞧乌鸦，不分高低，没有理会已到城外旷野之地。二人吁吁带喘。江樊道："好差使眼儿，两条腿跟着带翅儿的跑。"黄茂道："我可顽不开了。再要跑，我就要暴脱了。你瞧我这浑身汗，全透了。"忽见那边飞了一群乌鸦来，连这两个裹住。江樊道："不好咧，完了，咱们这两个呀呀儿哟了，好汉打不过人多。"说着话，两个便坐在地下，仰面观瞧。只见左旋右舞，飞腾上下，如何分得出来呢？江、黄二人为难："这可怎么样呢？"猛听得那边树上呱呱乱叫。江樊立起身来一看，道："伙计，你在这里呢。好吓，他两个会顽吓，敢则躲在树里藏着呢。"黄茂道："知道是不是？"江樊道："咱们叫他一声儿。老鸦吓，该走咧！"只见两个乌鸦飞起，向着二人乱叫，又往南飞去了。江樊道："真奇怪！"黄茂道："别管他，咱们且跟他到那里。"二人赶步向前。刚刚来至宝善庄，乌鸦却不见了，见有两个穿青衣的，一个大汉，一个后生。江樊猛然省悟道："伙计，二青吓。"黄茂道："不错，双皂吓。"

二人说完，尚在犹疑，只见那二人从小路上岔走。大汉在前；后生在后，赶不上大汉，一着急却跌倒了，把靴子脱落了一只，却露出尖尖的金莲来。那大汉看见，转回来身将他扶起，又把靴子拾起叫他穿上。黄茂早赶过来道："你这汉子，要拐那妇人往那里去？"一伸手就要拿人。哪知大汉眼快，反把黄茂腕子拢住往怀里一领，黄茂难以挣扎，便顺水推舟地趴下了。江樊过来嚷道："故意的女扮男装，必有事故，反将我们伙计摔倒，你这厮有多大胆？"说罢，才要动手，只见那大汉将手一晃，一展眼间，右胁下就是一拳。江樊往后倒退了几步，身不由己的也就仰面朝天地躺下了。他二人却好，虽则一个趴着，一个躺着，却骂不绝口，又不敢起来和他较量。只听那大汉对后生说："你顺着小路过去，有一树林，过了树林，就看见庄门了。你告诉庄丁们，叫他等前来绑人。"那后生忙忙顺着小路去了。不多时，果见来了几个庄丁，短棍铁尺，口称："主管，拿什么人？"大汉用手往地下一指道："将他二人捆了，带至庄中见员外去。"庄丁听了，一齐上前，捆了就走。绕过树林，果见一个广梁大门。江、黄二人正要探听探听，一直进了庄门，大汉将他二人带至群房道："我回员外去。"不多时，员外出来，见了公差江樊，只唬得惊疑不止。

不知为了何事，且听下回分解。

第五十回　彻地鼠恩救二公差　白玉堂智偷三件宝

且说那员外迎面见了两个公差，谁知他却认得江樊，连忙吩咐家丁快快松了绑缚，请到里面去坐。你道这员外却是何等样人？他姓林，单名一个春字，也是个不安本分的。当初同江樊他两个人，原是破落户出身，只因林春发了一注外财，便与江樊分手。江樊却又上了开封府当皂隶，暗暗的熬上了差役头目。林春久已听得江樊在开封府当差，就要仍然结识于他。谁知江樊见了相爷秉正除奸，又见展爷等英雄豪侠，心中羡慕，颇有向上之心。他竟改邪归正，将夙日所为之事一想，全然不是在规矩之中，以后总要做好事、当好人才是。不想今日被林春主管雷洪拿来，见了员外却是林春。林春连声"恕罪"，即刻将江樊、黄茂让至待客厅上。献茶已毕，林春欠身道："实实不知是二位上差，多有得罪。望乞看当初的分上，务求遮盖一二。"江樊道："你我原是同过患难的，这有什么要紧？但请放心。"说罢执手，别过头来，就要起身，这本是个脱身之计。不想林春更是奸猾油透的，忙拦道："江贤弟，且不必忙。"便向小童一使眼色。小童连忙端出一个盘子，里面放定四封银子。林春笑道："些许薄礼，望乞笑纳。"江樊道："林兄，你这就错了。似这点事儿，有甚要紧，难道用这银子买嘱小弟不成？断难从命。"林春听了，登时放下脸来道："江樊，你好不知时务。我好意念昔日之情，赏脸给你银两，你竟敢推托。想来你是仗着开封府，藐视于我。好，好！”回头叫声：“雷洪，将他二人吊起来，给我着实拷打。立刻叫他写下字样，再回我知道。”

雷洪即吩咐庄丁捆了二人，带至东院三间屋内。江樊、黄茂也不言语，被庄丁推至东院，甚是宽阔，却有三间屋子，是两明一暗。正中柁上有两个大环，环内有链，链上有钩。从背缚之处伸下钩来钩住腰间丝绦，往上一拉，吊的脚刚离地，前后并无倚靠。雷洪叫庄丁搬个座位坐下，又吩咐庄丁用皮鞭先抽江樊。江樊到了此时，便把当初的泼皮施展出来，骂不绝口。庄丁连抽数下，江樊谈笑自若道：“松小子，你们当家的惯会打算盘，一点荤腥儿也不给你们吃，尽与你们豆腐，吃的你们一点劲儿也没有。你这是打人呢，还是与我去痒痒呢？”雷洪闻听，接过鞭子来，一连抽了几下。江樊道：“还是大小子好。他到底儿给我抓抓痒痒，孝顺孝顺我呀。”雷洪也不理他，又抽了数下。又叫庄丁抽黄茂。黄茂也不言语，闭眼合睛，唯有咬牙忍痛而已。江樊见黄茂捱死打，唯恐他一哼出来就不是劲儿了。他却拿话往这边领着说：“你们不必抽他了，他的困大，抽着抽着就睡着了。你们还是孝顺我来吧。”雷洪听了，不觉怒气填胸，向庄丁手内接过皮鞭子来，又打江樊。江樊却是嬉皮笑脸。闹的雷洪无法，只得歇息歇息。

此时日已衔山，将有掌灯时候，只听小童说道：“雷大叔，员外叫你老吃饭呢。”雷洪叫庄丁等皆吃饭去，自己出来将门带上，扣了锅儿，同小童去了。这屋内江、黄二人听了听外面寂静无声，黄茂悄悄说道：“江大哥，方才要不是你拿话儿领过去，我有点顽不开了。”江樊道：“你等着罢，回来他来了，这顿打那才够驮的呢。”黄茂道：“这可怎么好呢？”忽见里间屋内一人啼哭，却看不出是什么模样。江樊问道：“你是什么人？”那人道：“小老儿姓豆，只因同小女上汴梁投亲去，就在前面宝善庄打尖。不想这员外由庄上回来，看见小女，就要抢掠。多亏了一位义士姓韩名彰，救了小老儿父女二人，又赠了五两银子。不料不识路径，竟自走入庄内，却就是这员外庄里。因此被他仍然抢回，将我拘禁在此，尚不知我女儿性命如何？”说着说着就哭了。江、黄二人听了说是韩彰，满心欢喜道：“咱们倘能脱了此难，要是找着韩彰，这才是一件美差呢。”

正说至此，忽听钌铞儿一响，将门闪开一缝，却进来了一人。火扇一晃，江、黄二人见他穿着夜行衣靠，一色是青。忽听豆老儿说道：“原来是恩公到了。”江、黄听了此言，知是韩彰，忙道：“二员外爷，你老快救我们才好。”韩彰道：“不要忙。”从背后抽出刀来，将绳索割断，又把铁链钩子摘下，江、黄二人已觉痛快。又放了豆老儿。那豆老儿因捆他的工夫大了，又有了年纪，一时血脉不能周流。韩彰便将他等领出屋来，悄悄道：“你们在何处等等，我将林春拿住，交付你二人好去请功。再找找豆老的女儿在何处。只是这院内并无藏身之所，你们在何处等呢？”忽见西墙下有个极大的马槽扣在那里，韩彰道：“有了，你们就藏在马槽之下如何呢？”江樊道：“叫他二人藏在里面罢，我是闷不惯的。我一人好找地方，另藏在别处罢。”说着就将马槽一头掀起，黄茂与豆老儿跑进去，仍然扣好。

二义士却从后面上房，见各屋内灯光明亮，他却伏在檐前往下细听。有一个婆子说道："安人，你这一片好心，每日烧香念佛的，只保佑员外平安无事罢。"安人道："但愿如此。只是再也劝不过来的，今日又抢了一个女子来，还锁在那边屋里呢，不知又是什么主意？"婆子道："今日不顾那女子了。"韩爷暗喜："幸而女子尚未失身。"又听婆子道："还有一宗事最恶呢！原来咱们庄南有个锡匠，叫什么季广，他的女人倪氏，合咱们员外不大清楚。只因锡匠病才好了，咱们员外就叫主管雷洪定下一计策，叫倪氏告诉他男人，说他病时曾许下在宝珠寺烧香。这寺中有个后院子，是一块空地，并丘着一口棺材，墙却倒塌不整。咱们雷洪就在那里等他。"安人问道："等他做什么？"婆子道："这就是他们定的计策。那倪氏烧完了香，就要上后院子小解，解下裙子来搭在丘子上，及至小解完了就不见了，因此他就回了家了。到了半夜，有人敲门嚷道：'送裙子来了。'倪氏叫他男人出去，就被人割了头去了。这倪氏就告到祥符县，说庙内昨日失去裙子，夜间夫主就被人杀了。县官听罢，就疑惑庙内和尚身上，即派人前去搜寻。却于庙内后院丘子旁边，见有浮土一堆，刨开看时，就是那条裙子包着季广的脑袋呢。差人就把本庙的和尚法聪拿了去了。用酷刑审问，他如何能招呢？谁知法聪有个师弟名叫法明，募化回来听见此事，他却在开封府告了。咱们员外听见此信，恐怕开封问事厉害，万一露出马脚来不大稳便。因此，又叫雷洪拿了青衣小帽，叫倪氏改装藏在咱们家里，就在东跨所，听说今晚成亲。你老人家想想，这是什么事？平白无故的生出这等毒计！"

韩爷听毕，便绕至东跨所，轻轻落下。只听屋内说道："那开封府断事如神，你若到了那里，三言两语包管露出马脚来，那还了得。如今这个法子，谁想得到你在这里呢？这才是万年无忧呢。"妇人说道："就只一宗，我今日来时，遇见两个公差，偏偏的又把靴子掉了，露出脚来。喜的好在拿住了，千万别要把他们放走了。"林春道："我已告诉雷洪，三更时把他们结果了就完了。"妇人道："若如此，事情才得干净呢。"韩二爷听至此，不由气往上撞，暗道："好恶贼！"却用手轻轻地掀起帘栊，来至堂屋之内。见那边放着软帘，走至跟前，猛然的将帘一掀，口中说道："嚷就是一刀！"却把刀一晃，满屋明亮。林春这一唬不小，见来人身量高大，穿着一身青靠，手持明亮亮的刀，借灯光一照，更觉难看，便跪倒哀告道："大王爷饶命！若用银两，我去取去。"韩彰道："俺自会取，何用你去！且先把你捆了再说。"见他穿着短衣，一回头看见丝绦放在那里，就一伸手拿过来，将刀咬在口中，用手将他捆了个结实。又见有一条绢子，叫林春张开口，给他塞上。再看那妇人时，已经哆嗦在一堆。顺手提将过来，却把拴帐钩的绦子割下来，将妇人捆了。又割下一副飘带，将妇人的口也塞上。正要回身出来找江樊等，忽听一声嚷，却是雷洪到东院持刀杀人去了，不见江、黄、豆老，连忙呼唤庄丁搜寻，却在马槽下搜出黄茂、豆老，独独不见了江樊，只得来禀员外。韩爷早迎至院中，劈面就是一刀。雷洪眼快，用手中刀尽力一磕，几乎把韩爷的刀磕飞。韩爷暗道："好力量！"二人往来多时，韩爷技艺虽强，吃亏了力软；雷洪的本领不济，便宜力大，所谓"一力降十会"。韩爷看看不敌，猛见一块石头飞来，正打在雷洪的脖颈之上，不由得向前一栽。韩爷手快，反背就是一刀背，打在脊梁骨上。这两下才把小子闹了个嘴吃屎。韩爷刚要上前，忽听道："二员外不必动手，待我来。"却是江樊，上前将雷洪捆了。

原来江樊见雷洪呼唤庄丁搜查，他却隐在黑暗之处。后见拿了黄茂、豆老，雷洪吩咐庄丁："好生看守，待我回员外去。"雷洪前脚走，江樊却后边暗暗跟随。因无兵刃，走着随便拣了一块石头儿，在手内拿着。可巧遇韩爷同雷洪交手，他却暗打一石，不想就在此石上成功。韩爷又搜出豆女，交付与林春之妻，吩咐候案完结时，好叫豆老儿领去。复又放了黄茂、豆老。江樊等又求韩爷护送，便把窃听设计谋害季广，法聪含冤之事一一叙说明白。江樊又说："求二员外亲至开封府去。"并言卢方等已然受职。韩爷听了却不言语，转眼之间就不见了。江、黄二人却无奈何，只得押解二人来到开封。把二义士解救，以及拿获林春、倪氏、雷洪，并韩彰说的谋害季广，法聪冤枉之事，俱各禀明了。

包公先差人到祥符县提法聪到案，然后立刻升堂带上林春、倪氏、雷洪等一干人犯，严加审讯。他三人皆知包公断事如神，俱各一一招认。包公命他们俱画招具结收禁，按例定罪。仍派江樊、黄茂带了豆老儿到宝善庄，将他女儿交代明白，投亲去罢。及至法聪提到，又把原告法明带上堂来，问他等乌鸦之事。二人发怔，想了多时，方才想起。原来这两个乌鸦是宝珠寺庙内槐树上的，因被风雨吹落，两个雏鸦将翎摔伤。多亏法聪好好装在筐箩内将养，任其飞腾自去，不意竟有鸣冤之事。包公听了点头，将他二人释放无事。

此案已结，包公来到书房，用毕晚饭，将有初鼓之际，江、黄二人从宝善庄回来，将带领豆老儿将他女儿交代明白的话回了一遍。包公念他二人勤劳辛苦，每人赏银二十两。二人叩谢，一齐立起。刚要转身，又听包公唤道："转来。"二人连忙止步，向上侍立。包公又细细询问韩彰，二人重新细禀一番，方才出来。包公细想："韩彰不肯来之事，是何缘故？并且告诉他卢方等圣上并不加罪，已皆受职。他听了此言，应当有向上之心，如何又隐秘而不来呢？"猛然省悟道："哦，是了，是了。他因白玉堂未来，他是绝不肯先来的。"正在思索之际，忽听院内"拍"的一声，不知是何物落下。包兴连忙出去，却拾进一个纸包儿来，上写着"急速拆阅"四字。包公看了，以为必是匿名帖子，或是其中别有隐情。拆阅看时，里面包一个石子，有个字柬儿上面写着："我今特来借三宝，暂且携归陷空岛。南侠若到卢家庄，管叫'御猫'跑不了。"包公看罢，便叫包兴前去看视三宝，又令李才请展护卫来。不多时展爷来至书房，包公即将字柬与展爷看了。展爷忙问道："相爷可曾差人看三宝去了没有？"包公道："已差包兴看视去了。"展爷不胜惊骇道："相爷中了他拍门投石问路之计了。"包公问道："何以谓之投石问路呢？"展爷道："这来人本不知三宝在于何处，故写此字，令人设疑。若不使人看视，他却无法可施；如今已差人看视，这是领了他去了。此三宝必失无疑了。"正说至此，忽听那边一片声喧，展爷吃了一惊。

不知所嚷为何，且听下回分解。

第五十一回　寻猛虎双雄陷深坑　获凶徒三贼归平县

且说包公正与展爷议论石子来由，忽听一片声喧，乃是西耳房走了水了。展爷连忙赶至那里，早已听见有人嚷道："房上有人！"展爷借火光一看，果然房上站立一人。连忙用手一指，放出一枝袖箭。只听扑哧一声，展爷道："不好，又中了计了。"一眼却瞧见包兴在那里张罗救火，急忙问道："印官看视三宝如何？"包兴道："方才看了，丝毫没动。"展爷道："你再看看去。"正说间，三义、四勇俱各到了。此时，耳房之火已然扑灭。原是前面窗户纸引着，无甚要紧。只见包兴慌张跑来，说道："三宝真是失去不见了！"展爷即飞身上房。卢方等闻听，亦皆上房。四个人四下搜寻，并无影响。下面却是王、马、张、赵前后稽查，也无下落。展爷与卢爷等仍从房上回来，却见方才用箭射的乃是一个皮人子，脚上用鸡爪钉扣定瓦垄，原是吹膨了的，因用袖箭打透冒了风，也就摊在房上了。愣爷徐庆看了道："这是老五的。"蒋爷捏了他一把。展爷却不言语，卢方听了好生难受，暗道："五弟做事太阴毒了。你知我等现在开封府，你却盗去三宝，叫我等如何见相爷？如何对得起众位朋友？"他哪里知道相爷处还有个知照帖儿呢。

四人下得房来，一同来至书房。此时，包兴已回禀包公，说三宝失去。包公叫他不用声张。却好见众人进来参见包公，俱各认罪。包公道："此事原是我派人瞧的不好了，况且三宝亦非急需之物，有甚稀罕。你等莫要声张，俟明日慢慢访查便了。"众英雄见相爷毫不介意，只得退出。来到公所之内，依卢方还要前去追赶，蒋平道："知道五弟向何方而去，不是望风扑影吗？"展爷道："五弟回了陷空岛了。"卢方问道："何以知之？"展爷道："他回明了相爷，还要约小弟前去，故此知之。"便把方才字柬上的言语念出。卢方听了好不难受，惭愧满面，半晌道："五弟做事太任性了，这还了得！还是我等赶了他去为是。"展爷知道卢方乃是忠厚热肠，忙拦道："大哥是断断去不得的。"卢方道："却是为何？"展爷道："请问大哥，赶上五弟，合五弟要三宝不要？"卢方道："焉有不要之理。"展爷道："却又来。合他要，他给了便罢，他若不给，难道真个翻脸拒捕，从此就义断情绝了吗？我想此事还是小弟去的是理。"蒋平道："展兄，你去了恐有些不妥，五弟他不是好惹的。"展爷听了不悦道："难道陷空岛是龙潭虎穴不成？"蒋平道："虽不是龙潭虎穴，只是五弟做事令人难测，阴毒得很。他这一去，必要设下埋伏。一来陷空岛大哥路径不熟，二来知道他设下什么圈套？莫若小弟明日回禀了相爷，先找我二哥。我二哥若来了，还是我等回至陷空岛将他稳住，作为内应，大哥再去，方是万全之策。"展爷听了，才待开言，只听公孙策道："四弟言之有理，展大哥莫要辜负四弟一番好意。"展爷见公孙先生如此说，只得将话咽住，不肯往下说了，唯有心中暗暗不平而已。

到了次日，蒋平见了相爷，回明要找韩彰去。并因赵虎每每有不合之意，要同张龙、赵虎同去。包公听说要找韩彰，甚合心意，因问向何方去找。蒋平回道："就在平县翠云峰。因韩彰的母亲坟墓在此峰下，年年韩彰必于此时拜扫，故此要到那里寻找一番。"包公甚喜，就叫张、赵二人同往。张龙却无可说，独有赵虎一路上合蒋平闹了好些闲话。蒋爷只是不理，张龙在中间劝阻。这一日打尖吃饭，刚刚坐下，赵虎就说："咱们同桌儿吃饭，各自会钱，谁也不必扰谁。你道好吗?"蒋爷笑道："很好，如此方无拘束。"因此各自要的各自吃，我也不吃你的，你也不吃我的。幸亏张龙唯恐蒋平脸上下不来，反在其中周旋打和儿。赵虎还要说闲话，蒋爷止于笑笑而已。及至吃完，堂官算账，赵虎务必要分算。张龙道："且自算算，柜上再分去。"到柜上问时，柜上说蒋老爷已然都给了。却是跟蒋老爷的伴当，进门时就把银包交付柜上，说明了如有人问，就说蒋老爷给了。天天如此，张龙好觉过意不去。蒋平一路上听闲话，受作践，不一而足。

好容易到了翠云峰，半山之上有个灵佑寺。蒋爷却认得庙内和尚，因问道："韩爷来了没有?"和尚答道："却未到此扫墓。"蒋平听了满心欢喜，以为必遇韩彰无疑，就与张、赵二人商议在此庙内居住等候。赵虎前后看了一回，见云堂宽阔豁亮，就叫伴当将行李安放在云堂，同张龙住了。蒋平就在和尚屋内同居。偏偏的庙内和尚俱各吃素，赵虎他却耐不得，向庙内借了碗盏家伙，自己起灶，叫伴当打酒买肉，合心配口而食。

伴当这日提了竹筐，拿了银两下山去了。不多时，却又转来。赵虎见他空手回来，不觉发怒道："你这厮向何方去了多时，酒肉尚未买来?"抡拳就要打。伴当连忙往后一退，道："小人有事回爷。"张龙道："贤弟，且容他说。"赵虎掣回拳来道："快讲！说不是我再打。"伴当道："小人方才下山，走到松林之内，见一人在那里上吊。见了是救吓是不救呢?"赵虎说："那还用问吗？快些救去，救去!"伴当道："小人已救下来，将他带了来了。"赵虎笑道："好小子！这才是。快买酒肉去吧。"伴当道："小人还有话回呢。"赵虎道："好唠叨，还说什么?"张龙道："贤弟，且叫他说明再买不迟。"赵虎道："快，快，快。"伴当道："小人问他为何上吊，他就哭了。他说他叫包旺。"赵虎听了，连忙站起身来，急问道："叫什么?"伴当道："叫包旺。"赵虎道："包旺怎么样？讲，讲，讲!"伴当说："他奉了太老爷、太夫人、大老爷、大夫人之命，特送三公子上开封府衙内攻书，昨晚就在山下前面客店之中住下。因月色颇好，出来玩赏。行至松林，猛然出来了一只猛虎，就把他相公背了走了。"赵虎听至此，不由怪叫吆喝道："这还了得！这便怎么处?"张龙道："贤弟不必着急，其中似有可疑。既是猛虎，为何不用口衔呢，却背了他去了？这个光景必然有诈。"叫伴当将包旺快让进来。

不多时，伴当领进。赵虎一看，果是包旺。彼此见了，让座道受惊。包旺因前次在开封府见过张、赵二人，略为谦让，即便坐了。张、赵又细细盘问了一番，果是虎背了去了。此时包旺便道："自开封回家，一路平安。因相爷喜爱三公子，禀明太老爷、太夫人、大老爷、大夫人，就命我护送赴署。不想昨晚住在山下店里，公子要踏月。走至松林，出来一只猛虎，把公子背了去。我今日寻找一天，并无下落，因此要寻自尽。"说罢痛哭。张、赵二人听毕，果是虎会背人，事有可疑。他二人便商议，晚间在松林搜寻，倘然拿获，就可以问出公子的下落来了。此时，伴当已将酒肉买来，收拾妥当。叫包旺且免愁烦，他三人一处吃毕饭。赵虎喝得醉醺醺的就要走，张龙道："你我也须装束伶便，各带兵刃。倘然真有猛虎，也可除此一方之害。咱们这个样儿如何与虎斗呢？"说罢，脱去外面衣服，将褡包勒紧。赵虎也就扎缚停当，各持了利刀，叫包旺同伴当在此等候。

他二人下了山峰，来到松林之下。趁着月色，赵虎大呼小叫道："虎在那里？虎在哪里？"左一刀，右一晃，乱砍乱晃。忽见那边树上跳下二人，咕噜噜的就往西飞跑。原来有二人在树上隐藏，远远见张、赵二人奔入林中，手持利刀，口中乱嚷虎在那里，又见明亮亮的钢刀在月光之下一闪一闪，光芒冷促。这两个人害怕，暗中计较道："莫若如此如此，这般这般。"因此跳下树来，往西飞跑。张、赵二人见了，紧紧追来。

却见前面有破屋二间，墙垣倒塌，二人奔入屋内去了。张、赵亦随后追来。愣爷不管好歹，也就进了屋内。又无门窗，户壁四角俱空，那里有个人影。赵虎道："怪呀，明明进了屋子，为何不见了呢？莫不是见了鬼咧！或者是什么妖怪？岂有此理！"东瞧西望，一步凑巧，忽听哗啷一声，蹲下身一摸，却是一个大铁环，钉在木板子上边。张龙亦进屋内，觉得脚下咕咚咕咚地响，就有些疑惑。忽听赵虎说："有了，他藏在这下边呢！"张龙说："贤弟如何知道？"赵虎说："我揪住铁环了。"张龙道："贤弟千万莫揭此板。你就在此看守，我回到庙内将伴当等唤来，多拿火亮，岂不拿个稳当的。"赵虎却耐烦不得道："两个毛贼，有什么要紧？且自看看再做道理。"说罢一提铁环，将板掀起，里面黑洞洞任什么看不见。用刀往下一试探，却是土基台阶："哼，里面必有蹊跷，待俺下去。"张龙道："贤弟且慢。"此话未完，赵虎已然下去。张龙唯恐有失，也就跟将下去。谁知下面台阶狭窄而直，赵爷势猛，两脚收不住，咕噜噜竟自滚下去了。口内连说："不好！不好！"里面的二人早已备下绳索，见赵虎滚下来，哪肯容情，两人服侍一个人，登时捆了个结实。张爷在上面听见赵虎连说："不好不好"，不知何故，一时不得主意，心内一慌，脚下一跐，也就溜下去了。里面二人早已等候，又把张爷捆缚起来。

这且不言。再说包旺在庙内，自从张、赵二人去后，他方细细问明伴当，原来还有蒋平，他三人是奉相爷之命，前来访查韩二爷的。因问："蒋爷现在哪里？"伴当便将赵爷与蒋爷不睦，一路上把蒋爷欺侮苦咧，到此还不肯同住。幸亏蒋爷有涵容，全不计较，故此自己在和尚屋内住了。包旺听了，心下明白。直等到天有三更，未见张、赵回来，不由满腹狐疑，对伴当说："你看已交半夜，张、赵二位还不回来，其中恐有差池。莫若你等随我同见蒋爷去。"伴当也因夜深不得主意，即领了包旺来见蒋爷。此时蒋平已然歇息,忽听说包旺来到,又听张、赵二人捉虎未回,连忙起来细问一番,方知他二人初鼓已去。自思:“他二人此来,原是我在相爷跟前撺掇。如今他二人若有闪失,我却如何复命呢?”连忙束缚伶便,背后插了三棱鹅眉刺,吩咐伴当等:“好生看守行李,千万不准去寻我等。”

别了包旺,来至庙外,一纵身先步上高峰峻岭。见月光皎洁,山色晶莹,万籁无声,四围静寂。蒋爷侧耳留神,隐隐闻得西北上犬声乱吠,必有村庄。连忙下了山峰,按定方向奔去,果是小小村庄。自己蹑足潜踪,遮遮掩掩,留神细看。见一家门首站立二人,他却隐在一棵大树之后。忽听门开处,里面走出一人道:“二位贤弟,夤夜至此何干?”只听那二人道:“小弟等在地窖子里拿了二人,问他却是开封府的校尉。我等听了不得主意,是放好还是不放好呢?故此特来请示大哥。”又听那人说:“哎呀,竟有这等事!那是断断放不得的。莫若你二人回去将他等结果,急速回来,咱三人远走高飞,趁早儿离开此地要紧。”二人道:“既如此,大哥就归着行李,我们先办了那宗事去。”说罢,回身竟奔东南,蒋泽长却暗暗跟随,二人慌慌张张的竟奔破房前来。

此时蒋爷从背后拔出钢刺,见前面的已进破墙,他却紧赶一步,照着后头走的这一个人的肩窝就是一刺,往怀里一带。那人站不稳,跌倒在地,一时挣扎不起。蒋爷却又蹿入墙内,只听前面地问道:“外面什么咕咚一响?”话未说完,好蒋平,钢刺已到。躲不及,右胁上已然着重,“嗳”的一声翻跟头栽倒。蒋爷赶上一步,就势按倒,解他腰带,三环五扣的捆了一回。又到墙外,见那一人方才起来就要跑。真好泽长!赶上前,窝里炮踢倒,也就捆缚好了,将他一提,提到破屋之内。事有凑巧,脚却扫着铁环。又听得空洞之中似有板盖,即用手提环掀起木板,先将这个往下一扔,侧耳一听,只听咕噜咕噜地落在里面,摔的“哎呀”一声。蒋爷又听无什动静,方用钢刺试步而下。到了里面一看,却有一间屋子大小,是一个瓮洞窖儿,那壁厢点着一个灯挂子。再一看时,见张、赵二人捆在那里。张龙羞见,却一言不发。赵虎却嚷道:“蒋四哥,你来得正好,快快救我二人吓!”蒋平却不理他。把那人一提,用钢刺一指问道:“你叫何名,共有几人,快说!”那人道:“小人叫刘豸,上面那个叫刘獬,方才邓家洼那一个叫武平安,原是我们三个。”蒋爷又问道:“昨晚你等假扮猛虎背去的人呢?放在哪里?”刘豸道:“那是武平安背去的,小人们不知。就知昨晚上他亲姐姐死了,我们帮着抬埋的。”蒋平问明此事,只听那边赵虎嚷道:“蒋四哥,小弟从此知道你是个好的了。我们两个人没有拿住一个,你一个人拿住二名。四哥敢则真有本事,我老赵佩服你了。”蒋平就过来将他二人放起,张、赵二人谢了。蒋平道:“莫谢,莫谢,还得上邓家洼呢,二位老弟随我来。”三人出了地窖,又将刘獬提起,也扔在地窖之内,将板盖又压上一块石头。

蒋平在前,张、赵在后,来至邓家洼。蒋平指与门户,悄悄说:“我先进去,然后二位老弟叩门,两下一挤,没他的跑儿。”说着一纵身体,一股黑烟进了墙头,连个声息也无,赵虎暗暗夸奖。张龙此时在外叩门,只听里面应道:“来了。”门未开时就问:“二位可将那二人结果了?”及至开门时,赵虎道:“结果了!”披胸就是一把,揪了个结实。武平安刚要挣扎,只觉背后一人揪住头发,他那里还能支持,立时缚住。三人又搜寻一遍,连个人影也无,唯有小小包裹放在那里。赵虎说:“别管他,且拿他娘的。”蒋爷道:“问他三公子现在何处?”武平安说:“已逃走了。”赵虎就要用拳来打。蒋爷拦住道:“贤弟,此处也不是审他的地方,先押着他走。”三人押定武平安到了破屋,又将刘豸、刘獬从地窖里提出,往回里便走。来至松林之内,天已微明,却见跟张、赵的伴当寻下山来,便叫他们好好押解,一同来至庙中,约了包旺,竟赴平县而来。

谁知县尹已坐早堂,为宋乡宦失盗之案。因有主管宋升,声言窝主是学究方善先生,因有金镯为证。正在那里审问方善一案,忽见门上进来禀道:“今有开封府包相爷差人到了。”县尹不知何事,一面吩咐快请,一面先将方善收监。这里才吩咐,已见四人到了面前。县官刚刚站起,只听有一矮胖之人说道:“好县官吓!你为一方之主,竟敢纵虎伤人,并且伤的是包相爷的侄男。我看你这纱帽是要带不牢的了。”县官听了发怔,却不明白此话,只得道:“众位既奉相爷钧谕前来,有话请坐下慢慢地讲。”吩咐看座。坐了,包旺先将奉命送公子赴开封,路上如何住宿,因步月如何遇虎,将公子背去的话说了一遍。蒋爷又将拿获武平安、刘豸、刘獬的话说了一遍,并言俱已解到。

县官听得已将凶犯拿获,暗暗欢喜,立刻吩咐带上堂来,先问武平安将三公子藏于何处。武平安道:“只因那晚无心中背了一个人来,回到邓家洼小人的姐姐家中,此人却是包相爷的三公子包世荣。小人与他有杀兄之仇,因包相审问假公子一案,将小人胞兄武吉祥用狗头铡铡死。小人意欲将三公子与胞兄祭灵……”赵虎听至此,站起来举手就要打,亏了蒋爷拦住。又听武平安道:“不想小人出去打酒买纸锞的工夫,小人姐姐就把三公子放他逃走了。”赵爷听至此,又哈哈的大笑说:“放得好!放得好!底下怎么样呢?”武平安道:“我姐姐叫我外甥邓九如找我说:‘三公子逃走了。’小人一闻此言急急回家,谁知我姐姐竟自上了吊死咧。小人无奈,烦人将我姐姐掩埋了。偏偏的我外甥邓九如,他也就死了。”

未知如何,且听下回分解。

第五十二回 感恩情许婚方老丈 投书信多亏宁婆娘

且说蒋平等来至平县,县官立刻审问武平安。武平安说他姐姐因私放了三公子后,竟自自缢身死。众人听了,已觉可惜。忽又听说他外甥邓九如也死了,更觉诧异。县官问道:“邓九如多大了?”武平安说:“今年才交七岁。”县官说:“他小小年纪如何也死了呢?”武平安道:“只因埋了他母亲之后,他苦苦的合小人要他妈。小人一时性起,就将他踢了一顿脚,他就死在山洼子里咧。”赵虎听至此,登时怒气填胸,站将起来,就把武平安尽力踢了几脚,踢得他满地打滚。还是蒋、张二人劝住。又问了问刘豸、刘獬,也就招认因贫起见,就帮着武平安每夜行劫度日。俱供是实,一齐寄监。县官又向蒋平等商议了一番,唯有赶急访查三公子下落要紧。

你道这三公子逃脱何方去了?他却奔至一家,正是学究方善,乃是一个饱学的寒儒。家中并无多少房屋,只是上房三间,却是方先生同女儿玉芝小姐居住,外有厢房三间做书房。那包世荣投到他家,就在这屋内居住。只因他年幼书生,自小娇生惯养,那里受的这样辛苦,又如此惊唬,一时之间就染起病来。多亏了方先生精心调理,方觉好些。一日,方善上街给公子打药,在路上拾了一只金镯,看了看,拿至银铺内去瞧成色,恰被宋升看见,讹诈窝家,扭至县内,已成讼案。即有人送了信来,玉芝小姐一听他爹爹遭了官司,那里还有主意咧,便哭哭啼啼。家中又无别人,幸喜有个老街坊,是个婆子,姓宁,为人正直爽快,爱说爱笑,人人皆称他为宁妈妈。这妈妈听见此事,有些不平,连忙来到方家。见玉芝已哭成泪人相似,宁妈妈好生不忍。玉芝一见如亲人一般,就央求他到监中看视。那妈妈满口应承,即到了平县。

谁知那些衙役快头俱与他熟识,众人一见,彼此玩玩笑笑,嗽嗽呕呕,便领他到监中看视。见了方先生,又向众人说些浮情照应的话,并问官府审的如何。方先生说:“自从到时,刚要过堂,不想为什么包相爷的侄儿一事,故此未审。此时县官竟为此事为难,无暇及此。”方善又问了问女儿玉芝,就从袖中取出一封字柬,递与宁妈妈道:“我有一事相求。只因我家外厢房中住着个荣相公,名唤世宝。我见他相貌非凡,品行出众,而且又是读书之人,堪与我女儿配偶,求妈妈玉成其事。”宁婆道:“先生现遇此事,何必忙在此一时呢?”方善道:“妈妈不知,我家中并无多余的房屋,而且又无仆妇丫鬟,使怨女旷夫未免有瓜田李下之嫌疑。莫若把此事说定了,他与我有翁婿之谊,玉芝与他有夫妻之分,他也可以照料我家中,别人也就无的说了。我的主意已定,只求妈妈将此封字柬与相公看了。倘若不允,就将我一番苦心向他说明,他再无不应之理。全仗妈妈玉成。”宁妈妈道:“先生只管放心,谅我这张口,说了此事必应。”方善又嘱托家中照料,宁婆一一应允,急忙回来。

见了玉芝,先告诉他先生在监无事,又悄悄告诉他许婚之意,“现有书信在此,说这荣相公人品学问俱是好的,也活该是千里婚姻一线牵。”那玉芝小姐见有父命,也就不言语了。婆婆问道:“这荣相公在书房里吗?”玉芝无奈答道:“现在书房。因染病才好,尚未痊愈。”妈妈说:“待我看看去。”来到厢房门口,故意高声问道:“荣相公在屋里吗?”只听里面应道:“小生在此,不知外面何人?请进屋内来坐。”妈妈来至屋内一看,见相公伏枕而卧,虽是病容,果然清秀,便道:“老身姓宁,乃是方先生的近邻。因玉芝小姐求老身往监中探望他父亲,方先生却托我带了一个字柬给相公看看。”说罢,从袖中取出递过。三公子拆开看毕,说道:“这如何使得?

我受方恩公莫大之恩，尚未答报，如何赶他遇事，却又定他的女儿？这事难以从命。况且又无父母之命，如何敢做？”宁婆道：“相公这话就说差了。此事原非相公本心，却是出于方先生之意。再者他因家下无人，男女不便，有瓜李之嫌，是以托老身多多致意。相公既说受他莫大之恩，何妨应允了此事，再商量着救方先生呢。”三公子一想：“难得方老先生这番好心，而且又名分攸关，倒是应了的是。”

宁婆见三公子沉吟，知他有些允意，又道：“相公不必犹疑，这玉芝小姐谅相公也未见过，真是生的端庄美貌，赛画是的，而且贤德过人。又兼诗词歌赋无不通晓，皆是跟他父亲学的，至于女工针黹，更是精巧非常。相公若是允了，真是天配良缘咧。”三公子道：“多承妈妈劳心，小生应下就是了。”宁婆道：“相公既然应允，大小有点聘定，老身明日也好回复先生去。”三公子道：“聘礼尽有，只是遇难奔逃，不曾带在身边，这便怎么处？”宁婆婆道：“相公不必为难，只要相公拿定主意，不可食言就是了。”三公子道：“丈夫一言既出，如白染皂，何况受方夫子莫大之恩呢。”宁婆道：“相公实在说得不错。俗语说得好：‘知恩不报恩，枉为世上人。’再者女婿有半子之情，想个什么法子救救方先生才好呢？”三公子说：“若要救方夫子，极其容易。只是小生病体甫愈，不能到县。若要寄一封书信，又怕无人敢递去，事在两难。”宁妈妈说：“相公若肯寄信，待老身与你送去如何？就是怕你的信不中用。”三公子说：“妈妈只管放心，你要敢送这书信，到了县内，叫他开中门，要见县官面为投递。他若不开中门，县官不见，千万不可将此书信落于别人之手。妈妈你可敢去吗？”宁妈妈说：“这有什么呢，只要相公的书信灵应，我可怕怎的？待我取笔砚来，相公就写起来。”说着话，便向那边桌上拿了笔砚，又在那书夹子里取了个封套笺纸，递与三公子。三公子拈笔在手，只觉得手颤，再也写不下去。宁妈妈说：“相公素日喝冷酒吗？”三公子说：“妈妈有所不知，我病了两天，水米不曾进，心内空虚，如何提的起笔来。必须要进些饮食方可写，不然我实实写不来的。”宁婆道：“既如此，我做一碗汤来，喝了再写如何？”公子道：“多谢妈妈。”

宁婆离了书房，来至玉芝小姐屋内，将话一一说了，“只是公子手颤，不能写字，须进些羹汤，喝了好写。”玉芝听了此话，暗道：“要开中门，见官府亲手接信，必有来历。”忙与宁婆商议，又无荤腥，只得做碗素面汤，滴上点香油儿。宁婆端至书房，向公子道：“汤来了。”公子挣扎起来，已觉香味扑鼻，连忙喝了两口说：“很好！”及至将汤喝完，两鬓额角已见汗，登时神清气爽。略略歇息，提笔一挥而就。宁妈妈见三公子写信不加思索，迅速之极，满心欢喜，说道：“相公写完了，念与我听。”三公子说：“是念不得的，恐被人窃听了去，走漏风声，那还了得。”

宁妈妈是个精明老练之人，不戴头巾的男子，唯恐书中有了舛错，自己到了县内是要吃眼前亏的。他便搭讪着，袖了书信，悄悄地拿到玉芝屋内，叫小姐看了。不由暗暗欢喜，深服爹爹眼力不差。便把不是荣相公，却是包公子，他将名字颠倒瞒人耳目，以防被人陷害的话说了，“如今他这书上写着，奉相爷谕进京，不想行至松林，遭遇凶事，险些被害等情。妈妈只管前去投递，是不妨事的。这书上还要县官的轿子接他呢。"婆子听了,乐得两手拍不到一块,急急来至书房,先见了三公子,请罪道:"婆子实在不知是贵公子,多有简慢,望乞公子爷恕罪。"三公子说:"妈妈悄言,千万不要声张。"宁婆道:"公子爷放心,这院子内一个外人没有,再也没人听见。求公子将书信封妥,待婆子好去投递。"三公子这里封信,宁妈妈他便出去了。不多时,只见他打扮的齐整,虽无绫罗缎匹,却也干净朴素。三公子将书信递与他,他仿佛奉圣旨的一般,打开衫子,揣在贴身胸前主腰子里。临行,又向公子福了一福,方才出门,竟奔平县而来。

刚进衙内,只见从班房里出来了一人,见宁婆道:"呀,老宁,你这个样怎么来了?别是又要找个主儿罢?"宁婆道:"你不要胡说,我问你,今儿个谁的班?"那人道:"今个是魏头儿。"一壁说着,叫道:"魏头儿,有人找你!这个可是熟人。"早见魏头儿出来,宁婆道:"原来是老舅该班呢吗,辛苦咧!没有什么说的,好兄弟,姐姐劳动劳动你。"魏头儿说:"又是什么事?昨日进监探老方,许了我们一个酒儿还没给我喝呢,今日又怎么来了?"宁婆道:"口子大小总要缝,事情也要办。姐姐今儿来,特为此一封书信,可是要觌面见你们官府的。"魏头儿听了道:"哎呀,你越闹越大咧!衙门里递书信或者使得,我们官府也是你轻易见得的?你别给我闹乱儿了,这可比不得昨日是私情儿。"宁婆道:"傻兄弟,姐姐是做什么的?当见的我才见呢,横竖不能叫你受热。"魏头儿道:"你只管这么说,我总有点不放心。倘或闹出乱子,那可不是玩的。"旁边有一人说:"老魏吓,你特胆小咧。他既这么说,想来有拿手,是当见的,你只管回去。老宁不是外人,回来可得喝你个酒儿。"宁婆道:"有咧,姐姐请你二人。"

说话间,魏头儿已回禀了出来道:"走罢,官府叫你呢。"宁婆道:"老舅,你还得辛苦辛苦。这封信,本人交与我时,叫我告诉衙内,不开中门不许投递。"魏老儿听了,将头一摇,手一摆,说:"你这可胡闹!为你这封信要开中门,你这不是搅吗?"宁妈说:"你既不开,我就回去。"说罢,转身就走。魏头儿忙拦住道:"你别走呀。如今已回明了,你若走了,官府岂不怪我,这是什么差事呢?你真这么着,我了不了吓!"宁婆见他着急,不由笑道:"好兄弟,你不要着急。你只管回去,就说我说的,此事要紧,不是寻常书信,必须开中门方肯投递。管保官府见了此书,不但不怪,巧咧咱们姐们还有点彩头儿呢。"孙书吏在旁听宁婆之话有因,又知道他素日为人再不干荒唐事,就明白书信必有来历,是不能不依着他,便道:"魏头儿,再与他回禀一声,就说他是这么说的。"魏头儿无奈,复又进去,到了当堂。

此时蒋、张、赵三位爷连包旺四个人,正与县官要主意呢。忽听差役回禀,有一婆子投书。依县官是免见,还是蒋爷机变,就怕是三公子的密信,便在旁说:"容他相见何妨。"去了半晌,差役回禀,又说那婆子要叫开中门方投此信,他说事有要紧。县官闻听此言,不觉沉吟,料在必有关系,吩咐道:"就与他开中门,看他是何等书信。"差役应声,开放中门,出来对宁婆道:"全是你缠不清,差一点我没吃上。快走吧!"宁婆不慌不忙,迈开尺半的花鞋,咯噔咯噔进了中门,直上大堂,手中高举书信，来至堂前。县官见婆子毫无惧色，手擎书信，县官吩咐差役将书接上来。差人刚要上前，只听婆子道："此书须太爷亲接，有机密事在内，来人吩咐的明白。"县官闻听事有来历，也不问是谁，就站起来出了公座，将书接过。婆子退在一旁。拆阅已毕，又是惊骇，又是欢悦。

蒋平已然偷看明白，便向前道："贵县理宜派轿前往。"县官道："那是理当。"此时，包旺已知有了公子的下落，就要跟随前往。赵虎也要跟，蒋爷拦住道："你我奉相爷命，各有专司，比不得包旺，他是当去的，咱们还是在此等候便了。"赵虎道："四哥说得有理，咱们就在此等罢。"差役魏头儿听得明白，方才放心。只见宁婆道："婆子回禀老爷，既叫婆子引路，他们轿夫腿快，如何跟得上？与其空轿抬着，莫若婆子坐上，又引了路，又不误事，又叫包公子看看，知是太老爷敬公子之意。"县官见他是个正直稳重的老婆儿，即吩咐："既如此，你即押轿前往。"

未识后文如何，且听下回分解。

第五十三回　蒋义士二上翠云峰　展南侠初到陷空岛

且说县尹吩咐宁婆坐轿去接，那轿夫头儿悄悄说："老宁吓，你太受用了。你坐过这个轿吗？"婆子说："你夹着你那个嘴罢。就是这个轿子，告诉你说罢，姐姐连这回坐了三次了。"轿夫头儿听了也笑了，吩咐摘杆。宁婆迈进轿杆，身子往后一退，腰儿一哈，头儿一低，便坐上了。众轿夫俱各笑道："瞧不起他真有门儿。"宁婆道："唔，你打量妈妈是个怯条子呢。孩子们，给安上扶手。你们若走得好了，我还要赏你们稳轿钱呢。"此时，包旺已然乘马，又派四名衙役跟随，簇拥着去了。县官立刻升堂，将宋升带上，说他诬告良人，掌了十个嘴巴，逐出衙外，即吩咐带方善。方善上堂，太爷令去刑具，将话言明，又安慰了他几句。学究见县官如此看待，又想不到与贵公子联姻，心中快乐之极，满口应承："见了公子，定当替老父台分解。"县官吩咐看座，大家俱各在公堂等候。

不多时，三公子来到。县官出迎，蒋、张、赵三位亦皆迎了出来。公子即要下轿，因是初愈，县官吩咐抬至当堂，蒋平等亦俱参见。三公子下轿，彼此各有多少谦逊的言辞。公子向方善又说了多少感激的话头。县官将公子让至书房，备办酒席，大家逊坐。三公子与方善上座，蒋爷与张、赵左右相陪，县官坐了主位。包旺自有别人款待，饮酒叙话。县官道："敝境出此恶事，幸将各犯拿获，唯邓九如不见尸身。武平安虽说他已死，此事还须细查。相爷跟前，还望公子善言。"公子满口应承，却又托付照应舍亲方夫子并宁妈妈。唯有蒋平等奉相谕访查韩彰之事，说明他三人还要到翠云峰探听探听，然后再与公子一同进京，就请公子暂在衙内将养。他等也不待席终，便先告辞去了。这里，方先生辞了公子，先回家看视女儿玉芝，又与宁妈妈道乏。他父女欢喜之至，自不必说。三公子处，自有包旺精心服侍。县官除办公事，有闲暇之时，必来与公子闲谈，一切周旋，自不必细表。

且说蒋平等三人复又来至翠云峰灵佑寺庙内，见了和尚，先打听韩二爷来了不曾。和尚说道："三位来得不巧，韩二爷昨日就来与老母祭扫坟墓，今早就走了。"三人听了，不由得一怔。蒋爷道："我二哥可曾提往那里去吗？"和尚说："小僧已曾问过，韩爷说：'丈夫以天地为家，焉有定踪。'信步行去，不知去向。"蒋爷听了，半晌叹了一口气道："此事虽是我做得不好，然而皆因五弟而起，致令二哥飘蓬无定，如今闹的连一个居址之处也是无有。这便如何是好呢？"张龙说："四兄不必为难。咱们且在这方近左右访查访查，再做理会。"蒋平无奈，只得说道："小弟还要到韩老伯母坟前看看，莫若一同前往。"说罢，三人离了灵佑寺，慢慢来到墓前，果见有新化的纸灰。蒋平对着荒丘，又叹息了一番，将身跪倒，拜了四拜，真个是乘兴而来，败兴而返。赵虎说："既找不着韩二哥，咱们还是早回平县为是。"蒋平道："今日天气已晚，赶不及了，只好仍在庙中居住，明早回县便了。"三人复回至庙中，同住在云堂之内，次日即回平县而去。你道韩爷果真走了吗？他却仍在庙内，故意告诉和尚，倘若他等找来，你就如此如此的答对他们。他却在和尚屋内住了。偏偏此次赵虎务叫蒋爷在云堂居住，因此失了机会。不必细述。

且言蒋爷三人回至平县，见了三公子，说明未遇韩彰，只得且回东京，定于明日同三公子起身。县官仍用轿子送公子进京，已将旅店行李取来，派了四名衙役。却先到了方先生家叙了翁婿之情，言明到了开封，禀明相爷，即行纳聘。又将宁妈妈请来道乏，那婆子乐了个事不有余。然后大家方才动身，竟奔东京而来。

一日，来到京师。进城之时，蒋、张、赵三人一拍坐骑先到了开封，进署见过相爷，先回明未遇韩彰，后言公子遇难之事，从头至尾说了一遍。相爷叫他们俱各歇息去了。不多时三公子来到，参见了包公。包公问他如何遇害，三公子又将已往情由细述了一番。事虽凶险，包公见三公子面上毫不露遭凶逢险之态，唯独提到邓九如深加爱惜。包公察公子的神情气色，心地志向，甚是合心。公子又将方善被诬，情愿联姻，侄儿因受他大恩，擅定姻盟的事也说了一遍。包公疼爱公子，满应全在自己身上。三公子又赞平县县官，很为侄儿费心，不但备了轿子送来，又派四名衙役护送。包公听了，立刻吩咐赏随来的衙役轿夫银两，并写回信道乏道谢。

不几日间，平县将武平安、刘豸、刘獬一同解到。包公又审讯了一番，与原供相符，便将武平安也用狗头铡铡了，将刘豸、刘獬定了斩监候。此案结后，包公即派包兴赍了聘礼，即行接取方善父女，送至合肥县小包村，将玉芝小姐交付大夫人好生看待，候三公子考试之后，再行授室。自己具了禀帖，回明了太老爷、太夫人、大兄嫂、二兄嫂，联此婚姻皆是自己的主意，并不提及三公子私定一节。三公子又叫包兴暗暗访查邓九如的下落。方老先生自到了包家村，独独与宁老先生合得来，也是前生的缘分。包公又派人查买了一顷田，纹银百两，库缎四匹，赏给宁婆，以为养老之资。

且言蒋平自那日来到开封，到了公所，诸位英雄俱各见了，单单不见了南侠，心中就有些疑惑，连忙问道："展大哥那里去了？"卢方说："三日前起了路引，上松江去了。"蒋爷听了着急道："这是谁叫展兄去的？大家为何不拦阻他呢？"公孙先生说："劣兄拦至再三，展大哥断不依从。自己见了相爷，起了路引，他就走了。"蒋平听了，跌足道："这又是小弟多话不是了。"王朝问道："如何是四弟多话的不是呢？"蒋平说："大哥想前次小弟说的言语，叫展大哥等我，等找了韩二哥回来作为内应，句句原是实话。不料展大哥错会了意了，当作激他的言语，竟自一人前去。众位兄弟有所不知，我那五弟做事有些诡诈。展大哥此去，若有差池，这岂不是小弟多说的不是了吗？"王朝听了，便不言语。蒋平又说："此次小弟没有找着二哥，昨在路上又想了个计较。原打算我与卢大哥、徐三哥约会着展兄同到茉花村，找着双侠丁家二弟兄，大家商量个主意，找着老五要了三宝，一同前来以了此案。不想展大哥竟自一人走了，此事倒要大费周折了。"公孙策说："依四弟怎么样呢？"蒋爷道："再无别的主意，只好我弟兄三人明日禀明相爷，且到茉花村见机行事便了。"大家闻听，深以为然。这且不言。

原来南侠忍心耐性等了蒋平几天，不见回来，自己暗想道："蒋泽长话语带激，我若真个等他，显见我展某非他等不行。莫若回明恩相，起个路引，单人独骑前去。"于是，展爷就回明此事，带了路引，来至松江府投了文书，要见太守。太守连忙请至书房。展爷见这太守，年纪不过三旬，旁边站一老管家。正与太守谈话时，忽见一个婆子把展爷看了看，便向老管家招手儿。管家退出，二人咬耳。管家点头后，便进来向太守耳边说了几句，回身退出，太守即请展爷到后面书房叙话。展爷不解何意，只得来至后面。刚刚坐下，只见丫鬟仆妇簇拥着一位夫人，见了展爷连忙纳头便拜，连太守等俱各跪下。展爷不知所措，连忙伏身还礼不迭，心中好生纳闷。忽听太守道："恩人，我非别个，名唤田起元，贱内就是金玉仙。多蒙恩公搭救，脱离了大难后，因考试得中，即以外任擢用。不几年间，如今叨恩公福庇，已做太守，皆出于恩公所赐。"展爷听了，方才明白，即请夫人回避。连老管家田忠与妻杨氏俱各与展爷叩头。展爷并皆扶起。仍然至外书房，已备得酒席。

饮酒之间，田太守因问道："恩公到陷空岛何事？"展爷便将奉命捉钦犯白玉堂一一说明。田太守吃惊道："闻得陷空岛道路崎岖，山势险恶。恩公一人如何去得？况白玉堂又是极有本领之人，他既归入山中，难免埋伏圈套。恩公须熟思之方好。"展爷道："我与白玉堂虽无深交，却是道义相通，平素又无仇隙。见了他时，也不过以'义'字感化于他。他若省悟，同赴开封府，了结此案。并不是谆谆与他对垒，以死相拼的主意。"太守听了，略觉放心。展爷又道："如今奉恳太守，倘得一人熟识路径，带我到卢家庄，足见厚情。"太守连连应允，"有，有。"即叫田忠将观察头领余彪唤来。不多时，余彪来到。见此人有五旬年纪，身量高大。参见了太守，又与展爷见了礼。便备办船只，约于初鼓起身。

展爷用毕饭，略为歇息，天已掌灯。急急扎束停当，别了太守，同余彪登舟，撑至卢家庄，到飞峰岭下将舟停住。展爷告诉余彪说："你在此探听三日，如无音信，即刻回府禀告太守。候过旬日，我若不到府中，即刻详文到开封府便了。"余彪领命。展爷弃舟上岭，此时已有二鼓，趁着月色，来至卢家庄。只见一带高墙，极其坚固。见有哨门，是个大栅栏关闭，推了推却是锁着。弯腰捡了一块石片，敲着栅栏高声叫道："里面有人吗？"只听里面应道："什么人？"展爷道："俺姓展，特来拜访你家五员外。"里面道："莫不是南侠称'御猫'、护卫展老爷吗？"展爷道："正是。你家员外可在家吗？"里面的道："在家，在家，等了展老爷好些日了。略为少待，容我禀报。"展爷在外呆等多时，总不见出来，一时性发，又敲又叫。忽听从西边来了一个人，声音却是醉了的一般，嘟囔嘟囔道："你是谁吓？半夜三更这么大呼小叫的，连点规矩也没有。你若等不得，你敢进来，算你是好的。"说罢，他却走了。

展爷不由得大怒，暗道："可恶，这些庄丁们岂有此理！这明是白玉堂吩咐，故意激怒于我。谅他纵有埋伏，吾何惧哉？"想罢，将手扳住栅栏，一翻身两脚飘起，倒垂式用脚扣住，将手一松身体卷起，斜刺里抓住墙头，两脚一弓上了墙头。往下窥看，却是平地。恐有埋伏，却又投石问了一问，方才转身落下，竟奔广梁大门而来。仔细看时，却是封锁，从门缝里观时，黑漆漆诸物莫睹。又到两旁房里看了看，连个人影儿也无，只得复往西去。又见一个广梁大门，与这边的一样。上了台阶一看，双门大开，门洞底下天花板上高悬铁丝灯笼，上面有朱红的"大门"二字。迎面影壁上挂着一个绢灯，上写"迎祥"二字。展爷暗道："姓白的必是在此了，待我进去看看如何。"一面迈步，一面留神，却用脚尖点地而行。转过影壁，早见垂花二门，迎面四扇屏风，上挂方角绢灯四个，也是红字，"元""亨""利""贞"。这二门又觉比外面高了些。展爷只得上了台阶，进了二门，仍是滑步而行。正中五间厅房，却无灯光，只见东角门内，隐隐透出亮儿来，不知是何所在。展爷即来到东角门内，又有台阶，比二门又觉高些。展爷猛然省悟，暗道："是了。他这房子一层高似一层，竟是随山势盖的。"

上了台阶，往里一看，见东面一溜五间平台轩子，俱是灯烛辉煌，门却开在尽北头。展爷暗说："这是什么样子，好好五间平台，如何不在正中间开门，在北间开门呢？可见山野与人家住房不同，只知任性，无论样式。"心中想着，早已来至游廊。到了北头，见开门处是一个子口风窗。将滑子拨开，往怀里一带，觉得甚紧，只听咯当当咯当当乱响，开门时，见迎面有桌，两边有椅，早见一人进里间屋去了，并且看见衣襟是松绿的花氅。展爷暗道："这必是白老五不肯见我，躲向里间去了。"连忙滑步跟入里间，掀起软帘，又见那人进了第三间，却露了半面，颇是玉堂形景，又有一个软帘相隔。展爷暗道："到了此时，你纵然羞愧见我，难道你还跑的出这五间轩子去不成？"赶紧一步，已到门口。掀起软帘一看，这三间却是通柁。灯光照耀真切，见他背面而立，头戴武生巾，身穿花氅，露着藕色衬袍，足下官靴，俨然白玉堂一般。展爷呼道："五贤弟请了，何妨相见。"呼之不应，及至向前一拉，那人转过身来，却是一个灯草做的假人。展爷说声：“不好，吾中计也！”

未知如何，且听下回分解。

第五十四回 通天窟南侠逢郭老 芦花荡北岸获胡奇

且说展爷见了是假人，已知中计。才待转身，哪知早将锁簧踏着，蹬翻了木板，落将下去。只听一阵锣声乱响，外面众人嚷道：“得咧，得咧！”原来木板之下，半空中悬着一个皮兜子，四面皆是活套，只要掉在里面往下一沉，四面的网套儿往下一拢，有一根大绒绳总结扣住，再也不能挣扎。原来五间轩子犹如楼房一般，早有人从下面东明儿开了隔扇进来。无数庄丁将绒绳系下，先把宝剑摘下来，后把展爷捆缚住了。捆缚之时，说了无数的刻薄挖苦话儿。展爷到了此时，只好置若罔闻，一言不发。又听有个庄丁说：“咱们员外同客饮酒，正入醉乡。此时天有三鼓，暂且不必回禀，且把他押在通天窟内收起来。我先去找着何头儿，将这宝剑交明，然后再去回话。”说罢，推推拥拥地往南而去。走不多时，只见有个石门，却是由山根开錾出来的。虽是双门，却是一扇活的，那一扇随石的假门。假门上有个大铜环，庄丁上前用力把铜环一拉，上面有消息，将那扇活门撑开，刚刚进去一人，便把展爷推进去。庄丁一松手，铜环往回里一拽，那扇门就关上了。此门非从外面拉环是再不能开的。

展爷到了里面，觉得冷森森一股寒气侵人。原来里面是个尜尜形儿，全无抓手，用油灰抹亮，唯独当中却有一缝，望时可以见天。展爷明白，叫通天窟。借着天光，又见有一小横匾，上写“气死猫”三个红字，匾是粉白地的。展爷到了此时，不觉长叹一声道：“哎，我展熊飞枉自受了朝廷的四品护卫之职，不想今日误中奸谋，被擒在此。”刚刚说完，只听有人叫苦，把个展爷倒唬了一跳，忙问道：“你是何人，快说！”那人道：“小人姓郭名彰，乃镇江人氏。只因带了女儿上瓜州投亲，不想在渡船遇见头领胡烈，将我父女抢至庄上，却要将我女儿与什么五员外为妻。我说我女儿已有人家，今到瓜州投亲，就是为完此事。谁知胡烈听了，登时翻脸，说小人不识抬举，就把我捆起来监禁在此。”展爷听罢，怒冲牛斗，一声怪叫道：“好白玉堂吓，你作的好事！你还称什么义士，你只是绿林强寇一般。我展熊飞倘能出此陷阱，我与你誓不两立！”郭彰又问了问展爷因何至此，展爷便说了一遍。

忽听外面嚷道：“带刺客，带刺客！员外立等。”此时已交四鼓，早见呼噜噜石门已开。展爷正要见白玉堂，述他罪恶，替郭老辩冤，急忙出来问道：“你们员外可是白玉堂？我正要见他！”气愤愤的迈开大步，跟庄丁来至厅房以内。见灯烛光明，迎面设着酒筵，上面坐一人，白面微须，却是白面判官柳青，旁边陪坐的正是白玉堂。他明知展爷已到，故意的大言不惭，谈笑自若。展爷见此光景，如何按捺得住，双眼一瞪，一声吆喝道："白玉堂，你将俺展某获住，便要怎么，讲！"白玉堂方才回过头来，佯作吃惊道："哎呀，原来是展兄。手下人如何回我说是刺客呢？实在不知。"连忙过来亲解其缚，又谢罪道："小弟实在不知展兄驾到，只说擒住刺客，不料却是'御猫'，真是意想不到之事。"又向柳青道："柳兄不认得吗？此位便是南侠展熊飞，现授四品护卫之职，好本领，好剑法，天子亲赐封号'御猫'的便是。"

展爷听了冷笑道："可见山野的绿林，无知的草寇，不知法纪。你非君上，亦非官长，何敢妄言'刺客'二字，说的无伦无理。这也不用苛责于你。但只是我展某今日误坠于你等小巧奸术之中，遭擒被获。可惜我展某时乖运蹇，未能遇害于光明磊落之场，竟自葬送在山贼强徒之手，乃展某之大不幸也！"白玉堂听了此言，心中以为展爷是气愤的话头，他却嘻嘻笑道："小弟白玉堂行侠仗义，从不打劫抢掠，展兄何故口口声声呼小弟为山贼盗寇？此言太过，小弟实在不解。"展爷恶唾一口道："你此话哄谁？既不打劫抢掠，为何将郭老儿父女抢来，硬要霸占人家有婿之女？那老儿不允，你便把他囚禁在通天窟内。似此行为，非强寇而何？还敢大言不惭说'侠义'二字，岂不令人活活羞死，活活笑死！"玉堂听了，惊骇非常道："展兄此事从何说起？"展爷便将在通天窟遇郭老的话说了一遍。白玉堂道："既有胡烈，此事便好办了。展兄请坐，待小弟立剖此事。"急令人将郭彰带来。

不多时郭彰来到，伴当对他指着白玉堂道："这是我家五员外。"郭老连忙跪倒，向上叩头，口称："大王爷爷饶命吓，饶命！"展爷在旁听了呼他大王，不由哈哈大笑，愤恨难当。白玉堂却笑着道："那老儿不要害怕，我非山贼盗寇，不是什么大王、寨主。"伴当在旁道："你称呼员外。"郭老道："员外在上，听小老儿诉禀。"便将带领女儿上瓜州投亲，被胡烈截住，为给员外提亲："因未允，将小老儿囚禁在山洞之内。"细细说了一遍。玉堂道："你女儿现在何处？"郭彰道："听胡烈说，将我女儿交在后面去，不知是何去处。"白玉堂立刻叫伴当近前道："你去将胡烈好好唤来，不许提郭老者之事，倘有泄露，立追狗命。"伴当答应，即时奉命去了。

少时，同胡烈到来。胡烈面有得色，参见已毕。白玉堂已将郭老带在一边，笑容满面道："胡头儿，你连日辛苦了。这几日船上可有什么事情没有？"胡烈道："并无别事。小人正要回禀员外，只因昨日有父女二人乘舟过渡，小人见他女儿颇有姿色，却与员外年纪相仿。小人见员外无家室，意欲将此女留下，与员外成其美事，不知员外意下如何？"说罢，满面欣然，似乎得意。白玉堂听了胡烈一片言语，并不动气，反倒哈哈大笑道："不想胡头儿你竟为我如此挂心。但只一件，你来的不多日期，如何深得我心呢？"原来胡烈他是弟兄两个，兄弟名叫胡奇，皆是柳青新近荐过来的。只听胡烈道："小人既来伺候员外，必当尽心报效。倘若不秉天良，还敢望员外疼爱？"胡烈说至此，以为必合白玉堂之心。他哪知玉堂狠毒至甚，耐着性儿道："好好，真正难为你。此事可是我素来有这个意吓，还是别人告诉你的呢？还是你自己的主意呢？"胡烈此时唯恐别人争功，连忙道："是小人自己巴结，一团美意，不用员外吩咐,也无别人告诉。”白玉堂回头向展爷道:“展兄可听明白了?”展爷已知胡烈所为,便不言语。

白玉堂又问:“此女现在何处?”胡烈道:“已交小人妻子好生看待。”白玉堂道:“很好。”喜笑颜开凑至胡烈跟前,冷不防用了个冲天炮泰山式,将胡烈踢倒,急掣宝剑将胡烈左膀砍伤,疼的个胡烈满地打滚。上面柳青看了,白脸上青一块,红一块,心中好生难受,又不敢劝解,又不敢拦阻。只听白玉堂吩咐伴当,将胡烈搭下去,明日交松江府办理。立刻唤伴挡到后面,将郭老女儿增娇叫丫鬟领至厅上,当面交与郭彰。又问他还有什么东西。郭彰道:“还有两个棕箱。”白爷连忙命人即刻抬来,叫他当面点明。郭彰道:“钥匙现在小老儿身上,箱子是不用检点的。”白爷叫伴当取了二十两银子赏了郭老,又派了头领何寿,带领水手二名,用妥船将他父女二人连夜送至瓜州,不可有误。郭彰千恩万谢而去。

此时已交五鼓。这里白爷笑盈盈地道:“展兄,此事若非兄台被擒在山窟之内,小弟如何知道?胡烈所为,险些儿坏了小弟名头。但小弟的私事已结,只是展兄的官事如何呢?展兄此来,必是奉相谕,叫小弟跟随入都。但是我白某就这样随了兄台去吗?”展爷道:“依你便怎么样呢?”玉堂道:“也无别的。小弟既将三宝盗来,如今展兄必须将三宝盗去。倘能如此,小弟甘拜下风,情愿跟随展兄上开封府去;如不能时,展兄也就不必再上陷空岛了。”此话说至此,明露着叫展爷从此后隐姓埋名,再也不必上开封府了。展爷听了,连声道:“很好,很好。我须要问明,在于何日盗宝?”白玉堂道:“日期近了、少了,显得为难展兄。如今定下十日限期;过了十日,展兄只可悄地回开封府吧。”展爷道:“谁与你斗口?俺展熊飞只定于三日内就要得回三宝,那时不要改口。”玉堂道:“如此很好。若要改口,岂是丈夫所为。”说罢,彼此击掌。白爷又叫伴当将展爷送到通天窟内。可怜南侠被禁在山洞之内,手中又无利刃,如何能够脱此陷阱。暂且不表。

再说郭彰父女跟随何寿来到船舱之内,何寿坐在船头,顺流而下。郭彰悄悄向女儿增娇道:“你被掠之后,在于何处?”增娇道:“是姓胡的将女儿交与他妻子,看承的颇好。”又问:“爹爹如何见的大王就能够释放呢?”郭老便将“在山洞内遇见开封府护卫展老爷号‘御猫’的,多亏他见了员外,也不知是什么大王,分析明白,才得释放。”增娇听了,感念展爷之至。正在谈论之际,忽听后面声言:“头里船,不要走了,五员外还有话呢。快些拢住吓!”何寿听了有些迟疑,道:“方才员外吩咐明白了,如何又有话说呢?难道此事反悔了不成?若真如此,不但对不过姓展的,连姓柳的也对不住了。慢说他等,就是我何寿,以后也就瞧不起他了。”只见那只船弩箭一般,及至切近,见一人噗的一声跳上船来。趁着月色看时,却是胡奇,手持利刃,怒目横眉道:“何头儿,且将他父女留下,俺要替哥哥报仇!”何寿道:“胡二哥此言差矣。此事原是令兄不是,与他父女何干?再者,我奉员外之命送他父女,如何私自留下与你?有什么话,你找员外去,莫要耽延我的事体。”胡奇听了,一瞪眼,一声怪叫道:“何寿,你敢不与我留下吗?”何寿道:“不留便怎么样?”胡奇举起朴刀就砍将下来。何寿却未防备，不曾带得利刃，一哈腰提起一块船板，将刀迎住。此时，郭彰父女在舱内叠叠连声喊叫："救人吓！救人！"胡奇与何寿动手，究竟跳板轮转太笨，何寿看看不敌，可巧脚下一跳，就势落下水去。两个水手一见，扑通扑通也跳在水内。胡奇满心得意，郭彰五内着急。

忽见上流头赶下一只快船，上有五六个人，已离此船不远，声声喝道："你这厮不知规矩，俺这芦花荡从不害人。你是晚生后辈吓，如何擅敢害人，坏人名头？俺来也，你往那里跑。"将身一纵，要跳过船来。不想船离过远，脚刚踏着船边，胡奇用朴刀一搠，那人将身一闪，只听扑通一声，也落下水去。船已临近，上面飕飕飕跳过三人，将胡奇裹住，各举兵刃。好胡奇，力敌三人，全无惧怯。谁知那个先落水的探出头来，偷看热闹。见三个伙伴逼住胡奇，看看离自已不远，他却用两手把胡奇的踝子骨揪住，往下一拢，只听扑通掉在水内。那人却提定两脚不放，忙用钩篙搭住，拽上船来捆好，头向下，脚朝上，且自控水。众人七手八脚，连郭彰父女船只驾起，竟奔芦花荡而来。

原来此船乃丁家夜巡船，因听见有人呼救，急急向前，不料拿住胡奇，救了郭老父女。赶至泊岸，胡奇已醒，虽然喝了两口水，无甚要紧。大家将他扶在岸上，推拥进庄。又着一个年老之人背定郭增娇，着个少年有力的背了郭彰，一同到了茉花村。先着人通报大官人二官人去。此时天有五鼓之半，这也是兆兰、兆蕙素日吩咐的：倘有紧急之事，无论三更半夜，只管通报，绝不嗔怪。今日弟兄二人听见拿住个私行劫掠谋害人命的，却在南荡境内，幸喜擒来，救了父女二人，连忙来到待客厅上。先把增娇交在小姐月华处，然后将郭彰带上来细细追问情由。又将胡奇来历问明，方知他是新近来的，愬得不知规矩则例。正在讯问间，忽见丫鬟进来道："太太叫二位官人呢。"

不知丁母为着何事，且听下回分解。

第五十五回　透消息遭困螺蛳轩　设机谋夜投蚯蚓岭

且说丁家弟兄听见丁母叫他二人说话，大爷道："原叫将此女交在妹子处，唯恐夜深惊动老人家，为何太太却知道了呢？"二爷道："不用犹疑，咱弟兄进去便知分晓了。"弟兄二人往后而来。原来郭增娇来到月华小姐处，众丫鬟围着他问。郭增娇便将为何被掠，如何遭逢姓展的搭救。刚说至此，跟小姐的亲近丫鬟就追问起姓展的是何等样人，郭增娇道："听说是什么'御猫'儿，现在也被擒困住了。"丫鬟听至展爷被擒，就告诉了小姐。小姐暗暗吃惊，就叫他悄悄回太太去，自己带了郭增娇来至太太房内。太太又细细地问了一番，暗自思道："展姑爷既来到松江，为何不到茉花村,反往陷空岛去呢?或者是兆兰、兆蕙明知此事,却暗暗的瞒着老身不成?”想至此,疼女婿的心盛,立刻叫他二人。

及至兆兰二人来至太太房中,见小姐躲出去了,丁母面上有些怒色,问道:“你妹夫展熊飞来至松江,如今已被人擒获,你二人可知道吗?”兆兰道:“孩儿等实实不知。只因方才问那老头儿,方知展兄早已在陷空岛呢,他其实并未上茉花村来,孩儿等再不敢撒谎的。”丁母道:“我也不管你们知道不知道,哪怕你们上陷空岛跪门去呢,我只要我的好好女婿便了。我算是将姓展的交给你二人了,倘有差池,我是不依的。”兆蕙道:“孩儿与哥哥明日急急访查就是了,请母亲安歇罢。”二人连忙退出。大爷道:“此事太太如何知道的这般快呢?”二爷道:“这明是妹子听了那女子言语,赶着回太太。此事全是妹子撺掇的,不然见了咱们进去,如何却躲开了呢?”大爷听了倒笑起来了。二人来到厅上,即派妥当伴当四名,另备船只,将棕箱抬过来,护送郭彰父女上瓜州,务要送到本处,叫他亲笔写回信来。郭彰父女千恩万谢地去了。

此时天已黎明,大爷便向二爷商议,以送胡奇为名,暗暗探访南侠的消息。丁二爷深以为然。次日便备了船只,带上两个伴当,押着胡奇并原来的船只,来至卢家庄内。早有人通知白玉堂。白玉堂已得了何寿从水内回庄说胡奇替兄报仇之信,后又听说胡奇被北荡的人拿去,将郭彰父女救了,料定茉花村必有人前来。如今听说丁大官人亲送胡奇而来,心中早已明白是为南侠,不是专专的为胡奇。略为忖度,便有了主意,连忙迎出门来。各道寒暄,执手让至厅房,又与柳青彼此见了。丁大爷先将胡奇交代。白玉堂自认失察之罪,又谢兆兰获送之情。谦逊了半晌,大家就座,便吩咐将胡奇、胡烈一同送往松江府究治。即留丁大爷饮酒畅叙。兆兰言语谨慎,毫不露于形色。

酒至半酣,丁大爷问起:“五弟一向在东京作何行止?”白玉堂便夸张起来:如何寄简留刀,如何忠烈祠题诗,如何万寿山杀命,又如何搅扰庞太师误杀二妾,渐渐说至盗三宝回庄,“不想目下展熊飞自投罗网,已被擒获。我念他是个侠义之人,以礼相待。谁知姓展的不懂交情,是我一怒,将他一刀……”刚说至此,只听丁大爷不由得失声道:“哎呀!”虽然“哎呀”出来,却连忙收神改口道:“贤弟你此事却闹大了。岂不知姓展的他乃朝廷家的命官,现奉相爷包公之命前来,你若真要伤了他的性命,便是背叛,怎肯与你甘休。事体不妥。此事岂不是你闹大了吗?”白玉堂笑吟吟地道:“别说朝廷不肯甘休,包相爷那里不依,就是丁兄昆仲大约也不肯与小弟甘休罢?小弟虽然糊涂,也不至如此田地。方才之言,特取笑耳。小弟已将展兄好好看承,候过几日,小弟将展兄交付仁兄便了。”丁大爷原是个厚道之人,叫白玉堂这一番奚落,也就无的话可说了。白玉堂却将丁大爷暗暗拘留在螺蛳轩内,左旋右转,再也不能出来。兆兰却也无可如何,又打听不出展爷在于何处,整整的闷了一天。

到了掌灯之后,将有初鼓,只见一老仆从轩后不知从何处过来,带领着小主约有八九岁，长的方面大耳，面庞儿颇似卢方。那老仆向前参见了丁大爷，又对小主说道："此位便是茉花村丁大员外。"小主上前拜见。只见这小孩子深深打了一躬，口称："丁叔父在上，侄儿卢珍拜见。奉母亲之命，特来与叔父送信。"丁兆兰已知是卢方之子，连忙还礼。便问老仆道："你主仆到此何事？"老仆道："小人名叫焦能，只因奉主母之命，唯恐员外不信，特命小主跟来。我的主母说道，自从五员外回庄以后，每日不过早间进内请安一次，并不面见，唯有传话而已。所有内外之事，任意而为，毫无商酌，我家主母也不计较与他。谁知上次五员外把护卫展老爷拘留在通天窟内，今闻得又把大员外拘留在螺蛳轩内，此处非本庄人不能出入。恐怕耽误日期，有伤护卫展老爷，故此特派小人送信。大员外须急急写信，小人即刻送至茉花村，交付二员外，早为计较方好。"又听卢珍道："家母多多拜上丁叔父。此事须要找着我爹爹，大家共同计议方才妥当。叫侄儿告诉叔父千万不可迟疑，愈速愈妙。"丁大爷连连答应，立刻修起书来，交给焦能连夜赶至茉花村投递。焦能道："小人须打听五员外安歇了，抽空方好到茉花村去，不然恐五员外犯疑。"丁大爷点头道："既如此，随你的便罢了。"又对卢珍道："贤侄回去替我给母亲请安，就说一切事体我已尽知。是必赶紧办理，再也不能耽延，毋庸挂念。"卢珍连连答应，同定焦能转向后面，绕了几个蜗角便不见了。

且说兆蕙在家直等了哥哥一天不见回来，至掌灯后，却见跟去的两个伴当回来说道："大员外被白五爷留住了，要盘桓几日方回来。再者，大员外悄悄告诉小人说，展姑老爷尚然不知下落，须要细细访查。叫告诉二员外，太太跟前就说展爷在卢家庄颇好，并没什么大事。"丁二爷听了点了点头道："是了，我知道了。你们歇着去吧吧。"两个伴当去后，二爷细揣此事，好生的犹疑，这一夜何曾合眼。天未黎明，忽见庄丁进来报道："今有卢家庄一个老仆名叫焦能，说给咱们大员外送信来了。"二爷道："将他带进来。"不多时，焦能进来，参见已毕，将丁大爷的书信呈上。二爷先看书皮，却是哥哥的亲笔，然后开看，方知白玉堂将自己的哥哥拘留在螺蛳轩内，不由得气闷。心中一转，又恐其中有诈，复又生起疑来："别是他将我哥哥拘留住了，又来诓我来了罢？"

正在胡思，忽又见庄丁跑进来报道："今有卢员外、徐员外、蒋员外俱各由东京而来，特来拜望，务祈一见。"二爷连声道："快请。"自己也就迎了出来。彼此相见，各叙阔别之情，让至客厅。焦能早已上前参见。卢方便问道："你如何在此？"焦能将投书前来一一回明。二爷又将救了郭彰父女，方知展兄在陷空岛被擒的话说了一遍。卢方刚要开言，只听蒋平说道："此事只好众位哥哥们辛苦辛苦，小弟是要告病的。"二爷道："四哥何出此言？"蒋平道："咱们且到厅上再说。"大家也不谦逊，卢方在前，依次来至厅上。归座献茶毕，蒋平道："不是小弟推诿，一来五弟与我不对劲儿，我要露了面，反为不美；二来我这几日肚腹不调，多半是痢疾，一路上大哥、三哥尽知。慢说我不当露面，就是众哥哥们去，也是暗暗去，不可叫老五知道。不过设着法子救出展兄，取了三宝。至于老五，不定拿得住他拿不住他，不定他归服不归服，巧咧他见事体不妥，他还会上开封府自行投首呢。要是那么一行，不但展大哥没趣儿，就是大家都对不起相爷。那才是一网打尽，把咱们全着吃了呢。”二爷道：“四哥说得不差，五弟的脾气竟是有的。”徐庆道：“他若真要如此，叫他先吃我一顿好拳头。”二爷笑道：“三哥又来了，你也要摸得着五弟呀。”卢方道：“似此如之奈何？”蒋平道：“小弟虽不去，真格的连个主意也不出吗？此事全在丁二弟身上。”二爷道：“四哥派小弟差使，小弟焉敢违命。只是陷空岛的路径不熟，可怎么样呢？”蒋平道：“这倒不妨。现有焦能在此，先叫他回去，省得叫老五设疑。叫他于二鼓时，在蚯蚓岭接待丁二弟，指引路径如何？”二爷道：“如此甚妙。但不知派我什么差使？”蒋平道：“二弟，你比大哥、三哥灵便，沉重就得你担。第一先救展大哥，其次取回三宝，你便同展大哥在五义厅的东竹林等候。大哥、三哥在五义厅的西竹林等候。彼此会了齐，一拥而入，那时五弟也就难以脱身了。”大家听了，俱各欢喜。先打发焦能立刻回去，叫他知会丁大爷放心，务于二更时在蚯蚓岭等候丁二爷，不可有误。焦能领命去了。

这里众人饮酒吃饭，也有闲谈的，也有歇息的，唯有蒋平攒眉挤眼的，说肚腹不快，连酒饭也未曾好生吃。看看的天色已晚，大家饱餐一顿，俱各装束起来。卢大爷、徐三爷先行去了。丁二爷吩咐伴当：“务要精心伺候四老爷，倘有不到之处，我要重责的。”蒋平道：“丁二贤弟，只管放心前去。劣兄偶染微疾，不过歇息两天就好了，贤弟治事要紧。”

丁二爷约有初鼓之后别了蒋平，来至泊岸，驾起小舟，竟奔蚯蚓岭而来。到了临期，辨了方向，与焦能所说无异。立刻弃舟上岭，叫水手将小船放至芦苇深处等候。兆蕙上得岭来，见蚰蜒小路崎岖难行，好容易上到高峰之处，却不见焦能在此。二爷心下纳闷，暗道：“此时已有二鼓，焦能如何不来呢？”就在平坦之地，趁着月色往前面一望，便见碧澄澄一片清波，光华荡漾，不觉诧异道：“原来此处还有如此的大水。”再细看时，汹涌异常，竟自无路可通。心中又是着急，又是懊悔道：“早知此处有水，就不该在此约会，理当乘舟而入。又不见焦能，难道他们另有什么诡计吗？”

正在胡思乱想，忽见顺流而下，有一人竟奔前来。丁二爷留神一看，早听见那人道：“二员外早来了吗？恕老奴来迟。”兆蕙道：“来的可是焦管家吗？”彼此相迎，来至一处。兆蕙道："你如何踏水前来？"焦能道："那里的水？"丁二爷道："这一带汪洋，岂不是水？"焦能笑道："二员外看差了。前面乃青石潭，此是我们员外随着天然势修成的。漫说夜间看着是水，就是白昼之间远远望去，也是一片大水。但凡不知道的，早已绕着路往别处去了。唯独本庄俱各知道，只管前进，极其平坦，全是一片一片青石砌成。二爷请看，凡有波浪处，全有石纹，这也是一半天然，一半人力凑成的景致，故取名叫作青石潭。"说话间，已然步下岭来。到了潭边，丁二爷慢步试探而行，果然平坦无疑，心下暗暗称奇，口内连说："有趣。有趣。"又听焦能道："过了青石潭，那边有个立峰石。穿过松林，便是上五义厅的正路，此处比进庄门近多了。员外记明白了，老奴也就要告退了，省得俺家五爷犯想生疑。"兆蕙道："有劳管家指引，请治事罢。"只见焦能往斜刺里小路而去。

丁二爷放心前进，果见前面有个立峰石。过了石峰，但见松柏参天，黑暗暗的一望无际。隐隐的见东北一点灯光，忽悠忽悠而来。转眼间，又见正西一点灯光，也奔这条路来。丁二爷便测度，必是巡更人，暗暗隐在树后。正在两灯对面，忽听东北来的说道："六哥，你此时往那里去？"又听正西来的道："什么差使呢，冤不冤咧！弄了个姓展的，圈在通天窟内。员外说，李三一天一天的醉而不醒，醒而不醉的，不放心，偏偏的派了我帮着他看守。方才员外派人送了一桌菜，一坛酒给姓展的，我想他一个人也吃不了这些，也喝不了这些。我和李三儿商量商量，莫若给姓展的送进一半去，咱们留一半受用。谁知那姓展的不知好歹，他说菜是剩的，酒是浑的，坛子也摔了，盘子碗也砸了，还骂了个河涸海干。老七，你说可气不可气？因此，我叫李三儿看着，他又醉的不能动了，我只得回员外一声儿。这个差使我真干不来，别的罢了，这个骂我真不能答应。老七，你这时候往那里去？"那东北来的道："六哥，再休提起，如今咱们五员外也不知是怎么咧。你才说弄了个姓展的，你还没细打听呢，我们那里还有个姓柳的呢。如今又添上茉花村的丁大爷，天天一块吃喝。吃喝完了，把他们送往咱们那个瞒心昧已的窟儿里一圈，也不叫人家出来，又不叫人家走，仿佛怕泄了什么天机似的。六哥，你说咱们五员外脾气儿改的还了得吗？目下又合姓柳的姓丁的喝呢。偏偏那姓柳的要瞧什么三宝，故此我奉员外之命，特上连环窟去。六哥，你不用抱怨了，此时差使只好当到那儿是那儿罢，等着咱们大员外来了再说罢。"正西的道："可不是这么呢，只好混罢咧。"说罢，二人各执灯笼，分手散去。

不知他二人是谁，且听下回分解。

第五十六回　救妹夫巧离通天窟　获三宝惊走白玉堂

且说那正西来的姓姚行六，外号儿摇晃山；那东北来的姓费行七，外号儿叫爬山蛇。他二人路上说话，不提防树后有人窃听。姚六走得远了，这里费七被丁二爷追上，从后面一伸手，将脖项掐住，按倒在地道："费七，你可认得我吗？"费七细细一看道："丁二爷，为何将小人擒住？"丁二爷道："我且问你，通天窟在于何处？"费七道："从此往西去不远，往南一稍头，便看见随山势的石门，那就是通天窟。"二爷道："既如此，我和你借宗东西，将你的衣服腰牌借我一用。"费七连忙从腰间递过腰牌道："二员外，你老让我起来，我好脱衣裳吓。"丁二爷将他一提，拢住发绺道："快脱。"费七无奈，将衣裳脱下。丁二爷拿了他的褡包，又将他拉到背眼的去处，拣了一棵合抱的松树，叫他将树抱住，就用褡包捆缚结实。费七暗暗着急道："不好，我别要栽了罢。"忽听丁二爷道："张开口！"早把一块衣襟塞住道："小子，你在此等到天亮，横竖有人前来救你。"费七哼了一声，口中不能说，心里却道："好德行！亏了这个天不甚凉，要是冬天，饶冻死了，别人远远的瞧着，拿着我还当作旱魃呢。"

丁二爷此时已将腰牌掖起，披了衣服，竟奔通天窟而来。果然随山石门，那边又有草团瓢三间，已听见有人唱："有一个柳迎春哪，他在那个井呵，井呵唔边哪，汲吻、汲吻水哟……"丁二爷高声叫道："李三哥，李三哥！"只听醉李道："谁吓？让我把这个巧腔儿唱完了啊。"早见他踉踉跄跄地出来，将二爷一看道："哎呀，少会吓。尊驾是谁吓？"二爷道："我姓费，行七，是五员外新挑来的。"说话间，已将腰牌取出给他看了。醉李道："老七，休怪哥哥说，你这个小模样子伺候五员外，叫哥哥有点不放心吓。"丁二爷连忙喝道："休得胡说！我奉员外之命，因姚六回了员外，说姓展的挑眼，将酒饭摔砸了，员外不信，叫我将姓展的带去，与姚六质对质对。"醉李听了道："好兄弟，你快将这姓展的带了去吧。他没有一顿不闹的，把姚六骂的不吐核儿，却没有骂我。什么缘故呢？我是不敢上前的。再者，那个门我也拉不动他。"丁二爷道："员外立等，你不开门怎么样呢？"醉李道："七兄弟，劳你的驾罢，你把这边假门的铜环拿住了往怀里一带，那边的活门就开了。哥哥喝的成了个醉泡儿，那里有这样的力气呢？你拉门，哥哥叫姓展的好不好？"丁二爷道："就是如此。"上前拢住铜环，往怀里一拉，轻轻地门就开了。醉李道："老七好兄弟，你的手头儿可以，怨得五员外把你挑上呢！"他又扒着石门道："展老爷，展老爷，我们员外请你老呢。"只见里面出来一人道："黄夜之间，你们员外又请我做什么？难道我怕他有什么埋伏吗？快走，快走！"

丁二爷见展爷出来，将手一松，那石门已然关闭。向前引路，走不多远，便刹住脚步悄悄地道："展兄，可认得小弟吗？"展爷猛然听见，方细细留神，认出是兆蕙，不胜欢喜道："贤弟从何而来？"二爷便将众兄弟俱各来了的话说了。又见迎面有灯光来了，他二人急闪入林。后见二人抬定一坛酒，前面是姚六，口中抱怨道："真真的咱们员外也不知是安着什么心，好酒好菜的供养着他，还讨不出好来。也没见这姓展的，太不知好歹，成日价骂不绝口。"刚说至此，恰恰离丁二爷不远。二爷暗暗将脚一钩，姚六往前一扑，口中"啊呀"道："不好！"咕咚——唬嚓——扑哧。"咕咚"是姚六趴下了，"唬嚓"是酒坛子砸了，"噗哧"是后面的人躺在撒的酒上了。丁二爷已将姚六按住，展爷早把那人提起。姚六认得丁二爷，道："二员外，不干小人之事。"又见揪住那人的是展爷，连忙央告道："展老爷，也没有他的事情，求二位爷饶恕。"展爷道："你等不要害怕，断不伤害你等。"二爷道："虽然如此，却放不得他们。"于是将他二人也捆缚在树上，塞住了口。然后，展爷与丁二爷悄悄来至五义厅东竹林内。听见白玉堂又派了亲信伴当白福快到连环窟催取三宝，展爷便悄悄地跟了白福而来。到了竹林冲要之地，展爷便刹住脚步，竟等截取三宝。

不多时，只见白福提着灯笼，托着包袱，嘴里哼哼着唱滦州影，又形容几句猓猓腔，末了儿改唱了一只西皮二簧。他可一壁唱着，一壁回头往后瞧，越唱越瞧的厉害，心中有些害怕，觉得身后次喇次喇地响。将灯往身后一照，仔细一看，却是枳荆扎在衣襟之上，口中嘟囔道："我说是什么响呢，怪害怕的，原来是他呀！"连忙撂下灯笼，放下包袱，回身摘去枳荆。转脸儿一看，灯笼灭了，包袱也不见了。这一惊非小，刚要找寻，早有人从背后抓住道："白福，你可认得我吗？"白福仔细看时，却是展爷，连忙央告道："展老爷，小人白福不敢得罪你老，这是何苦呢？"展爷道："好小子，你放心，我断不伤害于你。须在此歇息歇息再去不迟。"说话间，已将他双手背剪。白福道："怎么，我这么歇息吗？"展爷道："你这么着不舒服，莫若趴下。"将他两腿往后一撩，手却往前一按。白福如何站得住，早已趴伏在地。展爷见旁边有一块石头，端起来道："我与你盖上些儿，看夜静了着了凉。"白福道："啊呀，展老爷，这个被儿太沉，小人不冷，不劳展老爷疼爱我。"展爷道："动一动我瞧瞧，如若嫌轻，我再给你盖上一个。"白福忙接言道："展老爷，小人就只盖一个被的命，若是再盖上一块，小人就折受死了。"展爷料他也不能动了，便奔树根之下来取包袱，谁知包袱却不见了。展爷吃这一惊，可也不小。

正在诧异间，只见那边人影儿一晃。展爷赶步上前，只听"噗哧"一声，那人笑了。展爷倒唬了一跳，忙问道："谁？"一壁问，一壁看，原来是三爷徐庆。展爷便问："三弟几时来的？"徐爷道："小弟见展兄跟下他来，唯恐三宝有失，特来帮扶。不想展兄只顾给白福盖被，却把包袱抛露在此。若非小弟收藏，这包袱又不知落于何人之手了。"说话间，便从那边一块石下将包袱掏出，递给展爷。展爷道："三弟如何知道此石之下可以藏得包袱呢？"徐爷道："告诉大哥说，我把这陷空岛大小去处，凡有石块之处，或通或塞，别人皆不能知，小弟没有不知道的。"展爷点头道：

"三弟真不愧穿山鼠了。"

二人离了松林,竟奔五义厅而来。只见大厅之上,中间桌上设着酒席,丁大爷坐在上首,柳青坐在东边,白玉堂坐在西边,左胁下佩着展爷的宝剑。见他前仰后合,也不知是真醉呀,也不知是假醉,信口开言道:"小弟告诉二位兄长说,总要叫姓展的服输到地儿,或将他革了职,连包相也得处分,那时节,小弟心满意足,方才出这口恶气。我只看将来我那些哥哥们怎么见我?怎么对的过开封府?"说罢,哈哈大笑。上面丁兆兰却不言语,柳青在旁,连声夸赞。

外面众人俱各听见,唯独徐爷心中按捺不住,一时性起,手持利刃,竟奔厅上而来。进得门来,口中说道:"姓白的,先吃我一刀!"白玉堂正在那里谈的得意,忽见进来一人,手举钢刀,竟奔上来了,忙取腰间宝剑,罢咧,不知何时失去。谁知丁大爷见徐爷进来,白五爷正在出神之际,已将宝剑窃到手中。白玉堂因无宝剑,又见刀临切近,将身向旁边一闪,将椅子举起往上一迎。只听啪的一声,将椅背砍得粉碎。徐爷又抡刀砍来,白玉堂闪在一旁说道:"姓徐的,你先住手,我有话说。"徐爷听了道:"你说!你说!"白玉堂道:"我知你的来意。知道拿住展昭,你会合丁家弟兄前来救他。但我有言在先,已向展昭言明,不拘时日,他如能盗回三宝,我必随他到开封府去。他说只用三天即刻盗回,如今虽未满限,他尚未将三宝盗回。你明知他断不能盗回三宝,恐伤他的脸面,今仗着人多,欲将他救出。三宝也不要了,也不管姓展的怎么回复开封府,怎么舰颜见我。你们不要脸,难道姓展的也不要脸吗?"徐爷闻听哈哈大笑道:"姓白的,你还做梦呢!"即回身大叫:"展大哥,快将三宝拿来!"早见展爷托定三宝进了厅内,笑吟吟地道:"五弟,劣兄幸不辱命,果然未出三日,已将三宝取回,特来呈阅。"

白玉堂忽然见了展爷,心中纳闷,暗道:"他如何能出来呢?"又见他手托三宝,外面包的包袱还是自己亲手封的,一点也不差,更觉诧异。又见卢大爷、丁二爷在厅外站立,心中暗想道:"我如今要随他们上开封府,又灭了我的锐气;若不同他们前往,又失却前言。"正在为难之际,忽听徐爷嚷道:"姓白的,事到如今,你又有何说?"白玉堂正无计脱身,听见徐爷之言,他便拿起砍伤了的椅子向徐爷打去。徐爷急忙闪过,持刀砍来。白玉堂手无寸铁,便将葱绿氅脱下,从后身脊缝撕为两片,双手抡起,挡开利刃,急忙出了五义厅,竟奔西边竹林而去。卢方向前说道:"五弟且慢,愚兄有话与你相商。"白玉堂并不答言,直往西去。丁二爷见卢大爷不肯相强,也就不好追赶。只见徐爷持刀紧紧跟随,白玉堂恐他赶上,到了竹林密处,即将一片葱绿氅搭在竹子之上。徐爷见了,以为白玉堂在此歇息,蹑足潜踪赶将上去,将身子往前一蹿,往下一按,一把抓住道:"老五呀,你还跑到那里去?"用手一提,却是一片绿氅,玉堂不知去向。此时,白玉堂已出竹林,竟往后山而去。看见立峰石,又将那片绿氅搭在石峰之上,他便越过山去。这里徐爷明知中计,又往后山追来。远远见玉堂在那里站立,连忙上前仔细一看,却是立峰石上搭着半片绿氅。已知玉堂去远,追赶不及。暂且不表。

且说柳青正与白五爷饮酒，忽见徐庆等进来，徐爷就与白五爷交手。见他二人出了大厅就不见了，自己一想："我若偷偷儿的溜了，对不住众人；若与他等交手，断不能取胜。到了此时，说不得乍着胆子只好充一充朋友。"想罢将桌腿子卸下来，拿在手中嚷道："你等既与白五弟在神前结盟，生死共之。既有今日，何必当初？真乃叫我柳某好笑！"说罢，抡起桌腿向卢方就打。卢方一肚子的好气正无处可出，见柳青打来，正好拿他出出气。见他临近，并不招架，将身一闪躲过，却使了个扫堂腿，只听扑通通一声，柳青仰面跌倒。卢爷叫庄丁将他绑了，庄丁上前将柳青绑好。柳青白馥馥一张面皮，只羞得紫巍巍满面通红，好生难看。

卢方进了大厅，坐在上面。庄丁将柳青带至厅上，柳青便将二目圆睁，嚷道："卢方，敢将柳某怎么样？"卢爷道："我若将你伤害，岂是我行侠仗义所为。所怪你者，实系过于多事耳。至我五弟所为之事，无须与你细谈。"叫庄丁："将他放了去吧！"柳青到了此时，走也不好，不走也不好。卢方道："既放了你，你还不走，意欲何为？"柳青道："走。可不走吗，难道说我还等着吃早饭吗？"说着话，搭搭讪讪的就溜之乎也。

卢爷便向展爷、丁家弟兄说道："你我仍须到竹林里寻找五弟去。"展爷等说道："大哥所言甚是。"正要前往，只见徐爷回来说道："五弟业已过了后山，去的踪影不见了。"卢爷跌足道："众位贤弟不知，我这后山之下乃松江的江岔子，越过水面，那边松江，极是捷径之路，外人皆不能到。五弟在山时，他自己练就的独龙桥，时常飞越往来，行如平地。"大家听了，同声道："既有此桥，咱们何不追了他去呢？"卢方摇头道："去不得！去不得！名虽叫独龙桥，却不是桥，乃是一根大铁链。有桩二根，一根在山根之下，一根在那泊岸之上，当中就是铁链。五弟他因不知水性，他就生心暗练此桥，以为自己能够在水上飞腾越过。也是五弟好胜之心，不想他闲时治下，竟为今日忙时用了。"众人听了，俱各发怔。

忽听丁二爷道："这可要应了蒋四哥的话了。"大家忙问什么话。丁二爷道："蒋四哥早已说过，五弟不是没有心机之人，巧咧他要自行投到，把众弟兄们一网打尽。看他这个光景，当真的他要上开封府呢。"卢爷、展爷听了更觉为难，道："似此如之奈何？我们岂不白费了心吗？怎么去见相爷呢？"丁二爷道："这倒不妨。还好，幸亏将三宝盗回，二位兄长亦可以交差，盖的过脸儿去。"丁大爷道："天已亮了，莫若俱到舍下，与蒋四哥共同商量个主意才好。"卢爷吩咐水手预备船只，同上茉花村。又派人到蚯蚓湾芦苇深处告诉丁二爷昨晚坐的小船，也就回庄，不必在那里等了；又派人到松江将姚六、费七、白福等松放回来。丁二爷仍将湛卢宝剑交付展爷佩带。卢爷进内略为安置，便一同上船，竟奔茉花村去了。

且说白玉堂越过后墙，竟奔后山而来。到了山根之下，以为飞身越过，可到松江。仔细看时，这一惊非小。原来铁链已断，沉落水底。玉堂又是着急，又是为难，又恐后面有人追来。忽听芦苇之中，咿呀咿呀摇出一只小小渔船。玉堂满心欢喜，连忙唤道："那渔船，快向这边来，将俺渡到那边，自有重谢。"只见那船上摇橹的却是个年老之人,对着白玉堂道:“老汉以捕鱼为生,清早利市,不定得多少大鱼。如今渡了客官,耽延工夫,岂不误了生理?”玉堂道:“老丈,你只管渡我过去。到了那边,我加倍赏你如何?”渔翁道:“既如此,千万不可食言,老汉渡你就是了。”说罢将船摇至山根。

不知白玉堂上船不曾,且听下回分解。

第五十七回 独龙桥盟兄擒义弟 开封府恩相保贤豪

且说白玉堂纵身上船,那船就是一晃,渔翁连忙用篙点住道:“客官好不晓事。此船乃捕鱼小船,俗名划子,你如何用猛力一趁?幸亏我用篙撑住,不然连我也就翻下水去了。好生的荒唐吓!”白玉堂原有心事,恐被人追上难以脱身,幸得此船肯渡他,虽然叨叨数落,却也毫不介意。那渔翁慢慢地摇起船来,撑至江心,却不动了,便发话道:“大清早起的,总要发个利市。再者俗语说得好是,‘船家不打过河钱’。客官有酒资拿出来,老汉方好渡你过去。”白玉堂道:“老丈,你只管渡我过去,我是从不失信的。”渔翁道:“难,难,难,难!口说无凭,多少总要信行的。”白玉堂暗道:“叵耐这厮可恶!偏我来的仓促,并未带得银两。也罢,且将我这件衬袄脱下给他。幸得里面还有一件旧衬袄,尚可遮体。疾渡到那面,再作道理。”想罢,只得脱下衬袄道:“老丈,此衣足可典当几贯钱钞,难道你还不凭信吗?”渔翁接过,抖起来看道:“这件衣服若是典当了,可以比捕鱼有些利息了。客官休怪,这是我们船家的规矩。”正说间,忽见那边飞也似的赶了一只渔船来,有人嚷道:“好吓,清早发利市,见者有份,须要沽酒请我的。”说话间,船已临近。这边的渔翁道:“什么大利市,不过是件衣服。你看看,可典多少钱钞?”说罢,便将衣服掷过。那渔人将衣服抖开一看道:“别管典当多少,足够你我喝酒的了。老兄,你还不口头馋吗?”渔翁道:“我正在思饮,咱们且吃酒去。”只听飕的一声,已然跳到那边船上。那边渔人将篙一支,登时飞也似的去了。

白玉堂见他们去了,白白的失去衣服,无奈何,自己将篙拿起来撑船。可煞作怪,那船不往前走,止于在江心打转儿。不多会,白玉堂累的通身是汗,喘吁不止。自己发狠道:“当初与其练那独龙桥的,何不下功夫练这渔船呢,今日也不至于受他的气了。”正在抱怨,忽见小小舱内出来一人,头戴斗笠。猛将斗笠摘下道:“五弟久违了。世上无有十全的人,也没有十全的事,你抱怨怎的?”白玉堂一看,却是蒋平,穿着水靠,不由得气冲霄汉,一声怪叫道:“啊呀,好病夫,那个是你五弟?”蒋爷道:“哥哥是病夫,好称呼呀!这也罢了。当初叫你练练船只,你总以为这没要紧,必要练那出奇的玩意儿。到如今,你那独龙桥那里去了?”白玉堂顺手就是一篙,蒋平他就顺手落下水去。白玉堂猛然省悟道:“不好,不好,他善识水性,我白玉堂必是被他暗算。”两眼尽往水中注视。再将篙拨船时,动也不动,只急得他两手扎煞。忽见蒋平露出头来,把住船边道:“老五吓,你喝水不喝?”白玉堂未及答言,那船已然底儿朝天,把个锦毛鼠弄成水老鼠了。蒋平恐他过于喝多了水不是当要的,又恐他不喝一点儿水也是难缠的,莫若叫他喝两三口水,趁他昏迷之际,将就着到了茉花村就好说了。他左手揪住发绺,右手托定腿洼,两足踏水,不多时,即到北岸。见有小船三四只在那里等候,这是蒋平临过河拆桥时就吩咐下的。船上共有十数人,见蒋爷托定白玉堂,大家便嚷道:“来了,来了,四老爷成了功了!上这里来。”蒋爷来至切近,将白玉堂往上一举,众水手接过,便要控水。蒋爷道:“不消,不消。你们大家把五爷寒鸦凫水的背剪了,头面朝下,用木杠即刻抬至茉花村。赶到那里,大约五爷的水也控净了,就苏醒过来了。”众水手只得依命而行,七手八脚的捆了,用杠穿起,扯连扯连抬着个水淋淋的白玉堂,竟奔茉花村而来。

且说展熊飞同定卢方、徐庆,兆兰、兆蕙相陪来至茉花村内。刚一进门,二爷便问伴当道:“蒋四爷可好些了?”伴当道:“蒋四爷于昨晚二员外起身之后,也就走了。”众人诧异道:“往哪里去了?”伴当道:“小人也曾问来,说:‘四爷病着,往何方去呢?’四爷说:‘你不知道,我这病是没要紧的。皆因有个约会,等个人,却是极要紧的。’小人也不敢深问,因此四爷就走了。”众人听了,心中纳闷。唯独卢爷着急道:“他的约会,我焉有不知的?从来没有提起,好生令人不解。”丁大爷道:“大哥不用着急,且到厅上坐下,大家再作商量。”说话间,来至厅上。丁大爷先要去见丁母,众人俱言:“代为叱名请安。”展爷说:“俟事体消停,再去面见老母。”丁大爷一一领命,进内去了。丁二爷吩咐伴当:“快快去预备酒饭,我们俱是闹了一夜的了,又渴又饿。快些,快些!”伴当忙忙的传往厨房去了。少时,丁大爷出来,又一一地替老母问了众人的好。又向展爷道:“家母听见兄长来了,好生欢喜,言事情完了,还要见兄长呢。”展爷连连答应。早见伴当调开桌椅,安放杯箸。上面是卢方,其次展昭、徐庆,兆兰、兆蕙在主位相陪。刚刚入座,才待斟酒,忽见庄丁跑进来禀道:“蒋老爷回来了,把白五爷抬来了。”众人听了,又是惊骇,又是欢喜,连忙离座出厅,俱各迎将出来。

到了庄门,果见蒋四爷在那里,吩咐把五爷放下,抽杠解缚。此时白玉堂已然吐出水来,虽然苏醒,尚不明白。卢方见他面目焦黄,浑身犹如水鸡儿一般,不觉泪下。展爷早赶步上前,将白玉堂扶着坐起,慢慢唤道:“五弟醒来,醒来。”不多时,只见白玉堂微睁二目,看了看展爷,复又闭上,半晌方嘟囔道:“好病夫吓,淹得我好,淹得我好!”说罢,哇的一声,又吐出许多清水,心内方才明白了。眼睛往左右一看,见展爷蹲在身旁,见卢方在那里拭泪,唯独徐庆、蒋平二人,一个是怒目横眉,一个是嬉皮笑脸。白玉堂看蒋爷,便要挣扎起来,道:“好病夫吓,我是不能与你干休的!”展爷连忙扶住道:“五弟,且看愚兄薄面。此事始终皆由展昭而起,五弟如有责备,你就责备展昭就是了。”丁家弟兄连忙上前扶起玉堂,说道:“五弟,且到厅上去，沐浴更衣后，有什么话再说不迟。”白玉堂低头一看，见浑身连泥带水，好生难看，又搭着处处皆湿，遍体难受的很。到此时也没了法子了，只得说：“小弟从命。”

大家步入庄门，进了厅房。丁二爷叫小童掀起套间软帘，请白五爷进内。只见澡盆、浴布、香肥皂、胰子、香豆面俱已放好。床上放着洋布汗禢、中衣、月白洋绉套裤、靴袜、绿花氅、月白衬袄、丝绦、大红绣花武生头巾，样样俱是新的。又见小童端了一瓷盆热水来，放在盆架之上。请白老爷坐了，打开发髻，先将发内泥土洗去，又换水添上香豆面洗了一回，然后用木梳通开，将发髻挽好，扎好网巾。又见进来一个小童，提着一桶热水，注在澡盆之内，请五老爷沐浴，两个小童就出来了。白玉堂即将湿衣脱去，坐在矮凳之上，周身洗了，用浴布擦干，穿了中衣等件。又见小童进来，换了热水，请五老爷净面。然后穿了衣服，戴了武生巾，其衣服靴帽尺寸长短，如同自己的一样，心中甚为感激丁氏弟兄。只是恼恨蒋平，心中愤愤。

只见丁二爷进来道：“五弟沐浴已毕，请到堂屋中谈话饮酒。”白玉堂只得随出。见他仍是怒容满面，卢方等立起身来说：“五弟，这边坐叙话。”玉堂也不言语。见方才之人皆在，唯不见蒋爷，心中纳闷。只见丁二爷吩咐伴当摆酒，片时工夫，已摆得齐整，皆是美味佳肴。丁大爷擎杯，丁二爷执壶道：“五弟想已饿了，且吃一杯，暖一暖寒气。”说罢斟上酒来，向玉堂说：“五弟请用。”玉堂此时欲不饮此酒，怎奈腹中饥饿，不做脸的肚子咕噜噜的乱响，只得接杯一饮而尽。又斟了门杯，又给卢爷、展爷、徐爷斟了酒，大家入座。卢爷道：“五弟，已往之事，一概不必提了。无论谁的不是，皆是愚兄的不是。唯求五弟同到开封府，就是给为兄的作了脸了。”白玉堂闻听，气冲斗牛，不好向卢方发作，只得说：“叫我上开封府万万不能。”展爷在旁插言道：“五弟不要如此，凡事必须三思而行，还是大哥所言不差。”玉堂道：“我管什么三思、四思，横竖我不上开封府去。”

展爷听了玉堂之言，有许多的话要问他，又恐他有不顺情理之言，还是与他闹是不闹呢？正在思想之际，忽见蒋爷进来说：“姓白的，你别过于任性了。当初你向展兄言明，盗回三宝，你就同他到开封府去。如今三宝取回，就该同他前往才是；即或你不肯同他前往，也该以情理相求，为何竟自逃走？不想又遇见我，救了你的性命，又亏丁兄给你换了衣服，如此看待，为的是成全朋友的义气。你如今不到开封府，不但失信于展兄，而且对不住丁家弟兄，你义气何在？”白玉堂听了，气的喊叫如雷，说：“好病夫呀，我与你势不两立了！”站起来就奔蒋爷拼命。丁家弟兄连忙上前揽住道：“五弟不可，有话慢说。”蒋爷笑道：“老五吓，我不与你打架，就是你打我，我也不还手。打死我，你给我偿命。我早已知道你是没见过大世面的，如今听你所说之言，真是没见过大世面。”白玉堂道：“你说我没见过大世面，你倒要说说我听。”

蒋爷笑道：“你愿听，我就说与你听。你说你到过皇宫内苑，忠义祠题诗，万代寿山前杀命，奏折内夹带字条，大闹庞府，杀了侍妾。你说这都是人所不能的。这原算不了奇特，这不过是你仗着有飞檐走壁之能，黑夜里无人看见，就遇见了，皆是没本领之人。这如何算的是大能干呢？如何算得见过大世面呢？如若是见过世面，必须在光天化日之中，瞻仰过天子升殿：先是金钟声响，后见左右宫门一开，带刀护卫一对一对的按次序而出，雁翼排班侍立，一个个真似天神一般。然后文武臣工步上丹墀，分文东武西而立。丹墀下，御林军俱佩带绿皮鞘腰刀，一个个雄赳赳、气昂昂，按班而立。又听金鞭三下响，正宫门开处，先是提炉数对，见八人肩舆，上做天子，后面龙凤扇二柄，紧紧相随。再后是御前太监，蜂拥跟随天子升殿。真是鸦雀无声，那一番严肃齐整，令人悚然。就是有不服王法的，到了此时，也就骨软筋酥。且慢说天子升殿，就是包相爷升堂问事，那一番的威严，也令人可畏。未升堂之时，先是有名头的皂班、各项捕快、各项的刑具、各班的皂役，也是一班一班的由角门而进，将铁链夹棍各样刑具往堂上一放，便阴风惨惨。又有王、马、张、赵，将御铡请出，喊了堂威，左右排班侍立。相爷从屏风后步入公座，那一番赤胆忠心为国为民一派的正气，姓白的，你见了虽不至骨软筋酥，也就威风顿灭。这些话仿佛我薄你，皆因你所为之事，都是黑夜之间，人皆睡着，由着你的性儿，该杀的就杀，该偷的就偷拿了走了。若在白昼之间，这样的事全是不能行的。我说你没见过大世面，所以不敢上开封去，就是这个缘故。”

白玉堂不知蒋爷用的是激将法，气的他三尸神爆出，五陵豪气飞空，说：“好病夫，你把白某看作何等样人？漫说是开封府，就是刀山箭林，也是要走走的！”蒋爷笑嘻嘻道：“老五哇，这是你的真话呀，还是乍着胆子说的呢？”玉堂嚷道：“这也算不了什么大事，也不便与你撒谎！”蒋爷道：“你既愿意去，我还有话问你。这一起身，虽则同行，你万一故意落在后头，我们可不能等你。你若从屎遁里逃了，我们可不能找你。还有一件事更要说明：你在皇宫大内干的事情，这个罪名非同小可。到了开封府，见了相爷，必须小心谨慎，听包相爷的钧谕，才是大丈夫所为。若是你仗着自己有飞檐走壁之能，血气之勇，不知规矩，口出胡言大话，就算不了行侠仗义，英雄好汉，就是个浑小子，也就不必上开封府去了。你就请罢，再也不必出头露面了。”白玉堂是个心高气傲之人，如何能受得这些激发之言，说：“病夫，如今我也不和你论长论短，俟到了开封府，叫你看看白某是见过大世面还是没有见过大世面，那时再与你算账便了。”蒋爷笑道：“结咧，看你的好好劲儿了。好小子，敢做敢当才是好汉呢！”兆兰等恐他二人说翻了，连忙说道：“放着酒不吃，说这些不要紧的话做什么呢？”丁大爷斟了一杯酒递给玉堂，丁二爷斟了一杯酒递与蒋平，二人一饮而尽。然后大家归座，又说了些闲话。

白玉堂向着蒋爷道：“我与你有何仇何恨，将我翻下水去，是何缘故？”蒋爷道：“五弟，你说话太不公道。你想想，你做的事，那一样儿不厉害？那一样儿留情分？甚至说话都叫人磨不开。就是今日，难道不是你先将我一篙打下水去吗？幸亏我识水性，不然我就淹死了。怎么你倒恼我？我不冤死了吗？”说的众人都笑起来了。丁二爷道：“既往之事，不必再说。莫若大家喝一回，吃了饭也该歇息歇息了。”说罢才要斟酒，展爷道：“二位贤弟且慢，愚兄有个道理。”说罢，接过杯来，斟了一杯向玉堂道："五弟，此事皆因愚兄而起，其中却有区别。今日当着众位仁兄贤弟俱各在此，小弟说一句公平话。这件事实系五弟性傲之故，所以生出这些事来。如今五弟既愿到开封府去，无论何事，我展昭与五弟荣辱共之。五弟信的及，就饮此一杯。"大家俱称赞道："展兄言简意深，真正痛快。"白玉堂接杯一饮而尽，道："展大哥，小弟与兄台本无仇隙，原是意气相投的。诚然是小弟少年无知，不服气的起见。如到开封府，自有小弟招承，断不累及吾兄。再者，小弟屡屡唐突冒昧，蒙兄长的海涵，小弟也要敬一杯，赔个礼才是。"说罢，斟了一杯，递将过来。大家说道："理当如此。"展爷连忙接过，一饮而尽，复又斟上一杯道："五弟既不挂怀劣兄，五弟与蒋四兄也要对敬一杯。"蒋爷道："甚是，甚是。"二人站起来，对敬了一杯。众人俱各大乐不止。然后归座，依然是兆兰、兆蕙斟了门杯，彼此畅饮，又说了一回本地风光的事体，到了开封府应当如何的光景。

酒饭已毕，外面已备办停当，展爷进内与丁母请安禀辞。临别时，留下一封谢柬，是给松江府知府的，求丁家弟兄派人投递。丁大爷、丁二爷送至庄外，眼看着五位英雄带领着伴当数人，蜂拥去了。一路无话。

及至到了开封府，展爷便先见公孙策，商议求包相保奏白玉堂；然后又与王、马、张、赵彼此见了。众人见白玉堂少年英雄，无不羡爱。白玉堂到此时也就循规蹈矩，诸事仗卢大爷提拔。展爷与公孙先生来到书房，见了包相，行参已毕，将三宝呈上。包公便吩咐李才送至后面收了。展爷便将如何自己被擒，多亏茉花村双侠搭救，又如何蒋平装病，悄地里拿获白玉堂的话说了一遍，唯求相爷在圣上面前递摺保奏。包公一一应允，也不升堂，便叫将白玉堂带至书房一见。展爷忙至公所道："相爷请五弟书房相见。"白玉堂站起身来就要走，蒋平上前拦住道："五弟且慢。你与相爷是亲戚是朋友？"玉堂道："俱各不是。"蒋爷道："既无亲故，你身犯何罪？就是这样见相爷，恐于理上说不去。"白玉堂猛然省悟道："亏得四哥提拔，险些儿误了大事。"

未知如何，且听下回分解。

第五十八回　锦毛鼠龙楼封护卫　邓九如饭店遇恩星

且说白玉堂听蒋平之言，猛然省悟道："是呀，亏得四哥提拔，不然我白玉堂岂不成了叛逆了吗？展兄快拿刑具来。"展爷道："暂且屈尊五弟。"吩咐伴当快拿刑具来。不多时，不但刑具拿来，连罪衣罪裙俱有，立刻将白玉堂打扮起来。此时，卢方同着众人，连王、马、张、赵俱随在后面。展爷先至书房，掀起帘栊，进内回禀。不多时，李才打起帘子，口中说道："相爷请白义士。"只一句，弄得白玉堂欲前不前，要退难退,心中反倒不得主意。只见卢方在那里打手势,叫他屈膝。他便来至帘前,屈膝肘进,口内低低说道:“罪民白玉堂,有犯天条,恳祈相爷笔下超生。”说罢,匍匐在地。包相笑容满面道:“五义士不要如此,本阁自有保本。”回头吩咐展爷去了刑具,换上衣服看座。白玉堂哪里肯坐。包相把白玉堂仔细一看,不由得满心欢喜。白玉堂看了包公,不觉得凛然敬畏。包相却将梗概略为盘诘,白玉堂再无推诿,满口应承。包相点了点头道:“圣上屡屡问本阁要五义士者,并非有意加罪,却是求贤若渴之意。五义士只管放心,明日本阁保奏,必有好处。”

外面卢方等听了,连忙进来,一齐跪倒。白玉堂早已地跪下。卢方道:“卑职等仰赖相爷的鸿慈,明日圣上倘不见怪,实属万幸;如若加罪时,卢方等情愿纳还职衔,以赎弟罪,从此做个安善良民,再也不敢妄为了。”包公笑道:“卢校尉不要如此,全在本阁身上,包管五义士无事。你等不知,圣上此时励精图治,唯恐野有遗贤,时常的训示本阁,叫细细访查贤豪俊义,焉有见怪之理?只要你等以后与国家出力报效,不负圣恩就是了。”说罢,吩咐众人起来。又对展爷道:“展护卫与公孙主簿,你二人替本阁好好看待五义士。”展爷与公孙先生一一领命,同定众人退了出来。

到了公厅之内,大家就座。只听蒋爷说道:“五弟,你看相爷如何?”白玉堂道:“好一位为国为民的恩相。”蒋爷笑道:“你也知是恩相了。可见大哥堪称是我的兄长,眼力不差,说个‘知遇之恩’,诚不愧也。”几句话,说的个白玉堂脸红过耳,瞅了蒋平一眼,再也不言语了。旁边公孙先生知道蒋爷打趣白玉堂,唯恐白玉堂年幼脸急,连忙说道:“今日我等虽奉相谕款待五弟,又算是我与五弟预为贺喜。候明日保奏下来,我们还要吃五弟喜酒呢。”白玉堂道:“只恐小弟命小福薄,无福消受皇恩。倘能无事,弟亦当备酒与众位兄长酬劳。”徐庆道:“不必套话,大家也该喝一杯了。”赵虎道:“我刚要说,三哥说了。还是三哥爽快。”回头叫伴当,快快摆桌子端酒席。登时进来几个伴当,调开桌椅,安放杯箸。展爷与公孙先生还要让白玉堂上座,却是马汉、王朝二人拦住说:“住了,卢大哥在此,五弟焉肯上座?依弟等愚见,莫若还是卢大哥的首座,其下挨次而坐到觉爽快。”徐庆道:“好,还是王、马二兄吩咐的是!我是挨着赵四弟一处坐。”赵虎道:“三哥咱两个就在这边坐,不要管他们。来,来,来,且喝一杯。”说罢,一个提壶,一个执盏,二人就对喝起来。众人见他二人如此,不觉大笑,也不谦让了,彼此就座,饮酒畅谈,无不倾心。

及至酒饭已毕,公孙策便回至自己屋内写保奏折底。开首先叙展护卫一人前往陷空岛拿获白玉堂,皆是展昭之功。次说白玉堂所作之事,虽暗昧小巧之行,却是光明正大之事,仰恳天恩赦宥封职,广开进贤之门等语。请示包相看了,缮写清楚,预备明日五鼓谨呈御览。

至次日,包公派展爷、卢大爷、王爷、马爷随同白玉堂入朝。白五爷依然是罪衣罪裙,预备召见。到了朝房,包相进内递摺。仁宗看了,龙心大悦,立刻召见包相。包相又秘密保奏一番。天子即传言,派老伴伴陈林晓示白玉堂,不必罪衣罪裙,只于平人服色，带领引见。陈公公念他杀郭安，有暗救自己之恩，见了白玉堂，又致谢了一番。然后明发上谕，叫白玉堂换了一身簇新的衣服，更显得少年英俊。及至天子临朝，陈公公将白玉堂领至丹墀之上。仁宗见白玉堂一表人物，再想见他所作之事，真有人所不能的本领，人所不能的胆量，圣心欢喜非常，就依着包卿的密奏，立刻传旨："加封展昭实受四品护卫之职。其所遗四品护卫之衔，即着白玉堂补授，与展昭同在开封府供职，以为辅弼。"白玉堂到了此时，心平气和，唯有俯首谢恩。下了丹墀，见了众人，大家道喜，唯卢方更觉欢喜。

至散朝之后，随到开封府。此时早有报录之人报到，大家俱知白五爷得了护卫，无不快乐。白玉堂换了服色，展爷带到书房，与相爷行参。包公又勉励了多少言语，仍叫公孙先生替白护卫具谢恩折子，预备明早入朝，代奏谢恩。一切事宜完毕，白玉堂果然设了丰盛酒席，酬谢知己。这一日，群雄豪聚：上面是卢方，左有公孙先生，右有展爷，这壁厢王、马、张，那壁厢赵、徐、蒋，白玉堂却在下面相陪。大家开怀畅饮，独有卢爷有些愀然不乐之状。王朝道："卢大哥，今日兄弟相聚，而且五弟封职，理当快乐，为何大哥郁郁不乐呢？"蒋平道："大哥不乐，小弟知道。"马汉道："四弟，大哥端的为着何事？"蒋平道："二哥，你不晓得，我弟兄原是五人，如今四个人俱各受职，唯有我二哥不在座中。大哥焉有不想念的呢？"蒋平这里说着，谁知卢爷那里早已落下泪来，白玉堂便低下头去了。众人见此光景，登时的都默默无言。半晌，只听蒋平叹道："大哥不用为难。此事原是小弟作的，我明日便找二哥去如何？"白玉堂忙插言道："小弟与四哥同去。"卢方道："这倒不消。你乃新受皇恩，不可远出。况且找你二哥，又不是私访缉捕，要去多人何用？只你四哥一人足矣。"白玉堂说："就依大哥吩咐。"公孙先生与展爷又用言语劝慰了一番，卢方才把愁眉展放。大家划拳行令，快乐非常。到了次日，蒋平回明相爷去找韩彰，自己却扮了个道士行装，仍奔丹凤岭翠云峰而来。

且说韩彰自扫墓之后，打听得蒋平等由平县已然起身，他便离了灵佑寺，竟奔杭州而来，意欲游赏西湖。一日，来到仁和县，天气已晚，便在镇店找了客寓住了。吃毕晚饭后，刚要歇息，忽听隔壁房中有小孩子啼哭之声，又有个山西人唠哩唠叨不知说什么。心中委决不下，只得出房来到这边，悄悄张望。见那山西人左一掌，右一掌，打那小孩子，叫那小孩子叫他父亲，偏偏的那小孩子却又不肯。韩二爷看了，心中纳闷。又见那小孩子挨打可怜，不由得迈步上前劝道："朋友，这是为何？他一个小孩子家，如何禁得住你打呢？"那山西人道："客官，你不晓得。这怀（坏）小娃娃是哦（我）前途花了五两银子买来作干儿的。一炉（路）上哄着他迟（吃），哄着他哈（喝），他总叫哦大收（叔）。哦就说他：'你不要叫哦大收，你叫哦乐子。大收与乐子没有什么分别，不过是一蹭儿拔（罢）咧。'可奈这娃娃到了店里，他不但不叫哦乐子，连大收也不叫了，竟管着哦叫一蹭儿。客官，你想想，这一蹭儿是个什么敦希（东西）呢？"韩爷听了不由得要笑。又见那小孩子眉目清秀，瞅着韩爷，颇有望救之意。韩爷更觉不忍，连忙说道："人生各有缘分。我看这小孩子，很爱惜他。你若将他转卖于我,我便将原价奉还。"那山西人道:"既如此,微赠些利息,哦便卖给客官。"韩二爷道:"这也有限之事。"即向兜肚内摸出五六两一锭,额外又有一块不足二两,托于掌上道:"这是五两一锭,添上这块,算作利息。你道如何?"那山西人看着银子眼中出火,道:"求(就)是折(这)样罢。哦没有娃娃累赘,哦还要赶炉(路)呢。咱蒙(们)仍蝇(人银)两交,各无反悔。"说罢,他将小孩子领过来交与韩爷,韩爷却将银子递过。

这山西人接银在手,头也不回,扬长出店去了。韩爷反生疑忌。只听小孩子道:"真便宜他,也难为他。"韩爷问道:"此话怎讲?"小孩子道:"请问伯伯住于何处?"韩爷道:"就在间壁房内。"小孩子道:"既如此,请到那边再为细述。"韩爷见小孩子说话灵变,满心欢喜,携着手来到自己屋内。先问他吃什么,小孩子道:"前途已然用过,不吃什么了。"韩爷又给他斟了半盏茶,叫他喝了,方慢慢问道:"你姓甚名谁?家住那里?因何卖与山西人为子?"小孩子未语先流泪道:"伯伯听禀:我姓邓名叫九如,在平县邓家洼居住。只因父亲丧后,我与母亲娘儿两个度日。我有一个二舅,名叫武平安,为人甚实不端。一日,背负一人寄居我们家中,说是他的仇人,要与我大舅活活祭灵。不想此人是开封府包相爷的侄儿。我母亲私行将他释放,叫我找我二舅去,趁空儿我母亲就悬梁自尽了。"说至此,痛哭起来。韩爷闻听,亦觉惨然,将他劝慰多时,又问以后的情节。邓九如道:"只因我二舅所作之事无法无天,况我们又在山环居住,也不报官,便用棺材盛殓,于次日烦了几个无赖之人,帮着抬在山洼掩埋。是我一时思念母亲死的苦情,向我二舅啼哭。谁知我二舅不加怜悯,反生怨恨,将我踢打一顿,我就气闷在地,不知魂归何处。不料后来苏醒过来,觉得在人身上,就是方才那个山西人。一路上多亏他照应吃喝,来到此店。这是难为他。所便宜他的缘故,他何尝花费五两银子,他不过在山洼将我捡来,折磨我叫他父亲,也不过是转卖之意。幸亏伯伯搭救,白白的叫他诈去银两。"韩爷听了,方知此子就是邓九如。见他伶俐非常,不由得满心欢喜,又是叹息。当初在灵佑寺居住时,听的不甚的确,如今听九如一说,心内方才明白。只见九如问道:"请问伯伯贵姓?因何到旅店之中?却要往何处去?"韩爷道:"我姓韩名彰,要往杭州有些公干。只是道路上带你不便,待我明日将你安置个妥当地方,候我回来,再带你上东京便了。"九如道:"但凭韩伯伯处置。使小侄不至漂泊,那便是伯父再生之德了。"说罢,流下泪来。韩爷听了好生不忍,道:"贤侄放心,休要忧虑。"又安慰了好些言语,哄着他睡了,自己也便和衣而卧。

到次日天明,算还了饭钱,出了店门。唯恐九如小孩子家吃惯点心,便向街头看了看,见路西有个汤圆铺,携了九如来到铺内,拣了个座头坐了,道:"盛一碗汤圆来。"只见有个老者端了一碗汤圆,外有四碟点心,无非是糖耳朵、蜜麻花、蜂糕等类,放在桌上。手持空盘,却不动身,两只眼睛直勾勾地瞅着九如,半晌叹了一口气,眼中几乎落下泪来。韩二爷见此光景,不由地问道:"你这老儿,为何瞅着我侄儿?难道你认得他吗?"那老者道:"小老儿认却不认得,只是这位小相公有些厮像……"韩爷道:"他像谁?"那老儿却不言语,眼泪早已滴下。韩爷更觉犯疑,连忙道:"他到底像谁,何不说来?"那老者拭了泪道:"军官爷若不怪时,小老儿便说了。只因小老儿半生乏嗣,好容易生了一子,活到六岁上,不幸老伴死了,撂下此子,因思娘也就呜呼哀哉了。今日看见小相公的面庞儿,颇像我那……"说到这里,却又咽住不言语了。

韩爷听了,暗暗忖度道:"我看此老颇觉诚实,而且老来思子,若九如留在此间,他必加倍疼爱,小孩子断不至于受苦。"想罢便道:"老丈,你贵姓?"那老者道:"小老儿姓张,乃嘉兴府人氏,在此开汤圆铺多年。铺中也无多人,只有个伙计看火,所有座头俱是小老儿自己张罗。"韩爷道:"原来如此。我告诉你,他姓邓,名叫九如,乃是我侄儿。只因目下我到杭州有些公干,带着他行路甚属不便。我意欲将这侄儿寄居在此,老丈你可愿意吗?"张老儿听了,眉开目笑道:"军官既有公事,请将小相公留居在此。只管放心,小老儿是会看承的。"韩爷又问九如道:"侄儿,你的意下如何?我到了杭州,完了公事,即便前来接你。"九如道:"伯伯既有此意,就是这样罢,又何必问我呢?"韩爷听了,知他愿意,又见老者欢喜无限,真是两下情愿,事最好办。韩爷也想不到如此的爽快,回手在兜肚内掏出五两一锭银子来,递与老者道:"老丈,这是些许薄礼,聊算我侄儿的茶饭之资,请收了罢。"张老者哪里肯受。

不知说些什么话来,且听下回分解。

第五十九回　倪生偿银包兴进县　金令赠马九如来京

且说张老见韩爷给了一锭银子,连忙道:"军官爷太多心了。就是小相公每日所费无几,何用许多银两呢?如怕小相公受屈,留下些许银两也就够了。"韩爷道:"老丈若要推辞,便是嫌轻了。"张老道:"既如此说,小老儿就从命了。"连忙将银接过。韩爷又说道:"我这侄儿,烦老丈务要分心的。"又对九如道:"侄儿耐性在此,我完了公事,即便回来。"九如道:"伯父只管放心料理公事,我在此与张老伯盘桓是不妨事的。"韩爷见九如居然大方,全无小孩子情态,不但韩二爷放心,而且张老者听见邓九如称他为张老伯,乐得他心花俱开,连称:"不敢,不敢!军官爷只管放心,小相公交付小老儿,理当分心,不劳吩咐的。"韩二爷执了执手,邓九如又打了一躬,韩爷便出了汤圆铺,回头屡屡,颇有不舍之意。从此,韩二爷直奔杭州,邓九如便在汤圆铺安身不表。

且说包兴自奉相谕,送方善与玉芝小姐到合肥县小包村,诸事已毕。在太老爷、太夫人前请安叩辞,赏银五十两;又在大老爷、大夫人前请安禀辞,也赏了三十两;然后又替二老爷、二夫人请安禀辞,无奈何赏了五两银子;又到宁老先生处禀了辞，便吩咐伴当扣备鞍马，牢拴行李，出了合肥县，迤逦行来。

一日，路过一庄，但见树木丛杂，房屋高大，极其凶险。包兴暗暗想道："此是何等样人家，竟有如此的楼阁大厦？又非世胄，又非乡宦，到底是个什么人呢？"正在思索，不提防咕咚地响了一枪。坐下马是极怕响的，忽地一声往前一蹿。包兴也未防备，身不由已掉下马来，那马咆哮着跑入庄中去了。幸喜包兴却未跌着，伴当连忙下马搀扶。包兴道："不妨事，并未跌着。你快去进庄将马追来，我在此看守行李。"伴当领命进庄去了。不多时，喘吁吁跑了回来道："了不得，了不得，好厉害，世间竟有如此不讲理的！"包兴问道："怎么样了？"伴当道："小人追入庄中，见一人肩上担着一杆枪，拉着咱的马。小人上前讨取，他将眼一瞪道：'你这厮如何的可恶，俺打的好好树头鸟，被你的马来，将俺的树头鸟俱各惊飞了。你还敢来要马！如若要马时，须要还俺满树的鸟儿，让俺打的尽了，那时方还你的马。'小人打量他取笑儿，向前赔礼，央告道：'此马乃我主人所乘，只因闻枪怕响，所以惊蹿起来，将我主人闪落，跑入贵庄。爷爷休要取笑，乞赐见还是恳。'谁知那人道：'什么肯不肯，俺全不管。你打听打听，俺太岁庄有空过的吗？你去回复你主人，如要此马，叫他拿五十两银子来此取赎。'说罢，他将马就拉进去了。想世间哪有如此不讲理的呢？"包兴听了也觉可气，便问："此处系何处所辖？"伴当道："小人不知。"包兴道："打听明白了，再作道理。"说罢，伴当牵了行李马匹先行，包兴慢慢在后步行。走不多路，伴当复道："小人才已问明，此处乃仁和县地面，离街有四里之遥。县官姓金，名必正。"你道此人是谁？他便是颜查散的好友。自服阕之后，归部铨选，选了此处的知县。他已曾查访，此处有此等恶霸，屡屡要剪除他。无奈吏役舞弊欺瞒，尚未发觉。不想包兴今日为失马，特意地要拜会他。

且说包兴暂时骑了伴当所乘之马，叫伴当牵着马垛子，随后慢慢来到县衙相见。果然走了三里来路，便到镇市之上，虽不繁华，却也热闹。只见路东巷内路南便是县衙，包兴一抻马进了巷口，到了衙前下马。早有该值的差役，见有人在县前下马，迎将上去，说了几句。只听那差役唤号里接马，恭恭敬敬将包兴让进，暂在科房略坐，急速进内回禀。不多时，请至书房相见。只见那位县爷有三旬年纪，见了包兴，先述未得迎接之罪，然后彼此就座。献茶已毕，包兴便将路过太岁庄，将马遗失，本庄勒措不还的话说了一遍。金令听了先赔罪道："本县接任未久，地方竟有如此恶霸，欺侮上差，实乃下官之罪。"说罢一揖，包兴还礼。金令急忙唤书吏，派马快前去要马，书吏答应下来。金令却与包兴提起颜查散是他好友，包兴道："原来如此。颜相公乃是相爷得意门生，此时虽居翰苑，大约不久就要提升。"金令又要托包兴寄信一封，包兴一一应允。

正说话间，只见书吏去不多时，复又转来，悄悄地请老爷说话。金令只得暂且告罪失陪。不多时，金爷回来，不等包兴再问，便开口道："我已派人去了，诚恐到了那里，有些耽搁，贻误公事，下官实实吃罪不起。如今已吩咐将下官自己乘用之马备来，上差暂骑了去，俟将尊骑要来，下官再派人送去。"说罢，只见差役已将马拉进来，请包兴看视。包兴见此马比自己骑的马胜强百倍，而且鞍鞯鲜明，便道："既承贵县美意，实不敢辞。只是太岁庄在贵县地面，容留恶霸，恐于太爷官声是不相宜的。"金令听了，连连称是道："多承指教，下官必设法处治。恳求上差到了开封，在相爷跟前代下官善为说辞。"包兴满口应承。又见差役进来回道："跟老爷的伴当，牵着行李垛子，现在衙外。"包兴立起身来辞了金令，差役将马牵至二堂之上。金令送至仪门，包兴拦住不许外送。到了二堂之上，包兴伴当接过马来，出了县衙，便乘上马，后面伴当拉着垛子。刚出巷口，伴当赶上一步回道："此处极热闹的镇店，从清早直到此时，爷还不饿吗？"包兴道："我也有些心里发空，咱们就在此找个饭铺打尖罢。"伴当道："往北去，路西里会仙楼是好的。"包兴道："既如此，咱们就到那里去。"

不一时，到了酒楼门前。包兴下马，伴当接过去拴好。伴当却不上楼，就在门前走桌上吃饭。包兴独步登楼一看，见当门一张桌空闲，便坐在那里。抬头看时，见那边靠窗有二人坐在那里，另具一番英雄气概。一个是碧睛紫髯，一个是少年英俊，真是气度不凡，令人好生的羡慕。你道此二人是谁？那碧睛紫髯的便是北侠，复姓欧阳名春，因是紫巍巍一部长髯，人人皆称他为紫髯伯。那少年英俊的便是双侠的大官人丁兆兰，只因奉母命与南侠展爷修理房屋，以为来春毕姻。丁大官人与北侠，原是素来闻名未曾见面的朋友，不期途中相遇，今约在酒楼吃酒。包兴看了堂官过来，问了酒菜，传下去了。又见上来了主仆二人，相公有二十年纪，老仆却有五旬上下，与那二人对面坐了。因行路难以拘礼，也就叫老仆打横儿坐了。不多时，堂官端上酒来，包兴慢慢地消饮。

忽听楼梯声响，上来一人，携着一个小儿。却见小儿眼泪汪汪，那汉子怒气昂昂，就在包兴坐的座头斜对面坐了。小儿也不坐下，在那里拭泪。包兴看了，又是不忍又觉纳闷。早已听见楼梯响处，上来了一个老头儿，眼似銮铃，一眼看见那汉子，连忙上前跪倒，哭诉道："求大叔千万不要动怒。小老儿虽然短欠银两，慢慢地必要还清，分文不敢少的。只是这孩子，大叔带他去不得的。他小小年纪，又不晓事，又不能干，大叔带去怎么样呢？"那汉子端坐，昂然不理。半晌说道："俺将此子带去做个当头，俟你将账目还清，方许你将他领回。"那老头儿着急道："此子非是小老儿亲故，乃是一个客人的侄儿，寄在小老儿铺中的。倘若此人回来，小老儿拿什么还他的侄儿？望大叔开一线之恩，容小老儿将此子领回。缓至三日，小老儿将铺内折变，归还大叔的银子就是了。"说罢，连连叩头。只见那汉子将眼一瞪道："谁耐烦这些。你只管折变你的去，等三日后到庄取赎此子。"

忽见那边老仆过来，对着那汉子道："尊客，我家相公要来领教。"那汉子将眼皮儿一撩道："你家相公是谁？素不相识，见我则甚？"说至此，早有位相公来到面前道："尊公请了，学生姓倪名叫继祖。你与老丈为着何事，请道其详。"那汉子道："他拖欠我的银两，总未归还。如今要将此子带去见我们庄主，做个当头。相公，你不要管这闲事。"倪继祖道："如此说来，主管是替主索账了。但不知老丈欠你庄主多少银两?”那汉子道:“他原借过银子五两,三年未还,每年应加利息银五两,共欠纹银二十两。”那老者道:“小老儿曾归还过二两银,如何欠的了许多?”那汉子道:“你总然归还过二两银,利息是照旧的。岂不闻‘归本不抽利’吗?”只这一句话,早惹起那边两个英雄豪侠,连忙过来,道:“他除归还过的,还欠你多少?”那汉子道:“尚欠十八两。”倪继祖见他二人满面怒气,唯恐生出事来,急忙拦道:“些许小事,二兄不要计较于他。”回头向老仆道:“倪忠,取纹银十八两来。”只见老仆向那边桌上打开包裹,拿出银来,连整带碎,约有十八两之数,递与相公。倪继祖接来才待要递给恶奴,却是丁兆兰问道:“且慢。当初借银两时,可有借券?”恶奴道:“有,在这里。”回手掏出,递给相公。相公将银两付给,那人接了银两下楼去了。

此时,包兴见相公代还银两,料着恶奴不能带去小儿,便过来将小儿带至自己桌上,哄着吃点心去了。这边老者起来,又给倪继祖叩头。倪继祖连忙搀起问道:“老丈贵姓?”老者道:“小老儿姓张,在这镇市之上开个汤圆铺生理。三年前曾借这太岁庄马二员外银五两,是托此人的说合,他名叫马禄。当初不多几月就归还他二两,谁知他仍按五两算了利息,生生地诈去许多,反累的相公枉费去银两,小老儿何以答报。请问相公意欲何往?”倪相公道:“些许小事,何足挂齿。学生原是欲上东京预备明年科考,路过此处打尖,不想遇见此事,这也是事之偶然耳。”又见丁兆兰道:“老丈你不吃酒吗?相公既已耗去银两,难道我二人连个东道也不能吗?”说罢大家执手道了个“请”字,各自归座。张老儿已瞧见邓九如在包兴那边吃点心呢,他也放了心了,就在这边同定欧阳春三人坐了。

丁大爷一起吃酒,一壁盘问太岁庄。张老儿便说起马刚如何倚仗总管马朝贤的威势,强梁霸道,无所不为,每每竟有造反之心。丁大爷只管盘诘,北侠却毫不介意,置若罔闻。此时倪继祖主仆业已用毕酒饭,会了钱钞,又过来谦让。北侠二人各不相扰,彼此执手,主仆下楼去了。这里张老儿也就辞了二人,向包兴这张桌上而来。谁知包兴早已问明了邓九如的原委,只乐得心花俱开,暗道:“我临起身时,三公子谆谆嘱咐于我,叫我在邓家洼访查邓九如,务必带至京师,偏偏的再也访不着,不想却在此处相逢。若非失马,焉能到了这里?可见凡事自有一定的。”正思想时,见张老过来道谢。包兴连忙让座。一同吃毕饭,会钞下楼,随至汤圆铺内。包兴悄悄将来历说明,“如今要把邓九如带往开封,意欲叫老人家同去,不知你意下如何?”

要知张老儿说些什么,且听下回分解。

第六十回　紫髯伯有意除马刚　丁兆兰无心遇莽汉

且说包兴在汤圆铺内问张老儿:“你这买卖一年有多大的来头?”张老道:“除伙食人工,遇见好年头,一年不过剩下四五十吊钱。”包兴道:“莫若跟随邓九如上东京,见了三公子,那时邓九如必是我家公子的义儿,你就照看他,吃碗现成的饭如何?”张老儿听了满心欢喜,又将韩爷将此子寄居于此的缘由说了,“因他留下五两银子,小老儿一时宽裕,卸了一口袋面,被恶奴马禄看在眼里,立刻追索欠债。再也想不到有如此的奇遇。”包兴连连称是。又暗想道:“原来韩爷也来到此处了。”一转想道:“莫若仍找县令,叫他把邓九如打扮打扮,岂不省事吗?”因对张老道:“你收拾你起身的行李,我到县里去去就来。”说罢,出了汤圆铺上马,带着伴当竟奔县衙去了。

这里张老儿与伙计合计,作为两股生理,年齐算账。一个本钱,一个人工,却很公道。自己将积蓄打点起来。不多时,只见包兴带领衙役四名,赶来的车辆,从车上拿下包袱一个。打开看时,却是簇新的小衣服,大衫衬衫无不全备——是金公子的小衣服。因说是三公子的义儿,焉有不尽心的呢?何况又有太岁庄留马一事,借此更要求包兴在相爷前遮盖遮盖。登时将九如打扮起来,真是人仗衣帽,更显他粉妆玉琢,齿白唇红。把张老儿乐地手舞足蹈。伙计帮着把行李装好,然后叫九如坐好,张老儿却在车边。临别又谆嘱了伙计一番:“倘若韩二爷到来,就说在开封府恭候。”包兴乘马,伴当跟随,外有衙役护送,好不威势热闹,一直往开封去了。

且说欧阳爷与丁大爷在会仙楼上吃酒,自张老儿去后,丁大爷便向北侠道:“方才眼看恶奴的形象,又耳听恶霸的强梁,兄台心下以为何如?”北侠道:“善有善报,恶有恶报。贤弟,咱们且吃酒,莫管他人的闲事。”丁大爷听了暗道:“闻得北侠武艺超群,豪侠无比。如今听他的口气,竟是置而不论了。或者他不知我的心迹,今日初遇,未免的含糊其词也是有的。待我索性说明了,看是如何。”想罢又道:“似你我行侠仗义,理当济困扶危,剪恶除奸。若要依小弟的主意,莫若将他除却,方是正理。”北侠听了连忙摆手道:“贤弟休得如此,岂不闻窗外有耳,倘漏风闻,不大稳便。难道贤弟醉了吗?”丁大爷听了,便暗笑道:“好一个北侠,何胆小到如此田地!真是‘闻名不如见面’!惜乎我身边未带利刃,如有利刃,今晚马到成功,也叫他知道知道我双侠的本领人物。”又转念道:“有了。今晚何不与他一同住宿,我暗暗盗了他的刀儿去行事。俟成功后,回来奚落他一场,岂不是件快事吗?”主意已定,便道:“果然小弟力不胜酒,有些儿醉了。兄台还不用饭吗?”北侠道:“劣兄早就饿了,特为陪着贤弟。”丁大爷暗道:“我何用你陪呢?”便回头唤堂官,要了饭菜点心来。不多时,堂官端来,二人用毕,会钞下楼,天刚正午。

丁大爷便假装醉态,道:“小弟今日懒怠行路,意欲在此住宿一宵。不知兄台意下如何?”北侠道:“久仰贤弟,未获一见,今日幸会,焉有骤然就别之理。理当多盘桓几日为是,劣兄唯命是听。”丁大爷听了,暗合心意,道:“我岂愿意与你同住,不过要借你的刀一用耳。”正走间,来到一座庙宇门前。二人进内,见有个跛足道人,说明暂住一宵,明日多谢香资。道人连声答应,即引至一小院,三间小房,极其僻静。二人俱道:“甚好,甚好。”放下行李,北侠将宝刀带着皮鞘子挂在小墙之上。丁大爷用目注视了一番,便坐下对面闲谈。

丁大爷暗想道:“方才在酒楼上,唯恐耳目众多,或者他不肯吐实。这如今在庙内,又极僻静,待我再试探他一回,看是如何?”因又提起马刚的过恶,并怀造反之心,“你若举此义,不但与民除害,而且也算与国除害,岂不是件美事?”北侠笑道:“贤弟虽如此说,马刚既有此心,他岂不加意防备呢?俗言‘知己知彼,百战百胜’。岂可唐突?倘机不密,反为不美。”丁大爷听了更不耐烦,暗道:“这明是他胆怯,反说这些,以败吾兴。不要管他,俟夜深人静,叫他瞧瞧俺的手段。”到了晚饭时,那瘸道人端了几碗素菜,馒首米饭,二人灯下囫囵吃完,道人撤去。彼此也不谦让,丁大爷因瞧不起北侠,有些怠慢,所谓“话不投机半句多”了。谁知北侠更有讨厌处。他闹了个吃饱了食困,刚刚喝了点茶,他就张牙咧嘴的哈欠起来。丁大爷看了,更不如意。暗道:“这样的酒囊饭袋之人,也敢称个‘侠’字,真真令人可笑。”却顺口儿道:“兄台既有些困倦,何不请先安歇呢?”北侠道:“贤弟若不见怪,劣兄就告罪了。”说罢,枕了包裹,不多时便呼声震耳。丁大爷不觉暗笑,自己也就盘膝打坐,闭目养神。

及至交了二鼓,丁大爷悄悄束缚,将大衫脱下来。未出屋子,先显了个手段,偷了宝刀,背在背后。只听北侠的呼声益发大了。却暗笑道:“无用之人,只好给我看衣服。少时事完成功,看他如何见我?”连忙出了屋门,越过墙头,竟奔太岁庄而来。一二里路,少刻就到。看了看墙垣极高,也不用软梯,便飞身跃上墙头。看时,原来此墙是外围墙,里面才是院墙。落下大墙,又上里面院墙。这院墙却是用瓦摆就的古老钱,丁大爷窄步而行。到了耳房,贴墙甚近,意欲由房上进去,岂不省事。两手扳住耳房的边砖,刚要纵身,觉得脚下砖一跐。低头看时,见登的砖已离位,若一抬脚,此砖必落。心中暗想,此砖一落,其声必响,那时惊动了人,反为不美。若要松手,却又赶不及了。只得用脚尖轻轻地碾力,慢慢地转动,好容易将那块砖稳住了,这才两手用力,身体一长,便上了耳房。又到大房,在后坡里略为喘息。只见仆妇、丫鬟往来行走,要酒要菜,彼此传唤。丁大爷趁此空儿,到了前坡,趴伏在房檐窃听。

只听众姬妾买俏争宠,道:“千岁爷,为何喝了捏捏红的酒,不喝我们挨挨酥的酒呢?奴婢是不依的。”又听有男子哈哈笑道:“你放心,你们八个人的酒,孤家挨次儿都要喝一杯。只是慢着些儿饮,孤家是喝不惯急酒的。”丁大爷听了,暗道:

“怨不得张老儿说他有造反之心，果然他竟敢称孤道寡起来。这不除却，如何使得？”即用倒垂势，把住椽头，将身体贴在前檐之下。却用两手捏住椽头，倒把两脚撑住檩空，换步到了檐柱。用脚登定，将手一撒，身子向下一顺，便抱住大柱。两腿一抽，盘在柱上。头朝下，脚向上，哧哧哧顺流而下，手已扶地。转身站起，瞧了瞧此时无人，隔帘往里偷看。见上面坐着一个人，年纪不过三旬向外，众姬妾围绕着胡言乱语。丁大爷一见，不由怒从心上起，恶向胆边生，回手抽刀。罢咧！竟不知宝刀于何时失去，只剩下皮鞘。猛然想起，要上耳房之时，脚下一跳，身体往前一栽，想是将刀甩出去了。自己在廊下手无寸铁，难以站立。又见灯光照耀，只得退下。见迎面有块太湖石，暂且藏于后面，往这边偷看。

只见厅上一时寂静。见众姬妾从帘下一个一个爬出来，方嚷道：“了不得了，千岁爷的头被妖精取了去了！”一时间，鼎沸起来。丁大爷在石后听得明白，暗道：“这个妖精有趣，想是此贼恶贯已满，遭此凶报。倒是北侠说着了，恶有恶报，丝毫不爽。我也不必在此了，且自回庙，再作道理。”想罢，从石后绕出，临墙将身一纵，出了院墙。又纵身上了外围墙，轻轻落下。脚刚着地，只见有个大汉奔过来飕的就是一棍，丁大爷忙闪身躲过。谁知大汉一连就是几棍，亏得丁大爷眼快，虽然躲过，然而也就吃力的很。正在危急，只见墙头坐着一人，掷下一物，将大汉打倒，丁大爷赶上一步按住。只见墙上那人飞身下来，将刀往大汉面前一晃，道：“你是何人，快说！”丁大爷细瞧飞下这人，不是别个，却是那胆小无能的北侠欧阳春，手内刀就是他的宝刀。心中早已明白，又是欢喜，又是佩服。只听大汉道：“罢了，罢了！花蝶呀，咱们是前生的冤孽，不想俺弟兄皆丧于你手。”丁大爷道：“这大汉好生无礼，那个是什么花蝶？”大汉道：“难道你不是花冲吗？”丁大爷道：“我叫兆兰，却不姓花。”大汉道：“如此说来，是俺错认了。”丁大爷也就将他放起。大汉立起，掸了尘土，见衣服上一片血迹，道：“这是那里的血呀？”丁大爷一眼瞧见那边一颗首级，便知是北侠取的马刚之首，方才打倒大汉，就是此物。连忙道：“俺们且离此处，在那边说去。”

三人一边走着，大爷丁兆兰问大汉道：“足下何人？”大汉道：“俺姓龙名涛。只因花蝴蝶花冲将俺哥哥龙渊杀害，是俺怀仇在心，时刻要替兄报仇。无奈这花冲行踪诡秘，谲诈多端，再也拿他不着。方才是我们伙计夜星子冯七告诉于我，说有人进马刚家内。俺想马刚家中姬妾众多，必是花冲又相中了那一个，因此持棍前来，不想遇见二位。才尊驾提兆兰二字，莫非是茉花村丁大员外吗？”兆兰道：“我便是丁兆兰。”龙涛道：“俺久要拜访，未得其便，不想今日相遇，又险些儿误伤了好人。”又问：“此位是谁？”丁大爷道：“此位复姓欧阳，名春。”龙涛道：“啊呀，莫非是北侠紫髯伯吗？”丁大爷道：“正是。”龙涛道：“妙极！俺要报杀兄之仇，屡欲拜访，恳求帮助，不期今日幸遇二位。无什么说的，恳求二位帮助小人则个。”说罢，纳头便拜。丁大爷连忙扶起道：“何必如此。”龙涛道：“大官人不知，小人在本县当个捕快差使，昨日奉县尊之命，要捉捕马刚。小人昨奉此差，一来查访马刚的破绽，二来暗踩花蝶的行踪，与兄报仇。无奈自己本领不济，恐不是他的对手。故此求二位官人帮助帮助。”北侠道：“既是这等，马刚他已遭天报，你也不必管了。只是这花冲，我们不认得他，怎么样呢？”龙涛道：“若论花冲的形象，也是少年公子模样，却是武艺高强。因他最爱采花，每逢夜间出入，鬓边必簪一枝蝴蝶，因此人皆唤他是花蝴蝶。每逢热闹场中，必要去游玩。若见了美貌妇女，他必要下功夫，到了人家采花。这厮造孽多端，作恶无数。前日还闻得他要上灶君祠去呢，小人还要上那里去访他。”北侠道：“灶君祠在哪里？”龙涛道：“在此县的东南三十里，也是个热闹去处。”丁大爷道：“既如此，这时离开庙的日期尚有半个月的光景，我们还要到家中去。倘到临期，咱们俱在灶君祠会齐。如若他要往别处去，你可派人到茉花村给我们送个信，我们好帮助于你。”龙涛道：“大官人说得极是。小人就此告别。冯七还在那里等我听信呢！”

龙涛去后，二人离庙不远，仍然从后面越墙而入。来到屋中，宽了衣服。丁大爷将皮鞘交付北侠道：“原物奉还。仁兄何时将刀抽去？”北侠笑道：“就是贤弟用脚稳砖之时，此刀已归吾手。”丁大爷笑道：“仁兄真乃英雄，弟弗如也。”北侠道：“岂敢，岂敢。”丁大爷又问道：“姬妾何以声言妖精取了千岁之头？此言何故，小弟不解。”北侠道：“凡你我侠义作事，不要声张，总要机密。能够隐讳，宁可不露本来面目，只要剪恶除强，扶危济困就是了，又何必谆谆叫人知道呢？就是昨夕酒楼所谈，及庙内说的那些话，以后劝贤弟再不可如此。所谓‘临事而惧，好谋而成’，方于事有裨益。”丁兆兰听了，深为有理，连声道：“仁兄所言最是。”又见北侠从怀中掏出三个软搭搭的东西，递给丁大爷道：“贤弟请看妖怪。”兆兰接来一看，原是三个皮套做成鬼脸儿。不觉笑道：“小弟从今方知仁兄是两面人了。”北侠亦笑道：“劣兄虽有两面，也不过逢场作戏，幸喜不失本来面目。”丁大爷道：“哎呀！仁兄虽是做戏然呀，而逢着的也不是当要的呢！”北侠听罢，笑了一笑，又将刀归鞘搁起。开言道：“贤弟有所不知，劣兄虽逢场作戏杀了马刚，其中还有一个好处。”丁大爷道：“其中还有什么好处呢？小弟请教，望乞说明，以开茅塞。”

未知北侠说出什么话来，且听下回分解。

第六十一回　大夫居饮酒逢土棍　卞家疃偷银惊恶徒

且说欧阳爷、丁大爷在庙中彼此闲谈，北侠说逢场作戏其中还有好处。丁大爷问道：“其中有何好处？请教。”北侠道：“那马刚他既称孤道寡，不是没有权势之人。你若明明把他杀了，他若报官，说他家员外被盗寇持械戕命，这地方官怎样办法？何况又有他叔叔马朝贤在朝，再连催几套文书，这不是要地方官纱帽吗？如今改了面目将他除却，这些姬妾妇人之见，他岂不又有枝添叶儿，必说这妖怪青脸红发，来去无踪，将马刚之头取去。况还有个胖妾唬倒，他的痰向上来，十胖九虚，必也丧命。人家不说他是痰，必说是被妖怪吸了魂魄去了。他纵然报官，你家出了妖怪，叫地方官也是没法的事。贤弟想想，这不是好处吗？"丁大爷听了，越想越是，不由得赞不绝口。二人闲谈多时，略为歇息，天已大亮。与了瘸道香资，二人出庙。丁大爷务必请北侠同上茉花村暂住几日，俟临期再同上灶君祠会齐，访拿花冲。北侠原是无牵无挂之人，不能推辞，同上茉花村去了。这且不言。

单说二员外韩彰自离了汤圆铺，竟奔杭州而来。沿路行去，闻的往来行人尽皆笑说，以花蝶设誓当作骂话。韩二爷听不明白，又不知花蝶为谁。一时腹中饥饿，见前面松林内酒幌儿高悬一个小小红葫芦，因此步入林中。见周围芦苇的花幛，满架的扁豆秧儿，正当秋令，豆花盛开。地下又种着些儿草花，颇颇有趣。来到门前，上悬一匾，写着"大夫居"三字。韩爷进了门，前院中有两张高桌，却又铺着几领芦席，设着矮座。那边草房三间，有个老者在那里打盹。韩爷看了一番光景，正惬心怀，便咳嗽一声。那老者猛然惊醒，拿了代手前来问道："客官吃酒吗？"韩爷道："你这里有什么酒？"老者笑道："乡居野况，无甚好酒，不过是白干烧酒。"韩爷道："且暖一壶来。"老者去不多时，暖了一壶酒，外有四碟：一碟盐水豆儿，一碟豆腐干，一碟吹甭麻花，一碟薄脆。韩爷道："还有什么吃食？"老者道："没有别的，还有卤煮斜尖豆腐合热鸡蛋。"韩爷吩咐："再暖一角酒来，一碟热鸡蛋，带点盐水儿来。"老者答应。刚要转身，见外面进来一人，年纪不过三旬，口中道："豆老丈，快暖一角酒来，还有事呢。"老者道："吓，庄大爷，往那里去这等忙？"那人叹道："嗳，从那里说起！我的外甥女巧姐不见了。我姐姐哭哭啼啼叫我给姐夫送信去。"

韩爷听了，便立起身来让座。那人也让了三言两语，韩爷便把那人让至一处。那人甚是直爽，见老儿拿了酒来，他却道："豆老丈，我有一事。适才见幛外有几只雏鸡在那里刨食吃，我与你商量，你肯卖一只与我们下酒吗？"豆老笑道："那有什么呢？只要大爷多给几钱银就是。"那人道："只管弄去，做成了，我给你二钱银子如何？"老者听说二钱银子，好生欢喜地去了。韩爷拦道："兄台却又何必宰鸡呢？"那人道："彼此有缘相遇，实是三生有幸；况我也当尽地主之谊。"说毕彼此就座，各展姓字。原来此人姓庄名致和，就在村前居住。韩爷道："方才庄兄说还有要紧事，不是要给令亲送信呢吗？不可因在下耽搁了工夫。"庄致和道："韩兄放心，我还要在就近处访查访查呢。就是今日赶急送信与舍亲，他也是没法子，莫若我先细细访访。"正说至此，只见外面进来了一人，口中嚷道："老豆吓！咱弄一壶热热的。"他却一溜歪斜坐在那边桌上，脚登板凳，立愣着眼，瞅着这边。韩爷见他这样情景，也不理他。

豆老儿拧着眉毛，端过酒去。那人摸了一摸，道："不热呀，我要热热的。"豆老儿道："很热了吃不到嘴里，又该抱怨小老儿了。"那人道："没事，没事，你只管烫去。"豆老儿只得重新烫了来，道："这可热得很了。"那人道："热热的很好，你给我斟上凉着。”豆老儿道：“这是图什么呢？”那人道：“别管，大爷是这么个脾气儿。我且问你，有什么荤腥儿拿一点我吃。”豆老儿道：“我这里是大爷知道的，乡村铺儿那里讨荤腥来？无奈何，大爷将就些儿罢。”那人把醉眼一瞪，道：“大爷花钱，为什么将就呢？”说着话就举起手来。豆老儿见势头不好，便躲开了。那人却趔趄趔趄的来至草房门前，一嗅，觉得一股香味扑鼻，便进了屋内。一看，见柴锅内煮着一只小鸡儿，又肥又嫩。他却说道：“好吓，现放着荤菜，你说没有。老豆，你可是猴儿拉稀，坏了肠子咧。”豆老忙道：“这是那二位客官花了二钱银子煮着自用的。大爷若要吃时，也花二钱银子，小老儿再与你煮一只就是了。”那人道：“什么二钱银子！大爷先吃了，你再给他们煮去。”说罢，拿过方盘来，将鸡从锅内捞出，端着往外就走。豆老儿在后面说道：“大爷不要如此，凡事有个先来后到。这如何使得！”那人道：“大爷是嘴急的等不得，叫他们等着去吧。”

他在这里说，韩爷在外面已听明白，登时怒气填胸，立起身来，走至那人跟前，抬腿将木盘一踢，连鸡带盘全合在那人脸上。鸡是刚出锅的，又搭着一肚子滚汤，只听那人“哎呀”一声，撒了手，栽倒在地，登时满脸上犹如尿泡里串气儿，立刻开了一个果子铺，满脸鼓起来了。韩爷还要上前，庄致和连忙拦住。韩爷气愤愤的坐下。那人却也知趣，这一烫，酒也醒了，自己想了一想，也不是理；又见韩爷的形象，估量着他不是介儿，站起身来就走，连说：“结咧，结咧，咱们再说再议。等着，等着！”搭讪着走了。这里庄致和将酒并鸡的银子会过，饶没吃成，反多与了豆老儿几分银子，劝着韩爷，一同出了大夫居。

这里，豆老儿将鸡捡起来，用清水将泥土洗了去，重新放在锅里煮了一个开，用冰盘捞出端在桌上，自己暖了一角酒，自言自语：“一饮一啄，各有分定。好好一只肥嫩小鸡儿，那二位不吃，却便宜老汉开斋。这是从那里说起！”才待要吃，只见韩爷从外面又进来。豆老儿一见，连忙说道：“客官，鸡已熟了，酒已热了，好好放在这里，小老儿却没敢动，请客官自用罢。”韩爷笑道：“俺不吃了。俺且问你：方才那厮他叫什么名字？在那里居住？”豆老儿道：“客官问他则甚？好鞋不粘臭狗屎，何必与他怄气呢！”韩爷道：“我不过知道他罢了，谁有工夫与他怄气呢。”豆老道：“客官不知，他父子家道殷实，极其悭吝，最是强梁。离此五里之遥，有一个卞家疃，就是他家。他爹爹名叫卞龙，自称是铁公鸡，乃刻薄成家，真是一毛儿不拔。若非怕自己饿死，连饭也是不吃的。谁知他养的儿子更狠，就是方才那人，名叫卞虎。他自称外号癞皮象。他为什么起这个外号儿呢？一来是无毛可拔，二来他说当初他爹没来由，起手立起家业来，故此外号止于‘鸡’；他是生成的胎里红，外号儿必得大大的壮门面，故此称‘象’。又恐人家拿他当了秧子手儿，因此又加上‘癞皮’二字，言其他是家传的吝啬，也不是好惹的。自从他父子如此，人人把个卞家疃改成‘扁加团’了。就是他来此吃酒，也是白吃白喝，尽赊账，从来不知还钱。老汉又惹他不起，只好白填嗓他罢了。”韩爷又问道：“他那疃里可有店房吗？”豆老儿道：“他那里也不过是个村庄，那有店房。离他那里不足三里之遥，有个桑花镇却有客寓。

韩爷问明底细，执手别了豆老，竟奔桑花镇而来，找了寓所。到了晚间，夜阑人静，悄悄离了店房，来至卞家疃。到了卞龙门前，越墙而入，施展他飞檐走壁之能，趴伏在大房之上，偷睛往下观看。见个尖嘴缩腮的老头子，手托天平在那里平银子。左平右平，却不嫌费事，必要银子比砝码微低些方罢。共平了二百两，然后用纸包了四封，用绳子结好，又在上面打了花押，方命小童抱定，提着灯笼往后面送去。他在那里收拾天平。

韩爷趁此机会，却溜下房来，在卡子门垛子边隐藏。小童刚迈门槛，韩爷将腿一伸，小童往前一扑，唧哩咕咚栽倒在地，灯笼也灭了。老头子在屋内声言道："怎么了？栽倒咧？"只见小童提着灭灯笼来对着了，说道："刚迈门槛，不妨就一跤倒了。"老头子道："小孩子家，你到底留神吓！这一栽，管保把包儿栽破，撒了银渣儿如何找寻呢？我不管，拿回来再平，倘若短少分两，我是要扣你的工钱的。"说着话，同小童来至卡子门，用灯一照，罢咧，连个纸包儿的影儿也不见了。老头子急得两眼冒火，小童儿慌得二目如灯，泪流满面。老头子暴躁道："你将我的银子藏于何处了？快快拿出来！如不然，就活活要了你的命！"正说着，只见卞虎从后面出来，问明此事。小童哭诉一番，卞虎哪里肯信，将眼一瞪道："好囚囊的，人小鬼大，你竟敢弄这样的戏法！咱们且向前面说来。"说罢，拉了小童，卞龙反打灯笼在前引路，来至大房屋内。早见桌上用砝码压着个字帖儿，上面字有核桃大小，写道："爷爷今夕路过汝家，知道你刻薄成家，广有金银，又兼俺盘费短少，暂借银四封，改日再还，不可诬赖好人。如不遵命，爷爷时常夜行此路，请自试爷爷的宝刀。免生后悔！"卞龙见了此帖，登时浑身乱抖。卞虎将小童放了，也就发起怔来。父子二人无可如何，只得忍着肚子疼，还是要性命要紧，不敢声张，唯有小心而已。

要知后文如何，且听下回分解。

第六十二回 遇拐带松林救巧姐 寻奸淫铁岭战花冲

且说韩二爷揣了四封银子，回归旧路，远远听见江西小车吱吱扭扭地奔了松林而来。韩爷急中生智，拣了一株大树爬将上去，隐住身形。不意小车子到了树下，咯噔的歇住。听见一人说道："白昼将货物闷了一天，此时趁着无人，何不将他透透风呢？"又听有人说道："我也是如此想，不然闷坏了，岂不白费了工夫呢！"答言的却是妇人声音。只见他二人从小车上开开箱子，搭出一个小小人来，叫他靠在树身之上。韩爷见了，知他等不是好人，暗暗地把银两放在槎枒之上，将朴刀拿在手中，从树上一跃而下。那男子猛见树上跳下一人，撒腿往东就跑。韩爷哪里肯舍，赶上一步，从后将刀一搠，那人"哎呀"了一声，早已着了利刃，栽倒在地。韩爷撤步回身,看那妇人时,见他哆嗦在一堆儿,自己打的牙山响,犹如寒战一般。韩爷用刀一指道:“你等所做何事,快快实说!倘有虚言,立追狗命。讲!”那妇人道:“爷爷不必动怒,待小妇人实说。我们是拐带儿女的。”韩爷问道:“拐去男女置于何地?”妇人道:“爷爷有所不知。只因襄阳王爷那里要排演优伶歌妓,收录幼童弱女,凡有姿色的,总要赏五六百两。我夫妻因穷所迫,无奈做此暗昧之事,不想今日遇见爷爷识破。这也是天理昭彰,只求爷爷饶命!”

韩爷又细看那孩儿,原来是个女孩儿。见他愣愣怔怔的,便知道其中有诈。又问道:“你等用何物迷了他的本性,讲!”妇人道:“他那泥丸宫有个药饼儿,揭下来,少刻就可苏醒。”韩爷听罢,伸手向女子头上一摸,果有药饼。连忙揭下,抛在道旁。又对妇人道:“你这恶妇,快将裙绦解下来。”妇人不敢不依,连忙解下,递给韩爷。韩爷将妇人发髻一提,拣了一棵小小的树身,把妇人捆了个结实。翻身蹿上树去,揣了银子,一跃而下。才待举步,只听那女孩儿“嗳哟”了一声,哭出来了。韩爷上前问道:“你此时可明白了?你叫什么?”女子道:“我叫巧姐。”韩爷听了,惊骇道:“你母舅可是庄致和吗?”女子道:“正是。伯伯如何知道?”韩爷听了,暗暗念佛:“无心中救了巧姐,省我一番事。”又见天光闪亮,唯恐有些不便,连忙说道:“我姓韩,与你母舅认识。少时若有人来,你就喊救人,叫本处地方送你回家就完了。拐你的男女,我已俱拿住了。”说罢,竟奔桑花镇去了。

果然,不多时路上已有行人,见了如此光景,问了备细,知是拐带,立刻找着地方保甲,放下妇人,用铁锁锁了,带领女子同赴县衙。县官升堂,一鞫即服。男子已死,着地方掩埋,妇人定案寄监。此信早已传开了。庄致和闻知,急急赴县,当堂将巧姐领回。路过大夫居,见了豆老,便将巧姐已有的话说了。又道:“是姓韩的救的,难道就是昨日的韩客官吗?”豆老听见,好生欢喜,又给庄爷暖酒作贺。因又提起:“韩爷昨日复又回来,问卞家的底里。谁知今早闻听人说,卞家丢了许多的银两。庄大爷,你想这事诧异不诧异?老汉再也猜摸不出这位韩爷是个什么人来。”

他两个只顾高谈阔论,讲究此事。不想那边坐着一个道人,立起身来,打个稽首,问道:“请问庄施主,这位韩客官可是高大身躯,金黄面皮,微微的有点黄须吗?”庄致和见那道人骨瘦如柴,仿佛才病起来的模样,却又目光如电,炯炯有神,声音洪亮,另有一番别样的精神,不由得起敬道:“正是。道爷何以知之?”那道人道:“小道素识。此人极其侠义,正要访他。但不知他向何方去了?”豆老儿听至此,有些不耐烦,暗道:“这道人从早晨要了一角酒,直耐到此时,占了我一张座儿,仿佛等主顾的一般。如今听我二人说话,他便插言,想是个安心哄嘴吃的。”便没有好气地答道:“我这里过往客人极多,谁耐烦打听他往哪里去呢?你既认得他,你就趁早儿找他去。”那道人见豆老儿说的话倔强,也不理他,索性就棍打腿,便对庄致和道:“小道与施主相遇,也是缘分,不知施主可肯布施小道两角酒吗?”庄致和道:“这有什么!道爷请过来,只管用,俱在小可身上。”那道人便凑过来。庄致和又叫豆老暖了两角酒来。豆老无可奈何,瞅了道人一眼道:“明明是个骗酒吃的,这可等着主顾了。”嘟嘟囔囔的温酒去了。

原来这道人就是四爷蒋平。只因回明包相,访查韩彰,扮作云游道人模样,由丹凤岭慢慢访查至此。好容易听见此事,焉肯轻易放过。一壁喝酒,一壁细问昨日之事,越听越是韩爷无疑。吃毕酒,蒋平道了叨扰。庄致和会了钱钞,领着巧姐去了。蒋平也就出了大夫居,逢村遇店,细细访查,毫无下落。看看天晚,日色西斜,来至一座庙宇前,匾上写着“铁岭观”三字,知是道士庙宇,便上前。才待击门,只见山门放开,出来一个老道,手内提定酒葫芦。再往脸上看时,已然喝得红扑扑的,似有醉态。蒋平上前稽首道:“无量寿佛,小道行路天晚,意欲在仙观借宿一宵,不知仙长肯容纳否?”那老道乜斜着眼,看了看蒋平道:“我看你人小瘦弱,倒是个不生事的。也罢,你在此略等一等,我到前面沽了酒回来,自有道理。”蒋平接口道:“不瞒仙长说,小道也爱杯中之物,这酒原是咱们玄门中当用的。乞将酒器付与小道,待我沽来奉敬仙长如何?”那老道听了,满面堆下笑来,道:“道友初来,如何倒要叨扰?”说着话,却将一个酒葫芦递给四爷。四爷接过葫芦,又把自己的渔鼓、简板以及算命招子交付老道。老道又告诉他卖酒之家,蒋平答应。回身去不多时,提了满满的一葫芦酒,额外又买了许多的酒菜。老道见了,好生欢喜,道:“道兄初来,却破许多钱钞,使我不安。”蒋平道:“这有甚要紧,你我皆是同门,小弟特敬老兄。”

那老道更觉欢喜,回身在前引路,将蒋平让进,关了山门。转过影壁,便看见三间东厢房。二人来至屋内,进门却是悬龛供着吕祖,也有桌椅等物。蒋爷倚了招子,放下渔鼓、简板,向上行了礼。老道掀起布帘,让蒋平北间屋内坐。蒋平见有个炕桌,上面放着杯壶,还有两色残肴。老道开柜拿了家伙,把蒋平新买的酒菜摆了,然后暖酒添杯,彼此对面而坐。蒋爷自称姓张,又问老道名姓。原来姓胡名和。观内当家的叫作作吴道成,生的黑面大腹,自称绰号铁罗汉。一身好武艺,惯会趋炎附势。这胡和见了酒如命的一般,连饮了数杯,却是酒上加酒,已然醺醺。他却顺口开河道:“张道兄,我有一句话告诉你。少时当家的来时,你可不要言语,让他们到后面去,别管他们做什么。咱们俩就在前边,给他个痛喝;喝醉了,就给他个闷睡,什么全不管他。你道如何?”蒋爷道:“多承胡大哥指示。但不知当家的所做何事?何不对我说说呢?”胡和道:“其实告诉你也不妨事。我们这当家的,他乃响马出身,畏罪出家。新近有他个朋友找他来,名叫花蝶,更是个不尴不尬之人,鬼鬼祟祟不知干些什么。昨晚有人追下来了,竟被他们拿住锁在后院塔内,至今没放。你说他们的事管得吗?”蒋爷听了心中一动,问道:“他们拿住是什么人呢?”胡和道:“昨晚不到三更,他们拿住人了。”是如此如彼,这般这样。蒋爷闻听,唬了个魂不附体,不由惊骇非常。

你道胡和说什么如此如彼,这般这样?原来韩二爷于前日夜救了巧姐之后,来至桑花镇,到了寓所,便听见有人谈论花蝶。细细打听,方才知道,敢则是个最爱采花的恶贼,是从东京脱案逃走的大案贼。怨不得人人以花蝶起誓!暗暗的忖度了一番。到了晚间,托言玩月,离了店房。夜行打扮,悄悄地访查。偶步到一处,有座小小的庙宇，借着月光初上，见匾上金字乃“观音庵”三字，便知是尼僧。刚刚转到那边，只见墙头一股黑烟落将下去。韩爷将身一伏，暗道：“这事奇怪，一个尼庵，我们夜行人到此做什么？必非好事，待我跟进去。”一飞身跃上墙头，往里一望，却无动静，便落下平地。过了大殿，见角门以外路西，单有个门儿虚掩，挨身而入，却是三间茅屋，唯有东间明亮。早见窗上影儿是个男子，巧在鬓边插的蝴蝶颤巍巍地在窗上摇舞。韩爷看在眼里，暗道：“竟有如此的巧事，要找寻他，就遇见他。且听听动静，再做道理。”稳定脚尖，悄悄蹲伏窗外。只听花蝶道：“仙姑，我如此哀恳，你竟不从，休要惹恼我的性儿，还是依了好。”又听有一女子声音道：“不依你便怎样？”又听花蝶道：“凡妇女入了花蝶之眼，再也逃不出去，何况你这女尼！我不过是爱你的容颜，不忍加害于你。再若不识抬举，你可怨我不得了。”又听女尼道：“我也是好人家的女儿，只因自幼多灾多病，父母无奈，将我舍入空门。自己也要忏悔，今生修个来世。不想今日遇见你这邪魔，想是我的劫数到了。好，好，好！唯有求其速死而已。”说着说着就哭起来了。忽听花蝶道：“你这贱人，竟敢以死吓我，我就杀了你！”韩爷听至此，见灯光一晃，花蝶立起身来，起手一晃，想是抽刀。韩爷一声高叫道：“花蝶休得无礼，俺来擒你！”

屋内花冲猛听外面有人叫他，吃惊不小。噗的一声，将灯吹灭，掀软帘奔至堂屋，刀挑帘栊，身体往斜刺里一纵。只听拍，早有一枝弩箭钉在窗棂之上。花蝶暗道：“幸喜不曾中了暗器。”二人动起手来。因院子窄小，不能十分施展，只于彼此招架。正在支持，忽见从墙头跳下一人，咕咚一声，其声甚重。又见他身形一长，是条大汉，举朴刀照花蝶劈来。花蝶立住脚，望大汉虚搠一刀。大汉将身一闪，险些儿栽倒。花蝶抽空跃上墙头。韩爷一飞身，跟将出去。花蝶已落墙外，往北飞跑。韩爷落下墙头，追将下去。这里大汉出角门，绕大殿，自己开了山门，也就顺着墙往北追下去了。

韩爷追花蝶有三里之遥，又见有座庙宇。花蝶跃身跳进，韩爷也就飞过墙去。见花蝶又飞过里墙，韩爷紧紧跟随。追至后院一看，见有香炉角三座小塔，唯独当中的大些。花蝶便往塔后隐藏，韩爷步步跟随。花蝶左旋右转，韩爷前赶后拦。二人绕塔多时，方见那大汉由东边角门赶将进来，一声喊叫：“花蝶，你往那里走！”花蝶扭头一看，故意脚下一跳，身体往前一栽。韩爷急赶一步，刚刚伸出一手，只见花蝶将身一翻，手一撒，韩爷肩头已然着了一下，虽不甚疼，觉得有些麻木。暗说：“不好，必是药镖。”急转身跃出墙外，竟奔回桑花镇去了。这里花蝶闪身计打了韩彰，精神倍长，迎了大汉，才待举手，又见那壁厢来了个雄伟胖大之人，却是吴道成。因听见有人喊叫，连忙赶来，帮着花蝶将大汉拿住，锁在后院塔内。

胡和不知详细，他将大概略述一番，已然把个蒋爷惊得目瞪痴呆。

未知如何，且听下回分解。

第六十三回 救莽汉暗刺吴道成 寻盟兄巧逢桑花镇

且说蒋四爷听胡和之言，暗暗说道："怨不得我找不着我二哥呢，原来被他们擒住了。"正在思索，忽听外面叫门。胡和答应着，却向蒋平摆手，随后将灯吹灭，方趔趄趔趄出来开放山门。只听有人问道："今日可有什么事吗？"胡和道："什么事也没有。横竖也没有人找，我也没有吃酒。"又听一人道："他已醉了，还说没吃酒呢。你将山门好好地关了罢。"说着，二人向后边去了。胡和关了山门，重新点上灯来，道："兄弟，这可没了事咧！咱们喝罢，喝醉了给他个睡，什么事全不管他。"蒋爷道："很好。"却暗暗算计胡和。不多时，将老道灌了个烂醉，人事不知。

蒋爷脱了道袍，扎缚停当，来至外间，将招子拿起，抽出三棱鹅眉刺，熄灭了灯，悄悄出了东厢房，竟奔后院而来。果见有三座砖塔，见中间的极大。刚刚走至跟前，忽听嚷道："好吓，你们将老爷捆缚在此，不言不语，到底是怎么样呵？快快给老爷一个爽利呀！"蒋爷听了，不是韩爷的声音，悄悄道："你是谁？不要嚷，我来救你。"说罢，走至跟前，把绳索挑去，轻轻将他二臂舒回。那大汉定了定神，方说道："你是什么人？"蒋爷道："我姓蒋名平。"大汉失声道："嗳哟，莫不是翻江鼠蒋四爷吗？"蒋平道："正是，你不要高声。"大汉道："幸会幸会。小人龙涛，自仁和县灶君祠跟下花蝶来到此处。原要与家兄报仇，不想反被他们拿住。以为再无生理，谁知又蒙四爷知道搭救。"蒋爷听了便问道："我二哥在哪里？"龙涛道："并不曾遇见什么二爷。就是昨晚也是夜星子冯七给小人送的信，因此得信到观音庵访拿花蝶。爬进墙去，却见个细条身子的与花蝶动手，是我跳下墙去帮助。后来花蝶跳墙，那人比我高多了，也就飞身跃墙，把花蝶追至此处。及至我爬进墙来帮助，不知那人为什么反倒越墙走了。我本不是花蝶对手，又搭上个黑胖老道，如何敌得住？因此就被他们拿住了。"

蒋爷听罢，暗想道："据他说来，这细条身子的到像我二哥。只是因何又越墙走了呢？走了又往何处去呢？"又问龙涛道："你方才可见二人进来吗？往哪里去了？"龙涛道："往西一片竹林之后，有一段粉墙，想来有门，他们往那里去了。"蒋爷道："你在此略等一等，我去去就来。"转身来至竹林边一望，但见粉壁光华，乱筛竹影。借着月光浅淡，翠荫萧森，碧沉沉竟无门可人。蒋爷暗忖道："看此光景，似乎是板墙，里面必是个幽僻之所，且到临近看看。"绕过竹林，来到墙根，仔细留神，踱来踱去。结构斗榫处，果然有些活动。伸手一摸，似乎活的。摸了多时，可巧手指一按，只听咯磴一声，将消息滑开，却是个转身门儿。蒋爷暗暗欢喜，挨身而入。早见三间正房，对面三间敞厅，两旁有抄手游廊。院内安设着白玉石盆，并有几色上样的新菊花，甚觉清雅。正房西间内，灯烛明亮，有人对谈。

泽长蹑足潜踪，悄立窗外。只听有人嗐声叹气，旁有一人劝慰道："贤弟，你好生想不开，一个尼姑有什么要紧。你再要如此，未免叫愚兄笑话你了。"这说话的却是吴道成。又听花蝶道："大哥，你不晓得。自从我见了他之后，神魂不定，废寝忘餐。偏偏的他那古怪性儿，绝不依从。若是别人，我花冲也不知杀却了多少。唯独他，小弟不但舍不得杀他，竟会不忍逼他。这却如何是好呢？"说罢，复又长叹。吴道成听了，哈哈笑道："我看你竟自着了迷了。兄弟既如此，你请我一请，包管此事必成。"花蝶道："大哥果有妙计成全此事，漫说请你，就是叫我给你磕头，我都甘心情愿的。"说着话，咕咚一声就跪下了。蒋爷在外听了，暗笑道："人家为媳妇拜丈母，这小子为尼姑拜老道，真是无耻，也就可笑呢！"只听吴道成说："贤弟请起，不要太急，我早已想下一计了。"花蝶问道："有何妙计？"吴道成道："我明日叫我们那个主儿假做游庙，到他那里烧香。我将蒙汗药叫他带上些，到了那里，无论饮食之间下上些，须将他迷倒，那时任凭贤弟所为。你道如何？"花冲失声大笑道："好妙计，好妙计！大哥你真要如此，方不愧你我是生死之交。"又听吴道成道："可有一宗，到了临期，你要留些情分，千万不可连我们那个主儿清浊不分，那就不成事体了。"花蝶也笑道："大哥放心，小弟不但不敢，从今后，小弟竟把他当嫂子看待。"说罢，二人大笑。

蒋爷在外听了，暗暗切齿咬牙，道："这两个无耻无羞、无伦无礼的贼徒，又在这里设谋定计，陷害好人。"就要进去。心中一转想："不可，须要用计。"想罢，转身躯来到门前，高声叫道："无量寿佛！"便抽身出来，往南赶行了几步，在竹林转身形隐在密处。此时屋内早已听见，吴道成便立起身，来到了院中，问道："是那个？"并无人应。却见转身门已开，便知有人，连忙出了板墙，左右一看，何尝有个人影。心中转省道："是了，这是胡和醉了，不知来此做些什么，看见此门已开，故此知会我们，也未见得。"心中如此想，腿下不因不由得往南走去。也是这恶道恶贯已满，可巧正在蒋爷隐藏之处，撩开衣服，抻着大肚在那里小解。蒋爷在暗处看得真切，暗道："活该小子前来送死！"右手攥定钢刺，复用左手按住手腕，说时迟，那时快，只听扑哧一声，吴道成腹上已着了钢刺，小水淋淋漓漓。蒋爷也不管他，却将手腕一翻，钢刺在肚子里转了一个身。吴道成那里受得，"嗳哟"一声，翻跟头栽倒在地。蒋爷趁势赶步，把钢刺一阵乱捣，吴道成这才成了道了。蒋爷抽出钢刺，就在恶道身上搽抹血渍，交付左手别在背上，仍奔板墙门而来。

到了院内，只听花蝶问道："大哥，是什么人？"蒋爷一言不发，好大胆，竟奔正屋。到了屋内软帘北首，右手二指轻轻掀起一缝，往里偷看。却见花蝶立起身来，走至软帘前一掀。蒋爷就势儿接着左手腕一翻，明晃晃的钢刺，竟奔花蝶后心刺将下来。只听哧啪的一声响，把背后衣服划开，从腰间至背，便着了钢刺。花蝶负痛难禁，往前一挣，登时跳至院内。也是这厮不该命尽，是蒋爷把钢刺别在背后，又是左手，且是翻起手腕，虽然刺着，却不甚重，只于划伤皮肉。蒋爷展步跟将出来，花蝶已出板墙。蒋爷紧紧追赶，花蝶却绕竹林穿入深密之处。蒋爷有心要赶上，猛见花蝶跳出竹林，将手一扬。蒋四爷暗说："不好！"把头一扭，觉得冷嗖嗖从耳边过去，板墙上啪的一声响。蒋爷便不肯追赶，眼见花蝶飞过墙去了。

蒋爷转身来至中间塔前，见龙涛血脉已周，伸腰舒背，身上已觉如常，便将方才之事说了一遍。龙涛不胜称羡。蒋爷道："咱们此时往何处去方好？"龙涛道："我与冯七约定在桑花镇相见，四爷何不一同前往呢？"蒋爷道："也罢，我就同你前去。且到前面取了我的东西再走不迟。"二人来至东厢房内，见胡和横躺在炕上，人事不知。蒋爷穿上道袍，在外边桌上拿了渔鼓、简板，旁边拿起算命招子，装了钢刺。也不管胡和明日如何报官，如何结案，二人离了铁岭观，一直竟奔桑花镇而来。

及至到时，红日已经东升。龙涛道："四爷辛苦了一夜，此时也不觉饿吗？"蒋爷听了，知他这两日未曾吃饭，随答道："很好，正要吃些东西。"说着话，正走到饭店门前，二人进去，拣了一个座头。刚刚坐下，只见堂官从水盆中提了一尾欢跳的活鱼来。蒋爷见了连夸道："好新鲜鱼！堂官，你给我们一尾。"走堂的摇手道："这鱼不是卖的。"蒋爷道："却是为何？"堂官道："这是一位军官爷病在我们店里，昨日交付小人的银两，好容易寻了数尾，预备将养他病的，因此我不敢卖。"蒋爷听了，心内辗转道："此事有些蹊跷。鲤鱼乃极热之物，如何反用他将养病呢？再者，我二哥与老五最爱吃鲤鱼，在陷空岛时，往往心中不快，吃东西不香，就用鲤鱼氽汤，拿他开胃。难道这军官就是我二哥不成？但只是我二哥如何扮作军官呢？又如何病了呢？"蒋爷只顾犯想，旁边的龙涛也不管三七二十一，他先要了点心来，一上口就是五六碟，然后才问："四爷，吃酒要什么菜？"蒋爷随便要了，毫不介意，总在得病的军官身上。

少时见堂官端着一盘热腾腾、香喷喷的鲤鱼，往后面去了。蒋爷他却悄悄跟在后面。去了多时，转身回来，不由笑容满面。龙涛问道："四爷酒也不喝，饭也不吃，如何这等发笑？"蒋爷道："少时你自然知道。"便把那堂官唤进前来问道："这军官来了几日了？"堂官道："连今日四天了。"蒋爷道："他来时可曾有病吗？"堂官道："来时却是好好的。只因前日晚上出店赏月，于四鼓方才回来，便得了病了。立刻叫我们伙计三两个到三处打药，唯恐一个药铺赶办不来。我们想着军官爷必是紧要的症候，因此挡槽儿的、更夫，连小人分为三下里，把药抓了来了。小人要与军官爷煎，他却不用。小人见他把那三包药中拣了几味先噙在口内，说道：'你们去吧。有了药，我就无妨碍了。明早再来，我还有话说呢。'到了次日早起，小人过去一看，见那军官爷病就好了。赏了小人二两银子买酒吃外，又交付小人一个锞子，叫小人务必的多找几尾活鲤鱼来，说：'我这病，非吃活鲤鱼不可。'因此，昨日出去了二十多里路，方找了几尾鱼来。军官爷说：'每日早饭只用一尾，过了七天后，便隔两三天再吃也就无妨了。'也不知这军官爷得的什么病。"

蒋爷听了，点了点头，叫堂官且温酒去，自己暗暗踌躇道："据堂官说来，我二哥前日夜间得病。不消说了，这是在铁岭观受了暗器了，赶紧跑回来了。怨得龙涛他说刚赶到，那人不知如何越墙走了。只是叫人两三处打药，难道这暗器也是毒药煨的吗？不然如何叫人两三处打药？这明是秘不传方之意。二哥吓二哥，你过于多心了。一个方儿什么要紧，自己性命也是当要的？当初大哥劝了多少言语，说：'为人不可过毒了。似乎这些小家伙称为暗器，已然有个暗字，又用毒药煨饱，岂不是狠上加狠呢，如何使得！'谁知二哥再也不听，连解药儿也不传人。不想今日临到自己头上，还要细心，不肯露全方儿。如此看来，二哥也太深心了。"又一转想，暗说："不好。当初在文光楼上我诓药之时，原是两丸全被我盗去。如今二哥想起来，叫他这般费事，未尝不恨我、骂我，也就未必肯认我吧。"想至此，只急的汗流满面。

龙涛在旁，见四爷先前欢喜，到后来沉吟纳闷，此时竟自手足失措，便问道："四爷不吃不喝，到底为着何事？何不对我说说呢？"蒋爷叹气道："不为别的，就只为我二哥。"龙涛道："二爷在哪里？"蒋爷道："便在这店里后面呢。"龙涛忙道："四爷大喜！这一见了二爷，又完官差，又全朋友义气，还犹豫什么呢？"说着话堂官又过来，蒋爷唤住道："伙计，这得病的军官可容人见吗？"堂官开言说道："爷若不问，小人也不说。这位军官爷一进门就嘱咐了，他说：'如有人来找，须问姓名。独有个姓蒋的，他若找来，就回复他说我不在这店里。'"四爷听了，便对龙涛道："如何？"龙涛闻听，便不言语了。蒋爷又对堂官道："此时军官的鲤鱼大约也吃完了。你作为取家伙去，我悄悄地跟了你去。到了那里，你合军官说话儿，我做个不期而遇。倘若见了，你便溜去，我自有道理。"堂官不能不应。蒋爷别了龙涛，跟着堂官，来至后面院子之内。

不知二人见了如何，且听下回分解。

第六十四回　论前情感化彻地鼠　观古迹游赏诛龙桥

且说蒋爷跟了堂官来到院子之内，只听堂官说道："爷上吃着这鱼可配口吗？如若短什么调和，只管吩咐，明早叫灶上的多用点心。"韩爷道："很好。不用吩咐了，调和的甚好。俟我好了，再谢你们吧。"堂官道："小人们理应伺候，如何当的起谢字呢！"刚说至此，只听院内说道："嗳哟，二哥呀，你想死小弟了！"堂官听罢，端起盘子往外就走。蒋四爷便进了屋内，双膝跪倒。韩爷一见，翻转身面向里而卧，理也不理。蒋爷哭道："二哥，你恼小弟，小弟深知。只是小弟委屈也要诉说明白了，就死也甘心的。当初五弟所做之事，自己逞强逞能，不顾国家法纪，急的大哥无地自容。若非小弟看破，大哥早已缢死在庞府墙外了。二哥，你老知道吗？就是小弟离间二哥，也有一番深心。凡事皆是老五作成，人人皆知是锦毛鼠的能为，并不知有姓韩的在内。到了归齐，二哥却跟在里头打这不明不白的官司，岂不弱了彻地鼠之名呢？再者，小弟附和着大哥，务必要拿获五弟，并非忘了结义之情，这正是救护五弟之意。二哥难道不知他做的事吗？若非遇见包恩相与诸相好，焉能保得住他毫无伤损，并且得官授职，又何尝委屈了他呢！你我弟兄五人，自陷空岛结义以来，朝夕聚首，原想不到今日。既有今日，我四人都受皇恩，相爷提拔，难道就忘却了二哥吗？我弟兄四人在一处已经哭了好几场，大哥尤为伤怀，想会二哥。实对二哥说罢，小弟此番前来，一来奉着钦命，二来包相钧谕，三来大哥的分派，故此装模作样，扮成这番光景，遍处找寻二哥。小弟原有一番存心，若是找着了二哥固好；若是寻不着时，小弟从此也就出家，做个负屈含冤的老道罢了。"说至此，抽抽噎噎地哭起来了，他却偷着眼看韩彰。见韩爷用巾帕抹脸，知是伤了心了，暗道："有点活动了。"后又说道："天从人愿，不想今日在此遇见二哥。二哥反恼小弟，岂不把小弟一番好心倒埋没了？总而言之，好人难做。小弟既见了二哥，把曲折衷肠诉明，小弟也不想活着了，隐迹山林，找个无人之处自己痛哭一场，寻个自尽罢了。"说至此，声咽音哑，就要放声。

韩爷那里受得，由不得转过身来道："你的心，我都知道了。你言我行事太毒，你想想你做的事，未尝不狠。"蒋爷见韩爷转过身来，知他心意已回，听说他"做事太狠"，便急忙问道："不知小弟做什么狠事了，求二哥说明。"韩爷道："你诓我药，为何将两丸俱各拿去，致令我昨日险些儿丧了性命，这不是做事太狠吗？"蒋爷听了，"噗哧"一声笑了，道："二哥若为此事恼我恨我，这可错怪了小弟了。你老自想想，一个小荷包儿有多大地方，当初若不将两丸药掏出，如何装得下那封字柬呢？再者，小弟又不是未卜先知，能够知道于某年某月某日某时我二哥受药镖，必要用此解药；若早知道，小弟偷时也要留个后手儿，预备给二哥救急儿，也省得你老恨我咧！"韩爷听了也笑了，伸手将蒋爷拉起来，问道："大哥、三弟、五弟可好？"蒋爷道："均好。"说毕，就在炕边上坐了。彼此提起前情，又伤感了一回。韩爷便说："与花蝶比较，他用闪身计，是我一时忽略，故此受了他的毒镖。幸喜不重，赶回店来急忙配药，方能保得无事。"蒋爷听了念佛道："这是吉人天相。"也将铁岭观遇见胡道泄机，"小弟只当是二哥被擒，谁知解救的却是龙涛"，如何刺死吴道成，又如何反手刺伤了花蝶，他在钢刺下逃脱的话，说了一遍。韩爷听了，欢喜无限，道："你这一刺，虽未伤他的性命，然而多少划他一下，一来惊他一惊，二来也算报了一镖之仇了。”二人正在谈论，忽见外面进来一人，扑翻身就给韩爷叩头，倒把韩爷吓了一跳。蒋爷连忙扶起，道：“二哥，此位便是捕快头目龙涛龙二哥。”韩二爷道：“久仰，久仰。恕我有贱恙，不能还礼。”龙涛道：“小人今日得遇二员外，实小人之万幸。务恳你老人家早早养好了贵体，与小人报了杀兄之仇，这便是爱惜龙涛了。”说罢，泪如雨下。蒋爷道：“龙二哥，你只管放心。俟我二哥好了，身体强健，必拿花贼与令兄报仇。我蒋平也是要助拿此贼的。”龙涛感谢不已。从此，蒋爷服侍韩爷，又有龙涛帮着，更觉周到。闹了不多几日，韩爷伤痕已愈，精神复原。

一日，三人正在吃饭之时，却见夜星子冯七满头是汗，进来说道：“方才打二十里堡赶到此间，已然打听明白。姓花的因吃了大亏，又兼本县出票捕缉甚急，到处有线，难以居住，他竟逃往信阳，投奔郑家堡去了。”龙涛道：“既然如此，只好赶到信阳再作道理。”便叫冯七参见了二位员外，也就打横儿坐了。一同吃毕饭，韩爷问蒋爷道：“四弟，此事如何区处？”蒋爷道：“花蝶这厮万恶已极，断难容留。莫若二哥与小弟同上信阳，将花蝶拿获。一来除了恶患，二来与龙兄报了大仇，三来二哥到开封府也觉有些光彩。不知意下如何？”韩爷点头道：“你说得有理。只是如何去法呢？”蒋泽长道：“二哥仍是军官打扮，小弟照常道士形容。”龙涛道：“我与冯七做个小生意，临期看势做事。还有一事，我与欧阳爷、丁大官人原有旧约，如今既上信阳，须叫冯七到茉花村送信才是，省得他们二位徒往灶君祠奔驰。”夜星子听了满口应承，定准在诛龙桥西河神庙相见。龙涛又对韩、蒋二人道：“冯七这一去，尚有几天工夫，明日我先赶赴信阳，请二员外多将养几日。就是你们二位去时，一位军官，一位道者，也不便同行，只好俱在河神庙会齐便了。”蒋爷深以为是。计议已定，夜星子收拾收拾立刻起身，竟奔茉花村而来。

且言北侠与丁大爷来至茉花村，盘桓几日，真是意气相投，言语投机。一日提及花蝶，三人便要赴灶君祠之约。兆兰、兆蕙进内禀明了老母，丁母关碍着北侠，不好推托，老太太便立了一个主意，连忙吩咐厨房预备送行的酒席，明日好打发他等起身。北侠与丁氏弟兄欢天喜地，收拾行李，分派人跟随，忙乱了一天。到了掌灯时，饮酒吃饭直至二鼓。刚刚用完了饭，忽见丫鬟来报道：“老太太方才说身体不爽，此时已然歇下了。”丁氏弟兄闻听，连忙跑到里面看视。见老太太在帐子内面向里和衣而卧，问之不应，半晌方说：“我这是无妨的，你们干你们的去。”丁氏弟兄哪里敢挪寸步，伺候到四鼓之半，老太太方解衣安寝，二人才暗暗出来。来至待客厅，谁知北侠听说丁母欠安，也不敢就睡，独自在那里呆等听信。见了丁家弟兄出来，便问：“老伯母因何欠安？”大爷道：“家母有年岁之人，往往如此，反累吾兄挂心，不得安眠。”北侠道：“你我知己弟兄，非比外人家，这有什么呢？”丁二爷道：“此时家母业已安歇，吾兄可以安置吧，明日还要走路呢！”北侠道：“劣兄方才细想，此事也没甚要紧，二位贤弟原可以不必去，何况老伯母今日身体不爽呢。就是再迟三两日，也不为晚，总是老人家要紧。”丁氏昆仲连连称是，且到明日再看。彼此问了安置，弟兄二人仍上老太太那里去了。

到了次日，丁大爷先来至厅上，见北侠刚刚梳洗。欧阳爷先问道："伯母后半夜可安眠否？"兆兰道："托赖兄长庇荫，老母后半夜颇好。"正说话间，兆蕙亦到，便问北侠："今日可起身吗？"北侠道："尚在未定。俟伯母醒时，看老人家的光景再做道理。"忽见门上庄丁进来禀道："外面有个姓冯的要求见欧阳爷、丁大爷。"北侠道："他来的很好，将他叫进来。"庄丁回身，不多时，见一人跟庄丁进来，自说道："小人夜星子冯七参见。"丁大爷问道："你从何处而来？"冯七便将龙涛追下花蝶，观中遭擒，如何遇蒋爷搭救，刺死吴道成，惊走花蝶。又如何遇见韩二爷，现今打听明白花冲逃往信阳，大家俱定准在诛龙桥西河神庙相见的话，述说了一回。北侠道："你几时回去？"冯七道："小人特特前来送信，还要即刻赶到信阳，同龙二爷探听花蝶的下落呢。"丁大爷道："既如此，也不便留你。"回头吩咐庄丁，取二两银子来赏与冯七。冯七叩谢，道："小人还有盘费，大官人如何又赏许多？如若没有什么分派，小人也就要走了。"又对北侠道："爷们去时，就在诛龙桥西河神庙相见。"北侠道："是了，我知道了。那庙里方丈慧海我是认得的，手谈是极高明的。"冯七听了笑了一笑，告别去了。

谁知他们这里说话，兆蕙已然进内看视老太太出来。北侠问道："二弟，今日伯母如何？"丁二爷道："方才也替吾兄请了安了，家母说多承挂念。老人家虽比昨晚好些，只是精神稍减。"北侠道："莫怪劣兄说，老人家既然欠安，二位贤弟断断不可远离，况此事也没甚要紧。依我的主意，竟是我一人去到信阳，一来不至失约，二来我会同韩、蒋二人，再加上龙涛帮助，也可以敌的住姓花的了。二位贤弟以为何如？"兆兰、兆蕙原因老母欠安不敢远离，今听北侠如此说来，连忙答道："多承仁兄指教，我二人唯命是从。俟老母大愈后，我二人再赶赴信阳就是了。"北侠道："那也不必。即便去时，也不过去一人足矣，总要一位在家伺候伯母要紧。"丁家弟兄点头称是。早见伴当擦抹桌椅，调开座位，安放杯箸，摆上丰盛的酒席，这便是丁母吩咐预备饯行的。酒饭已毕，北侠提了包裹，彼此珍重了一番，送出庄外，执手分别。

不言丁氏昆仲回庄，在家奉母。单说北侠出了茉花村，上了大路，竟奔信阳而来，沿途观览山水。一日，来至信阳境界，猛然想起："人人却说诛龙桥下有诛龙剑，我虽然来过，并未赏玩。今日何不顺便看看，也不枉再游此地一番。"想罢，来至河边泊船之处雇船。船家迎将上来，道："客官要上诛龙桥看古迹的吗？待小子伺候爷上赏玩一番何如？"北侠道："很好。但不知要多少船价？须要说明。"船家道："有甚要紧。只要客官畅快喜欢了，多赏些就是了。请问爷上，是独游还是要会客呢？可要伙食不要呢？"北侠道："也不会客，也不要伙食，独自一人，要游玩游玩。把我渡过桥西，河神庙下船便完了事了。"船家听了没有什么想头，登时怠儿慢儿的道："如此说来，是要单座儿了。我们从早晨到此时并没开张，爷上一人，说不得走这一遭儿罢。多了也不敢说，破费爷赏四两银子吧。"俗语说得好，"车船店脚牙"，极是难缠的，他以为拿大价儿把欧阳爷难住，就拉了倒了。

不知北侠如何，且听下回分解。

第六十五回　北侠探奇毫无情趣　花蝶隐迹别有心机

且说北侠他乃挥金似土之人，既要遣兴赏奇，慢说是四两，就是四十两也是肯花的。想不到这个船家要价儿，竟会要在圈儿里头了。北侠道："四两银子有甚要紧，只要俺看了诛龙剑，俺便照数赏你。"船家听了，又立刻精神百倍，满面堆下笑来奉承道："小人看爷上是个慷慨怜下的，只要看看古迹儿，那在我们穷小子身上打算盘呢。伙计快搭跳板，搀爷上船。——到底灵便着些儿呀，吃饱了就发呆。"北侠道："不用忙，也不用搀，俺自己会上船。"看跳板搭平稳了，略一垫步，轻轻来到船上。船家又嘱咐道："爷上坐稳了，小人就要开船了。"北侠道："俺晓得。只是纤绳要拉得慢着些儿，俺还要沿路观看江景呢。"船家道："爷上放心。原为的是游玩，忙什么呢？"说罢，一篙撑开，顺流而下。奔至北岸，纤夫套上纤板，慢慢牵曳。船家掌舵，北侠坐在舟中。清波荡漾，芦花飘扬，衬着远山耸翠，古木撑青，一处处野店乡村，炊烟直上；一行行白鸥秋雁，掠水频翻。北侠对此三秋之景，虽则心旷神怡，难免几番浩叹，想人生光阴迅速，几辈英雄，而今何在？

正在观览叹息之际，忽听船家说道："爷上请看，那边影影绰绰便是河神庙的旗杆，此处离诛龙桥不远了。"北侠听了，便要看古人的遗迹，"不知此剑是何宝物，不料我今日又得瞻仰瞻仰。"早见船家将篙一撑荡开，悠悠扬扬竟奔诛龙桥而来。到此水势急溜，毫不费力，已从桥孔过去。北侠两眼左顾右盼，竟不见宝剑悬于何处。刚刚要问，只见船已拢住，便要拉纤上河神庙去。北侠道："你等且慢。俺原为游赏诛龙剑而来，如今并没看见剑在那里，如何就上河神庙呢？"船家道："爷上才从桥下过，宝剑就在桥的下面，如何不玩赏呢？"北侠道："方才左瞧右瞧，两旁并没有悬挂宝剑，你叫我玩赏什么呢？"船家听了，不觉笑道："原来客官不知古迹所存之处，难道也没听见人说过吗？"北侠道："实实没有听见过，到了此时，倒要请教。"船家道："人人皆知：'诛龙桥，诛龙剑；若要看，须仰面。'爷上为何不往上看呢？"北侠猛醒，也笑道："俺倒忘了，竟没仰面观看。没奈何，你等还将船拨转，俺既到此，再没有不看看之理。"船家便有些作难，道："此处水急溜，而且回去是逆水，我二人又得出一身汗，岂不费工夫呢？"北侠心下明白，便道："没甚要紧，俺回来加倍赏你们就是了。"船家听了，好生欢喜，便叫："伙计，多费些气力罢，爷上有加倍赏呢！"二人踊跃非常，对篙将船往回撑起。

果然逆水难行，多大工夫方到了桥下。北侠也不左右顾盼，唯有仰面细细观瞧。不看则可，看了时，未免太扫其兴。你道什么诛龙剑？原来就在桥下石头上面刻的一把宝剑，上面有模模糊糊几个蝌蚪篆字。真是耳闻不如眼见，往往以讹传讹，说的奇特而又奇特，再遇个探奇好古的人，恨不得就要看看。及至身临其境，只落得"原来如此"四个大字，毫无一点的情趣。即如京师玉蛛金鳌，真是天造地设的美景，四时春夏秋冬各有佳景，岂是三言两语说得尽的呢。比如春日绿波初泛，碧柳依依，白鹭群飞，黄鹂对对；夏日则荷花馥郁，莲叶亭亭；秋日则鸥影翩翻，蝉声嘒嘒；冬日则池水结冰，再遇着瑞雪缤纷，真个是银妆世界一般。况且楼台阁殿，亭榭桥梁，无一不佳。然而每日走着，时常看着，习以为常，也就不理会了。就是北侠，他乃行侠作义之人，南北奔驰，什么美景没有看过，今日为个诛龙剑，白白的花了八两头，他算开了眼了，可瞧见石头上刻的暗八仙了。你说可笑不可笑？又遇船家纤夫不懂眼，使着劲儿撑住了船，动也不动。北侠问道："为何不走？"船家道："爷上赏玩尽兴，小人听吩咐方好开船。"北侠道："此剑不过一目了然，俺已尽兴了。快开船罢，咱们上河神庙去吧。"他二人复又拨转船头，一直来到河神庙下船。北侠在兜肚内掏出一个锞子，又加上多半个，合了八两之数，赏给船家去了。

北侠来到庙内，见有几个人围绕着一个大汉。这大汉地下放着一个笸箩，口中说道："俺这煎饼是真正黄米面的，又有葱，又有酱，咬一口喷鼻香。赶热吓，赶热！"满嘴的怯话儿。旁边也有买着吃的。再细看大汉时，却是龙涛。北侠暗道："他敢则早来了。"便上前故意地问道："伙计，借光问一声。"龙涛抬头见是北侠，他却笑嘻嘻地说道："客官爷问什么？"北侠道："这庙内可有闲房？俺要等一个相知的朋友。"龙涛道："巧咧，对劲儿。俺也是等乡亲的，就在这庙内落脚儿。俺是知道的，这庙内闲房多着咧！好体面屋子，雪洞儿似的，俺就是住不起。俺合庙内的老道在厨房里打通腿儿。没有什么营生，就在柴锅里燀上了几张煎饼，做个小买卖。你老趁热也闹一张尝尝，包管喷鼻香。"北侠笑道："不用，少时你在庙内燀几张新鲜的我吃。"龙涛道："是咧。俺卖完了这个，再给你老燀几张去。你老要找这庙内当家的，他叫慧海，是个一等一的人儿，好多着咧。"北侠道："承指教了。"转身进庙，见了慧海，彼此叙了阔情。本来素识，就在东厢房住下。到了下晚，北侠却暗暗与龙涛相会。言花蝶并未见来，就是韩、蒋二位也该来了。俟他们到来，再做道理。

这日北侠与和尚在方丈里下棋，忽见外面进来一位贵公子，衣服华美，品貌风流，手内提定马鞭子，向和尚执手。慧海连忙问讯。小和尚献茶，说起话来。原是个武生，姓胡，特来暂租寓所，访探相知的。北侠在旁细看，此人面上一团英气，只是二目光芒甚是不佳。暗道："可惜这样人物，被这一双眼带累坏了，而且印堂带煞，必是不良之辈。"正在思索，忽听外面嚷道："王第二的，王第二的！"说着话，扒着门往里瞧了瞧北侠，看了看公子。北侠早已看见是夜星子冯七。小和尚迎出来道："你找谁？"冯七道："俺姓张行三，找俺乡亲王第二的。"小和尚说："你找卖煎饼的王二呀，他在后面厨房里呢，你从东角门进去就瞧见厨房了。"冯七道："没狗吓？"小和尚道："有狗也不怕，锁着呢。"冯七抽身往后去了。这里贵公子已然说明,就在西厢房暂住,留下五两定银,回身走了,说迟会儿再来。慧海送了公子回来,仍与北侠终局。北侠因纪念着冯七,要问他花蝶的下落,胡乱下完那盘棋,却输与慧海七子。站起身来,回转东厢房,却见龙涛与冯七说着话出庙去了。

北侠连忙做散步的形象,慢慢地来到庙外。见他二人在那边大树下说话,北侠一见,暗暗目送,便往东走,二人紧紧跟随。到了无人之处,方问冯七道:“你为何此时才来?”冯七道:“小人自离了茉花村,第三日就遇见了花蝶。谁知这厮并不按站走路,二十里也是一天,三十里也是一天,他到处拉拢,所以迟至今日。他也上这庙里来了。”北侠道:“难道方才那公子就是他吗?”冯七道:“正是。”北侠说:“怨不的,我说那样一个人,怎么会有那样的眼光呢?原来就是他呀。怨不得说姓胡,其中暗指着蝴蝶呢。只是他也到此何事?”冯七道:“这却不知。就是昨晚在店内,他合店小二打听小丹村来着,不知他是什么意思。”北侠又问韩、蒋二位。冯七道:“路上却未遇见,想来也就该到了。”龙涛道:“今日这厮既来至此,欧阳爷想着如何呢?”北侠道:“不知他是什么意思,大家防备着就是了。”说罢,三人分散,仍然归到庙中。

到了晚间,北侠屋内却不点灯,从暗处见西厢房内灯光明亮。后来忽见灯影一晃,仿佛蝴蝶儿一般。又见噗的一声,把灯吹灭了。北侠暗道:“这厮又要闹鬼了,倒要留神。”迟不多会,见隔扇略起一缝,一条黑线相似出了门,背立片时,原来是带门呢。见他脚尖滑地,好门道,好灵便,突突往后面去了。北侠暗暗夸奖:“可惜这样好本事,为何不学好?”连忙出了东厢房,由东角门轻轻来到后面。见花蝶已上墙头,略一转身,落下去了。北侠赶到,飞身上墙,往下一望,却不见人。连忙纵下墙来,四下留神,毫无踪迹。暗道:“这厮好快腿,果然本领不错。”忽见那边树上落下一人,奔向前来。北侠一见,却是冯七。又见龙涛来道:“小子好快腿,好快腿!”三人聚在一处,再也测度不出花蝶往那里去了。北侠道:“莫若你我仍然埋伏在此,等他回来。就怕他回来不从此走。”冯七道:“此乃必由之地,白昼已瞧明白了。不然,我与龙二爷专在此处等他呢!”北侠道:“既如此,你仍然上树。龙头领,你就在桥根之下。我在墙内等他。里外夹攻,再无不成功之理。”冯七听了说:“很好,就是如此。我在树上瞭高,如他来时,抛砖为号。”三人计议已定,内外埋伏。谁知等了一夜,却不见花冲回来。

天已发晓,北侠来至前面开了山门。见龙涛与冯七来了,彼此相见,道:“这厮哪里去了?”于是同到西厢房,见隔扇虚掩。到了屋内一看,见北间床上有个小小包裹,打开看时,里面只一件花氅、官靴与公子巾。北侠叫冯七拿着,奔方丈而来。早见慧海出来,迎门问道:“你们三位如何起得这般早?”北侠道:“你丢了人了,你还不晓得吗?”和尚笑道:“我出家人吃斋念佛,恪守清规,如何会丢人?别是你们三位有了什么典故了罢?”龙涛道:“真是师父,丢了人咧。我三人都替师父找了一夜。”慧海道:“王二,你的口音如何会改了呢?”冯七道:“他也不姓王,我也不姓张。”和尚听了,好生诧异。北侠道:“师父不要惊疑,且到方丈细谈。”

大家来至屋内,彼此就座。北侠方将龙涛、冯七名姓说出,“昨日租西厢房那人也不姓胡，他乃作孽的恶贼花冲，外号花蝴蝶，我们俱是为访拿此人到你这里。”就将夜间如何埋伏，他自从二更去后，至今并未回来的话说了一遍。慧海闻听吃了一惊，连忙接过包裹，打开一看，内有花氅一件、官靴、公子巾，别无他物。又到西厢房内一看，床边有马鞭子一把，心中惊异非常，道：“似此如之奈何？”

未知后文，且听下回分解。

第六十六回　盗珠灯花蝶遭擒获　救恶贼张华窃负逃

且说紫髯伯听和尚之言，答道：“这却无妨，他绝不肯回来了，只管收起来罢。我且问你，闻得此处有个小丹村，离此多远？”慧海道：“不过三四里之遥。”北侠道：“那里有乡绅富户，以及庵观娼妓无有呢？”和尚道：“有庵观，并无娼妓。那里不过是个庄村，并非镇店。若论乡绅，却有个勾乡宦。因告终养在家，极其孝母，家道殷实。因为老母吃斋念佛，他便盖造了一座佛楼，画栋雕梁，壮观之甚。漫说别的，就只他那宝珠海灯，便是无价之宝。上面用珍珠攒成璎珞，排穗俱有宝石镶嵌。不用说点起来照彻明亮，就是凭空看去，也是金碧交辉，耀人二目。那勾员外只要讨老母的喜欢，自己好善乐施，连我们庙里一年四季皆是有香资布施的。”北侠听了，便对龙涛道：“听师父之言，却有可疑。莫若冯七你到小丹村暗暗探听一番，看是如何。”冯七领命，飞也似的去了。龙涛便到厨房收拾饭食，北侠与和尚闲谈。

忽见外面进来一人，军官打扮，金黄面皮，细条身子，另有一番英雄气概，别具一番豪杰精神。和尚连忙站起相迎。那军官一眼看见北侠，道：“足下莫非欧阳兄吗？”北侠道：“小弟欧阳春。尊兄贵姓？”那军官道：“小弟韩彰，久仰仁兄，恨不一见，今日幸会。仁兄几时到此？”北侠道：“弟来三日了。”韩爷道：“如此说来，龙头领与冯七他二人也早到了？”北侠道：“龙头领来在小弟之先，冯七是昨日才来。”韩爷道：“弟因有小恙，多将养了几日，故而来迟，叫仁兄在此耐等，多多有罪。”说着话，彼此就座。却见龙涛从后面出来，见了韩爷便问：“四爷如何不来？”韩爷道：“随后也就到了。因他道士打扮，故在后走，不便同行。”正说之间，只见夜星子笑吟吟回来，见了韩彰道：“二员外来了么，来得正好，此事必须大家商议。”北侠问道：“你打听的如何？”冯七道：“欧阳爷料事如见。小人到了那里，细细探听，原来这小子昨晚真个到小丹村去了。不知如何被人拿住，又不知因何连伤二命，他又逃脱走了。早间勾乡宦业已呈报到官，还未出签缉捕呢。”大家听了，测摸不出，只得等蒋爷来再做道理。

你道花蝶因何上小丹村？只因他要投奔神手大圣邓车，猛然想起邓车生辰已近，素手前去，难以相见。早已闻得小丹村勾乡宦家有宝珠灯，价值连城。莫若盗了此灯,献与邓车,一来祝寿,二来有些光彩。这全是以小人待小人的形景,他哪里知道此灯有许多的蹊跷。二更离了河神庙,一直奔到小丹村,以为马到成功,伸手就可拿来。谁知到了佛楼之上,见宝灯高悬,内注清油,明晃晃明如白昼。却有一根锁链,上边檩上有环,穿过去将这一头儿压在鼎炉的腿下。细细端详,须将香炉挪开,方能提住锁链,系下宝灯。他便挽袖掖衣,来至供桌之前,舒开双手,攥住炉耳,运动气力,往上一举。只听吱的一声,这鼎炉竟跑进佛龛去了。炉下桌子上却露出一个窟窿,系宝灯的链子也跑上房柁去了。花蝶暗说:“奇怪!”正在发呆,从桌上窟窿之内,探出两把挠钩,周周正正将两膀扣住。花蝶一见,不由得着急。两膀才待挣扎,又听下面吱吱吱吱连声响亮,觉得挠钩约有千斤沉重。往下一勒,花贼再也不能支持,两手一松,把两膀扣了个结实。他此时是手儿扶着,脖儿伸着,嘴儿拱着,身儿探着,腰儿哈着,臂儿弯着,头上蝴蝶儿颤着,腿儿弓着,脚后跟儿跷着,膝盖儿合着,眼子是撅着,真是福相样儿。谁知花蝶心中正在着急,只听下面哗啷哗啷铃铛乱响,早有人嚷道:“佛楼上有了贼了!”从胡梯上来了五六个人,手提绳索,先把花蝶拢住。然后主管拿着钥匙,从佛桌旁边入了鐀,吱噔吱噔一拧,随拧随松,将挠钩解下。七手八脚把花蝶捆住了,推拥下楼。主管吩咐道:“夜已深了,明早再回员外罢。你等拿贼有功,俱各有赏。方才是谁的更班儿?”却见二人说道:“是我们俩的。”主管一看,是汪明、吴升,便道:“很好。就把此贼押在更楼之上,你们好好看守。明早我单回员外,加倍赏你们两个。”又吩咐帮拿之人道:“你们一同送至更楼,仍按次序走更巡逻,务要小心。”众人答应,俱奔东北更楼上,安置妥当,各自按拨走更去了。

原来勾乡宦庄院极大,四角俱有更楼。每楼上更夫四名,轮流巡更,周而复始。如今汪明、吴升拿贼有功,免其坐更,叫他二人看贼。他二人兴兴头头,欢喜无限,看着花蝶道:“看他年轻轻的,什么干不得,偏要做贼,还要偷宝灯。那个灯也是你偷的?为那个灯,我们员外费了多少心机,好容易安上消息,你就想偷去咧!”正在说话,忽听下面叫道:“主管叫你们去一个人呢!”吴升道:“这必是先赏咱们点酒儿吃食。好兄弟,你辛苦辛苦,去一趟罢。”汪明道:“我去,你好生看着他。”回身便下楼去了。吴升在上面,忽听扑通一声,便问道:“怎么咧?栽倒咧?没喝就醉……”话未说完,却见上来一人,凹面金腮,穿着一身皂衣,手持钢刀。吴升要嚷,只听咣嚓,头已落地。那人忽地一声跳上炕来,道:“朋友,俺乃病太岁张华。奉了邓大哥之命,原为珠灯而来。不想你已入圈套,待俺来救你。”说罢,挑开绳索,将花蝶背在身上,逃往邓家堡邓车那里去了。

及至走更人巡逻至此,见更楼下面躺着一人,执灯一照,却是汪明被人杀死。这一惊非小,连忙报与主管前来看视,便问:“吴升呢?”更夫说:“想是在更楼上面呢。”一迭连声唤道:“吴升!吴升!”那里有人答应。大家说:“且上去看看。”一看,罢咧!见吴升真是“无生”了:头在一处,尸在一处。炕上挑的绳索不少,贼已不知去向。主管看了这番光景,才着了慌了,也顾不得夜深了,连忙报与员外去了。员外闻听，急起来看，又细问了一番，方知道已先在佛楼上拿住一贼，因夜深未敢禀报。员外痛加申饬，言此事焉得不报。纵然不报，也该派人四下搜寻一回，更楼上多添人看守，不当如此粗心误事。主管后悔无及，唯有俯首认罪而已。勾乡宦无奈，只得据实禀报：如何拿获鬓边有蝴蝶的大盗，如何派人看守，如何更夫被杀，大盗逃脱的情节，一一写明，报到县内。此事一吵嚷，谁人不知，那个不晓。因此冯七来到小丹村，容容易易把此事打听回来。

大家听了说："等四爷蒋平来时再做道理。"果然是日晚间蒋爷赶到，大家彼此相见了，就把花蝶之事述说一番。蒋泽长道："水从源流树从根，这厮既然有投邓车之说，还须上邓家堡去找寻。谁叫小弟来迟，明日小弟就到邓家堡探访一番。可有一层，如若掌灯时小弟不回来，说不得众位哥哥们辛苦辛苦，赶到邓家堡方妥。"众人俱各应允。饮酒叙话，吃毕晚饭，大家安息。一宿不提。

到了次日，蒋平仍是道家打扮，提了算命招子，拿上渔鼓、简板，竟奔邓家堡而来。谁知这日正是邓车生日，蒋爷来到门前，踱来踱去。恰好邓车送出一人来，却是病太岁张华。因昨夜救了花蝶，听花蝶说，近来霸王庄马强与襄阳王交好，极其亲密，意欲邀同邓车前去。邓车听了，满心欢喜，就叫花冲写了一封书信，特差张华前去投递。不想花蝶也送出来，一眼瞧见蒋平，兜的心内一动，便道："邓大哥，把那唱道情的叫进来，我有话说。"邓车即吩咐家人，把那道者带进来。蒋四爷便跟定家丁进了门，见厅上邓车、花冲二人上坐。花冲不等邓车吩咐，便叫家人快把那老道带来。邓车不知何意。

少时蒋爷步上台阶，进入屋内，放下招子、渔鼓、板儿，从从容容地稽首道："小道有礼了，不知施主唤进小道有何吩咐？"花冲说："我且问你，你姓什么？"蒋平道："小道姓张。"花冲说："你是自小儿出家，还是半路儿呢？还是故意儿假扮出道家的样子要访什么事呢？要实实说来。快讲，快讲！"邓车在旁听了，甚不明白，便道："贤弟，你此问却是为何？"花冲道："大哥有所不知，只因在铁岭观小弟被人暗算，险些儿丧了性命。后来在月光之下，虽然看不真切，见他身材瘦小，脚步伶便，与这道士颇颇相仿。故此小弟倒要盘问盘问他。"说毕，回头对蒋平道："你到底说呀，为何迟疑呢？"蒋爷见花蝶说出真病，暗道："小子真好眼力，果然不错。倒要留神！"方说道："二位施主攀话，小道如何敢插言说话呢？小道原因家寒，毫无养赡，实实半路出家，仗着算命弄几个钱吃饭。"花蝶道："你可认得我吗？"蒋爷假意笑道："小道刚到宝庄，如何认得施主？"花冲冷笑道："俺的性命险些儿被你暗算，你还说不认得呢！大约束手问你，你也不应。"站起身来进屋内，不多时，手内提着一把枯藤鞭子来，凑至蒋平身边，道："你敢不说实话吗？"蒋爷知他必要拷打，暗道："小子，你这皮鞭谅也打不动四太爷。瞧不得你四爷一身干肉，你觌面来试，够你小子啃个酒儿的。"这正是艺高人胆大，蒋爷竟不慌不忙地答道："实是半路出家的，何必施主追问呢？"花冲听了，不由气往上撞，将手一扬，唰唰唰唰就是几下子。蒋四爷故意的"嗳哟"道："施主这是为何？凭空把小道叫进宅来，不分青红皂白就把小道乱打起来。我乃出家之人,这是什么道理?嗳哟,嗳哟!这是从那里说起。"邓车在旁看不过眼,向前拦住道:"贤弟,不可,不可!"

不知邓车说什么话来,且听下回分解。

第六十七回　紫髯伯庭前敌邓车　蒋泽长桥下擒花蝶

且说邓车拦住花冲道:"贤弟不可。天下人面貌相同的极多,你知他就是那刺你之人吗?且看为兄分上,不可诬赖好人。"花蝶气冲冲地坐在那里,邓车便叫家人带道士出去。蒋平道:"无缘无故将我抽打一顿,这是那里晦气!"花蝶听说"晦气"二字,站起身来又要打他,多亏了邓车拦住。旁边家人也向蒋平劝道:"道爷你少说一句罢,随我快走吧。"蒋爷说:"叫我走,到底拿我东西来,难道硬留下不成!"家人道:"你有什么东西?"蒋爷道:"我的鼓板、招子。"家人回身,刚要拿起渔鼓、简板,只听花冲道:"不用给他,看他怎么样?"邓车站起笑道:"贤弟,既叫他去,又何必留他的东西,倒叫他出去说混话,闹得好说不好听的做什么!"一壁说着,一壁将招子拿起。

邓车原想不到招子有分量的,刚一拿,手一脱落,将招子摔在地下。心下转想道:"吓,他这招子如何恁般沉重?"又拿起仔细一看,谁知摔在地下时,就把钢刺露出一寸有余。邓车看了,顺手往外一抽,原来是一把极锋芒的三棱鹅眉钢刺。一声"哎呀","好恶道吓,快与我绑了!"花蝶早已看见邓车手内擎着钢刺,连忙过来道:"大哥,我说如何?明明是刺我之人,大约就是这个家伙。且不要性急,须慢慢地拷打他,问他到底是谁,何人主使,为何与我等作对?"邓车听了,吩咐家人们拿皮鞭来。蒋爷到了此时,只得横了心预备挨打。花冲把椅子挪出,先叫家人乱抽一顿,只不要打他致命之处,慢慢地拷打他。打了多时,蒋爷浑身伤痕已然不少。花蝶问道:"你还不实说吗?"蒋爷道:"出家人没有什么说的。"邓车道:"我且问你,你既出家,要这钢刺何用?"蒋爷道:"出家人随遇而安,并无庵观寺院,随方居住。若是行路迟了,或起身早了,难道就无个防身的家伙吗?我这钢刺是防范歹人的,为何施主便迟疑了呢?"邓车暗道:"是呀,自古吕祖尚有宝剑防身,他是个云游道人,毫无定止,难道就不准他带个防身的家伙吗?此事我未免莽撞了。"

花蝶见邓车沉吟,唯恐又有反悔,连忙上前道:"大哥请歇息去,待小弟慢慢地拷他。"回头吩咐家人,将他抬到前面空房内,高高吊起。自己打了,又叫家人打。蒋爷先前还折辩,到后来知道不免,索性不言语了。花蝶见他不言语,暗自思道:"我与家人打的工夫也不小了,他却毫不承认。若非有本领的,如何禁得起这一顿打?"他只顾思索,谁知早有人悄悄地告诉邓车,说那道士打的不言语了。邓车听了，心中好生难安，想道："花冲也太不留情了，这又不是他家，何苦把个道士活活的治死。虽为出气，难道我也不嫌个忌讳吗？我若十分拦他，又恐他笑我，说我不担事，胆特小了。也罢，我须如此，他大约再也没有说的。"想罢，来到前面，只见花冲还在那里打呢。再看道士时，浑身抽的衣服狼藉不堪，身无完肤。邓车笑吟吟上前道："贤弟，你该歇息歇息了。自早晨吃了些寿面，到了此时，可也饿了。酒筵已然摆妥，非是劣兄给他讨情，今日原是贱辰，难道为他耽误了咱们的寿酒吗？"一番话把个花冲提醒，忙放下皮鞭道："望大哥恕小弟忘神，皆因一时气愤，就把大哥的千秋忘了。"转身随邓车出来，却又吩咐家人："好好看守，不许躲懒贪酒，候明日再细细的拷问。若有差错，我可不依你们，唯你们几个人是问。"二人一同往后面去了。

这里家人也有抱怨花蝶的，说他无缘无故不知哪里的邪气；也有说给我们添差使，还要充二号主子；又有可怜道士的，自午间揉搓到这时，浑身打了个稀烂，也不知是那葫芦药。便有人上前悄悄地问道："道爷，你喝点儿吧！"蒋爷哼了一声。旁边又有人道："别给他凉水喝，不是玩的。与其给他水喝，现放着酒热热的给他温一碗，不比水强吗？"那个说："真格的，你看着他，我就给他温酒去。"不多时，端了一碗热腾腾的酒。二人偷偷地把蒋爷系下来，却不敢松去了绳绑，一个在后面轻轻地扶起，一个在前面端着酒喂他。蒋爷一连呷了几口，觉得心神已定，略喘息喘息，便把馀酒一气饮干。

此时天已渐渐的黑上来了，蒋爷暗想道："大约欧阳兄与我二哥差不多的也该来了。"忽听家人说道："二兄弟，你我从早晨闹到这么晚了，我饿的受不得了。"那人答道："大哥，我早就饿了。怎么他们也不来替换替换呢？"这人道："老二，你想想咱们共总多少人。如今他们在上头打发饭，还有空儿替换咱们吗？"蒋爷听了便插言道："你们二位只管吃饭。我四肢捆绑，又是一身伤痕，还跑得了我吗？"两个家人听了，道："漫说你跑不了，你就是真跑了，这也不是我们正宗差使，也没甚要紧。你且养着精神，咱们回来再见。"说罢，二人出了空房，将门倒扣，往后面去了。

谁知欧阳春与韩彰早已来了。二人在房上瞭望，不知蒋爷在于何处。欧阳春便递了暗号，叫韩彰在房上瞭望，自己却也找寻蒋平。找到前面空房之外，正听见二人嚷饿。后来听他二人往后面去了，北侠便进屋内，蒋爷知道救兵到了。北侠将绳绑挑开，蒋爷悄悄道："我这浑身伤痕却没要紧，只是四肢捆得麻了，一时血脉不能周流，须把我夹着，安置个去处方好。"北侠道："放心，随我来。"一伸臂膀，将四爷夹起，往东就走。过了夹道，出了角门，却是花园。四下一望，并无可以安身的去处。走了几步，见那边有一架葡萄架，幸喜不甚过高。北侠悄悄道："且屈四弟在这架上罢。"说罢左手一顺，将蒋爷双手托起，如举小孩子一般，轻轻放在架上，转身从背后皮鞘内将七宝刀抽出，竟奔前厅而来。

谁知看守蒋爷的二人吃饭回来，见空房子门已开了，道士也不见了，一时惊慌无措，忙跑到厅上报与花蝶、邓车。他二人听了就知不好，也无暇细问。花蝶提了利刃，邓车摘下铁靶弓，跨上铁弹子袋，手内拿了三个弹子。刚出厅房，早见北侠持刀已到。邓车扣上弹子,把手一扬,飕的就是一弹。北侠知他弹子有功夫,早已防备。见他把手一扬,却把宝刀扁着一迎,只听当的一声,弹子落地。邓车见打不着来人,一连就是三弹。只听当当当响了三声,俱各打落在地。邓车暗暗吃惊说:"这人技艺超群!"便顺手在袋内掏出数枚,连珠发出。只听叮当叮当犹如打铁一般。旁边花蝶看得明白,见对面这一个人并不介意,他却脚下使劲,一个箭步,以为帮虎吃食,可以成功。不想忽觉脑后生风,觉着有人。一回头,见明晃晃的钢刀劈将下来,说声"不好",将身一闪,翻手往上一迎。哪里知道韩爷势猛刀沉,他是翻腕迎的不得力,刀对刀只听咯当一声,他的刀早已飞起数步,当啷啷落在尘埃。花蝶那里还有魂咧!一伏身奔了角门,往后花园去了。慌不择路,无处藏身,他便到葡萄架根下将身一蹲,以为他算是葡萄老根儿。他如何想的到架上头还有个人呢。

蒋爷在架上四肢刚刚活动,猛听脚步声响,定睛细看,见一人奔到此处不动,隐隐头上有黑影儿乱晃,正是花蝶。蒋爷暗道:"我的钢刺被他们拿去,手无寸铁,难道眼瞅着小子藏在此处就罢了不成?有了,我何不砸他一下子,也出一出拷打的恶气!"想罢,轻蜷两腿,紧抱双肩,往下一翻身,扑哧的一声,正砸在花蝶的身上。把花蝶砸的往前一扑,险些儿嘴按地,幸亏两手扶住。只觉两耳嘤的一声,双睛金星乱迸,说声:"不好,此处有了埋伏了。"一挺身,踉里踉跄奔那边墙根去了。

此时韩彰赶到,蒋爷爬起来道:"二哥,那厮往北跑了!"韩彰嚷道:"奸贼,往那里走?"紧紧赶来。看看追上,花蝶将身一纵,上了墙头。韩爷将刀一搠,花蝶业已跃下,咕嘟咕嘟往东飞跑。跑过墙角,忽见有人嚷道:"那里走,龙涛在此。"飕的就是一棍。好花蝶,身体灵便,转身复往西跑。谁知早有韩爷拦住。南面是墙,北面是护庄河,花蝶往来奔驰许久,心神已乱,眼光迷离,只得奔板桥而来。刚刚到了桥的中间,却被一人劈胸抱住,道:"小子,你不洗澡吗?"二人便滚下桥去。花蝶不识水性,那里还能挣扎。原来抱花蝶的就是蒋平。他同韩彰跃出墙来,便在此桥埋伏。到了水中,虽然不深,他却掐住花蝶的脖颈,往水中一浸,连浸了几口水,花蝶已然人事不知了。此时韩爷与龙涛、冯七俱各赶上。蒋爷托起花蝶,龙涛提上木桥,与冯七将他绑好。蒋爷蹿将上来,道:"好冷!"韩爷道:"你等绕到前面,我接应欧阳兄去。"说罢,一跃身跳入墙内。

且说北侠刀磕铁弹,邓车心慌,已将三十二子打完,敌人不退,正在着急,韩爷赶到,嚷道:"花蝶已然被擒,谅你有多大本领?俺来也!"邓车闻听,不敢抵敌,将身一纵,从房上逃走去了。北侠也不追赶,见了韩彰,言花蝶已擒,现在庄外。说话间,龙涛背花蝶,蒋爷与冯七在后,来至厅前,放下花蝶。蒋爷道:"好冷,好冷!"韩爷道:"我有道理。"持着刀往后面去了。不多时,提了一包衣服来,道:"原来姓邓的并无家小,家人们也藏躲了,四弟来换衣服。"蒋平更换衣服之时,谁知冯七听韩爷说后面无人,便去到厨房,将柴炭抱了许多,登时点着烘起来。蒋平换了衣服出来,道:"趁着这厮昏迷之际,且松了绑。那里还有衣服,也与他换了。天气寒冷,若把他噤死了反为不美。"龙涛、冯七听说有理,急忙与花蝶换妥,仍然绑缚。一壁控他的水，一壁向着火，小子闹了个“水火既济”。

韩爷又见厅上摆着盛筵，大家也都饿了，彼此就座，快吃痛饮。蒋爷一眼瞧见钢刺，急忙佩在身边。只听花蝶呻吟道：“淹死我也。”冯七出来将他搀进屋内。花蝶在灯光之下一看，见上面一人，碧睛紫髯；左首一人，金黄面皮；右首一人，形容枯瘦，正是那个道士；下面还有个黑脸大汉，又是铁岭观被擒之人。看了半日，不解是何缘故。只见蒋爷斟了一杯热酒，来到花蝶面前，道：“姓花的，事已如此，不必迟疑。你且喝杯热酒，暖暖寒。”花蝶问道：“你到底是谁？为何与俺作对？”蒋爷道：“你做的事你还不知道吗？玷污妇女名节，造孽多端，人人切齿，个个含冤。因此，我等抱不平之气，才特意前来拿你。若问我，我便是陷空岛四鼠蒋平。”花蝶道：“你莫非称翻江鼠的蒋泽长吗？”蒋爷道：“正是。”花蝶道：“好，好，名不虚传。俺花冲被你拿住，也不受辱于我。快拿酒来！”蒋爷端到他唇边，花冲一饮而尽。又问道：“那上边的又是何人？”蒋爷道：“那是北侠欧阳春。那边是我二哥韩彰。这边是捕快头目龙涛。”花蝶道：“罢了，罢了。也是我花冲所行不正，所以惹得你等的义气。今日被擒，正是我自作自受。你们意欲将我置于何地？”蒋爷道：“大丈夫敢作敢当方是男子。明早将你解到县内，完结了勾乡宦家杀死更夫一案，便将你解赴东京，任凭开封府发落。”花冲听了，便低头不语。此时天已微明，先叫冯七到县内呈报去了。北侠道：“劣兄有言奉告：如今此事完结，我还要回茉花村去。一来你们官事我不便混在里面；二来因双侠之令妹于冬底还要与展南侠毕姻，面恳至再，是以我必须回去。”韩、蒋二人难以强留，只得应允。

不多时，县内派了差役跟随冯七前来，起解花冲到县。北侠与韩、蒋二人同出了邓家堡，彼此执手分别。北侠仍回茉花村，韩、蒋二人同到县衙。唯有邓车悄悄回家，听说花冲被擒，他恐官司连累，忙忙收拾收拾，竟奔霸王庄去了，后文再表。

不知花冲到县如何，且听下回分解。

第六十八回　花蝶正法展昭完姻　双侠饯行静修测字

且说蒋、韩二位来到县前，蒋爷先将开封的印票拿出，投递进去。县官看了，连忙请至书房款待。问明底细，立刻升堂。花冲并无推诿，甘心承认。县官急速办了详文，派差跟随韩、蒋、龙涛等押解花冲起身。一路上小心防范，逢州过县，皆是添役护送。

一日，来至东京，蒋爷先至公厅，见了众位英雄，彼此问了寒暄。卢方先问：“我的二弟如何？”蒋平便将始末述说了一遍，“现今押解着花冲，随后就到。”大家欢喜无限。卢方、徐庆、白玉堂，展昭相陪，迎接韩彰。蒋爷连忙换了服色，来到书房回禀包公。包公甚喜，即命包兴传出话来："如若韩义士到来，请到书房相见。"

此时卢方等已迎着韩彰，结义弟兄彼此相见了，自是悲喜交集。南侠见了韩爷，更觉亲热。暂将花冲押在班房，大家同定韩爷来至公所，各通姓名相见。独到了马汉，徐庆道："二哥，你老弩箭误伤的就是此人。"韩爷听了不好意思，连连谢罪。马汉道："三弟，如今俱是一家人了，你何必又提此事！"赵虎道："不知者不做罪，不打不成相与。以后谁要忌妒谁，他就不是好汉，就是个小人了。"大众俱各大笑。公孙先生道："方才相爷传出话来，如若韩兄到来，即请书房相见。韩兄就同小弟先到书房要紧。"韩彰便随公孙先生去了。

这里南侠吩咐备办酒席，与韩、蒋二位接风。不多时，公孙策等出来，刚至茶房门前，见张老儿带定邓九如在那里恭候。九如见了韩爷，向前深深一揖，口称："韩伯伯在上，小侄有礼。"韩爷见是个宦家公子，连忙还礼，一时忘怀，再也想不起是谁来。张老儿道："军官爷，难道把汤圆铺的张老儿忘了吗？"韩爷猛然想起，道："你二人为何在此？"包兴便将在酒楼相遇，带至开封，我家三公子奉相谕，将公子认为义子的话说了一遍。韩爷听了，欢喜道："真是福随貌转，我如何认得。如此说，公子请了！"大家笑着来至公所之内。见酒筵业已齐备，大家谦逊，彼此就座。卢方便问："见了相爷如何？"公孙策道："相爷见了韩兄，甚是欢喜，说了好些渴想之言。已吩咐小弟速办折子，就以拿获花冲，韩兄押解到京为题，明早启奏。大约此摺一上，韩兄必有好处。"卢方道："全仗贤弟扶持。"韩爷又叫伴当将龙涛请进来，大家见了。韩爷道："多承龙兄一路勤劳，方才已回禀相爷，俟事毕之后，回去不迟。所有护送差役，俱各有赏。"龙涛道："小人仰赖二爷、四爷拿获花冲，只要报仇雪恨，龙涛生平之愿足矣。"话刚至此，只见包兴传出话来，道："相爷吩咐，立刻带花冲二堂听审。"公孙先生、王、马、张、赵等听了，连忙到二堂伺候去了。

这里无执事的，暂且饮酒叙说。南侠便问花蝶事体，韩爷便述说一番。又深赞他人物本领，惜乎一宗大毛病，把个人带累坏了。正说之间，王、马、张、赵等俱各出来。赵虎连声夸道："好人物，好胆量！就是他所作之事不端，可惜了！"众人便问相爷审的如何。王朝、马汉道："何用审问，他自己俱各通说了。实实罪在不赦，招已画了。此时相爷与公孙先生拟他的罪名，明日启奏。"不多时，公孙策出来道："若论他杀害人命，实在不少，唯独玷污妇女一节较重，理应凌迟处死。相爷从轻，改了个斩立决。"龙涛听了，心内畅快。大家重新饮酒，喜悦非常。饮毕各自安歇。

到了次日，包公上朝摺递。圣心大悦，立刻召见韩彰，也封了校尉之职。花冲罪名依议。包相就派祥符县监斩，仍是龙涛、冯七带领衙役押赴市曹行刑。回来到了开封，见众英雄正与韩彰贺喜，龙涛又谢了韩、蒋二人，他要回去。韩爷、蒋爷二位赠了龙涛百金，所有差役俱各赏赐，各回本县去了。龙涛从此也不在县内当差了。这里众英雄欢喜聚在一处，快乐非常，除了料理官事之外，便是饮酒作乐。卢方等又在衙门就近处置了寓所，仍是五人同居。自闹东京弟兄分手，至此方能团聚。除了卢方一年回家两次，收取地租，其余四人就在此处居住，当差供职，甚是方便。南侠原是丁大爷给盖的房屋，预备毕姻。因日期近了，也就张罗起来。不多几日，丁大爷同老母、妹子来京，南侠早已预备了下处。众朋友俱各前来看望，都要会会北侠。谁知欧阳春再也不肯上东京，同丁二爷在家看家，众人也只得罢了。到了临期，所有迎妆嫁娶之事，也不必细说。

南侠毕姻之后，就将丁母请来同居，每日与丁大爷会同众朋友欢聚。刚刚过了新年，丁母便要回去。众英雄与丁大爷意气相投，恋恋难舍。今日你请，明日我邀，这个送行，那个饯别，聚了多少日期，好容易方才起身。

丁兆兰随着丁母回到家中，见了北侠，说起："开封府的朋友，人人羡慕大哥，恨不得见面，抱怨小弟不了。"北侠道："多承众位朋友的惜爱，实是劣兄不惯应酬。如今贤弟回来，诸事已毕，劣兄也就要告辞了。"丁大爷听了诧异道："仁兄却是为何？难道小弟不在家时，舍弟有什么不到之处吗？"北侠笑道："你我岂是那样的朋友？贤弟不要多心。劣兄有个贱恙：若要闲得日子多了，便要生病，所谓劳人不可多逸，逸则便不消受了。这些日子贤弟不来，已觉焦心烦躁，如今既来了，必须放我前去，庶免灾缠病绕。"兆兰道："既如此，小弟与仁兄同去。"北侠道："那如何使得！你非劣兄可比。现在老伯母在堂，而且妹子新嫁，更要二位贤弟不时地在膝下承欢，省得老人家寂寞。再者劣兄出去闲游，毫无定所。难道贤弟就忘了'游必有方'吗？"兆兰、兆蕙听见北侠之言，是决意要去的，只得说道："既如此，再屈留仁兄两日，俟后日起身如何？"北侠只得应允。这两日的欢聚，自不必说。到了第三日，兆兰、兆蕙备了酒席，与北侠饯行，并问现欲何往。北侠道："还是上杭州一游。"饮酒后，提了包裹，双侠送至庄外，各道珍重，彼此分手。

北侠上了大路，散步逍遥，逢山玩山，遇水赏水，凡有古人遗迹，再没有不游览的。一日，来至仁和县境内，见一带松树稠密，远远见旗杆高出青霄。北侠想道："这必是个大寺院，何不瞻仰瞻仰。"来到庙前一看，见匾额上镌着"盘古寺"三字，殿宇墙垣极其齐整。北侠放下包裹，拂去尘垢，端正衣襟，方携了包裹步入庙中。上了大殿，瞻仰圣像，却是"三皇"。才礼拜毕，只见出来一个和尚，年纪不足三旬，见了北侠问讯。北侠连忙还礼，问道："令师可在庙中吗？"和尚道："在后面。施主敢是找师父吗？"北侠道："我因路过宝刹，一来拜访令师，二来讨杯茶吃。"和尚道："请到客堂待茶。"说罢，在前引路，来到客堂。真是窗明几净，朴而不俗。和尚张罗煮茶，不多一会，茶已烹到。早见出来个老和尚，年纪约有七旬，面如童颜，精神百倍。见了北侠，问了姓名，北侠一一答对。又问："吾师上下？"和尚答道："上静下修。"二人一问一答，谈了多时，彼此敬爱。看看天已晚了，和尚献斋。北侠也不推辞，随喜吃了。和尚更觉欢喜，便留北侠多盘桓几日。北侠甚合心意，便住了。晚间无事，因提起手谈，谁知静修更是酷好。二人就在灯下下了一局，不相上下。萍水相逢，遂成莫逆。北侠一连住了几日。

这日早晨，北侠拿出一锭银来交与静修，作为房金。和尚哪里肯受，道："我这庙内香火极多，客官就是住上一年半载，这点薪水之用，足以供得起。千万莫要多心。”北侠道：“虽然如此，我心甚是不安。权作香资，莫要推辞。”静修只得收了。北侠道：“吾师无事，还要领一局，肯赐教否？”静修道：“争奈老僧力弱，恐非敌手。”北侠道：“不吝教足矣，何必太谦。”二人放下棋枰，对弈多时。忽见外面进来一个儒者，衣衫褴褛，形容枯瘦，手内持定几副对联，望着二人一揖。北侠连忙还礼，道：“有何见教？”儒者道：“学生贫困无资，写得几副对联，望祈居士资助一二。”和尚听了，便立起身来，接过对联，打开一看，不由得失声叫好。

未知静修说出什么话来，且听下回分解。

第六十九回　杜雍课读侍妾调奸　秦昌赔罪丫鬟丧命

且说静修和尚打开对联一看，见写的笔法雄健，字体遒劲，不由得连声赞道：“好书法，好书法！”又往儒者脸上一望，见他虽然穷苦，颇含秀气，而且气度不凡。不由得慈悲心一动，便叫儒者将字放下，吩咐小和尚带到后面，梳洗净面，款待斋饭。儒者听了，深深一揖，随着和尚后面去了。北侠道：“我见此人颇颇有些正气，绝非假冒斯文。”静修道：“正是。老僧方才看他骨格清奇，更非久居人下之客。”说罢，复又下棋。

刚刚终局，只见进来一人，年约四旬以外，和尚却认得是秦家庄员外秦昌。连忙让座，道：“施主何来，这等高兴？”秦员外道：“无事不敢擅造宝刹。只因我这几日心神有些不安，特来恳求吾师一卜。”和尚笑道：“此话从何说起。老僧是不会占卜的，员外听谁说来？”秦昌道：“出家人不该打诳语。曾记那年，敝庄有个王老儿，为孙子得病愁烦。是吾师问他因何愁烦，他说出缘故。吾师道：‘你说一个字来，我与你测一测。’他因常看古人词上有简笔字，他就写了个夗央的‘夗’字。刚刚写完，吾师正在测度之际，忽然一阵风将纸条吹起。他忙用镇纸一押，不偏不正押在‘夗’字头上。吾师就长叹了一声，道：‘你这小孙儿是不能活的了，你快回去吧。’老王听了即刻回家，谁知他那孙子就死了。因此他就传扬开了，说吾师神卜。谁人不知，如何单单的瞒我呢？”静修笑道：“这原是一时的灵机，不过测测字，如何算得会卜呢？”秦昌道：“吾师既能测字，何妨给我测个字呢。”静修没法儿，只得说道：“既如此，这倒容易。员外就说一个字，待老僧测测看。说的是了，员外别喜欢；说的不是了，员外也别恼。”秦昌道：“君子问祸不问福。方才吾师说‘容易’，就是这个‘容’字罢。”静修写出来，端详了多时，道：“此字无偏无倚，却是个端正字体。按字意说来，有容德乃大，无欺心自安。员外做事光明，毫无欺心，这是好处。然凡事须有涵容，不可急躁，未免急则生变，与事就不相宜了。员外以后总要涵容，遇事存在心里，管保遇难成祥，转祸为福。老僧为何说这个话呢？只因此字拆开看有些不妙。员外请看,此字若拆看,是个穴下有人口,若要不涵容,唯恐人口不利。这也是老僧妄说,员外休要见怪。”员外道:“多承吾师指教,焉有见怪之理。”

北侠在旁听了,颇有意思,连忙说道:“吾师也替我测一字。”静修道:“善哉,善哉!今日老僧如何造起口孽来了。快请说字罢。”北侠道:“就是‘善’字罢。”静修思索了一番,道:“此字也是端正字体。善乃人之本性,作善降之百祥,作不善降之百殃。善是随在皆有,处处存心为善,济困扶危,剪恶除强,瞧着行事狠毒,细细想来,却是一片好心,这方是真善。再按此字拆开,居士平生多义气,廿载入空门。将来二十年后,也不过老僧而已。”北侠听了,连连称是,“承教,承教!佩服,佩服!”

谁知说话间,秦昌屡盼桌上的对联。见静修将字测完,方立起身来,把对联拉开一看,连声夸赞:“好字,好字!这是吾师的大笔吗?”静修道:“老僧如何写的来!这是方才一儒者卖的。”秦昌道:“此人姓甚名谁,现在何处?”静修道:“现在后面。他原是求资助的,并未问他姓名。”秦昌道:“如此说来,是个寒儒了。我为小儿,屡欲延师训诲,未得其人。如今既有儒者,吾师何不代为聘请,岂不两便吗?”静修笑道:“延师之道,理宜恭敬,不可因他是寒士,便藐视于他。似如此草率,非待读书人之礼。”秦昌立起身来道:“吾师责备的甚是。但弟子唯恐错过机会,不得其人,故此觉得草率了。”连忙将外面家童唤进来,吩咐道:“你速速到家将衣帽靴衫取来,并将马快快备两匹来。”静修见他延师心胜,只得将儒者请来。谁知儒者到了后面,用热水洗去尘垢,更觉满面光华,秀色可餐。秦昌一见,欢喜非常,连忙延至上座,自己在下面相陪。

原来此人姓杜名雍,是个饱学儒流,一生性气刚直,又是个落落寡合之人。静修便将秦昌延请之意说了,杜雍却甚愿意,秦昌乐不可言。少时家童将衣衫靴帽取来,秦昌恭恭敬敬奉与杜雍。杜雍却不推辞,将通身换了,更觉落落大方。秦昌别了静修、北侠,便与杜雍同行。出了山门,秦昌便要坠镫,杜雍不肯,谦让多时。二人乘马,来至庄前下马,家童引路来到书房。献茶已毕,即叫家人将学生唤出。

原来秦昌之子名叫国璧,年方十一岁。安人郑氏,三旬以外年纪。有一妾,名叫碧蟾。丫鬟、仆妇不少,其中有个大丫鬟名叫彩凤,服侍郑氏的;小丫鬟名叫彩霞,服侍碧蟾的。外面有执事四人:进宝、进财、进禄、进喜。秦昌虽然四旬年纪,还有自小儿的乳母白氏,年已七旬将近。人丁算来也有三四十口,家道饶馀。员外因一生未能读书,深以为憾,故此为国璧谆谆延师,也为改换门庭之意。

自拜了先生之后,一切肴馔甚是精美。秦昌虽未读过书,却深知敬先生,也就难为他。往往有那不读书的人,以为先生的饭食随便俱可,漫不经心的很多,那似这秦员外拿着先生当敬天神的一般。每逢自己讨取账目之时,便嘱咐郑氏安人,先生饭食要紧,不可草率,务要小心。即或安人不得暇,就叫彩凤照料,习以为常,谁知早已惹起侍妾的疑忌来了。一日,员外又去讨账,临行嘱咐安人与大丫头:先生处务要留神,好好款待。员外去后,彩凤照料了饭食,叫人送至书房。碧蟾也便悄悄随至书房,在窗外偷看。见先生眉清目秀,三旬年纪,儒雅之甚。不看则已,看了时，邪心顿起。

也是活该有事。这日，偏偏员外与国璧告了半天假，带他去探亲。碧蟾听了此信，暗道："许他们给先生做菜，难道我就不许吗？"便亲手做了几样菜，用个小盒盛了，叫小丫头彩霞送至书房。不多时回来了，他便问："先生做什么呢？"彩霞道："在那里看书呢。"碧蟾道："说什么没有？"丫鬟道："他说：'往日俱是家童送饭，今日为何你来？快回去吧。'将盒放在那里，我就来了。"碧蟾暗道："奇怪，为何不吃呢？"便叫彩霞看了屋子，他就三步两步来到书房，撕破窗纸往里窥看。见盒子依然未动，他便轻轻咳嗽。杜先生听了，抬头看时，见窗上撕了一个窟窿，有人往里偷看，却是年轻妇女，连忙问道："什么人？"窗外答道："你猜是谁？"杜先生听这声音有些不雅，忙说道："这是书房，还不退了。"窗外答道："谅你也猜不着。我告诉你：我比安人小，比丫鬟大。今日因员外出门，家下无人，特来相会。"先生听了，发话道："不要唠叨，快回避了！"外面说道："你为何如此不知趣？莫要辜负我一片好心。这里有表记送你。"杜雍听了，登时紫胀面皮，气往上撞，嚷道："满口胡说！再不退，我就要喊叫起来！"一壁嚷，一壁拍案大叫。正在愤怒，忽见窗外影儿不见了。先生仍气愤愤的坐在椅子上面，暗想道："这是何说！可惜秦公待我这番光景，竟被这贱人带累坏了。我须随便点醒了他，庶不负他待我之知遇。"你道碧蟾为何退了？原来他听见员外已回来了，故此急忙退去。

且言秦昌进内更换衣服，便来到书房。见先生气愤愤坐在那里，也不为礼。回头见那边放着一个小小元盒，里面酒菜极精，纹丝儿没动。刚要坐下问话，见地下黄澄澄一物，连忙毛腰捡起，却是妇女带的戒指。一声儿没言语，转身出了书房。仔细一看，却是安人之物，不由得气冲霄汉，直奔卧室去了。

你道这戒指从何而来？正是碧蟾隔窗抛入的表记。杜雍正在气愤喊叫之时，不但没看见，连听见也没有。秦昌来到卧室之内，见郑氏与乳母正在叙话，不容分说，开口大骂道："你这贱人，干的好事！"乳母不知为何，连忙上前解劝，彩凤也上来拦阻。郑氏安人看此光景，不知是那一葫芦药。秦昌坐在椅上，半晌方说道："我叫你款待先生，不过是饮馔精心，谁叫你跑到书房？叫先生瞧不起我，连理也不理。这还有个闺范吗？"安人道："那个上书房来？是谁说的？"秦昌道："现有对证。"便把戒指一扔。郑氏看时，果是自己之物，连忙说道："此物虽是我的，却是两个，一个留着自带，一个赏了碧蟾了。"秦昌听毕，立刻叫彩凤去唤碧蟾。不多时，只见碧蟾披头散发，彩凤哭哭啼啼，一同来见员外。一个说："彩凤偷了我的戒指，去到书房，陷害于我。"一个说："我何尝到姨娘屋内？这明是姨娘去到书房，如今反来讹我。"两个你言我语，纷争不休，秦昌反倒不得主意，竟自分解不清。自己却后悔，不该不分青红皂白，把安人辱骂一顿，特莽撞了。倒是郑氏有主意，将彩凤唬呼住了，叫乳母把碧蟾劝回屋内。秦昌不能分析此事，坐在那里发呆生暗气。少时乳母过来，安人与乳母悄悄商议：此事须如此如此，方能明白。乳母道："此计甚妙。如此行来，可也试出先生心地如何了。"乳母便一一告诉秦昌，秦昌深以为是。

到了晚间，天到二鼓之后，秦昌同了乳母来到书房。只见里面尚有灯光，杜雍业已安歇。乳母叩门，道：“先生睡了吗？”杜雍答道：“睡了。做什么？”乳母道：“我是姨娘房内的婆子。因员外已在上房安歇了，姨娘派我前来，请先生到里面有话说。”杜雍道：“这是什么道理？白日在窗外聒絮了多时，怪道他说比安人小，比丫鬟大，原来是个姨娘。你回去告诉他，若要如此的闹法，我是要辞馆的了。岂有此理吓，岂有此理！”外面秦昌听了，心下明白，便把白氏一拉，他二人抽身回到卧室。秦昌道：“再也不消说了，也不用再往下问了。只这‘比安人小，比丫鬟大’一语，却是碧蟾贱人无疑了。我还留他何用！若不及早杀了他，难去心头之火。”乳母道：“凡事不可急躁。你若将他杀死，一来人命关天，二来丑声传扬，反为不美。”员外道：“似此如之奈何呢？”乳母道：“莫若将他锁禁在花园空房之内，或将他饿死，或将他囚死，也就完了事了。”秦昌深以为是。次日黎明，便吩咐进宝，将后花园收拾出了三间空房，就把碧蟾锁禁。吩咐不准给他饭食，要将他活活饿死。

不知碧蟾如何，且听下回分解。

第七十回　秦员外无辞甘认罪　金琴堂有计立明冤

且说碧蟾素日原与家人进宝有染，今将他锁禁在后花园空房，不但不能挨饿，反倒遂了二人私欲。他二人却暗暗商量计策，碧蟾说：“员外与安人虽则居在上房，却是分寝。员外在东间，安人在西间。莫若你黄夜持刀将员外杀死，就说安人怀恨，将员外谋害。告到当官，那时安人与员外抵了命，我掌了家园，咱们二人一生快乐不尽，强如我为妾，你是奴呢。”说的进宝心活，也不管天理昭彰，半夜里持刀来杀秦昌。

且说员外自那日错骂了安人，至今静中一想，原是自己莽撞。如今既将碧蟾锁禁，安人前如何不赔罪呢？到了夜静更深，自持灯来至西间。见郑氏刚刚歇下，他便进去。彩凤见员外来了，不便在跟前，只得溜出来。他却进了东间，摸了摸卧具，铺设停当，暗自思道：“姨奶奶碧蟾，他从前原与我一样丫头，员外拣了他收作二房。我曾拟陪一次。如今碧蟾既被员外锁禁，此缺已出，不消说了，理应是我坐补。”妄想得缺，不觉神魂迷乱，一歪身躺在员外枕上，竟自睡去。他却哪里知道进宝持刀前来，轻轻地撬门而入，黑暗之中，摸着脖项狠命一刀。可怜把个要即补缺的彩凤，竟被恶奴杀死。

进宝以为得意，回到本屋之中，见一身的血迹，刚刚脱下要换，只听员外那里一迭连声叫“进宝”。进宝听了，吃惊不小，方知员外未死。一壁答应，一壁穿衣，来到上房。只因员外由西间赔罪回来，见彩凤已被杀在卧具之上，故此连连呼唤。见了进宝，便告诉他彩凤被杀一节，进宝方知把彩凤误杀了。此时安人已知，连忙起来。大家商议，郑氏道："事已如此，莫若将彩凤之母马氏唤来，告诉他，多多给他银两，将他女儿好好殡殓就是了。"秦昌并无主意，立刻叫进宝告诉马氏去。谁知进宝见马氏挑唆：女儿是秦昌因奸不遂，愤怒杀死，叫马氏连夜到仁和县报官。

金必正金大老爷因是人命重案，立刻前来相验。秦昌出其不意，只得迎接官府。就在住房廊下，设了公案。金令亲到东屋看了，问道："这铺盖是何人的？"秦昌道："就是小民在此居住。"金令道："这丫头他叫什么？"秦昌道："叫彩凤。"金令道："他在这屋里住吗？"秦昌道："他原是服侍小民妻子，在西屋居住的。"金令道："如此说来，你妻子住在西间了。"秦昌答应："是。"金令便叫仵作前来相验，果系刀伤。金令吩咐将秦昌带到衙中听审，暂将彩凤盛殓。

转到衙中，先将马氏细问了一番。马氏也供出秦昌久已分寝，东西居住，他女儿原是服侍郑氏的。金令问明，才带上秦昌来，问他为何将彩凤杀死。谁知秦昌别的事没主意，他遇这件事倒有了主意，回道："小民将彩凤诱至屋内，因奸不遂，一时愤恨，将他杀死。"你道他如何恁般承认？他道：我因向与妻子东西分住，如何又说出与妻子赔罪呢？一来说不出口来，二来唯恐官府追问因何赔罪，又叨顿出碧蟾之事。那时闹出妻妾当堂出丑，其中再连累上一个先生，这个声名传扬出去，我还有个活头吗？莫若我把此事应起，还有个辗转。大约为买的丫头因奸致死，也不至抵偿。纵然抵偿，也是前世冤孽。总而言之，前次不该和安人急躁，这是我没有涵容处。彼时若有涵容，慢慢访查，也不必赔罪，就没有这些事了。可见静修和尚是个高僧，怨得他说人口不利，果应其言。他虽如此想，也不思索思索，若不赔罪，他如何还有命呢？

金令见他满口应承，反倒疑心，便问他凶器藏在何处。秦昌道："因一时忙乱，忘却掷于何地。"其词更觉浑含。金令暗想道："看他这光景，又无凶器，其中必有缘故，须要慢慢访查。"暂且悬案寄监。此时郑氏已派进喜暗里安置，秦昌在监不至受苦。因他家下无人，仆从难以托靠，仔细想来，唯有杜先生为人正直刚强，便暗暗写信托付杜雍照管外边事体，一切内务全是郑氏料理。监中叫进宝四人轮流值宿服侍。

一日，静修和尚到秦员外家取香火银两，顺便探访杜雍，刚刚来到秦家庄，迎头遇见进宝。和尚见了，问道："员外在家吗？杜先生可好？"进宝正因外面事务如今是杜先生料理，比员外在家加倍严紧，一肚没好气无处发泄，听静修和尚问先生，他便进谗言道："师父还提杜先生呢。原来他不是好人，因与主母调奸，秦员外知觉，大闹了一场。杜先生怀恨在心，不知何时，暗暗与主母定计，将丫头彩凤杀死，反告了员外因奸致命，将员外陷在南牢。我此时便上县内瞧我们员外去。"说罢，扬长去了。

和尚听了，不胜惊骇诧异，大骂杜雍不止。回转寺中，见了北侠道："世间竟有这样得鱼忘筌，人面兽心之人，实实可恶。"北侠道："吾师为何生嗔？"静修和尚便将听了进宝之言一一叙明。北侠道："我看杜雍绝不是这样人，唯恐秦员外别有隐情。"静修听了好生不乐，道："秦员外为人，老僧素日所知。一生原无大过，何得遭此报应？可恨这姓杜的，竟自如此不堪，实实可恶！"北侠道："我师还要三思。既有今日，何必当初。难道不是吾师荐的吗？"这一句话，问得个静修和尚面红过耳。所谓"话不投机半句多"，一言不发，站起来向后面去了。北侠暗想道："据我看来，杜雍去了不多日期，何得骤与安人调奸？此事有些荒唐，今晚倒要去探听探听。"又想："老和尚偌大年纪，还有如此火性，可见贪嗔痴爱的关头是难跳的出的。他大约因我拿话堵塞于他，今晚绝不肯出来，我正好行事。"想罢，暗暗装束，将灯吹灭，虚掩门户，仿佛是早已安眠，再也想不到他往秦家庄来。

到了门前，天已初鼓。先往书房探访，见有两个更夫要蜡，书童回道："先生上后边去了。"北侠听了，又暗暗来到正室房上。忽听乳母白氏道："你等莫躲懒，好好烹下茶，少时奶奶回来还要喝呢。"北侠听了，暗想：事有可疑，为何两个人俱不在屋内？且到后面看看再作道理。刚刚来到后面，见有三间花厅，隔扇虚掩。忽听里面说道："我好容易得此机会，千万莫误良宵。我这里跪下了。"又听妇人道："真正便宜了你，你可莫要忘了我的好处吓。"北侠听至此，杀人心陡起。暗道："果有此事，且自打发他二人上路。"背后抽出七宝刀，说时迟那时快，推开隔扇，手起刀落。可怜男女二人刚得片时欢娱，双魂已归地府。北侠将二人之头挽在一处，挂在隔扇屈戌之上。满腔恶气全消，仍回盘古寺。他以为是杜雍与郑氏无疑，哪里知道他也是误杀了呢。

你道方才书童答应更夫说"先生往后边去了"，是那个"后边"？就是书房的后边。原来是杜先生出恭呢！杜雍出恭回来，问道："你方才合谁说话？"书童道："更夫要蜡来了。"杜雍道："你们如何这么早就要蜡？昨夜五更时拿去的蜡，算来不过点了半枝，应当还有半枝，难道点不到二更吗？员外不在家，我是不能叫他们赚。如要赚，等员外回来，爱怎么赚我是全不管的。"正说时，只见更夫跑了来，道："师老爷，师老爷，不好了！"杜雍道："不是蜡不够了？犯不上这等大惊小怪的！"更夫道："不是，不是。方才我们上后院巡更，见花厅上有两人，扒着隔扇往内瞧。我们怕是歹人，拿灯笼一照，谁知是两个人头。"杜先生道："是活的，是死的？"更夫道："师老爷可吓糊涂了！既是人头，如何会有活的呢？"杜雍道："我不是害怕，我是心里有点发怵。我问的是男的是女的？"更夫道："我们没有细瞧。"杜先生道："既如此，你们打着灯笼在前引路，待我看看去。"更夫道："师老爷既要去看，须得与我换蜡了，这灯笼里剩了个蜡头儿了。"杜先生吩咐书童拿几枝蜡，交与更夫换好了，方打着灯笼往后面花厅而来。到了花厅，更夫将灯笼高高举起。杜先生战战哆嗦看时，一个耳上有环，道："喂呀，是个妇人。你们细看是谁？"更夫看了半晌，道："好像姨奶奶。"杜雍便叫更夫："你们把那个头往外转转，看是谁？"更夫乍着胆子将头扭一扭，一看，这个说："这不是进禄儿吗？"那个道："是，不错。是他，是他。"杜先生道："你们要认明白了。"更夫道："我认的不差。"杜先生道："且不要动。"更夫道：

"谁动他做什么呢?"杜先生道:"你们不晓得,这是要报官的。你们找找四个管家,今日是谁在家?"更夫道:"昨日是进宝在监该班,今日应当进财该班。因进财有事去了,才进禄给进宝送信去,叫他连一班。不知进禄如何被人杀了,此时就剩进喜在家。"杜先生道:"你们把他叫来,我在书房等他。"更夫答应,一个去叫进喜,一个引着先生来到书房。

不多时,进喜到来。杜先生将此事告诉明白,叫他进内启知主母。进喜急忙进去,禀明了郑氏。郑氏正从各处检点回来,吓得没了主意,叫问先生此事当如何办理。杜先生道:"此事隐瞒不得的,须得报官。你们就找地方去。"进喜立刻派人找了地方,来到后园花厅看了,也不动,道:"这要即刻报官,耽延不得了。只好管家你随我同去。"进喜吓得半晌无言。还是杜先生有见识,知是地方勒索,只得叫进喜从内要出二两银子来,给了地方,他才一人去了。

至次日,地方回来道:"少时太爷就来,你们好好预备了。"不多时,金令来到,进喜同至后园。金令先问了大概情形,然后相验。记了姓名,叫人将头摘下。又进屋内去,看见男女二尸,下体赤露,知是私情。又见床榻上有一字柬,金令拿起细看,拢在袖中。又在床下搜出一件血衣裹着鞋袜。问进喜道:"你可认得此衣与鞋袜是谁的?"进喜瞧了瞧,回道:"这是进宝的。"金令暗道:"如此看来,此案全在进宝身上。我须如此如此,方能了结此事。"吩咐暂将男女盛殓,即将进喜带入衙中,立刻升堂。且不问进喜,也不问秦昌,吩咐带进宝。两旁衙役答应一声,去提进宝。

此时进宝正在监中服侍员外秦昌,忽然听见衙役来说:"太爷现在堂上,呼唤你上堂,有话吩咐。"进宝不知何事,连忙跟随衙役上了大堂。只见金令坐在上面,和颜悦色问道:"进宝,你家员外之事,本县现在业已访查明白。你即是他家的主管,你须要亲笔写上一张诉呈来,本县看了,方好从中设法,如何出脱你家员外的罪名。"进宝听了,有些不愿意,原打算将秦昌谋死。如今听县官如此说,想是受了贿赂,无奈何说道:"既蒙太爷恩典,小人下去写诉呈就是了。"金令道:"就要递上来,本县立等。"回头吩咐书吏:"你同他去,给他立个稿儿,叫他亲笔誊写,速速拿来。"书吏领命下堂。不多时,进宝拿了诉呈当堂呈递。金令问道:"可是你自己写的?"进宝道:"是。求先生打的底儿,小人誊写的。"金令接来细细一看,果与那字柬笔迹相同。将惊堂木一拍,道:"好奴才,你与碧蟾通奸,设计将彩凤杀死,如何陷害你家员外?还不从实招上来!"进宝一闻此言,顶梁骨上嘤的一声,魂已离壳,惊慌失色道:"此、此、此事小、小、小人不知。"金令吩咐掌嘴。刚刚一边打了十个,进宝便嚷道:"我说呀,我说!"两边衙役道:"快招,快招!"进宝便将碧蟾如何留表记,被员外捡着,错疑在安人身上;又如何试探先生,方知是碧蟾,将他锁禁花园,"原是小人素与姨娘有染,因此暗暗定计要杀员外。不想秦昌那日偏偏的上西间去了,这才误杀了彩凤。"一五一十述了一遍。金令道:"如此说来,碧蟾与进禄昨夜被人杀死,想是你愤奸不平,将他二人杀了。"进宝碰头道:"此事小人实实不知。昨夜小人在监内服侍员外,并未回家,如何会杀人呢?老爷详情。"金令暗暗点头道:"他这话却与字柬相符，只是碧蟾、进禄却被何人所杀呢？”

你道是何字柬？原来进禄与进宝送信，叫他多连一夜。进宝恐其负了碧蟾之约，因此悄悄写了一柬，托进禄暗暗送与碧蟾。谁知进禄久有垂涎之意，不能得手，趁此机会，方才入港。恰被北侠听见，错疑在杜雍、郑氏身上，故此将二人杀死。也是天网恢恢，疏而不漏。至于床下抽出血衫鞋袜，金令如何知道就在床下呢？皆因进宝字柬上，前面写今日不能回来之故，后面又嘱咐：千万前次污血之物，恐床下露人眼目，须改别处隐藏方妥。有此一语，故而搜出，叫进喜识认，说出进宝。金令已知是进宝所为，又恐进禄栽赃陷害别人，故叫进宝写诉呈，对了笔迹，然后方问此事。以为他必狡展，再用字柬、衣衫、鞋袜质证。谁知小子不禁打，十个嘴巴他就通说了，却倒省事。

不知金令如何定罪，且听下回分解。

第七十一回　杨芳怀忠彼此见礼　继祖尽孝母子相逢

且说金公审明进宝，将他立时收监，与彩凤抵命。把秦昌当堂释放。唯有杀奸之人，再行访查缉获另结，暂且悬案。论碧蟾早就该死，进禄既有淫邪之行，便有杀身之报。他二人死所当死，也就不必深究。且说秦昌回家，感谢杜雍不尽，二人遂成莫逆。又想起静修之言，杜雍也要探望，因此二人同来至盘古寺。静修与北侠见了，彼此惊骇。还是秦昌直爽，毫无隐讳，将此事叙明。静修、北侠方才释疑，始悟进宝之言尽是虚假。四人这一番亲爱快乐，自不必言。盘桓了几日，秦昌与杜雍仍然回庄。北侠也就别了静修，上杭州去了。沿路上闻人传说道：“好了，杭州太守可换了，我们的冤枉可该伸了。”仔细打听，北侠却晓得此人。

你道此人是谁？听我慢慢叙来。只因春闱考试，钦命包大人主考。到了三场已毕，见中卷内并无包公侄儿，天子便问：“包卿，世荣为何不中？”包公奏道：“臣因钦命点为主考，臣侄理应回避，因此并未入场。”天子道：“朕原为拣选人才，明经取士，为国求贤。若要如此，岂不叫包世荣抱屈吗？”即行传旨，着世荣一体殿试。此旨一下，包世荣好生快乐。到了殿试之期，钦点包世荣的传胪，用为翰林院庶吉士。包公叔侄碰头谢恩。赴琼林宴之后，包公递了一本，给包世荣告假，还乡毕姻，三个月后，仍然回京供职。圣上准奏，赏赉了多少东西。包世荣别了叔父，带了邓九如荣耀还乡。至于与玉芝毕姻一节，也不必细述。

只因杭州太守出缺，圣上钦派了新中榜眼用为编修的倪继祖。倪继祖奉了圣旨，不敢迟延。先拜老师，包公勉励了多少言语，倪继祖一一谨记。然后告假还乡祭祖，奉旨着祭祖毕，即赴新任。你道倪继祖可是倪太公之子吗？就是。仆人可是倪忠吗？其中尚有许多的原委，直仿佛白罗衫的故事，此处不能不叙出。

且说扬州甘泉县有一饱学儒流，名唤倪仁，自幼将同乡李太公之女定为妻室。什么聘礼呢？有祖传遗留的一枝并梗玉莲花，晶莹光润无比，拆开却是两枝，合起来便成一朵。倪仁视为珍宝，与妻子各配一枝。只因要上泰州探亲，便雇了船只。这船户一名陶宗，一名贺豹，外有一个雇工帮闲的名叫杨芳。不料这陶宗、贺豹乃是水面上做生涯的，但凡客人行李辎重露在他眼里，再没有放过去的。如今见倪仁雇了他的船，虽无沉重行李，却见李氏生的美貌，淫心陡起。贺豹暗暗的与陶宗商量，意欲劫掠了这宗买卖。他别的一概不要，全给陶宗，他单要李氏做个妻房。二人计议停当，又悄悄地知会了杨芳。杨芳原是雇工人，不敢多言。

一日，来在扬子江，到幽僻之处，将倪仁抛向水中淹死，贺豹便逼勒李氏。李氏哭诉道："因怀孕临迩，俟分娩后再行成亲。"多亏杨芳在旁解劝道："她丈夫已死，难道还怕他飞上天去不成？"贺豹只得罢了。杨芳暗暗想道："他等作没天良之事，将来事犯，难免扳拉于我。再者，看这妇人哭得可怜，我何不如此如此呢。"想罢，他便沽酒买肉，与他二人贺一个得妻，一个发财。二人见他殷勤，一齐说道："何苦要叫你费心呢，你以后真要好时，我等按三七与你股分，你道好吗？"杨芳暗暗道："似你等这样行为，漫说三七股分，就是全给老杨，我也是不稀罕的。"他却故意答道："如若二位肯提携于我，敢则是好。"便殷勤劝酒，不多时把二人灌得酩酊大醉，横卧在船头之上。杨芳便悄悄地告诉了李氏，叫他上岸一直往东，过了树林，有个白衣庵，"我姑母在这庙出家，那里可以安身。"此时天已五鼓，李氏上岸，不顾高低，拼命往前奔驰。忽然一阵肚痛，暗说："不好。我是临月身体，若要分娩可怎么好？"正思索时，一阵疼如一阵，只得勉强奔至树林，暗暗祝告道："我李氏仅存倪氏一脉，倘蒙皇天怜念，生得一男，也可以继续香烟。"祝罢，存身树下。不多时果分娩了，喜得是个男儿。连忙脱下内衫，将孩儿包好，胸前就别了那半枝莲花。不敢留恋，难免悲戚，急将小儿放在树本之下，自己恐贼人追来，忙忙往东奔，逃上庙中去了。

且说杨芳放了李氏，心下畅快，一歪身也就睡了。刚刚睡下，觉得耳畔有人唤道："你还不走，等待何时？"杨芳从梦中醒来，看了看四下无人，但见残月西斜，疏星几点。自己想道："方才明明有人呼唤，为何竟自无人呢？"再看陶、贺二人，酣睡如雷。又转念道："不好！他二人若是醒来，不见了妇人，难道就罢了不成？不是埋怨于我，就是四下搜寻。那时将妇人访查出来反为不美。有了，莫若我与他个溜之乎也。及至他二人醒来，必说我拐了妇人远走高飞，也免得他等搜查。"主意已定，东西一概不动，只身上岸，一直竟往白衣庵而来。到了庵前，天已微明。向前叩门，出来了个老尼，隔门问道："是那个？"杨芳道："姑母请开门，是侄儿杨芳。"老尼开了山门，杨芳来至客堂。尚未就座，便悄悄问道："姑母，可有一个妇人投在庵中吗？"老尼道："你如何知道？"杨芳便将灌醉二贼，私放李氏的话说了一遍。老尼念一声"阿弥陀佛"道："救人一命，胜造七级浮屠。惜乎你为人不能为彻，错舛你也没什么错舛，只是他一点血脉失于路上，恐将来断绝了他祖上的香烟。”杨芳追问情由，老尼便道：“那妇人已投在庙中，言于树林内分娩一子。若被人捡去，尚有生路。倘若遭害，便绝了香烟，深为痛惜。是我劝慰再三，应许与他找寻，他方止了悲啼，在后面小院内将息。”杨芳道：“既如此，我就找寻去。”老尼道：“你要找寻，有个表记。他胸前有枝白玉莲花，那就是此子。”杨芳谨记在心，离了白衣庵，到了树林，看了一番，并无踪迹。杨芳访查了三日，方才得了实信。

离白衣庵有数里之遥，有一倪家庄。庄中有个倪太公。因五更赶集，骑着个小驴儿来至树林，那驴便不走了。倪太公诧异，忽听小儿啼哭，连忙下驴一看，见是个小儿放在树本之下，身上别有一枝白玉莲花。这老半生无儿，见了此子，好生欢喜。连忙打开衣襟，将小儿揣好，也顾不得赶集，连忙乘驴转回家中。安人梁氏见了此子，问了情由。夫妻二人欢喜非常，就起名叫倪继祖。他哪里知道小儿的本姓却也姓倪呢？这也是天缘凑巧，姓倪的根芽就被姓倪的捡去。

俗言：“若要人不知，除非己莫为。”那日倪太公得了此子，早已就有人知道，道喜的不离门，又有荐乳母的，今日你来，明日我往，俱要给太公作贺。太公难以推辞，只得备了酒席，请乡党父老。这些许薄礼，前来作贺。正在应酬之际，只见又来了两个乡亲，领一人约有三旬年纪，倪太公却不认得。问道：“此位是谁？”二乡老道：“此人是我们素来熟识的。因他无处安身，闻得太公得了小相公，他情愿与太公作仆人。就是小相公大了，他也好照看。他为人最是朴实忠厚的，老乡亲看我二人分上，将他留下罢。”倪太公道：“他一人所费无几，何况又有二位老乡亲美意，留下就是了。”二乡老道：“还是乡亲爽快，过来见了太公。太公就给他起个名儿。”倪太公道：“仆从总要忠诚，就叫他倪忠罢。”原来此人就是杨芳。因同他姑母商量，要照应此子，故要投到倪宅。因认识此庄上的二人，就托他们趁着贺喜，顺便举荐。

杨芳听见倪太公不但留下，而且起名倪忠，便上前叩头，道：“小人倪忠与太老爷叩头道喜。”倪太公甚是欢喜。倪忠便殷勤张罗，诸事不用吩咐，这日倪太公就省了好些心。从此倪忠就在倪太公庄上，更加小心留神。倪太公见他忠正朴实，诸事俱各托付于他，无有不尽心竭力的，倪太公倒得了个好帮手。一日，倪忠对太公道：“小人见小官人年已七岁，资性聪明，何不叫他读书呢？”太公道：“我正有此意。前次见东村有个老学究，学问颇好。你就拣个日期，我好带去入学。”于是定了日期，倪继祖入学读书，每日俱是倪忠护持接送。倪忠却时常到庵中看望，就只瞒过倪继祖。

刚念了有二三年光景，老学究便转荐了一个儒流秀士，却是济南人，姓程名建才。老学究对太公道：“令郎乃国家大器，非是老汉可以造就的。若是从我敝友训导训导，将来必有可成。”倪太公尚有些犹疑，倒是倪忠撺掇道：“小官人颇能读书，既承老先生一番美意，荐了这位先生，何不叫小官人跟着学学呢？”太公听了，只得应允，便请程先生训诲倪继祖。继祖聪明绝顶，过目不忘，把个先生乐得了不得。光阴荏苒，日月如梭。转眼间，倪继祖已然十六岁。程先生对太公说，叫倪继祖科考。太公总是乡下人形景,不敢妄想成人。倒是先生着了急了,也不知会太公,就叫倪继祖递名去赴考,高高的中了生员。太公甚喜,酬谢程先生。自然又是贺喜,应接不暇。

一日,先生出门,倪继祖也要出门闲游闲游,禀明了太公,就叫倪忠跟随。信步行来,路过白衣庵。倪忠道:“小官人,此庵有小人的姑母在此出家,请进去歇歇吃茶,小人顺便探望探望。”倪继祖道:“从不出门,今日走了许多的路,也觉乏了,正要歇息歇息。”倪忠向前叩门。老尼出来迎接,道:“不知小官人到此,未能迎接,多多有罪!”连让至客堂待茶。原来倪忠当初访着时,已然与他姑母送信。老尼便告诉了李氏,李氏暗暗念佛。自弥月后,便拜了老尼为师,每日在大士前虔心忏悔,无事再也不出佛院之门。这一日正从大士前礼拜回来,忘记了关小院之门。恰好倪继祖歇息了片时,便到各处闲游。只见这院内甚是清雅,信步来至院中。李氏听得院内有脚步声响,连忙出来一看。不看时则已,看了时不由得一阵痛彻心髓,登时的落下泪来。他因见了倪继祖的面貌举止,俨然与倪仁一般。谁知倪继祖见了李氏落泪,可煞作怪,他只觉得眼眶儿发酸,扑簌簌也就泪流满面,不能自解。正在拭泪,只见倪忠与他姑母到了。倪忠道:“官人,你为何啼哭?”倪继祖道:“我何尝哭来?”嘴内虽如此说,声音尚带悲哽。倪忠又见李氏在那里呆呆落泪。看了这番光景,他也不言不语,拂袖拭起泪来。

只听老尼道:“善哉,善哉!此乃天性,岂是偶然。”倪继祖听了此言,诧异道:“此话怎讲?”只见倪忠跪倒道:“望乞小主人赦宥老奴隐瞒之罪,小人方敢诉说。”那倪继祖见他如此,惊得目瞪痴呆。又听李氏悲切切道:“恩公快些请起,休要折受了他。不然,我也就跪了。”倪继祖好生纳闷,连忙将倪忠拉起,问道:“此事端的如何,快些讲来!”倪忠便把怎么长、怎么短述说了一遍。他这里说,那里李氏已然哭了个声哽气噎。倪继祖听了,半晌缓过一口气来,道:“我倪继祖生了十六岁,不知生身父母受如此苦处。”连忙向前抱住李氏,放声大哭。老尼与倪忠劝慰多时,母子二人方才止住悲声。李氏道:“自蒙恩公搭救之后,在此庵中一十五载,不想孩儿今日长成。只是今日相见,为娘的如同睡里梦里,自己反倒不能深信。问吾儿你可知当初表记是何物?”倪继祖听了此言,唯恐母亲生疑,连忙向那贴身里衣之中掏出白玉莲花,双手奉上。李氏一见莲花,“啊呀”一声,身体往后一仰。

未知如何,且听下回分解。

第七十二回 认明师学艺招贤馆 查恶棍私访霸王庄

且说李氏一见了莲花,睹物伤情,复又大哭起来。倪继祖与倪忠商议,就要接李氏一同上庄。李氏连忙止悲说道:“吾儿休生妄想,为娘的再也不染红尘了。原想着你爹爹的冤仇今生再世也不能报了,不料苍天有眼,倪氏门中有你这根芽。只要吾儿好好攻书,得了一官半职,能够与你爹爹报仇雪恨,为娘的平生之愿足矣。”倪继祖见李氏不肯上庄,便哭倒跪下,道:“孩儿不知亲娘便罢,如今既已知道,也容孩儿略尽孝心。就是孩儿养身的父母不依时,自有孩儿恳求哀告。何况我那父母也是好善之家,如何不能容留亲娘呢?”李氏道:“言虽如此,但我自知罪孽深重,一生忏悔不来。倘若再堕俗缘,唯恐不能消受,反要生出灾殃,那时吾儿岂不后悔?”倪继祖听李氏之言,心坚如石,毫无回转,便放声大哭道:“母亲既然如此,孩儿也不回去了,就在此处侍奉母亲。”李氏道:“你既然知道读书要明理,俗言‘顺者为孝’,为娘的虽未抚养于你,难道你不念劬劳之恩,竟敢违背吗?再者,你那父母哺乳三年,好容易养的你长大成人,你未能报答于万一,又肯定此负心之人吗?”一席话说的倪继祖一言不发,唯有低头哭泣。

李氏心下为难,猛然想起一计来,“须如此如此,这冤家方能回去。”想罢,说道:“孩儿不要啼哭。我有三件,你若依从,诸事办妥,为娘的必随你去,如何?”倪继祖连忙问道:“那三件?请母亲说明。”李氏道:“第一件,你从今后须要好好攻书,务须要得了一官半职;第二件,你须将仇家拿获,与你爹爹雪恨;第三件,这白玉莲花乃祖上遗留,原是两个合成一枝,如今你将此枝仍然带去,须把那一枝找寻回来。三事齐备,为娘的必随儿去。三事之中若缺一件,为娘的再也不能随你去。”说罢又嘱咐倪忠道:“恩公一生全仗忠义,我也不用饶舌。全赖恩公始终如一,便是我倪氏门中不幸之大幸了。你们速速回去罢,省得你那父母在家盼望。”李氏将话说完,一甩手回后去了。

这里倪继祖如何肯走,还是倪忠连搀带劝,直是一步九回头,好容易搀出院子门来。老尼后面相送,倪继祖又谆嘱了一番,方离了白衣庵,竟奔倪家庄而来。主仆在路途之中,一个是短叹长吁,一个是婉言相劝。倪继祖道:“方才听母亲吩咐三件,仔细想来,做官不难,报仇容易,只是那白玉莲花却在何处找寻?”倪忠道:“据老奴看来,物之隐现自有定数,却倒不难。还是做官难,总要官人以后好好攻书要紧。"倪继祖道:"我有海样深的仇,焉有自己不上进呢?老人家休要忧虑。"倪忠道:"官人如何这等呼唤?唯恐折了老奴的草料。"倪继祖道:"你甘屈人下,全是为我而起。你的恩重如山,我如何以仆从相待!"倪忠道:"言虽如此,官人若当着外人还要照常,不可露了形迹。"倪继祖道:"逢场作戏,我是晓得的。还有一宗,今日之事你我回去千万莫要泄漏。俟功名成就之后,大家再为言明,庶乎彼此有益。"倪忠道:"这不用官人嘱咐,老奴十五年光景皆未泄露,难道此时倒隐瞒不住吗?"二人说话之间,来至庄前。倪继祖见了太公、梁氏,俱各照常。自此,倪继祖一心想着报仇,奋志攻书。迟了二年,又举于乡,益发高兴,每日里讨论研究。看看的又过了二年,明春是会试之年,倪继祖与先生商议,打点行装,一同上京考试。太公跟前俱已禀明。谁知到了临期,程先生病倒,竟自呜呼哀哉了。因此,倪继祖带了倪忠,悄悄到白衣庵别了亲娘,又与老尼留下银两,主仆一同进京。这才有会仙楼遇见了欧阳春、丁兆兰一节。

自接济了张老儿之后,在路行程非止一日,来至东京,租了寓所,静等明春赴考。及至考场已毕,倪继祖中了第九名进士。到了殿试,又钦点了榜眼,用为编修。可巧杭州太守出缺,奉旨又放了他。主仆二人好生欢喜,拜别包公。包公又嘱咐了好些话,主仆衣锦还乡,拜了父母,禀明认母之事。太公、梁氏本是好善之家,听了甚喜,一同来至白衣庵,欲接李氏在庄中居住。李氏因孩儿即刻赴任,一来庄中住着不便,二来自己心愿不遂,决意不肯,因此仍在白衣庵与老尼同住。倪继祖无法,只得安置妥协,且去上任。俟接任后,倘能二事如愿,那时再来迎接,大约母亲也就无可推托了。即叫倪忠束装就道。来至杭州,刚一接任,就收了无数的词状。细细看来,全是告霸王庄马强的。

你道这马强是谁?原来就是太岁庄马刚之宗弟。他倚仗朝中总管马朝贤是他叔父,他便无所不为。他霸田占产,抢掠妇女。家中盖了个招贤馆,接纳各处英雄豪杰。因此无赖光棍投奔他家的不少。其中也有一二豪杰,因无处可去,暂且栖身,看他的动静。现时有名的便是黑妖狐智化、小诸葛沈仲元、神手大圣邓车、病太岁张华、赛方朔方貂,其余的无名小辈,不计其数。每日里舞剑抡枪,比刀对棒,鱼龙混杂,闹个不了。一来一去声气大了,连襄阳王赵爵都与他交结往来。

独独有一个小英雄,心志高傲,气度不俗,年十四岁,姓艾名虎,就在招贤馆内做个馆童。他见众人之中,唯独智化是个豪杰,而且本领高出人上,便时刻小心,诸事留神,敬奉智化为师。真感到黑妖狐欢喜非常,便把他暗暗的收作徒弟,悄悄传他武艺。谁知他心机活变,一教便会,一点就醒,不上一年光景,学了一身武艺。他却时常悄悄地对智化道:"你老人家以后不要劝我们员外,不但白费唇舌,他不肯听,反倒招的那些人背地里抱怨,说你老人家特胆小了,'抢几个妇女什么要紧,要是这么害怕起来,将来还能干大事吗?'你老人家白想想,这一群人都不成了亡命之徒吗?"智化道:"你莫多言,我自有道理。"他师徒只顾背地里闲谈,谁知招贤馆早又生出事来。

原来马强打发恶奴马勇前去讨账回来,说债主翟九成家道艰难,分文皆无。马强将眼一瞪,道:“没有就罢了不成?急速将他送县官追。”马勇道:“员外不必生气,其中却有个极好的事情。方才小人去到他家,将小人让进去苦苦的哀求。不想炕上坐着个如花似玉的女子,小人问他是何人,翟九成说是他外孙女,名叫锦娘。只因他女儿女婿亡故,留下女儿毫无倚靠,因此他自小儿抚养,今年已交十七岁。这翟九成全仗着他做些针线,将就度日。员外曾吩咐过小人,叫小人细细留神打听,如有美貌妇女,立刻回禀。据小人今日看见这女子,真算是少一无二的了。”一句话说得马强心痒难挠,登时乐的两眼连个缝儿也没有了。立刻派恶奴八名,跟随马勇,到翟九成家将锦娘抢来,抵销欠账。

这恶贼在招贤馆立等,便向众人夸耀道:“今日我又大喜了。你等只说前次那女子生的美貌,哪里知道比他还有强的呢。少时来了,叫你众人开开眼咧。”众人听了,便有几个奉承道:“这都是员外福田造化,我们如何敢比?这喜酒是喝定了。”其中就有听不上的,用话打趣他:“好虽好,只怕叫后面知道了,那又不好了。”马强哈哈笑道:“你们吃酒时做个雅趣,不要吵嚷了。”说话间,马勇回来禀道:“锦娘已到。”马强吩咐:“快快带上来!”果然是袅袅婷婷女子,身穿朴素衣服,头上也无珠翠,哭哭啼啼来至厅前。马强见他虽然啼哭,那一番娇柔妩媚,真令人见了生怜,不由得笑逐颜开道:“那女子不要啼哭,你若好好依从于我,享不尽荣华,受不尽富贵。你只管向前些,不要害羞。”忽听见锦娘娇滴滴道:“你这强贼,无故的抢掠良家女子,是何道理?奴今到此,唯有一死而已,还讲什么荣华富贵!我就向前些。”谁知锦娘暗暗携来剪子一把,将手一扬,竟奔恶贼而来。马强见势不好,把身子往旁一闪,刷的一声,把剪子扎在椅背上。马强“嗳哟”一声,“好不识抬举的贱人!”吩咐恶奴将他押在地牢。恶贼的一团高兴,登时扫尽,无可释闷,且与众人饮酒作乐。

且说翟九成因庇护锦娘,被恶奴们拳打脚踢乱打一顿,仍将锦娘抢去,只急得跺脚捶胸,号啕不止。哭够多时,检点了检点,独独不见了剪子,暗道:“不消说了,这是外孙女去到那里一死相拼了。”忙到那里探望了一番,并无消息。又恐被人看见,自己倒要吃苦,只得垂头丧气的回来。见路旁边有柳树,他便席地而坐,一壁歇息,一边想道:“自我女儿女婿亡故,留下这条孽根。我原打算将他抚养大了,将他聘嫁,了却一生之愿。谁知平地生波,竟有这无法无天之事。再者,锦娘他一去,不是将恶贼一剪扎死,他也必自戕其生。他若死了,不消说了,我这抚养勤劳付于东流。他若将恶贼扎死,难道他等就饶了老汉不成?”越思越想,又是着急,又是害怕。忽然把心一横,道:“哎,眼不见,心不烦,莫若死了干净!”站起身来,找了一株柳树,解下丝绦,就要自缢而死。

忽听有人说道:“老丈休要如此,有什么事何不对我说呢?”翟九成回头一看,见一条大汉,碧睛紫髯,连忙上前,哭诉情由,口口声声说自己无路可活,难以对去世的女儿女婿。北侠欧阳春听了,道:“他如此恶霸,你为何不告他去?”翟九成道:“我的爷,谈何容易。他有钱有势,而且声名在外,谁人不知,那个不晓。纵有呈子,县里也是不准的。”北侠道：“不是这里告他，是叫你上东京开封府去告他。”翟九成道：“哎呀呀，更不容易了。我这里到开封府，路途遥远，如何有许多的盘费呢？”北侠道：“这倒不难。我这里有白银十两相送，如何？”翟九成道：“萍水相逢，如何敢受许多银两。”北侠道：“这有什么要紧呢？只要你拿定主意。若到开封，保管此恨必消。”说罢，从皮兜内摸出两个银锞，递与翟九成。翟九成便扑翻身拜倒，北侠搀起。

只见那边过来一人，手提马鞭，道：“你何必舍近而求远呢？新升太守极其清廉，你何不到那里去告呢？”北侠细看此人，有些面善，一时想不起来。又听这人道：“你如若要告时，我家东人与衙门中相熟，频频的可托。你不信，请看那边林下坐的就是他。”北侠先挺身往那边一望，见一儒士坐在那里，旁边有马一匹。不看则可，看了时倒抽了口气，暗暗说道：“不好，他如何这般形影？霸王庄能人极多，倘然识破，那时连性命不保。我又不好劝阻，只好暗中助他一臂之力。”想罢，即对翟九成道：“既是新升太守清廉，你就托他东人便了。”说罢，回身往东去了。你道那儒士与老仆是谁？原来就是倪继祖主仆。北侠因看见倪继祖，方想起老仆倪忠来。认明后，他却躲开。倪忠带了翟九成见了倪继祖，太守细细地问了一番，并给他写了一张呈子。翟九成欢天喜地回家，五更天预备起身赴府告状。

谁知冤家路儿窄，马强因锦娘不从，押在地牢。饮酒之后，又带了恶奴出来，骑着高头大马，迎头便撞见了翟九成。翟九成一见，胆裂魂飞，回身就跑。马强一迭连声叫“拿恶贼”，抖起威风，追将下去。翟九成上了年纪之人，能跑多远，早被恶奴揪住，连拉带扯，来至马强的马前。马强问道：“我把你这老狗，你叫你外孙女用剪子刺我，我已将他押在地牢，正要找人寻你。见了我不知请罪，反倒要跑，你也就可恶的很呢！”恶贼原打算拿话威吓威吓翟九成，要他赔罪，好叫他劝他外孙女依从之意。不想翟九成喘吁吁道：“你这恶贼，硬抢良家之女。还要与你请罪，我恨不能立时青天报仇雪恨，方遂我心头之愿！”马强听了，圆瞪怪眼，一声呵斥：“嗳哟，好老狗，你既要青天，必有上告之心，想来必有冤状。”只听说了一声“搜”，恶奴等上前扯开衣襟，便露出一张纸来，连忙呈与马强。恶贼看了一遍，一言不发，暗道：“好厉害状子！这是何人与他写的，倒要留神访查访查。”吩咐恶奴二名，将翟九成送至县内，立刻严追欠债。正然吩咐，只见那边过来了一个也是乘马之人，后面跟定老仆。恶贼一见，心内一动，眉一皱，计上心来。

未知如何，且听下回分解。

第七十三回　恶姚成识破旧伙计　美绛贞私放新黄堂

且说马强将翟九成送县，正要搜寻写状之人，只见那边来了个乘马的相公，后面跟定老仆。看他等形景，有些疑惑，便想出个计较来，将丝缰一抖，迎了上来，双手拱道："尊兄请了。可是上天竺进香的吗？"原来乘马的就是倪继祖，顺着恶贼的口气答道："正是。请问足下何人，如何知道学生进香呢？"恶贼道："小弟姓马，在前面庄中居住。小弟有个心愿，但凡有进香的，必要请到庄中待茶，也是一片施舍好善之心。"说着话，目视恶奴。众家人会意，不管倪继祖依与不依，便上前牵住嚼环，拉着就走。倪忠见此光景，知道有些不妥，只得在后面紧紧跟随。不多时，来至庄前，过了护庄桥，便是庄门。马强下了马，也不谦让，回头吩咐道："把他们带进来！"恶奴答应一声，把主仆蜂拥而入。倪继祖暗道："我正要探访，不想就遇见他。看他这般权势，唯恐不怀好意。且进去看他端得怎样。"

马强此时坐在招贤馆，两旁罗列坐着许多豪杰光棍。马强便道："遇见翟九成，搜出一张呈子，写的甚实厉害。我立刻派人将他送县。正要搜查写状之人，可巧来了个斯文秀才公，我想此状必是他写的，因此把他诓来。"说罢将状子拿出，递与沈仲元。沈仲元看了道："果然写打得好，但不知是这秀才不是。"马强道："管他是不是，把他吊起拷打就完了。"沈仲元道："员外不可如此。他既是读书之人，须要以礼相待，用言语套问他。如若不应，再行拷打不迟，所谓'先礼而后兵'也。"马强道："贤弟所论甚是。"吩咐请那秀士。此时恶奴等俱在外面候信，听见说请秀士，连忙对倪继祖道："我们员外请你呢，你见了要小心些。"倪继祖来至厅房，见中间廊下悬一匾额，写着"招贤馆"三字，暗暗道："他是何等样人，竟敢设立招贤馆，可见是不法之徒。"及至进了厅房，见马强坐在上位，昂不为礼。两旁坐着许多人物，看了去俱非善类。却有两个人站起，执手让道："请坐。"倪继祖也只得执手回答道："恕坐。"便在下首坐了。

众人把倪继祖留神细看，见他面庞丰满，气度安详，身上虽不华美，却也齐整。背后立定一个年老仆人。只听东边一人问道："请问尊姓大名？"继祖答道："姓李名世清。"西边一人问道："到此何事？"继祖答道："奉母命前往天竺进香。"马强听了哈哈笑道："俺要不提进香，你如何肯说进香呢？我且问你：既要进香，所有香袋钱粮为何不带呢？"继祖道："已先派人挑往天竺去了，故此单带个老仆，赏玩途中风景。"马强听了，似乎有理。忽听沈仲元在东边问道："赏玩风景原是读书人所为，至于调词告状，岂是读书人干得的呢？"倪继祖道："此话从何说起？学生几时与人调词告状来？"又听智化在西边问道："翟九成足下可认得吗？"倪继祖道："学生并不认得姓翟的。”智化道:“既不认得,且请到书房少坐。”便有恶奴带领主仆出厅房,要上书房。刚刚地下了大厅,只见迎头来一人,头戴沿毡大帽,身穿青布箭袖,腰束皮带,足登薄底靴子,手提着马鞭,满脸灰尘。他将倪继祖略略地瞧了一瞧,却将倪忠狠狠地瞅了又瞅。谁知倪忠见了他,登时面目变色,暗说:“不好,这是冤家来了。”

你道此人是谁?他姓姚名成,原来又不是姚成,却是陶宗。只因与贺豹醉后醒来,不见了杨芳与李氏,以为杨芳拐了李氏去了。过些时,方知杨芳在倪家庄做仆人,改名倪忠,却打听不出李氏的下落。后来他二人又劫掠一伙客商,被人告到甘泉县内,追捕甚急。他二人便收什了收什,连夜逃至杭州。花费那不义之财,犹如粪土,不多几时精精光光。二人又干起旧营生来,劫了些资财,贺豹便娶了个再婚老婆度日。陶宗却认得病太岁张华,托他在马强跟前说了,改名姚成,他便趋炎附势的,不多几日,把个马强哄得心花怒放,便待他当作心腹之人,做了主管。因阅朝中邸报,见有奉旨钦派杭州太守,乃是中榜眼用为编修的倪继祖,又是当朝首相的门生。马强心里就有些不得主意,特派姚成扮作行路之人,前往省城,细细打听明白了回来,好做准备。因此姚成行路模样回来,偏偏的刚进门,迎头就撞见倪忠。

且说姚成到了厅上,参拜了马强,又与众人见了。马强便问打听的事体如何,姚成道:“小人到了省城,细细打听,果是钦派榜眼倪继祖作了太守。自到任后,接了许多状子,皆与员外有些关碍。”马强听了,暗暗着慌,道:“既有许多状子,为何这些日并没有传我到案呢?”姚成道:“只因官府一路风霜,感冒风寒,现今病了,连各官禀见俱各不会。小人原要等个水落石出,谁知再也没有信息,因此小人就回来了。”马强道:“这就是了。我说呢,一天可以打两个来回儿,你如何去了四五天呢?敢则是你要等个水落石出。那如何等得呢?你且歇歇儿去吧。”姚成道:“方才那个斯文主仆是谁?”马强道:“那是我遇见诓了来的。”便把翟九成之事说了一遍,“我原疑惑是他写的呈子,谁知我们大伙盘问了一回,并不是他。”姚成道:“虽不是他,却别放他。”马强道:“你有什么主意?”姚成道:“员外不知,那个仆人我认得。他本名叫作杨芳,只因投在倪家庄作了仆人,改名叫作作倪忠。”

沈仲元在旁听了,忙问道:“他投在倪家有多少年了?”姚成道:“算来也有二十多年了。”沈仲元道:“不好了,员外你把太守诓了来了。”马强听罢此言,只唬得双睛直瞪,阔口一张,呵呵了半晌,方问道:“贤、贤、贤弟,你如何知、知、知道?”小诸葛道:“姚主管既认明老仆是倪忠,他主人焉有不是倪继祖的?再者,问他姓名,说姓李名世清。这明明自己说‘我办理事情要清’之意,这还有什么难解的?”马强听了如梦方觉,毛骨悚然,道:“可怎么好?贤弟你想个主意方好。”沈仲元道:“此事须要员外拿定主意。既已诓来,便难放出。暂将他等锁在空房之内,俟夜静更深,把他请至厅上,大家以礼恳求。就说明知是府尊太守,故意的请府尊大老爷到庄,为分析案中情节。他若应了人情,说不得员外破些家私,将他买嘱,要张印信甘结,将他荣荣耀耀送到衙署。外人闻知,只道府尊交接员外,不但无人再敢告状,只怕以后还有些照应呢。他若不应时，说不得只好将他处死，暗暗知会襄阳王举事便了。”智化在旁听了，连声夸道：“好计，好计！”马强听了，只好如此。便吩咐将他主仆锁在空房。

虽然锁了，他却踢蹭不安，坐立不宁。出了大厅，来至卧室，见了郭氏安人，嗐声叹气。原来他的娘子，就是郭槐的侄女。见丈夫愁眉不展，便问：“又有什么事了，这等烦恼？”马强见问，便把以往情由述说一遍。郭氏听了道：“益发闹的好了，竟把钦命的黄堂太守弄在家内来了。我说你结交的全是狐朋狗友，你再不信。我还听见说，你又抢了个女孩儿来，名叫锦娘，险些儿没被人家扎一剪子，你把这女子掐在地窖里了。这如今，又把个知府圈在家里，可怎么样呢？”口里虽如此说，心里却也着急。马强又将沈仲元之计说了，郭氏方不言语了。此时天已初鼓，郭氏知丈夫忧心，未进饮食，便吩咐丫鬟摆饭。夫妻二人，对面坐了饮酒。

谁知这些话竟被服侍郭氏心腹丫鬟听了去了。此女名唤绛贞，年方一十九岁，乃举人朱焕章之女。他父女原籍扬州府仪征县人氏，只因朱先生妻亡之后，家业凋零，便带了女儿上杭州投亲。偏偏的投亲不遇，就在孤山西泠桥租了几间茅屋，一半与女儿居住，一半立塾课读。只因朱先生有端砚一方，爱如至宝，每逢惠风和畅之际，窗明几净之时，他必亲自捧出，赏玩一番，习以为常。不料半年前有一个馆童，因先生养赡不起，将他辞出，他却投在马强家中，无心中将端砚说出。登时的萧墙祸起，恶贼立刻派人前去，拍门硬买。遇见先生迂阔性情，不但不卖，反倒大骂一场。恶奴等回来，枝儿上添叶儿，激得马强气冲牛斗，立刻将先生交前任太守，说他欠银五百两，并有借券为证。这太守明知朱先生被屈，而且又是举人，不能因账目加刑。因受了恶贼重贿，只得交付县内管押。马强趁此时便到先生家内，不但搜出端砚，并将朱绛贞抢来，意欲收纳为妾。谁知做事不密，被郭氏安人知觉，将陈醋发出大闹了一阵，把朱绛贞要去作为身边贴己的丫鬟。马强无可如何，不知暗暗赔了多少不是，方才讨得安人欢喜。自那日起，马强见了朱绛贞，漫说交口接谈，就是拿正眼瞧他一瞧却也是不敢的。朱绛贞暗暗感激郭氏，他原是聪明不过的女子，便把郭氏哄得犹如母女一般，所有簪环、首饰、衣服、古玩，并锁钥全是交他掌管。

今日因是马强到了，他便隐在一边，将此事俱各窃听去了。暗自思道：“我爹爹遭屈已及半年，何日是个出头之日？如今我何不悄悄将太守放了，叫他救我爹爹。他焉有不以恩报恩的！”想罢，打了灯笼，一直来到空房门前，可巧竟自无人看守。原来恶奴等以为是斯文秀士与老仆人，有甚本领，全不放在心上，因此无人看守。也是吉人天相，暗中自有默佑。朱绛贞见屈戌倒锁，连忙将灯一照，认了锁门，向腰间掏出许多钥匙，拣了个，恰恰投簧，锁已开落。倪太守正与倪忠毫无主意，忽见开门，以为恶奴前来陷害，不由得惊慌失色。忽见进来个女子，将灯一照，恰恰与倪太守对面，彼此觑视，各自惊讶。朱绛贞又将倪忠一照，悄悄道：“快随我来！”一伸手便拉了倪继祖往外就走，倪忠后面紧紧跟随。不多时过了角门，却是花园。往东走了多时，见个随墙门儿，上面有锁并有横闩。朱绛贞放下灯笼，用钥匙开锁。谁知钥匙投进去,锁尚未开,钥匙再也拔不出来。倪太守在旁着急,叫倪忠寻了一块石头猛然一砸,方才开了。忙忙去闩开门。朱绛贞方说道:"你们就此逃了去吧。奴有一言奉问:你们到底是进香的,还是真正太守呢?如若果是太守,奴有冤枉。"

好一个聪明女子!他不早问,到了此时方问,全是一片灵机。何以见得?若在空房之中问时,他主仆必以为恶贼用软局套问来了,焉肯说出实话呢?再者,朱绛贞他又唯恐不能救出太守。幸喜一路奔至花园,并未遇人,暗暗念佛。及至将门放开,这已救人彻了,他方才问此句,你道是聪明不聪明?是灵机不是?倪太守到了此时,不得不说了。忙忙答道:"小生便是新任的太守倪继祖。姐姐有何冤枉,快些说来!"朱绛贞连忙跪倒,口称:"大老爷在上,贱妾朱绛贞叩头。"倪继祖连忙还礼,道:"姐姐不要多礼,快说冤枉!"朱绛贞道:"我爹爹名唤朱焕章,被恶贼诬赖欠他纹银五百两,在本县看管已然半载。又将奴家抢来,幸而马强惧内,奴家现在随他的妻子郭氏,所以未遭他手。求大老爷到衙后,务必搭救我爹爹要紧。别不多言,你等快些去吧!"倪忠道:"姐姐放心,我主仆俱各记下了。"朱绛贞道:"你们出了此门,直往西北便是大路。"主仆二人才待举步,朱绛贞又唤道:"转来,转来。"

不知有何言语,且听下回分解。

第七十四回　淫方貂误救朱烈女　贪贺豹狭逢紫髯伯

且说倪继祖又听朱烈女唤"转来",连忙说道:"姐姐还有什么吩咐?"朱绛贞道:"一时忙乱,忘了一事。奴有一个信物,是自幼佩带不离身的。倘若救出我爹爹之时,就将此物交付我爹爹,如同见女儿一般。就说奴誓以贞洁自守,虽死不辱。千万叫我爹爹不必挂念。"说罢递与倪继祖,又道:"大老爷务要珍重。"倪继祖接来,就着灯笼一看,不由得失声道:"哎哟,这莲花……"刚说至此,只见倪忠忙跑回来,道:"快些走吧吧!"将手往胳肢窝里一夹,拉着就走。倪继祖回头看来,后门已关,灯光已远。

且说朱绛贞从花园回来,芳心乱跳。猛然想起,暗暗道:"一不做,二不休。趁此时,我何不到地牢将锦娘也救了,岂不妙哉!"连忙到了地牢。恶贼因这是个女子,不用人看守。朱小姐也是配了钥匙,开了牢门。便问锦娘有投靠之处没有,锦娘道:"我有一姑母离此不远。"朱绛贞道:"我如今将你放了,你可认得吗?"锦娘道:"我外祖时常带我往来,奴是认得的。"朱绛贞道:"既如此,你随我来。"两个人仍然来至花园后门。锦娘感恩不尽,也就逃命去了。朱小姐回来静静一想,暗说:"不好,我这事闹的不小。"又转想:"自己服侍郭氏,他虽然嫉妒,也是水性杨花。倘若他被恶贼哄转,要讨丈夫欢喜,那时我难保不受污辱。嗳!人生百岁,终须一死。何况我爹爹冤枉，已有太守搭救。心愿已完，莫若自尽了，省得担惊受怕。但死于何地才好呢？有了，我索性缢死在地牢，他们以为是锦娘悬梁，及至细瞧，却晓得是我，也叫他们知道是我放的锦娘，由锦娘又可以知道那主仆也是我放的。我这一死，也就有了名了。”主意已定，来到地牢之中，将绢巾解下，拴好套儿，一伸脖颈，觉得香魂缥缈，悠悠荡荡，落在一人身上。渐渐苏醒，耳内只听说道：“似你这样毛贼，也敢打闷棍，岂不令人可笑。”这话说得是谁？朱绛贞如何又在他身上？到底是上了吊了不是？是死了没死？说的好不明白，其中必有缘故，待我慢慢叙明。

朱绛贞原是自缢来着。只因马强白昼间在招贤馆将锦娘抢来，众目所睹，早就引动了一人，暗自想道：“看此女美貌非常，惜乎便宜了老马。不然时，我若得此女，一生快乐，岂不胜似神仙。”后来见锦娘要刺马强，马强一怒，将他押在地牢，却又暗暗欢喜，道：“活该这是我的姻缘。我何不如此如此呢？”你道此人是谁？乃是赛方朔方貂。这个人，且不问他出身行为，只他这个绰号儿，便知是个不通的了。他不知听谁说过，东方朔偷桃是个神贼，他便起了绰号叫赛方朔。他又何尝知道复姓东方名朔呢？如果知道，他必将“东”字添上，叫赛东方朔。不但念着不受听，而且拗口。莫若是赛方朔罢，管他通不通，不过是贼罢了。这方貂因到二更之半，不见马强出来，他便悄悄离了招贤馆，暗暗到了地牢，黑影中正碰在吊死鬼身上，暗说“不好”，也不管是锦娘不是，他却右手揽定，听了听喉间尚然作响，忙用左手顺着身体摸至项下，把巾帕解开，轻轻放在床上。他却在对面将左手拉住右手，右手拉住左手，往上一扬，把头一低，自己一翻身，便把女子两胳膊搭在肩头，然后一长身，回手把两腿一拢，往上一颠，把女子背负起来，迈开大步，往后就走。谁知他也是奔花园后门，皆因素来瞧在眼里的。及至来到门前，却是双扇虚掩。暗暗道：“此门如何会开了呢？不要管他，且自走路要紧。”一气走了三四里之遥，刚刚背至夹沟，不想遇见个打闷棍的。只道他背着包袱行李，冷不防就是一棍。方貂早已留神，见棍临近，一侧身，把手一扬，夺住闷棍往怀里一带，又往外一耸，只见那打闷棍的将手一撒，咕咚一声，栽倒在地，爬起来就跑。因此方貂说道：“似你这毛贼，也来打闷棍，岂不令人可笑。”可巧朱绛贞就在此苏醒，听见此话。

谁知那毛贼正然跑时，只见迎面来了一条大汉，拦住问道：“你是做什么的，快讲！”真是贼起飞智，他就连忙跪倒，道：“爷爷救命呀！后面有个打闷棍的，抢了小人的包袱去了。”原来此人却是北侠。一闻此言，便问道：“贼在哪里？”贼说：“贼在后面。”北侠回手抽出七宝钢刀，迎将上来。这里方貂背着朱绛贞往前正然走着，迎面来了个高大汉子，口中吆喝着：“快将包袱留下！”方貂以为是方才那贼的伙计，便在树下将身体一纵，往后一仰，将朱绛贞放下，就举那贼的闷棍打来。北侠将刀只用一磕，棍已削去半截。方貂道：“好家伙！”撒了那半截木棍，回手即抽出朴刀斜刺里砍来。北侠一顺手，只听噌的一声，朴刀分为两段。方貂“ ”一声，不敢恋战，回身逃命去了。北侠也不追赶。谁知这毛贼在旁边看热闹儿，见北侠把那贼战跑了，他早已看见树下黖黖一堆，他以为是包袱，便道：“多亏爷爷搭救！幸喜他包袱撂在树下。”北侠道:“既如此,随我来,你就拿去。”那贼满心欢喜,刚刚走至跟前,不妨包袱活了,连北侠吓了一跳,连忙问道:“你是什么人?”只听道:“奴家是遇难之人,被歹人背至此处,不想遇见此人,他也是个打闷棍的。”北侠听了,一伸手将贼人抓住,道:“好贼,你竟敢哄我不成?”贼人央告道:“小人实实出于无奈,家中现有八旬老母,求爷爷饶命。”北侠道:“这女子从何而来,快说!”贼人道:“小人不知,你老问他。”

北侠揪着贼人,问女子道:“你因何遇难?”朱绛贞将以往情由述了一遍:“原是自己上吊,不知如何被那人背出。如今无路可投,求老爷搭救搭救!”北侠听了,心中为难,如何带着女子黑夜而行呢?猛然省道:“有了,何不如此如此。”回头对贼人道:“你果有老母吗?”贼人道:“小人再不敢撒谎。”北侠道:“你家住在那里?”贼人道:“离此不远,不过二里之遥,有一小村,北上坡就是。”北侠道:“我对你说,我放了你,你要依我一件事。”贼人道:“任凭爷爷吩咐。”北侠道:“你将此女背到你家中,我自有道理。”贼人听了,便不言语。北侠道:“你怎么不愿意?”将手一拢劲,贼人道:“哎呀!我愿意,我愿意。我背,我背!”北侠道:“将他好好背起,不许回首。背的好了,我还要赏你。如若不好生背时,难道你这头颅比方才那人朴刀还结实吗?”贼人道:“爷爷放心,我管保背得好好的。”便背起来。北侠紧紧跟随,竟奔贼人家中而来。一时来在高坡之上,向前叩门。暂且不表。

再说太守被倪忠夹着胳膊拉了就走,太守回头看时,门已关闭,灯光已远,只得没命的奔驰。一个懦弱书生,一个年老苍头,又是黑夜之间,瞧的是忙,脚底下迈步却不能大。刚走一二里地,倪太守道:“容我歇息歇息。”倪忠道:“老奴也发了喘了。与其歇息,莫若款款而行。”倪太守道:“老人家说的真是。只是这莲花从何而来?为何到了这女子手内?”倪忠道:“老爷说什么莲花?”倪太守道:“方才那救命姐姐说他父亲有冤枉,恐不凭信,他给了我这一枝白玉莲花,作为信物。彼时就着灯光一看,合我那枝一样颜色,一样光润。我才待要问,就被你夹着胳膊跑了。我心中好生纳闷!”倪忠道:“这也没有什么可闷的,物件相同的颇多。且自收好了,再作理会。只是这位小姐搭救我主仆,此乃莫大之恩。而且老奴在灯下看这小姐,生的十分端庄美貌。老爷嗳,为人总要知恩报恩,莫若因门楣辜负了他这番好意。”倪太守听了此话,叹道:“嗐,你我逃命尚且顾不来,还说什么门楣不门楣,报恩不报恩呢!”谁知他主仆絮絮叨叨,奔奔波波,慌不择路,原是往西北,却忙忙误走了正西。忽听后面人马声嘶,猛回头,见一片火光嘹亮。倪忠着急道:“不好了,有人追了来了。老爷且自逃生。待老奴迎上前去,以死相拼便了。”说罢,他也不顾太守,一直往东,竟奔火光而来。刚刚的迎了有半里之遥,见火光往西北去了。原来这火光走的是正路,可见方才他主仆走的岔了。

倪忠喘息了喘息,道:“敢则不是追我们的!”何尝不是追你们的!若是走大路,也追上了。他定了定神,仍然往西来寻太守。又不好明明呼唤,他也会想法子,口呼:“同人,同人,同人在哪里?同人在哪里?”只见迎面来了一人,答道:“那个唤同人?”却也是个老者声音。倪忠来至切近,道:“我因有个同行之人失散,故此呼唤。”那老者道:“既是同人失散,待我帮你呼唤。”于是也就“同人”“同人”呼唤多时,并无人影。倪忠道:“请问老丈是往何方去的?”那老者叹道:“嗐,只因我老伴儿有个侄女,被人陷害,是我前去探听,并无消息,因此回来晚了。又听人说,前面夹沟子有打闷棍的,这怎么处呢?”倪忠道:“我与同人也是受了颠险的,偏偏地到此失散。如今我这两腿酸疼,再也不能走了,如何是好?我还没问老丈贵姓?”那老者道:“小老儿姓王名凤山,动问老兄贵姓?”倪忠道:“我姓李,咱们找个地方歇息歇息方好。”王凤山道:“你看那边有个灯光,咱们且到那里。”

二人来至高坡之上,向前叩门。只听里面有妇人问道:“什么人叩门?”外面答道:“我们是遇见打闷棍的了,望乞方便方便。”里面答道:“等一等。”不多时门已开放,却是一个妇人,将二人让进,仍然把门闭好。来至屋中,却是三间草屋,两明一暗。将二人让至床上坐了,倪忠道:“有热水讨杯吃。”妇人道:“水却没有,到有村醪酒。”王凤山道:“有酒更妙了,求大嫂温得热热的,我们全是受了惊恐的了。”不一时妇人暖了酒来,拿两个茶碗斟上。二人端起就喝,每人三口两气就是一碗。还要喝时,只见王凤山说:“不好了,我为何天旋地转?”倪忠说:“我也有些头迷眼昏。”说话时,二人栽倒床上,口内流涎。妇人笑道:“老娘也是服侍你们的?这等受用,还叫老娘温得热热的。你们下床去吧,让老娘歇息歇息!”说罢,拉拉拽拽,拉下床来。他便坐在床上,暗想道:“好天杀王八,看他回来如何见我!”他这样害人的妇人,比那救人的女子,真有天渊之别。

妇人正自暗想,忽听外面叫道:“快开门来,快开门来!”妇人在屋内答道:“你将就着等等儿罢!来了就是这时候,要忙早些儿来呀。不要脸的王八!”北侠在外听了,问道:“这是你母亲吗?”贼人道:“不是,不是。这是小人的女人。”忽又听妇人来至院内,埋怨道:“这是你出去打杠子呢?好吗,把行路的赶到家里来。若不亏老娘用药将他二人迷倒,孩儿吓,明日打不了的官司呢!”北侠外面听了有气,道:“明是他母亲,怎么说是他女人呢?”贼人听了着急,恨道:“快开开门罢,爷爷来了。”北侠已听见药倒二人,就知这妇人也是个不良之辈。开开门时,妇人将灯一照,只见丈夫背了个女子。妇人大怒道:“好吓,你敢则闹这个儿呢,还说爷爷来了。”刚说至此,忽然瞧见北侠身量高大,手内拿着明晃晃的钢刀,便不敢言语了。北侠进了门,顺手将门关好,叫妇人前面引路。妇人战战兢兢引至屋内,早见地下躺着二人。北侠叫妇人将朱绛贞放在床上。只见贼夫贼妇俱各跪下,说道:“只求爷爷开一线之路,饶我二人性命。”北侠道:“我且问你,此二人何药迷倒?”妇人道:“有解法,只用凉水灌下,立刻苏醒。”北侠道:“既如此,凉水在哪里?”贼人道:“那边坛子里就是。”北侠伸手拿过碗来,舀了一碗,递与贼人道:“快将他二人救醒。”贼人接过去灌了。

北侠见他夫妇俱不是善类,已定了主意,道:“这蒙汗酒只可迷倒他二人,若是我喝了绝不能迷倒。不信,你等就对一碗来试试看如何?”妇人听了先自欢喜,连忙取出酒与药来，加料的合了一碗，温了个热。北侠对贼妇说道："与人方便，自己方便。你等既可药人，自己也当尝尝。"贼人听了，慌张道："别人吃了，用凉水解。我们吃了，谁给凉水呢？"北侠道："不妨事，有我呢。纵然不用凉水，难道药性走了，便不能苏醒吗？"贼人道："虽则苏醒，是迟的。须等药性发散尽了，总不如凉水醒的快。"

正说间，只见地下二人苏醒过来。一个道："李兄，何得一碗酒就醉了？"一个道："王兄，这酒别有些不妥当罢。"说罢，俱各坐起来揉眼。北侠一眼望去，忙问道："你不是倪忠吗？"倪忠道："我正是倪忠。"一回头看见了贼人，忙问道："你不是贺豹吗？"贼人道："我正是贺豹。杨伙计，你因何至此？"王凤山便问倪忠道："李兄，你到底姓什么？如何又姓杨呢？"北侠听了，且不追问，立刻催逼他夫妇将药酒喝了，二人登时迷倒在地。方问倪忠："太守那里去了？"倪忠就把诓到霸王庄，被陶宗识破，多亏一个被抢的女人名唤朱绛贞，这位小姐搭救我主仆逃生，不想见了火光，只道是有人追来，却又失散的话说了一遍。北侠尚未答言，只听床上的朱绛贞说道："如此说来，奴是枉用了心机了。"倪忠听此话，往床上一看，道："哎呀，小姐如何也到这里？"朱绛贞便把地牢又释放了锦娘，自己自缢的话也说了一遍。王凤山道："这锦娘可是翟九成的外孙女吗？"倪忠道："正是。"王凤山道："这锦娘就是小老儿的侄女儿。小老儿方才说打听遇难之女，正是锦娘，不料已被这位小姐搭救。此恩此德何以答报！"北侠在旁听明此事，便道："为今之计，太守要紧。事不宜迟，我还要上霸王庄去呢。等候天明，务必雇一乘小轿，将朱小姐就送在王老丈家中。倪主管，你须安置妥协了，即刻赶到本府，那时自有太守的下落。"倪忠与王凤山一一答应。北侠又将贺豹夫妇提至里间屋内。唯恐他们苏醒过来，他二人又要难为倪忠等，那边有现成的绳子，将他二人捆绑了结实。倪忠等更觉放心。北侠临别又谆谆嘱咐了一番，竟奔了霸王庄而来。

要知后文如何，且听下回分解。

第七十五回　倪太守途中重遇难　黑妖狐牢内暗杀奸

且说北侠与倪忠等分别之后，竟奔霸王庄而来。

再表前文。倪太守因见火光，倪忠情愿以死相拼，已然迎将上去，自己只得找路逃生。谁知黑暗之中，见有白亮亮一条蚰蜒小路儿，他便顺路行去。出了小路，却正是大路。见道旁地中有一窝棚，内有灯光，他却慌忙奔至跟前，意欲借宿。谁知看窝棚之人不敢存留，道："我们是有家主天天要来稽查的。似你黄夜至此，知道是什么人呢？你且歇息歇息，另投别处去吧，省得叫我们跟着担不是。"倪太守元可如何，只得出了窝棚，另寻去处。刚刚才走了几步，只见那边一片火光，有许多人直奔前来。倪太守心中一急，不分高低，却被道埂绊倒，再也挣扎不起来了。此时火光业已临近，原来正是马强。

只因恶贼等到三鼓之时，从内出来到了招贤馆，意欲请太守过来。只见恶奴慌慌张张走来报道："空房之中门已开了，那主仆二人竟自不知何处去了。"马强闻听，这一惊不小。独有黑妖狐智化与小诸葛沈仲元暗暗欢喜，却又纳闷，竟不知何人所为，竟将他二人就放走了。马强呆了半晌，问道："似此如之奈何？"其中就有些光棍备逞能为，说道："大约他主仆二人也逃走不远，莫若大家骑马分头去赶，赶上拿回再作道理。"马强听了，立刻吩咐鞴马。一面打着灯笼火把，从家内搜查一番。却见花园后门已开，方知道由内逃走。连忙带了恶奴光棍等，打着灯笼火把乘马追赶，竟奔西北大路去了。追了多时，不见踪影，只得勒马回来。不想在道旁土坡之上，有人躺卧，连忙用灯笼一照，恶奴道："有了，有了，在这里呢。"伸手轻轻慢慢提在马强的马前。马贼问道："你如何竟敢开了花园后门私自逃脱了？"倪太守听了，心中暗想："若说出朱绛贞来，岂不又害了难女，恩将仇报吗？"只得厉声答道："你问我如何逃脱吗？皆因是你家娘子怜我，放了我的。"恶贼听了，不由得暗暗切齿，骂道："好个无知贱人，险些儿误了大事。"吩咐带到庄上去。众恶奴拥护而行。

不多时到了庄中，即将太守押在地牢。吩咐众恶奴："你们好好看着，不可再有失误，不是当耍的。"且不到招贤馆去，气愤愤的一直来到后面。见了郭氏，暴躁如雷的道："好吓，你这贱人，不管事轻重，竟敢擅放太守，是何道理？"只见郭氏坐在床上，肘打磕膝，手内拿着耳挖剔着牙儿，连理也不理。半晌方问道："什么太守，你合我嚷？"马强道："就是那斯文秀士与那老苍头。"郭氏啐道："瞎扯臊，满嘴里喷屁！方才不是我和你一同吃饭吗？谁又动了一动儿，你见我离了这个窝儿了吗？"马强听了，猛然省道："是吓，自初鼓吃饭直到三更，他何尝出去了呢？"只得回嗔作喜道："是我错怪了你了。"回身就走。郭氏道："你回来！你就这胡吹乱嚷地闹了一阵就走呀，还说点子什么？"马强笑道："是我暴躁了。等我们商量妥了，回来再给你赔不是。"郭氏道："你不用合我闹米汤。我且问你，你方才说放了太守，难道他们跑了吗？"马强拍拍手道："何尝不是呢！是我们骑马四下追寻，好容易单单地把太守拿回来了。"郭氏听了冷笑道："好嘛！哥哥儿，你提防着官司罢。"马强问道："什么官司？"郭氏道："你要拿，就该把主仆同拿回来呀，你为什么把苍头放跑了？他这一去，不是上告，就是调兵。那些巡检、守备、千把总听说太守被咱们拿了来，他们不合咱们要人呀？这个乱子才不小呢。"马强听了，急得搓搓手道："不好，不好！我须和他们商量去。"说罢，竟奔招贤馆去了。郭氏这里叫朱绛贞拿东西，竟不见了朱绛贞，连所有箱柜上钥匙都不见了，方知是朱绛贞把太守放走。他还不知连锦娘都放了。

且说马强到了招贤馆，便将郭氏话对众说了。沈仲元听了并不答言。智化佯为不理,仿佛惊呆了的样子。只听众光棍道:“兵来将挡,事到头来,说不得了。莫若将太守杀之,以灭其口。明日纵有兵来,只说并无此事。只要牙关咬地紧紧的,毫不应承,也是没有法儿的。员外,你老要把这场官司滚出来,那才算一条英雄好汉。即不然,还有我等众人,齐心努力,将你老救出来,咱们一同上襄阳举事,岂不妙哉!”马强听了,登时豪气冲空,威风迭起,立刻唤马勇,付与钢刀一把,前到地牢将太守杀死,把尸骸撂于后园井内。黑妖狐听了,道:“我帮着马勇前去。”马强道:“贤弟若去更好。”

二人离了招贤馆,来至地牢。智化见有人看守,对着众恶奴道:“你们只管歇息去吧。我们奉员外之命,来此看守。再有失闪,有我二人一面承管。”众人听了,乐得歇息,一哄而散。马勇道:“智爷为何叫他们散了?”智化道:“杀太守这是机密事,如何叫众人知得的呢?”马勇道:“倒是你老想得到。”进了地牢,智化在前,马勇在后。智化回身道:“刀来。”马勇将刀递过。智化接刀,一顺手先将马勇杀了。回头对倪太守道:“略等一等,我来救你。”说罢,提了马勇尸首,来至后园,撂入井内。急忙忙转到地牢一看,罢咧,太守不见了。智化这一急非小,猛然省悟道:“是了,这是沈仲元见我随了马勇前来,暗暗猜破,他必救出太守去了。”后又一转想道:“不好。人心难测,焉知他不又献功去了?且去看个端的。”即跃身上房,犹如猿猴一般,轻巧非常。来至招贤馆房上,偷偷儿看了,并无动静,而且沈仲元正与马强说话呢。黑妖狐道:“这太守往哪里去了?且去庄外看看。”即抽身离了招贤馆,蹿身越墙来至庄外。留神细看,却见有一个影儿奔入树林中去了。智化一伏身,追入树林之中。只听有人叫道:“智贤弟,劣兄在此。”黑妖狐仔细一看,欢喜道:“原来是欧阳兄吗?”北侠道:“正是。”黑妖狐道:“好了,有了帮手了。太守在哪里?”北侠道:“那树木之下就是。”智化见了,三人计议,于明日二更拿马强,叫智化作为内应。倪太守道:“多承二位义士搭救。只是学生昨日起直至五更,昼夜辛勤,实实的骨软筋酥,而且不知道路,这可怎么好?”

正说时,只听得嗒嗒马蹄声响。来至林前,蹿下一个人来,悄悄说道:“师父,弟子将太守马盗得来在此。”智化听了是艾虎的声音,说道:“你来得正好!快将马拉过来。”北侠问道:“这小孩子是何人?如何有此本领?”智化道:“是小弟的徒弟,胆量颇好。过来见过欧阳伯父。”艾虎唱了一个喏。北侠道:“你师徒急速回去,省得别人犯疑。我将太守送至衙署便了。”说罢,执手分别。

智化与小爷艾虎回庄,便问艾虎道:“你如何盗了马来?”艾虎道:“我因暗地里跟你老到地牢前,见你老把马勇杀了,就知要救太守。弟子唯恐太守胆怯力软,逃脱不了,故此偷偷地备了马来。原打算在树林等候,不想太守与师父来的这般快。”智化道:“你还不知道呢,太守还是你欧阳伯父救的呢。”艾虎道:“这欧阳伯父,不是师父常提的紫髯伯呀?”智化道:“正是。”艾虎跌足道:“可惜黑暗之中,未能瞧见他老的模样儿。”智化悄悄道:“你别忙,明日晚二更,他还来呢。”艾虎听了,心下明白,也不往下追问。说话间已到庄前。智化道:“自寻门路,不要同行。”艾虎道:

“我还打那边进去。”说罢飕的一声，上了高墙，一转眼就不见了。智化暗暗欢喜，也就跃墙来至地牢，重新往招贤馆而来，说马勇送尸骸往后花园井内去了。

且说北侠护送倪太守，在路上已将朱绛贞、倪忠遇见了的话说了一遍。一个马上，一个步下，走了个均平。看看天亮，已离府衙不远，北侠道：“大老爷，前面就是贵衙了，我不便前去。”倪继祖连忙下马，“多承恩公搭救。为何不到敝衙，略申酬谢？”北侠道：“我若随到衙门，恐生别议。大老爷只想着派人，切莫误了大事。”倪太守道：“定于何地相会？”北侠道：“离霸王庄南二里有个瘟神庙，我在那里专等。至迟，掌灯总要会齐。”倪太守谨记在心。北侠转身就不见了。

太守复又扳鞍上马，迤逦行来，已至衙前。门上等连忙接了马匹，引至书房。有书房小童余庆参见。倪太守问：“倪忠来了不曾？”余庆禀道：“尚未回来。”伺候太守净面更衣。吃茶时，余庆请示老爷在那里摆饭。太守道：“饭略等等，候倪忠回来再吃。”余庆道：“老爷先用些点心，喝点汤儿罢。”倪太守点了点头。余庆去不多时，捧了大红漆盒，摆上小菜，极热的点心，美味的羹汤。太守吃毕，在书房歇息，盼望倪忠，见他不回来，心内有些焦躁。好容易到了午刻，倪忠方才回来。已知主人先自到署，心中欢喜。及至见面时，虽则别离不久，然而皆从难中脱逃出来，未免彼此伤心，各诉失散之后的情由。倪忠便道：“送朱绛贞到王凤山家中，谁知锦娘先已到他姑母那里。娘儿两个见了朱绛贞，千恩万谢，就叫朱小姐与锦娘同居一室。王老者有个儿子，极其儒雅。那老儿恐他在家不便，却打发他上县。一来与翟九成送信，二来就叫他在那里照应。老奴见诸事安置停当，方才回来。偏偏雇的骡儿又慢，要早倒是再不能的，所以来迟，叫老爷悬心。”太守又将与北侠定于今晚捉拿马强的话也说了，倪忠快乐非常。

此时余庆也不等吩咐，便传了饭来，安放停当。太守就叫倪忠同桌儿吃。饭毕，然后倪忠出来问：“今日该值头目是谁？”上来二人答道：“差役王恺、张雄。”倪忠道：“随我来，老爷有话交派。”倪忠带领二人来至书房，差役跪倒报名。太守吩咐道：“特派你二人带领二十名捕快，暗藏利刃，不准同行，陆续散走，全在霸王庄南二里之遥，有个瘟神庙那里聚齐。只等掌灯时，有个碧睛紫髯的大汉来时，你等须要听他调遣。如有敢违背者，回来我必重责。此系机密之事，不可声张，倘有泄露，唯你二人是问。”王恺、张雄领命出来，挑选精壮捕快二十名，悄悄地预备了。

且说马强虽则一时听了众光棍之言，把太守杀了，却不见马勇回来，暗想道：“他必是杀了太守，心中害怕逃走了，或者失了脚也掉在井里了。”胡思乱想，总觉不安。唯恐官兵前来捉捕要人，这个乱子实在闹的不小，未免短叹长吁，提心吊胆。无奈叫家人备了酒席，在招贤馆大家聚饮。众光棍见马强无精打彩的，知道为着此事。便把那做光棍闯世路的话头个个提起：什么“生而何欢，死而何惧”咧；又是什么“敢做敢当，才是英雄好汉”咧；又是什么“砍了脑袋去，不过碗大疤子”咧；又是什么“不受苦中苦，焉能为人上人”咧；“但是受了刑，咬牙不招，方算好的，称得起人上人”。说的马强漏了气的干尿泡似的，那么一皺一皺的，却长不起腔儿来。

正说着，只见恶奴前来道："回员外……"马强打了个冷战，"怎么，官兵来了？"恶奴道："不是。南庄头儿交粮来了。"马强听了，将眼一瞪道："收了就是了。这也值得大惊小怪！"复又喝酒。偏偏今儿事情多，正在讲交情，论过节，猛抬头，见一个恶奴在那边站着，嘴儿一拱一拱的，意思要说话。马强道："你不用说，可是官兵到了不是？"那家人道："是小人才上东庄取了银子回来。"马强道："瞎，好烦吓！交到账房里去就结了，这也犯的上挤眉弄眼的。"这一天，似此光景，不一而足。

不知到底如何，且听下回分解。

第七十六回 割帐绦北侠擒恶霸 对莲瓣太守定良缘

且说马强担了一天惊怕，到了晚间，见毫无动静，心里稍觉宽慰，对众人说道："今日白等了一天，并没见有个人来，别是那老苍头也死了罢？"众光棍道："员外说的是，一个老头子有多大气脉，连唬带累，准死无疑。你老可放心吧！"众人只顾奉承恶贼欢喜，也不想想朝廷家平空的丢了一个太守，也就不闻不问，焉有此理？其中独有两个人明白：一个是黑妖狐智化，心内早知就里，却不言语；一个是小诸葛沈仲元，瞧着事情不妥，说肚腹不调，在一边躲了。剩下些浑虫糊涂糨子，浑吃浑喝，不说理，顺着马强的竿儿往上爬，一味地抱粗腿，说的恶贼一天愁闷都抛于九霄云外，端起大杯来哈哈大笑。左一巡，右一盏，不觉醺醺，便起身往后边去了。见了郭氏，未免讪讪地，没说强说，没笑强笑，哄的郭氏脸上下不来，只得也说些安慰的话儿。又提拔着叫他寄信与叔父马朝贤暗里照应。马强更觉欢喜，喝茶谈话。

不多时已交二鼓。马强将大衫脱去，郭氏也把簪环卸了，脱去裙衫。二人刚要进账安歇，忽见软帘嗯的一响，进来一人，光闪闪碧睛暴露，冷森森宝刀生辉。恶贼一见，骨软筋酥，双膝跪倒，口中哀求："爷爷饶命！"北侠道："不许高声！"恶贼便不敢言语。北侠将帐子上丝绦割下来，将他夫妇捆了，用衣襟塞口。回身出了卧室，来至花园，将双手啪啪啪一阵乱拍，见王恺、张雄带了捕快俱各出来。他等众人皆是在瘟神庙会齐，见了北侠。北侠引着王恺、张雄认了花园后门，叫他们一更之后俱在花园藏躲，听拍掌为号。一个个雄赳赳，气昂昂，跟了北侠来至卧室。北侠吩咐道："你等好生看守凶犯，待我退了众贼，咱们方好走路。"说话间，只听前面一片人声鼎沸。原来有个丫鬟从窗下经过，见屋内毫无声响，撕破窗纸一看，见马强、郭氏俱各捆绑在地，只唬的胆裂魂飞，忙忙地告诉了众丫鬟，方叫主管姚成到招贤馆请众寇。神手大圣邓车、病太岁张华听了，带领众光棍，各持兵刃，打着亮子，跟随姚成往后面而来。

此时北侠在仪门那里，持定宝刀专等退贼。众人见了，谁也不敢向前。这个说："好大身量。"那个说："瞧那刀有多亮，必是锋霜儿快。"这个叫："贤弟，我一个儿不是他的对手，你帮帮哥哥一把儿。"那个唤："仁兄，你在前面虚招架，我绕到后面给他个冷不防。"邓车道："你等不要如此，待我来。"伸手向弹囊中掏出弹子，扣上弦，拽开铁靶弓。北侠早已看见，把刀扁着。只见发一弹来，北侠用刀往回里一磕，只听当啷一声，那边众贼之中，有个先"啊呀"了一声，道："打了我了。"邓车连发，北侠连磕。此次非邓家堡可比，那是黑暗之中，这是灯光之下，北侠看的尤其真切。左一刀，右一刀，磕的弹子就犹如打嘎的一般，也有打在众贼身上的，也有磕丢了的。病太岁张华以为北侠一人，可以欺侮，他从旁边溜步过去，飕的就是一刀。北侠早已提防，见刀临近，用刀往对面一削，噌的一声，张华的刀飞起去半截。可巧落在一个贼人头上，外号儿叫作铁头浑子徐勇，这一下也把小子戳了一个窟窿。众贼见了，乱嚷道："了不得了，祭起飞刀来了。这可不是玩的呀！我可了不了，不是他的个儿，趁早儿躲开罢，别叫他做了活。"七言八语只顾乱嚷，谁肯上前。哄的一声，俱各跑回招贤馆，将门窗户壁关了个结实，连个大气儿也不敢出，要咳嗽俱用袖子捂着嘴，嗓子里憋着。不敢点灯，全在黑影儿里坐着。

此时黑妖狐智化已叫艾虎将行李收拾妥当了，师徒两个暗地里瞭高，瞧到热闹之处，不由暗暗叫好。艾虎见北侠用宝刀磕那弹子，迅速之极，只乐得他抓耳挠腮，暗暗夸道："好本事，好目力！"后来见宝刀削了张华的利刃，又乐的他手舞脚蹈，险些儿没从房上掉下来，多亏智化将他揪住了。见众人一哄而散，他师徒方从房上跃下，与北侠见了。问马强如何，北侠道："已将他夫妻拿获。"智爷道："郭氏无甚大罪，可以免其到府，单拿恶贼去就是了。"北侠道："吾弟所论甚是。"即吩咐王恺、张雄等单将马强押解到府。智化又找着姚成，叫他备快马一匹与员外乘坐。姚成不敢违拗，急忙备来。艾虎背上行李，跟定智化、欧阳春一同出庄，仿佛护送员外一般。

此时天已五鼓，离府尚有二十五六里之遥。北侠见艾虎甚是伶俐，且少年一团英气，一路上与他说话，他又乖滑的很，把个北侠爱了个使不得。而且艾虎说他无父无母，孤苦之极，幸亏拜了师父，蒙他老人家疼爱，方习学了些武艺，这也是小孩子的造化。北侠听了此话，更觉可怜。他回头便对智爷道："令徒很好，劣兄甚是爱惜。我意欲将他认为义子螟蛉，贤弟以为何如?”智化尚未答言，只见艾虎扑翻身拜倒，道:“艾虎原有此意，如今伯父既有这此心，更是孩儿的造化了。爹爹就请上，受孩儿一拜。”说罢，连连叩首在地。北侠道:“就是认为父子，也不是这等草率的。”艾虎道:“什么草率不草率，只要心真意真，比那虚文套礼强多了。”说的北侠、智爷二人都乐了。艾虎爬起来，快乐非常。智化道:“只顾你磕头认父，如今被他们落远了，快些赶上要紧。”艾虎道:“这值什么呢?”只见他一伏身，喫喫喫喫，登时不见了。北侠、智化又是欢喜，又是赞美，二人也往就前趱步。

看看天色将晓，马强背剪在马上，塞着口，又不能言语，心中暗暗打算:“所做之事，俱是犯款的情由，说不得只好舍去性命，咬定牙根，全给他不应，那时也不能把我怎样。”急得眼似銮铃，左观右看。就见智化跟随在后，还有艾虎随来，肩头背定包裹。马强心内叹道:“招贤馆许多宾朋，如今事到临头，一个个畏首畏尾，全不想念交情。只有智贤弟一人相送，可见知己朋友是难得的。可怜艾虎小孩子天真烂漫，他也跟了来，还背着包袱，想是我应换的衣服。若能够回去，倒要多疼他一番。”他哪里知道他师徒另存一番心呢。

北侠见离府衙不远，便与智爷、艾虎刹住脚步。北侠道:“贤弟，你师徒意欲何往?”智爷道:“我等要上松江府茉花村去。”北侠道:“见了丁氏昆仲，务必代劣兄致意。”智爷道:“欧阳兄何不一同前往呢?”北侠道:“刚从那里来的不久，原为到杭州游玩一番，谁知遇见此事。今既将恶人拿获，尚有招贤馆的余党，恐其滋事，劣兄只得在此耽延几时，俟结案无事，我还要在此处游览一回，也不负我跋涉之劳。后会有期，请了!”智化也执手告别。艾虎重新又与北侠行礼叩别，恋恋不舍，几乎落下泪来。北侠从此就在杭州。

再言招贤馆的众寇，听了些时，毫无动静，方敢掌灯。彼此查看，独不见了智化。又呼馆童艾虎，也不见了。大家暗暗商量，就有出主意:“莫若上襄阳王赵爵那里去。”又有说:“上襄阳去，缺少盘费如何是好?”又有说:“向郭氏嫂嫂借贷去。”又有说:“她丈夫被人拿去，还肯借给咱们盘川，叫奔别处去吗?”又有说阴功话的:“依我，咱们如此如此，抢上前去。”众人听了俱各欢喜，一个个登时抖起威风，出了招贤馆，到了仪门，呐一声喊道:“我等乃北侠带领在官人役，因马强陷害平民，刻薄成家，理无久享，先抢了他的家私泄众恨。”说到“抢”字，一拥齐入。

此时郭氏多亏了丫鬟们松了绑缚，哭够多时，刚入账内安歇。忽听此言，哪里还敢出声，只用被蒙头，乱抖在一处。过一会儿，不听见声响，方探出头来一看，好苦!箱柜抛翻在地。自己慢慢起来，因床下有两个丫鬟藏躲，将他二人唤出，战战兢兢方将仆妇婆子寻来。到了天明，仔细查看，所丢的全是金银、簪环、首饰、衣服，别样一概没动。立刻唤进姚成。哪知姚成从半夜里逃在外边巡风，见没什么动静，等到天明方敢出头，仍然溜进来。恰巧唤他，他便见了郭氏，商议写了失单，并声明贼寇自称北侠带领官役，明火执杖。姚成急急报呈县内。郭氏暗想丈夫事体吉少凶多，须早早禀知叔父马朝贤，商议个主意。便细细写了书信一封，连被抢一节并失单俱各封妥,就派姚成连夜赴京去了。

且说王恺、张雄将马强解到,倪太守立刻升堂,先追问翟九成、朱焕章两案。恶贼皆言他二人欠债不还,自己情愿以女为质,并无抢掠之事。又问他:“为何将本府诓到家中,押在地牢内?”马强道:“大老爷乃四品黄堂,如何能到小人庄内?既是大老爷被小民诓去,又说押在地牢,如何今日大老爷仍在公堂问事呢?似此以大压小的问法,小人实实吃罪不起。”倪太守大怒,吩咐打这恶贼。一边掌了二十嘴巴,鲜血直流。问他不招,又吩咐拉下去,打了四十大板。他是横了心,再也不招。又调翟九成、朱焕章到案,与马强当面对质。这恶贼一口咬定,是他等自愿以女为质,并无抢掠的情节。

正在审问之间,忽见县里详文呈报马强家中被劫,乃北侠带领差役明火执杖,抢去各物,现有原递失单呈阅。太守看了,心中纳闷:“我看义士欧阳春绝不至于如此,其中或有别项情弊。”吩咐暂将马强收监,翟九成回家听传,原案朱焕章留在衙中,叫倪忠传唤王恺、张雄问话。不多时,二人来至书房。太守问道:“你等如何拿的马强?”他二人便从头至尾述说一遍。太守又问道:“他那屋内东西物件你等可曾混动?”王恺、张雄道:“小人们当差多年,是知规矩的。他那里一草一木,小人们是断不敢动的。”太守道:“你等固然不动,唯恐跟去之人有些不妥。”王、张二人道:“大老爷只管放心,就是跟随小人们当差之人,俱是小人们训练出来的。但凡有点毛手毛脚的,小人绝不用他。”太守点头道:“只因马强家内失盗,如今县内呈报前来。你二人暗暗访查访查,回来禀我知道。”王、张领命去了。

太守又叫倪忠请朱先生。不多时,朱焕章来到书房。太守以宾客相待,先谢了朱绛贞救命之恩,然后把那枝玉莲花拿出。朱焕章见了,不由得泪流满面。太守将朱绛贞誓以贞洁自守的话说了,朱焕章更觉伤心。太守又将朱绛贞脱离了仇家,现在王凤山家中居住的话说了一回,朱焕章反悲为喜。太守便慢慢问那玉莲花的来由,朱焕章道:“此事已有二十余年。当初在仪征居住之时,舍间后门便临着扬子江的江岔。一日,见漂来一男子死尸,约有三旬年纪,是我心中不忍,唯恐暴露,因此备了棺木,打捞上来。临殡葬时,学生给他整理衣服,见他胸前有玉莲花一枝。心中一想,何不将此物留下,以为将来认尸之证。因此解下,交付贱荆收藏。后来小女见了,爱惜不已,随身佩带,如同至宝。太守何故问此?”倪太守听了,已然落下泪来。朱焕章不解其意。只见倪忠上前道:“老爷何不将那枝对对,看是如何?”太守一边哭,一边将里衣解开,把那枝玉莲花拿出。两枝合来,恰恰成为一朵,而且精润光华一丝也是不差。太守再也忍耐不住,手捧莲花,放声痛哭。朱焕章到底不解是何缘故。倪忠将玉莲花的原委,略说大概。朱先生方才明白,连忙劝慰太守道:“此乃珠还璧返,大喜之兆。且无心中又得了先大人的归结下落,虽则可悲,其实可喜。”太守闻言,才止悲痛,复又深深谢了,就留下朱先生在衙内居住。

倪忠暗暗一力撺掇说:“朱小姐有救命之恩,而且又有玉莲花为媒,真是千里婚姻一线牵定。”太守亦甚愿意,因此倪忠就托王凤山为冰人,向朱先生说了。朱公乐从，慨然许允。王凤山又托了倪忠，向翟九成说锦娘与儿子联姻，亲上作亲。翟九成亦欣然应允。霎时间都成了亲眷，更觉亲热。太守又打点行装，派倪忠接取家眷，把玉莲花一对交老仆好好收藏，到白衣庵见了娘亲，就言二事俱已齐备，专等母亲到任所，即便迁葬父亲灵柩，拿获仇家报仇雪恨。俟诸事已毕，再与绛贞完姻。

未知后文如何，且听下回分解。

第七十七回　倪太守解任赴京师　白护卫乔装逢侠客

且说倪忠接取家眷去后，又生出无限风波，险些儿叫太守含冤。你道如何？只因由京发下一套文书，言有马强家人姚成进京上告太守倪继祖私行出游，诈害良民，结连大盗，明火执杖。今奉旨马强提解来京，交大理寺严讯。太守倪继祖，暂行解任，一同来京归案备质。倪太守遵奉来文，将印信事件交代委署官员，即派差役押解马强赴京。倪太守将众人递的状子案卷俱各带好，止于派长班二人跟随来京。

一日来至京中，也不到开封府，因包公有师生之谊，理应回避，就在大理寺报到。文老大人见此案人证到齐，便带马强过了一堂。马强已得马朝贤之信，上堂时一味口叼，说太守不理民词，残害百姓，又结连大盗，夤夜打抢，现有失单报县，尚未弋获等词。文大人将马强带在一边。又问倪太守此案的端倪原委。倪太守一一将前事说明，如何接状，如何私访被拿两次，多亏难女朱绛贞、义士欧阳春搭救，又如何捉拿马强恶贼，他家有招贤馆窝藏众寇，至五更将马强拿获立刻解到，如何升堂审讯，恶贼狡展不应："如今他暗暗使家人赴京呈控，望乞大人明鉴详查，卑府不胜感幸。"文彦博听了，说："请太守且自歇息。"倪太守退下堂来。老大人又将众人递的冤呈看了一番，立刻又叫带马强。逐件问去，皆有强词狡展。文大人暗暗道："这厮明仗着总管马朝贤与他做主，才横了心不肯招承。唯有北侠打劫一事，真假难辨。须叫此人到案做个硬证，这厮方能服输。"吩咐将马强带去收禁。又叫人请太守，细细问道："这北侠又是何人？"太守道："北侠欧阳春，因他行侠仗义，人皆称他为北侠。就如展护卫有南侠之称一样。"文彦博道："如此说来，这北侠绝非打劫大盗可比。此案若结，须此人到案方妥，他现在那里？"倪继祖道："大约还在杭州。"文彦博道："既如此，我明日先将大概情形复奏，看圣意如何。"就叫人将太守带至岳神庙，好好看待。

次日，文大人递摺之后，圣旨即下：钦派四品带刀护卫白玉堂访拿欧阳春，解京归案审讯。锦毛鼠参见包公，包公吩咐了许多言语，白玉堂一一领命。辞别出来，到了公所，大家与玉堂饯行。饮酒之间，四爷蒋平道："五弟，此一去见了北侠，意欲如何？"白玉堂道："小弟奉旨拿人，见了北侠，自然是秉公办理，焉敢徇情？"蒋平道："遵奉钦命，理之当然。但北侠乃尚义之人，五弟若见了他，公然以钦命自居，唯恐欧阳春不受欺侮，反倒费了周折。"白玉堂听了，有些不耐烦，没奈何问道："依四哥怎么样呢？"蒋爷道："依劣兄的主意，五弟到了杭州，见署事的太守，将奉旨拿人的情节与他说了，却叫他出张告示，将此事前后叙明。后面就提五弟虽则是奉旨，然因道义相通，不肯拿解，特来访请。北侠若果在杭州，见了告示，他必自己投到。五弟见了他，以情理相感，也必安安稳稳随你来京，绝不费事。若非如此，唯恐北侠不肯来京，到费了事了。"五爷听了，暗笑蒋爷软弱，嘴里却说道："承四哥指教，小弟遵命。"饮酒已毕，叫伴当白福备了马匹，拴好行李，告别众人。卢方又谆谆嘱咐："路上小心。到了杭州，就按你四哥主意办理。"五爷只得答应。展爷与王、马、张、赵等俱各送出府门。白五爷执手道："请！"慢慢步履而行。出了城门，主仆二人方扳鞍上马，竟奔杭州而来。在路行程，无非"晓行夜宿，渴饮饥餐"八个大字，沿途无事可记。

这一日来至杭州，租了寓所，也不投文，也不见官，止于报到。一来奉旨，二来相谕要访拿钦犯，不准声张。每日叫伴当出去暗暗访查，一连三四日不见消耗。只得自己乔装改扮了一位斯文秀才模样，头戴方巾，身穿花氅，足下登一双厚底大红朱履，手中轻摇泥金折扇，摇摇摆摆，出了店门。

时值残春，刚交初夏，但见农人耕于绿野，游客步于红桥。又见往来之人不断，仔细打听，原来离此二三里之遥，新开一座茶社名曰玉兰坊，此坊乃是官宦的花园，亭榭桥梁，花草树木，颇可玩赏。白五爷听了，暗随众人前往。到了那里，果然景致可观。有个亭子上面设着座位，四面点缀些巉岩怪石，又有新篁围绕。白玉堂到此，心旷神怡，便在亭子上泡了一壶茶，慢慢消饮，意欲喝点茶再沽酒。忽听竹丛中淅沥有声，出了亭子一看，霎时天阴，淋淋下起雨来。因有绿树撑空，阴晴难辨。白五爷以为在上面亭子内对此景致，颇可赏雨。谁知越下越大，游人俱已散尽。天色已晚，自己一想，离店尚有二三里，又无雨具，倘然再大起来，地下泥泞，未免难行，莫若冒雨回去为是。急急会钞下亭，过了板桥，用大袖将头巾一遮，顺着树荫之下，冒雨急行。猛见红墙一段，却是整齐的庙宇，忙到山门下避雨。见匾额上题着"慧海妙莲庵"，低头一看，朱履已然踏的泥污，只得脱下。才要收拾收拾，只见有个小童，手内托着笔砚，口呼"相公，相公"，往东去了。忽然见庙的角门开放，有一年少的尼姑悄悄答道："你家相公在这里。"白五爷一见，心中纳闷。谁知小童往东，只顾呼唤相公，并没听见。这幼尼见他去了，就关上角门进去。

五爷见此光景，暗暗忖道："他家相公在他庙内，又何必悄悄唤那小童呢？其中必有暗昧，待我看看。"站起身，将朱履后跟一倒，趿拉脚儿穿上，来到东角门，敲户道："里面有人吗？我乃行路之人，因遇雨，天晚道路难行，欲借宝庵避避雨，务乞方便。"只听里面答道："我们这庙乃尼庵，天晚不便容留男客，请往别处去吧。"说完也不言语，连门也不开放。白玉堂听了，暗道："好呀，他庙内现有相公，难道不是男客吗？既可容得他，如何不容我呢？这其中必有缘故了，我倒要进去看看。"转身来到山门，索性把一双朱履脱下，光着袜底，用手一搂衣襟，飞身上墙，轻轻跳将下去。在黑影中细细留神。见有个道姑，一手托定方盘，里面热腾腾的菜蔬，一手提定酒壶，进了角门。有一段粉油的板墙，也是随墙的板门，轻轻进去。白玉堂也就暗暗随来，挨身而入。见屋内灯光闪闪，影射幽窗，五爷却悄悄立于窗外。

只听屋内道："天已不早了，相公多少用些酒饭，少时也好安歇。"又听男子道："甚的酒饭，甚的安歇！你们到底是何居心？将吾拉进庙来，又不放我出去，成个什么规矩，像个什么体统！还不与我站远些。"又听女音说道："相公不要固执，这也是天缘凑合，难得今日'油然作云，沛然下雨'。上天尚有云行雨施，难道相公倒忘了云情雨意吗？"男子道："你既知'油然作云，沛然下雨'，为何忘了'男女授受不亲'呢？吾对你说，'读书人持躬如圭璧'，又道'心正而后身修'。似这无行之事，吾是'大旱之云霓'，想降时雨是不能的。"白五爷窗外听了暗笑："此公也是书痴，遇见这等人，还和他讲什么书，论什么文呢？"又听一个女尼道："云霓也罢，时雨也罢，且请吃这杯酒。"男子道："唔呀，你要怎么样？"只听当啷一声，酒杯落地砸了。尼姑嗔道："我好意敬你酒，你为何不识抬举？你休要咬文嚼字的，实告诉你说，想走不能，不信给你个对证看。现在我们后面，还有一个卧病在床的，那不是榜样吗？"男子听了，着急道："如此说来，你们这里是要害人的，吾要嚷了呢！"尼姑道："你要嚷，只要有人听得见。"男子便喊道："了弗得了，他们这里要害人呢。救人吓，救人！"

白玉堂趁着喊叫，连忙闯入，一掀软帘道："兄台为何如此猴急？想是他们奇货自居，物抬高价了？"把两个女尼吓了一跳。那人道："兄台请坐，他们这里不正经，了弗得的。"白五爷道："这有何妨，人生及时行乐，亦是快事。他二人如此多情，兄台何如此之拘泥？请问尊姓？"那人道："小弟姓汤，名梦兰，乃扬州青叶村人氏。只因探亲来到这里，就在前村居住。可巧今日无事，要到玉兰坊闲步闲步，恐有题咏，一时忘记了笔砚，因此叫小童回庄去取。不想落下雨来，正在踌躇，承他一番好意，让吾庙中避雨。吾还不肯，他们便再三拉吾到这里，不放吾动身，什的云咧雨咧，说了许多的混话。"白玉堂道："这就是吾兄之过了。"汤生道："如何是吾之过？"白玉堂道："你我读书人，接物待人理宜从权达变，不过随遇而安，行云流水。过犹不及，其病一也。兄台岂不失于中道乎？"汤生摇头道："否，否。吾宁失于中道，似这样随遇而安，吾是断断乎不能为也。请问足下安乎？"白玉堂道："安。"汤生嗔怒道："汝安则为之，吾虽死不能相从。"白玉堂暗暗赞道："我再三以言试探，看他凛凛正气，须当搭救此人。"

谁知尼姑见玉堂比汤生强多了，又见责备汤生，以为玉堂是个惯家，登时就把柔情都移在玉堂身上。他也不想想，玉堂从何处进来的，可见邪念迷心，竟忘其所以。白玉堂再看那两个尼姑，一个有三旬，一个不过二旬上下，皆有几分姿色。只见那三旬的连忙执壶，满斟了一杯，笑容可掬，捧至白五爷跟前道："多情的相公，请吃这杯合欢酒。"玉堂并不推辞，接过来一饮而尽，却哈哈大笑。那二旬的见了，也斟一杯，近前道："相公喝了我师兄的，也得喝我的。"白玉堂也便在他手中喝了。汤生一旁看了道："岂有此理呀，岂有此理！"二尼一边一个伺候玉堂。玉堂问他二人却叫何名，三旬的说："我叫明心。"二旬的说："我叫慧性。"玉堂道："明心，明心，心不明则迷；慧性，慧性，性不慧则昏。你二人昏迷，何时是了？"说着话，将二尼每人握住一手，却问汤生道："汤兄，我批的是与不是？"汤生见白五爷合二尼拉手，已气得低了头，正在烦恼，如今听玉堂一问，便道："谁呀？呀，你还问吾，吾看你也是心迷智昏了。这还了得？放肆，岂有此理呀！"此话未说完，只见两个尼姑口吐悲声，道："啊呀呀，疼死我也！放手，放手，禁不起了。"只听白玉堂一声断喝，道："我把你这两个淫尼，无端引诱人家子弟，残害好人，该当何罪？你等害了几条性命，还有几个淫尼，快快讲来！"二尼跪倒，央告道："庵中就是我师兄弟两个，还有两个道婆，一个小徒。小尼等实实不曾害人性命，就是后面的周生，也是他自己不好，以致得了弱症。若都似汤相公这等正直，又焉敢相犯？望乞老爷饶恕。"

汤生先前以为玉堂是那风流尴尬之人，毫不介意，如今见他如此，方知也是个正人君子，连忙敛容起敬。又见二尼哀声不止，疼得两泪交流。汤生一见，心中不忍，却又替他讨饶。白玉堂道："似这等的贼尼，理应治死。"汤生道："恻隐之心，人皆有之，请放手罢了。"玉堂暗道："此公《孟子》真熟，开口不离书。"便道："明日务要问明周生家住那里，现有何人，急急给他家中送信，叫他速速回去，我便饶你。"二尼道："情愿，情愿，再也不敢阻留了。老爷快些放手，小尼的骨节都碎了。"五爷道："便宜了你等。后日俺再来打听，如不送回，俺必将你等送官究办。"说罢一松手，两个尼姑扎煞两只手，犹如卸了拶子的一般，踉踉跄跄跑到后面藏躲去了。汤生又重新给玉堂作揖，二人复又坐下攀话。

忽见软帘一动，进来一条大汉，后面跟着一个小童，小童手内提着一双朱履。大汉对小童道："那个是你家相公？"小童对着汤生道："相公为何来至此处，叫我好找。若非遇见这位老爷，我如何进得来呢？"大汉道："既认着了，你主仆快些回去吧。"小童道："相公穿上鞋走吧。"汤生一抬腿道："吾这里穿着鞋呢。"小童道："这双鞋是那里来的呢，怎么和相公脚上穿着的那双一样呢？"白玉堂道："不用犹疑，那双鞋是我的，不信你看。"说毕将脚一抬，果然光着袜底儿呢。小童只得将鞋放下。汤生告别，主仆去了。

未知大汉是谁，且听下回分解。

第七十八回　紫髯伯艺高服五鼠　白玉堂气短拜双雄

且说白玉堂见汤生主仆已然出庙去了，对那大汉执手道："尊兄请了。"大汉道:“请了,请问尊兄贵姓?”白玉堂道:“不敢,小弟姓白名玉堂。”大汉道:“阿呀,莫非大闹东京锦毛鼠的白五弟吗?”玉堂道:“小弟草号锦毛鼠,不知兄台尊姓?”大汉道:“劣兄复姓欧阳名春。”白玉堂登时双眼一瞪,看了多时方问道:“如此说来,人称北侠号为紫髯伯的就是足下了!请问到此何事?”北侠道:“只因路过此庙,见那小童啼哭,问明方知他相公不见了,因此我悄悄进来一看。原来五弟在这里窃听,我也听了多时。后来五弟进了屋子,劣兄就在五弟站的那里。又听五弟发落两个贼尼,劣兄方回身开了庙门,将小童领进,使他主仆相认。”玉堂听了暗道:“他也听了多时,我如何不知道呢?再者我原为访他而来,如今既见了他,焉肯放过!须要离了此庙,再行拿他不迟。”想罢答言:“原来如此。此处也不便说话,何不到我下处一叙。”北侠道:“很好,正要领教。”

二人出了板墙院,来至角门。白玉堂暗使促狭,假作逊让,托着北侠的肘后,口内道:“请了。”用力往上一托,以为将北侠搡出。谁知犹如蜻蜓撼石柱一般,再也不动分毫。北侠却未介意,转一回手,也托着玉堂肘后道:“五弟请。”白玉堂不因不由就随着手儿出来了。暗暗道:“果然力量不小。”二人离了慧海妙莲庵,此时雨过天晴,月明如洗,星光朗朗,时有初鼓之半。北侠问道:“五弟到杭州何事?”玉堂道:“特为足下而来。”北侠便住步问道:“为劣兄何事?”白玉堂就将倪太守与马强在大理寺审讯,供出北侠,“是我奉旨前来访拿足下。”北侠听玉堂之言这样口气,心中好生不乐,道:“如此说来,白五老爷是钦命了?欧阳春妄自高攀,多多有罪。请问钦命老爷,欧阳春当如何进京,望乞明白指示。”北侠这一问,原是试探白爷懂交情不懂交情。白玉堂若从此拉回来说些交情话,两下里合而为一,商量商量,也就完了事了。不想白玉堂心高气傲,又是奉旨,又是相谕,多大的威风,多大的胆量!本来又仗着自己的武艺,他便目中无人,答道:“此乃奉旨之事,既然今日邂逅相逢,只好屈尊足下,随着白某赴京便了,何用多言。”欧阳春微微冷笑道:“紫髯伯乃堂堂男子,就是这等随你去,未免贻笑于人。尊驾还要三思。”北侠这个话虽是有气,还是耐着性儿提拔白玉堂的意思。谁知五爷不辨轻重,反倒气往上撞,说道:“大约合你好说,你绝不肯随俺前去,必须较量个上下。那时被擒获,休怪俺不留情分了。”北侠听毕,也就按捺不住,连连说道:“好,好,好,正要领教领教。”

白玉堂急将花氅脱却,摘了儒巾,脱下朱履,仍然光着袜底儿,抢到上首,拉开架式。北侠从容不迫,也不赶步,也不退步,却将四肢略为腾挪,止于招架而已。白五爷抖擞精神,左一拳,右一脚,一步紧如一步。北侠暗道:“我尽力让他,他尽力地逼勒,说不得叫他知道知道。”只见玉堂拉了个回马式,北侠故意地跟了一步。白爷见北侠来的切近,回身劈面就是一掌。北侠将身一侧,只用二指,看准胁下轻轻地一点。白玉堂倒抽了一口气,登时经络闭塞,呼吸不通,手儿扬着落不下来,腿儿迈着抽不回去,腰儿哈着挺不起身躯,嘴儿张着说不出话语,犹如木雕泥塑一般,眼前金星乱滚,耳内蝉鸣,不由得心中一阵恶心迷乱,实实难受得很。那二尼禁不住白玉堂两手,白玉堂禁不住欧阳春两指。这比的虽是贬玉堂,然而玉堂与北侠的本领究有上下之分。北侠唯恐工夫大了必要受伤，就在后心陡然击了一掌。白玉堂经此一震，方转过这口气来。北侠道："恕劣兄莽撞，五弟休要见怪。"白玉堂一语不发，光着袜底，呱咕呱咕竟自扬长而去。

白玉堂来至寓所，他却不走前门，悄悄越墙而入。来至屋中，白福儿见此光景，不知为着何事，连忙递过一杯茶来。五爷道："你去给我烹一碗新茶来。"他将白福支开，把软帘放下，进了里间，暗暗道："罢了，罢了。俺白玉堂有何面目回转东京？悔不听我四哥之言。"说罢从腰间解下丝绦，蹬着椅子，就在横楣之上拴了个套儿。刚要脖项一伸，见结的扣儿已开，丝绦落下。复又结好，依然又开，如是者三次。暗道："哼，这是何故？莫非我白玉堂不当死于此地？"话尚未完，只觉后面一人手拍肩头道："五弟，你太拙了。"只这一句，倒把白爷吓了一跳。忙回身一看，见是北侠，手中托定花氅，却是平平正正。上面放着一双朱履，唯恐泥污沾了衣服，又是底儿朝上。玉堂见了，羞得面红过耳。又自忖道："他何时进来，我竟不知不觉，可见此人艺业比我高了。"也不言语，便存身坐在椅凳之上。

原来北侠算计玉堂少年气傲，回来必行短见，他就在后跟下来了。及至玉堂进了屋子，他却在窗外悄立。后听玉堂将白福支出去烹茶，北侠就进了屋内。见玉堂要行拙志，正在他仰面拴套之时，北侠就从椅旁挨入，却在玉堂身后隐住。就是丝绦连开三次，也是北侠解的。连白玉堂久惯飞檐走壁之人，竟未知觉，于此可见北侠的本领。

当下北侠放下衣服道："五弟，你要怎么样？难道为此事就要寻死？岂不是要劣兄的命么！只好你要上吊，咱们俩就搭连吊罢。"白玉堂道："我死我的，与你何干？此话我不明白。"北侠道："老弟，你可真糊涂了。你想想，你若死了，欧阳春如何对得起你四位兄长？又如何去见南侠与开封府的众朋友？也只好随着你死了罢。岂不是你要了劣兄的命了吗？"玉堂听了，低头不语。北侠急将丝绦拉下，就在玉堂旁边坐下，低低说道："五弟，你我今日之事，不过游戏而已，有谁见来？何至于轻生。就是叫劣兄随你去，也该商量商量。你只顾你脸上有了光彩，也不想想把劣兄置于何地？五弟岂不闻'己所不欲，勿施于人'。又道'我不欲人之加诸我者，吾亦欲无加诸人'。五弟不愿意的，别人他就愿意吗？"玉堂道："依兄台怎么样呢？"北侠道："劣兄倒有两全其美的主意。五弟明日何不到茉花村叫丁氏昆仲出头，算是给咱二人说合的。五弟也不落无能之名，劣兄也免了被获之丑，彼此有益。五弟以为如何？"白玉堂本是聪明特达之人，听了此言，登时豁然，连忙深深一揖道："多承吾兄指教，实是小弟年幼无知，望乞吾兄海涵。"北侠道："话已言明，劣兄不便久留，也要回去了。"说罢出了里间，来至堂屋。白五爷道："仁兄请了，茉花村再见。"北侠点了点头，又悄悄道："那顶头巾和泥金折扇，俱在衣服内夹着呢。"玉堂也点了点头。刚一转眼，已不见北侠的踪影。白爷暗暗夸奖："此人本领，胜吾十倍，真不如也。"

谁知二人说话之间，白福烹了一杯茶来，听见屋内悄悄有人说话，打帘缝一看，见一人与白五爷悄语低言。白福以为是家主途中遇见的夜行朋友,恐一杯茶难递,只得回身又添一盏,用茶盘托着两杯茶来至里间。抬头看时,却仍是玉堂一人。白福端着茶纳闷道:"这是什么朋友呢?给他端了茶来,他又走了。我这是什么差使呢?"白玉堂已会其意,便道:"将茶放下,取个灯笼来。"白福放下茶托,回身取了灯笼。白玉堂接过,又把衣服朱履夹起出了屋门。纵身上房,仍从后面出去。

不多时,只听前边打的店门山响。白福迎了出去叫道:"店家快开门,我们家主回来了。"小二连忙取了钥匙,开了店门。只见玉堂仍是斯文打扮,摇摇摆摆进来。小二道:"相公怎么这会才回来?"玉堂道:"因在相好处避雨,又承他待酒,所以来迟。"白福早已上前接过灯笼,引至屋内。茶尚未寒,玉堂喝了一杯,又吃了点饮食,吩咐白福于五鼓鞴马起身,上松江茉花村去。自己歇息,暗想:"北侠的本领,那一番的和蔼气度,实然别人不能的。而且方才说的这个主意,更觉周到。比四哥说得出告示访请,又高一筹。那出告示,众目所观,既有'访请'二字,已然自馁,那如何对人呢?如今欧阳兄出的这个主意,方是万全之策。怨的展大哥与我大哥背地里常说他好,我还不信,谁知果然真好。仔细想来,全是我自作聪明的不是了。"他翻来覆去,如何睡得着!到了五鼓,白福起来,收拾行李马匹,到了柜上算清了店账,主仆二人上茉花村而来。

话休烦絮。到了茉花村,先叫白福去回禀,自己乘马随后。离庄门不远,见多少庄丁伴当分为左右,丁氏弟兄在台阶上面立等。玉堂连忙下马,伴当接过,丁大爷已迎接上来。玉堂抢步,口称:"大哥,久违了,久违了。"兆兰道:"贤弟一向可好?"彼此执手。兆蕙却在那边垂手恭敬侍立,也不执手,口称:"白五老爷到了,恕我等未能远迎虎驾,多多有罪。请老爷到寒舍待茶。"玉堂笑道:"二哥真是好顽,小弟如何担得起。"连忙也执了手,三人携手来至待客厅上。玉堂先与丁母请了安,然后归座。献茶已毕,丁大爷问了开封众朋友好,又谢在京时叨扰盛情。丁二爷却道:"今日那阵香风儿将护卫老爷吹来,真是蓬荜生辉,柴门有庆。然而老爷此来还是专专的探望我们来了,还是有别的事呢?"一席话,说的玉堂脸红。

丁大爷恐玉堂脸上下不来,连忙瞅了二爷一眼道:"老二,弟兄们许久不见,先不说说正经的,只是嗽呕做什么?"玉堂道:"大哥不要替二哥遮饰,本是小弟理短,无怪二哥恼我。自从去岁被擒,连衣服都穿的是二哥的,后来到京受职,就要告假前来。谁知我大哥因小弟新受职衔,再也不准动身。"丁二爷道:"到底是作了官的人,真长了见识了,唯恐我们说,老爷先自说了。我问五弟,你纵然不能来,也该写封信、差个人来,我们听见也喜欢喜欢。为什么连一纸书也没有呢?"玉堂笑道:"这又有一说。小弟原要写信来着,后来因接了大哥之信,说大哥与伯母送妹子上京与展大哥完姻,我想迟不多日就可见面,又写什么信呢?彼时若真写了信来,管保二哥又说白老五尽闹虚文假套了,左右都是不是。无论二哥怎么怪小弟,小弟唯有俯首认罪而已。"丁二爷听了暗道:"白老五他竟长了学问了,比先前乖滑多多了,且看他目下这宗事怎么说法。"回头吩咐摆酒。玉堂也不推辞,也不谦让,就在上面坐了。丁氏昆仲左右相陪。

饮酒中间，问玉堂道："五弟此次果是官差，还是私事呢？"玉堂道："不瞒二位仁兄，实是官差。然而其中有许多原委，此事非仁兄贤昆玉不可。"丁大爷便道："如何用我二人之处？请道其详。"玉堂便道："倪太守、马强一案供出北侠，小弟奉旨特为此事而来。"丁二爷问道："可见过北侠没有？"玉堂道："见过了。"兆蕙道："既见过，便好说了。谅北侠有多大本领，如何是五弟对手。"玉堂道："二哥差矣。小弟在先原也是如此想，谁知事到头来不自由，方知人家之末技俱是自己之绝技，惭愧得很，小弟输与他了。"丁二爷故意诧异道："岂有此理！五弟焉能输与他呢？这话愚兄不信。"玉堂便将与北侠比试，直言无隐，俱各说了，"如今求二位兄台将欧阳兄请来，哪怕小弟央求他呢，只要随小弟赴京，便叨爱多多矣。"丁兆蕙道："如此说来，五弟竟不是北侠对手了。"玉堂道："诚然。"丁二爷道："你可佩服呢？"玉堂道："不但佩服，而且感激。就是小弟此来，也是欧阳兄教导的。"丁二爷听了，连声赞扬叫好道："好兄弟，丁兆蕙今日也佩服你了。"便高声叫道："欧阳兄，你也不必藏着了，请过来相见。"

只见从屏后转出三人来。玉堂一看，前面走的就是北侠，后面一个三旬之人，一个年幼小儿。连忙出座道："欧阳兄几时来到？"北侠道："昨晚方到。"玉堂暗道："幸亏我实说了，不然这才丢人呢。"又问："此二位是谁？"丁二爷道："此位智化，绰号黑妖狐，与劣兄世交，通家相好。"原来智爷之父，与丁总镇是同僚，最相契的。智爷道："此是小徒艾虎，过来见过白五叔。"艾虎上前见礼，玉堂拉了他的手，细看一番，连声夸奖。彼此叙坐，北侠坐了首座，其次是智爷、白爷，又其次是丁氏弟兄，下首是艾虎，大家欢饮。玉堂又提请北侠到京，北侠慨然应允。丁大爷、丁二爷又嘱咐白玉堂照应北侠。大家畅谈，彼此以义气相关，真是披肝沥胆，各明心志。唯有小爷艾虎与北侠有父子之情，更觉关切。酒饭已毕，谈至更深，各自安寝。到了天明，北侠与白爷一同赴京去了。

未知后文如何，且听下回分解。

第七十九回　智公子定计盗珠冠　裴老仆改装扮难叟

且说智化、兆兰、兆蕙与小爷艾虎送了北侠、玉堂回来，在厅上闲坐，彼此闷闷不乐。艾虎一旁短叹长吁。只听智化道："我想此事关系匪浅，倪太守乃是为国为民，如今反遭诬害；欧阳兄又是济困扶危，遇了贼扳。似这样的忠臣义士负屈含冤，仔细想来，全是马强叔侄过恶。除非设法先将马朝贤害倒，剩了马强，也就不难除了。"丁二爷道："与其费两番事，何不一网打尽呢？"智化道："若要一网打尽，说不得却要做一件欺心的事，生生地讹在他叔侄身上，使他赃证俱明，有口难分诉。所谓‘奸臣贼子人人得而诛之’。我虽想定计策，只是题目太大，有些难作。”丁大爷道：“大哥何不说出，大家计较计较呢？”智化道：“当初劣兄上霸王庄者，原为看马强的举动，因他结交襄阳王，常怀不轨之心。如今既为此事闹到这步田地，何不借题发挥，一来与国家除害，二来剪却襄阳王的羽翼。话虽如此说，然而其中有四件难事。”

丁二爷道：“那四件？”智爷道：“第一要皇家的紧要之物，这也不必推诿，全在我的身上。第二要一个有年纪之人，一个或童男或童女随我前去，诓取紧要之物回来。又要有胆量，又要有机变，又要受得苦。第三件，我等盗了紧要之物，还得将此物送在马强家，藏在佛楼之内，以为将来的真赃实犯。”丁二爷听了，不由得插言道：“此事小弟却能够，只要有了东西，小弟便能送去。这第三件算是小弟的了。第四件又是什么呢？”智化道：“唯有第四件最难，必须知根知底之人前去出首。不但出首，还要单上开封府出首去。别的事情俱好说，唯独这第四件是最要紧的，成败全在此一举。此一着若是错了，满盘俱空。这个人竟难得的很。”口里说着，眼睛却瞟着艾虎。艾虎道：“这第四件莫若徒弟去吧。”智化将眼一瞪道：“你小孩家懂得什么，如何干得这样大事！”艾虎道：“据徒弟想来，此事非徒弟不可。徒弟去了有三益。”

丁二爷先前听艾虎要去，以为小孩子不知轻重。此时又见他说出“三益”，颇有意思，连忙说道：“智大哥不要拦他。”便问艾虎道：“你把‘三益’说给我听听。”艾虎道：“第一，小侄自幼在霸王庄，所有马强之事，小侄尽知。而且三年前马朝贤告假回家一次，那时我师父尚未到霸王庄呢。如今盗了紧要东西来，就说三年前马朝贤带来的，与事更觉有益。这是第一益。第二，别人出首，不如小侄出首。什么缘故呢？俗语说得好，‘小孩儿嘴里讨实话’。小侄若到开封府举出来，叫别人再想不到这样一宗大事却是个小孩子做个硬证，此事方是千真万确，的确无疑。这是第二益。第三益却没有什么，一来为小侄的义父，二来也不枉师父教训一场。小侄儿若借着这件事也出场出场，大小留个名儿，岂不是三益吗？”丁大爷、丁二爷听了，拍手大笑道：“好！想不到他竟有如此的志向。”

智化道：“二位贤弟且慢夸他，他因不知开封府的厉害，他此时只管说，到了身临其境，见了那样的威风，又搭着问事如神的包丞相，他小孩子家有多大胆量，有多大志略？何况又有御赐铜铡，倘若话不投机，白白的送了性命，那时岂不耽误了大事。”艾虎听了，不由得双眉倒竖，二目圆翻，道：“师父特把弟子看轻了！难道开封府是森罗殿不成？他纵然是森罗殿，徒弟就是上剑树，登刀山，再也不能改口，是必把忠臣义士搭救出来。又焉肯怕那个御赐的铜铡呢？”兆兰、兆蕙听了，点头咂嘴，啧啧称羡。智化道：“且别说你到开封府，就是此时我问你一句，你如果答应得出来，此事便听你去；如若答应不来，你只好隐姓埋名，从此再别想出头了。”艾虎嘻嘻笑道：“待徒弟跪下，你老就审，看是如何。”说罢，他就直挺挺地跪在当地。

兆兰、兆蕙见他这般光景，又是好笑，又是爱惜。只听智爷道："你员外家中犯禁之物，可是你太老爷亲身带来的吗？"艾虎道："回老爷，只因三年前小的太老爷告假还乡，亲手将此物交给小人的主人。小人的主人叫小人托着收在佛楼之上，是小人亲眼见的。"智爷道："如此说来，此物在你员外家中三年了？"艾虎道："是三年多了。"智爷用手在桌上一拍，道："既是三年，你如何今日才来出首，讲！"丁家弟兄听了这一问，登时发怔，暗想道："这当如何对答呢？"只见艾虎从从容容道："回老爷，小人今年才十五岁。三年前小人十二岁，毫无知觉，并不知道知情不举的罪名。皆因我们员外犯罪在案，别人向小人说：'你提防着罢，多半要究出三年前的事来，你就是个隐匿不报的，罪要加等的；若出首了，罪还轻些。'因此小人害怕，急急赶来出首在老爷台下。"兆蕙听了，只乐得跳起来道："好对答，好对答！贤侄你起来吧，第四件是要你去定了。"丁大爷也夸道："果然的好。智大哥，你也可以放心了。"智爷道："言虽如此，且到临期再写两封信，给他也安置安置，方保无虞。如今算起来，就只第二件事不齐备，贤弟且开出个单儿来。"

丁二爷拿过笔砚，铺纸提笔。智爷念道："木车子一辆，大席篓子一个，旧布被褥大小两份，铁锅勺、黄磁大碗、粗碟家伙俱全。老头儿一名，或幼童幼女俱可，一名。外有随身旧布衣服行头三份。"丁大爷在旁看了问道："智大哥，要这些东西何用？"智爷道："实对二位贤弟说，劣兄要到东京盗取圣上的九龙珍珠冠呢。只因马朝贤他乃四执库的总管，此冠正是他管理。再者，此冠乃皇家世代相传之物，轻是动不着的。为什么又要老头儿、幼孩儿合这些东西呢？我们要扮作逃荒的模样，到东京安准了所在，劣兄探明白了四执库，盗此冠须连冠并包袱等全行盗来。似此黄澄澄的东西，如何满路上背着走呢？这就用着席篓子了。一边装上此物，上用被褥遮盖，一边叫幼女坐着，人不知不觉就回来了。故此必要有胆量，能受苦的。老头儿合那幼女，二位贤弟想想，这二人可能有吗？"丁大爷已然听得呆了，丁二爷道："却有个老头儿，名叫裴福。他乃随着先父在镇时，多亏了他，又有胆量，又能受苦。只因他为人直性正气，而且当初出过力，到如今给弟等管理家务。如有不周不备，连弟等都要让他三分。此人颇可去得。"智爷道："伺候过老人家，理应容让他几分。如此说来，这老管家却使得。"丁二爷道："但有一件，若见了他，切不可提出盗冠。须将马强过恶述说一番，然后再说倪太守、欧阳兄被害，他必愤恨，那时再说出此计来，他方没有什么说的，也就乐从了。"智爷听了，满心欢喜，即吩咐伴当将裴福叫来。

不多时，见裴福来到，虽则六旬年纪，却是精神百倍。先见了智爷，后又见了大官人，又见二官人。智爷叫伴当在下首预备个座儿，务必叫他坐了。裴福谢座，便问："呼唤老奴，有何见谕？"智爷说起马强作恶多端，欺压良善，如何霸占田地，如何抢掠妇女。裴福听了，气的他摩拳擦掌。智爷又说出倪太守私访遭害，欧阳春因搭救太守，如今被马强京控，打了挂误官司，不定性命如何。裴福听至此，便按捺不住，立起身来，对丁氏弟兄道："二位官人终朝行侠尚义，难道侠义竟是嘴里空说的吗？似这样的恶贼，何不早早除却？”二爷道：“老人家不要着急。如今智大爷定了一计，要烦老人家上东京走遭，不知可肯去否？”裴福道：“老奴也是闲在这里，何况为救忠臣义士，老奴更当效劳了。”智爷道：“必须要扮作个逃荒的样子，咱二人权作父子，还得要个小女孩儿，咱们父子祖孙三辈儿逃荒，你道如何？”裴福道：“此计虽好，只是大爷受屈，老奴不敢当。”智爷道：“这有什么呢，逢场作戏罢了！”裴福道：“这个小女儿却也现成，就是老奴的孙女儿，名叫英姐，今年九岁，极其伶俐。久已磨着老奴要上东京逛去，莫若就带了他去。”智爷道：“很好，就是如此罢。”商议已定，定日起身。丁大爷已按着单子预备停当，俱各放在船上。待客厅备了饯行酒席，连裴福、英姐不分主仆，同桌而食。吃毕，智爷起身，丁氏弟兄送出庄外，瞧着上了船，方同艾虎回来。

智爷不辞劳苦，由松江奔至镇江，再往江宁，到了安徽，过了长江，至河南境界。弃舟登岸，找了个幽僻去处，换了行头。英姐伶俐非常，一教便会，坐在席篓之中。那边篓内装着行李卧具，挨着把的横小筐内装着家伙，额外又将铁锅扣在席篓旁边，用绳子拴好。裴福跨绊推车，智爷背绳拉纤，一路行来。到了热闹丛中，镇店集场，便将小车儿放下，智爷赶着人要钱，口内还说：“老的老，小的小，年景儿不济，实在的没有营生，你老帮帮啵。”裴福却在车子旁边一蹲，也说道：“众位爷们，可怜啵。俺们不是久惯要钱的，那不是行好呢！”英姐在车上也不闲着，故意揉着眼儿道：“怪饿的，俺两天没吃嘛儿呢。”口里虽然说着，他却偷着眼儿瞧热闹儿。真正三个人装了个活脱儿。

在路也不敢耽搁，一日到了东京。白昼间仍然乞讨，到了日落西山，便有地面上官人对裴福道：“老头子，你这车子这里搁不住吓，趁早儿推开。”裴福道：“请问太爷，俺往那里推吓？”官人道：“我管你吓，你爱往那里推就往那里推。”旁边一人道：“何苦吓，那不是行好呢！叫他推到黄亭上去吧，那里也僻静，也不碍事。”便对裴福道：“老头子，你瞧那不是鼓楼么，过了鼓楼，有个琉璃瓦的黄亭子，那里去好。”裴福谢了。智爷此时还赶着要钱，裴福叫道：“俺的儿吓，你不用跑了，咱走吧。”智爷止步问道：“爹爹吓，咱往哪去？”裴福道：“没有听见那位太爷说呀，咱上黄亭子那行行儿去。”智爷听了，将纤绳背在肩头，拉着往北而来。走不多时，到了鼓楼，果见那边有个黄亭子，便将车子放下。将英姐抱下来，也教他跑跑，活动活动。此时天已昏黑，又将被褥拿下来，就在黄亭子台阶上铺下。英姐困了，叫他先睡。智爷与裴福那里睡得着，一个是心中有事，一个有了年纪。到了夜静更深，裴福悄悄问道：“大爷，今已来至此地，可有什么主意？”智爷道：“今日且过一夜，明日看个机会，晚间俺就探听一番。”正说着，只听那边当当当锣声响亮，原来是巡更的二人，智爷与裴福便不言语。只听巡更的道：“那边是什么？那里来的小车子？”又听有人说道：“你忘了，这就是昨日那个逃荒的，地面上张头儿叫他们在这里。”说着话，打着锣往那边去了。智爷见他们去了，又在席篓里面揭开底屉，拿出些细软饮食，与裴福二人吃了，方和衣而卧。

到了次日，红日尚未东升，见一群人肩头担着铁锨、锄头，又有抬着大筐、绳杠，说说笑笑顺着黄亭子而来。他便迎了上去道："行个好吧，太爷们舍个钱吧。"其中就有人发话道："大清早起，也不睁开眼瞧瞧，我们是有钱的吗？我们还不知合谁要钱呢。"又有人说："这样一个小伙子，什么干不得，却手背朝下合人要钱，也是个没出息的。"又听有人说道："倒不是没出息儿，只因他叫老的老小的小累赘了。你瞧他这个身量儿，管保有一膀子好活。等我和他商量商量。"

你道这个说话的是谁？且听下回分解。

第八十回　假做工御河挖泥土　认方向高树捉猴狲

话说智爷正向众人讨钱，有人向他说话，乃是个工头。此人姓王，行大。因前日他曾见过有逃难的小车，恰好做活的人不够用，抓一个是一个，便对智爷道："伙计，你姓什么？"智爷道："俺姓王，行二。你老贵姓？"王大道："好，咱们是当家子，我也姓王。有一句话对你说，如今紫禁城内挖御河，我瞧你这个样儿怪可怜的，何不跟了我去做活呢？一天三顿饭，额外还有六十钱。有一天，算一天。你愿意不愿意？"智爷心中暗喜，尚未答言，只见裴福过来道："敢则好，什么钱不钱的，只要叫俺的儿吃饱了就完了。"王大把裴福瞧了瞧，问智爷道："这是谁？"智爷道："俺爹。"王大道："算了罢，算了罢。你不用说了，我的怯哥哥。"对着裴福道："告诉你，皇上家不使白头工，这六十钱必是有的。你若愿意，叫你儿子去。"智爷道："爹吓，你老怎么样呢？"裴福道："你只管干你的去，身去口去，俺与小孙女哀求哀求，也就够吃的了。"王大道："你只管放心。大约你吃饱了，把那六十钱拿回来，买点子饽饽、饼子，也就够他们爷儿俩吃的了。"智爷道："就是这么着。咱就走。"王大便带了他，奔紫禁城而来。

一路上，这些做工的人欺侮他是怯坎儿，这个叫："王第二的！"智爷道："怎么？"这个说："你替我扛着这六把锹。"智爷道："使得。"接过来，扛在肩头。那个叫："王第二的！"智爷道："怎么？"那个说："你替我扛着这五把镢头。"智爷道："使得。"接过来也扛在肩头。大家捉呆子，你也叫扛，我也叫扛，不多时，智爷的两肩头犹如铁锹镢头山一般。王大猛然回头一看，发话道："你们这是怎么说呢？我好容易找了个人来，你们就欺侮。赶到明儿你们挤跑了他，这图什么呢？也没见王第二的你这么傻，这堆的把脑袋都夹起来了，这是什么样儿呢？"智爷道："扛扛罢咧，怕咱的！"说的众人都笑了，才各自把各自的家伙拿去。

一时来到紫禁门，王头儿递了腰牌，注了人数，按名点进。到了御河，大家按档儿做活。智爷拿了一把铁锹，撮得比人多，掷的比人远，而且又快。旁边做活的道：

"王第二的!"智爷道:"什么?"旁边人道:"你这活计不是这么做。"智爷道:"怎么?挖的浅咧?做得慢咧?"旁边人道:"这还浅?你一锹,我两锹也不能那样深。你瞧你挖了多大一片,我才挖了这一点儿。俗语说的:'皇上家的工,慢慢儿地蹭。'你要这么做,还能吃的长么?"智爷道:"做得慢了,他们给饭吃吗?"旁边人道:"都是一样,慢了,他能不给谁吃呢?"智爷道:"既是这样,俺就慢慢地。"旁边人道:"是了。来罢,你先帮着我搓搓啵。"智爷道:"俺就替你撮撮。"哈下腰,替那人正撮时,只见王头儿叫道:"王第二的!"智爷道:"怎么?"王大道:"上来罢,吃饭了。你难道没听见梆子响吗?"智爷道:"没大理会,怎么刚做活就吃饭咧?"王大道:"我告诉你,每逢梆子响,是吃饭;若吃完了,一筛锣,就该做活了。天天如此,顿顿如此。"智爷道:"是了,俺知道了。"王大带到吃饭的所在,叫他拿碗盛饭。智爷果然盛了饭,大口小口地吃了个喷鼻儿香。细想,智爷他乃公子出身,如何吃过这样的粗粝淡饭,做过这样的辛苦活计?只因他为了忠臣义士乔装至此,也就说不得了。再者,有造化之人,自有另外的福气。虽然是粗粝淡饭,他吃着也如同珍馐美味。王大在旁见他尽吃空饭,便告诉他道:"王第二的,你怎么不吃咸菜呢?"智爷道:"怎么还吃那行行儿,不刨工钱吓?"王大道:"你只管吃,那不是卖的。"智爷道:"俺知不道呢,敢则也是白吃的,哼!"有咸菜吃的更香,一天三顿,皆是如此。

到晚散工时,王头儿在紫禁门按名点数出来,一人给钱一份。智化随着众人回到黄亭子,拿着六十钱见了裴福道:"爹吓,俺回来了。给你这个,短三天就是二百钱。"裴福道:"吃了三顿饭,还得钱,真是造化咧。"王头道:"明早我还从此过,你仍跟了我去。"智爷道:"是咧。"裴福道:"叫你老分心,你老行好得好吧。"王头道:"好说,好说。"回身去了。智爷又问道:"今日如何乞讨?"裴福告诉他:"今日比昨日容易多了。见你不在跟前,都可怜我们,施舍的多。"彼此欢喜。到了无人之时,又悄悄计议说:"这一做工,倒合了机会。只要探明了四执库,便可动手了。"

一宿晚景已过,到了次日,又随着进内做活。到了吃晌饭时,吃完了,略略歇息。只听人声一阵一阵的喧哗,智化不知为着何事,左右留神。只见那边有一群人,都仰面望上观瞧。智爷也凑了过去,仰面一看,原来树上有个小猴儿,项带锁链,在树上跳跃。又见有两个内相公公,急的只是搓手道:"可怎么好。算了罢,不用只是笑了。你们只顾大声小气的嚷,嚷得里头听见了,叫咱家担不是,叫主子瞧见了,那才是个大乱儿呢。这可怎么好呢?"智爷瞧着,不由得顺口儿说道:"那值嘛呢,上去就拿下来了。"内相听了,刚要说话,只见王头儿道:"王第二的,你别呀。你就只做你的活就完咧,多管什么闲事呢!你上去万一拿跑了呢,再者倘或摔了那里呢,全不是玩的。"刚说至此,只听内相道:"王头儿,你也别呀。咱家待你洒好儿的。这个伙计他既说能上去拿下来,这有什么呢,难道咱家还难为他不成!你要是这么着,你这头儿也就提防着罢。"王头儿道:"老爷别怪我。我唯恐他不能拿下来,那时拿跑了,倒耽误事。"内相道:"跑了就跑了,也不与你相干。"王头儿道:"是了老爷,你老只管支使他罢,我不管了。"内相对智化道:"伙计,咱家托付你,上树给咱家拿下来罢。”智爷道：“俺不会上树吓。”内相回头对王头儿道：“如何？全是你闹的，他立刻不会上树咧！今晚上散工时，你这些家伙别想拿出去咧！”王头儿听了着急，连忙对智爷道：“王第二的，你能上树你上去给他老拿拿罢，不然晚上我的铁锹、镢头不定丢多少，我怎么交得下去呢！”智爷道：“俺先说下，上去不定拿得住拿不住，你老不要见怪。”内相说：“你只管上去，跑了也不怪你。”

智爷原因挖河，光着脚儿穿着双大曳拔靸鞋。来到树下，将靸鞋脱下，光着脚儿，双手一搂树本，把两腿一蜷，哧哧哧，犹如上面的猴子一般。谁知树上的猴子见有人上来，他连蹿带跳已到树杪之上。智爷且不管他，找了个大杈枒坐下，明是歇息，却暗暗的四下里看了方向。众人不知用意，却说道：“这可难拿了，那猴儿蹲的树枝儿多细儿，如何禁得住人呢？”王头儿捏着两把汗，又怕拿不住猴儿，又怕王第二的有失闪，连忙拦说：“众位瞧就是了，莫乱说，越说他在上头越不得劲儿。”拦之再三，众人方哑静了。智爷在上面见猴子蹲在树梢，他却端详，见有个斜楂枒，他便奔到斜枝上面。那树枝儿连身子乱晃，众人下面瞧着个个耽惊。只见智爷喘息了喘息，等树枝儿稳住，他将脚丫儿慢慢地一抬，够着耷拉的锁链儿，将趾头一扎煞，拢住锁链。又把头上的毡帽摘下来，做个兜儿。脚趾一蜷，往下一沉，猴子在上面蹲不住，咭嚠咭嚠一阵乱叫，掉将下来。他把毡帽一接，猴儿正掉在毡帽里面。连忙将毡帽檐儿一摺，就用锁链捆好，衔在口内，两手倒把顺流而下，毫不费力。众人无不喝彩。

智爷将猴儿交与内相，内相眉开眼笑道：“叫你受乏了，你贵姓吓？”智爷道：“俺姓王，行二。”内相回手在兜肚内掏出两个一两重的小元宝儿，递与智爷道：“给你这个，你别嫌轻，喝碗茶罢。”智爷接过来一看，道：“这是嘛行行儿？”王头道：“这是银锞儿。”智爷道：“要他干嘛耶？”王头儿道：“这个换得出钱来。”智爷道：“怎么，这铅块块儿也换得出钱来？”内相听了笑道：“真是怯条子。那不是铅，是银子，那值好几吊钱呢。”又对王头儿道：“咱家看他真诚实，明日头儿给他找个轻松档儿，咱家还要单敬你一杯呢。”王头儿道：“老爷吩咐，小人焉敢不遵，何用赏酒呢。”内相道：“说给你酒喝，咱家再不撒谎。你可不许分他的。”王头道：“小人不至于那么下作，他登高爬梯，担惊受怕的得的赏，小人也忍得分他的？”内相点了点头，抱着猴子去了。这里众人仍然做活。

到了散工，王头同他到了黄亭子，把得银之事对裴福说了。裴福欢天喜地，千恩万谢。智化又装傻道：“爹吓，咱有了银子咧，治他二亩地，盖他几间房子，买他两只牛咧。”王头儿忙拦住道：“够了，够了。算了罢，你这二两来的银子，干不了这些事。怎么好呢，没见过世面。治二亩地、几间房子，还要买牛咧、买驴的，统共拢儿够买个草驴旦子的。尽搅么！明日我还是一早来找你。”智爷道：“是了，俺在这里恭候。”王头道：“是不是，刚吃了两天饱饭，有了二两银子的家当儿，立刻就撇起京腔来了，你又恭候咧！”说笑着就去了。

到了次日，一同进城。智爷仍然拿了铁锹，要做活去。王头道：“王第二的，你且搁下那个。”智爷道：“怎么，你不叫俺弄了？”王头道：“这是什么话，谁不叫你弄了？连前儿个，我吃了你两三个乌涂的了。你这里来看堆儿罢。”智爷道：“俺看着这个不做活，也给饭吃耶？”王头道：“照旧吃饭，仍然给钱。”智爷道：“这倒好了，任嘛儿不干，吃饱了竟蹲膘，还给钱儿。这倒是钟鼓楼上雀儿，成了乐鸽子了。”王头道：“是不是，又闹起怯燕儿孤来了。我告诉你说，这是轻松档儿，省得内相老爷来了……”刚说至此，只见他又悄悄地道：“来了，来了。”早见那边来的恰是昨日的小内相，捧着一个金丝累就、上面嵌着宝石蟠桃式的小盒子，笑嘻嘻地道：“王老二，你来了吗？”智爷道：“早就来了。”内相道：“今日什么档儿？”智爷道：“叫俺看看堆儿。”内相道：“这就是了。我们老爷怕你还做活，一来叫我瞧瞧，二来给你送点心，你自尝尝。”智爷接过盒子道：“这挺硬的，怎么吃耶？”内相哈哈笑道：“你真怄人！你到底打开呀，谁叫你吃盒子呢？”智爷方打开盒子，见里面皆是细巧炸食。拿起来掂了掂，又闻了闻，仍然放在盒内，动也不动，将盒盖儿盖上。内相道：“你为什么不吃呢？”智爷道：“咱有爹，这样好的东西，俺拿回去给咱爹吃去。”内相此时听了，笑着点头儿道：“咱爹不咱爹的，倒不挑你。你是好的，倒有孝心。既是这样，连盒子先搁着，少时咱家再来取。”

到了午间，只见昨日丢猴儿的内相带着送吃食的小内相，二人一同前来。王头看见，连忙迎上来。内相道：“王头儿，难为你。咱家听说你叫王第二的看堆儿，很好。来，给你这个。”王头儿接来一看，也是两个小元宝儿。王头儿道：“这有什么呢，又叫老爷费心。”连忙谢了。内相道：“什么话呢，说给你喝，焉有空口说白话的呢。王第二的呢？”王头儿道：“他在那里看堆儿呢。”连忙叫道：“王第二的！”智爷道：“做嘛耶，俺这里看堆儿呢。”王头儿道：“你这里来罢，那些东西不用看着，丢不了。”智爷过来，内相道：“听说你很有孝心，早起那个盒子呢？”智爷道：“在那里放着没动呢。”内相道：“你拿来，跟了我去。”

智爷到那里拿了盒子，随着内相到了金水桥上。只听内相道：“咱家姓张。见你洒好的，咱家给你装了一匣子小炸食，你拿回去给你爹吃。你把盒子里的吃了罢。”小内相打开盒子，叫他拿衣襟兜着吃。智爷一起吃，一壁说道：“好个大庙，盖的虽好，就只门口儿短个戏台。”内相听了，笑得前仰后合道：“你呀，怯的都不怯了。难道你在乡下，就没听见说过皇宫内院吗？竟会拿着这个当大庙？要是大庙，岂止短戏台，难道门口儿就不立旗杆吗？”智爷道：“那边不是旗杆吗？”内相笑道：“那是忠烈祠合双义祠的旗杆。”智爷道：“这个大殿呢？”内相道：“那是修文殿。”智爷道：“那后稿阁呢？”内相笑道：“什么后稿阁呢，那是耀武楼。”智爷道：“那边又是嘛去处呢？”内相道：“我告诉你，那边是宝藏库，这是四执库。”智爷道：“这是四直库？”内相说：“哦。”智爷道：“俺瞧着这房子全是盖的四直吓，并无有歪的呀，怎么单说他四直呢？”内相笑道：“那是库的名儿，不是盖的四直。你瞧，那边是缎匹库，这边是筹备库。”智爷暗暗将方向记明，又故意地说道：“这些房子盖的虽好，就只短了一样儿。”内相道：“短什么？”智爷道：“各房上全没有烟筒，是不是？”内相听了，笑了个不了，道："你真呕死人，笑的我肚肠子都断了。你快拿了匣子去吧，咱家也要进宫去了。"智爷见内相去后，他细细的端详了一番，方携了匣子回来。

到了晚间散工，来至黄亭子，见了裴福，又是欢喜，又是担惊。及至天交二鼓，智爷扎缚停当，带了百宝囊，别了裴福，一直竟奔内苑而来。

不知后文如何，且听下回分解。

第八十一回 盗御冠交托丁兆蕙 拦相轿出首马朝贤

且说黑妖狐来至皇城，用如意绦越过皇墙，已至内围。他便施展生平武艺，走壁飞檐。此非寻常房舍墙垣可比：墙呢是高的，房子是大的，到处一层层皆是殿阁，琉璃瓦盖成，脚下是滑的。并且各所在皆有上值之人，要略有响动，那是玩的吗？好智化，轻移健步，跃脊蹿房，所过处皆留暗记，以便归路熟识。飕飕飕，一直来到四执库的后坡。数了数瓦垄，便将瓦揭开，按次序排好；把灰土扒在旁边。到了锡被，四围用利刃划开，望板也是照旧排好，早已露出了椽子来。又在百宝囊中取出连环锯，斜岔儿锯了两根，将锯收起。用如意绦上的如意钩搭住，手握丝绦，刚捯了两三把，到了天花板。揭起一块，顺流而下。脚踏实地，用脚尖滑步而行，唯恐看出脚印儿来。

刚要动手，只见墙那边墙头露出灯光，跳下人来道："在这里，有了。"智爷暗说不好，急奔前面坎墙，贴伏身体，留神细听。外边却又说道："有了三个了。"智化暗道："这是找什么呢？"忽又听说道："六个都有了。"复又上了墙头，越墙去了。原来是隔壁值宿之人，大家掷骰子，耍急了，隔墙儿把骰子扔过来了。后来说合了，大家圆场儿，故此打了灯笼跳过墙来找。"有了三个"，又"六个全有了"，说的是骰子。

且言智爷见那人上墙过去了，方引着火扇一照，见一溜朱红槅子上面有门儿，俱各粘贴封皮，锁着镀金锁头。每门上俱有号头，写着"天字一号"就是九龙冠。即伸手掏出一个小皮壶儿，里面盛着烧酒，将封皮洇湿了，慢慢揭下。又摸着锁头儿，锁门是个工字儿的，即从囊中取出一都噜配好的钥匙，将锁轻轻开开。轻启朱门，见有黄包袱包定冠盒，上面还有象牙牌子，写着"天字第一号九龙冠一顶"，并有"臣某跪进"。也不细看，智爷兢兢业业请出，将包袱挽手打开，把盒子顶在头上，两边挽手往自己下巴底下一勒，紧了个结实。然后将朱门闭好，上了锁。恐有手印，又用袖子擦擦。回手百宝囊中取出油纸包儿里面糨子，仍把封皮粘妥，用手按按。复用火扇照了一照，再无形迹。脚下却又滑了几步，弥缝脚踪，方拢了如意绦，倒扒而上。到了天花板上，单手拢绦，脚下绊住，探身将天花板放下安稳。翻身上了后坡，立住脚步，将如意绦收起。安放斜岔儿椽子，抹了油腻子，丝毫不错；搭瞭望板，盖上锡被，将灰土俱各按垄堆好，挨次儿稳了瓦。又从怀中取出小笤帚扫了一扫灰土，纹丝儿也是不露。收什已毕，离了四执库，按旧路归来，到处取了暗记儿。此时已五更天了。

他只顾在这里盗冠，把个裴福急得坐立不安，心内胡思乱想。由三更盼到四更，自四更盼到五更，盼得老眼欲花。好容易见那边影影绰绰似有人影，忽听锣声震耳，偏偏巡更的来了。裴福唬的胆裂魂飞。只见那边黑影一蹲，却不动了。巡更地问道："那是什么人？"裴福忙插口道："那是俺的儿子出恭呢，你老歇歇去吧。"更夫道："巡逻要紧，不得工夫。"当当当打着五更，往北去了。裴福赶上一步，智爷过来道："巧极了，巡更的又来了，险些儿误了大事！"说罢，急急解下冠盒。裴福将席篓子底屉儿揭开，智化安放妥当，盖好了屉子。自己脱了夜行衣，包裹好了，收藏起来，上面用棉被褥盖严。此时，英姐尚在睡熟未醒。裴福悄悄问道："如何盗冠？"智化一一说了，把个裴福唬的半天作声不得。智爷道："功已成了，你老人家该装病了！"到了天明，王头儿来时，智化假意悲啼，说："俺爹昨夜偶然得病，闹了一夜，不省人事，俺只得急急回去。"王头儿无奈，只得由他。英姐不知就里，只当他祖父是真病呢，他却当真哭起来了。智爷推着车子，英姐跟步而行，哭哭啼啼，一路上有知道他们是逃荒的，无不嗟叹。出了城门，到了无人之处，智化将裴福唤起，把英姐抱上车去，背起绳绊，急急赶路。离了河南，到了长江，乘上船一帆风顺。

一日来到镇江口，正要换船之时，只见那边有一只大船，出来了三人，却是兆兰、兆蕙、艾虎。彼此见了俱各欢喜，连忙将小车搭跳上船，智爷等也上了大船。到了舱中，换了衣服，大家就座。双侠便问："事体如何？"智爷说明原委，甚是畅快。趁着顺风，一日到了本府。在停泊之处下船，自有庄丁、伴当接待，推小车一同进庄。来至待客厅，将席篓搭下来安放妥当，自然是饮酒接风。智化又问丁二爷如何将冠送去，兆蕙道："小弟已备下钱粮筐了，一头是冠，一头是香烛、钱粮，又洁净，又灵便，就说奉母命天竺进香。兄长以为何如？"智爷道："好。但不知在何处居住？"二爷道："现有周老儿名叫周增，他就在天竺开设茶楼，小弟素来与他熟识，且待他有好处。他那里楼上极其幽雅，颇可安身。"智爷听了，甚为放心。饮酒吃饭之后，到了夜静更深，左右无人，方将九龙珍珠冠请出供上，大家行了礼，才打开瞻仰了瞻仰。此冠乃赤金累龙，明珠镶嵌。上面有九条金龙，前后卧龙，左右行龙，顶上有四条搅尾龙捧着一个团龙。周围珍珠不计其数，单有九颗大珠，晶莹焕发，光芒四射。再衬着赤金明亮，闪闪灼灼，令人不能注目。大家无不赞扬，真乃稀奇之宝。好好包裹了，放在钱粮筐内，遮盖严密。到了五鼓，丁二爷带了伴当，离了茉花村，竟奔中天竺而去。

迟不几日回来，大家迎至厅上，细问其详。丁二爷道："到了中天竺，就在周老茶楼居住。白日进了香，到了晚间托言身体乏困，早早上楼安歇。周老唯恐惊醒于我，再也不敢上楼，因此趁空儿到了马强家中。佛楼之上果有极大的佛龛三座，我将宝冠放在中间佛龛左边隔扇的后面，仍然放下黄缎佛帘，人人不能理会。安放妥当，回到周家楼上，已交五鼓。我便假装起病来，叫伴当收拾起身。周老哪里肯放，务必赶做羹汤、暖酒。他又拿出四百两银子来，要归还原银，我也没要，急急地赶回来了。”大家听了，欢喜非常。唯有智爷瞅着艾虎，一语不发。

但见小爷从从容容说道：“丁二叔既将宝冠放妥，侄儿就要起身了。”兆兰、兆蕙听了此言，倒替艾虎为难，也就一语不发。只听智化道：“艾虎吓，我的儿！此事全为忠臣义士起见，我与你丁二叔方涉深行险，好容易将此事做成。你若到了东京，口齿中稍有含糊，不但前功尽弃，只怕忠臣义士的性命也就难保了。”丁氏弟兄极口答道：“智大哥此话是极，贤侄你要斟酌。”艾虎道：“师父与二位叔父但请放心。小侄此去，此头可断，此志不可回！此事再无不成之理。”智爷道：“但愿你如此。这有书信一封，你拿去找着你白五叔，自有安置照应。”小侠接了书信，揣在里衣之内，提了包裹，拜别智爷与丁大爷、丁二爷。他三人见他小小孩童干此关系重大之事，又是担心，又是爱惜，不由得送出庄外。艾虎道：“师父与二位叔父不必远送，艾虎就此拜别了。”智化又嘱咐道：“御冠在佛龛中间左边隔扇的后面，要记明了。”艾虎答应，背上包裹，头也不回，扬长去了。请看艾虎如此的光景，岂是十五岁的小儿？差不多有年纪的，也就甘拜下风！他人儿虽小，胆子极大，而且机变、谋略俱有。这正是“有智不在年高，无智空活百岁”。

这艾虎在路行程，不过是饥餐渴饮。一日来到开封府，进了城门，且不去找白玉堂，他却先奔开封府署，要瞧瞧是什么样儿。不想刚到衙门前，只见那边喝道之声，驱逐闲人，说太师来了。艾虎暗道：“巧咧，我何不迎将上去呢？”趁着忙乱之际，见头踏已过，大轿看看切近，他却从人丛中钻出来，迎轿跪倒，口呼：“冤枉吓，相爷，冤枉！”包公在轿内见一个小孩子拦轿鸣冤，吩咐带进衙门。“哦。”左右答应一声，上来了四名差役，将艾虎拢住，道：“你这小孩子淘气的很，开封府也是你戏耍的么？”艾虎道：“众位别说这个话。我不是顽来了，我真要告状。”张龙上前道：“不要惊唬于他。”问艾虎道：“你姓什么？今年多大了？”艾虎一一说了。张龙道：“你状告何人？为着何事？”艾虎道：“大叔，你老不必深问。只求你老带我见了相爷，我自有话回禀。”张龙听了此言，暗道：“这小孩子竟有些意思。”

忽听里面传出话来：“带那小孩子。”张龙道：“快些走吧，相爷升了堂了。”艾虎随着张龙到了角门，报了名，将他带至丹墀上，当堂跪倒。艾虎偷眼往上观瞧，见包公端然正座，不怒自威；两旁罗列衙役，甚是严肃，真如森罗殿一般。只听包公问道：“那小孩子姓甚名谁，状告何人，诉上来。”艾虎道：“小人名叫艾虎，今年十五岁，乃马员外马强的家奴。”包公听说马强的家奴，便问道：“你到此何事？”艾虎道：“小人特为出首一件事。小人却不知道什么叫出首。只因这宗事小人知情，听见人说知情不举，罪加一等。故此小人前来，在相爷跟前言语一声儿，就完了小人的事了。”包公道：“慢慢讲来。”艾虎道：“只因三年前我们太老爷告假还乡……”包公道：“你家太老爷是谁？”艾虎伸出四指道：“就是四指库的总管马朝贤，他是我们员外的叔叔。”包公听了暗想道：“必是四执库总管马朝贤了，小孩子不懂得四执，拿着当了四指库。"又问道:"告假还乡,怎么样了?"艾虎道:"小人的太老爷坐着轿,到了家中,抬至大厅之上,下了轿就叫左右回避了。那时小人跟着员外,以为是个小孩子,却不避讳。只见我们太老爷从轿内捧出个黄龙包袱来,对着小人的员外悄悄说道:'这是圣上九龙冠,咱家顺便带来,你好好的供在佛楼之上。将来襄阳王爷举事,就把此冠呈献。千万不可泄露。'我家员外就接过来了,叫小人托着。小人端着沉甸甸的,跟了员外上了佛楼。我们员外就放在中间佛龛的左边隔扇后面了。"包公听了暗暗吃惊,连两旁的衙役无不骇然。

只听包公问道:"后来便怎么样?"艾虎道:"后来也不怎么样。一来二去,我也大些了,常听见人说'知情不举,罪加一等',小人也不理会。后来又有人知道了,却向小人打听,小人也就告诉他们。他们都说:'没事便罢,若有了事,你就是知情不举!'到了新近,小人的员外拿进京来,就有人和小人说:'你提防着罢,员外这一到京,若把三年前的事儿叨登出来,你就是隐匿不报的罪名!'小人听了害怕,比不得三年前人事不知、天日不懂的,如今也觉明白些了。越想越不是玩的,因此小人赶至京中。小人却不是出首,止于把此事说明了,就与小人不相干了。"包公听毕,忖度了一番,猛然将惊堂木一拍,道:"我把你这狗才,你受了何人主使,竟敢在本阁跟前陷害朝中总管与你家主人,是何道理?还不与我从实招上来!"左右齐声吆喝道:"快说,快说!"

未知艾虎如何答对,且听下回分解。

第八十二回 试御刑小侠经初审 遵钦命内宦会五堂

且说艾虎听包公问他是何人主使,心中暗道:"好厉害!怪道人人说包相爷断事如神,果然不差。"他却故意惊慌道:"没有什么说的。这倒为了难了:不报罢,又怕罪加一等;报了罢,又说被人主使。要不就算没有这宗事,等着我们员外说了,我再呈报如何?"说罢站起身来就要下堂。两边衙役见他小孩子不懂官事,连忙喝道:"转来,转来!跪下,跪下!"艾虎复又跪倒。包公冷笑道:"我看你虽是年幼顽童,眼光却是诡诈。你可晓得本阁的规矩吗?"艾虎听了,暗暗打个冷战道:"小人不知什么规矩。"包公道:"本阁有条例,每逢以下犯上者,俱要将四肢铡去。如今你既出首你家主人,犯了本阁的规矩,理宜铡去四肢。来哦,请御刑。"只听两旁发一声喊,王、马、张、赵将狗头铡抬来,撂在当堂,抖去龙袱。只见黄澄澄、冷森森一口铜铡,放在艾虎面前。小侠看了,虽则心惊,暗暗自己叫着自己:"艾虎吓,艾虎,你为救忠臣义士而来,慢说铡去四肢,纵然腰断两截,只要成了名,千万不可露出马脚来!"忽听包公问道:"你还不说实话吗?"艾虎故意颤巍巍的道:"小人实实害怕,唯恐罪加一等，不得已呈诉吓。相爷呀！”包公命去鞋袜。张龙、赵虎上前，左右一声呐喊，将艾虎丢翻在地，脱去鞋袜。张、赵将艾虎托起，双足入了铡口。王朝掌住铡刀，手拢鬼头靶，面对包公，只等相爷一摆手，刀往下落，不过咯吱一声，艾虎的脚丫儿就结了。张龙、赵虎一边一个架着艾虎，马汉提了艾虎的头发，面向包公。包公问道：“艾虎，你受何人主使，还不快招吗？”艾虎故意哀哀地道：“小人就知害怕，实实没有什么主使的。相爷不信，差人去取珠冠，如若没有，小人情甘认罪。”

包公点头道：“且将他放下来。”马汉松了头发，张、赵二人连忙将他往前一搭，双足离了铡口。王朝、马汉将御刑抬过一边。此时慢说艾虎心内落实，就是四义士等无不替艾虎侥幸的。

包公又问道：“艾虎，现今这顶御冠还在你家主佛楼之上吗？”艾虎道：“现在佛楼之上。回相爷，不是玉冠，小人的太老爷说是九龙珍珠冠。”包公问实了，便吩咐将艾虎带下去。该值的听了，即将艾虎带下堂来。早有禁子郝头儿接下差使，领艾虎到了监中单间屋里，道：“少爷，你老这里坐吧，待我取茶去。”少时，取了新泡的盖碗茶来。艾虎暗道：“他们这等光景，别是要想钱吧？怎么打着官司的称呼少爷，还喝这样的好茶？这是什么意思呢？”只见郝头儿悄悄与伙计说了几句话，登时摆上菜蔬，又是酒，又是点心，并且亲自殷勤斟酒，闹得艾虎反倒不得主意了。忽听外面有人嗤嗤的声音，郝头儿连忙迎了出来，请安道：“小人已安置了少爷，又孝敬了一桌酒饭。”又听那位官长说道：“好，难为你了。赏你十两银子，明日到我下处去取。”郝头儿叩头谢了赏。只听那位官长吩咐道：“你在外面照看，我和你少爷有句话说，呼唤时方许进来。”郝禁子连连答应，转身在监口拦人。凡有来的，他将五指一伸，努努嘴，摆摆手，那人见了，急急退去。

你道此位官长是谁？就是玉堂白五爷。只因听说有个小孩子告状，他便连忙跑到公堂之上，细细一看，认得是艾虎，暗暗道：“他到此何事？”后来听他说出缘由，惊骇非常。又暗暗揣度了一番，竟是为倪太守、欧阳兄而来，不由得心中踌躇道：“这样一宗大事，如何搁在小孩子身上呢？”忽听公座上包公发怒说：“请御刑。”白五爷只急得搓手，暗道：“完了，完了！这可怎么好？”自己又不敢上前，唯有两眼直勾勾瞅着艾虎。及至艾虎一口咬定，毫无更改，白五爷又暗暗夸奖道：“好孩子，真是强将手下无弱兵。这要是从铡口里爬出来，方是男儿。”后来见包公放下艾虎，准了词状，只乐得心花俱开，便从堂上溜了下来。见了郝禁子，嘱咐道：“堂上鸣冤的是我的侄儿，少时下来，你要好好照应。”郝禁子哪敢怠慢，故此以“少爷”称呼，伺候茶水酒饭，知道白五爷必来探监，为的是当好差使，又可于中取利。果然，白五爷来了就赏了十两银子，叫他在外瞭望，五爷便进了单屋。

艾虎抬头见是白玉堂，连忙上前参见。五爷悄悄道：“贤侄，你好大胆，竟敢在开封府弄玄虚，这还了得！我且问你，这是何人主意？因何贤侄不先来见我呢？”艾虎见问，将始末情由述了一遍，道：“侄儿临来时，我师父原给了一封信，叫侄儿找白五叔。侄儿一想，一来恐事不密，露了形迹；二来可巧遇见相爷下朝，因此侄儿就喊了冤了。”说着话，将书信从里衣内取出递与玉堂。玉堂接来拆看，无非托他暗中调停，不叫艾虎吃亏之意。将书看毕，暗自忖道：“这明是艾虎自逞胆量，不肯先投书信，可见高傲，将来竟自不可限量呢。”便对艾虎道：“如今紧要关隘已过，也就可以放心了。方才我听说你的口供打了摺底，相爷明早就要启奏了，且看旨意如何再做道理。你吃了饭不曾？”艾虎道：“饭倒不消，就只酒……”说至此便不言语。白五爷问道：“怎么，没有酒？”艾虎道：“有酒。那点点儿，刚喝了五六碗就没了。”白玉堂听了，暗道：“这孩子敢则爱喝，其实五六碗也不为少。”便唤道：“郝头儿呢？”只听外面答应，连忙进来。五爷道：“再取一瓶酒来。”郝禁子答应去了。白五爷又嘱咐道：“少时酒来，撙节而饮，不可过于贪杯。知道明日是什么旨意呢？你也要留神提防着。”艾虎道：“五叔说的是，侄儿再喝这一瓶就不喝了。”白玉堂也笑了。郝头儿取了酒来，白五爷又嘱咐了一番方才去了。

果然，次日包相将此事递了奏折。仁宗看了，将摺留住细细揣度。偶然想起：“兵部尚书金辉曾具摺二次，说朕的皇叔有谋反之意，是朕一时之怒，将他贬谪。如何今日包卿摺内又有此说呢？事有可疑。”即宣都堂陈林，密旨派往稽查四执库。老伴伴领旨，带令手下人等，传了马朝贤，宣了圣旨。马朝贤不知为着何事，见是都堂奉钦命而来，敢不禀遵？只得随往，一同上库验了封，开了库门，就从朱槅“天字一号”查起。揭开封皮，开了锁，拉开朱门一看：罢咧，却是空的！陈公公问道：“这九龙珍珠冠那里去了？”谁知马朝贤见没了此冠，已然唬的面目焦黄，如今见都堂一问，那里还答应地上来，张着嘴，瞪着眼，半晌说了一句：“不、不、不知道。”陈公公见他神色惊慌，便道：“本堂奉旨查库者，就是为查此冠。如今此冠既已不见，本堂只好回奏，且听旨意便了。”回头吩咐道：“孩儿们，把马总管好好看起来。”陈公公即时复奏。圣上大怒，即将总管马朝贤拿问，就派都堂审讯。陈公公奏道：“现有马朝贤之侄马强在大理寺审讯，马朝贤既然监守自盗，他侄儿马强必然知情，理应归大理寺质对。”天子准奏，将原摺并马朝贤俱交大理寺。天子传旨之后，恐其中另有情弊，又特派刑部尚书杜文辉、都察院总宪范仲禹、枢密院掌院颜查散，会同大理寺文彦博，隔别严加审讯。

此旨一下，各部院堂官俱赴大理寺，唯有枢密院颜查散颜大人刚要上轿，只见虞候手内拿一字柬回道："白五老爷派人送来，请大人即开。"颜查散接过拆阅，原来是白玉堂托付照应艾虎。颜大人道："是了，我知道了，叫来人回去罢。"虞候传出话去。颜大人暗暗想道："此系奉旨交审的案件，难以徇情，只好临期看机会便了。"上轿来至大理寺。众位堂官会了齐，大家俱看了原摺，方知马朝贤监守白盗，其中有襄阳王谋为不轨的话头，个个骇目惊心。彼此计议，范仲禹道："少时都堂到来，固然先问这小孩子。真伪莫辨，莫若如此如此，先试探他一番如何？"大家深以为然。又都向文大人问了问马强一案审的如何，文大人道："这马强强梁霸道，俱已招承，唯独一口咬定倪太守结连大盗，抢掠他的家私一节。已将北侠欧阳春拿到，原来是个侠客义士，倪太守多亏他救出。至于抢掠之事，概不知情，坚不承认。下官问过几堂，见他为人正直，言语豪爽，绝非劫掠大盗。下官已派人暗暗访查去了。如今既有艾虎，他是马强家奴，他家被劫，他自然知道的，此事也可以问他。"大家称是。

忽见禀道："都堂到了。"众大人迎至丹墀，只见陈公公下轿抢行几步，与众位大人见了，说道："众位大人早到了，恕咱家来迟。只因圣上为此震怒，懒进饮食，还是我宛转进谏，圣上方才进膳。咱家伺候膳毕，急急赶到，所以来迟。"彼此到了公堂之上，见设着五堂公位，大家挨次而坐。陈公公道："众位大人还没有问问吗？"众人道："专等都堂到来，我等已计议了一番。"便将方才商酌的话说了。陈公公道："众位大人高见不差。很好，就是如此罢。"吩咐先带艾虎。左右一声喊，接连不断："带艾虎！带艾虎！"小爷在开封府经过那样风波，如今到了大理寺，虽则是五堂会审，他却毫不介意。上得堂来，双膝跪倒，两只眼睛滴溜都噜，东瞧西看。陈公公先就说道："啊吓，咱家只道什么艾虎呢，原来是个小孩子。看他浑浑实实，却倒伶伶俐俐的。你今年多大？"艾虎道："小人十五岁了。"陈公公道："你小小年纪，有什么冤屈，竟敢告状呢？大着点声儿，说给众位大人听。"艾虎将昨日在开封府的口供说了一遍，又说道："包相爷要将小人四肢铡去，小人实在是畏罪之故，并不敢陷害主人。因此蒙相爷施恩，方准了小人的状子。"说罢，向上叩头。

陈公公听了，对着众人说道："众位大人俱各听明了，有什么问的，只管问。咱家虽是奉旨钦派，然而咱家只知进御当差，这案子上头甚不明白。"只听杜大人问道："艾虎，你在马强家几年了？"艾虎道："小人自幼儿就在那里。"杜大人道："三年前，你家太老爷交给你主人的九龙冠，是你亲眼见的吗？"艾虎道："亲眼见的。小人的太老爷先给小人的主人，小人的主人就叫小人捧着，一同到了佛楼，收在中间佛龛的隔扇后面。"杜大人道："既是三年前之事，你为何今日才来出首？讲！"陈公公道："是呀，三年前马总管告假，咱家还依稀记得，大约是为修理坟茔，告了三个月的假，我们这里还有底账可考。既是那时候的事情，为何这时才叨登出来呢？你说。"艾虎道："小人三年前方交十二岁，天日不懂，人事不知。今年小人十五岁，到底明白点了。又因小人主人目下遭了官事，唯恐说出这件事情来，小人如何担得起'知情不举，隐匿不报'的罪名呢？"范大人道："这也罢了。我且问你：当初你太老爷交付你主人九龙冠时，说些什么？”艾虎道：“小人就听见我太老爷说：‘此冠好好收藏，等着襄阳王举事时，就把此冠献上，必得大大的爵位。’小人也不知举什么事。”范大人道：“如此说来，你家太老爷你自然是认得的了？”一句话，问得艾虎张口结舌。

未知如何，且听下回分解。

第八十三回　矢口不移心灵性巧　真赃实犯理短情屈

且说艾虎听范大人问他可认得你家太老爷这一句话，艾虎暗暗道：“这可罢了我咧！当初虽见过马朝贤，我并未曾留心，何况又别了三年呢。然而又说不得我不认得。但这位大人如何单问我认得不认得，必有什么缘故罢？”想罢答道：“小人的太老爷小人是认得的。”范大人听了，便吩咐带马朝贤。左右答应一声，朝外就走。

此时，颜大人旁观者清，见艾虎沉吟后方才答应认得，就知艾虎有些恍惚，暗暗着急担惊，唯恐年幼，一时认错了那还了得。急中生智，便将手一指，大袍袖一遮道：“艾虎，少时马朝贤来时，你要当面对明，休得袒护！”嘴里说着话，眼睛却递眼色，虽不至摇头，然而纱帽翅儿也略动了一动。艾虎本因范大人问他认得不认得，心中有些疑心，如今见颜大人这番光景，心内更觉明白。只听外面锁镣之声，他却跪着偷眼往外观看，见有个年老的太监，虽然项带刑具，到了丹墀之上，面上尚微有笑容。及至到了公堂，他才敛容息气，而且见了大人们也不下跪报名，直挺挺站在那里，一语不发。小爷更觉省悟。

只听范大人问道：“艾虎，你与马朝贤当面对来。”艾虎故意的抬头望了一望那人，道：“他不是我家太老爷，我家太老爷小人是认得的。”陈公公在堂上笑道：“好个孩子，真好眼力。”又望着范大人道：“似这等光景，这孩子真认得马总管无疑了。来呀，你们把他带下去，就把马朝贤带上来罢。”左右将假马朝贤带下。

不多时，只见带上了个欺心背反，蓄意谋奸，三角眼含痛泪，一片心术不端的总管马朝贤来。左右当堂打去刑具，朝上跪倒。陈公公见这番光景，未免心生恻隐，无奈说道：“马朝贤，今有人告你三年前告假回乡时，你把圣上九龙珍珠冠擅敢私携至家，你要从实招上来。”马朝贤唬的胆裂魂飞，道：“此冠实是库内遗失，犯人概不知情吓。”只听文大人道：“艾虎，你与他当面对来。”艾虎便将口供述了一回道：“太老爷，事已如此，也就不用推诿了。”马朝贤道：“你这小厮着实可恶，咱家何尝认得你来。”艾虎道：“太老爷如何不认得小人呢？小人那时才十二岁，伺候了你老人家多少日子。太老爷还时常夸我很伶俐，将来必有出息。难道太老爷就忘了吗？可见是贵人多忘事。”马朝贤道：“我纵然认得你，我几时将御冠交给马强了呢？”文大人道："马总管，你不必抵赖。事已如此，你好好招了，免得皮肉受苦。倘若不招，此乃奉旨之件，我们就要动大刑了。"马朝贤道："犯人实无此事，大人如若赏刑，或夹或打，任凭吩咐。"颜大人道："大约束手问他，决不肯招。左右，请大刑来。"两旁发一声喊，刚要请刑，只见艾虎哭着道："小人不告了，小人不告了！"陈公公便问道："你为何不告了？"艾虎道："小人只为害怕，怕担罪名，方来出首。不想如今害得我太老爷偌大年纪，受如此苦楚，还要用大刑审问，这不是小人活活地把太老爷害了吗？小人实实不忍，小人情愿不告了。"陈公公听了，点了点头道："傻孩子，此事已经奉旨，如何由的你呢？"只见杜大人道："暂且不必用刑。左右，将马总管带下去，艾虎也下去，不可叫他们对面交谈。""哦！"左右分别带下。

颜大人道："下官方才说请刑者，不过威吓而已。他有了年纪之人，如何禁得起大刑呢？"杜大人道："方才见马总管不认得艾虎，下官有些疑心。焉知艾虎不是被人主使出来的呢？"颜大人听了，暗道："此言厉害。但是白五弟托我照应艾虎，我岂可坐视呢？"连忙说道："大人虑的虽是，但艾虎是个小孩子，如何耽的起这样大事呢？且包太师已然测至此处，因此要用御刑铡他的四肢。他若果真被人主使，焉有舍去性命不肯实说的道理呢？"杜大人道："言虽如此，下官又有一个计较。莫若将马强带上堂来，如此如此追问一番，如何？"众人齐声说是。吩咐带马强，不许与马朝贤对面。左右答应。

不多时，将马强带到。杜大人道："马强，如今有人替你鸣冤，你认得他吗？"马强道："但不知是何人。"杜大人道："带那鸣冤的当面认来。"只见艾虎上前跪倒。马强一看，暗道："原来是艾虎！这孩子倒有为主之心，真是好。"连忙禀道："他是小人的家奴，名叫艾虎。"杜大人道："他有多大岁数了？"马强道："他十五岁了。"杜大人道："他是你家世仆吗？"马强道："他自幼儿就在小人家里。"恶贼只顾说出此话，堂上众位大人无不点头，疑心尽释。杜大人道："既是你家世仆，你且听他替你鸣的冤。艾虎，快将口供诉上来。"艾虎便将口供诉完，道："员外休怪小人，实实担不起罪名。"马强喝道："我把你这狗才。满口里胡说，太老爷何尝交给我什么冠来！"陈公公喝道："此乃公堂之上，岂是你吓呼家奴的所在！好不懂好歹，就该掌嘴。"马强跪爬了半步道："回大人，三年前小人的叔父回家，并未交付小人九龙冠。这都是艾虎的谎言。"颜大人道："你说你叔父并未交付于你，如今艾虎说你把此冠供在佛楼之上，倘若搜出来时，你还抵赖吗？"马强道："如果从小人家中搜出此冠，小人情甘认罪，再也不敢抵赖。"颜大人道："既如此，具结上来。"马强以为断无此事，欣然具结。众位大人传递看了，叫把马强仍然带下去。又把马朝贤带上堂来，将结念与他听，问道："如今你侄儿已然供明，你还不实说吗？"马朝贤道："犯人实无此事，如果从犯人侄儿家中搜出此冠，犯人情甘认罪，再无抵赖。"也具了一张结，将他带下去，吩咐寄监。

文大人又问艾虎道："你家主人被劫一事，你可知道吗？"艾虎道："小人在招贤馆服侍我们主人的朋友……"文大人道："什么招贤馆？"艾虎道："小人的员外家大厅就叫招贤馆。有好些人在那里住着,每日里要枪弄棒,对刀比武,都是好本事。那日因我们员外诓了个儒流秀士,带着一个老仆人,后来说是新太守,就把他主仆锁在空房之内。不知什么工夫,他们主仆跑了。小人的员外知道了,立刻骑马赶去,又把那秀士一人拿回来,就押在地牢里了……"文大人道:"什么地牢?"艾虎道:"是个地窨子,凡有紧要事情都在地牢。回大人,这个地牢之中不知害了多少人命。"陈公公冷笑道:"他家竟敢有地牢,这还了得吗!这秀士必被你家员外害了。"艾虎道:"原要害来着,不知什么工夫那秀士又被人救了去了。小人的员外就害起怕来。那些人劝我们员外说没事,如有事时大伙儿一同上襄阳去就是。那天晚上,有二更多天,忽然来了个大汉,带领官兵,把我们员外合安人在卧室内就捆了。招贤馆众人听见,一齐赶到仪门前救小人的主人。谁知那些人全不是大汉的对手,俱各跑回了招贤馆藏了。小人害怕,也就躲避了,不知如何被劫。"

文大人道:"你可知道什么时候将你家员外起解到府?"艾虎道:"小人听姚成说,有五更多天。"文大人听了,对众人道:"如此看来,这打劫之事与欧阳春不相干了。"众大人问道:"何以见得?"文大人道:"他原失单上报的是黎明被劫。五更天,大汉随着官役押解马强赴府,如何黎明又打劫了呢?"众位大人道:"大人高见不差。"陈公公道:"大人且别问此事,先将马朝贤之事复旨要紧。"文大人道:"此案与御冠相连,必须问明,一并复旨,明日方好搜查提人。"说罢,吩咐带原告姚成。谁知姚成听见有九龙冠之事,知道此案大了,他却逃之夭夭了。差役去了多时,回来禀道:"姚成惧罪,业已脱逃,不知去向。"文大人道:"原告脱逃,显有情弊。这九龙冠之事益发真了,只好将大概情形复奏圣上便了。"大家共同拟了摺底,交付陈公公先行陈奏。

到了次日,奉旨立刻行文到杭州,捉拿招贤馆的众寇,并搜查九龙冠,即刻赴京归案备质。过了数日,署事太守用黄亭子抬定龙冠,派役护送进京,连郭氏一并解到。你道郭氏如何解来?只因文书到了杭州,立刻知会巡检守备带领兵弁,以为捉拿招贤馆的众寇必要厮杀,谁知到了那里,连个人影儿也不见了,只得追问郭氏。郭氏道:"就于那夜俱各逃走了。"署事官先查了招贤馆,搜出许多书信,俱是与襄阳王谋为不轨的话头。又叫郭氏随同来到佛楼之上,果在中间龛的左边隔扇后面,搜出御冠帽盒来。署事官连忙打开验明,依然封好妥当。立刻备了黄亭子,请了御冠。因郭氏是个要犯硬证,故此将他一同解京。

众位大人来至大理寺,先将御冠请出,大家验明,供在上面。把郭氏带上堂来,问他:"御冠因何在你家中?"郭氏道:"小妇人实在不知。"范大人道:"此冠从何处搜出来的?"郭氏道:"从佛楼中间龛内搜出。"杜大人道:"是你亲眼见的吗?"郭氏道:"是小妇人亲眼见的。"杜大人叫他画招画供,吩咐带马强。马强刚至堂上,一眼瞧见郭氏,吃了一惊,暗说:"不好,他如何来到这里?"只得向上跪倒。范大人道:"马强,你妻子已然供出九龙冠来,你还敢抵赖吗?快与郭氏当面对来。"马强听了,战战兢兢问郭氏道:"此冠从何处搜出?"郭氏道:"佛楼之上中间龛内。"马强道："果是那里搜出来的？"郭氏道："你为何反来问我？你不放在那里，他们就能从那里搜出来吗？"文大人不容他再辩，大喝一声道："好逆贼！连你妻子都如此说，你还不快招吗？"马强只唬的目瞪痴呆，叩头碰地道："冤孽！罢了，小人情愿画招。"左右叫他画了招。颜大人吩咐将马强夫妻带在一旁，立刻带马朝贤上堂，叫他认明此冠并郭氏口供，连马强画的招，俱各与他看了，只唬得他魂飞魄散。又当面问了郭氏一番，说道："罢了，罢了。事已如此，叫我有口难分诉，犯人画招就是了。"左右叫他画了招，众位大人相传看了，把他叔侄分别带下去，文大人又问郭氏被劫一事。

忽听外面嘈杂，有人喊冤。只见衙役跪倒禀道："外面有一老头子，手持冤状，前来申诉。众人将他拦住，他那里喊声不止，小人不敢不回。"颜大人道："我们是奉旨审问要犯，何人胆大，擅敢在此喊冤？"差役禀道："那老头子口口声声说是替倪太守鸣冤的。"陈公公道："巧极了。既是替倪太守鸣冤的，何妨将老头儿带上来，众位大人问问呢。"吩咐带老头儿。不多时，见一老者上堂跪倒，手举呈词，泪流满面，口呼冤枉。颜大人吩咐将呈子接上来，从头至尾看了一遍，道："原来果是为倪太守一案。"将此呈转递众位大人看了，齐道："此状正是奉旨应讯案件，如今虽将马朝贤监守自盗审明，尚有倪太守与马强一案未能质讯。今既有倪忠补呈申诉，理应将全案人证提到，当堂审问明白，明日一并复旨。"陈公公道："正当如此。"便往下问道："你就叫倪忠吗？"倪忠道："是。小人叫倪忠，特为小人主人倪继祖前来申冤。"陈公公道："你不必啼哭，慢慢地诉上来。"

未识说些什么，且听下回分解。

第八十四回　复原职倪继祖成亲　观水灾白玉堂捉怪

且说倪忠在公堂之上，便将奉旨上杭州接太守之任，如何暗暗私访，如何被马强拿去两次，"头一次多亏了一个难女，名叫朱绛贞，乃朱举人之女，被恶霸抢了去的，是他将我主仆放走。慌忙之际，一时失散。小人遇见个义士欧阳春，将此事说明，义士即到马强家中打听小人的主人下落。谁知小人的主人又被马强拿去，下在地牢，多亏义士欧阳春搭救出来。就定于次日义士帮助捉拿马强，护送到府。我家主人审了马强几次，无奈恶霸总不招承。不想恶霸家中被劫，他就一口咬定说小人的主人'结连大盗，明火执仗'，差遣恶奴进京呈控。可怜小人的主人堂堂太守，因此解任，遭这不明不白的冤枉。望乞众位大人明镜高悬，细细详查是幸。"范大人道："你主人既有此冤枉，你如何此时方来申诉呢？"倪忠道："只因小人奉家主之命，前往扬州接取家眷，及至到了任所，方知此事。因此急急赶赴京师，替主鸣冤。"

说罢痛哭不止。陈公公点头道："难为这老头儿。众位大人当怎么办呢？"文大人道："倪忠的呈词，正与太守倪继祖、义士欧阳春、小童艾虎所供俱各相符，唯有被劫一案尚不知何人，须问倪继祖、欧阳春，便见明白。"吩咐带倪太守与欧阳春。

不多时，二人上堂。文大人问太守道："你与欧阳春定于何时捉拿马强？又于何时解到本府？"倪继祖道："定于二更带领差役捉拿马强，于次日黎明方才到府。"文大人又问欧阳春道："既是二更捉拿马强，为何于次日黎明方到府呢？"欧阳春道："原是二更就把马强拿住，只因他家招募了许多勇士，与小人对垒，小人好容易将他等杀退，于五更时方将马强驮在马上；因霸王庄离府衙二十五六里之遥，小人护送到府时，天已黎明。"

文大人又叫带郭氏上来，问道："你丈夫被何人拿住，你可知道吗？"郭氏道："被个紫髯大汉拿住，连小妇人一同捆缚的。"文大人道："你丈夫几时离家的？"郭氏道："天已五鼓。"文大人道："你家被劫是什么时候？"郭氏道："天尚未亮。"文大人道："我看失单内劫去许多物件，非止一人，你可曾看见吗？"郭氏道："来的人不少，小妇人唬的以被蒙头，哪里还敢瞧呢！后来就听贼人说：'我们乃北侠欧阳春，带领官役前来抢掠。'因此小妇人失单上有北侠的名字。"文大人道："你丈夫结交招贤馆的朋友，如何不见？"郭氏道："就是那一夜的早起，小妇人因查点东西，不但招贤馆内无人，连那里的东西也短了许多。回大人，我丈夫交的这些朋友，全不是好朋友。"文大人听了，笑对众人道："列位听见了，这明是众寇打劫，声言北侠与官役，移害于人之意无疑了。"众人道："大人高见不差。欧阳春五鼓护送马强，焉有黎明重新带领人役打劫之理？此是众寇打劫无疑了。"又把马强带上来，与倪忠当面质对。马强到了此时，再无折辩，就一一招了。文大人吩咐将太守主仆、北侠、艾虎另在一处候旨，其余余案内之人分别收监。公同将复奏折子拟定，连招供并往来书信，预备明早谨呈御览。

天子看了大怒，却将折子留下。你道为何？皆因仁宗为君，以孝治天下，其中关碍着皇叔赵爵，不肯深究。止于明发上谕说：马朝贤监守自盗，理应处斩；马强抢掠妇女，私害太守，也定了斩立决；郭氏着毋庸议。所有襄阳王之事一概不提。倪继祖官复原职，欧阳春义举无事，艾虎虽以下犯上，薄有罪名，因为御冠出首，着宽免。倪继祖具摺谢恩。旨意问朱绛贞释放一节，倪继祖一一陈奏；又随了一个夹片，是叙说倪仁被害，李氏含冤，贼首陶宗、贺豹，义仆杨芳即倪忠，并有祖传并梗玉莲花如何失而复得的情由，细细陈奏。天子看了，圣心大悦，道："卿家有许多的原委，可称一段佳话。"即追封倪仁五品官衔，李氏诰封随之。倪太公倪老儿也赏了六品职衔，随任养老。义仆倪忠赏了七品承义郎，仍随任服役。朱绛贞有玉莲花联姻之谊，奉旨毕姻。朱焕章恩赐进士。陶宗、贺豹严缉拿获，即行正法。倪继祖磕头谢恩，复又请训，定日回任。又到开封府拜见包公。

此时，北侠父子却被南侠请去，众英雄俱各欢聚一处。倪太守又到展爷寓所，一来拜望，二来敦请北侠、小侠务必随同到任。北侠难以推辞，只得同艾虎到了杭州。倪太守重新接了任后，即拜见了李氏夫人与太公夫妇。李氏夫人依然持斋，另在静室居住。倪太守又派倪忠随了朱焕章，同去迁了倪仁之柩，立刻提出贺豹正法。祭灵后，念经破土安葬立茔。白事已完，又办红事，即与朱老先生定了吉日，方与朱绛贞完姻。自然是热闹繁华，也不必细述。北侠父子在任，太守敬如上宾，俟诸事已毕，他父子便上茉花村去了。

且说仁宗天子自从将马朝贤正法之后，每每想起襄阳王来，圣心忧虑。偏偏的洪泽湖水灾连年为患，屡接奏摺，不是这里淹了百姓，就是那里伤了禾苗，尽为河工消耗国课无数，枉自劳而无功。这日单单召见包相商酌此事，包相便举保颜查散才识谙练，有守有为，堪胜此任。圣上即升颜查散为巡按，稽查水灾，兼理河工民情。颜大人谢恩后，即到开封府，一来叩辞，二来讨教治水之法。包公说了些治水之法，"虽有成章，务必随地势之高低，总要堵泄合宜，方能成功。"颜查散又向包公要公孙策、白玉堂："同门生前往，帮办一切。"包公应允。次日早朝，包公奏明了主簿公孙策、护卫白玉堂随颜查散前去治水，圣上久已知道公孙策颇有才能，即封六品职衔，白玉堂的本领更是圣上素所深知，准其二人随往。颜巡按谢恩请训，即刻起程。

一日来至泗水城，早有知府邹嘉迎接大人。颜大人问了问水势的光景，忽听衙外百姓喧哗，原来是赤堤墩的百姓控告水怪。颜大人吩咐把难民中有年纪的唤几个来问话。不多时，带进四名乡老。但见他等形容憔悴，衣衫褴褛，苦不可言，向上叩头道："救命吓大人！"颜大人问道："你们到此何事？"乡老道："小民连年遭了水灾，已是不幸，不想近来水中生了水怪，时常出来现形伤人。如遇腿快的跑了，他便将窝铺拆毁，东西掠尽，害得小民等时刻不能聊生，望乞大人捉拿水怪要紧。"颜大人道："你等且去，本院自有道理。"众乡老叩头出衙去了，知会了众人，大家散去。颜大人与知府说了多时，定于明日登西虚山观水。知府退后，颜大人又与公孙先生、白五爷计议了一番。

到了次日，乘轿至西虚山下，知府早已伺候。换了马匹上至半山，连马也不能骑了，只得下马步行，好容易到了山头。但见一片白茫茫，沸腾澎湃，由赤堤湾浩浩荡荡漫至赤堤墩，顺流而下，过了横塘，归于杨家庙，一路冲浸之处，不可胜数。漫说房屋四分五裂，连树木也是七歪八扭。又见赤堤墩的百姓全在水浸之处搭了窝铺栖身，自命名曰舍命村。他等本应移在横塘，因路途遥远，难以就食，故此舍命在此居住。那一番惨淡形景，令人不堪注目。

旁边的白五爷早动了恻隐之心，暗想道："黎民遭此苦楚，连个好窝铺没有，还有水怪侵扰，可见是祸不单行。但只一件，他既不伤人，如何拆毁窝铺抢掠东西呢？事有可疑，俺今日夜间倒要看个动静。"他却悄悄地知会了颜巡按，带领四名差役，暗暗来至赤堤墩，假作奉命查验的光景，众百姓俱各上前叩头诉苦。白玉堂叫他们腾出一个窝棚，进去坐下。又叫几个老民，大家席地而坐，细细问了水怪的来踪去迹，可有什么声息没有。众百姓道："也没有什么声息，不过呕呕乱叫。"白玉堂道："你们仍在各窝铺内隐藏，我就在这窝棚内存身，夜间好与你们捉拿水怪。你们切不可声张，唯恐水怪通灵，你们嚷嚷的他要知道了，他就不肯出来了。”众百姓听了，登时连个大气儿也不敢出，立刻悄语低言，努嘴打手势。白玉堂看了，又要笑，又可怜，想是被水怪唬的胆都破了。白玉堂回手在兜肚内摸出两个锞子道：“你们将此银拿去备些酒来，余下的你们籴米买柴。大家饱吃了，夜间务必警醒。倘若水怪来时，你们千万不可乱跑，只要高声一嚷，就在窝铺内稳坐，不要动身，我自有道理。”众百姓听了，欢天喜地。选腿快的寻找酒食去，腿慢的整理现成的鱼虾，七手八脚，登时的你拿这个，我拿那个。白五爷看了也觉有趣，仍叫这几个有年纪的同自己吃酒，并问他水怪凶猛的情形，问他如何埽坝再也打叠不起。众乡老道：“唯有山根之下水势逆，到了那里是个漩涡，那点儿地方不知伤害了多少性命。虽有行舟来往，到了那里没有不小心留神的。”白五爷道：“漩涡那边是什么地方？”众乡老道：“过了漩涡那边二三里之遥，便是三皇庙了。”白五爷暗记在心。

吃毕酒饭，早见一轮明月涌出，清光皎洁，衬着这满湖荡漾，碧浪茫茫，清波浩浩，真是月光如水水如天。大家闭气息声，锦毛鼠五爷踱来踱去，细细在水内留神。约有二鼓之半，只听水面呼啦啦一声响。白玉堂将身躯一伏，回手将石子掏出。见一物跳上岸来，是披头散发，面目不分，见他竟奔窝棚而去。白五爷好大胆，也不管妖怪不妖怪，有何本领，会什么法术，他便悄悄尾在后面。忽听窝棚内嚷了一声道：“妖怪来了！”白玉堂在那物的后面吼了一声，道：“妖怪往那里走！”飕的一声就是一石子，正打在那物后心之上。只听扑哧一声，那物往前一栽。猛见那物一回头，白五爷又是一石子飞来，不偏不歪又打在那物面门之上。只听啪的一声响，那怪“啊呀”了一声，咕咚栽倒在地。白五爷急赶向前，将那妖怪按住，早有差役从窝棚出来，一拥齐上，将妖怪拿住。抬在窝棚一看，见他哼哼不止，原来是个人，外穿皮套。急将皮套扯去，见他血流满面，口吐悲声道：“求爷爷饶命！”刚说至此，只听那边窝棚嚷道：“水怪来了！”白玉堂连忙出来嚷道：“在那里？一并拿来审问！”只听那边喊道：“跑了，跑了！”这里白五爷咤叱道：“速速追上拿来，莫要叫他跑了！”早已听见水面上扑通扑通跳下水去了。

众乡老聚在一处来看水怪，方知是人假扮水怪抢掠，一个个摩拳擦掌，全要打水怪，以消愤恨。白五爷拦道：“你等不要如此，俺还要将他带到衙门，按院大人要亲审呢。你等既知是假水怪，以后见了务必齐心努力捉拿，押解到按院衙门，自有赏赉。”众乡民道：“什么赏不赏的，只要大人与民除害，难民等就感恩不浅了。今日若非老爷前来识破，我等焉知他是假的呢？如今既知他是假的，还怕他什么！倒要盼他上来，拿他几个。”说到高兴，一个个精神百倍，就有沿岸搜寻水怪的，那里有个影儿呢？安安静静过了一夜。到了天明，众乡民又与白五爷叩头：“多亏老爷前来除害，众百姓难忘大恩。”白五爷又安慰了众人一番，方带领差役，押解水贼，竟奔按院衙门而来。

未知后文审办如何，且听下回分解。

第八十五回　公孙策探水遇毛生　蒋泽长沿湖逢邬寇

且说白玉堂到了巡按衙门，请见大人。颜大人自西虚山回来，甚是担心，一夜未能好生安寝。如今听说白五爷回来，心中大喜，连忙请进相见。白玉堂将水怪说明，颜大人立刻升堂，审问了一番。原来是十三名水寇，聚集在三皇庙内，白日以劫掠客船为生，夜间假装水怪，要将赤堤墩的众民赶散，他等方好施为做事。偏偏这些难民唯恐赤堤墩的堤岸有失，故此虽无房屋，情愿在窝棚居住，死守此堤，再也不肯远离。白玉堂又将乡老说的漩涡说了，公孙策听了暗想道："这必是别处有壅塞之处，发泄不通，将水攻激于此，洋溢泛滥，埽坝不能垒成。必须详查根源，疏浚开了，水势流通，自无灾害。"想罢回明按院，他要明日亲去探水，颜大人应允。玉堂道："既有水寇，我想水内本领非我四哥前来不可。必须急速具摺写信，一面启奏，一面禀知包相，方保无虞。"颜大人连忙称是，即叫公孙策先生写了奏折，具了禀帖，立刻拜发起身。

到了次日，颜大人派了两名千总，一名黄开，一名清平，带了八名水手，两只快船，随了公孙先生前去探水。知府又来禀见颜大人，请至书房相见，商议河工之事。忽见清平惊惶失色回来禀道："卑职跟随公孙先生前去探水，刚至漩涡，卑职拦阻不可前进，不想船头一低，顺水一转，将公孙先生与千总黄开俱各落水不见了。卑职难以救援，特来在大人跟前请罪。"颜大人听了，心里着忙，便问道："这漩涡可有往来船只吗？"清平道："先前本有船只往来，如今此处成了汇水之所，船只再也不从此处走了。"颜大人道："难道黄开他不知此处吗？为何不极力的拦阻先生呢？"清平道："黄开也曾拦阻至再，无奈先生执意不听，卑职等也是无法的。"颜大人无奈，斥退了清平，吩咐知府多派水手前去打捞尸首。知府回去派人去了，半天再也不见踪影，回来禀知。按院颜大人只急得嗐声叹气，白玉堂道："此必是水寇所为，只可等蒋四哥来了再做道理。"颜大人无法，只好静听消息罢了。

过了几天，果然蒋平到了，见了按院颜大人，颜大人便将公孙策先生与千总黄开溺水之事说了一遍。白玉堂将捉拿水怪一名，供出还有十二名水寇，在漩涡那里三皇庙内聚集，作了窝巢的话也一一说了。蒋平道："据我看来，公孙先生断不至死。此事须要访查个水落石出，得了实迹，方好具摺启奏。"即吩咐预备快船一只，仍叫清平带到漩涡。蒋爷上了船，清平见他身躯瘦小，形如病夫，心中暗道："这样人从京中特调了来，有何用处？他也敢去探水？若遇见水寇，白白送了性命。"正在胡思，只见蒋爷穿了水靠，手提鹅眉钢刺，对清平道："千总将我送至漩涡，我若落水，你们只管在平坦之处远远等候，纵然工夫大了，不要慌张。"清平不敢多言，唯有诺诺而已。水手摇橹摆桨,不多时看看到了漩涡,清平道:"前面就是漩涡了。"蒋爷立起身来,站在船头上,道:"千总站稳了。"他将身体往前一扑,双脚把船往后一蹬,看他身虽弱小,力气却大。又见蒋爷侧身入水,仿佛将水穿刺了一个窟窿一般,连个大声气儿也没有,更觉罕然。

且说蒋平到了水中,运动精神,睁开二目。忽见那边来了一人,穿着皮套,一手提着铁锥,一手乱摸而来。蒋爷便知他在水中不能睁目,急将钢刺对准了那人的胸前,哧的一下,可怜那人在水中连个"嗳哟"也不能嚷,便就哑巴呜呼了。蒋爷把钢刺望回里一抽,一缕鲜血顺着钢刺流出,咕嘟一股水泡翻出水面,尸首也就随波浪去也。话不重叙,蒋爷一连杀了三个,顺着他等来路搜寻下去。约有二三里之遥便是堤岸。

蒋平上得堤岸来,脱了水靠,拣了一棵大树,放在槎枒之上。迈步向前,果见一座庙宇,匾上题有"三皇庙"。蒋爷悄悄进来一看,连个人影儿也是没有。左寻右寻,又找到了厨下,只听里面呻吟之声。蒋爷向前一看,是个年老有病僧人。那僧人一见蒋爷,连忙说道:"不干我事,这都是我徒弟将那先生与千总放走,他却也逃走了,移害于我。望乞老爷见怜。"蒋爷听了话内有因,连忙问道:"俺正为搭救先生而来,他等端的如何,你要细细说来。"老和尚道:"既是为搭救先生与千总的,想来是位官长了,恕老僧不能为礼了。只因数日前有二人在漩涡落水,众水寇捞来,将他二人控水救活。其中有个千总黄大老爷,不但僧人认得,连水寇俱各认得。追问那人,方知是公孙策老爷,原来是按院奉旨查验水灾,修理河工的。水寇听了着忙,大家商量私拿官长不是当要的,便将二位老爷交与我徒弟看守,留下三人仍然劫掠行船,其下的俱各上襄阳王那里报信,或将二位官长杀害,或将二位官长解到军山,交给飞叉太保钟雄。自他等去后,老僧与徒弟商议,莫若将二位老爷放了,叫徒弟也逃走了,拼着僧家这条老命,又是疾病的身体,不能脱逃,该杀该剐任凭他们,虽死无怨。"蒋平连连点头:"难得这僧人一片好心。"连忙问道:"这头目叫什么名字?"老僧道:"他自称镇海蛟邬泽。"蒋爷又问道:"你可知那先生合千总往哪里去了?"老僧道:"我们这里极荒凉幽僻,一边临水,一边靠山,单有一条路崎岖难行,约有数里之遥,地名螺蛳湾。到了那里,便有人家。"蒋爷道:"若从水路到螺蛳湾,可能去得吗?"老僧道:"不但去得,而且极近,不过二三里之遥。"蒋平道:"你可晓得水寇几时回来?"老僧道:"大约一二日间就回来了。"蒋平问明来历,道:"和尚,你只管放心,包管你无事。明日即有官兵到来,捉拿水寇,你却不要害怕。俺就去也。"说罢,回身出庙,来到大树之下,穿了水靠,蹿入水中。

不多时,过了漩涡,挺身出水。见清平在那边船上等候,连忙上了船,悄悄对清平道:"千总,急速回去,禀见大人,你明日带领官兵五十名,乘舟到三皇庙,暗暗埋伏。如有水寇进庙,你等将庙团团围住,声声呐喊,不要进庙。俟他等从庙内出来,你们从后杀进。倘若他等入水,你等只管换班巡查,俺在水中自有道理。"清平道:"只恐漩涡难过,如何能到得三皇庙呢?"蒋爷道:"不妨事了。先前难以过去,只因水内有贼用铁锥凿船。目下我将贼人杀了三名，平安无事了。”清平听了，暗暗称奇。又问道：“蒋老爷此时往何方去呢？”蒋平道：“我已打听明白，公孙先生与黄千总俱有下落，趁此时我去探访一番。”清平听说公孙先生与黄千总有了下落，心中大喜。只见蒋爷复又蹿入水内，将头一扎，水面上瞧，只一溜风波，水纹分左右，直奔西北去了。清平这才心服口服，再也不敢瞧不起蒋爷了。吩咐水手拨转船头，连忙回转按院衙门不表。

再说蒋爷在水内欲奔螺蛳湾，连换了几口气，正行之间，觉得水面上唰的一声，连忙挺身一望，见一人站在筏子上撒网捕鱼。那人只顾留神在网上面，反把那人吓了一跳。回头见蒋爷穿着水靠，身体瘦小，就如猴子一般，不由得笑道：“你这个模样，也敢在水内为贼作寇，岂不见笑于人？我对你说，似你这些毛贼，俺是不怕的，何况你这点点儿东西。俺不肯加害于你，还不与我快滚吗？倘再延挨，恼了我性儿，只怕你性命难保！”蒋爷道：“我看你不像在水面上做生涯的，俺也不是那在水内为贼作寇的。请问贵姓？俺是特来问路的。”那人道：“你既不是贼寇，为何穿着这样东西？”蒋爷道：“俺素来深识水性，因要到螺蛳湾访查一人，故此穿了水靠，走这捷径路儿，为的是近而且快。”那人道：“你姓甚名谁？要访何人？细细讲来。”蒋爷道：“俺姓蒋名平。”那人道：“你莫非翻江鼠蒋泽长吗？”蒋爷道：“正是。足下如何知道贱号呢？”那人哈哈大笑道：“怪道，怪道。失敬，失敬！”连忙将网拢起，重新见礼，道：“恕小人无知，休要见怪！小人姓毛名秀，就在螺蛳庄居住。只因有二位官长现在舍下居住，曾提尊号，说不日就到，命我捕鱼时留心访问，不想今日巧遇，曷胜幸甚！请到寒舍领教。”蒋爷道：“正要拜访，唯命是从。”毛秀撑篙，将筏子摆岸拴好，肩担渔网，手提鱼篮。蒋爷将水靠脱下，用钢刺也挑在肩头，随着毛秀来到螺蛳庄中。举目看时，村子不大，人家不多。一概是草舍篱墙，柴扉竹牖，家家晒着渔网，很觉幽雅之甚。

毛秀来到门前，高声唤道：“爹爹开门，孩儿回来了。有贵客在此！”只见从里面出来一位老者，须发半白，不足六旬光景，开了柴扉问道：“贵客那里？”蒋爷连忙放下挑的水靠，敛手躬身道：“蒋平特来拜望老丈，恕我造次不恭。”老者道：“小老儿不知大驾降临，有失远迎，多多有罪！请到寒舍待茶。”他二人在此谦逊说话，里面早已听见，公孙策与黄开就迎出来，大家彼此相见，甚是欢喜，一同来至茅屋。毛秀后面已将蒋爷的钢刺水靠带来，大家彼此叙坐，各诉前后情由，蒋平又谢老丈收留之德。公孙先生代为叙明：老丈名九锡，是位高明隐士，而且颇晓治水之法。蒋平听了，心中甚觉畅快。不多时，拢上酒席，虽非珍馐，却也整理的精美。团团围坐，聚饮谈心。毛家父子高雅非常，令人欣羡。蒋平也在此住了一宿。

次日，蒋平惦记着捉拿水寇，提了钢刺，仍然挑着水靠，别了众人，言明剿除水寇之后，再来迎接先生与千总，并请毛家父子。说毕，出了庄门。仍是毛秀引至湖边，要用筏子渡过蒋爷去。蒋爷拦阻道：“那边水势汹涌，就是大船尚且难行，何况筏子。”说罢跳上筏子，穿好水靠，提着钢刺，一执手道：“请了。”身体一侧，将水面刺开,登时不见了。毛秀暗暗称奇道:“怪不得人称翻江鼠,果然水势精通,名不虚传。”赞羡了一番,也就回庄中去了。

再说这里蒋四爷水中行走,直奔了漩涡而来。约着离漩涡将近,要往三皇庙中去打听打听清平水寇来否,再作道理。心中正然思想主意,只见迎面来了二人,看他身上并未穿着皮套,手中也未拿那钢锥,却各人手中俱拿着钢刀。再看他两个穿的衣服,知是水寇,心中暗道:“我要寻找他们,他们赶着前来送命。”手把钢刺照着前一人心窝刺来,说时迟那时快,这一个已经是倾生丧命;抽出钢刺,又向后来的那人一下,那一个也就呜呼哀哉了。可怜这两个水寇,连个手儿也没动,糊里糊涂的都被蒋爷刺死,尸首顺流去了。蒋爷一连杀了二贼之后,刚要往前行走,猛然一枪顺水刺来。蒋爷看见,也不磕迎拨挑,却把身体往斜刺里一闪,便躲过了这一枪。

原来水内交战不比船上交战,就是兵刃来往也无声息,而且水内俱是短兵刃来往,再没有长枪的。这也有个缘故。原来迎面之人就是镇海蛟邬泽,只因带了水寇八名仍回三皇庙,奉命把公孙先生与黄千总送至军山。进得庙来,坐未暖席,忽听外面声声呐喊:“拿水寇吓,拿水寇吓!好歹别放走一个吓!务要大家齐心努力!”众贼听了,那里还有魂咧,也没个商量计较,各持利刃,一拥地往外奔逃。清平原命兵弁不许把住山门,容他们跑出来大家追杀。清平却在树林等候,见众人出来,迎头接住。倒是邬泽还有些本领,就与清平交起手来。众兵一拥上前,先擒了四个,杀却两个。那两个瞧着不好,便持了利刃奔至湖边,跳下水去。蒋爷才杀的就是这两个。后来邬泽见帮手全无,单单的自己一人,恐有失闪,虚点一枪,抽身就跑到湖边,也就跳下水去。故此提着长枪,竟奔漩涡。

他虽能够水中开目视物,却是偶然见蒋爷从那边而来,顺手就是一枪。蒋爷侧身躲过,仔细看时,他的服色不比别个,而且身体雄壮,暗道:“看他这样光景,别是邬泽罢?倒要留神,休叫他逃走了。”邬泽一枪刺空,心下着忙,手中不能磨转长枪,立起重新端平方能再刺。只这点工夫,蒋爷已贴立身后,扬起左手拢住网巾,右手将钢刺往邬泽腕上一点。邬泽水中不能“啊吓”,觉得手腕上疼痛难忍,端不住长枪,将手一撒,枪沉水底。蒋爷水势精通,深知诀窍,原在他身后拢住网巾,却用磕膝盖猛在他腰眼上一拱。他的气往上一凑,不由得口儿一张。水流线道,何况他张着一个大乖乖呢,焉有不进去点水儿的呢。只听咕嘟儿的一声,蒋爷知道他呛了水了。连连的咕嘟儿咕嘟儿几声,登时把个邬泽呛的迷了,两手扎煞,乱抓乱挠,不知所以。蒋爷索性一翻手,身子一闪,把他的头往水内连浸了几口。这邬泽活该遭了报了,每日里淹人当事,今日遇见硬对儿,也合他顽笑顽笑。谁知他不禁顽儿,不大的工夫,小子也就灌成水车一般,蒋爷知他没了能为,要留活口,不肯再让他喝了。将网巾一提,两足踏水出了水面,邬泽嘴还吸留滑拉往外流水。忽听岸上嚷道:“在这里呢。”蒋爷见清平带领兵弁,果是沿岸排开。蒋爷道:“船在那里?”清平道:“那边两只大船就是。”蒋爷道:“且到船上接人。”清平带领兵弁数人,将邬泽用挠勾搭在船上,即刻控水。

蒋爷便问擒拿的贼人如何。清平道："已然擒了四名，杀了二名，往水内跑了二名。"蒋爷道："水内二名俺已了却，但不知拿获这人是邬泽不是？"便叫被擒之人前来识认，果是头目邬泽。蒋爷满心欢喜道："不肯叫千总在庙内动手者，一来恐污佛地，二来唯恐玉石俱焚，若都杀死，那是对证呢？再者，他既是头目，必然他与众不同，故留一条活路叫他等脱逃。除了水路就近无路可去，俺在水内等个正着。俺们水旱皆兵，令他等难测。"清平深为佩服，夸赞不已。吩咐兵弁押解贼寇，一同上船，俱回按院衙门而来。

要知详细，且听下回分解。

第八十六回　按图治水父子加封　好酒贪杯叔侄会面

且说蒋四爷与千总清平押解水寇上船，直奔按院衙门而来。此刻颜大人与白五爷俱各知道蒋四爷如此调度，必然成功，早已派了差人在湖边等候瞭望。见他等船只过了漩涡，荡荡洋洋回来，连忙跑回衙门禀报。白五爷迎了出来，与蒋爷、清平千总见了，方知水寇已平，不胜大喜。同至书房，早见颜大人阶前立候。蒋爷上前见了，同至屋中坐下，将拿获水寇之事叙明，并提螺蛳庄毛家父子极其高雅，颇晓治水之道，公孙先生叫回禀大人，务要备礼聘请出来，帮同治水。颜大人听见了甚喜，即备上等礼物，就派千总清平带领兵弁二十名，押解礼物前到螺蛳庄，一来接取公孙先生，即请毛家父子同来。清平领命，带领兵弁二十名，押解礼物，只用一只大船，竟奔螺蛳湾而去。

这里颜大人立刻升堂，将镇海蛟邬泽带上堂来审问。邬泽不敢隐瞒，据实说了。原来是襄阳王因他会水，就派他在洪泽湖搅扰。所有拆埽毁坝俱是有意为之，一来残害百姓，二来消耗国帑。复又假装水怪，用铁锥凿漏船只，为的是乡民不敢在此居住，行旅不敢从此经过，那时再派人来占住了洪泽湖，也算是一个咽喉要地。可笑襄阳王无人，既有此意，岂是邬泽一人带领几个水寇就要成功？可见将来不能成其大事。

且说颜大人立时取了邬泽的口供，又问了水寇众人。水寇四名虽然不知详细，大约所言相同，也取了口供。将邬泽等交县寄监严押，候河工竣时一同解送京中，归部审讯。刚将邬泽等带下，只见清平回来禀道："公孙先生已然聘请得毛家父子，少刻就到。"颜大人吩咐鞴马，同定蒋四爷、白五爷迎至湖边。不多时，船已拢岸。公孙先生上前参见，未免有才不胜任的话头。颜大人一概不提，反倒慰劳了数语。公孙策又说："毛九锡因大人备送厚礼，心甚不安。"早有备用马数匹，大家乘骑一同来到衙署。进了书房，颜大人又要以宾客礼相待。毛九锡逊让至再至三，仍是钦命大人上面坐了，其次是九锡，以下是公孙先生、蒋爷、白爷，末座方是毛秀。千总黄开又进来请安请罪，颜大人不但不罪，并勉励了许多言语，"俟河工报竣，连你等俱要叙功的。"黄开闻听叩谢了，仍在外面听差。颜大人便问毛九锡治水之道。毛九锡不慌不忙，从怀中掏出一幅地理图来，双手呈献。颜大人接来一看，见上面山势参差，水光荡漾，一处处崎岖周折，一行行字迹分明，地址关隘远近不同，水面宽窄深浅各异，何方可用埽坝，那里应小发泄，界画极清，宛然在目。颜大人看了心中大喜，不胜夸赞。又递与公孙先生看了，更觉心清目朗，如获珠宝一般。就将毛家父子留在衙署帮同治水，等候纶音。公孙先生与黄开千总又到了三皇庙与老和尚道谢，布施了百金，令人将他徒弟找回，酬报他释放之恩。

不多几日，圣旨已下，即刻动工。按着图样，当泄当坝，果无差谬。不但国帑不至妄消，就是工程也觉省事。算来不过四个月光景，水平土平，告厥成功。颜大人工完回京，将镇海蛟邬泽并四名水寇俱交刑部审问。颜大人递摺请安，额外有个夹片，声明毛九锡、毛秀并黄开、清平功绩。圣上召见颜大人，面奏叙功。仁宗甚喜，赏了毛九锡五品顶戴，毛秀六品职衔，黄开、清平俟有守备缺出，尽先补用。刑部尚书欧阳修审明邬泽果系襄阳王主使，启奏当今。原来颜查散升了巡按之后，枢密院的掌院就补放刑部尚书杜文辉；所遗刑部尚书之缺，就着欧阳修补授。

天子见了欧阳修的奏章，立刻召见包相计议：襄阳王已露形迹，须要早为剿除。包相又密奏道："若要发兵，彰明较著，唯恐将他激起，反为不美。莫若派人暗暗访查，须剪了他的羽翼，然后一鼓擒之，方保无虞。"天子准奏，即加封颜查散为文渊阁大学士，特旨巡按襄阳。仍着公孙策、白玉堂随往。加封公孙策为主事，白玉堂实授四品护卫之职。所遗四品护卫之衔，即着蒋平补授。立即驰驿前往。谁知襄阳王此时已然暗里防备，左有黑狼山金面神蓝骁督率旱路，右有飞叉太保钟雄督率水寨，与襄阳成了鼎足之势，以为羽翼，严密守汛。

且说圣上因见欧阳修的本章，由欧阳二字猛然想起北侠欧阳春，便召见包相问及北侠。包相将北侠为人正直豪爽，行侠仗义，一一奏明。天子甚为称羡。包公见此光景，下朝回衙来到书房，叫包兴请展护卫来告诉此事。南侠回至公所对众英雄述了一番，只见四爷蒋平说道："要访北侠，还是小弟走一趟，庶不负此差。什么缘故呢？现今开封府内王、马、张、赵四位，是再不能离了左右的；公孙兄与白五弟上了襄阳了，这开封府必须展大哥在此料理一切事务。如有不到之处，还有俺大哥可以帮同协办。至于小弟，原是清闲无事之人，与其闲着，何不讨了此差，一来访查欧阳兄，二来小弟也可以疏散疏散，岂不是两便吗？"大家计议停当，一同回了相爷。包公心中甚喜，即时付与了开封府的龙边信票，交付蒋爷用油纸包妥，贴身带好，别了众人，意欲到松江府茉花村。

行了几日，不过是饥餐渴饮。一日天色将晚，到了来峰镇悦来店，住了西耳房单间。歇息片时，饮酒吃饭毕，又泡了一壶茶，觉得味香水甜，未免多喝了几碗。到了半夜，不由得要小解。起来刚刚的来至院内，只见那边有人以指弹门，却不声唤。

蒋爷将身一影，暗里偷瞧。见门开处，那人挨身而入，仍将门儿掩闭。蒋爷暗道："事有可疑，倒要看看。"也不顾小解，飞身上墙，轻轻跃下，原来是店东居住之所。

只听有人说道："小弟求大哥帮助帮助。方才在东耳房我已认明，正是我们员外的对头，如何放得他过！"又听一人答道："言虽如此，怎么替你报仇呢？"那人道："小弟已见他喝了个大醉，莫若趁醉将他勒死，撇在荒郊，岂不省事？"又听答道："索性等他睡熟了，再动不迟。"蒋爷听至此，抽身越墙而来，悄悄奔到东耳房。见挂着软布帘儿，屋内尚有灯光。从帘缝儿往里一看，见灯花结蕊，有一人头向里面而卧，身量却不甚大。蒋爷侧身来至屋内，剪了灯花仔细看时，吓了一跳，原来是小侠艾虎。见他烂醉如泥，呼声震耳，暗道："这样小小年纪，贪杯误事。若非我今日下在此店，险些儿把个小命儿丧了。但不知那要害他的是何人。不要管他，俺且在这里等他便了。"噗，将灯吹灭，屏息而坐。偏偏的小解又来了，再也支持不住。无可如何，将单扇门儿一掩，就在门后小解起来。因工夫等的大了，他就小解了个不少，流了一地。刚刚解完，只听外面有些个声息。他却站在门后，只见进来一人，脚下一跳，往前一扑，后面那人紧步跟到，正撞在前面身上。蒋爷将门一掩，从后转出，也就压在二人身上，却高声先嚷道："别打我，我是蒋平。底下的他俩才是贼呢。"艾虎此时已醒，听是蒋爷，连忙起身。蒋爷抬身，叫艾虎按住了二人。此时店小二听见有人嚷贼，连忙打着灯笼前来。蒋爷就叫他将灯点上一照：一个是店东，一个是店东朋友。蒋爷就把他拿的绳子捆了他二人。底下的那人衣服湿了好些，却是蒋爷撒的溺。

蒋爷坐下，便问店东道："你为何听信奸人的言语，要害我侄儿，是何道理？讲！"店东道："老爷不要生气。小人名叫曹标，只因我这个朋友名叫陶宗，因他家员外被人害却，事不遂心，投奔我来。皆因这位小客人下在我店内，左一壶右一壶，喝了许多的酒，是陶宗心内犯疑：'一个小客官，为何喝了许多的酒呢？况且又在年幼之间呢。'他就悄悄地前来偷看，不想被他认出，说是他家员外的仇人。因此央烦小人，陪了他来做个帮手。"蒋爷道："做帮手是叫你帮着来勒人，你就应他？"曹标道："并无此事，不过叫小人帮着拿住他。"蒋爷道："你们的事如何瞒得过我呢？你二人商议明白，将他勒死，撇在荒郊；你还说，等他睡了再动不迟。你岂是尽为做帮手呢？"一句话说得曹标再也不敢言语，唯有心中纳闷而已。蒋爷道："我看你绝非良善之辈，包管也害的人命不少。"说着话，叫艾虎："把那个拉过来，我也问问。"

艾虎上前将那人提起一看："哎呀，原来是你吗？"便对蒋爷道："四叔，他不叫陶宗，他就是马强告状脱了案的姚成。"蒋爷听了，连忙问道："你既是姚成，如何又叫陶宗呢？"陶宗道："我起初名叫陶宗，只因投在马员外家，就改名叫姚成。后来知道员外的事情闹大了，唯恐连累于我，因此脱逃，又复了本名，仍叫陶宗。"蒋爷道："可见你反复不定，连自己姓名都没有准主意。既是如此，我也不必问了。"回头对店小二道："你快去把地方保甲叫了来。我告诉你，此乃是脱了案的要犯，你家店东却没有什么要紧。你就说我是开封府差来拿人，叫他们快些来见，我这里急等。”店小二听了,哪敢怠慢。

不多时,进来了二人,朝上打了个千儿道:“小人不知上差老爷到来,实在眼瞎,望乞老爷恕罪。”蒋爷道:“你们俩谁是地方?”只听一人道:“小人王大是地方。他是保甲,叫李二。”蒋爷道:“你们这里属那里管?”王大道:“此处地面皆属唐县管。”蒋爷道:“你们官姓什么?”王大道:“我们太爷姓何官名至贤。请问老爷贵姓?”蒋爷道:“我姓蒋,奉开封府包太师的钧谕,访查要犯,可巧就在这店内擒获。我已捆缚好了在这里,说不得你们辛苦辛苦,看守看守,明早我与你们一同送县。见了你们官儿,是要即刻起解的。”二人同声说道:“蒋老爷只管放心,请歇息去吧。就交给小人们,是再不敢错的。别说是脱案要犯,无论什么事情,小人们断不敢徇私的。”蒋爷道:“很好。”说罢,立起身携着艾虎的手,就上西耳房去了。

要知后文如何,且听下回分解。

第八十七回　为知己三雄访沙龙　因救人四义撇艾虎

且说蒋爷吩咐地方保甲好好看守,二人连声答应,说了许多的小心话。蒋爷立起身来,携着艾虎的手,一步步就上西耳房而来。爷儿两个坐下,蒋爷方问道:“贤侄,你如何来到这里?你师父往哪里去了?”艾虎道:“说起来话长。只因我同着我义父在杭州倪太守那里住了许久,后来义父屡次要走,倪太守断不肯放。好容易等他完了婚之后,方才离了杭州。到茉花村,给丁家二位叔父并我师父道乏道谢,就在那里住下了。不想丁家叔父那里,早已派人上襄阳打听事情去了,不多几日,回来说道:‘襄阳王已知朝廷有些知觉,唯恐派兵征剿,他那里预为防备。左有黑狼山,安排下金面神蓝骁把守旱路;右有军山,安排下飞叉太保钟雄把守水路。这水旱两路皆是咽喉紧要之地,倘若朝廷有什么动静,即刻传檄飞报。’因此,我师父与我义父听见此信,甚是惊骇。什么缘故呢?因有个至好的朋友,姓沙名龙,绰号铁面金刚,在卧虎沟居住。这卧虎沟离黑狼山不远,一来恐沙伯父被贼人侵害,二来又怕沙伯父被贼人诓去入伙。大家商量,我师父与义父,还有丁二叔,他们三位俱各上卧虎沟去了,就把我交与丁大叔了。侄儿一想:这样的热闹不叫侄儿开开眼,反倒圈在家里,我如何受得来呢?一连闷了好几日,偏偏的丁大叔时刻不离左右,急的侄儿没有法儿。无奈何,悄悄地偷了丁大叔五两银子做了盘费,我要上卧虎沟看个热闹去。不想今日住在此店,又遇见了对头。”

蒋爷听了,暗暗点头道:“好小子!拿着厮杀对垒当热闹儿,真好胆量,好心胸!但只一件,欧阳兄、智贤弟即将他交给丁贤弟,想来是他去不得。若去得时,为什么不把他带了去呢?其中必有个缘故。如今我既遇见他,岂可使他单人独往呢?”正在思索，只听艾虎问道：“蒋叔父今日此来，是为拿要犯还是有什么别的事呢？”蒋爷道：“我岂为要犯而来，原是为奉相谕，派我找寻你义父。只因圣上想起，相爷唯恐一时要人没个着落，如何回奏呢？因此派我前来，不想在此先拿了姚成。”艾虎道：“蒋叔父如今意欲何往呢？”蒋爷道：“我原要上茉花村来着，如今既知你义父上了卧虎沟，明日只好将姚成送县，起解之后，我也上卧虎沟走走。”

艾虎听了欢喜，道：“好叔叔，千万把侄儿带了去。若见了我师父与义父，就说叔父把侄儿带了去的，也省得他二位老人家嗔怪。”蒋平听了笑道：“你倒会推干净儿，难道久后你丁大叔也不告诉他们二人吗？”艾虎道：“赶到日子多了，谁还记得这些事呢？即便丁大叔告诉了，事已如此，我师父与义父也就没有什么怪的了。”蒋爷暗想道：“我看艾虎年幼贪酒，而且又是私逃出来的，莫若我带了他去，一来尽了人情，二来又可找欧阳兄。只是他这样，必须如此如此。”想罢，对艾虎道：“我带虽把你带去，你只要依我一件事。”艾虎听说带他去，好生欢喜，便问道：“四叔，你老只管说是什么事，侄儿无有不应的。”蒋爷道：“就是你的酒，每顿只准你喝三角，多喝一角都是不能的。你可愿意吗？”艾虎听了，半晌方说道：“三角就是三角，吃荤强如吃素，到底有三角，可以解解馋也就是了。”叔侄两个整整的谈了半夜。不一时到东耳房照看，唯听见曹标抱怨姚成不了，姚成到了此时一言不发，不过垂头叹气而已。

到了天色将晓，蒋爷与艾虎梳洗已毕，打了包裹。艾虎不用蒋爷吩咐，他就背起行李，叫地方、保甲押着曹标、姚成，竟奔唐县而来。到了县衙，蒋爷投了龙边信票。不多时，请到书房相见。蒋爷面见何县令，将始末说明。因还要访查北侠，就着县内派差役押解赴京。县官即刻办了文书，并申明护卫蒋爷上卧虎沟，带了一笔。蒋爷辞了县官，将龙票仍用油纸包好，带在贴身，与艾虎竟自起身。

这里文书办妥，起解到京。来至开封，投了文书，包公升堂，用刑具威唬的姚成一一供招：原是水贼，曾害过倪仁夫妇。又追问马强交通襄阳之事，姚成供出：马强之兄马刚，曾在襄阳交通信息。取了招供，即将姚成毙于铡下。曹贼定罪充军。此案完结不表。

再说蒋平、艾虎自离了唐县，往湖广进发，果然艾虎每顿三角酒。一日来至濡口雇船，船家富三，水手二名。蒋爷在船上赏玩风景，心旷神怡，颇觉有趣。只见艾虎两眼朦胧，不似坐船，仿佛小孩子上了摇车儿，睡魔就来了。先前还前仰后合，挣扎着坐着打盹，到后来放倒头便睡。唯独到喝酒之时精神百倍，又是说又是笑，只要三角酒一完，咯噔的就打起哈气来了，饭也不能好生吃。蒋爷看了这番光景，又怕他生出病来，想了想在船上无妨，也只好见一半不见一半，由他去便了。

这日刚交申时光景，正行之间，忽见富三说道：“快些撑船，找个避风的所在，风暴来了。”水手不敢怠慢，连忙将船撑在鹅头矶下。此处却是珍玉口，极其幽僻。将船湾住，下了铁锚。整饭食吃毕，已有掌灯之时，却是平风静浪，毫无动静。蒋爷暗道：“并无风暴，为何船家他说有风呢？哦，是了，想是他心怀不善，别是有什么意思罢，倒要留神。”只听呼噜噜呼声震耳，原来是艾虎饮后食困，他又睡着了。蒋爷暗道：“他这样贪杯好睡，焉有不误事的呢。”正在犯想，又听呼啦啦一阵乱响，连船都摆起来，万籁皆鸣。果然大风骤起，波涛汹涌，浪打船头，蒋爷方信富三之言不为虚谬。幸喜乱刮了一阵，不大工夫，天开月霁。衬着清平，波浪荡漾，夜色益发皎洁，不肯就睡，独坐船头赏玩多时。约有二鼓，刚要歇息，觉得耳畔有人声唤：“救人吓，救人！”顺着声音细看，眼往西北一观，隐隐有个灯光闪闪灼灼。蒋爷暗道：“此必有人暗算，我何不救他一救呢。”忙迫之中，也不顾自己衣服，将鞋脱在船头，跳在水内踏水面而行。忽见一人忽上忽下，从西北顺流漂来。蒋爷奔到跟前，让他过去，从后将发揪住，往上一提。那人两手乱抓乱挠，蒋爷却不叫他揪住。这就是水中救人的绝妙好法子。但凡人落了溺水，漫说道是无心落水，就是自己情愿淹死，到了临危之际，再无有不望人救之理。他两手扎煞，见物就抓，若被抓住却是死劲，再也不得开的。往往从水中救人反被溺死的，带累倾生，皆是救的不得门道之故。再者，凡溺水的，两手必抓两把淤泥，那就是挣命之时乱抓的。如今蒋爷提住那人，容他乱抓之后，方一手提住头发，一手把住腰带，慢慢踏水奔到崖岸之上。幸喜工夫不大，略略控水，即便苏醒，哼哼出来。蒋爷方问他名姓。

原来此人是个五旬以外的老者，姓雷名震。蒋爷听了便问道：“现今襄阳王殿前站堂官雷英，可是本家吗?”雷震道：“那就是小老儿的儿子，恩公如何知道?”蒋爷道：“我是闻名，有人常提，却未见过。请问老丈家住那里，竟欲何往?”雷震道：“小老儿就在襄阳王的府衙后面，有二里半之远，在八宝村居住。因女儿家内贫寒，是我备了衣服簪环，前往陵县探望，因此雇了船只。谁知水手是弟兄二人，一个米三，一个米七。他二人不怀好意，见我有这衣服箱笼，他说有风暴，船不可行，便藏在此处。他先把我跟的人杀了，小老儿喊叫救人，他却又来杀我。是我一急，将船窗撞开，跳在水中，自己也就不觉了。多亏恩公搭救！”蒋爷道：“大约船尚未开，老丈在此略等，我给你瞧瞧箱笼去。”雷震听了，焉有不愿意的呢？连忙说道：“敢则是好，只是又要劳动恩公。”蒋爷道：“不打紧。你在此略等，俺去去就来。”

说罢，跳在水内，一个猛子来至有灯光船边。只听二贼说道：“且打开箱笼看看，包管兴头的。”蒋爷把住船边，身体一跃道：“好贼！只顾你们兴头，却不管别人晦气了！”说着话到船上。米七猛听见一人答言，提了刀钻出舱来，尚未立稳，蒋爷抬腿就是一脚。虽然未穿鞋，这一脚儿踢了个正着，恰恰踢在米七的腮颊之上，如何禁得起，身体一歪，栽在船上，手松刀落。蒋爷跟步抢刀在手，照着米七一搠，登时了帐。米三在船上看得明白，说声“不好”，就从雷老者破窗之处蹿入水内去了。蒋爷如何肯放，纵身下水，捉住贼的双脚往上一提，出了水面，犹如捣碓一般，立刻将米三串了个老满儿。然后提到船上，进舱找着绳子，捆缚好了，将他脸面向下控起水来。蒋爷复又跳在水内，来至崖岸，背了雷震，送上船去，告诉他道：“此贼如若醒来，老丈只管持刀威唬他，不要害怕，已然捆缚好好的了。俟天亮时，另雇船只便了。”说罢，翻身入水，来到自己湾船之处一看，罢了，踪影全无！敢则是富三见得了顺风,早已开船去了。

蒋爷无奈,只得仍然踏水面到雷震那里船上。正听雷老者颤巍巍的声音道:“你动一动,我就是一刀!”蒋爷知道他是害怕,远远就答言道:“雷老者,俺又回来了。”雷震听了,一抬头见蒋爷已然上船,心中好生欢喜,道:“恩公为何去而复返?”蒋爷道:“只因我的船只不见,想是开船走了。莫若我送了老丈去如何?”雷震道:“有劳恩公,何以答报。”蒋爷道:“老丈有衣服借一件换换。”雷震应道:“有,有,有。”却是四垂八挂的,蒋爷用丝绦束腰,将衣襟拽起。等到天明,用篙撑开,一脚将米三踢入水中,到把老者吓了一跳,道:“人命关天,这还了得!”蒋爷笑道:“这厮在水中做生涯,不知劫了多少客商,害了多少性命。如今遇见蒋某,算是他的恶贯已满,理应除却,还心疼他怎的?”雷震嗟叹不已。

且不言蒋爷送雷震上陵县,再说小爷艾虎整整的睡了一夜,猛然惊醒,不见了蒋平,连忙出舱问道:“我叔叔往哪里去了?”富三道:“你二人同舱居住,如何问我?”艾虎听了,慌忙出舱看视。见船头有鞋一双,不觉失声道:“哎呀,四叔掉在水内了。别是你等有意将他害了罢?”富三道:“你这小客官说话好不晓事!昨晚风暴将船湾住,我们俱是在后梢安歇的,前舱就是你二人。想是那位客官夜间出来小解,失足落水或者有的,如何是我们害了他呢?”水手也说道:“我们既有心谋害,何不将小客官一同谋害,为何单单害那客官一人呢?”又一水手道:“别是你这小客官见那客官行李沉重,把他害了,反倒诬赖我们罢?”小爷听了,将眼一瞪道:“岂有此理,满口胡说!那是我叔父,俺如何肯害他!”水手道:“那可难说。现在包裹行李都在你手内,你还赖谁呢?”小爷听了,揎拳掠袖,就要打他们水手。富三忙拦道:“不要如此。据我看来,那位客官也不是被人谋害的,也不是失脚落水的,竟是自投在水内的。大家想想,若是被人谋害,或者失足落水,焉有两只鞋好好放在一边之理呢?”一句话说得众人省悟。水手也不言语了,艾虎也不生气,连忙回转舱内。只见包裹未动,打开时衣服依然如故,连龙票也在其内;又把兜肚内看了一看,尚有不足百金,只得仍然包好。心中纳闷道:“蒋四叔往何处去了呢?难道黍夜之间摸鱼去了?”正在思索,只听富三道:“小客官,已到了停泊之处了。”艾虎无奈,束兜肚,背了包裹,搭跳上岸,迈步向前去了。船价是开船付给了,所谓船家不打过河钱。

不知后文如何,且听下回分解。

第八十八回　抢鱼夺酒少弟拜兄　谈文论诗老翁择婿

且说艾虎下船之后,一路上想起:“蒋爷在悦来店救了自己,蒙他一番好意带我上卧虎沟,不想竟自落水,如今弄得我一人踽踽凉凉。”不由得凄惨落泪。正在哭泣，猛然想起蒋爷颇识水性，绰号翻江鼠，焉有淹死的呢？想至此，又不禁大乐起来。走着走着，又转想道："不好，不好！俗语说得好：惯骑马的惯跌跤，河里淹死是会水的。焉知他不是艺高人胆大，阳沟里会翻船，也是有的。可怜一世英名，却在此处倾生。"想至此，不由得又痛哭起来。哭了多时，忽又想起那双鞋来："别是真格的下水摸鱼去了吧？若果如此，还有相逢之日。"想至此，不禁又狂笑起来。他哭一阵，笑一阵，旁人看着，皆以为他有疯魔之症，远远地躲开，谁敢招惹于他？

艾虎此时千端万绪萦绕于心，竟自忘饥，因此过了宿头。看着天色已晚，方觉得饥饿，欲觅饭食，无处可求。忽见灯光一闪，急忙奔至。临近一看，原来是个窝铺。见有二人对面而坐，并听有划拳之声。他却走至跟前，一人刚叫了个"八马"，艾虎他却把手一伸道："三元。"谁知划拳的却是两个渔人，猛见艾虎进来，不分青红皂白硬要划拳，便发话道："你这后生好生无理！我们在此饮酒作乐，你如何前来混搅？"艾虎道："实不相瞒，俺是行路的，只因过了宿头，一是肚中饥饿，没奈何，将就将就，留个相与罢。"说着话，他就要端酒碗。那渔人忙拦道："你要吃食，也等我们吃剩下了，方好周济于你。"艾虎道："俺又不是乞儿花子，如何要你周济？俺有银两，买你几碗酒，你可肯卖吗？"渔人道："俺这里又不是酒市，你要买前途买去，我这里是不卖的。"说罢，二人又脑袋摘巾儿豁起拳来。一人刚叫了个"对手"，艾虎又伸一拳道："元宝！"一渔人大怒道："你这小厮好生惫懒！说过不卖，你却歪厮缠则甚？"艾虎道："不卖，俺就要抢了！"渔人冷笑道："你说别的罢了，你说要抢，只怕我们此处不容你放抢。"说罢站起身来，出了窝铺，揎拳掠袖道："小厮，你抢个样儿我看！"艾虎将包袱放下，笑哈哈地道："你不要忙，俺先与你说明：俺若输了，任凭你等；俺若赢了，不消说了，不但酒要够，还要管俺一饱。"那渔人也不答应，扬手就是一拳。艾虎也不躲闪，将手接住往旁边一领，那渔人不知不觉趴伏在地。这渔人一见，气愤愤地道："好小厮，竟敢动手！"抽后就是一脚。艾虎回身将脚后跟往上一托，那渔人仰八叉栽倒在地。二人爬起来一拥齐上，小侠只用两手左右一分，二人复又跌倒。一连三次，渔人知道不是对手，抱头鼠窜而去。

艾虎见他等去了，进了窝铺，先端起一碗饮干，又要端那碗酒时，方看中间大盘内是一尾鲜汆鲤鱼，刚吃了不多，满心欢喜。又饮了这碗酒，也不用筷箸，抓了一块鱼放在口内。又拿起酒瓶来斟酒，一碗酒一块鱼，霎时间杯盘狼藉。正吃的高兴，酒却没了。他便端起大盘来，囫囵吞枣连汤都喝了。虽未尽兴，也可搪饥。回首见有现成的渔网，将手擦抹了擦抹，站起身来刚要走时，觉有一物将头碰了一下。回头看时，原来是个大酒葫芦，不由得满心欢喜。摘将下来，复又回身就灯一看，却是个锡盖。艾虎不知是转螺蛳的，左打不开，右打不开，一时性起，用力一掰，将葫芦嘴撅下来。他就嘴对嘴匀了四五气。饮干一松手，拍叉的一声，葫芦正落在大盘子上，砸了个粉碎。艾虎也不管他，提了包裹，出了窝铺，也不管东南西北，信步行去。谁知冷酒后犯，一来是吃的空心酒，二来吃的太急，又着风儿一吹，不觉得酒涌上来。晃里晃荡才走了二三里的路，再也挣扎不来。见路旁有个破亭子，也不顾尘垢，将包袱放下做了枕头，放倒身躯，呼噜噜酣睡如雷。真是一觉放开心地稳，不知日出已多时。

正在睡浓之际，觉得身上一阵乱响，似乎有些疼痛。慢闪二目，天已大亮，见五六个人各持木棒，将自己围绕。猛然省悟，暗道："这是那两个渔人调了兵来了。"再一回想，原是自己的不是，莫若叫他们打几下子出出气，也就完了事了。谁知这些人俱是鱼行生理，因那两个渔人被艾虎打跑，他俩便知会了众渔人，个个擎木棒奔了窝铺而来。大家看时，不独鱼酒皆无，而且葫芦掰了，盘子砸了，一个个气冲两胁，分头去赶。只顾奔了大路，哪知小侠醉后混走，倒岔在小路去了。众人追了多时不见踪影，俱说便宜他，只得大家漫散了。

谁知有从小路回家的，走至破亭子，忽听呼声震耳。此时天已黎明，看不真切，似乎是个年幼之人。急忙令人看守，复又知会就近的，凑了五六个人。其中便有窝铺中的渔人，看了道："就是他！"众人就要动手，有个年老的道："众位不要混打，唯恐伤了他的致命之处，不大稳便。须要将他肉厚处打，止于戒他下次就是了。"因此一阵乱响，又是打艾虎，又是棒磕棒。打了几下，见艾虎不动，大家犹疑，恐其伤了性命。哪知艾虎故意的不语，叫他打几下子出气呢。迟了半天，见他们不打了，方睁开眼道："你们为什么不打了？"一翻身爬起，提了包裹，掸了掸尘垢，拱了拱手道："请了，请了。"众人围绕着，哪里肯放。艾虎道："你们为何拦我？"众人道："你抢了我们的鱼酒，难道就罢了不成？"艾虎道："你们不打了我吗？打几下子出了气，也就是了，还要怎么？"渔人道："你掰了我的葫芦，砸了我的大盘，好好的还我，不然想走不能！"艾虎道："原来坏了你的葫芦、盘子。不要紧，俺给你银，另买一份罢。"渔人道："只要我的原旧东西，要银子做什么？"艾虎道："这就难了。人有生死，物有毁坏。业已破了，还能整的上吗？你不要银子，莫若再打几下，与你那东西报报仇，也就完了事了。"说罢，放下包裹，复又躺在地下，闹顽皮子，俗语谓之皮子，又谓之魔驼子。闹得众人生气不是，要笑不是，再打也不是。年老的道："真这后生实在怄人，他倒闹起魔来了！"渔人道："他竟敢闹魔，我把他打死，给他抵命！"年老的道："休出此言，难道我们众人瞅着你在此害人不成！"

正说间，只见那边来了个少年的书生，向着众人道："列位请了。不知此人犯了何罪，你等俱要打他？望乞看小生薄面，饶了他吧。"说罢就是一揖。众人见是个斯文相公，连忙还礼，道："叵耐这厮饶抢了嘴吃，还把我们的家伙毁坏，实实可恶！既是相公给他讨情，我们认个晦气罢了。"说罢，大家散去。

年少后生见众人散去，再看时，见他用袖子遮了面，仍然躺着不肯起来。向前将袖子一拉，艾虎此时臊得满面通红，无可搭讪，"噗哧"的一声，大笑不止。书生道："不要发笑。端的为何，有话起来讲。"艾虎无奈，站起掸去尘垢，向前一揖，道："惭愧，惭愧！实在是俺的不是。"便将抢酒吃鱼，以及毁坏家伙的话毫无粉饰，和盘托出，说罢又大笑不止。书生听了，暗暗道："听他之言，倒是个率真豪爽之人。"又看了看他的相貌，满面英雄，气度不凡，不由得倾心羡慕，问道："请问尊兄贵姓?”艾虎道:“小弟姓艾名虎。尊兄贵姓?”那书生道:“小弟施俊。”艾虎道:“原来是施相公。俺这不堪的形象,休要见笑。”施俊道:“岂敢,岂敢!四海之内皆兄弟也,焉有见笑之理。”艾虎听了“皆兄弟也”,以“皆”字当作“结”字,答道:“俺乃粗鄙之人,焉敢与斯文贵客结为兄弟。既蒙不弃,俺就拜你为兄。”施俊听了甚喜,知他是错会意了,以为他耿直可交,便问:“尊兄青春几何?”艾虎道:“小弟今年十六岁了。哥哥你今年多大了?”施俊道:“比你长一岁,今年十七岁了。”艾虎道:“俺说是兄长,果然不差。如此,哥哥请上,受小弟一拜。”说罢,趴在地下就磕头。施俊连忙还礼,二人彼此搀扶。小侠提了包裹,施俊一伸手携了艾虎,离了破亭,竟奔树林而来。早见一小童,拉定两匹马在那里瞭望。

施俊来至小童跟前,唤道:“锦笺过来,见过你二爷。”小童锦笺先前见二人说话,后来又见二人对磕头,早就心中纳闷,如今听见相公如此说,不敢怠慢,上前跪倒,道:“小人锦笺与二爷叩头。”艾虎从来没受过人的头,没听见人称呼过二爷,今见锦笺如此,喜出望外,不知如何是好,连忙说道:“起来,起来。”回身在兜肚内掏出两个锞子,递与锦笺道:“拿去买果子吃。”锦笺却不敢受,两眼瞅着施俊。施俊道:“二爷既赏你,你收了就是了。”锦笺接过,复又叩头谢赏。艾虎心中暗道:“为何他又叩头?哦,是了,想是不够用的,还和我再讨些。”回手又向兜肚内要掏。艾虎当初也是馆童,皆因在霸王庄上并没受过这些排场礼节,所以不懂,非前后文不对。施俊道:“二弟赏他一锭足矣,何必赏他许多呢。请问二弟,意欲何往?”一句话方把艾虎岔开。答道:“小弟要上卧虎沟,寻找师父与义父。请问兄长意欲何往呢?”施俊道:“愚兄要上襄阳县金伯父那里。一来看文章,二来就在那里用功。你我二人不能盘桓畅叙,如何是好?”艾虎道:“既然彼此有事,莫若各奔前程,后会有期。兄长请乘骑,待小弟送你一程。”施俊道:“贤弟不要远送。我是骑马,你是步下,如何赶得上?不如就此拜别了罢。”说罢,二人彼此又对拜了。锦笺拉过马来,施俊谦让多时,扳鞍上马。锦笺因艾虎在步下,他不肯骑马,拉着步行。艾虎不依,务必叫他骑上马跟了前去。目送他主仆已远,自己方扛起包裹,迈开大步,竟奔大路去了。

且说施俊父名施乔,字必昌,曾做过一任知县,因害目疾失明,告假还乡。生平有两个结义的朋友:头一个便是兵部尚书金辉,因参襄阳王遭贬在家;第二个便是新调长沙太守邵邦杰。三个人虽是结义的朋友,却是情同骨肉。施老爷知道金老爷有一位千金小姐,自幼儿见过好几次,虽有联姻之说,却未纳聘。如今施俊年已长成,莫若叫施俊去到那里,明是托金公看文章,暗暗却是为结婚姻。

这日施俊来至襄阳县九云山下九仙桥边,问着金老爷的家,投递书信。金老爷即刻请至书房,见施俊品貌轩昂,学问渊博,那一派谦让和蔼,令人羡慕,金公好生欢喜,而且看了来书,已知施乔之意,便问施俊道:“令尊目力可觉好些,不然如何能写书信呢?”施俊鞠躬答道:“家严止于通彻三光,别样皆不能视。此信乃家严谆嘱小侄代笔,望伯父海涵勿哂。”金辉道:“如此看来,贤侄的书法是极妙的了。这上面还要叫老拙改正文章，如何当的起。学业久已荒疏，拈笔犹如马棰，还讲什么改正？只好贤侄在此用功，闲时谈谈讲讲，彼此教正，大家有益罢了。”说至此，早见家人禀道：“饭已齐备，请示在那里摆。”金公道：“在此摆，我同施相公一处用，也好说话。”饮酒之间，金公盘问了多少书籍，施俊一一对答如流，把个金辉乐得了不得。吃毕饭，就把施俊安置在书房下榻，自己洋洋得意，往后面而来。

不知见了夫人有何话讲，且听下回分解。

第八十九回　憨锦笺暗藏白玉钗　痴佳蕙遗失紫金坠

且说金辉见了夫人何氏，盛夸施俊的人品学问。夫人听了，也觉欢喜。原来何氏夫人就是唐县何至贤之妹，膝下生得两个儿女：女名牡丹，今年十六岁；儿名金章，年方七岁。老爷还有一妾，名唤巧娘。且说夫人见老爷夸施俊不绝口，知有许婚之意，便问：“施贤侄到此何事？”金老爷道：“施公双目失明，如今写信前来，叫施俊在此读书，从我看文章。虽是如此，书中却有求婚之意。”何氏道：“老爷意下如何呢？”金公道：“当初，施贤弟也曾提过，因女儿尚幼，并未聘定。不想如今施贤侄年纪长成，不但品貌端好，而且学问渊博，堪与我女儿匹配。”何氏道：“既如此，老爷何不就许了这头亲事呢？”金公道：“且不要忙。他既在此居住，我还要细细看看他的行止如何。如果真好，慢慢再提亲不迟。”

老爷、夫人只顾讲论此事，谁知有跟小姐的亲信丫头，名唤佳蕙，是自幼儿服侍小姐的，因他聪明伶俐，而且模样儿生的俏丽，又跟着小姐读书习字，文理颇通，故此起名用个“蕙”字，上面又加上个“佳”字，言他是香而且美。佳蕙既然如此，小姐的容颜学问可想而知了。这日他正到夫人卧室，忽听见老夫妻讲论施俊才貌双全，有许婚之意，他便回转绣户，嘻嘻笑笑道：“小姐，大喜了。”牡丹小姐道：“你道的什么喜？”佳蕙道：“方才我从太太那里来，老爷正然讲究，原来施老爷打发小官人来在我们这里读书，从着老爷看文章。老爷说他不但学问好，而且品貌极美，老爷、太太乐得了不得，有意将小姐许配于他。难道小姐不是大喜吗？”牡丹正看书，听说至此，把书一放，嗔道：“你这丫头益发愚顽了。这些事也是大惊小怪对我说的吗？越大越没出息了！还不与我退了。”

佳蕙一团的高兴，被小姐申饬了一顿，脸上觉的讪讪的，羞答答回转自己屋内，细细思索道：“我与小姐虽是主仆，却是情同骨肉，为何今日听了此话不但不喜，反倒嗔怪呢？哦，是了，往往有才的必不能有貌，有貌的必不能有才，如何能够才貌兼全呢？小姐想来不能深信。仔细想来，倒是我莽撞了。理应替他探了个水落石出，方不负小姐待我的深情。”想至此，踢蹐不安，他便悄悄偷到书房，把施俊看了个十分仔细。回来暗道:“怨得老爷夸他,果然生得不错。据我看来,他既有如此的容貌,必有出奇的才情。小姐不知,若要固执起来,岂不把这样的好事耽搁了吗?嗳,我何不如此如此,替他们成全成全,岂不是好?”想罢,连忙回到自己屋内,拿出一方芙蓉手帕。暗道:“这也是小姐给我的,我就拿他做个引线。”立刻提笔就在手帕上写了“关关雎鸠,在河之洲”二句,折叠了折叠,藏在一边。

到了次日,午间无事,抽空儿袖了手帕,来到书房。可巧施俊手倦抛书,午梦正长,锦笺也不在跟前。佳蕙悄悄地临近桌边,把手帕一丢,转身时又将桌子一靠。施俊惊醒,朦胧二目,翻身又复睡了。谁知锦笺从外面回来,见相公在外面瞌睡,腕下却露着手帕,慢慢抽出,抖开一看,异香扑鼻,上面还有字迹,却是两句《诗经》,心中纳闷道:“这是什么意思?此帕从何来呢?不要管他,我且藏起来。相公如问我时,我再问相公便知分晓。”及至施俊睡醒,也不找手帕,也不问锦笺。锦笺心中暗道:“看此光景,这手帕必不是我们相公的。若是我们相公的,焉有不找不问之理呢?但只一件,既不是我们相公的,这手帕从何而来呢?倒要留神查看查看。”

到了次日,锦笺不时地出入来往,暗里窥探。果然佳蕙从后面出来,到了书房,见相公正在那里开箱找书,不便惊动,抽身回来。刚要入后,只见一人迎面拦道:“好吓!你跑到书房做什么来了?快说!不然我就嚷了。”佳蕙见是个小童,问道:“你是谁?”小童道:“我乃自幼服侍相公,时刻不离左右,说一是一,说二是二,言听计从的锦笺。你是谁?”佳蕙笑道:“原来是锦兄弟吗?你问我,我便是自幼服侍小姐,时刻不离左右,说一是一,说二是二,言听计从的佳蕙。”锦笺道:“原来是佳姐姐吗?”佳蕙道:“什么锦咧佳咧,叫着怪不好听的。莫若我叫你兄弟,你叫我姐姐。咱们把锦、佳二字去了好不好?我问兄弟,昨日有块手帕,你家相公可曾瞧见了没有?”锦笺想道:“原来手帕是他的,可见他人大心大,我何不嘲笑他几句。”想罢说道:“姐姐不要性急,事宽则圆,姐姐终久总要有女婿的,何必这么忙呢?”佳蕙红了脸道:“兄弟休要胡说。只因我家小姐待我恩深义重,又有老爷、太太愿意联姻之意,故此我才拿了手帕来,知会你家相公,叫他早早求婚,莫要耽误了大事。难道《诗经》二句诗在手帕上写的,你还不明白吗?那明是韫玉待价之意。”锦笺道:“姐姐原来为此,我倒错会了意了。姐姐还不知道呢,我们相公此来,原是奉老爷之命到此求婚。唯恐这里老爷不愿意,故此恳恳切切写了一封信,叫我们相公在此读书,是叫这里老爷知道知道我们相公的人品学问。如今姐姐既要知恩报恩,那手帕是不中用的,何不弄了真实著见的表记来。我们相公那里,有我一面承管。”坏事在此一句,所谓一言丧邦。佳蕙听了道:“兄弟放心,我们小姐那里,有我一面承管。咱二人务必将此事作成,庶不负主仆的情意一场。”说罢,佳蕙往后面去了,锦笺也就回转书房。

凡事有一定的道理,不是强求的,不是混谋的。事不当成,你纵然强求、混谋,冥冥中自有舛错,终久不成。若是事有可成,只用略为谋求,用不着“强”“混”二字,不因不由得便成了。至于婚姻一节,更不是强求混谋的。俗话说的“千里姻缘一线牵”,又云是“婚姻棒打不散”,原是有一定的道理。谁知遇见了佳蕙、锦笺两个,不能听其自然,无心中生出波澜,闹了个天翻地覆,险些儿性命难保。非是他二人安着坏心,有意陷害,却是一派天真烂漫,不知事体轻重。一个为感情,一个为逞能,及至事情叨登出来,他二人谁也不敢吐实,只落得后悔而已。

且说佳蕙自与锦笺说明之后,处处留神,时刻在念。不料事有凑巧,牡丹小姐叫他收什镜妆,他见有精巧玉钗一对,暗暗袖了一枝,悄悄递与锦笺。锦笺回转书房,得便开了书箱,瞧瞧无物可拿,见有一把扇子,拴着个紫金鱼的扇坠,连忙解下来,就势儿将玉钗放在箱内。却把前次的芙蓉手帕打开,刚要包上紫金鱼,见帕上字迹分明,他又展起才来,急忙提笔写上“窈窕淑女,君子好逑”二句,然后将扇坠包裹,得意扬扬来见佳蕙,道:“我说事成在我,姐姐不信,你看如何?”说罢,打开给佳蕙看了。佳蕙等的工夫大了,已然着急,见有个回礼,忙忙碌碌接了过来:“兄弟改日听信吧。”回手向衣襟一掖,转身就去了。

刚走了不多时,只见巧娘的杏花儿,年方十二岁,极其聪明,见了佳蕙问道:“姐姐那里去了?”佳蕙道:“我到花园掐花儿去来。”杏花道:“掐的花在哪里?给我几朵儿。”佳蕙道:“花尚未开,因此空手而回。”杏花儿道:“我不信,可巧一朵儿没有吗?我要搜搜。”说罢,拉住佳蕙不放。佳蕙藏藏躲躲,道:“你这丫头,岂有此理!漫说没花儿,就是有花儿,也犯不上给你。难道你怕走大了脚,不会自己掐去拉拉扯扯什么意思!”说罢,将衣服一顿,扬长去了。杏花儿觉得不好意思,涨红了脸,发话道:“这有什么呢,明儿我们也掐去,单稀罕你的咧!”说着话往地下一看,见有一个包儿,连忙捡起。恰正是芙蓉手帕包着紫金鱼儿,急忙拢在袖内,气愤愤回转姨娘房内而来。巧娘问道:“你往那里去来?又合谁呕了气了?因为什么噘着嘴?”杏花儿道:“可恶佳蕙,他掐了花来,我和他要一两朵,饶不给还摔打我。姨娘白想想,可气不可气!偏偏的他掉了一个包儿,我是再也不给他的了!”巧娘闻了,忙问道:“你捡了什么了?拿来我看。”杏花儿将包儿递将过来。不想巧娘一看,便生出许多的是非来了。

你道为何?只因金辉自从遭贬之后,将宦途看淡了,每日间以诗酒自娱。但凡有可以消遣处,不是十天,就是半月,乐而忘返。家中多亏了何氏夫人,调度得井井有条。唯有巧娘水性杨花,终朝尽盼老爷回来。谁知金公是放浪形骸之外,又不在妇人身上用功夫的。他便急的犹如热地蚂蚁一般,如何忍耐得住,未免有些饥不择食，悄地里就与幕宾先生刮拉上了。俗话说，色胆大来难保机关不泄。一日，正与幕宾在花园厅上刚刚入港，恰值小姐与佳蕙上花园烧香，将好事冲散。偏这幕宾是个胆小的，唯恐事要发觉，第二日收拾收拾竟自逃走了。巧娘失了心上之人，他不思己过，反把小姐与佳蕙恨入骨髓，每每要将他二人陷害，又是无隙可乘。

如今见了手帕，又有紫金鱼，正中心怀，便哄杏花儿道："这个包儿既是捡的，你给我罢。我不白要你的，我给你做件衫子如何？"杏花儿道："罢哟！姨娘前次叫我给先生送礼送信，来回跑了多少次，应许给我做衫子，到如今何尝做了呢？还提衫子呢，没的尽叫我们耽个名儿罢了！"巧娘道："往事休提。此次一定要与你做衫子的，并且两次合起来，我给你做件夹衫子如何？"杏花道："果真那样敢则是好，我这里先谢谢姨娘。"巧娘道："不要谢。我还告诉你，此事也不可对别人说，只等老爷回来，你千万不要在跟前。我往后还要另眼看待于你。"杏花儿听了欢喜，满口应承。

一日，金公因与人会酒，回来过晚，何氏夫人业已安歇。老爷怜念夫人为家计操劳，不忍惊动，便来到巧娘屋内。巧娘迎接就座，殷勤献茶毕，他便双膝跪倒道："贱妾有一事禀老爷得知。"金公道："你有何事，只管说来。"巧娘道："只因贱妾捡了一宗东西，事关重大。虽然老爷知道，必须访查明白，切不可声张。"说着话，便把手帕拿出，双手呈上。金公接过来一看，见里面包着紫金鱼扇坠儿，又见手帕上字迹分明，写着《诗经》四句，笔迹却不相同，前二句写的轻巧妩媚，后二句写的雄健草率。金辉看毕，心中一动，便问："此物从何处拾来？"巧娘道："贱妾不敢说。"金辉道："你只管说来，我自有道理。"巧娘道："老爷千万不要生气。只因贱妾给太太请安回来，路过小姐那里，拾得此物。"金辉听了，登时苍颜改变，无名火起，暗道："好贱人，竟敢做出这样的事来。这还了得！"即将手帕金鱼包好，拢在袖内。巧娘又加言道："老爷，此事与门楣有关，千万不要声张，必须访查明白。据妾看来，小姐绝无此事，或者是佳蕙那丫头，也未可知。"老爷听了点了点头，一语不发，便上内书房安歇去了。

不知后来金公如何办理，且听下回分解。

第九十回　避严亲牡丹投何令　充小姐佳蕙拜邵公

且说金辉听了巧娘的言语，明是开通小姐，暗里却是葬送佳蕙。佳蕙既有污行，小姐焉能清白呢？真是君子可欺以其方。哪知后来金公见了玉钗，便把佳蕙抛开，竟自追问小姐，生生地把个千金小姐弄成布裙荆钗，险些儿丧了性命，可见他的机谋狠毒。言虽如此，巧娘说"焉知不是佳蕙那丫头"这句话，说的何尝不是呢？

他却有个心思,以为要害小姐,必先剪除了佳蕙。佳蕙既除,然后再害小姐就容易了。偏偏的遇见个心急性拗的金辉,不容分说,又搭着个纯孝的小姐不敢强辩,因此这件事倒闹的蒙混了。

且说金辉到了内书房安歇,一夜不曾合眼。到了次日,悄悄到了外书房一看,可巧施俊今日又会文去了。金公便在书房搜查,就在书箱内搜出一枝玉钗。仔细留神,正是给女儿的东西。这一气非同小可,转身来至正室,见了何氏,问道:“我曾给过牡丹一对玉钗,现在那里?”何氏道:“既然给了女儿,必是女儿收着。”金辉道:“要来我看。”何氏便叫丫鬟到小姐那里去取。去了多时,只见丫鬟拿了一枝玉钗回来,禀道:“奴婢方才到小姐那里取钗,小姐找了半天,在镜箱内找了一枝。问佳蕙时,佳蕙病的昏昏沉沉,也不知那一枝那里去了。小姐说,俟找着那一支,即刻送来。”金辉听了,哼了一声,将丫鬟斥退,对夫人道:“你养的好女儿,岂有此理!”何氏道:“女儿丢了玉钗,容他慢慢找去,老爷何必生气?”金公冷笑道:“再要找时,除非把这一枝送在书房内便了!”何氏听了诧异道:“老爷何出此言?”金公便将手帕、扇坠掷与何氏,道:“这都是你养的好女儿作的。”便在袖内把那一枝玉钗取出,道:“现有对证,还有何言支吾?”何氏见了此钗,问道:“此钗老爷从何得来?”金辉便将施生书箱内搜出的话说了,又道:“我看父女之情,给他三日限期,叫他寻个自尽,休来见我!”说罢,气愤愤的上外面书房去了。

何氏见此光景,又是着急,又是伤心,忙忙来到小姐卧室,见了牡丹放声大哭。牡丹不知其详,问道:“母亲,这是为何?”夫人哭哭啼啼,将始末缘由述了一遍。牡丹听毕,只唬的粉面焦黄,娇音软颤,也就哭将起来。哭了多时,道:“此事从何说起,女儿一概不知。”叫乳母梁氏追问佳蕙去。谁知佳蕙自那日遗失手帕、扇坠,心中一急,登时病了,就在那日告假,躺在自己屋内将养。此时正在昏愦之际,如何答应上来。梁氏无奈,回转绣房道:“问了佳蕙,他也不知。”何氏夫人道:“这便如何是好!”复又痛哭起来。牡丹强止泪痕,说道:“爹爹既然吩咐孩儿自尽,孩儿也不敢违拗。只是母亲养了孩儿一场,未能答报,孩儿虽死也不瞑目。”夫人听至此,上前抱住牡丹道:“我的儿吓,你既要死,莫若为娘的也同你死了罢。”牡丹哭道:“母亲休要顾惜女儿。现在我兄弟方交七岁,母亲若死了,叫兄弟倚靠何人,岂不绝了金门香烟吗?”说罢,也抱住夫人痛哭不止。

旁边乳母梁氏猛然想起一计,将母女劝住,道:“老奴倒有一事回禀。我家小姐自幼稳重,闺门不出,老奴敢保断无此事。未免是佳蕙那丫头干的也未可知,偏偏他又病的人事不知。若是等他好了再问,唯恐老爷性急,是再不能的。若依着老爷逼勒小姐,又恐日后事明,后悔也就迟了。”夫人道:“依你怎么样呢?”梁氏道:“莫若叫我男人悄悄雇上船一只,两口子同着小姐,带佳蕙,投到唐县舅老爷那里暂住几时。俟佳蕙好了,求舅太太将此事访查,以明事之真假。一来暂避老爷的盛怒,二来也免得小姐轻生。只是太太担些干系,遇便再求老爷便了。”夫人道:“老爷跟前我再慢慢说明,只是你等一路上叫我好不放心。”梁氏道:“事已如此,无可如何,听命由天罢了。”牡丹道：“乳娘此计虽妙，但只一件，我自幼从未离了母亲，一来抛头露面，我甚不惯；二来违背父命，我心不安，还是死了干净。”何氏夫人道：“儿吓，此计乃乳母从权之道。你果真死了，此事岂不是越发真了吗？”牡丹哭道：“只是孩儿舍不得母亲奈何？”乳娘道：“此不过燃眉之意。日久事明，依然团聚，有何不可？小姐如若怕出头露面，我更有一计在此。就将佳蕙穿了小姐的衣服，一路上说小姐卧病，往舅老爷那里就医养病。小姐却扮作丫鬟模样，谁又晓得呢？”何氏夫人听了，道：“如此很好，你们就急急的办理去吧，我且安置安置老爷去。”牡丹此时心绪如麻，纵有千言万语，一字却也道不出来，止于说道：“孩儿去了。母亲保重要紧。”说罢大哭不止。夫人痛彻心怀，无奈何，狠着心去了。

这里梁氏将他男子汉找来，名叫吴能。既称男子汉，可又叫吴能，这明说是无能的男子汉。他但凡有点能为，如何会叫老婆做了奶子呢？可惜此事交给他，这才把事办坏了。他不及他哥吴燕能有本事，打得很好的刀。到了河边，不论好歹，雇了船只，然后又雇了小轿三乘，来至花园后门。奶娘梁氏带领小姐与佳蕙，乘轿至河边上船。一篙撑开，飘然而去。

且说金辉气愤愤离了上房，来到了书房内。此时，施生已回，见了金公，上前施礼。金辉洋洋不睬。施俊暗道：“他如何这等慢待与我？哦，是了，想是嗔我在这里搅他了。可见人情险恶，世道浇薄。我又非倚靠他的门楣觅生活，如何受他的厌气？”想罢便道：“告禀大人得知，小人离家日久，唯恐父母悬望，我要回去了。”金辉道：“很好。你早就该回去！”施俊听了这样口气，登时羞得满面红涨，立刻唤锦笺鞴马。锦笺问道：“相公往那里去？”施俊道：“扯臊，自有去处，你鞴马就是了，谁许你问？狗才，你仔细，休要讨打！”锦笺见相公动怒，一声儿也不敢言语，急忙鞴了马来。施生立起身来，将手一拱，也不拜揖，说声：“请了。”金辉暗道：“这畜生如此无礼，真正可恶！”又听施生发话道：“可恶吓，可恶，真正岂有此理！”金辉明明听见，索性不理他了，以为他少年无状。又想起施老爷来，他如何会生出这样子弟，未免叹息了一番。然后将书籍看了看，依然照旧。又将书籍打开看了看，除了诗文之外，只有一把扇儿是施生落下的，别无他物。可惜施生忙中有错，说时原是孑然一身，所有书籍典章全是借用这里的，他只顾生气，却忘了扇儿放在书籍之内。彼时若是想起，由扇子追问扇坠，锦笺如何隐瞒？何况当着金辉再加以质证，大约此冤立刻即明。偏偏的施生忘了此扇，竟遗落在书籍之内。扇儿虽小，事关重大。凡事当隐当现，自有一定之理。若是此时就明白此事，如何又生出下文多少的事来呢！

且说金辉见施俊赌气走了，便回至内室。见何氏夫人哭了个泪人一般，甚是凄惨。金辉一语不发，坐在椅上叹气。忽见何氏夫人双膝跪倒，口口声声“妾身在老爷跟前请罪”，老爷连忙问道：“端的为何？”夫人将女儿上唐县情由述了一遍，又道：“老爷只当女儿已死，看妾身薄面，不必深究了。”说罢哭瘫在地。金辉先前听了急得跺脚，唯恐丑声播扬，后来见夫人匍匐不起，究竟是老夫老妻，情分上过意不去，只得将夫人搀起来道：“你也不必哭了。事已如此，我只好置之度外便了。”

金辉这里不究，哪知小姐那里生出事来。只因吴能忙迫雇船，也不留神，却雇了一只贼船。船家弟兄二人，乃是翁大、翁二，还有一个帮手王三。他等见仆妇男女二人带领着两个俊俏女子，而且又有细软包袱，便起了不良之意，暗暗打号儿。走不多时，翁大忽然说道："不好了，风暴来了。"急急将船撑到幽僻之处。先对奶公道："咱们须要祭赛祭赛方好。"吴能道："这里那讨香蜡纸马去？"翁二道："无妨，我们船上皆有，保管预备的齐整，只要客官出钱就是了。"吴能道："但不知用多少钱？"翁二道："不多，不多，只要一千二百钱足以够了。"吴能道："用什么要许多钱？"翁二道："鸡、鱼、羊头三牲，再加香蜡纸锞，这还多吗？敬神佛的事儿，不要打算盘。"吴能无奈，给了一千二百钱。不多时，翁大请上香。奶公出船一看，见船头上面放的三个盘子，中间是个少皮无毛的羊脑袋，左边是只折脖缺膀的鸡嫁妆，右边是一尾飞鳞凹目的鲤鱼干，再搭上四露五落的一挂元宝，还配着滴溜奄拉的几片千张，更可笑的是少颜无色三张黄钱，最可怜的七长八短的一束高香，还有那一高一矮的一对瓦灯台上，插的不红不白的两个蜡头儿。吴能一见，不由得气往上撞，道："这就是一千二百钱办的吗？"翁二道："诸事齐备，额外还得酒钱三百。"吴能听了，发急道："你们不是要讹吓？"翁大道："你这人祭赛不虔，神灵见怪，理应赴水，以保平安。"说罢将吴能一推，扑通一声落下水去。

乳母船内听着不是话头，刚要出来，正见他男子汉被翁大推下水去，心中一急，连嚷道："救人吓，救人！"王三奔过来就是一拳。乳母站立不稳，摔倒船内，又嚷道："救人吓，救人吓！"牡丹此时在船内知道不好，极力将竹窗撞下，随身跳入水中去了。翁大赶进舱来，见那女子跳入水内，一手将佳蕙拉住道："美人不要害怕，俺和你有话商量。"佳蕙此时要死不能死，要脱不能脱，只急得通身是汗，觉得心内一阵清凉，病倒好了多一半。外面翁二合王三每人一枝篙，将船撑开。佳蕙在船内被翁大拉着，急得他高声叫喊："救人吓，救人！"

忽见那边飞也似来了一只快船，上面站着许多人，道："这船上害人呢，快上船进舱搜来。"翁二、王三见不是势头，将篙往水内一拄，飕的一声跳下水去。翁大在舱内见有人上船，说进舱搜来，他唯恐被人捉住，便从窗户蹿出，赴水逃生去了。可恨他三人贪财好色，枉用心机，白白的害了奶公并小姐落水，也只得赤手空拳，赴水而去。

且言众人上船，其中有个年老之人道："你等莫忙，大约贼人赴水脱逃，且看船内是什么人。"说罢，进舱看时，谁知梁氏藏在床下，此时听见有人，方才从床下爬出。见有人进来，他便急中生智道："众位救我主仆一命。可怜我的男人被贼人陷害，推在水内淹死，丫鬟着急，蹿出船窗投水也死了。小姐又是疾病在身，难以动转。望乞众位见怜。"说罢泪流满面。这人听了，连说道："不要啼哭，待我回那老爷去。"转身去了。梁氏悄悄告诉佳蕙，就此假充小姐，不可露了马脚，佳蕙点头会意。

那人去不多时，只见来了仆妇丫鬟四五个，搀扶假小姐，叫梁氏提了包裹，纷纷乱乱一阵,将祭赛的礼物踏了个稀烂,来到官船之上。只见有一位老爷坐在大圈椅上面,问道:“那女子家住那里?姓什么?慢慢地讲来。”假小姐向前万福,道:“奴家金牡丹,乃金辉之女。”那老爷问道:“那个金辉?”假小姐道:“就是做过兵部尚书的。只因家父连参过襄阳王二次,圣上震怒,将我父亲休致在家。”只见那老爷立起身来,笑吟吟的道:“原来是侄女到了,幸哉,幸哉。何如此之巧耶!”假小姐连忙问道:“不知老大人为谁,因何以侄女呼之?请道其详。”那老爷笑道:“老夫乃邵邦杰,与令尊有金兰之谊。因奉旨改调长沙太守,故此急急带了家眷前去赴任,今日恰好在此停泊,不想救了侄女,真是天缘凑巧。”假小姐听了,复又拜倒,口称“叔父”。邵老爷命丫鬟搀起,设座坐了,方问道:“侄女为何乘舟,意欲何往?”

不知假小姐说出什么话来,且听下回分解。

第九十一回　死里生千金认张立　苦中乐小侠服史云

且说假小姐闻听邵公此问,便回答道:“侄女身体多病,奉父母之命,前往唐县就医养病。”邵老爷道:“这就是令尊的不是了。你一个闺中弱质,如何就叫奶公、奶母带领去赴唐县呢?”假小姐连忙答道:“平素时常往来。不想此次船家不良,也是侄女命运不济。”邵老爷道:“理宜将侄女送回,奈因钦限紧急,难以迟缓。与其上唐县,何不随老夫到长沙,现有老荆同你几个姊妹,颇不寂寞。俟你病体好时,我再写信与你令尊。不知侄女意下何如?”假小姐道:“既承叔父怜爱,侄女敢不从命。但不知婶母在于何处,待侄女拜见。”邵老爷满心欢喜,连忙叫仆妇丫鬟,搀着小姐送至夫人船上。原来邵老爷有三个小姐,见了假小姐无不欢喜。从此佳蕙就在邵老爷处将养身体,他原没有什么大病,不多几日也就好了。夫人也曾背地里问过他有了婆家没有,他便答道:“自幼与施生结亲。”夫人也悄悄告诉了老爷。

自那日开船,行至梅花湾的双岔口,此处却是两条路:一股往东南,却是上长沙;一股往东北,却是绿鸭滩。且说绿鸭滩内有渔户十三家,内中有一人,年纪四旬

开外，姓张名立，是个极其本分的，有个老伴儿李氏。老两口儿无儿无女，每日捕鱼为生。这日，张老儿夜间撒下网去，往上一拉，觉得沉重，以为得了大鱼，连唤："妈妈快来，快来！"李氏听了，出来问道："大哥唤我做什么？"这老两口子素来就是这等称呼：男人管着女人叫妈妈，女人管着男人叫大哥。当初不知是怎么论的，如今惯了，习以为常。张立道："妈妈帮我一帮，这个行货子可不小。"李氏上前帮着拉上船来，将网打开看时，却是一个女尸，还有竹窗一扇托定。张立连连啐道："晦气，晦气！快些掷下水去。"李氏忙拦道："大哥不要性急，待我摸摸还有气息没有。岂不闻救人一命，胜造七级浮屠吗？"果然摸了摸，胸前兀地乱跳，说道："还有气息，快些控水。"李氏又舒掌揉胸。不多时清水流出不少，方才渐渐苏醒，哼哼出来。婆子又扶他坐起，略定定神，方慢慢呼唤，细细问明来历。

原来此女就是牡丹小姐。自落水之后，亏了竹窗托定，顺水而下，不计里数，漂流至此。自己心内明白，不肯说出真情。答言是唐县宰的丫鬟，因要接金小姐去，手扶竹窗，贪看水面，不想竹窗掉落，自己随窗落水，不知不觉漂流至此，"请问妈妈贵姓？"李氏一一告诉明白，又悄悄和张立商量道："你我半生无儿无女，我今看见此女生的十分俏丽，言语聪明，咱们何不将他认为女儿，将来岂不有靠吗？"张立道："但凭妈妈区处。"李氏便对牡丹说了。牡丹自叹命运乖蹇，情愿做田妇村姑，连声应允。李氏见牡丹应了，欢喜非常。登时疼女儿的心盛，也不顾捕鱼，急急催大哥快快回庄，好与女儿换衣服。

张立撑开船，来至庄内。李氏搀着牡丹进了茅屋，找了一身干净衣服叫小姐换了。本是珠围翠绕，如今改了荆钗布裙。李氏又寻找茶叶，烧了开水，将茶叶放在锅内，然后用瓢和弄个不了，方拿过碗来，擦抹净了，吹开沫子，舀了半碗，擦了碗边，递与牡丹道："我儿喝点热水，暖暖寒气。"牡丹见他殷勤，不忍违却，连忙接过来喝了几口。又见他将茶淘出，重新刷了锅，舀上一瓢水，找出小米面，做了一碗热腾腾的白水小米面的咯哒汤，端到小姐面前，放下一双黄油四楞竹箸，一个白沙碟儿腌萝卜条儿。牡丹过意不去，端起碗来喝了点儿，尝着有些甜津津的，倒没有别的味儿，于是就喝了半碗，咬了一点萝卜条儿，觉着扎口的咸，连忙放下了。他因喝了半碗热汤，登时将寒气散出，满面香汗如沈。婆子在旁看见，连忙掀起衣襟轻轻给牡丹拂拭，更露出本来面目，鲜妍非常。婆子越瞧越爱，越爱越瞧，如获至宝一般。又见张立进来问道："闺女这时好些了？"牡丹道："请爹爹放心。"张立听小姐的声音改换，不像先前微弱，而且活了不足五十岁，从来没听见有人叫他"爹爹"二字，如今听了这一声，仿佛成仙了道，醍醐灌顶，从心窝里发出一股至性达天的乐来，哈哈大笑道："妈妈，好一个闺女呀！"李氏道："正是，正是。"说罢二人大笑不止。

此时天已发晓。李氏便和张立商议说："女儿在县宰处，必是珍馐美味惯了，千万不要委屈了他。你卖鱼回来时，千万买些好吃食回来。"张立道："既如此，我秤些肥肉，再带些豆腐白菜，你道好不好？"李氏道："很好，就是如此。"乡下人不懂的珍馐，就知肥肉是好东西，若动了豆腐白菜，便是开斋，这都是轻易不动的东西。其实又费几何？他却另有个算盘。他道有了好菜，必要多吃；既多吃，不但费菜，连饭也是费的。仔细算来，还是不吃好菜的好。如今他夫妻乍得了女儿，一来怕女儿受屈，二来又怕女儿笑话瞧不起，因又发着狠儿，才买肉买菜。调着样儿收拾出来，牡丹不过星星点点的吃些就完了。

一来二去，人人纳罕儿，说张老者老两口儿想开了，无儿无女，天天弄嘴吃。就有搭讪过来闻闻香味的，意思遇巧就要尝尝。谁知到了屋内一看，见床上坐着一位花枝招展，犹如月殿嫦娥、瑶池仙女是的一位姑娘。这一惊不小，个个追问起来，方知老夫妻得了义女，谁不欢喜，谁敢怠慢，登时传扬开了。十二家渔户俱各要前来贺喜。其中有一人姓史名云，会些武艺，且胆量过人，是个见义敢为男子。因此这些渔人们皆器重他，凡遇大小事儿，或是他出头，或是与他相商。他若定了主意，这些渔户们没有不依的。如今要与张老儿贺喜，这十一家，三一群，五一伙，陆陆续续俱各找了他去，告诉他张老儿得女儿的情由。

史云听了，拍手大笑道："张大哥为人诚实，忠厚有余，如今得了女儿，将来必有好报，这是他老夫妻一片至诚所感。列位到此何事？"众人道："因要与他贺喜，故此我等特来计较计较。"史云道："很好，咱们庄中有了喜事，理应作贺。但只一件，你我俱是贫苦之人，家无隔宿之粮，谁是充足的呢？大家这一去，人也不少，岂不叫张大哥为难么？既要与他贺喜，总要大家真乐方好。依我倒有个主意，咱们原是鱼行生理，乃是本地风光。大家以三日为期，全要辛苦辛苦，奋勇捕了鱼来，俱各交在我这里出脱。该留下咱们吃的留下吃，该卖的卖了钱，买调和沽酒，全有我呢。"又对一人道："老弟，你这两天要常来。你到底认得几个字，也拿的起笔来，有可以写的，须要帮着我记记方好。"原来这人姓李，满口应承道："我天天早来就是了。"史云道："更有一宗要紧的，是日大家去时，务必连桌凳俱要携了去方好，不然张大哥那里如何有这些凳子、桌子、家伙呢？咱们到了那里，大家动手，索性不用张大哥张罗，叫他夫妻安安稳稳乐一天。只算大家凑在一处，热热闹闹的吃喝一天就完了。别的送礼送物，皆是虚文，一概不用。众位以为何如？"众人听罢，俱各欢喜道："好极，好极，就是这样罢。但只一件，其中有人口多的，有少的，这怎么样呢？"史云道："全有我呢，包管平允，谁也不能吃亏，谁也不能占便宜。其实乡里乡亲，何在乎这上头呢？然而办事必得要公。大家就辛苦辛苦罢！我到张大哥那里给他送信去。"

众人散了，史云便到了张立的家中，将此事说明。又见了牡丹，果真是如花似玉的女子，快乐非常。张立便要张罗起事来。史云道："大哥不用操心，我已俱各办妥。老兄就张罗下烧柴就是了，别的一概不用。"张立道："我的贤弟，这个事不容易，如何张罗下烧柴就是了呢？"史云道："我都替老兄打算下了，样样俱全，就短柴火，别的全有了，我是再不撒谎的。"张立仍是半疑半信的，只得深深谢了。史云执手，回家去了。

众渔人果然齐心努力，办事容易得很。真是争强赌胜，竟有出去二三十里地捕鱼去的，也有带了老婆孩儿去的，也有带了弟男子侄去的。刚到了第二天，交至史云处的鱼虾真就不少。史云裁夺着，各家平匀了，估量着够用的，便告诉他等，道某人某人交的多，明日不必交了；某人某人交的少，明日再找补些来。他立刻找着行头，公平交易，换了钱钞，沽酒买菜，全送至张立家中。张立见了这些东西，又是欢喜，又是着急。欢喜的是，得了女儿，如此风光体面；着急的是，这些东西可怎么措置呢？史云笑道："这有何难。我只问你，烧柴预备下了没有？"张立道："预备下了。你看靠着篱笆那两垛可够了吗？"史云瞧了瞧，道："够了，够了，还用不了呢。烧柴既有，老兄你就不必管了。今夜五鼓，咱们乡亲都来这里，全是自己动手，你不用张心，静等着喝喜酒罢。"张立听了，哈哈大笑道："全仗贤弟分心，劣兄如何当得起！"史云笑道："有甚要紧，一来给老兄贺喜，二来大家凑个热闹，畅快畅快，也算是咱们渔家乐了。"

正说间，只见有许多人，扛着桌凳的，挑着家伙的，背着大锅的，又有倒换挑着调和的，还有合伙挑着菜蔬的，纷纷攘攘送来。老儿接迎不暇，登时丫丫叉叉的一院子。也就是绿鸭滩，若到别处，似这样行人情的也就少少儿的。全是史云张罗帮忙，却好李第老的也来了，将东西点明记账，一一收下。张老儿唯恐错了，还要自己记了暗记儿。来一个，史云嘱咐一个道："乡亲明日早到，不要迟了，千万千万。"至黄昏时俱收齐了，史云方同李第老的回去了。

次日四鼓时，史云与李第老的就来了。果是五鼓时众乡亲俱各来到。张老儿迎着道谢。史云便分开角色，谁挖灶烧火，谁做菜蔬，谁调座位，谁抱柴挑水，俱不用张立操一点心。乐的个老头儿出来进去，这里瞧瞧，那里看看，犹如跳圈猴儿一般。一会儿又进屋内问妈妈道："闺女吃了什么没有？"李氏道："大哥不用你张罗，我与女儿自会调停。"张立猛见李氏，笑道："哎呀，妈妈今日也高了兴了，竟自洗了脸，梳了头了。"李氏笑道："什么话呢！众乡亲贺喜，我若黑摸乌嘴的，如何见人呢？你看我这头，还是女儿给我梳的呢。"张立道："显见得你有了女儿，就支使我那孩子梳头。再过几时，你吃饭还得女儿喂你呢！"李氏听了，啐道："呸！没的瞎说白道的了。"张立笑吟吟的出去了。

不多时，天已大亮，陆陆续续田妇村姑俱各来了。李氏连忙迎出，彼此拂袖道喜道谢，又见了牡丹，一个个咂嘴吐舌，无不惊讶。牡丹到了此时，也只好入乡随乡，接待应酬，略为施展，便哄的这些人挤眉弄眼，拱肩缩背，不知如何是好，真是丑态百出。到了饭得之时，座儿业已调好：屋内是女眷，所有桌凳俱是齐全的，就是家伙也是挑秀气的；外面院子内是男客，也有高桌，也有矮座，大盘小碗一概不拘。这全是史云的调停，真真也难为他。大家不论亲疏，以齿为序，我拿凳子，你拿家伙，彼此嘻嘻哈哈，团团围住，真是爽快。霎时杯盘狼藉，虽非佳肴美味，却是鲜鱼活虾，荤素俱有，左添右换，以多为盛。大家先前慢饮，后来有些酒意，便呼幺喝六豁起拳来。

张立叫了个"七巧"，史云叫了个"全来"，忽听外面接声道："可巧俺也来了，可不是全来吗。”史云便仰面往外侧听，张立道：“听他则甚，咱们且划拳。”史云道：“老兄且慢，你我十三家俱各在此，外面谁敢答言？待我出去看来。”说罢立起身来，启柴扉一看，见是个年幼之人，背着包裹，正在那里张望。史云“咄”的一声，道：“你这后生窥探怎的？方才答言的敢则是你吗？”年幼的道：“不敢，就是在下。因见你们饮酒热闹，不觉口内流涎，俺也要沽饮几杯。”史云道：“此处又非酒肆饭铺，如何说‘沽饮’二字？你妄自答言，俺也不计较于你，快些去吧。”说毕刚要转身，只见少年人一伸手将史云拉住，道：“你说不是酒肆，如何有这些人聚饮？敢是你欺侮我外乡人吗？”史云听了，登时喝道：“你这小厮好生无礼！俺饶放你去，你反拉我不放。说欺侮你，俺就欺侮你，待怎么？”说着扬手就是一掌打来，年幼之人微微一笑，将掌接住，往怀里一拉，又往外一搡，只听咕咚，史云仰面栽倒在地。心中暗道：“好大力量！倒要留神。”急忙起来，复又动手。只见张立出来劝道：“不要如此，有话慢说。”问了缘由，便对年幼的道：“老弟，休要错会了意，这真不是酒肆饭铺，这些乡亲俱是给老汉贺喜来的。老弟如要吃酒，何妨请进，待老汉奉敬三杯。”年幼的听见了酒，便喜笑颜开的道：“请问老丈贵姓？”张立答了姓名。他又问史云，史云答道：“俺史云，你待怎么？”年幼的道：“史大哥恕小弟莽撞，休要见怪。”说罢一揖到地。

未知如何，且听下回分解。

第九十二回　小侠挥金贪杯大醉　老葛抢雉惹祸着伤

且说史云见年幼之人如此，闹得倒不好意思的了，连忙问道：“足下贵姓？”年幼的道：“小弟艾虎。只因要上卧虎沟，从此经过，见众位在此饮酒作乐，不觉口渴。既蒙赐酒，感领厚情。请了！”说罢，迈步就进了柴门。

你道艾虎如何来到此处？只因他与施俊结拜之后，每日行程，五里也是一天，十里也算一站。若遇见好酒，不定住三天五天，喝醉了就睡，睡醒了又喝。左右是蒋平不心疼的银子，由着他的性儿花罢了。当下众渔户见张立、史云同了个年幼之人进来，大家都不认得，止于一拱手而已。史云便将艾虎让在自己一处，张立拿起壶来满满斟了一杯递与艾虎。艾虎也不谦让，连忙接过来一饮而尽。史云接过来也斟了一杯，艾虎也就喝了。他又复与二人各斟一杯，自己也陪了一杯。然后慢慢问道：“方才老丈说府上贺喜，不知为着何事？”史云代为说明。艾虎哈哈大笑，道：“原来如此，理当贺的。”说罢，向兜肚内掏出两锭银子，递与张立道：“些须薄礼，望乞收纳。”张立如何肯接，艾虎强扭强捏的揣在他怀内。

张立无奈，谢了又谢，转身来到屋内，叫声：“妈妈，这是方才一位小客官给女儿的贺礼,好好收了。"李氏接来一看,见是两锭五两的锞子,不由吃惊道:"嗳哟,如何有这样的重礼呢?"正说间,牡丹过来,问道:"母亲,什么事?"张立便将客官送贺礼的事说了。牡丹道:"此人可是爹爹素来认得的吗?"张立道:"并不认得。"牡丹道:"既不认得,萍水相逢,就受他如此厚礼,此人就令人难测,焉知他不是恶人暴客呢?据孩儿想来,还是不受他的为是。"李氏道:"女儿说的是,大哥趁早儿还他去。"张立道:"真是闺女想得周到,我就还他去。"仍将银子接过,出外面去了。

此时,那些田妇村姑已皆看得呆了,一个个黑漆漆的眼珠儿,瞅着那白花花的银子,觉得心里扑腾扑腾乱跳,脸上嘭哒嘭哒的冒火,暗想道:"这张老夫妻何等造化,又得女儿,又发财,谁能赶得上他呢?"后见牡丹说了几句,他老两口子连连称是,竟把那么大的两锭银子,滴溜圆的好东西,又还回人家去了,都说可惜了儿的。也有说找上门来送礼,竟会不收;也有说张老夫妻乍得女儿,太由性了,大家纷纷议论不休。张立当下拿回银子,见了艾虎说道:"方才老汉与我老伴并女儿一同言明,他母女说客官远道而来,我等理宜尽地主之情,酒食是现成的,如何敢受如此厚礼。仍将原银奉还,客官休要见怪。"艾虎道:"这有甚要紧。难道今日此举,老丈就不耗费资财吗?权当作薪水之资就是了。"张立道:"好叫客官得知,今日此举,全是破费众乡亲的。不信只管问我们史乡亲。"史云在旁答道:"此话千真万确,绝不欺哄。"艾虎道:"俺的银子已经拿出,如何又收回呢?也罢,俺就烦史大哥拿此银两,明日照旧预备。今日是俺扰了众乡亲,明日是俺做东,回请众位乡亲。如若少了一位,俺是不依史大哥的。"史云见此光景,连忙说道:"我看艾客官是个豪爽痛快人,莫若张大哥从实收了罢,省得叫客官为难。"张立只得又谢了。史云便陪着艾虎,左一碗,右一碗,把个史云也喝的愣了,暗道:"这样小小年纪,却有如此大量。"就是别人,也往这边瞅着。喝来喝去,小侠渐渐醉了,前仰后合,身体乱晃,就靠着桌子垂眉闭眼。史云知他酒深,也不惊动他。不多时,只听呼声震耳,已入梦乡。艾虎既是如此,众渔人也就醺醺。独有张立、史云喝得不多。张立是素来不能多饮的,史云酒量却豪,只因与张老儿张罗办事,也就不肯多喝了。张立仍是按座张罗。忽听外面有人唤道:"张老儿在家吗?"张立忙出来一看,不由得吃了一惊,道:"二位请了,到此何事?"二人道:"怎么你倒问我们?今日是谁的班儿了?"

你道此二人是谁?原来是黑狼山的喽啰。自从蓝骁占据了此山,知道绿鸭滩有十三家渔户,定了规矩,每日着一人值日,所有山上用的鱼虾,皆出在值日的身上。这日正是张立值日,他只顾贺喜,就把此事忘了。今日喽啰来了,方才想起,连忙告罪道:"是老汉一时忽略,望乞二位在头领跟前方便方便。明日我多备鱼虾补还上就是了。"二喽啰道:"你这话竟是胡说!明日补还,今日大王先空一顿吗?我们全不管,你今日只好跟了我们去见头领,有什么说的,你自己去说吧。"此时史云已然出来,连忙插言道:"二位不要如此,委是张伙计今日有事,务求包容包容。"就把他得女儿贺喜的话说了一遍。二喽啰听了道:"既是如此,我们瞧瞧你这闺女,回去见了头领也好回话。"说罢,不容张立依不依,硬往里走。到了屋内,见了牡丹,暗暗喝彩。转身出来，一眼瞧见了艾虎在那里端坐不动。原来众人见喽啰进来，知有事故，胆大地站起来在一旁听着，胆小的怕有连累也就溜了，独有艾虎坐在那里。这喽啰如何知道他是沉醉酣睡呢，大声嗔喝道："他是什么人？竟敢见了我昂不为礼，这等可恶！快快与我绑了，解上山去。"张立忙上前分解道："他不是本庄之人，而且沉醉了，求爷们宽恕。"史云在旁也帮着说话，二喽啰方气愤愤的去了。

众人见喽啰去了，嘈嘈杂杂，议论不休。史云便和张立商议，莫若将这客官唤醒，叫他早些去吧，省得连累了他。张立听了，急急将艾虎唤醒，说明缘由。艾虎不听则可，听了时一声怪叫，道："哎哟哟，好山贼野寇！俺艾虎正要寻他，他反来捋虎须。待他来，有俺自对付他！"张立着急，只好苦劝。

忽听得人喊马嘶，早有渔户跑得张口结舌，道："不、不好了，葛头领带领人马入庄了。"张立听了，只唬得浑身乱抖。艾虎道："老丈不要害怕，有俺在此。"说罢将包袱递与张立，回头叫道："史大哥，随俺来。"刚刚出了柴扉，只见有三二十名喽啰，簇拥着一个贼头骑在马上，声声叫道："张老儿，闻得你有个如花似玉的女儿，正好与俺匹配，俺如今特来求亲。"艾虎听了，一声咤叱道："你这厮叫什么，快些说来！"马上的道："谁不晓得俺葛瑶明，绰号蛤蜊蚌子吗？你是何人，竟敢前来多事。"艾虎道："我只当是蓝骁那厮，原来是个无名的小辈。俺艾虎爷爷在此，你敢怎么？"葛瑶明听了，喝道："好小厮，满口胡说！"吩咐喽啰将他绑了。嗯地上来了四五个。艾虎不忙不慌，两只膀臂往左右一分，先打倒了两个，一转身，抬腿又踢倒了一个。众喽啰见小爷猛勇，又上来了十数个，心想以多为胜。哪知小侠指东打西，蹿南跃北，犹如虎荡羊群，不大的工夫打了个落花流水。史云在旁见小爷英勇非常，不由喝彩，自己早托定五股鱼叉，猛然喊了一声，一个箭步竟奔葛瑶明而来。原来这些喽啰以为渔户好欺侮，并未防备，皆是赤手而来。独葛瑶明腰间系着一把顺刀，见众喽啰不是艾虎对手，刚刚拔刀要上前相助，史云鱼叉已到，连忙用刀一迎。史云把叉往回里一抽，谁知叉上有倒须钩儿，早把顺刀拢住。史云力猛，葛瑶明在马上一晃，手不吃劲，当啷啷顺刀落地，说声"不好"，将马一带，哧溜地往庄外就跑。众喽啰见头领已跑，大家也抱头鼠窜而去。

艾虎打的高兴，哪里肯放。上前将葛瑶明的刀捡起就追。史云也便大喊"赶吓"，手内托定五股鱼叉，也追下去了。艾虎追出庄外，见贼人前面乱跑，他便撒腿紧紧追赶。俗云"归师勿掩，穷寇莫追"，如今小侠真是初生的犊儿不怕虎，又仗自己的本领，那把这一群山贼放在眼里。又搭着史云也是一勇之夫，随后紧赶，看看来至山环之内，只见艾虎平空的栽倒在地，两边跑出多少喽啰，将艾虎按住，捆绑起来。史云见了，说声"不好"，急转身往回里就跑，给庄中送信去了。你道艾虎如何栽倒？只因葛贼骑马跑得快，先进了山环，便有把守的喽兵，他就吩咐暗暗埋伏绊脚绳。小侠哪里理会，他是跑开了，冷不防，焉有不栽倒之理呢？众喽啰拿了艾虎，葛瑶明业已看见，忙将喽兵分为两路，着十五人押着艾虎，同着自己上山。十五人回转庄中，到张老儿家抢亲。葛贼洋洋得意，将马驮了艾虎，忙忙的入山。

正走之间，只见一只野鸡打空中落下。葛瑶明上前捡起一看，见鸡胸流血，知是有人打的。复往前面一看，早见有人嚷道："快些将山鸡放下，那是我们打的。"葛贼仔细一看，原来是个极丑的女子，约有十五六岁。葛瑶明道："这鸡是你的吗？"丑女子道："是我的。"葛贼道："你休要哄我。既是你的，你手无寸铁，如何会打下野鸡来？"丑女子道："原是我姐姐打的，不信你看那树下站的不是？"葛贼转脸一看，见一女子生的美貌非常，果然手握弹弓，在那里站立。葛贼暗暗欢喜，道："我老葛真是红鸾星照命！张老儿那里有了一个，如今又遇见一个，这才是双喜临门呢！"想罢，对丑女子道："你说你姐姐打的，我不信。叫你姐姐跟了我去，我们山后头有鸡，叫他打一个我看看。"说罢，两只眼睛直勾勾地瞅着那边女子。女子大怒，道："你若不还，只怕你姑娘不容你过去。"说毕，拉开架式，就便动手。只听葛瑶明"嗳哟"一声，仰面栽倒在地，挣扎着爬起来，早见两眉攒中流下血来。丑女子已知是姐姐用铁丸打的，不容他站稳，飕的一声，飞起二七的金莲，照后心当的就是一脚。葛瑶明他倒听教训，扑哧的一声，嘴吃屎又躺下了。众喽啰一拥齐上。丑女子微微冷笑，抬了抬手，一个个东倒西歪；动了动脚，一个个龇牙咧嘴。此时，葛贼知道女子厉害，不敢抵敌，爬起来就跑。众人见头领跑了，谁还敢怠慢，也就唧嘈咕噜的一齐跑了。丑女子正在赶打喽卒，忽听有人高声喝彩叫好。

不知后文如何，且听下回分解。

第九十三回　辞绿鸭渔猎同合伙　归卧虎姊妹共谈心

且说丑女子将众喽卒打散，单单剩下了捆绑的艾虎在马上驮着，又高阔，又得瞧。见那丑女子打这些人犹如捕蝶捉蜂，轻巧至甚，看到痛快处，不由得高声叫好喝彩，扯开嗓子哈哈大笑道："打的好，打得妙！"正在快乐，忽听丑女子问道："你是什么人？"艾虎方住笑，说道："俺叫艾虎，是被他们暗算拿住的。"丑女子道："有个黑妖狐与北侠你可认得吗？"艾虎道："智化是我师父，欧阳春是我义父。"丑女子道："如此说来，是艾虎哥哥到了。"连忙上前，解了绳缚。艾虎下马深深一揖，道："请问姐姐贵姓？"丑女子道："我名秋葵，沙龙是我义父。"艾虎道："方才用弹弓打贼人的那是何人？"秋葵道："那就是我姐姐凤仙，乃我义父的亲女儿。"说话间，便招手道："姐姐，这里来。"凤仙在树下见秋葵给艾虎解缚，心甚不乐，暗暗怪道："妹子好不晓事，一个女儿家不当近于男子，这是什么意思！"后来见秋葵招手，方慢慢过来，道："什么事？"秋葵道："艾虎哥哥到了。"凤仙听了艾虎二字，不由得将艾虎看了一看，满心欢喜，连忙向前万福。艾虎还了一揖。忽听半山中一声咤叱道："好两个无耻的丫头，如何擅敢与男子见礼？"凤仙、秋葵抬头一看，见山腰里有三人，正是铁面金刚沙龙与两个义弟，一名孟杰，一名焦赤。秋葵便高声唤道："爹爹与二位叔父这里来，艾虎哥哥在此。"右边的焦赤听了道："哎呀，艾虎侄儿到了！大哥快快下山吓。"说着话，他就突突突突跑下山来，嚷道："那个是艾虎侄儿？想煞俺也！"

你道焦赤为何说此言语？只因北侠与智公子、丁二官人到了卧虎沟，叙话说至盗冠拿马朝贤一节，其中多亏了艾虎，如何少年英勇，如何胆量过人，如何开封首告，亲身试铡，五堂会审，救了忠臣义士，从此得了个小侠之名。说得个孟杰、焦赤一壁听着，一壁乐了个手舞足蹈。唯有焦赤性急，恨不得立刻要见艾虎。自那日起，心里时刻在念。如今听说到了，他如何等得？立时要会，先跑下山来，乱喊乱唤，说"想煞俺也"。艾虎听了，也觉纳闷，道："此人是谁呢？我从来未见过他，想我做什么？"及至来到切近，焦赤扔了钢叉，双关子抱住艾虎，右瞧左看，左观右瞧。艾虎不知为何，挺着身躯纹丝儿不动。只听焦赤哈哈大笑道："好吓，果然不错！这亲事做定了"。说着话，沙龙、孟杰俱各到了。焦赤便嚷道："大哥，你看看相貌，好个人品！不要错了主意，这门亲事做定了。"沙龙忙拦道："贤弟太莽撞了，此事也是乱嚷的吗？"

原来北侠与智公子听见沙员外有个女儿名叫凤仙，一身的武艺，更有绝技，是金背弹弓，打出铁丸百发百中。因此一个为义儿，一个为徒弟，转托丁二爷在沙员外跟前求亲。沙龙想了一想，既是黑妖狐的徒弟，又是北侠的义儿，大约此子不错，也就有些愿意了。彼时对丁二爷说道："既承欧阳兄与智贤弟愿结秦晋，劣兄无不允从。但我有个心愿，秋葵乃劣兄受了托孤重任，认为义女，我疼他比凤仙尤甚。一来怜念他无父无母孤苦伶仃，二来爱惜他两膀有五六百斤的膂力，不过生的丑陋些。须将秋葵之事完结后，方能聘嫁凤仙，求贤弟与他二人说明方好。"丁二爷就将此事暗暗告诉了北侠、智爷。二人听了，深为器重沙龙，说："你我做事理应如此。"又道："艾虎年纪尚小，再过几年也不为晚。"便满口应承了。谁知后来孟、焦二人听见有求亲之说，他俩便极力撺掇沙龙道："有这样好事，为何不早早地应允？"沙龙因他二人粗鲁，不便细说，随意答道："愚兄从来没有见过艾虎，知他品貌如何？儿女大事也有这样就应得的吗？"孟、焦二人无的可说，也就罢了。故此，今日焦赤见了艾虎，先端详了品貌，他就嚷"这亲事做定了"。他只顾如此说，旁边把个凤仙羞得满面通红，背转身去了。秋葵方对艾虎道："这是我爹爹，这是孟叔父与焦叔父。"艾虎一一见了。沙龙见艾虎年少英勇，满心欢喜，便问道："贤侄为何来到此处？"艾虎一一说了。又道："他等又派人仍去抢亲，小侄还得回去搭救张老者的女儿。"焦赤听了，舒出大指道："好的，正当如此。待俺同你走走，"从那边拾起钢叉。沙龙见艾虎赤着双手，便把自己的齐眉棍递与小爷。他二人迈开大步，转身迎来。

方到山环，只见抢牡丹的喽啰抬定一个四方的东西，周围裹着布单，上面盖着一块似红非红的袱子，敢则是个没顶儿的轿子，里面隐隐有哭泣之声。艾虎见了，抡开大棍，吼了一声，一路好打。焦赤托定钢叉，左右一晃，叉环乱响。喽啰等那里还有魂咧，赶着放下轿子，四散的逃命去了。艾虎过来，扯去红袱一看，原来是张桌子，腿儿朝上。再细看时，见里面绑着个女子，已然唬的人事不省，呼之不应。正在为难，只见山口外哭进一个婆子来，口中嚷道："天杀的吓，好好的还我女儿！如若不然，我也不活着了，我这老命和你们拼了罢！"正是李氏。艾虎唤道："妈妈不要啼哭，我已将你女儿截下了。"又见张立从那边踉里踉跄来了，彼此见了好生欢喜。此时，李氏将牡丹的绳绑松了，苏醒过来。

恰好沙龙父女与孟杰不放心，大家迎了上来。见将女子截下，喽啰逃脱。艾虎又带了张立见过沙龙，李氏带了牡丹见过凤仙、秋葵。也是前生缘法，彼此倾心爱慕。凤仙道："姐姐何不随我们上卧虎沟呢？大料山贼绝不死心，倘若再来，怎生是好？"牡丹听了，甚是害怕。秋葵心直口快，转身去见沙龙，将此事说了。沙龙道："我也正为此事踌躇。"便问张立道："闻得绿鸭滩有渔户十三家，约有多少人口？"张立道："算来男女老幼不足五六十口。"沙龙道："既是如此，老丈，你急急回去告诉众人，陈说厉害，叫他等暗暗收什收什，俱各上卧虎沟便了。"艾虎道："小侄同张老丈回去，我还有个包袱要紧。"孟杰道："俺也随了去。"焦赤也要去，被沙龙拦住道："贤弟随我回庄，且商议安置众人之处。"便向秋葵道："这母女二人就交给你姐儿两个，我们先回庄去了。"

谁知牡丹受了惊恐，又绑了一绳，如何转动得来。秋葵道："无妨，我背着姐姐。"凤仙道："妹子如何背的了这么远呢？"秋葵道："姐姐忘了，前面树上还拴着驮姐夫的马呢。"说罢"噗哧"的一声笑了。凤仙将脸一红，一声儿也不言语了。秋葵背起牡丹去了。走不多时，见那马仍拴在那里。秋葵放下牡丹，牡丹却不会骑马。凤仙过去将马拉过来，认镫乘上，走了几步，却无毛病，说道："姐姐只管骑上，我在旁边照拂着，包管无事。"还是秋葵将牡丹抱上马去，凤仙拢住嚼环慢慢步行，牡丹心甚不安。只听秋葵道："妈妈走不动，我背你几步儿。"李氏笑道："婆子如何敢当？告诉姑娘说，我那一天不走一二十里路呢。全是方才这些天杀的乱抢混夺，我又是急，又是气，所以跑的两条腿软了。走了几步儿，溜开了就好了。姑娘放心，我是走得动的。"一路上说着话儿，竟奔卧虎沟而来。

你道卧虎沟的沙龙为何不怕黑狼山的蓝骁呢？其中有个缘故。卧虎沟内原是十一家猎户，算来就是沙龙的年长，武艺超群，为人正直，因此这十家皆听他的调度。自蓝骁占据了黑狼山，他便将众猎户叫来，传授武艺，以防不测。后来又交结了孟杰、焦赤，更有了帮手。暗暗打听，知道绿鸭滩众渔户已然轮流上山，供给鱼虾，"焉知那贼不来向我们要野兽呢？俺卧虎沟既有沙龙，断断不准此例。众位入山，大家留神。倘有信息，自有俺应候他，你等不要惊慌。"众人遵命，谁也不肯献兽与山贼。不料蓝骁那里已知卧虎沟有个铁面金刚沙龙，他却亲身来至卧虎沟，明是索取常例，暗里要会会沙龙。及至见面，蓝骁责备为何不上山纳兽。沙龙破口大骂，所有十一家猎户俱是他一人承当。蓝骁听了大怒，彼此翻脸动起手来。一个步下，一个马上，走了几合，只听哓哧一声，沙龙一刀砍在蓝骁的马镫之上。沙龙道：

"俺手下留情,山贼你要明白!"蓝骁回马一执手道:"沙员外,你的本领蓝骁晓得了。"说毕竟自回山去了。暗暗写信与襄阳王说,沙龙本领高强,将来可做先锋。他有意要结交沙龙,所有猎户人山,一提卧虎沟三字,喽啰再也不敢惹,因此沙龙声名远振。如今又把绿鸭滩十三家渔户也归卧虎沟来,从此黑狼山交鱼虾的例也就免了。

再说沙龙同焦赤先到庄中,将西院数间房屋腾出,安顿男子,又将里间跨所安顿妇女,俱是暂且存身。即日鸠工,随庄修盖房屋。俟告成时,再按各家分住。不多时,牡丹母女与凤仙姐妹一同来到,听说在里间跨所安顿妇女,姐儿两个大喜。秋葵道:"这等住法很好,咱们可热闹了。"凤仙道:"就是将来房屋盖成,别人俱各搬出使得,唯独张家的姐姐不许搬出去,就同张老伯仍住跨所。一来他是个年老之人,二来咱们姊妹也不寂寞,你说好不好?"牡丹道:"只是搅扰府上,心甚不安。"凤仙道:"姐姐以后千万不要说这些客套话,只求姐姐诸事包涵就完了。"秋葵听了,一扭头道:"瞧你们这个俗气法,叫我听着怪牙碜的!走罢,咱们先见见爹爹去。"

说着话,俱各来至厅上,见了沙龙。沙龙正然吩咐杀猪宰羊,预备饭食。只见他姐妹前来,后边跟定李氏、牡丹,上前重新见礼,沙龙还揖不迭。仔细瞧了牡丹:举止安详,礼数周到,而且与凤仙比并起来,尤觉秀美。心中暗忖道:"看此女气度体态,绝非渔家女子,必是大家的小姐。"笑盈盈说道:"侄女到此,千万莫要见外。如若有应用的,只管和小女说声,千万不必拘束。"秋葵也将房屋盖好,不许张家姐姐搬出去的话说了。沙龙一一应允。李氏也上前致谢了,凤仙方将他母女领至后边去了。原来沙员外并无妻室,就只凤仙姐妹同居。如今同定牡丹,且不到跨所,就在正室闲谈叙话。

未识后文如何,且听下回分解。

第九十四回　赤子居心寻师觅父　小人得志断义绝情

且说艾虎同了孟杰、张立回到庄中,史云正在那里与众商议,忽见艾虎等回来了,便问事体如何。张立一一说了,艾虎又将大家上卧虎沟避兵的话说了一遍。众渔户听了,谁不愿躲了是非,一个个忙忙碌碌,俱各收什衣服细软,所有粗重家伙都抛弃了,携男抱女,搀老扶少,全都在张立家会齐。此时张立已然收什妥协。艾虎跨上包裹,提了齐眉棍,在前开路,孟杰与史云做了合后,保护众渔户家口,竟奔卧虎沟而来。可怜热热闹闹的渔家乐,如今弄成冷冷清清的绿鸭滩。可见凡事难以预料,若不如此,后来如何有渔家兵呢?一路上嘈嘈杂杂,纷纷乱乱,好容易才到了卧虎沟。沙员外迎至庄门,焦赤相陪。艾虎赶步上前相见,先交代了齐眉棍,沙员外叫庄丁收起，然后对着众渔户道："只因房屋窄狭，不能按户居住，暂且屈尊众位乡亲。男客俱在西院居住，所有堂客俱在后面与小女同居。俟房屋造完时，再为分住。"众人同声道谢。

沙龙让艾虎同张立、史云、孟、焦等俱各来至厅上。艾虎先就开言问道："小侄师父、义父、丁二叔在于何处？"沙员外道："贤侄来晚了些，三日前他三人已上襄阳去了。"艾虎听了，不由得顿足道："这是怎么说？"提了包裹就要赶路。沙龙拦道："贤侄不要如此。他三人已走了三日，你此时即便去了，追不上了，何必忙在一时呢？"艾虎无可如何，只得将包裹仍然放下。原是兴兴头头而来，如今垂头丧气。自己又一想，全是贪酒的不好，路上若不耽延工夫，岂不早到了？这里暗暗好生后悔。

大家就座献茶。不多时调开座位，放了杯箸，上首便是艾虎，其次是张立、史云，孟、焦二人左右相陪，沙员外在主位打横儿。饮酒之间叙起话来，焦赤便先问盗冠情由。艾虎述了一回，乐的个焦赤狂呼叫好。然后沙员外又问："贤侄如何来到这里？"艾虎止于答言："特为寻找师父、义父。"又将路上遇了蒋平，不意半路失散的话说了一遍。只听史云道："艾爷为何只顾说话，却不饮酒？"沙龙道："可是呀，贤侄为何不饮酒呢？"艾虎道："小侄酒量不佳，望伯父包容。"史云道："昨日在庄上喝的何等痛快，今日为何吃不下呢？"艾虎道："酒有一日之长。皆因昨日喝的多了，今日有些害酒，所以吃不下。"史云方不言语了。这便是艾虎的灵机巧辩，三五语就遮掩过去。你道艾虎为何的忽然不喝酒了呢？他皆因方才转想之时，全是贪酒误事，自己后悔不迭，此其一也；其次，他又有存心，皆因焦赤声言"这亲事做定了"，他唯恐新来乍到，若再贪杯喝醉了，岂不被人耻笑吗？因此他宁心耐性，忍而又忍，暂且断他两天儿再做道理。

酒饭已毕，沙龙便叫庄丁将众猎户找来，吩咐道："你等明日人山，要细细打听蓝骁有什么动静，急急回来禀我知道。"又叫庄丁将器械预备手下，唯恐山贼知道绿鸭滩渔户俱归在卧虎沟，必要前来厮闹。等了一日不见动静，到了第二日，猎户回来说道："蓝骁那里并无动静，我等细细探听，原来抢亲一节皆是葛瑶明所为，蓝骁一概不知。现今葛瑶明禀报山中，说绿鸭滩的渔户不知为何俱各逃匿了，蓝骁也不介意。"沙龙听了，也就不防备了。独有艾虎一连两日不曾吃酒，憋得他委实难受，决意要上襄阳。沙龙阻留不住，只得定于明日饯行起身。至次日，艾虎打开包裹，将龙票拿出交给沙龙道："小侄上襄阳，不便带此，恐有遗失。此票乃蒋叔父的，奉了相谕，专为寻找义父而来。倘小侄去后，我那蒋叔父若来时，求伯父将此票交给蒋叔父便了。"沙龙接了，命人拿至后面，交凤仙好好收起。这里众人与艾虎饯行，艾虎今日却放大了胆，可要喝酒了。从沙龙起，每人各敬一杯，全是杯到酒干，把个焦赤乐得拍手大笑道："怨得史乡亲说贤侄酒量颇豪，果然，果然。来，来，来，咱爷儿两个单喝三杯。"孟杰道："我陪着。"执起壶来，俱各溜溜斟上酒。这酒到唇边，吱的一声，将杯一照——干！沙龙在旁，不好拦阻。三杯饮毕，艾虎却提了包裹，与众人执手拜别。大家一齐送出庄来。史云、张立还要远送，艾虎不肯，阻之再三，彼此执手,目送艾虎去远了,大家方才回庄。

艾虎上襄阳,算是书中节目,交代明白。然而仔细想来,其中落了笔。是那一笔呢?焦赤刚见艾虎就嚷"这亲事做定了",为何到了庄中,艾虎一连住了三日,焦赤却又一字不提?列位不知书中有明点,有暗过,请看前文便知。艾虎同张立回庄取包裹,孟杰随去,沙龙独把焦赤拦住道:"贤弟随我回庄。"此便是沙龙的用意。知道焦赤性急,唯恐他再提此事,故此叫他一同回庄。在路上就和他说明,亲事是定了,只等北侠等回来,觌面一说就结了。所以焦赤他才一字不提了,非是编书的落笔忘事。这也罢了,既说不忘事,为何蒋平总不提了?这又有一说。书中有缓急,有先后。叙事难,斗榫尤难。必须将通身理清,那里接着这里,是丝毫错不得的。稍一疏神,便说的驴唇不对马口,那还有什么趣味呢?编书的用心最苦,手里写着这边,眼光却注着下文。不但蒋平之事未提,就是颜大人巡按襄阳,何尝又提了一字呢?只好是按部就班,慢慢叙下去,自然有个归结。

如今既提蒋平,咱们就把蒋平叙说一番。蒋平自救了雷震,同他到了陵县。雷老丈心内感激不尽,给蒋平做了合体衣服,又赠了二十两银子盘费。蒋平致谢了,方告别起身。临别时,又谆谆嘱问雷英好,彼此将手一拱,道:"后会有期!请了。"蒋平便奔了大路趱行。这日,天色已晚,忽然下起雨来,又非镇店,又无村庄,无奈何冒雨而行。好容易道旁有个破庙,便奔到跟前。天已昏黑,也看不出是何神圣,也顾不得至诚行礼,只要有个避雨之所。谁知殿宇颓朽,仰面可以见天,处处皆是渗漏。转至神圣背后,看了看尚可容身,他便席地而坐,屏气歇息。到了初鼓之后,雨也住了,天也晴了,一轮明月照如白昼。

刚要动身看看是何神圣,忽听脚步响,有二人说话。一个道:"此处可以避雨,咱们就在这里说话罢。"一个道:"我们亲弟兄有什么讲究呢?不过他那话说得太绝情了。"一个道:"老二,这就是你错了。俗语说得好,'久赌无胜家'。大哥劝你的好话,你还不听说,拿话堵他,所以他才着急,说出那绝情的话来。你如何怨的他呢?"一人道:"丢了急地说快的,如今三哥是什么主意?该怎么样就怎么样,兄弟无不从命。"一人道:"皆因大哥应了个买卖,颇有油水,叫我来找你来,请兄弟过去。前头勾了,后头抹了,任什么不用说,哈哈儿一笑就结了,张罗买卖要紧。"一人道:"什么买卖,这么要紧?"一人道:"只因东头儿玄月观的老道找了大哥来,说他庙内住着个先生,姓李,名唤平山,要上湘阴县九仙桥去。托付老道雇船,额外还要找个跟役,为的是路上服侍服侍。大哥听了,不但应了船,连跟役也应了。"一人道:"大哥也就胡闹。咱们张罗咱们的船就完了,哪有那么多大工夫替他雇人呢?"一人道:"老二,你到底不中用,没有大哥有算计。大哥早已想到了,明儿就将我算作跟役人,叫老道带了去。他若中了意,不消说了,咱们三人合了把儿更好;倘若不中意,难道老哥俩连个先生也服侍不住吗?故此大哥叫我来找你。去罢,打虎还得亲兄弟。老二,你别傻咧。"说罢哈哈大笑地去了。你道此二人是谁?就是害牡丹的翁二与王三,所提的大哥就是翁大。只因那日害了奶公,未能得手,俱各赴水逃脱。

但逃在此处，恶心未改，仍要害人，哪知被蒋四爷听了个不亦乐乎。

到了黎明，出了破庙，访至玄月观中，口呼："平山兄在哪里？平山兄在哪里？"李先生听了道："那个唤吾吓？"说着话，迎了出来，道："那位？那位？"见是个身量矮小，骨瘦如柴，年纪不过四旬之人，连忙彼此一揖，道："请问尊兄贵姓？有何见教？"蒋爷听了是浙江口音，他也打着乡谈道："小弟姓蒋。无事不敢造次，请借一步如何？"说话间，李先生便让至屋内，对面坐了。蒋爷道："闻得尊兄要到九仙桥公干，兄弟是要到湘阴县找个相知，正好一路同行，特来附骥。望乞尊兄携带如何？"李先生道："满好个。吾这里正愁一人寂寞，得尊兄来到，你我二子乘舟，是极妙的了。"蒋爷听了，暗道："开口就丧气！什么说不的，单说二子乘舟呢？他算是朔，我可不是寿，我倒是长寿儿。"二人正议论之间，只见老道带了船户来见。说明船价，极其便宜。老道又说："有一人颇能干老成，堪以服侍先生。"李平山道："带来吾看。"蒋爷答道："李兄，你我乘舟，何必用人？到了湘阴县，那里还短了人吗？"李平山道："也罢，如今有了尊兄，咱二人路上相帮，可以行得，到了那里再雇人也不为晚。"便告诉老道，服役之人不用了。蒋爷暗暗欢喜道："少去了一个，我蒋某少费些气力。"言明于明日急速开船，蒋爷就在李先生处住了。李先生收什行李，蒋爷帮着捆缚，甚是妥当。李先生大乐，以为这个伙计搭着了。

到了次日黎明，搬运行李下船，全亏蒋爷。李先生心内甚是不安，连连道乏称谢。诸事已毕，翁大兄弟撑起船来，往前进发。沿路上蒋爷说说笑笑，把个李先生乐的前仰后合，赞扬不绝，不住地摇头儿，咂嘴儿，拿脚画圈儿，酸不可奈。忽听哗啦啦连声响亮，翁大道："风来了，风来了。快找避风所在呀！"蒋爷立起身来，就往舱门一看，只当翁大等说谎，谁知果起大风。便急急地拢船，藏在山环的去处，甚是幽僻。李平山看了，惊疑不止，悄悄对蒋爷说道："蒋兄，你看这个所在，好不怕人的瞻！"蒋爷道："遇此大风，也是无法的，只好听天由命罢了。"忽听外面噹噹噹锣声大响，李平山吓了一跳，同蒋爷出舱看时，见几只官船从此经过，因风大难行，也就停泊在此。蒋爷看了，道："好了，有官船在这里，咱们是无妨碍的了。"果然，二贼见有官船，不敢动手，自在船后安歇了。李平山同蒋爷在这边瞭望，猛见从那边官船内出来了一人，按船吩咐道："老爷说了，叫你等将铁锚下得稳稳的，不可摇动。"众水手齐声答应。李平山见了此人，不由得满心欢喜，高声呼道："那边可是金大爷吗？"那人抬头往这里一看，道："那边可是李先生吗？"李平山急答道："正是，正是。请大爷往这边些。请问这位老爷是那个？"那人道："怎么，先生不知道吗？老爷奉旨升了襄阳太守了。"李平山听了，道："哎呀，有这等事，好极，好极！奉求大爷在老爷跟前回禀一声，说我求见。"那人道："既如此——"回头吩咐水手搭跳板，把李平山接过大船去了。蒋爷看了心中纳闷，不知此官是李平山的何人。

原来此官非别个，却正是遭过贬的正直无私的兵部尚书金辉。因包公奏明圣上，先剪去襄阳王的羽翼，这襄阳太守是极紧要的，必须用个赤胆忠心之人方好。包公因金辉连上过两次奏章，参劾襄阳王，在驾前极大的保奏。仁宗天子也念金辉正直,故此放了襄阳太守。那主管便是金福禄。

蒋爷正在纳闷,只见李平山从跳板过来,扬着脸儿,瞰着腮儿,摇着膀儿,扭着腰儿,见了蒋平也不理,竟进舱内去了。蒋爷暗道:“这小子是什么东西,怎么这等的酸!”只得随后也进舱,问道:“那边官船李兄可认得吗?”李平山半晌将眼一翻,道:“怎么不认得?那是吾的好友。”蒋爷暗道:“这酸是当酸的。”又问道:“是那位呢?”李平山道:“当初做过兵部尚书,如今放了襄阳太守,金辉金大人,那个不晓得呢?吾对你说,吾如今要随他上任,也不上九仙桥了。明早就搬行李到那边船上,你只好独自上湘阴去吧。”小人得志,立刻改样,就你我相称,把兄弟二字免了。蒋爷道:“既如此,这船价怎么样呢?”李平山道:“你坐船,自然你给钱了,如何问吾呢?”蒋爷道:“原说是帮伙,彼此公摊。我一人如何拿得出呢?”李平山道:“那白和吾说,吾是不管的。”蒋爷道:“也罢,无奈何,借给我几两银子就是了。”李平山将眼一翻道:“萍水相逢,吾和你啥个交情,一借就是几两头?你不要闹魔好不好?现有太守在这里,吾把你送官究治,那时休生后悔。”蒋爷听了,暗道:“好小子,翻脸无情,这等可恶!”忽听走的跳板响,李平山迎了出来。蒋爷却隐在舱门隔扇后面,侧耳细听。

不知说些什么,且听下回分解。

第九十五回　暗昧人偏遭暗昧害　豪侠客每动豪侠心

却说蒋爷在舱门侧耳细听,原来是小童,就是当初服侍他的,手中拿的个字柬道:“奉姨奶奶之命,叫先生即刻拆看。”李平山接过,映着月光看了,悄悄道:“吾知道了。你回去上复姨奶奶,说夜阑人静吾就过去。”原来巧娘与幕宾相好,就是他。蒋爷听在耳内,暗道:“敢则这小子还有这等行为呢!”又听见跳板响,知道是小童过去。他却回身歪在床上,假装睡着。李平山唤了两声不应,他却贼眉贼眼在灯下将字柬又看了一番,乐的他抓耳挠腮,坐立不安。无奈何也歪在床上装睡,那里睡得着,呼吸之气不知怎样才好。蒋爷听了,不由得暗笑,自己却呼吸出人极其平匀,令人听着直是真睡一般。

李平山奈了多时,悄悄地起来,奔到舱门,又回头瞧了瞧蒋爷,犹疑了半晌,方才出了舱门,只听跳板咯噔咯噔乱响。蒋爷这里翻身起来,脱了长衣,出了舱门。只听跳板咯噔一响跳上去,知平山已到了大船之上,便将跳板轻轻扶起,往水内一顺,他方到三船上窗板外细听。果然听见有男女淫欲之声,悄悄说:“先生,你可想煞我也!”蒋爷却不性急,高高地嚷了两声:“三船上有了贼了,有了贼了!”他便刺开水面,下水去了。

金福禄立刻带领多人，各船搜查。到了第三船，正见李平山在那边着急，因没了跳板，不能够过在小船之上。金福禄见他慌张形景，不容分说将他带至头船，回禀老爷。金公即叫带进来。李平山战战哆嗦，哈着腰儿过了舱门，见了金公，张口结舌，立刻形景难画难描。金公见他哈着腰儿，不住的将衣襟儿遮掩，又用手紧捏着开褉儿。仔细看时，原来他赤着双脚。

金公已然会意，忖度了半晌，主意已定，叫福禄等看着平山。自己出舱，提了灯笼，先到二船，见灯光已息。即往三船一看，却有灯光，忽然灭了。金公更觉明白，连忙来到三船，唤道："巧娘睡了吗？"唤了两声，里面答道："敢则是老爷吗？"仿佛是睡梦初醒之声。金公将舱门一推，进来用灯一照，见巧娘云鬓蓬松，桃腮带赤，问道："老爷为何不睡？"金公道："原要睡来，忽听有贼，只得查看查看。"随手把灯笼一放，却好床前有双朱履。巧娘见了，只唬得心内乱跳，暗说："不好！怎么会把他忘了？"原来巧娘已知将平山拿到船上，就怕有人搜查，他忙忙碌碌将平山的裤袜护膝等，俱各收藏。真是忙中有错，他再也想不到平山是光着脚跑的，独独地把双鞋儿忘了。如今见金公照着鞋，好生害怕。谁知金公视而不见，置而不闻，转说道："你如何独自孤眠？杏花儿那里去了？"巧娘略定了定神，随机献媚，搭讪过来说道："贱妾唯恐老爷回来不便，因此叫他后舱去了。"上面说着话，下面却用金莲把鞋儿向床下一踢。金公明明知道，却也不问，反言一句道："难为你细心，想的到。我同你到夫人那边，方才说嚷有贼，你理应问问安。回来，我也就在这里睡了。"说罢，携了巧娘的手，一同出舱。来到船头，金公猛然将巧娘往下一挤，扑通的一声，落在水内，然后咕嘟嘟冒了几个泡儿。金公等他沉底，方才嚷道："不好了，姨娘落在水内了！"众人俱各前来，叫水手救已无及。金公来到头船，见了平山，道："我这里人多，用你不着，你回去吧。"叫福禄："带他去吧。"带到三船，谁知水手正为跳板遗失，在那里找寻，后来见水中漂浮，方从水中捞起，仍然搭好，叫平山过去，即将跳板撤了。

金公如何不处治平山，就这等放了平山呢？这才透出金公"忖度半晌，主意拿定"的八个字。他想平山黄夜过船，非奸即盗。若真是盗却倒好办，看他光景，赤着下部，明露着是奸。因此独自提了灯笼，亲身查看。见三船灯明覆灭，已然明白。不想又看见那一双朱履，又瞧见巧娘手足失措的情景，此事已真，巧娘如何留得？故诓出舱来，溺于水中。转想平山倒难处治，唯恐他据实说出，丑声播扬，脸面何在？莫若含糊其词，说我这里人多，用你不着，你回去吧。虽然便宜他，其中省却多少口舌，免得众人知觉，倒是正理。

且说李平山就如放赦一般回到本船之上，进舱一看，见蒋平床上只有衣服，却不见人，暗道："姓蒋的那里去了？难道他也有什么外遇吗？"忽听后面嚷道："谁，谁，谁？怎么掉在水里头了？到底留点神吓！这是船上，比不得下店，这是玩的吗？来罢，我搀你一把儿。这是怎么说呢？"然后，方听战战哆嗦的声音，进了舱来。平山一看，见蒋平水淋淋的一个整战儿，问道："蒋兄怎么样了？"蒋爷道："我上后面去小解，不想失足落水。多亏把住了后舵，不然险些儿丧了性命。”平山见他哆嗦乱战，自己也觉发起噤来了。猛然想起，暗暗道：“怪道，怪道！吾下半截是光着的，焉有不冷的呢？”连忙站起，拿过包袱来，找出裤袜等件。又拣出了一份旧的给蒋平，叫他换下湿的来，“晾干了，然后换了还吾。”他却拿出一双新鞋来。二人彼此穿的穿，换的换。蒋爷却将湿衣拧了，抖了抖晾起来，只顾自己收拾衣服。猛回头见平山愣愣地坐在哪里，一会儿搓手，一会儿摇头，一会儿拿起靳帕来拭泪。蒋平知他为那葫芦子药，也不理他。原来李平山在那里得命思财，又害怕，又是可惜，又是后悔，又是伤心。至没能耐，也可以捐个从九品未入流。后悔者，姨奶奶打发人来，吾不该就去。何妨写个字儿回复他，俟我到了那边船上，慢慢地觑便再会佳期；即不然，就应他明日晚上也好，吾到底到了他那边船上，有何不可的呢？偏偏的一时性急，按捺不住，如今闹的这个样儿，可怎么好呢？伤心者，细想巧娘的模样儿，恩情儿，只落得溺于水中，果于鱼腹，生生儿一朵鲜花被吾糟蹋了，岂不令人伤心吗？想到此，不由得又落下泪来。

蒋爷晾完了衣服，在床上坐下，见他这番光景，明知故问道：“先生为着何事伤心呢？”平山道：“吾有吾的心事，难以告诉别人。吾问蒋兄，到湘阴县什么公干？”蒋爷道：“原先说过，吾到湘阴县找个相知的先生，为何忘了呢？”平山道：“吾此时精神恍惚，都记不得了。蒋兄既到湘阴县找相知，吾也到湘阴找个相知。”蒋爷道：“先生昨晚说不是跟了金太守上任吗？为何又上湘阴呢？”平山道：“蒋兄为何先生、先生称起来呢？你吾还是弟兄，不要见外的。吾对你说，他那里人，吾看着有些不相宜。所以昨晚上吾又见了金主管，叫他告诉太守，回复了他，吾不去了。”蒋爷暗笑道：“好小子，他还和我撇大腔儿呢。似他这样反复小人，真正可杀不可留的。”复又说道：“如此说来，这船价怎么样呢？”平山道：“自然是公摊的了。”蒋爷道：“很好，吾这才放了心了。天已不早了，咱们歇息歇息罢。”平山道：“蒋兄只管睡，吾略略坐坐，也就睡了。”蒋爷说了一声：“有罪了。”放倒头，不多时竟自睡去。平山坐了多时，躺在床上，那里睡得着，翻来覆去正正的一夜不曾合眼。后来又听见官船上鸣锣开船，心里更觉难受。蒋爷也就惊醒，即唤船家收什收什，这里也就开船了。

这一日，平山在船上唁声叹气，无精打彩，也不吃不喝，只是呆了的一般。到了日暮之际，翁大等将船藏在芦苇深处。蒋爷夸道：“好所在，这才避风呢。”翁大等不觉暗笑。平山道：“吾昨夜不曾合眼，今日有些困倦，吾要先睡了。”蒋爷道：“尊兄就请安置吧，包管今夜睡得安稳了。”平山也不答言，竟自放倒头睡了。蒋平暗道：“按理应当救他。奈因他这样行为，无故的置巧娘于死地，我要救了他，叫巧娘也含冤于地下。莫若叫翁家弟兄把他杀了，与巧娘报仇。我再杀了翁家弟兄，与他报仇，岂不两全其美。”

正在思索，只听翁大道：“兄弟，你了我了？”翁二道：“有什么要紧！两个脓包，不管谁了，都使得。”蒋平暗道：“好了，来咧。”他便悄地出来，趴伏在舱房之上。见有一物，风吹摆动，原来是根竹竿上面晾着件棉袄。蒋爷慢慢地抽下来，拢在怀内，往下偷瞧。见翁二持刀进舱，翁大也持刀把守舱门。忽听舱内竹床一阵乱响，蒋爷已知平山了结了。他却一长身将棉袄一抖，照着翁大头上放下来。翁大出其不意，不知何物，连忙一路混撕，也是活该，偏偏的将头裹住。蒋爷挺身下来，夺刀在手。翁大刚刚露出头来，已着了利刃。蒋爷复又一刀，翁大栽下水去。翁二尚在舱内找寻瘦人，听得舱门外有响动，连忙回身出来，说："大哥，那瘦蛮子不见了。"话未说完，蒋爷道："吾在这里。"哧就将刀一颤，正戳在翁二咽喉之上。翁二"嗳哟"了一声，他就两手一扎煞，一半栽在舱内，一半栽在舱外。蒋爷哈腰将发绺一揪，拉到船头一看，谁知翁二不禁戳，一下儿就死了。蒋爷将手一松，放在船头，便进舱内将灯剔亮，见平山扎手舞脚于竹床之上。蒋平暗暗地叹息了一番，便将平山的箱笼拧开，仔细搜寻，却有白银一百六十两。蒋平道声"惭愧"，叫道："平山吓，平山！这银子我却不是白使了你的，我到底给你报了仇了，你也应当谢我！"说罢，将银放在兜肚之内。算来蒋爷颇不折本，艾虎拿了他的一百两，他如今得了一百六十两，再加上雷震赠了二十两，利外利，倒多了八十两，这才算是好利息呢。

且说蒋爷重新将灯照了，通身并无血迹。他又将雷老儿给做的大衫折叠了，又把自己的湿衣——也早干了——折好，将平山的包袱拿过来，拣可用地打了包裹，收什停当出舱，用篙撑起船来。出了芦苇深处，奔至岸边，连忙提了包裹，套上大衫，一脚踏定泊岸，这一脚往后尽力一蹬，只见那船哧的滴溜一声，离岸有数步多远，飘飘荡荡，顺着水面去了。

蒋爷迈开大步，竟奔大路而行。此时天光已亮，忽然刮起风来，扬土飞沙，难睁二目。又搭着蒋爷一夜不曾合眼，也觉得乏了，便要找个去处歇息歇息。又无村庄，见前面有片树林，及至赶到跟前一看，原来是座坟头，院墙有倒塌之处。蒋爷心内想着："进了围墙可以避风。"刚刚转过来，往里一望，只见有个小童，面黄肌瘦，满脸泪痕，正在那小树上拴套儿呢。蒋平看了，嚷道："你是谁家小厮，跑到我坟地里上吊来，这还了得吗！"那小童道："我是小童，可怕什么呢？"蒋爷听了，不觉好笑道："你是小童，原来不怕，要是小童上吊，也就可怕了。"小童道："若是这么说，我可上那树上死去才好呢？"说罢，将丝绦解下，转身要走。蒋平道："那小童，你不要走。"小童道："你这茔地不叫上吊，你又叫我做什么？"蒋爷道："你转身来，我有话问你。你小小年纪，为何寻自尽？来来来，在这边墙根之上说与我听。"小童道："我皆因活不得了，我才寻死呀。你要问，我告诉你。若是当死，你把这棵树让给我，我好上吊。"蒋爷道："就是这等。你且说来我听。"

小童未语先就落下泪来，把以往情由滔滔不绝述了一遍，说罢大哭。蒋爷听了，暗道："看他小小年纪，倒是个有志气的。"便道："你原来如此，我如今赠你盘费，你还死做什么呢？你有了盘费，还死不死呢？"小童道："若有了盘费，我还死？我就不死了。真格的，我这小命儿是盐换来的吗？"蒋爷回手在兜肚内摸出两个锞子，道："这些可以够了吗？"小童道："足以够了，只有使不了的。"连忙接过来，趴在地下磕头,道:“多谢恩公搭救,望乞留下姓名。”蒋平道:“你不要多问,及早快赴长沙要紧。”小童去后,蒋爷竟奔卧虎沟去了。

不知小童是谁,且听下回分解。

第九十六回　连升店差役拿书生　翠芳塘县官验醉鬼

且说蒋爷救了小童,竟奔卧虎沟而来。这是什么缘故?小童到底说的什么?蒋爷如何就给银子呢?列位不知,此回书是为交代蒋平,这回把蒋平交代完了,再说小童的正文,又省得后来再为叙写。

蒋爷到了卧虎沟,见了沙员外,彼此言明,蒋爷已知北侠等上了襄阳。自己一想:“颜巡按同了五弟前赴襄阳,我正愁五弟没有帮手。如今北侠等既上襄阳,焉有不帮五弟之理呢?莫若我且回转开封,将北侠现在襄阳的话回禀相爷,叫相爷再为打算。”沙龙又将艾虎留下的龙票当面交明白,蒋爷便回转东京,见了包相,将一切说明。包公即行奏明圣上,说欧阳春已上襄阳,必有帮助巡按颜查散之意。圣上听了大喜道:“他行侠仗义,实为可嘉。”又钦派南侠展昭同卢方等四人,陆续前赴襄阳,俱在巡按衙门供职,俟襄阳平定后,务必邀北侠等一同赴京,再为升赏。此是后话,慢慢再表。

蒋平既已交代明白,翻回头来再说小童之事。你道这小童是谁?原来就是锦笺。自施公子赌气离了金员外之门,乘在马上越想越有气,一连三日饮食不进,便病倒旅店之中。小童锦笺见相公病势沉重,即托店家请医生调治。诊了脉息,系郁闷不舒,受了外感,竟是夹气伤寒之症,开方用药。锦笺衣不解带,昼夜服侍。见相公昏昏沉沉,好生难受。又知相公没多余盘费,他又把艾虎赏的两锭银子换了,请医生抓药。好容易把施俊调治的好些了,又要病后的将养。偏偏的马又倒了一匹,正是锦笺骑的。他小孩子家心疼那马,不肯售卖,就托店家雇人掩埋。谁知店家悄悄地将马出脱了,还要合锦笺要工饭钱,这明是欺侮小孩子。再加这些店用房钱、草料麸子,七折八扣,除了两锭银子之外,倒该下了五六两的账。锦笺连急带气,他也病了。先前还扎挣着服侍相公,后来施俊见他那个形景,竟是中了大病,慢慢地问他,他不肯实说。问得急了,他就哭了。施俊心中好生不忍,自己便挣扎起来,诸事不用他服侍,得便倒要服侍锦笺。一来二去,锦笺竟自伏头不起。施俊又托店家请医生。医生道:“他这虽系传染,却比相公沉重,而且症候耽误了,必须赶紧调治方好。”开了方子,却不走,等着马钱。施俊向柜上借,店东道:“相公账上欠了五六两,如何还借呢?很多了我们垫不起。”施俊没奈何,将衣服典当了,开发了马钱并抓药。到了无事,自己到柜上重新算账,方知锦笺已然给了两锭银子,就知是他的那两锭赏银。又是感激,又是着急。因瞧见马工饭银,便想起那马来了,就和店东商量,要卖马还账。店东乐得的赚几两银子呢,立刻会了主儿,将马卖了。除了还帐,刚刚的剩了一两头。施俊也不计较,且调治锦笺要紧。

这日,自己拿了药方,出来抓药。正要回店,却是集场之日,可巧遇见了卖粮之人,姓李名存,同着一人姓郑名申,正在那里吃酒。李存却认识施俊,连声唤道:"施公子那里去?为何形容消减了?"施俊道:"一言难尽。"李存道:"请坐,请坐。这是我的伙计郑申,不是外人,请道其详。"施俊无奈,也就入了座,将前后情由述了一番。李存听了道:"原来公子主仆都病了。却在那个店里?"施俊道:"在西边连升店。"李存道:"公子初愈,不必着急。我这里现有十两银子,且先拿去。一来调治尊管,二来公子也须好生将养。如不够了,赶到下集我再到店中送些银两去。"施生见李存一片至诚,赶忙站起,将银接过来,深深谢了一礼,也就提起药包要走。

谁知郑申贪酒,有些醉了。李存道:"郑兄少喝些也好,这又醉了!别的罢了,你这银褡裢怎么好呢?"郑申醉言醉语道:"怕什么,醉了人,醉不了心,就是这一头二百两银子算了事了?我还拿的动,何况离家不远儿呢。"施生问道:"在那里住?"李存道:"远却不远,往西去不足二里之遥,地名翠芳塘就是。"施生道:"既然不远,我却也无事,我就送送他何妨。"李存道:"怎敢劳动公子。偏偏的我要到粮行算账,莫若还是我送了他回去,再来算账。"郑申道:"李贤弟,你胡闹么,真格的我就醉了吗?瞧瞧我能走不能走?"说着话,一溜歪斜往西去了。李存见他如此,便托付施生道:"我就烦公子送送他罢,务必,务必。俟下集,我到店中再道乏去。"施生道:"有甚要紧,只管放心,俱在我的身上。"说罢,赶上郑申,搭扶着郑申一同去了。真是"是非只为多开口,烦恼皆因强出头"。千不该,万不该,施生不应当送郑申。只顾觌面应了李存,后来便脱不了干系。

且说郑申见施生赶来,说道:"相公,你干你的去,我是不相干的。"施生道:"那如何使得。我既受李伙计之托,焉有不送去之理呢?"郑申道:"我告诉相公说,我虽醉了,心里却明白,还带着都记得。相公,你不是与人家抓药呢吗?请问病人等着吃药,要紧不要紧?你只顾送我,你想想那个病人受得受不得?这是一。再者,我家又不远,常来常去,是走惯了的。还有一说,我那一天不醉?天天要醉,天天得人送,那得用多少人呢?到咧,这不是连升店吗,相公请。你要不进店,我也不走了。"正说间,忽见小二说道:"相公,你家小主管找你呢。"郑申道:"巧咧,相公就请罢。"施生应允。郑申道:"结咧,我也走咧!"

施生进了店门,问锦笺,心内略觉好些。施生急忙煎了药,服侍锦笺吃了。果然夜间见了点汗,到了次日清爽好些。施生忙又托付店家请医生去。锦笺道:"业已好了,还请医生做什么?那有这些钱呢?"施生悄悄地告诉他道:"你放心,不用发愁,又有了银两了。"便将李存之赠说了一遍,锦笺方不言语。不多时,医生来看脉开方,道:"不妨事了,再服两剂也就好了。"施生方才放心,仍然按方抓药,给锦笺吃了,果然见好。

过了两日,忽见店家带了两个公人,进来道:"这位就是施相公。"两个公人道:"施相公,我们奉太爷之命,特来请相公说话。"施生道:"你们太爷请我做什么呢?"公人道:"我们知道吗,相公到了那里就知道了。"施生还要说话,只见公人哗啷一声掏出锁来,拴上了施生,拉着就走了。把个锦笺只唬地抖衣而战。细想相公为着何事竟被官人拿去,说不得只好挣扎起来,到县打听打听。

原来郑申之妻王氏,因丈夫两日并未回家,遣人去到李存家内探问。李存说:"自那日集上散了,郑申拿了二百两银子,已然回去了。"王氏听了,不胜诧异,连忙亲自到了李存家,面问明白。现今人银皆无,事有可疑。他便写了一张状子。此处攸县所管,就在县内击鼓鸣冤,说李存图财害命,不知把她丈夫置于何地。县官即把李存拿在衙内,细细追问。李存方说出原是郑申喝醉了,他烦施相公送了去了。因此派役前来,将施生拿去。到了衙内,县官方九成立刻升堂。把施生带上来一看,却是个懦弱书生,不像害人的形景。便问道:"李存曾烦你送郑申吗?"施生道:"是。因郑申醉了,李存不放心,烦我送他。我却没送。"方令道:"他既烦你送去,你为何又不送呢?"施生道:"皆因郑申拦阻再三,他说他醉也是常醉,路也是常走,断断不叫送。因此我就回了店了。"方令道:"郑申拿的是什么?"施生道:"有个大褡裢,肩头搭着,里面不知是什么。李存见他醉了,曾说道:'你这银褡裢要紧。'郑申还说:'怕什么,就是这一头二百两银子算了事了?'其实并没看见褡裢内是什么。"方令见施生说话诚实,问什么说什么,毫无狡展推诿,不肯加刑,吩咐寄监,再行听审。

众衙役散去。锦笺上前问道:"拿我们相公,为什么事?"衙役见他是个带病的小孩子,谁有工夫与他细讲,止于回答道:"为他图财害命。"锦笺吓了一跳,又问道:"如今怎么样呢?"衙役道:"好唠叨呵!怎么样呢,如今寄了监了。"锦笺听了寄监,以为断无生理,急急跑回店内,大哭了一场。仔细想来,必是县官断事不明,"前次我听见店东说,长沙新升来一位太守,甚是清廉,断事如神,我何不去到那里替主鸣冤呢?"想罢,看了看又无可典当的,只得空身出了店,一直竟奔长沙。不料自己病体初愈,无力行走,又兼缺少盘费,偏偏的又遇了大风,因此进退两难。一时越想越窄,要在坟茔上吊。可巧遇见了蒋平,赠他白银两锭。真是钱为人之胆,他有了银子,立刻精神百倍。好容易赶赴长沙,写了一张状子,便告到邵老爷台下。

邵老爷见呈子上面有施俊的姓名，而且叙事明白清顺，立刻升堂，将锦笺带上来细问，果是盟弟施乔之子。又问："此状是何人所写？"锦笺回道是自己写的。邵老爷命他背了一遍，一字不差，暗暗欢喜，便准了此状。即刻行文到攸县，将全案调来，就过了一堂，与原供相符。县宰方令随后乘马来到禀见。邵老爷面问："贵县审的如何？"方九成道："卑职因见施俊不是行凶之人，不肯加刑，暂且寄监。"邵太守道："贵县此案当如何办理呢？"方令道："卑职意欲到翠芳塘查看查看，回来再为禀复。"邵老爷点头道："如此甚好。"即派差役、仵作跟随方令到攸县。

来至翠芳塘，传唤地方。方令先看了一切地势，见南面是山，东面是道，西面有人家，便问："有几家人家？"地方道："八家。"方令道："郑申住在那里？"地方道："就是西头那一家。"方公指着芦苇道："这北面就是翠芳塘了？"地方道："正是。"方公忽见芦苇深处乌鸦飞起复落下去，方令沉吟良久，吩咐地方："下芦苇去看来。"地方拉了鞋袜，进了芦苇。不多时，出来禀道："芦苇塘之内有一尸首，小人一人弄他不动。"方令又派差役二名下去，一同拉上来，叫仵作相验。仵作回道："尸首系死后入水，脖项有手扣的伤痕。"方令即传郑王氏厮认，果是她丈夫郑申。方令暗道："此事须当如此。"吩咐地方将那七家主人，不准推诿，即刻同赴长沙候审。方令先就乘马到府，将郑申尸首事禀明，并将七家邻舍带来俱各回了。邵太守道："贵县且请歇息。候七家到齐，我自有道理。"邵老爷将此事揣度一番，忽然计上心来。

这一日，七家到齐，邵老爷升堂入座。方公将七家人名单呈上。邵老爷叫带上来，不准乱跪，一溜排开，按着名单跪下。邵老爷从头一个看起，挨次看完，点了点头道："这就是了，怨得他说，果然不差！"便对众人道："你等就在翠芳塘居住吗？"众人道："是。"邵老爷道："昨夜有冤魂告到本府案下，名姓已然说明。今既有单在此，本府只用朱笔一点，便是此人。"说罢，提起朱笔，将手高扬，往下一落，虚点一笔，道："就是他，再无疑了。无罪的只管起去，有罪的仍然跪着。"众人俱各起去，独有西边一人，起来复又跪下，自己犯疑，神色仓皇。邵老爷将惊堂木一拍，道："吴玉，你既害了郑申，还想逃脱吗？本府纵然宽你，那冤魂断然不放你的！快些据实招上来。"左右齐声喝道："快招，快招！"

不知吴玉招出什么话来，且听下回分解。

第九十七回　长沙府施俊纳丫鬟　黑狼山金辉逢盗寇

话说邵老爷当堂叫吴玉据实招上来。吴玉道："小、小、小人没有招、招的。"邵老爷吩咐："拉下去打。"左右呐了一声喊，将吴玉掭翻在地，竹板高扬，打了十数板。吴玉嚷道："我招吓，我招！"左右放他起来，道："快说，快说！"吴玉道："小人原无生理,以赌为事。偏偏的时运不好,屡赌屡输。不用说别的,拿着打十湖说罢,我圆湖,会抓过张子满不了,倒中了别人碰漂湖。掷骰子,明明坐住了三幺两六,那一个骰子乱转,我赶着叫六,可巧来了个六,却把幺碰了个二,倒成个黑鼻子了。总说罢,东干东不着,西干西不着,要账堆了门,小人白日不敢出门来。那日天色将晚,小人刚刚出来,就瞧着郑申晃里晃荡由东而来。我就追上前去,见他肩头扛着个褡裢,里面鼓鼓囊囊的。小人就合他借贷,谁知郑申不是个酒后开包的,他饶不借,还骂小人。小人一时气愤,将他尽力一推,扑哧、咕咚就栽倒了。一个人栽倒了,怎么两声儿呢?敢则郑申喝成醉泡儿了,栽在地下扑哧的一声,倒是那大褡裢,摔在地下咕咚的一声。小人听的声音甚是沉重,知道里面必是资财,我就一屁股坐在郑申胸脯之上。郑申才待要嚷,我将两手向他咽喉一扣,使劲在地下一按,不大的工夫,郑申就不动了。小人把他拉入苇塘深处,以为此财是发定了,再也无人知晓。不想冤魂告到老爷台前。回老爷,郑申醉魔咕咚的,说的全是醉话,听不得呢。小人冤枉呀!"邵老爷问道:"你将银褡裢放在何处?"吴玉道:"那是二百两银子。小人将褡裢埋好,埋在缸后头了,分文没动。"邵老爷命吴玉画了招,带下去。即请县宰方公,将招供给他看了。叫方公派人将赃银起来,果然未动。即叫尸亲郑王氏收领。李存与翠芳塘住的众街坊释放回家,独有施生留在本府。吴玉定了秋后处决,派役押赴县内监收。方公一一领命,即刻禀辞回本县去了。

邵老爷退堂,来至书房,将锦笺唤进来问道:"锦笺,你在施宅是世仆吓,还是新去的呢?"锦笺道:"小人自幼就在施老爷家。我们相公念书,就是小人伴读。"邵老爷道:"既如此,你家老爷相知朋友有几位,你可知道吗?"锦笺道:"小人老爷有两位盟兄,是知己莫逆的朋友。"邵老爷道:"是那两位?"锦笺道:"一位是做过兵部尚书的金辉金老爷,一位是现任太守邵邦杰邵老爷。"旁边书童将锦笺衣襟一拉,悄悄道:"大老爷的官讳,你如何混说?"锦笺连忙跪倒:"小人实实不知,求大老爷饶恕。"邵老爷哈哈笑道:"老夫便是新调长沙太守的邵邦杰,金老爷如今已升了襄阳太守。"锦笺复又磕头。邵老爷吩咐:"起来。本府原是问你,岂又怪你。"即叫书童拿了衣巾,同锦笺到外面与施俊更换。锦笺悄悄告诉施俊说:"这位太守就是邵老爷。方才小人已听邵老爷说,金老爷也升了襄阳府太守。相公如若见了邵老爷,不必提与金老爷怄气一事,省的彼此疑忌。"施生道:"我提那些做什么?你只管放心。"就随了书童来至书房,锦笺跟随在后。

施生见了邵公,上前行礼参见。邵公站起相搀。施生又谢为案件多蒙庇佑。邵公吩咐看座,施生告坐。邵公便问已往情由,施生从头述了一遍。说至与金公怄气一节,改说:"因金公赴任不便在那里,因此小侄就要回家。不想行至攸县,我主仆便病了,生出这节事来。"邵公点了点头。说话间,饭已摆妥,邵公让施生用饭,施生不便推辞。饮酒之间,邵公盘诘施生学问,甚是渊博,满心欢喜,就将施生留在衙门居住,无事就在书房谈讲。因提起亲事一节,施生言:"家父与金老伯提过,因彼此年幼,尚未纳聘。"此句暗暗与佳蕙之言相符。邵公听了大乐,便将路上救了牡丹的话一一说了，“如今有老夫做主，一个盟兄之女，一个盟弟之子，可巧侄男侄女皆在老夫这里，正好成其美事。”施俊到了此时也就难以推辞。

邵公大高其兴，来到后面与夫人商量，叫夫人办理牡丹的内务，算是女家那边。邵公办理施生的外事，算是男家那边的。夫人也自欢喜，连三位小姐也替假小姐忙个不了。唯有佳蕙暗暗伤感，到了无人时，想起小姐溺水之苦，不由得泪流满面。夫人等以为他父母不在跟前，他伤心也是情理当然，倒可怜他，劝慰了多少言语，并嘱咐三位小姐不准耍笑打趣他。

到了佳期已近，本府阖署官员皆知太守有此义举，无不钦敬，俱各备了礼来贺喜。邵公难以推辞，只得斟酌收礼，当受的受，当璧的璧。是日却大排筵宴，请众官员吃喜酒，热闹非常。把个施生打扮的花团锦簇，众官员见了无不称赞。就在衙门的东跨所做了新房，到了吉时，将二人双双送了过去，成就百年之好。诸事已毕之后，邵老爷亲笔写了两封书信，差两人送信：一名丁雄，送金公之信，一名吕庆，送施老爷之信，务必觌面投递。二人分头送信去了。

这日，施生正在书房看书，叫锦笺去后面取东西。锦笺来至后面，心中暗道：“自那日随着众人磕头道喜，我却没瞧见新奶奶什么模样，今日到要留神瞧瞧。”谁知丫鬟正给新娘子烹茶去了，锦笺唤了一声无人，他便来在院内。可巧佳蕙却在廊下用扇儿斗鹦鹉呢，猛见了锦笺，他把扇子一遮，连忙要转回屋内。哪知锦笺眼快，早认出是佳蕙来，暗道：“好呀，敢则是他呀！见了我，竟把扇子算个小围幕，他如今有了官诰了。”便高声说了一个“佳”字，新娘已将扇子撤下，连连摆手道：“兄弟不要高声！”锦笺便问：“你如何来到这里？”佳蕙便将做事不密，叫老爷知道了，如何逼勒小姐自尽，如何奶母定计上唐县，如何遇了贼船生生地把个小姐投水死了，自己如何被邵老爷搭救，就冒了小姐之名，“如今闹的事已做成，求兄弟千万不要泄漏。只要你暗暗打听，倘或小姐投水未死，做姐姐的必要成全他二人之事，绝不负主仆的情肠。我如今虽居此位，心实不安，也不过虚左以待之意。”锦笺见他如此，笑道：“言虽如此，如今名分攸关，况且与你磕头见礼，你就靦然受之，未免太过！”佳蕙道：“事已如此，叫我无可如何。再者，你是兄弟，我是姐姐，难道受不起你一拜吗？你若不依，我再给你拜上两拜。”就福了两福。锦笺再也没的说了。又见丫鬟烹茶而来，佳蕙连忙进屋内去了。锦笺向丫鬟要了东西，回到书房。见了施生，他却一字不提。从此知道新娘是假小姐，他就暗暗访查真小姐的下落。

且说丁雄与金公送信，从水面迎来，已见有官船预备。问时，果是迎接襄阳太守的。丁雄打听了打听，说金太守由枯梅岭起旱而来。他便弃舟乘马，急急赶至枯梅岭。先见有驮轿行李过去，知是金太守的家眷，后面方是太守乘马而来。丁雄下马，抢步上前请安，禀道：“小人丁雄，奉家主邵老爷之命，前来投书。”说罢，将书信高高举起。金太守将马拉住，问了邵老爷起居。丁雄站起，一一答毕，将书信递过。金太守伸手接书，却问道：“你家太太好？小姐们可好？”丁雄一一回答。金公道：“管家乘上马罢，俟我到驿再答回信。”丁雄退后，一抖丝缰上了马，就在金公后面跟随。见了金福禄等，彼此道辛苦。套叙言语，俱不必细表。

且说金公因是邵老爷的书信，非比寻常，就在马上拆看。见前面无非请安想念话头，看到后面有施俊与牡丹完婚一节，心中一时好生不乐，暗道："邵贤弟做事荒唐！儿女大事，如何硬作主张？倒遂了施俊那畜生的私欲。此事太欠斟酌！"却又无可如何，将书信摺叠摺叠，揣在怀内。丁雄虽在后面跟随，却留神瞧，以为金公见了书信，必有话面问，谁知金公不但不问，反觉得有些不乐的光景，丁雄暗暗纳闷。

正走之间，离赤石崖不远，见无数的喽啰排开，当中有个黄面金睛，浓眉凹脸，颔下满部绕丝的黄须，无怪绰号金面神，坐下骑着一匹黄骠马，手中拿着两根狼牙棒，雄赳赳，气昂昂，在那里等候。金公早已看见，不知山贼是何主意。猛见丁雄伏身撒马过去，话语不多，山贼将棒一举，连晃两晃，上来了一群喽啰，鹰拿燕雀，将丁雄拖翻下马捆了。金公一见，暗说"不好"！才待拨转马头，只见山贼呼啦啦马跑过来，一声咤叱道："俺蓝骁特来请太守上山叙话。"说罢将棒往后一摆，喽啰蜂拥上前，拉住金公坐下嚼环，不容分说，竟奔山中去了。金福禄等见了，谁敢上前，噁的一声，大家没命地好跑。

且说蓝骁邀截了金公，正然回山，只见葛瑶明飞马近前来禀道："启大王：小人奉命劫掠驮轿，已然到手。不想山凹蹿出一只白狼，后面有三人追赶，却是卧虎沟的沙员外带领孟杰、焦赤。三人见小人劫掠驮轿，心中不忿，急急上前，将喽啰赶散，仍将驮轿夺去，押赴庄中去了。"蓝骁听了大怒道："沙龙欺吾太甚！"吩咐葛瑶明押解金公上山，安置妥协，急急带喽啰前来接应。葛瑶明领命，只带数名喽啰，押解金公、丁雄上山，其余俱随蓝骁来至赤石崖下。

早见沙龙与孟杰二人迎将上来。蓝骁道："沙员外，俺待你不薄，你如何管俺的闲事？"沙龙道："非是俺管你的闲事，只因听见驮轿内哭的惨切，母子登时全要自尽，俺岂有不救死之理？"蓝骁道："员外不知，俺与金太守素有仇隙，知他从此经过，特特前来邀截。方才已然擒获上山，忽听葛瑶明说员外将他家眷抢夺回庄，不知是何主意？"沙龙道："这就是你的不是了。金太守乃国家四品黄堂，你如何擅敢邀截？再者，你与太守有仇，却与他家眷何干？依俺说，莫若你将太守放下山来，交付与俺，俺与你在太守跟前说个分上，置而不理，免得你吃罪不起。"蓝骁听了，一声怪叫："哎呀，好沙龙，你真欺俺太甚！俺如今和你誓不两立。"说罢，催马抡棒打来。沙龙扯开架式抵敌，孟杰帮助相攻。蓝骁见沙、孟二人步下蹿跃，英勇非常，他便使个暗令，将棒往后一摆，众喽啰围裹上来。沙龙毫不介意，孟杰漠不关心，一个东指西杀，一个南击北搠。二人杀够多时，谁知喽啰益发多了，筐箩圈将沙龙、孟杰困在当中，二人渐渐地觉得乏了。

原来葛瑶明将金公解入山中，招呼众多喽啰下山。他却指拨喽啰层层叠叠的围裹，所以人益发多了。正在分派，只见那边来了个女子。仔细打量，却是前次打野鸡的。他一见了，邪念陡起，一催马迎将上来，道："娇娘往那里走？"这句话刚说完，只听弓弦响处，这边葛瑶明眼睛内咕叽的一声，一个铁丸打入眼眶之内，生生把个眼珠儿挤出。葛瑶明“哎哟”的一声，栽下马来。

原来焦赤押解驮轿到庄，叫凤仙、秋葵迎接进去，告诉明白，说蓝骁现领喽啰在山中截战。凤仙姐妹听了甚不放心，就托张妈妈在里头照料，他等随焦赤前来救应沙龙。在路上言明，焦赤从东杀进，凤仙姐妹从西杀进。不料，刚刚上山就被葛瑶明看见，抻马迎来。秋葵眼快嘴急，叫声：“姐姐，前日抢野鸡的那厮又来了。”凤仙道：“妹妹不要忙，待我打发他。前次手下留情，打在他眉攒中间，是个二龙戏珠。如今这厮又来，可要给他个‘猛虎出洞’了。”列位白想想：葛瑶明眉目之间有多大的地方，搁的住闹个龙虎斗吗？这也是他贪淫好色之报，从马上栽了下来，秋葵赶上，将铁棒一扬，只听啪的一声，葛瑶明登时了帐，琉璃珠儿砸碎了。

未知他姐妹如何，且听下回分解。

第九十八回 沙龙遭困母女重逢 智化运筹弟兄奋勇

且说凤仙、秋葵从西杀来。只见秋葵抡开铁棒，乒乒梆梆一阵乱响，打的喽啰四分五裂。凤仙拽开弹弓，连珠打出，打的喽啰东躲西藏。忽又听东边呐喊，却是焦赤杀来，手托钢叉，连嚷带骂。里面沙龙、孟杰见喽啰一时乱散，他二人奋勇往外冲突。里外夹攻，喽啰如何抵挡得住，往左右一分，让开一条大路。却好凤仙、秋葵接住沙龙，焦赤却也赶到，彼此相见。沙龙道：“凤仙，你姐妹到此做甚？”秋葵道：“闻得爹爹被山贼截战，我二人特来帮助。”沙龙才要说话，只听山冈上咕噜噜鼓声如雷，所有山口外噔噔噔锣声震耳，又听人声呐喊：“拿吓，别放走了沙龙吓！大王说咧，不准放冷箭吓，务要生擒吓！姓沙的，你可跑不了吓！各处俱有埋伏吓，快些早些投降！”沙龙等听了，不由得骇目惊心。

你道如何？原来蓝骁暗令喽啰围困沙龙，只要诱敌，不准交锋。心想把他奈何乏了，一鼓而擒之，将他制伏，作为自己的膀臂。故此他在高山冈上瞭望，见沙龙二人有些乏了，满心欢喜。唯恐有失，又叫喽啰上山，调四哨头领，按山口埋伏。如听鼓响，四面锣声齐鸣，一齐呐喊，惊吓于他。那时再为劝说，断无不归降之理。猛又见东西一阵披靡，喽啰往左右一分，已知是沙龙的接应。他便擂起鼓来，果然各山口响应，呐喊扬威，声声要拿沙龙。他在高岗之上挥动令旗，沙龙投东他便指东，沙龙投西他便指西。沙龙父女、孟焦二人跑够多时，不是石如骤雨，就是箭似飞蝗，毫无一个对手厮杀之人，跑来跑去并无出路，只得五人团聚一处，歇息商酌。

且不言沙龙等被困。再说卧虎庄上自焦赤押了驮轿进庄，所有渔猎众家的妻女皆知救了官儿娘子来，谁不要瞧瞧官儿娘子是什么模样，全当作希希罕儿一般。你来我去，只管频频往来，却不敢上前，止于偷偷摸摸，扒扒窗户，或又掀掀帘子。

及至人家瞧见他，他又将身一撤，直似偷油吃的耗子一般。倒是张立之妻李氏，受了凤仙之托，极力地张罗，却又一人张罗不过来，应酬了何夫人，又应酬小相公金章，额外还要应酬丫鬟仆妇，觉得累得很。出来便向众妇人道："众位大妈、婶子，你们与其在这里张的望的，怎的不进去看看呢？陪着说说话儿，我也有个替换儿。"众人也不答言，也有摆手儿的，也有摇头儿的，又有扭扭捏捏躲了的，又有叽叽咕咕笑了的。李氏见了这番光景，赌气子转身进了角门。

原来角门以内就是跨所，当初凤仙、秋葵曾说过，如若房屋盖成，也不准张家姐姐搬出。故此张立夫妇带同牡丹，仍在跨所居住。李氏见了牡丹道："女儿，今有员外救了官儿娘子前来。妈妈一人张罗不过来，别人都不敢上前，女儿敢去也不敢呀？你若敢去，妈妈将你带过去，咱娘儿两个也有个替换。你不愿意就罢。"牡丹道："母亲，这有什么呢，孩儿就过去。"李氏欢喜道："还是女儿大方。你把那头儿抿抿，把大褂子罩上。我这里烹茶，你就端过去。"牡丹果然将头儿整理整理，换衣系裙。

不多时，李氏将茶烹好，用茶盘托来，递与牡丹。见牡丹抿的头儿光光油油的，衬着脸儿红红白白的，穿着件翠森森的衫儿，系着条青簇簇裙儿，真是娇娇娜娜，袅袅婷婷。虽是布裙荆钗，胜过珠围翠绕。李氏看了，乐的他眉开眼笑，随着出了角门。众妇女见了，一个个低言悄语，交头接耳，这个道："大妗子，你看呀，张奶奶又显摆他闺女呢。"那个道："二娘儿，你听罢，看他见了官儿娘子说些嘛耶，咱们也学些见识。"说话间，李氏上前将帘掀起，牡丹端定茶盘，轻移莲步，至屋内慢闪秋波一看，觉得肝连胆一阵心酸。忽听小金章说道："哎呀，你不是我牡丹姐姐吗？想煞兄弟了！"跑过来抱膝跪倒。牡丹到了此时，手颤腕软，当啷啷茶杯落地，将金章抱住，瘫软在地。何氏夫人早已向前搂住牡丹，儿一声，肉一声，叫了半日，哇的一声方哭出来了，真是悲从中心出。慢说他三人泪流满面，连仆妇、丫鬟无不拭泪在旁劝慰。窗外的田妇、村姑不知为着何事，俱各纳闷。独有李氏张妈愣柯柯的，劝又不是，好容易将她母女三人搀起。

何氏夫人一手拉住牡丹，一手拉住了金章，哀哀切切的一同坐了，方问与奶公奶母赴唐县如何。牡丹哭诉遇难情由，刚说至张公夫妇捞救，猛听的李氏放声哭道："哎呀，可坑了我了！"他这一哭，比方才他母女姐弟相识犹觉惨切。他想："没有儿女的，怎生这样的苦法？索性没有也倒罢了，好容易认着一个，如今又被本家认去。这以后可怎么好？"越想越哭，越哭越痛，张着瓢大的嘴，扯着喇叭似的嗓子，好一场大哭。何氏夫人感念他救女儿之情，将他搀了过来，一同坐了，劝慰多时。牡丹又说："妈妈只管放心，绝不辜负厚恩。"李氏方住了声。

金章见他姐姐穿的是粗布衣服，立刻磨着何氏夫人要他姐姐的衣服。一句话提醒了李氏，即到跨所取衣服。见张立拿茶叶要上外边去，李氏道："大哥，那是给人家的女儿预备的茶叶，你如何拿出去？"张立道："外面来了多少二爷们，连杯茶也没有，说不得只好将这茶叶拿出。你如何又说人家女儿的话呢？"李氏便将方才母女相认的话说了。张立听了也无可如何，且先到外面张罗。张立来至厅房，众仆役等见了道谢。张立急忙烹茶。

忽见庄客进来说道："你等众位在此厅上坐不得了，且至西厢房吃茶罢。我们员外三位至厚的朋友到了。"众仆役听了，俱各出来躲避。只见外面进来了三人，却是欧阳春、智化、丁兆蕙。原来他三人到了襄阳，探听明白。赵爵立了盟书，恐有人盗取关系匪浅，因此盖了一座冲霄楼，将此书悬于梁间，下面设了八卦铜网阵，处处设了消息，时时有人看守。原打算进去探访一番，后来听说圣上钦派颜大人巡按襄阳，又是白玉堂随任供职，大家计议，莫若仍回卧虎沟与沙龙说明，同去辅佐巡按，帮助玉堂，又为国家，又尽友情，岂不两全其美。因此急急赶回来了。

来至庄中，不见沙龙，智化连忙问道："员外那里去了？"张立将救了太守的家眷，蓝骁劫战赤石崖，不但员外与孟、焦二位去了，连两位小姐也去了，打算救应，至今未回的话说了。智化听了，说道："不好！此事必有舛错，不可迟疑。欧阳兄与丁贤弟务要辛苦辛苦。"丁二爷道："叫我们上何方去呢？"智化道："就解赤石崖之围。"丁二爷道："我与欧阳兄都不认得，如何是好？"张立道："无妨，现有史云，他却认得。"丁二爷道："如此快唤他来。"张立去不多时，只见来了七人，听说要上赤石崖，同史云全要去的。智化道："很好。你等随了二位去吧，不许逞强好勇，只听吩咐就是了。欧阳兄专要擒获蓝骁，丁贤弟保护沙兄父女，我在庄中防备贼人分兵抢夺家属。"北侠与丁二官人急急带领史云七人，直奔赤石崖去了。这里，智化叫张立进内，安慰众女眷人等，不必惊怕，唯恐有着急欲寻自尽等情。又吩咐众庄客："前后左右探听防守，倘有贼寇来时，不要声张，暗暗报我知道，我自有道理。"登时把个卧虎庄主张得井井有条，可见他料事如神，机谋严密。

且说北侠等来至赤石崖的西山口，见有许多喽啰把守。这北侠招呼众人道："守汛喽啰听真：俺欧阳春前来解围，快快报与你家山主知道。"西山口的头领不敢怠慢，连忙报与蓝骁。蓝骁问道："来有多少人？"头领道："来了二人，带领庄丁七人。"蓝骁暗道："共有九人，不打紧。好便好，如不好时，连他等也困在山内，索性一网打尽。"想罢，传与头领，叫把他等放进山口。早见沙龙等正在那里歇息，彼此相见，不及叙语。北侠道："俺见蓝骁去，丁贤弟小心吓！"说罢，带了七人奔至山岗。蓝骁迎了下来，问道："来者何人？"北侠道："俺欧阳春，特来请问山主，今日此举是为金太守吓，还是为沙员外呢？"蓝骁道："俺原是为擒拿太守金辉，却不与沙员外相干。谁知沙员外从我们头领手内将金辉的家眷抢去不算，额外还要和我要金辉。这不是沙员外欺我太甚么！所以将他困住，务要他归附方罢。"北侠笑道："沙员外何等之人，如何肯归附于你？再者，你无故的截了皇家的四品黄堂，这不成了反叛了吗？"蓝骁听了大怒道："欧阳春，你今此来，端的为何？"北侠道："俺今特来拿你！"说罢，抡开七宝刀，照腿砍来。蓝骁急将铁棒一迎。北侠将手往外一削，噌的一声，将铁棒狼牙削去。蓝骁暗说"不好"，又将左手铁棒打来。北侠尽力往外一磕，又往外一削，迎的力猛，蓝骁觉得从手内夺的一般，飕的一声连磕带削，棒已飞出数步以外。蓝骁身形晃了两晃。北侠赶步纵身上了蓝骁的马后，一伸左手攥住他的皮鞓带，将他往上一提，蓝骁已离鞍心。北侠将身一转，连背带扛，往地下一跳，右肘把马胯一捣，那马咴的一声往前一蹿。北侠提着蓝骁，一松手，咕咚一声栽倒尘埃。史云等连忙上前擒住，登时捆缚起来。此一段北侠擒蓝骁，迥与别书不同，交手别致，逢迎各异，至于擒法更觉新奇。虽则是失了征战的规矩，却正是侠客的行藏，一味地巧妙灵活，绝不是鲁莽灭裂、好勇斗狠那一番的行为。

且说丁兆蕙等早望见高岗之上动手，趁他不能挥动令旗，失却眼目，大家奋勇杀奔西山口来。头领率领喽啰，如何抵挡得住一群猛虎。吵发了一声喊，各自逃出去了。丁兆蕙独自一人擎刀把住山口，先着凤仙、秋葵回庄，然后沙龙与兆蕙复又来到高岗。此时，北侠已追问蓝骁金太守在于何处。蓝骁只得说出已解山中，即着喽啰将金辉、丁雄放下山来。北侠就着史云带同金太守先行回庄。至西山口，叫孟、焦二人也来押解蓝骁，上山剿灭巢穴去了。

要知后文如何，且听下回分解。

第九十九回　见牡丹金辉深后悔　提艾虎焦赤践前言

且说史云引着金辉、丁雄来到庄中，庄丁报与智化，智化同张立迎到大厅之上。金太守并不问妻子下落如何，唯有致谢搭救自己之恩。智化却先言夫人、公子无恙，使太守放心。略略吃茶，歇息歇息，即着张立引太守来到后面，见了夫人、公子。此时凤仙姊妹已知母女相认，正在庆贺。忽听太守进来，便同牡丹上跨所去了。这些田妇村姑，谁不要瞧瞧大老爷的威严。不多时，见张立带进一位戴纱帽的，翅儿缺少一个；穿着红袍，襟子搭拉半边；玉带系腰，因揪折闹的里出外进；皂靴裹足不合脚，弄的底绽帮垂；一部苍髯，揉得上头扎煞下头卷；满面尘垢，抹的左边漆黑右边黄。初见时，只当作走会的扛箱官；细瞧来，方知是新印的金太守。众妇女见了这狼狈的形状，一个个捂着嘴儿嬉笑。

夫人、公子迎出屋来，见了这般光景，好不伤惨。金章上前请安，金公拉起，携手来至屋内。金公略述山王邀截的情由，何氏又说恩公搭救的备细。夫妻二人又是嗟叹，又是感激。忽听金章道：“爹爹，如今却有喜中之喜了。”太守问道：“此话怎讲？”何氏安人便将母女相认的事说出。太守诧异道：“岂有此理，难道有两个牡丹不成？”说罢，从怀中将邵老爷书信拿出，递给夫人看了。何氏道：“其中另有别情。当初女儿不肯离却闺阁，是乳母定计，将佳蕙扮作女儿，女儿改了丫鬟。不想遇了贼船，女儿赴水倾生，多亏了张公夫妇捞救，认为义女。老爷不信，请看那两件衣服。方才张妈妈拿来，是当初女儿投水穿的。”金公拿起一看，果是两件丫鬟服色，暗暗忖度道："如此看来，牡丹不但清洁，而且有智，竟能保金门的脸面，实属难得。"再一转想："当初手帕、金鱼原从巧娘手内得来，焉知不是那贱人作弄的呢？就是书箱翻出玉钗，我看施生也并不惧怕，仍然一团傲气。仔细想来，其中必有情弊。是我一时着了气恼，不辨青红皂白，竟把他二人委屈了。"再想起逼勒牡丹自尽一节，未免太狠，心中愧悔难禁。便问何氏道："女儿今在哪里？"何氏道："方才在这里，听说老爷来了，他就上他干娘那边去了。"金公道："金章，你同丫鬟将你姐姐请来。"

金章去后，何氏道："据我想来，老爷不见女儿倒也罢了。唯恐见了时，老爷又要生气。"金公知夫人话内有讥诮之意，也不答言，止于付之一笑。只见金章哭着回来道："我姐姐断不来见爹爹，说唯恐爹爹见了又要生气。"金公哈哈笑道："有其母，必有其女。无奈何，烦夫人同我走走如何？"何氏见金公如此，只得叫张妈妈引路，老夫妻同进了角门，来到跨所之内。凤仙姐妹知道太守必来，早已躲避。只见三间房屋，两明一暗，所有摆设颇为雅而不俗。这俱是凤仙在这里替牡丹调停的。张李氏将软帘掀起，道："女儿，老爷亲身看你。"金公便进屋内。见牡丹面里背外，一言不答。金公见女儿的梳妆打扮，居然的布裙荆钗，回想当初珠围翠绕，不由得痛彻肺腑，道："牡丹我儿，是为父的委屈了你了！皆由当初一时气恼，不加思索，无怪女儿着恼。难道你还嗔怪爹爹不成？你母亲也在此，快些见了罢！"张妈妈见牡丹端然不动，连忙上前，道："女儿，你乃明理之人，似此非礼，如何使得？老爷、太太是你生身父母，尚且如此，若是我夫妻得罪了你，那时岂不更难乎为情了吗？快些下来叩拜老爷罢。"

此时牡丹已然泪流满面，无奈下床，双膝跪倒，口称："爹爹，儿有一言告禀。孩儿不知犯了何罪，致令爹爹逼孩儿自尽。如今现为皇家太守，倘若遇见孩儿之事，爹爹断理不清，逼死女子是小事，岂不与德行有亏？孩儿无知顶撞，望乞爹爹宽宥。"金公听了，羞得面红过耳，只得赔笑将牡丹搀起，道："我儿说的是，以后爹爹诸事细心了。以前之事，全是爹爹不是，再休提起了。"又向何氏道："夫人，快些与女儿将衣服换了。我到前面致谢致谢恩公去。"说罢，抽身就走。张立仍然引至大厅，智化对金公道："方才主管带领众役们来央求于我，唯恐大人见责，望乞大人容谅。"金公道："非是他等无能，皆因山贼凶恶，老夫怪他们则甚？"智化便将金福禄等唤来，与老爷磕头。众人又谢了智爷。智爷叫将太守衣服换来。

只见庄丁进来报道："我家员外同众位爷们到了。"智化与张立迎到庄门。刚到厅前，见金公在那里立等，见了众人，连忙上前致谢。沙龙见了，便请太守与北侠进厅就座。智化问剿灭巢穴如何，北侠道："我等押了蓝骁人山，将辎重俱散与喽啰，所有寨栅全行放火烧了。现时把蓝骁押来，交在西院，叫众人看守，特请太守老爷发落。"太守道："多承众位恩公的威力，既将贼首擒获，下官也不敢擅专。俟到任所，即行具摺，连贼首押赴东京，交到开封府包相爷那里，自有定见。"智化道："既如此，这蓝骁倒要严加防范，好好看守，将来是襄阳的硬证。"复又道："弟等三人去而复返者，因听见颜大人巡按襄阳，钦派白五弟随任供职。弟等急急赶回来，原欲会同兄长，齐赴襄阳，帮助五弟共襄此事。如今既有要犯在此，说不得必须耽迟几日工夫。沙兄长、欧阳兄、丁贤弟，大家俱各在庄，留神照料蓝骁，唯恐襄阳王暗里遣人来盗取，却是要紧的。就是太守赴任，路上也要仔细。若要小弟保护，随同前往，一到任所，急急具摺。俟摺子到时，即行将蓝骁押赴开封。诸事已毕，再行赶到襄阳，庶乎与事有益。不知众位兄长以为何如？"众人齐声道："好，就是如此。"金公道："只是又要劳动恩公，下官心甚不安。"说话间，酒筵设摆齐备，大家入座饮酒。

只见张立悄悄与沙龙附耳。沙龙出席，来至后面，见了凤仙、秋葵，将牡丹之事一一叙明。沙龙道："如何？我看那女子举止端方，绝不是村庄的气度，果然不错。"秋葵道："如今牡丹姐姐不知还在咱们这里居住，还是要随任呢？"沙龙道："自然是要随任，跟了他父母去。岂有单单把他留在这里之理呢？"秋葵道："我看牡丹姐姐他不愿意去，如今连衣服也不换，仿佛有什么委屈是的，擦眼抹泪的。莫若爹爹问问太守，到底带了他去不带他去，早定个主意为是。"沙龙道："何必多此一问。哪有他父母既认着了，不带了去，还把女儿留在人家的道理。这都是你们贪恋难舍，心生妄想之故，我不管。你牡丹姐姐如若不换衣服，我唯你二人是问。少时，我同太守还要进来看呢！"说罢，转身上厅去了。

凤仙听了，低头不语。唯有秋葵将嘴一咧，哇的一声，哭着奔到后面。见了牡丹，一把拉住道："哎哎呀姐姐吓，你可快走了，我们可怎么好吓！"说罢放声痛哭，牡丹也就陪哭起来了，众人不知为着何故。随后凤仙也就来了，将此事说明，大家这才放了心了。何氏夫人过来，拉着秋葵道："我的儿，你不要啼哭。你舍不得你的姐姐，哪知我心里还舍不得你呢。等着我们到了任所，急急遣人来接你。实对你说，我很爱你这实心眼儿，为人憨厚。你若不憎嫌，我就认你为干女儿，你可愿意吗？"秋葵听了，登时止住泪道："这话果真吗？"何氏道："有什么不真呢？"秋葵便立起身来道："如此，母亲请上，待孩儿拜见。"说罢，立时拜下去。何氏夫人连忙搀起。凤仙道："牡丹姐姐，你不要哭了，如今有了傻妹子了。"牡丹"噗哧"的一声也笑了。凤仙道："妹子，你只顾了认母亲，方才我爹爹说的话，难道你就忘了吗？"秋葵道："我何尝忘了呢！"便对牡丹道："姐姐，你将衣服换了罢。我爹爹说了，如若不换衣服，要不依我们俩呢！你若拿着我当亲妹妹，你就换了；你若瞧不起我，你就不换。"张妈妈也来相劝。凤仙便吩咐丫鬟道："快拿你家小姐的簪环衣服来。"彼此撺掇，牡丹碍不过脸去，只得重新梳洗起来。凤仙、秋葵在两边，一边一个观妆。见了鬟仆妇服侍的全有规矩款式，暗暗的羡慕。不多时梳妆已毕，换了衣服，更觉鲜艳非常。牡丹又将簪珥赠了凤仙姊妹许多，二人深谢了。

且说沙龙来到厅上，复又执壶斟酒。刚刚坐下，只见焦赤道："沙大哥，今日欧阳兄、智大哥俱在这里，前次说的亲事，今日还不定规吗？"一句话说得也有笑的，也有怔的。怔的因不知其中之事体，此话从何说起；笑的是笑他性急，粗莽之甚。沙龙道："焦贤弟，你忙什么，为儿女之事，何必在此一时呢？"焦赤道："非是俺性急，明日智大哥又要随太守赴任，岂不又是耽搁呢？还是早些定规了的是。"丁二爷道："众位不知，焦二哥为的是早些定了，他还等着吃喜酒呢！"焦赤道："俺单等吃喜酒？这里现放着酒，来来来，咱们且吃一杯。"说罢，端起来一饮而尽，大家欢笑快饮。酒饭已毕，金公便要了笔砚来，给邵邦杰细细写了一信，连手帕并金鱼、玉钗，俱各封固停当，觌面交与丁雄，叫他回去就托邵邦杰将此事细细访查明白。赏了丁雄二十两银子，即刻起身赶赴长沙去了。

沙龙此时已到后面，秋葵将何氏夫人认为干女儿之事说了，又说牡丹小姐已然换了衣服，还要请太守与爹爹一同拜见。沙龙便来到厅上请了金公，来到后面。牡丹出来先拜谢了沙龙。沙龙见牡丹花团锦簇，真不愧千金的态度，满心欢喜。牡丹又与金公见礼，金公连忙搀起，见牡丹依然是闺阁装扮，虽然欢喜，未免有些凄惨。牡丹又带了秋葵与义父见礼，金公连忙叫牡丹搀扶。沙龙也就叫凤仙见了。金公又致谢沙龙："小女在此打搅，多蒙兄长与二位侄女照拂。"沙龙连说"不敢"。他等只管亲的干的，见父认女，旁边把个张妈妈瞅的眼儿热了，眼眶里不由地流下泪来，用绢帕左擦右擦。早被牡丹看见，便对金公道："孩儿还有一事告禀。"金公道："我儿有话只管说来。"牡丹道："孩儿性命多亏了干爹、干娘搭救，才有今日。而且老夫妻无男无女，孤苦只身，求爹爹务必将他老夫妻带到任上，孩儿也可以稍为报答。"金公道："正当如此。我儿放心，就叫他老夫妻收拾收拾，明日随行便了。"张妈妈听了，这才破涕为笑。

沙龙又同金公来到厅上，金公见设筵丰盛，未免心甚不安。沙龙道："今日此筵，可谓四喜具备。大家坐了，待我说来。"仍然太守首座，其次北侠、智公子、丁二官人、孟杰、焦赤，下首却是沙龙与张立。焦赤先道："大哥快说四喜。若说是了，有一喜俺喝一碗如何？"沙龙道："第一，太守今日一家团聚，又认了小姐，这个喜如何？"焦赤道："好，可喜可贺！俺喝这一碗。快说第二。"沙龙道："这第二，就是贤弟说的了，今日凑着欧阳兄、智贤弟在此，就把女儿大事定规了。从此咱三人便是亲家了，一言为定，所有纳聘的礼节再说。"焦赤道："好吓，这才痛快呢！这二喜，俺要喝两碗：一碗陪欧阳兄、智大哥，一碗陪沙兄长。你三人也要换杯儿才是。"说的大家笑了。果然北侠、智公子与沙员外彼此换杯。焦赤已然喝了两碗。沙龙道："三喜是明日太守荣任高升，这就算饯行的酒席如何？"焦赤道："沙兄长会打算盘，一打两副成，也倒罢了。俺也喝一碗。"孟杰道："这第四喜不知是什么，倒要听听。"沙龙道："太守认了小女为女，是干亲家，欧阳兄与智贤弟定了小女为媳，是新亲家，张老丈认了太守的小姐为女，是新亲家。通盘算来，今日乃我们三门亲家大会齐儿，难道算不得一喜吗？"焦赤听了，却不言语，也不饮酒。丁二爷道："焦二哥，这碗酒为何不喝？"焦赤道："他们亲家闹他们的亲家，管俺什么相干？这酒俺不喝他。"丁二爷道："焦二哥，你莫要打不开算盘。将来这里的侄女儿过了门时，他们亲家爹对亲家爷，咱们还是亲家叔叔呢。"说的大家全笑了，彼此欢饮。饭毕之后，大家歇息。

到了次日，金太守起身，智化随任。独有凤仙、秋葵与牡丹三人痛哭，不忍分别，好容易方才劝止。智化又谆谆嘱咐，好生看守蓝骁，俟摺子到时，即行押解进京。北侠又提拔智化，一路小心。大家珍重，执手分别。上任的上任，回庄的回庄，俱各不表。

要知后文何事，且听下回分解。

第一百回　探行踪王府遣刺客　赶道路酒楼问书童

且说小侠艾虎自离了卧虎沟，要奔襄阳。他因在庄三日未曾饮酒，头天就饮了个过量之酒，走了半天就住了。次日也是如此，到了第三日，猛然省悟，道："不好，若要如此，岂不又像上卧虎沟一样吗？倘然再要误事，那就不成事了。从今后酒要检点才好。"自己劝了自己一番。因心里惦着走路，偏偏的起得早了，不辨路径，只顾往前进发。及至天亮，遇见行人问时，谁知把路走错了。理应往东，却岔到东北，有五六十里之遥。幸喜此人老成，的的确确告诉他，由何处到何镇，再由何镇到何堡，过了何堡几里方是襄阳大路。艾虎听了，躬身道谢，执手告别。自己暗道："这是怎么说！起了个五更，赶了个晚集，这半夜的工夫白走了。"仔细想来，全是前两日贪酒之过。若不是那两天醉了，何至有今日之忙？何至有如此之错呢？可见酒之误事不小，自己悔恨无及。哪知他就在此一错上，便把北侠等让过去了。所以直到襄阳，全未遇见。

这日，好容易到了襄阳，各处店寓询问，俱各不知。他哪知道，北侠等三人再不住旅店，唯恐怕招人的疑忌，全是在野寺古庙存身。小侠寻找多时，心内烦躁，只得找个店寓住了。次日，便在各处访查，酒也不敢多吃了。到处听人传说，新升来一位巡按大人，姓颜，是包丞相的门生，为人精明，办事耿直。倘若来时，大家可要把冤枉申诉申诉。又有悄悄低言讲论的，他却听不真切。他便暗暗生智，坐在那里仿佛瞌睡，前仰后合，却是闭目合睛侧耳细听。渐渐地停在耳内，原来是讲究如何是立盟书，如何是盖冲霄楼，如何设铜网阵。一连探访了三日，到处讲究的全是这些，心内早得了些主意。因知铜网阵的厉害，不敢擅入。他却每日在襄阳王府左右暗暗窥觑，或在对过酒楼瞭望。

这日，正在酒楼之上饮酒，却眼巴巴地瞧着对过。见府内往来行人出入，也不介意。忽然来了二人，乘着马，到了府前下马，将马拴在桩上，进府去了。有顿饭的工夫，二人出来，各解偏缰，一人扳鞍上马，一人刚才认镫。只见跑出一人，一点手，那人赶到跟前，附耳说了几句，行色甚是仓皇。小侠见了心中有些疑惑，连忙会钞下楼,暗暗跟定二人。来至双岔路口,只听一人道:“咱们定准在长沙府关外十里堡镇上会齐。请了!”各自加上一鞭,往东西而去。他二人只顾在马上交谈,执手告别,早被艾虎一眼看出,暗道:“敢则是他两个呀!”

你道他二人是谁?原来俱是招贤馆的旧相识。一个是陡起邪念的赛方朔方貂。自从在夹沟被北侠削了他的刀,他便脱逃,也不敢回招贤馆,他却直奔襄阳,投在奸王府内。那一个是机谋百出的小诸葛沈仲元。只因捉拿马强之时,他却装病不肯出头。后来见他等生心抢劫,不由得暗笑这些没天良之人,什么事都干得出来。又听见大家计议投奔襄阳,自己转想:“赵爵久怀异心,将来国法必不赦宥。就是这些乌合之众,也不能成其大事。我何不将计就计,也上襄阳,投在奸王那里,看个动静。倘有事关重大的,我在其中调停,暗暗给他破法。一来与朝廷出力报效,二来为百姓剪恶除奸,岂不大妙。

但凡侠客义士,行止不同,若是沈仲元尤难。自己先担个从奸助恶之名,而且在奸王面前还要随声附和,逢迎献媚,屈己从人,何以见他的侠义呢?殊不知他仗着自己聪明,智略过人,他把事体看透,犹如掌上观文,仿佛逢场作戏。从游戏中生出侠义来,这才是真正侠义。即如南侠、北侠、双侠,甚至小侠,处处济困扶危,谁不知是行侠仗义呢?这明是露的侠义,却倒容易。若沈仲元,绝非他等可比,他却在暗中调停,毫不露一点声色,随机应变,谲诈多端。到了归齐,恰在侠义之中。岂不是个极难事呢!他的这一番慧心灵机真不愧“小诸葛”三字。

他这一次随了方貂同来,却有一件重大之事。只因蓝骁被人擒拿之后,将辎重分散喽啰,其中就有无赖之徒,恶心不改,急急赶赴襄阳,禀报奸王。奸王听了,暗暗想道:“事尚未举,先折了一只膀臂,这便如何是好?”便来至集贤堂,与大众商议道:“孤家原写信一封与蓝骁,叫他将金辉邀截上山,说他归附。如不依从,即行杀害,免得来至襄阳又要费手。不想蓝骁被北侠擒获。事到如今,列位可有什么主意?”其中却有明公说道:“纵然害了金辉,也不济事。现今圣上钦派颜查散巡按襄阳,而且长沙又改调了邵邦杰。这些人,皆有虎视眈眈之意。若欲加害,索性全然害了,方为稳便。如今却有一计害三贤的妙策。”奸王听了满心欢喜,问道:“何为一计害三贤,请道其详。”这明公道:“金辉必由长沙经过。长沙关外十里堡是个迎接官员的去处,只要派个有本领的去到那里,黿夜之间将金辉刺死。倘若成功,邵邦杰的太守也就作不牢了。金辉原是在他那里住宿,既被人刺死了,焉有本地太守无罪之理？咱们把行刺之人深藏府内，却办一套文书，迎着颜巡按呈递。他做襄阳巡按，襄阳太守被人刺死了，他如何不管呢？既要管，又无处缉拿行刺之人，事要因循起来，圣上必要见怪，说他办理不善。那时漫说他是包公的门生，就是包公，也就难以回护了。”奸王听毕，哈哈大笑道：“妙极，妙极！就派方貂前往。”

旁边早惊动了一个大明公沈仲元，见这明公说的得意扬扬，全不管行得行不得，不由得心中暗笑。唯恐万一事成，岂不害一忠良，莫若我亦走走。因此上前说道：“启上千岁，此事重大，方貂一人唯恐不能成功。待微臣帮他同去何如？”奸王更加欢喜。方貂道：“为日有限，必须乘马方不误事。”奸王道：“你等去到孤家御厩中，自己拣选马匹去。”二人领命，就到御厩选了好马，备办停当。又到府内见奸王禀辞。奸王嘱咐了许多言语。二人告别出来，刚要上马，奸王又派亲随之人出来，吩咐道：“此去成功不成功，务要早早回来。”二人答应，骑上马，各要到下处收什行李，所以来至双岔口，言明会齐儿的所在，这才分东西各回下处去了。所以艾虎听了个明白，看了个真切，急急回到店中，算还了房钱，直奔长沙关外十里堡而来。一路上酒也不喝，恨不得一步迈到长沙。心内想着：“他们是马，我是步行，如何赶得过马去呢？”又转想道：“他二人分东西而走，必然要带行李，再无有不图安逸的。图安逸的，必是夜宿晓行。我不管他，我给他个昼夜兼行，难道还赶不上他吗？”真是“有志者事竟成”，却是艾虎预先到了。歇息了一夜，次日必要访查那二人的下落。出了旅店，在街市闲游，果然见个镇店之所，热闹非常。自己散步，见路东有接官厅，悬花结彩。仔细打听，原来是本处太守邵老爷与襄阳太守金老爷是至相好，皆因太守上襄阳赴任，从此经过，故此邵老爷预备的这样整齐。艾虎打听这金老爷几时方能到此，敢则是后日才到公馆。艾虎听在心里，猛然省悟道：“是了，大约那两个人必要在公馆闹什么玄虚。后日，我倒要早早地伺候他。”

正在揣度之间，忽听耳畔有人叫道：“二爷那里去？”艾虎回头一看，瞧着认得，一时想不起来，连忙问道：“你是何人？”那人道：“怎么二爷连小人也认不得了呢？小人就是锦笺。二爷与我家爷结拜，二爷还赏了小人两锭银子。”艾虎道：“不错，不错。是我一时忘记了。你今到此何事？”锦笺道：“嗳，说起来话长。二爷无事，请二爷到酒楼，小人再慢慢细禀。”艾虎即同锦笺上了路西的酒楼，拣个僻静的桌儿坐了。锦笺还不肯坐，艾虎道：“酒楼之上，何须论礼？你只管坐了，才好讲话。”锦笺告座，便在横头儿坐了。博士过来，要了酒菜。艾虎便问施公子。锦笺道：“好。现在邵老爷太守衙门居住。”艾虎道：“你主仆不是上九仙桥金老爷那里，为何又到这里呢？”锦笺道：“正因如此，所以话长。”便将投奔九仙桥始末缘由，说了一遍。后来如何病在攸县，“若不亏二爷赏的两个锞子，我家相公如何养病呢？”艾虎说：“些许小事，何必提他。你且说后来怎么样。”

锦笺初见面，何以就提赏了小人两锭银子？只因艾虎给的银两恰恰与锦笺救了急儿，所以他深深感激，时刻在念。俗语说的好：“宁给饥人一口，不送富人一斗。”是再不错的。锦笺又将遇了官司，如何要寻自尽，“却好遇见一位蒋爷，赏了两锭银子，方能奔到长沙。”艾虎听至此，便问：“这姓蒋的是什么模样？”锦笺说了形状，艾虎不胜大喜，暗道：“蒋叔父也有了下落了。”又听锦笺说邵老爷如何“与我家爷完婚”一节，艾虎不由得拍手，笑道：“好！这位邵老爷办事爽快，如今俺有了盟嫂了。”锦笺道：“二爷不知这其中又有了事了！”艾虎道：“还有什么事？”锦笺又讲如何派丁雄送信，昨因丁雄回来，金老爷那里写了一封信来，说他小姐因病上唐县就医，乘舟玩月，误堕水中，现时小人的这位主母是个假的。艾虎听了，诧异道：“这假的又是那个呢？”锦笺又将以前自己同佳蕙做的事，一五一十地说了。艾虎摇头道：“你们这事做得不好了。难道邵老爷见了此书就不问吗？”锦笺道：“焉有不问的呢？将我家爷叫了过去，把书信给他看了，额外还有一包东西。我家爷便到卧室，见了假主母，将这东西给他看了。这假主母才哭了个哽气倒噎。”

艾虎道：“见了什么东西，就这等哭？”锦笺道：“就是芙蓉帕、金鱼和玉钗。我家爷因见帕上有字，便问是谁人写的。假主母方说道，这前面是他写的。”艾虎道：“他到底是谁？”锦笺笑道：“二爷你道这假主母是谁？敢则就是佳蕙！”艾虎问道：“佳蕙如何冒称小姐呢？”锦笺又将对换衣服说了。艾虎说：“这就是了。后来怎么样呢？”锦笺道：“这佳蕙说：‘前面字是妾写的，这后边字不是老爷写的吗？’一句话倒把我家爷提醒了。仔细一看，认出是小人笔迹，立刻将小人叫进去。三曹对案，这才都说了，全是佳蕙与小人彼此对偷的，我家爷与金小姐一概不知。我家爷将我责备一番，便回明了邵老爷。邵老爷倒乐了，说小人与佳蕙两小无猜，全是一片为主之心，倒是有良心的，只可惜小姐薄命倾生。谁知佳蕙自那日起，痛念小姐，饮食俱废。我家爷也是伤感，因此叫小人备办祭礼，趁着明日邵老爷迎接金老爷去，他二人要对着江边遥祭。”艾虎听了，不胜悼叹。他哪知道，绿鸭滩给张公贺得义女之喜，那就是牡丹呢。锦笺说毕，又问小侠意欲何往。艾虎不肯明言，托言往卧虎沟去，又转口道：“俺既知你主仆在此，俺倒要见见盟嫂。你先去备办祭礼，我在此等你一路同往。”锦笺下楼，去不多时回来。艾虎会了钱钞，下楼竟奔衙署。相离不远，锦笺先跑去了，报知施生。施生欢喜非常，连忙来至衙外，将艾虎让至东跨所之书房内。彼此欢叙，自不必说。

到了次日，打听邵老爷走后，施生见了艾虎，告过罪，暂且失陪。艾虎已知为遥祭之事，也不细问。施生同定佳蕙、锦笺，坐轿的坐轿，骑马的骑马，来至江边，设摆祭礼。这一番痛哭，不想却又生出巧事来了。

欲知端的如何，且听下回分解。

第一百一回 两个千金真假已辨 一双刺客妍媸自分

且说施生同锦笺乘马，佳蕙坐了一乘小轿，私自来到江边，摆下祭礼，换了素服。施生与佳蕙拜奠，锦笺只得跟在相公后面行礼。佳蕙此时哀哀戚戚的痛哭，甚至施生也是惨惨凄凄泪流不止。锦笺在旁恳恳切切百般劝慰。痛哭之后，复又拈香。候香烬的工夫，大家观望江景。只见那边来了一帮官船，却是家眷行囊。船头上舱门口，一边坐着一个丫鬟，里面影影绰绰有个半老的夫人，同着一位及笄的小姐，还有一个年少的相公。船临江近，不由得都往岸边隙望。见施生背着手儿远眺江景，瞧佳蕙手持罗帕，仍然拭泪。小姐看了多时，搭讪着对相公说道："兄弟，你看那夫人的面貌好似佳蕙。"小相公尚未答言，夫人道："我儿悄言。世间面貌相同者颇多，他若是佳蕙，那厢必是施生了。"小姐方不言语，唯有秋水凝眸而已。原来此船正是金太守的家眷何氏夫人带着牡丹小姐、金章公子。何氏夫人早已看见岸边有素服祭奠之人，仔细看来，正是施生与佳蕙。施生是自幼儿常见的，佳蕙更不消说了，心中已觉惨切之至。一来唯恐小姐伤心，现有施生，不大稳便；二来又因金公脾气，不敢造次相认。所以说了一句"世间面貌相同者颇多"。

船已过去。到了停泊之处，早有丁雄、吕庆在那里伺候迎接。吕庆已从施公处回来，知是金公家眷到了，连忙伺候。仆妇丫鬟上前搀扶着，弃舟乘轿，直奔长沙府衙门去了。不多时，金老爷亦到。丁雄、吕庆上前请安，说："家老爷备的马匹在此，请老爷乘用。"金公笑吟吟地道："你家老爷在哪里呢？"丁雄道："在公馆恭候老爷。"金公忙接丝缰，吕庆坠镫，上了坐骑。丁雄、吕庆也上了马。吕庆在前引路，丁雄策着马在金公旁边。金公问他："几时到的长沙？你家老爷见了书信说些什么？"丁雄道："小人回来时极其迅速，不多几日就到了。家老爷见了老爷的书信，小人不甚明白，俟老爷见了家老爷再为细述。"金公点了点头。说话间，丁雄一伏身，叭喇喇马已跑开。又走了不多会，只见邵太守同定阖署官员，俱在那里等候。此时吕庆已然下马，急忙过来伺候金公下马。二位太守彼此相见，欢喜不尽。同到公厅之上，众官员又重新参见金公，一一应酬了几句，即请安歇去吧。众官员散后，二位太守先叙了些彼此渴想的话头，然后摆上酒肴，方问及完婚一节。邵老爷将锦笺、佳蕙始末缘由述了一遍，金公方才大悟，全与施生、小姐毫无相干。二人畅饮阔叙，酒饭毕后，金老爷请邵老爷回署。邵老爷又陪坐多时，方才告别，坐轿回衙。

此时施生早已回来了，独独不见了艾虎，好生着急，忙问书童。书童说："艾爷并未言语，不知向何方去了。"施生心中懊悔，暗自揣度道："想是贤弟见我把他一人丢在此处，他赌气地走了。明日却又往何方找寻去呢？"无奈何，回身来至卧室，却又不见了佳蕙。不多时，丫鬟来回道："奶奶叫回老爷知道，方才接得金太守家眷，谁知金小姐依然无恙，奶奶在那里伺候小姐呢。俟诸事已毕，回来再为细禀。"施生听了不觉诧异，却又暗暗欢喜。

忽听邵老爷回衙，连忙迎接。相见毕，邵老爷也不进内，便来至东跨所之内安歇，施生陪坐。邵老爷道："我今日面见金兄，俱已说明。你金老伯不但不怪你，反倒后悔。还说明日叫贤侄随到任上，与牡丹完婚。明日必到衙署回拜于我，贤侄理应见见为是。"施生诺诺连声，又与邵公拜揖，深深谢了。叙话多时，方才回转卧室。却好佳蕙回来，施生便问牡丹小姐如何死而复生。佳蕙一一说了，又言："夫人视如儿女，小姐情同姊妹，贱妾受如此大恩，实实不忍分离。今日回明老爷，明日贱妾就要随赴任所。俟完婚之日，再为伺候老爷。"说罢，磕下头去。施生连忙搀起道："理应如此。适才邵老爷已然向我说，明日金老爷还要叫我随赴任上完婚。我想离别父母日久，我还想到家中探望探望，俟禀明父母再赴任所也不为迟。"佳蕙道："正是。"收什行囊已毕，服侍施生安寝不提。

且说金公在公馆大厅之内，请了智公子来谈了许久。智化唯恐金公劳乏，便告退了。原来智化随金公前来，处处留神。每夜人静，改换行装，不定内外巡查几次。此时天已二鼓，智爷扎抹停当，从公馆后面悄悄地往前巡来。刚至卡子门旁，猛抬头见倒厅有个人影往前张望。智爷一声儿也不言语，反将身形一矮，两个脚尖儿沾地，突突突顺着墙根直奔倒坐东耳房而来。到了东耳房，将身一躬，脚尖儿垫劲儿，飕，便上了东耳房。抬头见倒坐北耳房高着许多，也不惊动倒座上的人，且往对面观瞧。见厅上有一人趴伏，两手把住椽头，两脚撑住瓦垄，倒垂势往下观瞧。智爷暗道："此人来的有些蹊跷，倒要看着。"忽见脊后又过来一人，短小身材，极其伶便。见他将趴伏那人的左脚登的砖一抽，那人脚下一松，猛然一跳，急将身形一长，重新将脚按了一按，复又趴伏，本人却不理会。这边智化看得明白，见他将身一长，背的利刃已被那人儿抽去。智爷暗暗放心，止于防着对面那人而已。转眼之间，见趴伏那人从正房上翻转下来，赶步进前，回手刚欲抽刀，谁知剩了皮鞘，暗说"不好"！转身才待要走，只见迎面一刀砍来，急将脑袋一歪，身体一侧，扑哧左膀着刀，"啊呀"一声，栽倒在地。艾虎高声嚷道："有刺客！"早又听见有人接声说道："对面上房还有一个呢。"

艾虎转身竟奔倒座，却见倒座上的人跳到西耳房，身形一晃，已然越过墙去。艾虎却不上房，就从这边一伏身蹿上墙头，随即落下。脚底尚未站稳，觉得耳边凉风一股。他却一转身，将刀往上一迎，只听咯当一声，刀对刀，火星乱迸。只听对面人道："好，真正伶便。改日再会，请了。"一个箭步，脚不沾地，直奔树林去了。艾虎如何肯舍，随后紧紧追来。到了树林，左顾右盼，毫不见个人形。忽听有人问道："来的可是艾虎儿吗？有我在此。"艾虎惊喜道："正是。可是师父吗？贼人那里去呢？"智爷道："贼已被擒。"艾虎尚未答言，只听贼人道："智大哥，小弟若是贼，大哥你呢？"智爷连忙追问，原来正是小诸葛沈仲元，即行释放。便问一问现在那里，沈仲元将在襄阳王处说了。

艾虎早已过来，见了智爷，转身又见了沈仲元。沈仲元道："此是何人？"智化道："怎么，贤弟忘了么，他就是馆童艾虎。"沈爷道："哎呀，敢则是令徒吗？怪道，怪道，所谓强将手下无弱兵，好个伶俐身段！只他那抽刀的轻快，与越墙的躲闪，真正灵通之至。"智化道："好是好，未免还有些鲁莽，欠些思虑。幸而树林之内是劣兄在此，倘若贤弟令人在此埋伏，小徒岂不吃了大亏呢？"说的沈爷也笑了。艾虎却暗暗佩服。智爷又问道："贤弟，你何必单单在襄阳王那里做什么？"沈爷道："有的，没的，几个好去处都被众位哥哥兄弟们占了，就剩了个襄阳王，说不得小弟任劳任怨罢了。再者，他那里一举一动，若无小弟在那里，外面如何知道呢？"智化听了，叹道："似贤弟这番用心，又在我等之上了。"沈爷道："分什么上下。你我不能致君泽民，止于借侠义二字，了却终身而已，有甚讲究！"智爷连忙点头称是。又托沈爷："倘有事关重大，务祈帮助。"沈爷满口应承，彼此分手，小诸葛却回襄阳去了。

智化与艾虎一同来至公馆。此时已将方貂捆缚，金公正在那里盘问。方貂仗着血气之勇，毫无畏惧，一一据实说来。金公录了口供，将他带下去，令人看守。然后，智爷带了小侠拜见了金公，将来历说明。金公感激不尽。

等到了次日，回拜邵老爷，人了衙署，二位相见就座。金公先把昨夜智化、艾虎拿住刺客的话说了。邵老爷立刻带上方貂，略问了一问，果然口供相符，即行文到首县寄监，将养伤痕，严加防范，以备押解东京。邵老爷叫请智化、艾虎相见，金老爷请施俊来见。不多时，施生先到，拜见金公。金公甚觉赧颜，认过不已。施生也就谦逊了几句。刚刚说完，只见智爷同着小侠进来，参见邵老爷。邵公以客礼相待。施生见了小侠，欢喜非常，道："贤弟，你往那里去来，叫劣兄好生着急！"大家便问："你二位如何认得？"施生先将结拜的情由说了一遍，然后小侠道："小弟此来，非是要上卧虎沟，是为捉拿刺客而来。"大家骇异，问道："如何就知有刺客呢？"小侠将私探襄阳府，遇见二人说的话，因此急急赶来，"唯恐预先说了，走漏风声。再者，又恐兄长担心，故此不告辞而去，望祈兄长莫怪。"大家听了，漫说金公感激，连邵老爷与施生俱各佩服。

饮酒之际，金公就请施生随任完婚。施生道："只因小婿离家日久，还要到家中探望双亲。俟禀明父母后，再赴任所。今日且叫佳蕙先随到任，不知岳父大人以为何如？"金公点点头，也倒罢了。智化道："公子回去，难道独行吗？"施生道："有锦笺跟随。"智化道："虽有锦笺，也不济事。我想，公子回家固然无事，若禀明令尊令堂之后赶赴襄阳，这几日的路程恐有些不便。"一句话提醒了金公，他乃屡次受了惊恐之人，连连说道："是吓，还是恩公想得周到。似此如之奈何？"智化道："此事不难，就叫小侠保护前去，包管无事。"艾虎道："弟子愿往。"施生道："又要劳动贤弟，愚兄甚是不安。"艾虎道："这劳什么？"大家计议已定，还是女眷先行起身，然后金公告别。邵老爷谆谆要送，金老爷苦苦拦住，只得罢了。

此时锦笺已备了马匹。施生送岳父送了几里，也就回去了。回到衙署的东院书房。邵老爷早吩咐丁雄备下行李盘费。交代明白，刚要转后，只见邵老爷出来，又与他二人饯别，谆谆嘱咐路上小心。施、艾二人深深谢了，临别叩拜。二人出了衙署，锦笺已将行李扣备停当，丁雄帮扶伺候。主仆三人乘马竟奔长洛县施家庄去了。

金牡丹事好容易收煞完了，后面虽有归结，也不过是施生到任完婚，牡丹、佳蕙一妻一妾，三人和美非常。再要叙说那些没要紧之事，未免耽误正文。如今就得由金太守提到巡按颜大人，说要紧关节为是。

想颜巡按起身在太守之先，金太守既然到任，颜巡按不消说了，固然是早到了。自颜查散到任，接了呈子无数，全是告襄阳王的：也有霸占地亩的，也有抢夺妻女的，甚至有稚子弱女之家无故搜罗入府，稚子排演优伶，弱女教习歌舞。黎民遭此残害，不一而足。颜大人将众人一一安置，叫他等俱各好好回去，"不要声张，也不用再递催呈，本院必要设法将襄阳王拿获，与尔等报仇雪恨。"众百姓叩头谢恩，俱各散去。谁知其中就有襄阳王那里暗暗派人前来，假作呈词告状，探听巡按言词动静。如今既有这样的口气，他等便回去启知了襄阳王。

不知奸王如何，且听下回分解。

第一百二回 锦毛鼠初探冲霄楼 黑妖狐重到铜网阵

且说奸王听了探报之言，只气得怪叫如雷道："孤乃当今皇叔，颜查散他是何等样人，擅敢要捉拿孤家，与百姓报仇雪恨。此话说得太大了，实实令人可气！他仗着包黑子的门生，竟敢藐视孤家，孤家要是叫他好好在这里为官，如何能够成其大事？必须设计将他害了，一来出了这口恶气，二来也好举事。"因此转想起俗言捉奸要双，拿贼要赃，"必是孤家声势大了，朝廷有些知觉。孤家只用把盟书放好，严加防范，不落他人之手，无有对证，如何诬赖孤家呢？"想罢，便吩咐集贤堂众多豪杰光棍，每夜轮流看守冲霄楼，所有消息线索，俱各安放停当。额外又用弓箭手、长枪手，倘有动静，鸣锣为号。大家齐心努力，勿得稍为懈弛。奸王这里虽然防备，谁知早有一人暗暗探听了一番。你道是谁？就是那争强好胜不服气的白玉堂。自颜巡按接印到任以来，大人与公孙先生料理公事，忙忙碌碌，毫无暇晷，而且案件中多一半是襄阳王的，他却悄地里访查，已将八卦铜网阵听在耳内。到了夜深人静之时，改扮行装，出了衙署，直奔襄阳府而来。先将大概看了，然后越过墙去，处处留神。在集贤堂窃听了多时，夜静无声。从房上越了几处墙垣，早见那边有一高楼，直冲霄汉。心中暗道："怪道起名冲霄楼，果然巍耸。且自下去看看。"回手掏出小小石子轻轻问路，细细听去却是实地，连忙飞身跃下，蹑足潜踪，滑步而行。来至切近，一立身，他却摸着木城板做的围城，下有石基，上有垛口，垛口上面全有锋芒。中有三门紧闭，用手按了一按，里面关的纹丝儿不能动。只得又走了一面，依然三个门户，也是双扇紧闭。一连走了四面，皆是如此。自己暗道："我已去了四面，大约那四面亦不过如此。他这八面，每面三门，想是从这门上分出八卦来。闻得奇门上有个八门逢阖，三奇入木。惜乎我不晓得今日是什么日子，看此光景，必是逢阖之期，所以俱各紧紧关闭。我今日来的不巧了，莫若暂且回去，改日再来打探，看是如何。"想罢，刚要转身，只听那边有锣声，又是梆响，知是巡更的来了。他却留神一看，见那边有座小小更棚，连忙隐至更棚的后面，侧耳细听。

不多时，只听得锣梆齐鸣，到了更棚歇了。一人说道："老王吓，你该当走走了，让我们也歇歇。"一人答道："你们只管进来歇着罢，今日没事。你忘了咱们上次该班，不是遇见了这么一天么，各处门全关着，怕什么呢？今儿又是如此，咱们仿佛是个歇班日子，偷点懒儿很使得。"又一人道："虽然如此，上头传行的紧，锣梆不响工夫大了，头儿又要问下来了，何苦呢？说不得王第八的你二位辛苦辛苦，回来我们再换你。"又一人道："你别顽笑闹巧话儿。他姓王，行三。我姓李，行八。你要称姓，索性都称姓，要叫排行，都叫排行。方才你叫他老王，叫我老八，已然不受听了，这时候叫起王第八来了，你怎么想来着！你们俩凑起来更不够一句呢。你的小名叫小儿，他的小名叫大头。我也把你两人掐到一块儿，叫你们两人小脑袋瓜儿，咱们看谁便宜谁吃亏。"说罢笑着巡更去了。白玉堂趁着锣梆声音，暗暗离了更棚，蹿房跃墙，回到署中。天已五鼓，悄悄进屋安歇。

到了次日，便接了金辉的手本，颜大人即刻相见。金辉就把赤石崖提了盗首蓝骁，现在卧虎沟看守；十里堡拿了刺客方貂，交到长沙府监禁，此二人系赵爵的硬证，必须解赴东京的话说了。颜大人吩咐赶紧办了奏折，写了禀帖，派妥当差官先到长沙起了方貂，沿途州县俱要派役护送。后到卧虎沟押了蓝骁，不但官役护送，还有欧阳春、丁兆蕙暗暗防备。丁二爷因要到家中探看，所以约了北侠，俟诸事已毕，仍要同赴襄阳。后文再表。

且说黑妖狐智化自从随金公到任，他乃无事之人，同张立出府闲步。见西北有一去处，山势巉岩，树木葱郁，二人慢慢顺步行去。询之土人，此山古名方山。及至临近细细赏玩，山上有庙，朱垣碧瓦，宫殿巍峨。山下有潭，曲折回环，清水涟漪。水曲之隈有座汉皋台，石径之畔又有解珮亭，乃是郑交甫遇仙之处。这汉皋就是方山的别名。而且房屋楼阁不少，虽则倾倒，不过略为修补即可居住。似此妙境，却不知当初是何人的名园。智化端详了多时，暗暗想道："好个藏风避气的所在。闻得圣上为襄阳之事，不肯彰明较著，要暗暗削去他的羽翼。将来必有乡勇义士归附，想来聚集人必不可少，难道俱在府衙居住吗？莫若回明金公，将此处修理修理，以备不虞，岂不大妙。"想罢，同张立回来，见了太守，回明此事。金公深以为然，又禀明按院，便动工修理。智化见金公办事耿直，昼夜勤劳，心中暗暗称羡不已。

这日，猛然想起："奸王盖造冲霄楼，设立铜网阵。我与北侠、丁二弟前次来时未能探访，如今我却闲在这里，何不悄地前去走走。”主意已定，便告诉了张立：“我找个相知，今夜唯恐不能回来。”暗暗带了夜行衣、百宝囊，出了衙署，直奔襄阳王的府第而来。找了寓所安歇，到二鼓之时，出了寓所，施展飞檐走壁之能，来至木城之下。留神细看，见每面三门，有洞开的，有关闭的；有中间开两边闭的，有两边开中间闭的；有两门连开，单闭一头的，又有一头单开，连闭两门的；其中还有开着一扇掩着一扇的。八面开闭，全然不同，与白玉堂探访时全不相同。智化略定了定神，辨了方向，心中豁然明白。暗道：“是了，他这是按乾、坤、艮、震、坎、离、巽、兑的卦象排成。我且由正门进去，看是如何。”及至来到门内，里面又是木板墙，斜正不一，大小不同。门更多了，曲折弯转，左右往来。本欲投东，却是向西，及要往南，反倒朝北。而且门户之内，真的假的，开的闭的，迥不相同。就是夹道之中，通的塞的，明的暗的，不一而足。智化暗道：“好厉害的法子！幸亏这里无人隐藏，倘有埋伏，就是要跑，却从何处出去呢？”正在思索，忽听啪的一声，打在木板之上，呱嗒又落在地下。仿佛有人掷砖瓦，却是在木板子那边。这边左右留神细看，又不见人。智化纳闷，不敢停步。随弯就弯，转了多时。刚到一个门前，只见嗖地一下，连忙一转身，那边木板之上啪的一响，一物落地。智化连忙捡起一看，却是一块石子，暗暗道：“这石子乃五弟白玉堂的技艺，难道他也来了吗？且进此门看看去。”一伏身，进门往旁一闪，是提防他的石子，抬头看时，见一人东张西望，形色仓皇，连忙悄悄唤道：“五弟，五弟，劣兄智化在此。”只见那人往前一凑，道：“小弟正是白玉堂，智兄几时到来？”智化道：“劣兄来了许久，叵耐这些门户闹的人眼迷心乱，再也看不出方向来。贤弟何时到此？”白玉堂道：“小弟也来了许久了。果然的门户曲折，令人难测。你我从何处出去方好？”智化道：“劣兄进来时，心内明明白白。如今左旋右转，闹得糊里糊涂，竟不知方向了。这便怎么处？”

只听木板那边有人接言道：“不用忙，有我呢。”智化与白玉堂转身往门外一看，见一人迎面而来。智化细细留神，满心欢喜道：“原来是沈贤弟吗？”沈仲元道：“正是。二位既来至此——那位是谁？”智化道：“不是外人，乃五弟白玉堂。”彼此见了。沈仲元道：“索性随小弟看个水落石出。”二人道：“好。”沈仲元在前引路，二人随后跟来。又过了好些门户，方到了冲霄楼。只见此楼也是八面，朱窗玲珑，周围玉石栅栏，前面丹墀之上，一边一个石象驮定宝瓶，别无他物。沈仲元道：“咱们就在此打坐。此地可远观，不可近玩。”说罢，就在台基之上拂拭了拂拭，三人坐下。

沈爷道：“今日乃小弟值日之期，方才听得有物击木板之声，便知是兄弟们来了，所以才迎了出来。亏得是小弟，若是别位，难免声张起来。”白玉堂道：“小弟因一时性急，故此飞了两个石子，探探路径。”沈爷道：“二位兄长莫怪小弟说，以后众家弟兄千万不要到此。这楼中消息索线厉害非常，奸王唯恐有人盗去盟书，所以严加防范，每日派人看守楼梯，最为要紧。”智化道：“这楼梯却在何处？”沈爷道：“就在楼底后面，犹如马道一般。梯底下面有一铁门，里面仅可存身。如有人来，只用将索簧上妥，尽等拿人。这制造的底细，一言难尽。二位兄长回去见了众家弟兄，谆嘱一番，千万不要到此。倘若入了圈套，唯恐性命难保。休怪小弟言之不早也。”白玉堂道：“他既设此机关，难道就罢了不成?”沈仲元道：“如何就罢了呢，不过暂待时日，俟有机缘，小弟探准了诀窍，设法破了索簧。只要消息不动，那时就好处治了。”智化道：“全仗贤弟帮助。”沈仲元道：“小弟当得效劳，兄长只管放心。”智化道：“我等从何处出去呢?”沈仲元道：“随我来。”三人立起身来，下了台基。沈仲元道：“今日乃戊午日干，震为长男，兑为少阴。内卦八，兑为泽，左转行去，便到了外边；震为雷，若往右边走错，门户皆闭，是再出不去的。他这制造的外有八卦，内分六十四爻，所以有六十四门。这其中按着奇门休、生、伤、杜、景、死、惊、开的部位安置，一爻一个样儿，周而复始，剥复往来，是再不能错的。”说着话，已然过了无数的门户，果然俱是从左转。不多时，已看见外边的木城。沈仲元道：“二位兄长出了此门便无事了，以后千万不要到此！恕小弟不送了。”智化二人谢了沈仲元，暗暗离了襄阳王府。智化又向白玉堂谆嘱了一番，方才分手。白玉堂回转按院衙门。智化悄地里到了寓所，至次日，方回太守衙门。见了张立，无非托言找个相知未遇，私探一节，毫不提起。

且说白玉堂自从二探铜网阵，心中郁郁不乐，茶饭无心。这日，颜大人请至书房，与公孙先生静坐闲谈，雨墨烹茶伺候。说到襄阳王，所有收的呈词至今并未办理，奸王目下严加防范，无隙可乘。颜大人道：“办理民词，却是极易之事。只是如何使奸王到案呢?”公孙策道：“言虽如此，唯恐他暗里使人探听，又恐他别生枝叶搅扰。他那里既然严加防范，我这里时刻小心。”白玉堂道：“先生之言甚是。第一，做官以印为主。”便吩咐雨墨道：“大人印信要紧。从今后你要好好护持，不可忽略。”雨墨领命，才待转身，白玉堂唤住道：“你往那里去?”雨墨道：“小人护印去。”白玉堂笑道：“你别要性急，提起印来，你就护印去，方才若不提起，你也就想不起印来了。何必忙在此时呢？再者还有一说，隔墙须有耳，窗外岂无人。焉知此时奸王那里还有人来窥探？你这一去，提拔他了。曾记当初俺在开封盗取三宝之时，原不知三宝放于何处，因此用了个拍手投石问路之计。多亏郎官包兴把俺领了去，俺才知三宝所在。你今若一去，岂不是前车之鉴吗？不过以后留神就是了。”雨墨连连称是。白玉堂又将诓诱南侠入岛，暗设线网，拿住展昭的往事述了一番。彼此谈笑至二鼓之半，白玉堂辞了颜大人，出了书房，前后巡查。又吩咐更夫等务要殷勤，回转屋内去了。

不知后来如何，且听下回分解。

第一百三回　巡按府气走白玉堂　逆水泉搜求黄金印

且说白五爷回到屋内，总觉心神不定，坐立不安。自己暗暗诧异道："今日如何眼跳耳鸣起来？"只得将软靠扎缚停当，跨上石袋，仿佛预备厮杀的一般。一夜之间惊惊恐恐，未能好生安眠。到了次日，觉得精神倦怠，饮食懒餐，而且短叹长吁，不时地摩拳擦掌。及至到了晚间，自己却要早些就寝，谁知躺在床上，千思万虑一时攒在心头，翻来覆去，反倒焦急不宁。索性赌气了起来，穿好衣服，跨上石袋，佩了利刃，来至院中，前后巡逻。由西边转到东边，猛听得人声嘈杂，嚷道："不好了，西厢房失了火了！"白玉堂急急从东边赶回来。抬头时，见火光一片，照见正堂之上有一人站立。回手从袋内取出石子，扬手打去。只听扑哧一声，倒而复立。白玉堂暗说："不好！"此时，众差役俱各看见，又嚷有贼，又要救火。白玉堂一眼看见雨墨在那里指手画脚，分派众人，连忙赶向前来，道："雨墨，你不护印，张罗这些做什么？"一句话提醒了雨墨，跑至大堂里面一看，哎呀道："不好了，印匣失去了！"

白玉堂不暇细问，转身出了衙署，一直追赶下去。早见前面有二人飞跑。白玉堂一壁赶，一壁掏出石子，随手掷去。却好打在后面那人身上，只听咯当一声，却是木器声音。那人往前一扑，可巧跑得脚急，收刹不住，扑通，嘴吃屎趴在尘埃。白玉堂早已赶至跟前，照着脑后连脖子当的一下，跺了一脚。忽然前面那人抽身回来，将手一扬，弓弦一响。白玉堂跺脚伏身，眼光早已注定前面，那人回身扬手弦响，知有暗器，身体一蹲，那人也就凑近一步。好白玉堂，急中生智，故意的将左手一捂脸。前面那人只打量白玉堂着伤，急奔前来。白玉堂觑定，将右手石子飞出。那人忙中有错，忘了打人一拳，防人一脚，只听拍，面上早已着了石子，"哎呀"了一声，顾不得救他的伙计，负痛逃命去了。白玉堂也不追赶，就将趴伏那人按住，摸了摸脊背上却是印匣，满心欢喜。随即背后灯笼火把，来了多少差役。因听雨墨说白五爷赶贼人，故此随后赶来帮助。见白五爷按住贼人，大家上前解下印匣，将贼人绑缚起来。只见这贼人满脸血渍，鼻口皆肿，却是连栽带跺的。差役捧着印匣，押了贼人，白五爷跟随在后，回到衙署。

此时西厢房火已扑灭，颜大人与公孙策俱在大堂之上，雨墨在旁乱抖。房上之人已然拿下，却是个吹气的皮人儿。差役先将印匣安放公堂之上，雨墨一眼看见，咯噔的他也不抖了。然后又见众人推拥着一个满脸血渍矮胖之人到了公堂之上。颜大人便问："你叫什么名字？"那人也不下跪，声音洪亮答道："俺号钻云燕子，又叫坐地炮申虎。那个高大汉子，他叫神手大圣邓车。"公孙策听了，忙问道："怎么，你们是两个同来的吗？"申虎道："何尝不是。他偷的印匣，却叫我背着的。"公孙策叫将申虎带将下去。

说话间白五爷已到,将追贼情形,如何将申虎打倒,又如何用石子把邓车打跑的话说了。公孙策摇头道:“如此说来,这印匣须要打开看看方才放心。”白五爷听了,眉头一皱,暗道:“念书人这等腐气!共总有多大的工夫,难道他打开印匣,单把印拿了去吗?若真拿去,印匣也就轻了,如何还能够沉重呢!就是细心,也到不了如此的田地。且叫他打开看了,我再奚落他一番。”即说道:“俺是粗莽人,没有先生这样细心,想的周到。倒要大家看看。”回头吩咐雨墨将印匣打开。雨墨上前解开黄袱,揭起匣盖,只见雨墨又乱抖起来,道:“不、不好咧,这、这是什么?”白玉堂见此光景,连忙近前一看,见黑漆漆一块东西,伸手拿起,沉甸甸的,却是一块废铁。登时连急带气,不由的面目变色,暗暗叫着自己:“白玉堂吓,白玉堂,你枉自聪明,如今也被人家暗算了。可见公孙策比你高了一筹,你岂不愧死?”颜查散唯恐白玉堂脸上下不来,急向前道:“事已如此,不必为难。慢慢访查,自有下落。”公孙策在旁也将好言安慰。无奈白玉堂心中委实难安,到了此时一语不发,唯有愧愤而已。公孙策请大人同白玉堂且上书房,“待我慢慢诱问申虎。”颜大人会意,携了白玉堂的手转后面去了。公孙策又叫雨墨将印匣暂且包起,悄悄告诉他:“第一白五爷要紧,你与大人好好看守,不可叫他离了左右。”雨墨领命,也就上后面去了。

公孙策吩咐差役带着申虎,到了自己屋内。却将申虎松了绑缚,换上了手镯脚镣,却叫他坐下,以朋友之礼相待。先论交情,后讲大义,嗣后便替申虎抱屈说:“可惜你这样一个人,竟受了人的欺哄了!”申虎道:“此差原是奉王爷的钧谕而来,如何是欺哄呢?”公孙先生笑道:“你真是诚实豪爽人,我不说明,你也不信。你想想,同是一样差使,如何他盗印,你背印匣呢?果然真有印也倒罢了,人家把印早已拿去请功,却叫你背着一块废铁遭了擒获。难道你不是被人欺哄了吗?”申虎道:“怎么,印匣内不是印吗?”公孙策道:“何尝是印呢。方才公同开看,止于一块废铁,印信早被邓车拿了去了。所以你遭擒时,他连救也不救,他乐得一个人去请功呢。”几句话说的申虎如梦方醒,登时咬牙切齿,恨起邓车来。公孙先生又叫人备了酒肴,陪着申虎饮酒,慢慢探问盗印的情由。

申虎深恨邓车,便吐实说道:“此事原是襄阳王在集贤堂与大家商议,要害按院大人非盗印不可。邓车自逞其能,就讨了此差,却叫我陪了他来。我以为是大家之事,理应帮助。谁知他不怀好意,竟将我陷害。我等昨晚就来了,只因不知印信放在何处。后来听见白五爷说,叫雨墨防守印信,我等听了甚是欢喜。不想白五爷又吩咐雨墨,不必忙在一时,唯恐隔墙有耳,我等深服白五爷精细。就把雨墨认准了,我们就回去了,故此今晚才来。可巧雨墨正与人讲究护印之事,他在大堂的里间,我们揣度印匣必在其中。邓车就安设皮人,叫我在西厢房放火,为的是惑乱众心,匆忙之际方好下手。果然不出所料,众人只顾张罗救火,又看见房上有那皮人,登时鼎沸起来。趁此时,邓车到了里间,提了印匣,越过墙垣。我随后也出了衙署,寻觅了多时,方见邓车,他就把印匣交付于我。想来就在这个工夫,他把印拿出去了,才放上废铁。可恨他为什么不告诉我呢？我若早知是块废铁，久已的就掷了，背着他做什么？也不至于遭擒了。越想越是他有意捉弄我了，实实令人可气可恨！”

公孙策又问道：“他们将印盗去，意欲何为？”申虎道：“我索性告诉先生罢。襄阳王已然商议明白，如若盗了印去，要丢在逆水泉内。”公孙策暗暗吃惊，急问道：“这逆水泉在哪里？”申虎道：“在洞庭湖的山环之内，单有一泉，水势逆流，深不可测。若把印丢下去，是再也不能取出来的。”公孙策探问明白，饮酒已毕，叫人看守申虎，自己即来到书房。见了颜大人，一五一十将申虎的话说了。颜大人听了，虽则惊疑，却也无可如何。

公孙策左右一看，不见了白玉堂，便问：“五弟那里去了？”颜大人道：“刚才出去，他说到屋中换换衣服就来。”公孙策道：“嗐，不该叫他一人出去。”急唤雨墨：“你到白五爷屋中，说我与大人有紧要事相商，请他快来。”雨墨去不多时，回来禀道：“小人问白五爷伴当，说五爷换了衣服就出去了，说上书房来了。”公孙策摇头道：“不好了，白五爷走了。他这一去，除非有了印方肯回来，若是无印，只怕要生出别的事来。”颜大人着急道：“适才很该叫雨墨跟了他去。”公孙策道：“他决意要去，就是派雨墨跟了去，他也要把他支开。我原打算问明了印的下落，将五弟极大的开导一番，再设法将印找回，不想他竟走了！此时徒急无益，只好暗暗访查，慢慢等他便了。”自此日为始，颜大人行坐不安，茶饭无心。白日盼到昏黑，昏黑盼到天亮，一连就是五天，毫无影响。急的颜大人叹气瞎声，语言颠倒。多亏公孙策百般劝慰，又要料理官务。

这日，只见外班进来禀道：“外面有五位官长到了，现有手本呈上。”公孙先生接过一看，满心欢喜。原来是南侠同卢方四弟兄来了，连忙回了颜大人，立刻请至书房相见。外班转身出去，公孙策迎了出来，彼此各道寒暄。独蒋平不见玉堂迎接，心中暗暗辗转。及至来到书房，颜大人也出公座见礼。展爷道：“卑职等一来奉旨，二来相谕，特来在大人衙门供职。”要行属员之礼，颜大人哪里肯受，道：“五位乃是钦命，而且是敝老师的衙署人员，本院如何能以属员相待？”吩咐看座，只行常礼罢了。五人谢了座。只见颜大人愁眉不展，面带赧颜。

卢方先问：“五弟那里去了？”颜大人听此一问，不但垂头不语，更觉满面通红。公孙策在旁答道：“提起话长。”就将五日前邓车盗印情由述了一遍，“五弟自那日不告而去，至今总未回来。”卢方等不觉大惊失色道：“如此说来，五弟这一去别有些不妥罢？”蒋平忙拦道：“有什么不妥的呢。不过五弟因印信丢了，脸上有些下不来，暂且躲避几时。俟有了印，也就回来了。大哥不要多虑。请问先生，这印信可有些下落？”公孙策道：“虽有些下落，只是难以求取。”蒋平道：“端的如何？”公孙又将申虎说出逆水泉的情节说了。蒋平道：“既有下落，咱们先取印要紧。堂堂按院，如何没得印信？但只一件，襄阳王那里既来盗印，他必仍然暗里使人探听。又恐他别生事端，须要严加防备方妥。明日，我同大哥、二哥上逆水泉取印，展大哥同三哥在衙署守护。白昼间还好，独有夜间更要留神。”计议已定，即刻排宴饮酒。无非讲论这节事体，大家喝的也不畅快，囫囵吃毕，饭后大家安歇。展爷单住了一间，卢方四人另有三间一所，带着伴当居住。

展爷晚间无事，来到公孙先生屋内闲谈。忽见蒋爷进来，彼此就座。蒋爷悄悄道："据小弟想来，五弟这一去凶多吉少。弟因大哥忠厚，心路儿窄，三哥又是鲁莽，性子儿太急，所以小弟用言语儿岔开。明日弟等取印去后，大人前公孙先生须要善为解释。到了夜间，展兄务要留神，我三哥是靠不得的。再者，五弟吉凶，千万不要对二哥说明。五弟倘若回来，就求公孙先生与展兄将他绊住，断不可再叫他走了。如若仍不回来，只好等我们从逆水泉回来再做道理。"公孙先生与展爷连连点头应允，蒋平也就回转屋内安歇。

到了次日，卢方等别了众人，蒋爷带了水靠，一直竞奔洞庭而来。到了金山庙，蒋爷唯恐卢方跟到逆水泉瞅着害怕着急，便对卢方道："大哥，此处离逆水泉不远了，小弟就在此改装。大哥在此专等，又可照看了衣服包裹。"说着话，将大衣服脱下，摺了摺包在包裹之内，即把水靠穿妥，同定韩彰前往逆水泉而去。这里，卢爷提了包裹，进庙瞻仰了一番，原来是五显财神。将包裹放在供桌上，转身出来，坐在门槛之上观看山景。

不知后文如何，且听下回分解。

第一百四回　救村妇刘立保泄机　遇豪杰陈起望探信

且说卢方出庙观看山景，忽见那边来了个妇人，慌慌张张，见了卢方说道："救人吓，救人吓！"说着话，迈步跑进庙去了。卢方才待要问，又见后面有一人穿着军卒服色，口内胡言乱语道，追赶前来。卢方听了，不由得气往上撞，迎面将掌一晃，脚下一踢，那军卒栽倒在地。卢方赶步脚踏胸膛，喝道："你这厮擅自追赶良家妇女，意欲何为，讲！"说罢，扬拳要打，那军卒道："你老爷不必动怒，小人实说。小人名叫刘立保，在飞叉太保钟大王爷寨内做了四等的小头目。只因前日襄阳王爷派人送了一个坛子，里面装定一位英雄的骨殖，说此人姓白名叫玉堂。襄阳王爷恐人把骨殖盗去，因此交给我们大王。我们大王说，这位姓白的是个义士好朋友，就把他埋在九截松五峰岭下。今日又派我带领一十六个喽啰，抬了祭礼，前来与姓白的上坟。小人因出恭落在后面，恰好遇见这个妇人。小人以为幽山荒僻，欺侮他是个孤行的妇女，也不过是臊皮打哈哈儿，并非诚心要把他怎么样。就是这么一件事情，你老听明白了？"刘立保一壁说话，一壁偷眼瞧卢方。见卢方愣愣柯柯，不言不语，仿佛出神，忘其所以，后面说的话大约全没听见。刘立保暗道："这位别有什么症候罢？我不趁此时逃走，还等什么。"轻轻从卢方的脚下滚出，爬起来就往前追赶喽啰去了。

到了那里，见众人将祭礼摆妥，单等刘立保。刘立保也不说长，也不道短，走到祭桌跟前，双膝跪倒。众人同声道："一来奉上命差遣，二来闻听说死者是个好汉子，来来来，大家行个礼儿也是应当的。"众人跪倒，刚磕下头去，只听刘立保"哇"的一声，放声大哭。众人觉得诧异，道："行礼使得，哭他何益？"刘立保不但哭，嘴里还数数落落地道："白五爷吓，我的白五爷！今日奉大王之命前来与你老上坟，差一点儿没叫人把我毁了。焉知不是你老人家的默佑保护，小人方才得脱。若非你老的阴灵显应，大约我这刘立保保不住叫人家凑了活了。嗳呀，我哪有灵有圣的白五爷吓！"众人听了，不觉要笑，只得上前相劝，好容易方才住声。众人原打算祭奠完了，大家团团围住一吃一喝。不想刘立保馀恸尚在，众人见头儿如此，只得仍将祭礼装在食盒里面，大家抬起。也有抱怨的："辛苦了这半天，连个祭馀也没尝着。"也有纳闷地："刘立保今儿受了谁的气，来到这里借此发泄呢？"俱各猜不出是什么缘故。

刘立保眼尖，见那边来了几个猎户，各持兵刃，知道不好，他便从小路儿溜之乎也。这里喽啰抬着食盒，冷不防劈叉拍叉一阵乱响，将食盒家伙砸了个稀烂。其中有两个猎户，一个使棍，一个托叉，问道："刘立保那里去了？"众喽啰中有认的二人的，便说道："陆大爷，鲁二爷，这是怎么说，我等并没敢得罪尊驾，为何将家伙俱各打碎？我们如何回去销差呢？"只听使棍的道："你等休来问俺。俺只问你刘立保在哪里？"喽啰道："他早已从小路逃走。大爷找他则甚？"使棍的冷笑道："好吓，他竟逃走了。便宜这厮！你等回去上复你家大王，问他这洞庭之内可有无故劫掠良家妇女的规矩吗？而且他竟敢邀截俺的妻小，是何道理？"众喽啰听了，方明白刘立保所做之事。大约方才恸哭，想来是已然受了委屈了。便向前央告道："大爷、二爷不要动怒，我们回去必禀知大王将他重处，实实不干小人们之事。"使叉的还要抡叉动手，使棍的拦住道："贤弟休要伤害他等，且看钟大王素日情面。"又对众喽啰道："俺若不看你家大王的分上，将你等一个也是不留。你等回去，务必将刘立保所做之恶说明，也叫你家大王知道，俺等并非无故厮闹。且饶恕尔等去吧。"众喽啰抱头鼠窜而去。

原来此二人乃是郎舅，使棍的姓陆名彬，使叉的姓鲁名英。方才那妇人便是陆彬之妻，鲁英之姊，一身好武艺，时常进山搜罗禽兽。因在山上就看见一群喽啰上山，他急急藏躲，唯恐叫人看见不甚雅像。俟众喽啰过去了，才慢慢下山，意欲归家，可巧迎头遇见刘立保胡言乱语。这鲁氏故意的惊慌，将他诱下，原要用袖箭打他，以戒下次。不想来至五显庙前，一眼看见卢方，倒不好意思，只得嚷道："救人吓，救人吓！"卢大爷方把刘立保踢倒。这妇人也就回家，告诉陆、鲁二人。所以二人提了利刃，带了四个猎户，前来要拿刘立保出气。谁知他早已脱逃，只得找寻那紫面大汉。先到庙中寻了一遍，见供桌上有个包裹，却不见人。又吩咐猎户四下搜寻，只听那边猎户道："在这里呢。"陆、鲁二人急急赶至树后，见卢方一张紫面，满部髭髯，身材凛凛，气概昂昂，不由暗暗羡慕，连忙上前致谢道："多蒙恩公救拔，我等感激不尽！请问尊姓大名？"谁知卢方自从听了刘立保之言，一时恸彻心髓，迷了本性，信步出庙，来至树林之内，全然不觉。如今听陆、鲁二人之言，猛然缓过一口气来，方才清醒。不肯说出姓名，含糊答道："些须小事，何足挂齿。请了。"陆、鲁二人见卢方不肯说出名姓，也不便再问，欲邀到庄上酬谢。卢方答道："因有同人在这里相等，碍难久停，改日再为拜访。"说罢，将手一拱，转身竟奔逆水泉而来。

此时已有昏暮之际。正走之间，只见前面一片火光，旁有一人往下注视。及至切近，却是韩彰。便悄悄问道："四弟怎么样了？"韩彰道："四弟已然下去二次，言下面极深，极冷，寒气彻骨，不能多延时刻。所以用干柴烘着，一来上来时可以向火暖寒，二来借火光，水中以作眼目。大哥脚下立稳着再往下看。"卢方登住顽石，往泉下一看，但见碧澄澄回环来往，浪滚滚上下翻腾，那一股冷飕飕寒气侵人的肌骨。卢方不由得连打几个寒噤，道："了不得，了不得，这样寒泉逆水，四弟如何受得？寻不成印信，性命却是要紧！怎么好，怎么好。四弟吓，四弟，摸得着摸不着，快些上来罢！你若再不上来，劣兄先就禁不起了。"嘴里说着，身体已然打起战来，连牙齿咯咯咯抖的乱响。韩彰见卢方这番光景，唯恐有失，连忙过来搀住道："大哥且在那边向火去，四弟不久也就上来了。"卢方哪里肯动，两只眼睛直勾勾地往水里紧瞅。半晌只听呼啦啦水面一翻，见蒋平刚刚一冒，被逆水一滚打将下去。转来转去，一连几次，好容易扒着沿石，将身体一长，出了水面。韩彰伸手接住，将身往后一仰，用力一提，这才把蒋平拉将上来，搀到火堆烘烤暖寒。迟了一会，蒋平方说出话来，道："好厉害，好厉害！若非火光，险些儿心头迷乱了。小弟被水滚的已然力尽筋疲了。"卢方道："四弟吓，印信虽然要紧，再不要下去了。"蒋平道："小弟也不下去了。"回手在水靠内掏出印来，道："有了此物，我还下去做什么？"

忽听那边有人答道："三位功已成了，可喜可贺！"卢方抬头一看，不是别人，正是陆、鲁二位弟兄，连忙执手道："为何去而复返？"陆彬道："我等因恩公竟奔逆水泉而来，甚不放心，故此悄悄跟随。谁知三位特为此事到此，果然这位本领高强。这泉内没有人敢下去的。"韩彰便问此二位是何人，卢方就把庙前之事说了一遍。蒋平此时却将水靠脱下，问道："大哥，小弟很冷，我的衣服呢？"卢方道："哟，放在五显庙内了。这便怎么？贤弟且穿劣兄的。"说罢就要脱下。蒋平拦道："大哥不要脱，你老的衣服小弟如何穿得起来？莫若将就到五显庙再穿不迟。"只见鲁英早已脱下衣服来道："四爷且穿上这件罢。那包袱弟等已然叫庄丁拿回庄去了。"陆彬道："再者天色已晚，请三位同到敝庄略为歇息，明早再行如何呢？"卢方等只得从命。蒋平问道："贵庄在哪里？"陆彬道："离此不过二里之遥，名叫陈起望，便是舍下。"说罢，五人离了逆水泉，一直来到陈起望。

相离不远，早见有多少灯笼火把迎将上来。火光之下看去，好一座庄院，甚是广阔齐整，而且庄丁人烟不少。进了庄门，来在待客厅上，极其宽敞煊赫。陆彬先叫庄丁把包袱取出，与蒋平换了衣服。转眼间，已摆上酒肴，大家叙座，方才细问姓名，彼此一一说了。陆、鲁二人本久已闻名，不能亲近，如今见了，曷胜敬仰。陆彬道："此事我弟兄早已知之。因五日前来了个襄阳王府的站堂官，此人姓雷，他把盗印之事述说一番。弟等不胜惊骇，本要拦阻，不想他已将印信撂在逆水泉内，才到敝庄。我等将他埋怨不已，陈说厉害，他也觉得后悔。惜乎事已做成，不能更改。自他去后，弟等好生地替按院大人忧心。谁知蒋四兄有这样的本领，弟等真不胜拜服之至。"蒋爷道："岂敢，岂敢。请问这姓雷的，不是单名一个英字，在府衙之后二里半地八宝庄居住，可是吗？"陆彬道："正是，正是。四兄如何认得？"蒋平道："小弟也是闻名，却未会面。"

卢方道："请问陆兄，这里可有个九截松五峰岭吗？"陆彬道："有，就在正南之上。卢兄何故问他？"卢方听见，不由得落下泪来，就将刘立保说的言语叙明，说罢痛哭。韩、蒋二人听了，惊疑不止。蒋平唯恐卢方心路儿窄，连忙遮掩道："此事恐是讹传，未必是真。若果有此事，按院那里如何连个风声也没有呢？据小弟看来，其中有诈。俟明日回去，小弟细细探访就明白了。"陆、鲁二人见蒋爷如此说，也就劝卢方道："大哥不要伤心。此一节事，我弟兄就不知道，焉知不是讹传呢？俟四兄打听明白，自然有个水落石出。"卢方听了，也就无可如何。而且新到初交的朋友家内，也不便痛哭流涕的，只得止住泪痕。蒋平就将此事岔开，问陆、鲁如何生理。陆彬道："小弟在此庄内以渔猎为生。我这乡邻，有捕鱼的，有打猎的，皆是小弟二人评论市价。"三人听了，知他二人是丁家弟兄一流人物，甚是称羡。酒饭已毕，大家歇息。

三人心内有事，如何睡得着。到了五鼓便起身，别了陆、鲁弟兄，离了陈起望，哪敢耽延，急急赶到按院衙门。见了颜大人，将印呈上。不但颜大人欢喜感激，连公孙策也是夸奖佩服。更有个雨墨，暗暗念佛，殷殷勤勤，尽心服侍。卢方便问："这几日五弟可有信息吗？"公孙策道："仍是毫无影响。"卢方连声叹气道："如此看来，五弟死矣！"又将听见刘立保之言说了一遍。颜大人尚未听完，先就哭了。蒋平道："不必犹疑，我此时就去细细打听一番，看是如何。"

要知白玉堂的下落，且听下回分解。

第一百五回　三探冲霄玉堂遭害　一封印信赵爵耽惊

且说蒋平要去打听白玉堂下落，急急奔到八宝庄，找着了雷震，恰好雷英在家。听说蒋爷到了，父子一同出迎。雷英先叩谢了救父之恩，雷震连忙请蒋爷到书房，献茶寒暄。叙罢，蒋爷便问白玉堂的下落。雷英叹道："说来实在可惨，可伤。"便一长一短说出。蒋爷听了，哭了个哽气倒噎，连雷震也为之掉泪。这段情节不好说，不忍说，又不能不说。

你道白玉堂端的如何？自那日改了行装，私离衙署，找了个小庙存身，却是个小天齐庙。自己暗暗思索道："白玉堂英名一世，归齐却遭了别人的暗算，岂不可气可耻。按院的印信别人敢盗，难道奸王的盟书我就不敢盗吗？前次，沈仲元虽说铜网阵的厉害，他也不过说个大概，并不知其中的底细，大约也是少所见而多所怪的意思，如何能够处处有线索，步步有消息呢？但有存身站脚之处，我白玉堂仗着一身武艺，也可以支持得来。倘能盟书到手，那时一本奏上当今，将奸王参倒，还愁印信没有吗？"越思越想，甚是得意。

到了夜间二鼓之时，便到了木城之下。来过两次，门户已然看惯，毫不介意，端详了端详就由坎门而入。转了几个门户，心中不耐烦，在百宝囊中掏出如意绦来。凡有不通闭塞之处，也不寻门，也不找户，将如意绦抛上去，用手理定绒绳便过去。一连几处，皆是如此，更觉爽快无阻。心中畅快，暗道："他虽然设了疑阵，其奈我白玉堂何！"越过多少板墙，便看见冲霄楼。仍在石基之上歇息了歇息，自己暗想道："前次沈仲元说过，楼梯在正北，我且到楼梯看看。"顺着台基绕到楼梯一看，果与马道相似。才待要上，只见有人说道："什么人？病太岁张华在此！"飕的一刀砍来。白玉堂也不招架，将身一闪，刀却砍空。张华往前一扑，白玉堂就势一脚。张华站不稳，栽将下来，刀已落地。白玉堂赶上一步，将刀一拿，觉着甚是沉重压手，暗道："这小子好大力气，不然如何使这样的笨物呢？"他哪知道，张华自从被北侠将刀削折，他却另打了一把厚背的利刃，分量极大。他只顾图了结实，却忘了自己拿他不动。自从打了此刀之后，从未对垒厮杀，不知兵刃累手。今日猛见有人上梯，出其不意，他尽力地砍来。却好白爷灵便，一闪身，他的刀砍空。力猛刀沉，是刀把他累的，往前一扑，再加上白爷一脚，他焉有不撒手掷刀栽下去的理呢？

且说白爷提着笨刀，随后赶下，照着张华的哽嗓将刀不过往下一按。真是兵刃沉重的好处，不用费力，只听扑哧的一声，刀会自己把张华杀了。白玉堂暗道："兵刃沉了也有趣儿，杀人真能省劲儿。"

谁知马道之上，铁门那里还有一人，却是小瘟瘽徐敞。见张华丧命，他将身一闪，进了铁门，暗暗将索簧上妥，专等拿人。白玉堂哪里知道，见楼梯无人拦挡，携着笨刀就到了冲霄楼上。从栏杆往下观瞧，其高非常。又见楼却无门，依然的八面窗棂，左寻右找，无门可入。一时性起，将笨刀顺着窗缝，往上一撬一撬，不多的工夫，窗户已然离槽。白爷满心欢喜，将左手把住窗棂，右手再一用力，窗户已然落下一扇。顺手轻轻地一放，楼内已然看见，却甚明亮，不知光从何生。回手掏出一块小小石子，往楼内一掷。侧耳一听，咕噜噜石子滚到那边不响了，一派木板之声。白爷听了，放心将身一纵，上了窗户台儿。将笨刀往下一探，果是实在的木板。轻轻跳下，来至楼内，脚尖滑步，却甚平稳。往亮处奔来一看，又是八面小小窗棂，里面更觉光亮，暗道："大约其中必有埋伏。我既来到此处，焉有不看之理。"又用笨刀将小窗略略的一撬，谁知小窗随手放开。白玉堂举目留神，原来是从下面一缕灯光，照彻上面一个灯球，此光直射至中梁之上，见有绒线系定一个小小的锦匣。暗道："原来盟书在此。"这句话尚未出口，觉得脚下一动。才待转步，不由将笨刀一扔，只听咕噜一声，滚板一翻。白爷说声："不好！"身体往下一沉，觉得痛彻心髓。登时从头上至脚下，无处不是利刃，周身已无完肤。

只听一阵锣声乱响，人声嘈杂，道："铜网有了人了！"其中有一人高声道："放箭！"耳内如闻飞蝗骤雨，铜网之上犹如刺猬一般，早已不动的了。这人又吩咐："住箭！"弓箭手下去，长枪手上来，打着火把照看。见铜网之内血渍淋漓，漫说面目，连四肢俱各不分了。小瘟瘽徐敞满心得意，吩咐拔箭。血肉狼藉难以注目。将箭拔完之后，徐敞仰面觑视。不妨有人把滑车一拉，铜网往上一起，那把笨刀就落将下来，不歪不斜，正砍在徐敞的头上，把个脑袋平分两半，一张嘴往两下里一咧，一边是"嗳"，一边是"呀"，连"乖乖"也给了他了，身体往后一倒，也就呜呼哀哉了。

众人见了，不敢怠慢，急忙来到集贤堂。此时奸王已知铜网有人，大家正在议论。只见来人禀道："铜网不知打住何人。从网内落下一把笨刀来，将徐敞砍死。"奸王道："虽然铜网打住一人，不想倒反伤了孤家两条好汉。又不知此人是谁，孤家倒要看看去。"众人来至铜网之下，吩咐将尸骸抖下来。已然是块血饼，如何认得出来。旁边早有一人看见石袋，道："这是什么物件？"伸手拿起，里面尚有石子。这石袋未伤，是笨刀挡住之故。沈仲元骇目惊心，暗道："五弟吓，五弟，你为何不听我的言语，竟自遭此惨毒？好不伤感人也！"只听邓车道："千岁爷万千之喜！此人非别个，他乃大闹东京的锦毛鼠白玉堂。除他并无第二个用石子的，这正是颜查散的帮手。"奸王听了，心中欢喜。因此用坛子盛了尸首，次日送到军山，交给钟雄掩埋看守。

前次刘立保说的原非讹传。如今蒋爷又听雷英说的伤心惨目，不由得痛哭。雷震在旁拭泪。劝慰多时，蒋爷止住伤心，又问道："贤弟，现今奸王那里作何计较？务求明以告我，幸勿吝教。"雷英道："奸王虽然谋为不轨，每日以歌童舞女为事，也是个声色货利之徒。他此时刻刻不忘的，唯有按院大人，总要设法将大人陷害了，方合心意。恩公回去禀明大人，务要昼夜留神方好。再者，恩公如有用着小可之时，小可当效犬马之劳，绝不食言。"蒋爷听了，深深致谢。辞了雷英父子，往按院衙门而来。暗暗忖道："我这回去见了我大哥，必须如此如此，索性叫他们死心塌地痛哭一场，省得悬想出病来，反为不美。就是这个主意！"

不多时，到了衙中。刚到大堂，见雨墨从那边出来，便忙问道："大人在那里？"雨墨道："大人同众位俱在书房，正盼望四爷呢。"蒋爷点头。转过二堂，便看见了书房，他就先自放声大哭，道："哎呀，不好了，五弟叫人害了，死的好不惨苦吓！"一壁嚷着，一壁进了书房。见了卢方，伸手拉住道："大哥，五弟真个死了也。"卢方闻听，登时昏晕过去。韩彰、徐庆连忙扶住，哭着呼唤。展爷在旁又是伤心，又是劝慰。不料颜查散那里瞪着双睛，口中叫了一声："贤弟呀！"将眼一翻，往后便仰，多亏公孙先生扶住。却好雨墨赶到，急急上前，也是乱叫。此时书房就如孝棚一般，哭的、叫的忙在一处。好容易卢大爷哭了出来,蒋四爷等放心。展爷又过来照看颜大人,幸喜也还过气来。这一阵悲哭,不堪入耳。展爷与公孙先生虽则伤心,到了此时,反要百般的解劝。卢大爷痛定之后,方问蒋平道:“五弟如何死的?”蒋平道:“说起咱五弟来,实在可怜。这也是他素日阴毒刻薄,所以遭此惨亡。”便将误落铜网阵遭害的缘由,说了又哭,哭了又说,分外的比别人闹的厉害。后来索性要不活着了,要跟了老五去。急的个实心的卢方倒把他劝解了多时。徐庆粗豪直爽人,如何禁得住揉磨,连说带嚷道:“四弟,你好胡闹!人死不能复生,也是五弟命短,只是哭他也是无益。与其哭他,何不与他报仇呢!”众人道:“还是三弟想得开。”此时,颜大人已被雨墨搀进后面歇息去了。

忽见外班拿了一角文书,是襄阳王那里来的官务。公孙先生接来拆开看毕道:“你叫差官略等一等,我这里即有回文答复。”外班回身出去传说。公孙策对众人道:“他这文书不是为官务而来。”众人道:“不为官事,却是为何?”公孙策道:“他因这些日不见咱们衙门有什么动静,故此行了文书来,我这里必须答复他。明是移文,暗里却打听印信消息而来。”展爷道:“这有何妨。如今有了印信,还愁什么答复吗?”蒋平道:“虽则如此,他若看见有了印信,只怕又要生别的事端了。”公孙策点头道:“四弟虑的是极。如今且自答了回文,我这里严加防备就是了。”说罢,按着原文答复明白,叫雨墨请出印来用上,外面又打了封口,交付外班,即叫原差领回。

官务完毕之后,大家摆上酒饭。仍是卢方首座,也不谦逊,大家团团围坐。只见卢方无精打彩,短叹长吁,连酒也不沾唇,却一汪眼泪泡着眼珠儿,何曾是个干!大家见此光景,俱各闷闷不乐。唯独徐庆一言不发,自己把着一壶酒,左一杯,右一盏,仿佛拿酒杀气的一般。不多会,他就醉了,先自离席,在一边躺着去了。众人因卢方不喝不吃,也就说道:“大哥如不耐烦,何不歇息歇息呢?”卢方顺口说道:“既然如此,众位贤弟,恕劣兄不陪了。”也就回到自己屋内去了。

这里公孙策、展昭、韩彰、蒋平四人,饮酒之间商议事体。蒋平又将雷英说奸王刻刻不忘要害大人的话说了。公孙策道:“我也正为此事踌躇,我想今日这套文书回去,奸王见了必是惊疑诧异,他如何肯善罢甘休呢?咱们如今有个道理:第一,大人处要个精细有本领的,不消说了是展大哥的责任。什么事展兄全不用管,就只保护大人要紧。第二,卢大哥身体欠爽,一来要人服侍,二来又要照看,此差交给四弟。我与韩二兄、徐三弟今晚在书房,如此如此,倘有意外之事,随机应变,管保诸事不至遗漏。众位弟兄想想如何呢?”展爷等听了道:“很好,就是如此料理罢。”酒饭已毕,展爷便到后面看了看颜大人,又到前面瞧了瞧卢大爷。两下里无非俱是伤心,不必细表。

且说襄阳王的差官领了回文,来至衙中。问了问奸王正同众人在集贤堂内,即刻来至厅前。进了厅房,将回文呈上。奸王接来一看,道:“哎呀,按院印信既叫孤家盗来,他那里如何仍有印信?岂有此理,事有可疑!”说罢将回文递与邓车。邓车接来一看，不觉得满面通红道："启上千岁，小臣为此印原非容易。难道送印之人有弊吗？"一句话提醒了奸王，立刻吩咐："快拿雷英来！"

未知如何，且听下回分解。

第一百六回　公孙先生假扮按院　神手大圣暗中机谋

且说襄阳王赵爵因见回文上有了印信，追问邓车，邓车说必是送印之人舞弊。奸王立刻将雷英唤来，问道："前次将印好好交代托付于你，你送往那里去了？"雷英道："小臣奉千岁密旨，将印信小心在意撂在逆水泉内；并见此泉水势汹涌，寒气凛冽。王爷因何追问？"奸王道："你既将印信撂在泉内，为何今日回文仍有印信？"说罢将回文掷下。雷英无奈，从地下拾起一看，果见印信光明，毫无错谬，惊得无言可答。奸王大怒道："如今有人扳你送印作弊，快快与我据实说来。"雷英道："小臣实实将印送至逆水泉内，如何擅敢作弊？请问千岁，是谁说来？"奸王道："方才邓车说来。"雷英听了，暗暗发恨，心内一动，妙计即生，不由得冷笑道："小臣只道那个说的，原来是邓车！小臣启上千岁，小臣正为此事心中犯疑。我想按院乃包相的门生，智略过人，而且他那衙门里能人不少，如何能够轻易地印信叫人盗去？必是将真印藏过，故意的设一方假印，被邓车盗来。他为十了一件少一无二的奇功，谁知今日真印现出，不但使小臣徒劳无益，额外还耽个不白之冤，兀的不委屈死人了。"一席话说的个奸王点头不语。邓车羞愧难当，真是羞恼变成怒，一声怪叫道："啊哟，好颜查散，你竟敢欺侮俺吗？俺和你誓不两立！"雷英道："邓大哥不要着急。小弟是据理而论，你既能以废铁倒换印信，难道不准人家提出真的，换上假的吗？事已如此，须要大家一同商议商议方好。"邓车道："商议什么！俺如今唯有杀了按院，以泄欺侮之恨，别无他言。有胆量的随俺走走呀！"只见沈仲元道："小弟情愿奉陪。"奸王闻听，满心欢喜，就在集贤堂摆上酒肴，大家畅饮。

到了初鼓之后，邓车与沈仲元俱各改扮停当，辞了奸王，竟往按院衙门而来。路途之间计议明白，邓车下手，沈仲元观风。及至到了按院衙门，邓车往左右一看，不见了沈仲元，并不知他何时去的，心中暗道："他方才还和我说话，怎么转眼间就不见了呢？哦，是了，想来他也是个畏首畏尾之人，瞧不得素常夸口，事到头来也不自由了。且看邓车的能为！俟成功之后，再将他极力的奚落一场。"想罢，纵身越墙，进了衙门。急转过二堂，见书房东首那一间灯烛明亮。蹑足潜踪，悄到窗下，湿破窗纸，觑眼偷看。见大人手执案卷，细细观看，而且时常掩卷犯想。虽然穿着便服，却是端然正坐，旁边连雨墨也不伺候。邓车暗道："看他这番光景，却像个与国家办事的良臣，原不应将他杀却。奈俺老邓要急于成功，就说不得了。"便奔到中间门边，一看却是四扇槅扇，边槅有锁锁着，中间两扇关闭。用手轻轻一撼，却是竖着立栓。回手从背后抽出刀来，顺着门缝将刀伸进，右腕一挺劲，刀尖就扎在立栓之上，然后左手按住刀背，右手只用将腕子往上一拱，立栓的底下已然出槽；右手又往旁边一摆，左手往下一按，只听咯当的一声，立栓落地。轻轻把刀抽出，用口衔住。左右手把住了隔扇，一边往怀里一带，一边往外一推，微微有些声息，吱溜溜便开开了一扇。邓车回手拢住刀靶，先伸刀，后伏身，斜跨而入。即奔东间的软帘，用刀将帘一挑，呼的一声，脚下迈步，手举钢刀，只听咯当一声。邓车口说："不好！"磨转身往外就跑。早已听见哗啷一声，又听见有人道："三弟放手，是我！"扑哧的一声，随后就追出来了。

你道邓车如何刚进来就跑了呢？只因他撬栓之时，韩二爷已然谆谆注视，见他将门推开，便持刀下来。尚未立稳，邓车就进来了。韩二爷知他必奔东间，却抢步先进东间。及至邓车掀帘、迈步、举刀，韩二爷的刀已落下。邓车借灯光一照，即用刀架开，咯当，转身出来，迫忙中将桌上的蜡灯哗啷砸在地下。此时三爷徐庆赤着双足，仰卧在床上酣睡不醒。觉得脚下后跟上有人咬了一口，猛然惊醒，跳下地来就把韩二爷抱住。韩二爷说："是我！"一摔身。恰好徐三爷脚踏着落下蜡灯的蜡头儿，一滑，脚下不稳，趴伏扑哧在地。谁知看案卷的不是大人，却是公孙先生。韩爷未进东间之先，他已溜了出来，却推徐爷。又恐徐爷将他抱住，见他赤着双足，没奈何才咬了他一口，徐爷这才醒了。因韩二爷摔脱追将出去，他却跌倒的快当，爬起来的剪绝，随后也就呱咭呱咭追了出来。

且说韩二爷跟定邓车，蹿房越墙，紧紧跟随。忽然不见了，左顾右盼，东张西望，正然纳闷。猛听有人叫道："邓大哥，邓大哥，榆树后头藏不住，你藏在松树后头吧。"韩二爷听了，细细往那边观瞧，果然有一棵榆树，一棵松树，暗暗道："这是何人呢？明是告诉我这贼在榆树后面，我还发呆吗？"想罢，竟奔榆树而来。真果邓车离了榆树，又往前跑。韩二爷急急垫步紧赶，追了个嘴尾相连，差不了两步，再也赶不上。又听见有人叫道："邓大哥，邓大哥，你跑只管跑，小心着暗器呀！"这句话，却是沈仲元告诉韩彰，防着邓车的铁弹。不想提醒了韩彰，暗道："是呀，我已离他不远，何不用暗器打他呢？这个朋友真是旁观者清！"想罢，左手一撑，将弩箭上上。把头一低，手往前一点，这边噌，那边拍，又听"哎呀"，韩二爷已知贼人着伤，更不肯舍。谁知邓车肩头之上中了弩箭，觉得背肩发麻，忽然心内一阵恶心，暗说："不好！此物必是有毒。"又跑了有一二里之遥，心内发乱，头晕眼花，翻跟头栽倒在地。韩二爷已知药性发作，贼人昏晕过去，脚下也就慢慢地走了。

只听背后呱咭呱咭的乱响，口内叫道："二哥，二哥，你老在前面吗？"韩二爷听声音是徐三爷，连忙答道："三弟，劣兄在此。"说话间，徐庆已到，说："怪道那人告诉小弟说，二哥往东北追下来了，果然不差。贼人在哪里？"韩爷道："已中劣兄的暗器栽倒了。但不知暗中帮助的却是何人，方才劣兄也亏了此人。"二人来至邓车跟前，见他四肢扎然躺在地下。徐爷道："二哥将他扶起，小弟背着他。"韩爷依言扶起邓车，徐庆背上，转回衙门而来。走不多几步，见有灯光明亮，却是差役人等前来接应，大家上前帮同将邓车抬回衙去。

此时公孙策同定卢方、蒋平俱在大堂之上立等，见韩彰回来，问明了备细，大家欢喜。不多时，把邓车抬来。韩二爷取出一丸解药，一半用水研开灌下，一半拔出箭来敷上伤口。公孙先生即吩咐差役，拿了手镯脚镣给邓车上好，容他慢慢苏醒。迟了半晌，只听邓车口内嘟囔道："姓沈的，你如何是来帮俺，你真是害俺来了。好吓，气死俺也！"哎呀了一声，睁开二目，往上一看，上面坐着四五个人，明灯亮烛，照如白昼。即要转动，觉着甚不得力。低头看时，腕上有镯，脚下有镣。自己又一犯想，还记得中了暗器，心中一阵迷乱，必是被他们擒获了。想至此，不由得五内往上一翻，咽喉内按捺不住，将口一张，哇的一声，吐了许多绿水涎痰。胸膈虽觉乱跳，却是明白清爽。他却闭目一语不发。

忽听耳畔有人唤道："邓朋友，你这时好些了？你我做好汉的，绝无儿女情态，到了那里说那里的话。你若有胆量，将这杯暖酒喝了，如若疑忌害怕，俺也不强让你。"邓车听了，将眼一睁开看时，见一人身形瘦弱，蹲在身旁，手擎着一杯热腾腾的黄酒。便问道："足下何人？"那人答道："俺蒋平，特来敬你一杯。你敢喝吗？"邓车笑道："原来是翻江鼠。你这话欺俺太甚！既被你擒来，刀斧尚且不怕，何况是酒。纵然是砒霜毒药，俺也要喝的，何惧之有！"蒋平道："好朋友，真正爽快！"说罢，将酒杯送至唇边。邓车张开口一饮而尽。又见过来一人道："邓朋友，你我虽有嫌隙，却是道义相同，各为其主。何不请过来大家座谈呢？"邓车仰面看时，这人不是别人，就是在灯下看案卷的假按院。心内辗转道："敢则他不是颜按院。如此看来，竟是遭了他们圈套了。"便问道："尊驾何人？"那人道："在下公孙策。"回手又指卢方道："这是钻天鼠卢方卢大哥，这是彻地鼠韩彰韩二哥，那边是穿山鼠徐庆徐三哥，还有御猫展大哥在后面保护大人，已命人请去了，少刻就到。"邓车听了道："这些朋友俺都知道，久仰，久仰。既承抬爱，俺倒要随喜随喜了。"蒋爷在旁伸手将他搀起，唧嗗哗啷蹭到桌边，也不谦逊，刚要坐下，只见展爷从外面进来，一执手道："邓朋友，久违了！"邓车久已知道展昭，无可回答，止于说道："请了。"展爷与大众见了，彼此就座，伴当添杯换酒。邓车到了此时，讲不得砢碜，只好两手捧杯，缩头而饮。

只听公孙先生问道："大人今夜睡得安稳吗？"展爷道："略觉好些，只是思念五弟，每每从梦中哭醒。"卢方听了，登时落下泪来。忽见徐庆瞪起双眼，擦摩两掌，立起身来，道："姓邓的，你把俺五弟如何害了，快快说来！"公孙策连忙说道："三弟，此事不关邓朋友相干，休要错怪了人。"蒋平道："三哥，那全是奸王设下圈套，五弟争强好胜，自投罗网。如何抱怨得别人呢？"韩爷也在旁拦阻。展爷知道公孙先生要探问邓车，唯恐徐庆搅乱了事体，不得实信，只得张罗换酒，用言语岔开。徐庆无可如何，仍然坐在那里，气愤愤的一语不发。

展爷换酒斟毕，方慢慢与公孙策你一言我一语套问邓车，打听襄阳王的事件。

邓车原是个卑鄙之人，见大家把他朋友相待，他便口不应心地说出实话来。言襄阳王所仗的是飞叉太保钟雄为保障，若将此人收服，破襄阳王便不难矣。公孙策套问明白，天已大亮，便派人将邓车押至班房，好好看守。大家也就各归屋内，略为歇息。

且说卢方回至屋内，与三个义弟说道："愚兄有一事与三位贤弟商议。想五弟不幸遭此荼毒，难道他的骨殖就搁在九截松五峰岭不成？劣兄意欲将他骨殖取来送回原籍，不知众位贤弟意下如何？"三人听了同声道："正当如此，我等也是这等想。"只见徐庆道："小弟告辞了。"卢方道："三弟那里去？"徐庆道："小弟盗老五的骨殖去。"卢方连忙摇头道："三弟去不得。"韩彰道："三弟太莽撞了。就去，也要大家商议明白，当如何去法。"蒋平道："据小弟想来，襄阳王既将骨殖交付钟雄，钟雄必是加意防守。事情若不预料，恐到了临期，有了疏虞，反为不美。"卢方点头道："四弟所论甚是。当如何去法呢？"蒋平道："大哥身体有些不爽，可以不去，叫二哥替你老去。三哥心急性躁，此事非冲锋打仗可比，莫若小弟替三哥去，大哥在家也不寂寞。就是我与二哥同去，也有帮助。大哥想想如何？"卢方道："很好，就这样罢。"徐庆瞅了蒋平一眼，也不言语。只见伴当拿了杯箸放下，弟兄四人就座。卢方又问："二位贤弟几时起身？"蒋平道："此事不必太忙，后日起身也不为迟。"商议已毕，饮酒用饭。

不知他等如何盗骨，且听下回分解。

第一百七回　愣徐庆拜求展熊飞　病蒋平指引陈起望

且说卢方自白玉堂亡后，每日茶饭无心，不过应个景儿而已。不多时，酒饭已毕，四人闲坐。卢方因一夜不曾合眼，便有些困倦，在一旁和衣而卧。韩彰与蒋平二人，计议如何盗取骨殖，又张罗行李马匹，独独把个愣爷撇在一边，不瞅不睬，好生气闷。心内辗转道："同是结义弟兄，如何他们去得，我就去不得呢？难道他们尽弟兄的情长，单不许我尽点心吗？岂有此理！我看他们商量的得意，实实令人可气！"站起身来，出了房屋，便奔展爷的单间而来。刚刚进屋，见展爷方才睡醒，在那里搽脸。他也不管事之轻重，扑翻身跪倒道："哎呀展大哥呀，委屈煞小弟了，求你老帮扶帮扶吓！"说罢痛哭。倒把展爷吓了一跳，连忙拉起他道："三弟，这是为何？有话起来说。"徐庆更会撒泼，一壁抽着，一壁说道："大哥，你老若应了帮扶小弟，小弟方才起来；你老若不应，小弟就死在这里了。"展爷道："是了，劣兄帮扶你就是了。三弟快些起来讲。"徐庆又磕了一个头道："大哥应了，再无反悔。"方立起身来，拭去泪痕，坐下道："小弟非为别事，求大哥同小弟到五峰岭走走。"展爷道："到底为着何事？”徐庆便将卢方要盗白玉堂的骨殖说了一遍，“他们三个怎么拿着我不当人，都说我不好。我如今偏要赌赌这口气。没奈何，求大哥帮扶小弟走走。”展爷听了，暗暗思忖道：“原来为着此事。我想蒋四弟是个极其精细之人，必有一番见解。而且盗骨是哑密之事，似他这鲁莽性烈，如何使得呢？若要不去，已然应了他，又不好意思，而且为此事屈体下礼，说不得了，好歹只得同他走走。”便问道：“三弟几时起身？”徐庆道：“就在今晚。”展爷道：“如何恁般忙呢？”徐庆道：“大哥不晓得，我二哥与四弟定于后日起身。我既要赌这口气，须早两天。及至他们到时，咱们功已成了，那时方出这口恶气。还有一宗，大哥千万不可叫二哥、四弟知道。晚间，我与大哥悄悄地一溜儿，急急赶向前去方妙。”展爷无奈何，只得应了。徐庆立起身来道：“小弟还到那边照应去。大哥暗暗收什行李、器械、马匹，起身以前在衙门后墙专等。”展爷点头。

徐庆去后，展爷又好笑，又后悔。笑是笑他粗鲁，悔是不该应他。事已如此，无可如何，只得叫过伴当来，将此事悄悄告诉他，叫他收什行李马匹。又取过笔砚来，写了两封字儿藏好。然后到按院那里看了一番，又同众人吃过了晚饭。看天已昏黑，便转回屋中，问伴当道：“行李、马匹俱有了？”伴当道：“方才跟徐爷伴当来了，说他家爷在衙门后头等着呢，将爷的行李、马匹也拢在一处了。”展爷点了点头，回手从怀中掏出两个字柬来，道：“此柬是给公孙老爷的，此柬是给蒋四爷的。你在此屋等着，候初更之后再将此字送去，就交与跟爷们的从人，不必面递。交代明白，急急赶赴前去，我们在途中慢慢等你。这是怕他们追赶之意，省得徐三爷抱怨于我。”伴当一一答应。展爷却从从容容出了衙门，来至后墙，果见徐庆与伴当拉着马匹，在那里张望。上前见了，徐庆问道：“跟大哥的人呢？”展爷道：“我叫他随后来，唯恐同行叫人犯疑。”徐庆道：“很好。小弟还忘了一事，大哥只管同我的伴当慢慢前行，小弟去去就来。”说罢，回身去了。

且说跟展爷的伴当在屋内候至起更，方将字柬送去。蒋爷的伴当接过字柬，来到屋内一看，只见卢方仍是和衣而卧，韩彰在那里吃茶，却不见四爷蒋平。只得问了问同伴，人说在公孙先生那里。伴当即来至公孙策屋内，见公孙策拿着字柬，正在那里讲论道：“展大哥嘱咐小心奸细刺客，此论甚是，然而不当跟随徐三弟同去。”蒋平道：“这必是我三哥磨着展大哥去的。”刚说着，又见自己的伴当前来，便问道：“什么事件？”伴当道：“方才跟展老爷的人给老爷送了个字柬来。”说罢呈上。蒋爷接来，打开看毕，笑道：“如何？我说是我三哥磨着展大哥去的，果然不错。”即将字柬递与公孙策。公孙策从头至尾看去，上面写着“徐庆跪求，央及劣兄，断难推辞，只得暂时随去。贤弟见字，务于明日急速就道，共同帮助。千万不要追赶，唯恐识破了，三弟面上不好看”云云。公孙策道：“言虽如此，明日二位再要起身，岂不剩了卢大哥一人，内外如何照应呢？”蒋平道：“小弟回去与大哥、二哥商量，既是展大哥与三哥先行，明日小弟一人足以够了。留下二哥如何？”公孙策道：“甚好，甚好！”

正说间，只见看班房的差人慌慌张张进来道：“公孙老爷，不好了！方才徐老爷到了班房，吩咐道：‘你等歇息，俺要与姓邓的说句机密话。’独留小人伺候。徐老爷进屋，尚未坐稳，就叫小人看茶去。谁知小人烹了茶来，只见屋内漆黑。急急唤人掌灯看时，哎呀老爷呀，只见邓车仰卧在床上，昏迷不醒，满床血渍。原来邓车的双眼被徐老爷剜了去了。现时不知邓车的生死，特来回禀二位老爷知道。”公孙策与蒋平二人听了，惊骇非常，急叫从人掌灯。来至外面班房看时，多少差役将邓车扶起，已然苏醒过来，大骂徐庆不止。公孙策见此惨然形景，不忍注目。蒋平吩咐差役好生服侍将养，便同公孙策转身来见卢方，说了详细，不胜骇然。大家计议了一夜。至次日天明，只见门上的进来，拿着禀帖递与公孙先生，一看，欢喜道：“好，好，好，快请，快请！”

原来是北侠欧阳春、双侠丁兆蕙，自从解押金面神蓝骁、赛方朔方貂之后，同到茉花村。本欲约会了兆兰同赴襄阳，无奈丁母欠安，只得在家侍奉。北侠告辞，丁家弟兄苦苦相留。北侠也是无事之人，权且住下。后来丁母痊愈，双侠商议，老母是有了年岁之人，为人子者不可远离膝下，又恐北侠踽踽凉凉一人上襄阳，不好意思；而且因老母染病，晨昏问安，耽搁了多少日期，左右为难。只得仍叫丁二爷随着北侠同赴襄阳，留下丁大爷在家奉亲，又可以照料家务。因此北侠与丁二爷起身。

在路行程，非止一日。来到襄阳太守衙门，可巧门上正是金福禄，上前参见，急急回禀了老爷。金辉立刻请至书房，暂为少待。此时黑妖狐智化早已接出来，彼此相见，快乐非常。不多时，金太守更衣出来，北侠与丁二官人要以官长见礼，金公哪里肯受，口口声声以“恩公”呼之。大家谦让多时，仍是以宾客相待。左右献茶已毕，寒温叙过，便提起按院衙门近来事体如何。黑妖狐智化连声叹气道：“一言难尽！好叫仁兄、贤弟得知，玉堂白五弟遭了害了。”北侠听了，好生诧异，丁二爷不胜惊骇，同声说道：“竟有这等事，请道其详。”智化便从访探冲霄楼说起，如何遇见白玉堂，将他劝回，后来又听得按院失去印信，想来白五弟就因此事拼了性命，误落在铜网阵中倾生丧命，滔滔不绝说了一遍。北侠与丁二爷听毕，不由得俱各落泪叹息。所谓“人以类聚，物以群分”，原是声应气求的弟兄，焉有不伤心的道理。因此也不在太守衙门耽搁，便约会了智化，急急赶至按院衙门而来。

早见公孙策在前，卢方等随在后面，彼此相见。虽未与卢方道恼，见他眼圈儿红红的，面庞儿比先前瘦了好些，大家未免欷歔一番。独有丁兆蕙拉着卢方的手，由不得泪如雨下。想起当初陷空岛与茉花村，不过隔着芦花荡，彼此意气相投，何等的亲密。想不到五弟却在襄阳丧命，而且又在少年英勇之时，竟自如此早夭，尤为可伤。二人哭泣多时，还亏了智化用言语劝慰，北侠亦拦住丁二爷，道：“二弟，卢大哥全仗你我开导解劝，你如何反招大哥伤起心来呢？”说罢，大家来至卢方的屋内，就座献茶。北侠等三人又问候颜大人的起居。公孙策将颜大人得病的情由述了一番，三人方知大人也是为念五弟欠安，不胜浩叹。

智化便问衙门近来事体如何。公孙策将已往之事一一叙说，渐渐说到拿住邓

车。蒋平又接言道："不想从此又生出事来。"丁二爷问道："又有何事？"蒋平便将"要盗五弟的骨殖，谁知俺三哥暗求展大哥帮助，昨晚已然起身。起身也罢了，临走时俺三哥又把邓车二目剜去。"北侠听了皱眉道："这是何意？"智化道："三哥不能报仇，暂且拿邓车出气，邓车也就冤得很了。"丁二爷道："若论邓车的行为，伤天害理，失去二目也就不算冤。"公孙策道："只是展大哥与徐三弟此去，小弟好生放心不下。"蒋平道："如今欧阳兄、智大哥、丁二弟俱各来了，妥当得很。明日我等一同起身，衙中留下我二哥服侍大哥，照应内外。小弟仍是为盗五弟骨殖之事。欧阳兄三位另有一宗紧要之事。"智化问道："还有什么事？"蒋平道："只因前次拿获邓车之时，公孙先生与展大哥探访明白，原来襄阳王所仗者飞叉太保钟雄，若能收服此人，则襄阳不难破矣。如今就将此事托付三位弟兄，不知肯应否？"智化、丁兆蕙同声说道："既来之则安之。四兄不必问我等应与不应，到了那里，看势做事就是了，何能预为定准。"公孙先生在旁称赞道："是极，是极！"说话间，酒席早已排开，大家略为谦逊，即便入席。却是欧阳春的首座，其次智化、丁兆蕙，又其次公孙策、卢方，下首是韩彰、蒋平。七位爷把酒谈心，不必细表。

到了次日，北侠等四人别了公孙策与卢、韩二人，四人在路行程。偏偏的蒋平肚泄起来，先前还可挣扎，到后来连连泄了几次，觉得精神倦怠，身体劳乏。北侠道："四弟既有贵恙，莫若找个寓所暂为歇息，明日再作道理，有何不可呢？"蒋平道："不要如此。你三位有要紧之事，如何因我一人耽搁。小弟想起来了，有个去处颇可为聚会之所。离洞庭湖不远，有个陈起望，庄上有郎舅二人，一人姓陆名彬，一人姓鲁名英，颇尚侠义。三位到了那里，只要提出小弟，他二人再无不扫榻相迎之理。咱们就在那里相会罢。"说着拧眉攒目，又要肚泄起来。北侠等三人见此光景，只得依从。蒋平又叫伴当随去，沿途好生服侍，不可怠慢。伴当连连答应，跟随去了。

蒋爷这里左一次右一次泄个不了。看看的天色晚了，心内好生着急，只得勉强认镫上了坐骑，往前进发。心急嫌马慢，又不敢极大的催他，恐自己气力不加，乘控不住，只得缓辔而行。此时天已昏黑，满天星斗，好容易来至一个村庄。见一家篱墙之上高高挑出一个白纸灯笼，及至到了门前，又见柴门之旁挂着个小小笊篱，知是村庄小店，满心欢喜，犹如到了家里一般。连忙下马，高声唤道："里面有人吗？"只听里面颤巍巍的声音答应。

不知果是何人，且听下回分解。

第一百八回 图财害命旅店营生 相女配夫闺阁本分

且说蒋平听得里面问道："什么人，敢则是投店的吗？"蒋平道："正是。"又听里面答道："少待。"不多时，灯光显露，将柴扉开放，道："客官请进。"蒋平道："我还有鞍马在此。"店主人道："客官自己拉进来吧，婆子不知尊骑的毛病，恐有失闪。"蒋平这才留神一看，原来是个店妈妈，只得自己拉进了柴扉。见是正房三间，西厢房两间，除此并无别的房屋。蒋平问道："我这牲口在那里喂呢？"婆子道："我这里原是村庄小店，并无槽头马棚。那边有个碾子，就在那碾台儿上就可以喂了。"蒋平道："也倒罢了，只是我这牲口就在露天地里了。好在夜间还不甚凉，尚可以将就。"说罢，将坐骑拴在碾台子桩柱上。将镫扣好，打去嚼子，打去后靴，把皮钻拢起，用梢绳捆好，然后解了肚带，轻轻将鞍子揭下，屉却不动，恐鞍心有汗。

此时店婆已将上房掸扫，安放灯烛。蒋爷抱着鞍子，到了上房，放在门后。抬头一看，却是两明一暗。掀起旧布单帘，来至暗间，从腰间解下包囊，连马鞭子俱放在桌子上面，掸了掸身上灰尘。只听店妈妈道："客官是先净面后吃茶，是先吃茶后净面呢？"蒋平这才把店妈妈细看，却有五旬年纪，甚是干净利便，答道："脸也不净，茶也不吃。请问妈妈贵姓？"店婆道："婆子姓甘。请问客官尊姓？"蒋爷道："我姓蒋。请问此处是何地名？"甘婆子道："此处名叫神树岗。"蒋爷道："离陈起望尚有多远？"婆子道："陈起望在正西，此处却是西北。从此算起，要到陈起望，足有四五十里之遥。客官敢则是走差了路了。"蒋爷道："只因身体欠爽，又在昏黑之际，不料把道路走错了。请问妈妈，你这里可有酒吗？"甘婆子道："酒是有的。就只得村醪，并无上样名酒。"蒋爷道："村醪也好，你与我热热的暖一角来。"甘婆子答应，回身去了。

多时，果然暖了一壶来，倾在碗内。蒋爷因肚泄口燥，哪管好歹，端起来一饮而尽。真是沟里翻船。想蒋平何等人物，何等精明，一生所作何事！不想他在妈妈店竟会上了一大当，可见为人艺高是胆大不得的。此酒入腹之后，觉得头炫目转。蒋平说声："不好！"尚未说出口，身体一晃，咕咚栽倒尘埃。甘婆子笑道："我看他身材瘦弱，是个不禁酒的，果然。"伸手向桌子上拿起包囊一摸，笑容可掬，正在欢喜，忽听外面叫门道："里面有人吗？"这一叫，不由得心里一动，暗道："忙中有错。方才既住这个客官，就该将门前灯笼挑了。一时忘记，所以又有上门的买卖来了。既来了，再没有往外推之理。且喜还有两间厢房，莫若让到那屋里去。"心里如此想，口内却应道："来了，来了。"执了灯笼来开柴扉，一看却是主仆二人。只听那仆人问道："此间可是村店吗？"甘婆道："是便是，却是乡村小店，唯恐客官不甚合心。再者并无上房，只有厢房两间，不知可肯将就吗？"又听那相公道："既有两间房屋，足以够了，何必务要正房呢。"甘婆道："客官说的是，如此请进来吧。"主仆二人刚刚进来，甘婆子却又出去，将那白纸灯笼系下来，然后关了柴扉，就往厢房导引。忽听仆人说道："店妈妈，你方才说没有上房，那不是上房吗？"甘婆子道："客官不知，这店并无店东主人，就是婆子带着女儿过活。这上房是婆子住家，止于厢房住客，所以方才说过恐其客官不甚合心呢。"这婆子随机应变，对答的一些儿马脚不露。这主仆哪里知道，上房之内现时迷倒一个呢。

说话间来至厢房，婆子将灯对上。这主仆看了看，倒也罢了，干干净净，可以住得。那仆人将包裹放下，这相公却用大袖掸去灰尘。甘婆子见相公形容俏丽，肌肤凝脂，妩媚之甚，便问道："相公用什么，趁早吩咐。"相公尚未答言，仆人道："你这里有什么，只管做来，不必问。"甘婆道："可用酒吗？"相公道："酒倒罢了。"仆人道："如有好酒，拿些来也可以使得。"甘婆听了，笑了笑转身出来。执着灯笼进了上房，将桌子上包裹拿起，出了上房，却进了东边角门。原来角门以内仍是正房、厢房以及耳房，共有数间。只听屋内有人问："母亲，前面又是何人来了？"婆子道："我儿休问。且将这包裹收起，快快收什饭食，又有主仆二人到了。老娘看这两个也是雏儿，少时将酒预备下就是了。"忽听女子道："母亲，方才的言语难道就忘了吗？"甘婆子道："我的儿吓，为娘的如何忘了呢？原说过就做这一次，下次再也不做了。偏他主仆又找上门来，叫为娘的如何推出去呢？说不得，这叫作一不做二不休。好孩子，你帮着为娘的再把这买卖做成了，从此后为娘的再也不干这营生了。可是你说的咧，伤天害理做什么。好孩子，快着些儿罢，为娘的安放小菜去。"说着话又出去了。

原来这女子就是甘婆之女，名叫玉兰，不但女工针黹出众，而且有一身好武艺，年纪已有二旬，尚未受聘。只因甘婆做事暗昧，玉兰每每规谏，甘婆也有些回转。就是方才取酒药蒋平时，也殃及了个再三，说过就做这一次，不想又有主仆二人前来。玉兰无奈何，将菜蔬做妥。甘婆往来搬运，又称赞这相公极其俊美。玉兰心下踌躇。后来甘婆拿了酒去，玉兰就在后面跟来，在窗外偷看。见这相公面如傅粉，白而生光；唇似涂朱，红而带润；唯有双眉紧蹙，二目含悲，长吁短叹，似有无限的愁烦。玉兰暗道："看此人不是俗子村夫，必是贵家公子。"再看那仆人坐在横头，粗眉大眼，虽则丑陋，却也有一番娇媚之态。只听说道："相公早间打尖，也不曾吃些什么。此时这些菜蔬虽则清淡，却甚精美，相公何不少用些呢？"又听相公呖呖莺声说道："酒肴虽美，无奈我食不下咽。"说罢，又长叹了一声。忽听甘婆道："相公既懒进饮食，何不少用些暖酒，开开胃口，管保就想吃东西了。"玉兰听至此，不由得发狠道："人家愁到这步田地，还要将酒害人，我母亲太狠心了！"愤愤回转房中去了。

不多时，忽听甘婆从外角门过来，拿着包裹，笑嘻嘻的道："我的儿吓，活该我母女要发财了！这包裹比方才那包裹尤觉沉重。快快收起来，帮着为娘的打发他们上路。"口内说着,眼儿却把玉兰一看。只见玉兰面向里,背朝外,也不答言,也不接包裹。甘婆连忙将包裹放下,赶过来将玉兰一拉道:"我的儿,你又怎么了?"谁知玉兰已然哭的泪人儿一般。婆子见了,这一惊非小,道:"哎呀,我的肉儿心儿,你哭的为何?快快说与为娘的知道。不是心里又不自在了?"说罢,又用巾帕与玉兰拭泪。玉兰将婆子的手一推,悲切切的道:"谁不自在了呢?"婆子道:"既如此,为何啼哭呢?"玉兰方说道:"孩儿想,爹爹留下的家业够咱们娘儿两个过的了,母亲务要做这伤天害理的事做什么?况且爹爹在日,还有三不取:僧道不取,囚犯不取,急难之人不取。如今母亲一概不分,只以财帛为重。倘若事发,如何是好?叫孩儿怎不伤心呢?"说罢,复又哭了。婆子道:"我的儿原来为此,你不知道为娘的也有番苦心。想你爹爹留下家业,这几年间坐吃山空,已然消耗了一半,再过一二年也就难以度日了。再者你也不小了,将来赔嫁妆奁,那不用钱呢。何况我偌大年纪,也不弄下个棺材本儿吗?"玉兰道:"妈妈也是多虑。有说有的话,没说没的话。似这样损人利己,断难永享。而且人命关天的,如何使得?"婆子道:"为娘的就做这一次,下次再也不做了。好孩子,你帮了妈妈去。"玉兰道:"母亲休要多言。孩儿就知恪遵父命,那相公是急难之人,这样财帛是断取不得的。"甘婆听了暗想道:"闹了半天,敢则是为相公,可见他人大心大了。"便问道:"我儿,你如何知那相公是急难之人呢?"玉兰道:"实对妈妈说知,方才孩儿已然悄到窗下看了,见他愁容满面,饮食不进,他是有急难之事的,孩儿实实不忍害他。孩儿问母亲,将来倚靠何人?"甘婆道:"哎呀,为娘的又无多余儿女,就只生养了你一个,自然靠着你了。难道叫娘靠着别人不成吗?"玉兰道:"虽然不靠别人,难道就忘了半子之劳吗?"

一句话提醒了甘婆,心中恍然大悟,暗道:"是呀,我正愁女儿没有人家,如今这相公生的十分美俊,正可与女儿匹配。我何不把他做个养老女婿,又完了女儿终身大事,我也有个倚靠,岂不美哉?可见利令智昏,只顾贪财,却忘了正事。"便嘻嘻笑道:"亏了女儿提拔,我险些儿错了机会。如此说来,快快把他救醒,待为娘的与他慢慢商酌。只是不好启齿。"玉兰道:"这也不难,莫若将上房的客官也救醒了,只认作和他戏耍,就烦那人替说,也免得母亲碍口,岂不两全其美吗?"甘婆哈哈笑道:"还是女儿有算计。快些走罢,天已三鼓了。"玉兰道:"母亲还得将包裹拿着,先还了他们。不然他们醒来时不见了包裹,那不是有意图谋了吗?"甘婆道:"正是,正是。"便将两个包裹抱着,执了灯笼,玉兰提了凉水,母女二人出了角门。

来至前院,先奔西厢房,将包裹放下。见相公伏几而卧,却是饮的酒少之故。甘婆上前,轻轻扶起。玉兰端过水来,慢慢灌下。暗将相公着实的看了一番,满心欢喜。然后见仆人已然卧倒在地,也将凉水灌下。甘婆依然执灯笼,又提了包囊,玉兰拿着凉水,将灯剔亮了。临出门时,还回头望了一望,见相公已然动转。连忙奔到上房,将蒋平也灌了凉水。玉兰欢欢喜喜回转后面去了。

且说蒋平饮的药酒工夫大了,已然发散,又加灌了凉水,登时苏醒。蜷手伸腿,揉了揉眼,睁开一看,见自己躺在地下;再看桌上灯光明亮,旁边坐着个甘妈妈嘻嘻地笑。蒋平猛然省悟，爬起来道："好吓！你这婆子不是好人，竟敢在俺跟前弄玄虚，也就好大胆呢！"婆子"噗哧"的一声笑道："你这人好没良心！饶把你救活了，你反来嗔我。请问，你既知玄虚，为何入了圈套呢？你且坐了，待我细细告诉你。老身的丈夫名唤甘豹，去世已三年了。膝下无儿，只生一女。"蒋平道："且住，你提甘豹，可是金头太岁甘豹吗？"甘婆道："正是。"蒋平连忙站起，深深一揖道："原来是嫂嫂，失敬了！"甘婆道："客官为何如此相称？请道其详。"蒋平道："小弟翻江鼠蒋平，甘大哥曾在敝庄盘桓过数日。后来又与白面判官柳青劫掠生辰黄金，用的就是蒙汗药酒。他说还有五鼓鸡鸣断魂香，皆是甘大哥的传授。不想大哥竟自仙逝，有失吊唁，望乞恕罪。"说罢，又打一躬。甘婆连忙福了一福道："惭愧，惭愧。原来是蒋叔叔到了，恕嫂嫂无知，休要见怪。亡夫在日，曾说过陷空岛的五义，实实令人称羡不尽。方才叔叔提的柳青，他是亡夫的徒弟。自从亡夫去世，多亏他殡殓发送，如今还时常的资助银两。"

蒋平道："方才提膝下无儿，只生一女，侄女有多大了？"甘婆道："今年十九岁，名唤玉兰。"蒋平道："可有婆家没有？"甘婆道："并无婆家。嫂嫂意欲求叔叔做个媒妁，不知可肯否？"蒋平道："但不知要许何等样人家？"甘婆道："好叫叔叔得知，远在天涯，近在咫尺。"就将投宿主仆已然迷倒，"是女儿不依，劝我救醒。看这相公甚是俊美，女儿年纪相仿，嫂嫂不好启齿，求叔叔做个保山如何？"蒋平道："好吓，若不亏侄女劝阻，大约我等性命休矣。如今看着侄女的分上，且去说说看。但只一件，小弟自进门来，蒙嫂嫂赐了一杯闷酒，到了此时也觉饿了。可还有什么吃的没有呢？"甘婆道："有有有，待我给你收什饭食去。"蒋平道："且住。方才说的事，成与不成事在两可，好歹别因不成了，嫂嫂又把那法子使出来了，那可不是玩的！"甘婆哈哈笑道："岂有此理，叔叔只管放心吧。"甘婆子上后面收什饭去了。

不知亲事说成与否，且听下回分解。

第一百九回　骗豪杰贪婪一万两　作媒妁识认二千金

且说甘婆去后，谁知他二人只顾在上房说话，早被厢房内主仆二人听了去了，又是欢喜，又是愁烦。欢喜的是认得蒋平，愁烦的是机关泄露。你道此二人是谁？原来是凤仙、秋葵姊妹两个女扮男妆来至此处。

自从沙龙沙员外拿住金面神蓝骁，后来起解了，也就无事了。每日与孟杰、焦赤、史云等游田射猎，甚是清闲。一日，本县令尹忽然来拜，声言为访贤而来，襄阳王特请沙龙做个领袖，督帅乡勇操演军务。沙员外以为也是好事，只得应允。到了县内，令尹待为上宾，优隆至甚。隔三日设一小宴，十日必是一大宴。漫说是沙员外自以为得意，连孟杰、焦赤俱是望之垂涎，真是"君子可欺以其方"。

哪知这令尹是个极其奸猾的小人。皆因襄阳王知道沙龙本领高强，情愿破万两黄金拿获沙龙，与蓝骁报仇。偏偏的遇见了这贪婪的赃官，他道："拿沙龙不难，只要金银凑手，包管事成。"奸王果然如数交割，他便设计将沙龙诓上圈套。这日，正是大宴之期，他又暗设牢笼，以殷勤劝酒为题，你来敬三杯，我来敬三杯，不多的工夫把个沙龙喝的酩酊大醉，步履皆难。便叫伴当回去，说："你家员外多吃了几杯，就在本县堂斋安歇，明日还要操演军务。"又赏了伴当几两银子，伴当欢欢喜喜回去。就是焦、孟二人也皆以为常，全不在意。他却暗暗将沙龙交付来人，连夜押解襄阳去了。

后来孟、焦二人见沙龙许多日期不见回来，便着史云前去探望几次，不见信息，好生设疑。一时惹恼了焦赤性儿，便带了史云猎户人等，闯至公堂厮闹。谁知人人皆知县宰因亲老告假还乡，已于三日前起了身了。又问沙龙时，早已解到襄阳去了。焦赤听了，急得两手扎煞，毫无主意。纵要闹，正头乡主已走，别人全不管事的。只得急急回庄，将此情节告诉孟杰，孟杰也是暴跳如雷。登时传扬，里面皆知，凤仙、秋葵姊妹哭个不了。幸亏凤仙有主意，先将孟杰、焦赤二人安置，恐他二人粗鲁，生出别的事来，便对二人说道："二位叔父不要着急。襄阳王既与我父作对，他必暗暗差人到卧虎沟前来图害，此庄却是要紧的。我父亲既不在家，全仗二位叔父支持，说不得二位叔父操劳，昼夜巡察，务要加意的防范，不可疏懈。"孟、焦二人满口应承，只知昼夜保护此庄，再也不生妄想了。

后来凤仙却暗暗使得用之人到襄阳打听，幸喜襄阳王爱沙龙是一条好汉，有意收服，不肯加害，唯有囚禁而已。差人回来将此情节说了，凤仙姊妹心内稍觉安慰，复又思忖道："襄阳王做事这等机密，大约欧阳伯父与智叔父未必尽知其详。莫若我与妹子亲往襄阳走走，倘能见了欧阳伯父与智叔父，那时大家商议，搭救父亲便了。"主意已定，暗暗与秋葵商议。秋葵更是乐从，便说道："很好，咱们把正事办完了，顺便到太守衙门，再看看牡丹姐姐，我还要与干娘请请安呢。"凤仙道："只要到了那里，那就好说了。但咱如何走法呢？"秋葵道："这有何难呢？姐姐扮作相公，充作姐夫，就算艾虎。待妹妹扮作个仆人，跟着你，岂不妥当吗？"凤仙道："好是好，只是妹妹要受些屈了。"秋葵道："这有什么呢，为救父亲，受些屈也是应当的，何况是逢场作戏呢？"二人商议明白，便请了孟、焦二位，一五一十俱各说明，托他二人好好保守庄园。又派史云急急赶到茉花村，唯恐欧阳伯父还在那里尚未起身，约在襄阳会齐。诸事分派停妥，他二人改扮起来。也不乘马，唯恐犯人疑忌，仿佛是闲游一般。亏得姐妹二人虽是女流，却是在山中行围射猎惯的，不至于鞋弓袜小，寸步难挪。在路行程，非止一日。这天恰恰行路迟了，在妈妈店内。虽被甘婆用药酒迷倒，多亏玉兰劝阻搭救。

且说凤仙饮水之后，即刻苏醒。睁眼看时，见灯光明亮，桌上菜蔬犹存，包裹照旧。自己纳闷道："我喝了两三日酒，如何就喝醉了不成？"正在思索，只见秋葵张牙欠口,翻身起来道:“姐姐,我如何醉倒了呢?”凤仙摆手道:“你满口说的是什么?”秋葵方才省悟,手把嘴一捂,悄悄道:“幸亏没人。”凤仙将头一点,秋葵凑至跟前。凤仙低言道:“我醉的有些奇怪,别是这酒有什么缘故罢?”秋葵道:“不错。如此说来,这不是贼店吗?”凤仙道:“你听,上房有人说话,咱们悄地听了再做道理。”因此姊妹二人来至窗下,将蒋平与甘婆说的话听了个不亦乐乎。急急回转厢房,又是欢喜,又是愁烦。忽听窗外脚步声响,是蒋爷与马添草料奔了碾台儿去了。凤仙道:“俟蒋叔父回来便唤住,即速请进。”秋葵即倚门而待。

少时,蒋平添草回来,便唤道:“蒋叔,请进内屋坐。”只这一句,把个蒋平吓了一跳,只得进屋。又见一个后生,迎头拜揖道:“侄儿艾虎拜见。”蒋爷借灯光一看,虽不是艾虎,却也面善,更觉发起怔来了。秋葵在旁道:“他是凤仙,我是秋葵,在道上冒了艾虎的名儿来的。”蒋爷在卧虎沟住过,俱是认得的,不觉诧异道:“你二人如何来至此处呢?”说罢回身往外望一望。凤仙叫秋葵在门前站立,如有人来时咳嗽一声。方对蒋爷将父亲被获情节略说梗概,未免的泪随语下。蒋平道:“你且不必啼哭,侄女仍以艾虎为名,同我到上房。”来到上房,就在明间坐下。

秋葵一同来到上房。忽见甘婆从后面端了小菜、杯箸来,见蒋爷已将那厢房主仆让至上屋明间,知道为提亲一事,便嘻嘻笑道:“怎么,叔叔在明间坐吗?”蒋爷道:“明间宽阔豁亮。嫂嫂且将小菜放下,过来见了。这是我侄儿艾虎,他乃紫髯伯的义儿,黑妖狐的徒弟。”甘婆道:“呀,真是大水冲了龙王庙,一家人不认得一家人!就是欧阳爷、智公子,亡夫俱是好相识。原来是他二位义儿、高徒,怪道这样的英俊呢。相公休要见怪,恕我无知失敬了。”说罢,福了一福。凤仙只得还了一揖,连称:“好说,不敢!”秋葵过来,将桌子帮着往前搭了一搭。甘婆安放了小菜,却是两份杯箸,原来是蒋爷一份,自己陪的一份。如今见这相公过来,转身还要取去。蒋爷说:“嫂嫂不用取了,厢房中还有两份,拿过来岂不省事。不过是嫂嫂将酒杯洗净了,就不妨事了。”甘婆瞅了蒋平一眼,道:“多嘴,讨人嫌吓!”蒋平道:“嫂嫂嫌我多嘴,回来我就一句话也不说了。”甘婆笑道:“好叔叔,你说罢,嫂嫂多嘴不是了。”笑着端菜去了。这里蒋爷悄悄地问了一番。

不多时,甘婆端了菜来,果然带了两份杯箸,俱各安放好了。蒋爷道:“贤侄,你这尊管,何不也就叫他一同坐了呢?”甘婆道:“真格的,又没有外人,何妨呢。就在这里打横儿,岂不省了一番事呢。”于是蒋平上座,凤仙次座,甘婆主座相陪,秋葵在下首打横。甘婆先与蒋爷斟了酒,然后挨次斟上,自己也斟上一杯。蒋平道:“这酒喝了大约没有事了。”甘婆笑道:“你喝罢,只怪人家说你多嘴。你不信,看嫂嫂喝个样儿你看。”说着,端起来吱的一声就是半杯子。蒋平笑道:“嫂嫂,你不要猴急,小弟情愿奉陪。”又让那主仆二人,端起杯来,一饮而尽;凤仙、秋葵俱各喝了一口。甘婆复又斟上。这婆子一壁殷勤,一壁注意在相公面上,把个凤仙倒瞧得不好意思了。蒋平道:“嫂嫂,我与艾虎侄儿相别已久,还有许多言语细谈一番。嫂嫂不必拘泥,有事请自尊便。”甘婆听了,心下明白,顺口说道:“既是叔叔要与令侄攀话,嫂嫂在此反倒搅乱清谈。我那里还吩咐你侄女做的点心、羹汤，少时拿来，外再烹上一壶新茶如何？”蒋平道：“很好。”甘婆又向凤仙道：“相公，夜深了，随意用些酒饭，休要做客。老身不陪了。”凤仙道：“妈妈请便，明日再为面谢。”甘婆道：“好说，好说，请坐罢。”秋葵送出屋门。甘婆道：“管家，让你相公多少吃些，不要饿坏了。”秋葵答应，回身笑道：“这婆子竟有许多唠叨。”蒋爷道：“你二人可知他的意思吗？”秋葵道：“不用细言，我二人早已俱听明白了。”凤仙努嘴道：“悄言，不要高声。”蒋平道：“既然听明，我也不必絮说。侄女的意下如何呢？”凤仙道：“但凭叔父做主。”蒋平道：“不是这等说，此事总要侄女自己拿主意。若论此女，我知道的。当初甘大哥在日，我们时常盘桓。提起此女来，不但品貌出众，而且家传的一口飞刀，甚是了得。原要与卢大哥攀亲，无奈卢珍侄儿岁数太小，因此也就罢了。如今他将此事谆谆的托我，侄女若要是个男子倒好说了，似此我倒为了难了！”秋葵插言道：“依我说，此事颇可做的。人家三房四妾的多着呢，我姐姐也不是争大论小的人，再者将来过门时多了一位新人，难道艾虎哥哥还抱怨不成？我乐得的多一个姐姐，又热闹些。”说的蒋平、凤仙也笑了。

正在谈论，果然甘婆端了羹汤、点心来，又是现烹的一壶新茶，还问要什么不要。蒋爷道：“足以够了，嫂嫂歇歇吧。”甘婆方转身回到后面去了。蒋爷又将此事斟酌了一番，凤仙也是愿意。因问蒋平因何到此，蒋爷将往事说了一遍，又言：“与侄女在此遇的很巧，明日同赴陈起望，你欧阳伯父、智叔父、丁二叔父等俱在那里。大家商议，搭救你父亲便了。”凤仙、秋葵深深谢了。真是事多话长，整整说了一夜。

天光发晓，甘婆早已出来张罗。蒋平却与凤仙商议明白，俟到陈起望禀过欧阳春、智化，即来纳聘。甘婆听见事成，不胜欣喜。又见蒋爷打开包裹，取出了二十两银，道：“大哥仙逝，未能吊唁，些许薄意，聊以代楮。”甘婆不能推辞，欣然受了。凤仙叫秋葵拿出白银一封，道：“岳母将此银收下，作为日用薪水之资，以后千万不要做此暗昧之事了。”一句话说得甘婆满面通红，无言可答，止于说道：“贤婿放心。如此厚贶，却之不恭，受之有愧，权且存留就是了。”说罢，就福了一福。此时，蒋平已将坐骑备妥，连凤仙的包裹俱各扣备停当，拉出柴扉。彼此叮咛一番，甘婆又指引路径，蒋平等谨记在心，执手告别，直奔陈起望的大路而来。

未知后文如何，且听下回分解。

第一百十回　陷御猫削城入水面　救三鼠盗骨上峰头

且说蒋平因他姊妹没有坐骑，只得拉着马一同步行。刚走了数里之遥，究竟凤仙柔弱，已然香汗津津，有些娇喘吁吁。秋葵却好，依然行有余力。蒋平劝着凤仙骑马歇息，凤仙也就不肯推辞，捋过丝缰上马，缓辔而行。蒋爷与秋葵慢慢随后步履。又走了数里之遥，秋葵步下也觉慢了。蒋爷是昨日泄了一天肚，又熬了一夜，未免也就报了扎达汗了。因此找了个荒村野店，一壁打尖，一壁歇息。问了问陈起望，尚有二十多里。随意吃了些饮食，喂了坐骑，歇息足了，天将挂午，复又起身，仍是凤仙骑马。及至到了陈起望，日已西斜。来到庄门，便有庄丁问了备细，连忙禀报。

只见陆彬、鲁英迎接出来，见了蒋平，彼此见礼。鲁英便问道："此位何人？"蒋爷道："不必问，且到里面自然明白。"于是大家进了庄门，早见北侠等正在大厅的月台之上恭候。丁二爷问道："四哥如何此时才来？"蒋爷道："一言难尽。"北侠道："这后面是谁？"蒋爷道："兄试认来。"只见智化失声道："哎呀，侄女儿为何如此装束？"丁二爷又说道："这后面的也不是仆人，那不是秋葵侄女儿吗？"大家诧异，陆、鲁二人更觉愕然。蒋爷道："且到厅上，大家坐了好讲。"进了厅房，且不叙座。凤仙就说父亲被获，现在襄阳王那里囚禁，"侄女等特地改装来寻伯父、叔父，早早搭救我的爹爹要紧。"说罢，痛哭不止。大家惊骇非常，劝慰了一番。陆彬急急到了后面，告诉鲁氏，叫他预备簪环衣服，又叫仆妇丫鬟将凤仙姊妹请至后面，梳洗更衣。

这里，众人方问蒋爷如何此时方到。蒋平笑道："更有可笑事，小弟却上了个大当。"大家问道："又是什么事？"蒋爷便将妈妈店之事述说一番，众人听了，笑个不了。其中多有认得甘豹的，听说亡故了，未免又叹息一番。蒋爷往左右一看，问道："展大哥与我三哥怎么还没到吗？"智化道："并未曾来。"正说之间，只见庄丁进来禀道："外面有二人，说是找众位爷们的。"大家说道："他二人如何此时方到呢？快请。"庄丁转身去不多时，众人才要迎接，谁知是跟展爷、徐爷的伴当，形色仓皇。蒋爷见了就知不妥，连忙问道："你家爷为何不来？"伴当道："四爷，不好了，我家爷们被钟雄拿了去了！"众人问道："如何会拿了去呢？"展爷的伴当道："只因昨晚徐三爷要到五峰岭去，是我家爷拦之再三。徐三爷不听，要一人单去。无奈何我家爷跟随去了，却暗暗吩咐，叫小人二人暗暗瞧望：'倘能将五爷骨殖盗出，事出万幸；如有失错之事，你二人收什马匹行李，急急奔陈起望便了。'谁知到了那里，徐三爷不管高低便往上闯，我家爷再也拦挡不住。刚刚到了五峰岭上，徐三爷往前一跑，不妨落在堑坑里面。是我家爷心中一急，原要上前解救，不料脚上一跐，也就落下去了，原来是梅花堑坑。登时出来了多少喽兵，用挠钩、套索将二位搭将上来，立刻绑缚了。众喽兵声言必有余党，快些搜查。我二人听了急跑回寓所，将行李马匹收什收什，急急来至此处。众位爷们早早设法搭救二位爷方好。”众人听了，俱各没有主意。智化道：“你二人且自歇息去吧。”二人退了下来。

此时厅上已然调下桌椅，摆上酒饭。大家入座，一壁饮酒，一壁计议。智化问陆彬道：“贤弟，这洞庭水寨，广狭可有几里?”陆彬道：“这水寨在军山内，方圆有五里之遥。虽称水寨，其中又有旱寨，可以囤积粮草，似这九截松五峰岭，俱是水寨之外的去处。”智化又问道：“这水寨周围，可有什么防备呢?”陆彬道：“防备得甚是坚固。每逢通衢之处，俱有碗口粗细的大竹栅，似一座竹城。此竹见水永无损坏，纵有枪炮，却也不怕。倒是有纯钢利刃可削的折，馀无别法。”蒋平道：“如此说来，丁二弟的宝剑却是用着了。”智化点了点头道：“此事须要偷进水寨，探个消息方好。”蒋平道：“小弟同丁二弟走走。”陆彬道：“弟与鲁二弟情愿奉陪。”智化道：“好极。就是二位贤弟不去，劣兄还要劳烦。什么缘故呢？因你二位地势熟识。”陆彬道：“当得，当得。”回头吩咐伴当，预备小船一只，水手四名，于二鼓起身。伴当领命，传话去了。蒋平又道：“还有一事，沙员外又当怎么样呢?”智化道：“据我想来，奸王囚禁沙大哥，无非使他归附之意，绝无陷害之心。我明日写封书信，暗暗差人知会沈仲元，叫他暗中照料。俟有机缘，得便救出，也就完了事了。”大家计议已定，饮酒吃饭已毕，时已初鼓之半。丁、蒋、鲁、陆四位收什停当，别了众人，乘上小船。水手摇桨，荡开水面，竟奔竹城而来。此时正在中秋，淡云笼月，影映清波，寂静至甚。越走越觉幽僻，水面更觉宽了。陆彬吩咐水手往前摇，来到了竹城之下。陆彬道：“住桨。”水手四面撑住。陆彬道：“蒋四兄，这外面水势宽阔，竹城以内却甚狭隘，不远即可到岸，登岸便是旱寨的境界了。”鲁英向丁二爷要过剑来，对着竹城抡开就劈，只听哓嚓一声，鲁二爷连声称：“好剑，好剑!”蒋爷看时，但见大竹斜岔儿已然开了数根。丁二爷道：“好是好，但这一声真是爆竹相似，难道里面就无人知觉吗?”陆彬笑道：“放心，放心。此处极其幽僻的所在，里面之人轻容易不得到此的。”蒋平道：“此竹虽然砍开，只是如何拆法呢?”鲁二爷道：“何用拆呢，待小弟来。”过去伸手将大竹攥住，往上一挺，一挺，上面的竹梢儿就比别的竹梢儿高有三尺，底下却露出一个大洞来。鲁英道：“四兄，请看如何?”蒋平道：“虽则开了便门，只是上下斜尖锋芒，有些不好过。又恐要过时，再落下一根来，扎上一下也就不轻呢。”陆彬道：“不妨事。此竹落不下来，竹梢之上有竹枝彼此攀绕，是再也不能动的。实对四兄说，我们渔户往往要进内偷鱼就用此法，是万无一失的。”

蒋爷听了，急急穿了水靠，又将丁二爷的宝剑掖在背后，说声“失陪了”，一伏身，飕的一声，只见那边扑通的一声，就是一个猛子。不用换气，便抬起头来一看，已然离岸不远，果然水面窄狭。急忙奔到岸上，顺堤行去。只见那边隐隐有个灯光忽忽悠悠而来。蒋爷急急奔至树林，跃身上树，坐在槎枒之上，往下觑视。

可巧那灯也从此条路经过，却是两个人。一个道：“咱们且商量商量。刚才回了大王，叫咱们把那黑小子带了去。你想想他那个样子，咱们服侍的住吗？告诉你说，我先不了贺儿。”那一个道：“你站站，别推干净吓！你要不了贺儿，谁又了贺儿呢？就是回，不是你要回的吗？怎么如今叫带了去，你就不管了呢？这是什么话呢？”这一个道：“我原想着：他要酒要菜闹的不像，回回大王，或者赏下些酒菜来，咱们也可以润润喉，抹抹嘴头子。不想要带了去，要收什。早知叫带了去，我也就不回了。”那人道：“我不管。你既回了你就带了去，我全不管。”这一个道：“好兄弟，你别着急，我倒有个主意，你得帮着我说。见了黑小子，咱们就说替他回了，可巧大王正在吃酒，听说他要喝酒，甚是欢喜，立刻请他去，要与他较较酒量。他听见这话，包管欢欢喜喜跟着咱们走。只要诓到水寨，咱们把差事交代了，管他是怎么着呢。你想好不好？”那人道：“这倒使得，咱们快着去吧。”二人竟奔旱寨去了。

蒋爷见他们去远，方从树上下来，暗暗跟在后面。见路旁有一块顽石，颇可藏身，便隐住身体。等候不多时，见灯光闪烁而来。蒋爷从背后抽出剑来，侧身而立。见灯光刚到跟前，只将脚一伸，打灯笼的不防，栽倒在地。蒋爷回手一剑，已然斩讫。后面那人还说：“大哥，走得好好的，怎么躺下了？”话未说完，钢锋已到，也就呜呼哀哉了。此时徐庆却认出是四爷蒋平，连声唤道：“四弟，四弟！”蒋爷见徐爷锁铐加身，急急用剑砍断。徐庆道：“展大哥现在水寨，我与四弟救他去。”蒋平闻听，心内辗转，暗道：“水寨现有钟雄，如何能够救得出来？若说不去救，知道徐爷的脾气，他是绝意不肯一人出去的。何况又是他请来的呢？”只得扯谎道：“展大哥已然救出，先往陈起望去了。还是听见展大哥说三哥押在旱寨，所以小弟特特前来。”徐庆道：“你我从何处出去？”蒋爷道：“三哥随我来。”他仍然绕到河堤。可巧那边有个小小的划子，并且有个招子，是个打鱼小船。蒋爷道：“三哥少待。”他便跳下水去，上了划子，摇起棹子，来至堤下，叫徐庆坐好，奔到竹洞之下。先叫徐庆蹿出，自己随后也就出来，却用脚将划子蹬开。陆彬且不开船，叫鲁英仍将大竹一根一根按斜岔儿对好。收什已毕，方才开船回庄。此时已有五鼓之半了。大家相见，徐庆独独不见展熊飞，便问道：“展大哥在哪里？”蒋爷已悄悄地告诉丁二爷了。丁二爷见问，即接口道：“因听见沙员外之事，急急回转襄阳去了。”真是粗鲁之人好哄，他听了此话信以为真，也就不往下问了。

到了次日，智爷又嘱陆、鲁二人，派精细渔户数名，以打鱼为由，前到湖中探听。这里，众人便商量如何收服钟雄之计。智化道：“怎么能够身临其境，将水寨内探访明白方好行事。似这等望风捕影，实在难以预料。如今且商量盗五弟的骨殖要紧。”正在议论，只见数名渔户回来禀道：“探得钟雄那里因不见了徐爷，各处搜查，方知杀死喽兵二名，已知有人暗到湖中。如今各处添兵防守，并且将五峰岭的喽兵俱各调回去了。”智化听了，满心欢喜道：“如此说来，盗取五弟的骨殖不难了。”便仍嘱丁、蒋、鲁、陆四位道：“今晚务将骨殖取回。”四人欣然愿往。智化又与北侠等商议，备下灵幡、祭礼，俟取回骨殖，大家公同祭奠一番，以尽朋友之谊。众人见智化处事合宜，无不乐从。

且说蒋、丁、陆、鲁四人，到了晚间初鼓之后便上了船，却不是昨日晚间去的径路。丁二爷道："陆兄为何又往南去呢？"陆彬道："丁二哥却又不知。小弟原说过，这九截松五峰岭原不在水寨之内。昨日偷进水寨，故从那里去；今晚要上五峰岭，须向这边来。再者，他虽然将喽兵撤去，那梅花堑坑必是依然埋伏。咱们与其涉险，莫若绕远。俗语说的好：'宁走十步远，不走一步险。'小弟意欲从五峰岭的山后上去，大约再无妨碍。"丁、蒋二人听了，深为佩服。

一时来至五峰岭山后，四位爷弃舟登岸。陆彬吩咐水手，留下两名看守船只，叫那两名水手扛了锹镢，后面跟随。大家攀藤附葛，来至山头。原来此山有五个峰头，左右一边两个，俱各矮小，独独这个山头高而大。趁着这月朗星稀，站在峰头往对面一看，恰对着青簇簇、翠森森的九株松树。丁二爷道："怪道唤作九截松五峰岭，真是天然生成的佳景。"蒋平到了此时，也不顾细看景致，且向地基寻找埋玉堂之所。才下了峻岭，走未数步，已然看见一座荒丘高出地上。蒋平由不得痛彻肺腑，泪如雨下，却又不敢放声，唯有悲泣而已。陆、鲁二人便吩咐水手动手，片刻工夫，已然露出一个瓷坛。蒋平却亲身扶出土来，丁二爷即叫水手小心运至船上。才待转身，却见一人在那边啼哭。

不知此人是谁，且听下回分解。

第一百十一回　定日盗簪逢场作戏　先期祝寿改扮乔装

且说丁、蒋、鲁、陆四位将白玉堂骨殖盗出，又将埋藏之处仍然堆起土丘。收什已毕，才待回身，只听那边有人啼哭。蒋爷这里也哭道："敢则是五弟含冤前来显魂吗？"说着话往前一凑，仔细看来，是个樵夫。虽则明月之下，面庞儿却有些个熟识。一时想不起来，心中思忖道："五弟在日，并未结交樵夫，何得黉夜来此啼哭呢？"再细看时，只见那人哭道："白五兄为人英名一世，志略过人。惜乎你这一片血心竟被那忘恩负义之人欺哄了。什么叫结义？什么叫立盟？不过是虚名具文而已。何能似我柳青，三日一次乔装哭奠于你？啊呀，白五兄吓，你的那阴灵有知，大约妍媸也就自明了。"蒋爷听说，猛然想起果是白面判官柳青，连忙上前劝道："柳贤弟，少要悲痛。一向久违了！"柳青登时住声，将眼一瞪道："谁是你的贤弟！也不过是陌路罢了。"蒋爷道："是，是，柳员外责备的甚是。但不知我蒋平有什么不到处，倒要说说。"鲁英在旁，见柳青出言无状，蒋平却低声下气，心甚不平。刚要上前，陆彬将他一拉，丁二爷又暗暗目送，鲁英只得忍住。又听柳青道："你还问我！我先问你：你们既结了生死之交，为何白五兄死了许多日期，你们连个仇也不报，是何道理？"蒋平笑道："员外原来为此。这报仇二字，岂是性急的呢。大丈夫做事当行则行，当止则止。我五弟已然自作聪明，轻身丧命。他已自误，我等岂肯再误？故此今夜前来，先将五弟骨殖取回，使他魂归原籍，然后再与他慢慢地报仇，何晚之有？若不分事之轻重，不知先后，一味地邀虚名儿，毫无实惠，那又是徒劳无益了。所谓'运筹帷幄，决胜千里'，员外何得怪我之深耶？"

柳青听了此言大怒，而且听说白玉堂自作聪明，枉自轻生，更加不悦，道："俺哭奠白五兄是尽俺朋友之谊，要那虚名何用？俺也不和你巧辩饶舌。想白五兄生平作了多少惊天动地之事，谁人不知，那个不晓。似你这畏首畏尾，躲躲藏藏，不过做鼠窃狗盗之事，也算得'运筹'与'决胜'，可笑吓，可笑吓！"旁边鲁英听至此，又要上前。陆彬拦道："贤弟，人家说话，又非拒捕，你上前做甚？"丁二爷亦道："且听四兄说什么？"鲁英只得又忍住了。蒋爷道："我蒋平原无经济学问，只这鼠窃狗盗，也就令人难测！"柳青冷笑道："一技之能，何至难测呢。你不过行险，一时侥幸耳。若遇我柳青，只怕你讨不出公道。"蒋平暗想道："若论柳青，原是正直好人，我何不将他制伏，将来以为我用，岂不是个帮手。"想罢，说道："员外如不相信，你我何不戏赌一番，看是如何。"柳青道："这倒有趣。"即回手向头上拔下一枝簪来，道："就是此物，你果能盗了去，俺便服你。"蒋爷接来，对月光细细看了一番，却是玳瑁别簪，光润无比，仍递与柳青，道："请问员外，定于何时，又在何地呢？"柳青道："我为白五兄设灵遥祭，尚有七日的经忏。诸事已毕，须得十日工夫。过了十日后，我在庄上等你。但只一件，以三日为期。倘你若不能，以后再休要向柳某夸口，你也要甘拜下风了。"蒋平笑道："好极，好极！过了十日后，俺再到庄问候员外便了。请！"彼此略一执手，柳青转身下岭而去。这里，陆彬、鲁英道："蒋四兄如何就应了他，知他设下什么埋伏呢？"蒋平道："无妨。我与他原无仇隙，不过同五弟生死一片热心。他若设了埋伏，岂不怕别人笑话他吗？"陆彬又道："他头上的簪儿，吾兄如何盗得呢？"蒋平道："事难预料到他那里还有什么刁难呢，且到临期再做道理。"说罢，四人转身下岭。此时，水手已将骨殖坛安放好了。四人上船，摇起桨来。

不多一会，来至庄中，时已四鼓。从北侠为首，挨次祭奠，也有垂泪的，也有叹息的。因在陆彬家中，不便放声举哀。唯有徐庆，张着个大嘴痛哭，蒋平哽咽悲泣不止。众人奠毕，徐庆、蒋平二人深深谢了大家。重新又饮了一番酒，吃夜饭，方才安歇。

到了次日，蒋爷与大众商议，即着徐庆押着坛子先回衙署，并派两名伴当沿途保护而去。这里，众人调开桌椅饮酒。丁二爷先说起柳青与蒋爷赌戏，智化问道："这柳青如何？"蒋爷就将当日劫掠黄金述说一番，"因他是金头太岁甘豹的徒弟，惯用蒙汗药酒、五鼓鸡鸣断魂香。"智化道："他既有这样东西，只怕将来到用得着。"正说之间，只见庄丁拿着一封字柬，向陆大爷低言说了几句。陆彬即将字柬接过，拆开细看。陆彬道："是了，我知道了。告诉他修书不及，代为问好。这些日如有大鱼，我必好好收存。俟到临期，不但我亲身送去，还要拜寿呢。"庄丁答应刚要转身，智化问道："陆贤弟，是何事？我们可以共闻否？"陆彬道："无甚大事，就是钟雄那里差人要鱼。"说着话,将字柬递与智化。智化看毕,笑道:"正要到水寨探访,不想来了此柬,真好机会也。请问陆贤弟,此时可有大鱼?"陆彬道:"早间渔户报到,昨夜捕了几尾大鱼,尚未开篓。"智化道:"妙极!贤弟吩咐管家,叫他告诉来人,就说大王既然用鱼,我们明日先送几尾,看看以为如何。如果使得,我们再照样捕鱼就是了。"陆彬向庄丁道:"你听明白了?就照着智老爷的话告诉来人罢。"庄丁领命,回复那人去了。这里众人便问智化有何妙策,智化道:"少时饭毕,陆贤弟先去到船上拣大鱼数尾,另行装篓。俟明日,我与丁二弟改扮渔户二名,陆贤弟与鲁二弟仍是照常,算是送鱼,额外带水手二名,只用一只小船足矣。咱们直入水寨,由正门而入,劣兄好看他的布置如何。到了那里,二位贤弟只说:'闻得大王不日千秋,要用大鱼。昨接华函,今日捕得几尾,特请大王验看。如果用得,我等回去告诉渔户照样搜捕。大约有数日工夫,再无有不敷之理。'不过说这冠冕言语,又尽人情,又叫他不怀疑忌,劣兄也就可以知道水寨大概情形了。"众人听了,欢喜无限,饮酒用饭。陆、鲁二人下船拣鱼,这里众人又细细谈论了一番,当日无事。

到了次日,智爷叫陆爷问渔户要了两身衣服,不要好的,却叫陆、鲁二人打扮齐整,定于船上相见。智爷与丁二爷唯恐众人瞧着发笑,他二人带了伴当,携着衣服出了庄门,找了个幽僻之处,改扮起来。脱了华衣,抹了面目,带了斗笠,穿上渔服,拉去鞋袜将裤腿卷到磕膝之上;然后穿上裤衩儿,系上破裙,登上芒鞋,腿上抹了污泥。丁二爷更别致,鬓边还插了一枝野花。二人收什已毕,各人的伴当已将二位爷的衣服、鞋袜包好。问明下船所在,到了那里,却见陆、鲁二人远远而来,见他二人如此装束,不由得哈哈大笑。鲁英道:"猛然看来,真仿佛怯王二与俏皮李四。"智化道:"很好。俺就是王二,丁二弟就是俏皮李四,你们叫着也顺口。"吩咐水手就以王二、李四相称。陆、鲁二人先到船上,智、丁二人随后上船,却守着渔篓,一边一个,真是卖艺应行,干何事司何事,是再不错的。陆、鲁二人只得在船头坐下,依然是当家的一般。水手开船,直奔水寨而来。

一叶小舟,悠悠荡荡。一时过了五孔大桥,却离水寨不远。但见旌旗密布,剑戟森严。又至切近看时,全是大竹扎缚。上面敌楼,下面瓮门,也是竹子做成的水寨。小船来至寨门,只听里面隔着竹寨问道:"小船上是何人?快快说明,不然就要放箭了!"智化挺身来至船头,道:"住搭拉罢,你做嘛放箭吓?俺们陈起望的,俺当家的弟兄斗(都)来了,特特给你家大王送鱼来了。官儿还不打送礼的呢,你又放箭做嘛呢?"里面的道:"原来是陆大爷、鲁二爷吗?请少待,待我回禀。"说罢,乘着小船不见了。

这里智化细细观看寨门。见那边挂着个木牌,字有碗口大小。用目力觑视,却是一张招募贤豪的榜文。智化暗暗道:"早知有此榜文,我等进水寨多时矣,又何必费此周折。"正在犯想,忽听鼓楼咕噜咕噜的一阵鼓响,下面接着噎噎噎几棒锣鸣,立刻落锁抬栓,吱喽喽门分两扇,从里面冲出一只小船,上面有个头目,躬身道:"我家大王请二位爷进寨。"说罢将船一拨,让出正路。只见左右两边却有无数船只一字儿排开，每船上有二人带刀侍立，后面隐隐又有弓箭手埋伏。船行未到数步，只见路北有接官厅一座，设摆无数的兵器利刃。早有两个头目迎接上来道："请二位爷到厅上坐。"陆、鲁二人只得下船，到厅上逊座献茶。头目道："二位到此何事？"陆彬道："只因昨日大王差人到了敝庄，寄去华函一封，言不日就是大王寿诞之期，要用大鱼。我二人既承钧命，连夜叫渔户照样搜捕。难道头领不知，大王也没传行吗？"那头目道："大王业已传行。这是我们规矩，不得不问。再者，也好给跟从人的腰牌。二位休要见怪。"原来此厅是钟雄设立，盘查往来行人的。虽是至亲好友，进了水寨必要到此厅上。虽不能挂号，他们也要暗暗记上门簿，记上年月日时，进寨为着何事，总要写个略节。今日陆、鲁之来，钟雄已然传令知会了。他们非是不知道，却故意盘查盘查，一来好登门簿，二来查看随从来几名，每人给腰牌一个。俟事完回来时，路过此处再将腰牌缴回。一个水贼竟有如此这样规矩。

且说头目问明了来历，此时渔户、水手已然给了腰牌。又有一个头目陪着陆、鲁二人，重新上了船，这才一同来至钟雄住居之所。好大一所宅子，甚是煊赫，犹如府第一般。竟敢设立三间宫门，有多少带刀虞候两旁侍立。头目先跑上台阶，进内回禀。陆、鲁二人在阶下恭候。智爷与丁二爷抬着鱼篓，远远而立，却是暗暗往四下偷看。见周围水绕住宅，唯中间一条直路，却甚平坦。正南面一座大山，正是军山，正对宫门。其余峰岭不少，高低不同。原来这水寨在军山山环之间，真是山水汇源之地。再往那边看去，但见树木丛杂，隐隐的旗幡招展，想来那就是旱寨了。

此时却听见传梆击点，已将陆、鲁弟兄请进。迟不时会，只见跑出三四人来，站在台阶上点手道："将鱼抬到这里来。"智爷听见，只得与丁二爷抬过来。就要上台阶儿，早有一人跑过来道："站住！你们是进不去的。"智化道："怎么，难(俺)们是嘛行子进不去呢？"有一人道："朋友，别顽笑。告诉你，这个地方大王传行得紧，闲杂人等是进不去的了。"智化道："怎么着，难们是闲杂人，你们是干嘛的呢？"那人道："我们是跟着头目当散差使，俗名叫作打杂儿的。"智爷道："哦，这就是了。这么说起来，你们是不闲尽杂了。"那人听了道："好呀，真正怯快！"又有一个道："你本来胡闹，张口就说人家闲杂人，怎么怨得人家说呢？快着罢，忙忙接过来，抬着走吧。"说罢，二人接过来，将鱼篓抬进去了。

不知后文如何，且听下回分解。

第一百十二回　招贤纳士准其投诚　合意同心何妨结拜

且说智爷、丁爷见他等将鱼篓抬进去了，得便又往里面望了一望。见楼台殿阁，画栋雕梁，壮丽非常，暗道："这钟雄也就僭越得很呢。"二人在台基之上等候。

又见方才抬鱼那人出来叫:“怯哥哥,怯哥哥在哪里呢?”智爷道:“怎么?难姓王不姓怯,你别合难闹巧法儿。”那人笑道:“我是爱顽儿呀。”智爷道:“你顽儿叫人家笑话。”那人道:“好的,你真会吃个巧儿。俺告诉你,这是两包银子,每包二两,大王赏你们俩的。”智爷接过道:“回去替难俩谢赏。”又将包儿掂了一掂。那人道:“你掂他做什么?”智爷道:“这是嘛平呀,难掂着好嘛有一两。你可别打难们的脖子拐呀。”那人笑道:“岂有此理!你也太知道的多了。你看你们伙计怎么不言语呢?”智爷道:“你还知不道他呢,他叫俏皮李四。他要闹起俏皮来,只怕你是二姑娘顽老雕,你更架不住。”刚说至此,只见陆、鲁二人从内出来,两旁人俱各垂手侍立。仍是那头目跟随,下了台阶。智、丁二人也就一同来至船边,乘舟摇桨,依然由旧路回来。到了接官厅,将船拢住。那头目还让厅上待茶,陆、鲁二人不肯,那人纵身登岸,复又执手。此时,早有人将智、丁与水手的腰牌要去。水手摇桨,离寨门不远,只见方才迎接的那只小船,有个头目将旗一展,又是一声锣鼓齐鸣,开了竹栅。小船上的头目送出陆、鲁的船来,即拨转船头,进了竹栅。依然锣鼓齐鸣,寨门已闭。真是法令森严,甚是齐整,智化等深加称赞。

及至过了五孔桥,忽听丁二爷“噗嗤”的一笑,然后又大笑起来。陆、鲁二人连忙问道:“丁二哥笑什么?”兆蕙道:“实实憋得我受不了!这智大哥装什么像什么,真真怄人。”便将方才的那些言语述了一遍,招的陆、鲁二人也笑了。丁二爷道:“我彼时如何敢答言呢?就只能由自己忍了又忍,后来智大哥还告诉那人说我俏皮,哪知我俏皮的都不俏皮了。”说罢复又大笑。智化道:“贤弟不知,凡事到了身临其境,就得搜索枯肠,费些心思。稍一疏神,马脚毕露。假如平日,原是你为你,我为我。若到今日,你我之外,又有王二、李四,他二人原不是你我;既不是你我,必须将你之为你、我之为我俱各抛开,应是他之为他。即是他之为他,他之中绝不可有你,亦不可有我。能够如此设身处地地做去,断无不像之理。”丁二爷等听了点头称是,佩服之至。

说话间已至庄中,只见北侠等俱在庄门瞭望。见陆、鲁等回来,彼此相见。忽见智化、兆蕙这样情景,大家不觉大笑。智化却不介意,回手从怀中掏出两包儿银子,赏了两个水手,叫他不可对人言讲。众人说说笑笑,来至客厅上。智爷与丁爷先梳洗改装,然后大家就座,方问探的水寨如何。智爷将寨内光景说了,又道:“钟雄是个有用之才,惜乎缺少辅佐,竟是用而不当了。再者,他那里已有招贤的榜文,明日我与欧阳兄先去投诚,看是如何。”蒋平失惊道:“你二位如何去得!现今展大哥尚且不知下落,你二人再若去了,岂不是自投罗网呢?”智化道:“无妨。既有招贤的榜,绝无有陷害之心。他若怀了歹意,就不怕阻了贤路吗?而且不入虎穴,焉能伏得钟雄。众位弟兄放心,成功直在此一举。料得定的是真知。”计议已定,大家饮酒吃饭。是日无话。

到了次日,北侠扮作个赳赳的武夫,智化扮作个翩翩公子,各自佩了利刃一把,找了个买卖渡船,从上流头慢慢地摇曳到了五孔桥下。船家道:“二位爷往那里去?”智爷道:“从桥下过去。”船家道:“那里到了水寨了。”智爷道:“我等正要到水寨。”船家慌道:“他那里如何去得?小人不敢去的。”北侠道:“无妨,有我们呢,只管前去。”船家尚在犹疑,智化道:“你放心。那里有我的亲戚朋友,是不妨事的。”船家无奈何,战战哆嗦撑起篙来,贼眉鼠眼过了桥,更觉得害起怕来。好容易刚到寨门,只听里面吱的一声,船家就堆缩了一块。又听得里面道:“什么人到此?快说,不然就要放箭了!”智化道:“里面听真,我们因闻得大王招募贤豪,我等特来投诚。若果有此事,烦劳通禀一声。如若挂榜是个虚文,你也不必通报,我们也就回去了。”里面地答道:“我家大王求贤若渴,岂是虚文。请少待,我们与你通禀去。”不多时,只听敌楼一阵鼓响,又是三棒锣鸣,水寨竹栅已开。从里面冲出一只小船,上面有个头目道:“既来投诚,请过此船,那只船是进去不得的。”这船家听了,犹如放赦一般,连忙催道:“二位快些过去罢。”智化道:“你不要船价吗?”船家道:“爷改日再赏罢,何必忙在一时呢。”智爷笑了一笑,向兜肚中摸出一块银子,道:“赏你吃杯酒罢。”船家喜出望外。二位爷跳在那边船上。这船家不顾性命的连撑几篙,直奔五孔桥去了。

且说北侠、黑妖狐进了水寨,门就闭了。一时来至接官厅,下来两个头目,智化看时,却不是昨日那两个头目。而且昨日自己未到厅上,今日见他等迎了上来,连忙弃舟登岸,彼此执手。到了厅上,逊座献茶。这头目谦恭和蔼地问了姓名以及来历备细,着一人陪坐,一人通报。不多时,那头目出来,笑容满面道:“适才禀过大王。大王闻得二位到来,不胜欢喜,并且问欧阳爷可是碧眼紫髯的紫髯伯吗?”智化代答道:“正是。我这兄长就是北侠紫髯伯。”头目道:“我家大王言,欧阳爷乃当今名士,如何肯临贱地,总有些疑似之心。忽然想起欧阳爷有七宝刀一口,堪做实验,意欲借宝刀一观,不知可肯赐教否?”北侠道:“这有何难。刀在这里,即请拿去。”说罢,从衣里取下宝刀,递与头目。头目双手捧定,恭恭敬敬的去了。迟不多时,那头目转来道:“我家大王奉请二位爷相见。”智化听头目之言,二位下面添了个“爷”字,就知有些意思,便同北侠下船来至泊岸。到了宫门,北侠袒腹挺胸,气昂昂,英风满面;智化却是一步三扭,文绉绉,酸态周身。

进了宫门,但见中间一溜花石甬路,两旁嵌着石子,直达月台。再往左右一看,俱有配房五间,衬殿七间,俱是画栋雕梁,金碧交辉。而且有一块闹龙金匾,填着洋蓝青字,写着“银安殿”三字。刚至廊下,早有虞候高挑帘栊。只见有一人,身高七尺,面如獬豸,头戴一顶闹龙软翅绣盖巾,身穿一件闹龙宽袖团花紫氅,腰系一条香色垂穗如意丝绦,足蹬一双元青素缎时款官靴。钟雄略一执手,道:“请了。”吩咐看座献茶。北侠也就执了一执手,智爷却打一躬,彼此就座。钟雄又将二人看了一番,便对北侠道:“此位想是欧阳公了。”北侠道:“岂敢。仆欧阳春闻得寨主招贤纳士,特来竭诚奉谒。素昧平生,殊深冒渎。”钟雄道:“久仰英名,未能面晤,曷胜怅望。今日幸会,实慰鄙怀。适才瞻仰宝刀,真是稀世之物。可羡吓,可羡!”

智化见他二人说话,却无一语道及自己,未免有些不自在。因钟雄称羡宝刀,便说道:“此刀虽然是宝,然非至宝也。”钟雄方对智化道:“此位想是智公了。如此说来,智公必有至宝。”智化道:“仆孑然一身之外,并无他物,何至宝之有?”钟雄道:“请问至宝安在?”智爷道:“至宝在在皆有,处处皆是。为善以为宝,仁亲以为宝,土地、人民、政事,又是三宝。寨主何得舍正路而不由,但以刀为宝乎?再者,仆等今日之来,原是投诚,并非献刀。寨主只顾称羡此刀,未免重物轻人。唯望寨主贱货而贵德,庶不负招贤的那篇文字。”钟雄听智化咬文嚼字的背书,不由得冷哂道:“智公所论虽是,然而未免过于腐气了。”智化道:“何以见得腐气?”钟雄道:“智公所说的,全是治国为民的道理。我钟雄原非三台卿相,又非世胄功勋,要这些道理何用?”智化也就微微冷哂道:“寨主既知非三台卿相,又非世胄功勋,何得穿闹龙服色,坐银安宝殿?此又智化所不解也。”一句话说得钟雄哑口无言,半晌,忽然向智化一揖道:“智兄顿开茅塞,钟雄领教多多矣。”重新复又施礼,将北侠、智化让至客位,分宾主坐了。即唤虞候等看酒宴伺候,又悄悄吩咐了几句。虞候转身,不多时拿了一个包袱来,连忙打开,钟雄便脱了闹龙紫氅,换了一件大领天蓝花氅,除去闹龙头巾,戴一顶碎花武生头巾。北侠道:“寨主何必忙在一时呢?”钟雄道:“适才听智兄之言,觉得背生芒刺,是早些换了的好。”

此时酒宴已设摆齐备,钟雄逊让再三,仍是智爷、北侠上座,自己下位相陪。饮酒之间,钟雄又道:“既承智兄指教,我这殿上……”刚说至此,自己不由得笑了,道:“还敢忝颜称‘殿’?我这厅上匾额应当换个名色方好。”智爷道:“若论匾额,名色极多,若是晦了不好,不贴切也不好,总要雅俗共赏,使人一见即明,方觉恰当。”仰面想了一想,道:“却倒有个名色,正对寨主招募贤豪之意。”钟雄道:“是何名色?”智化道:“就是‘思齐堂’三字。虽则俗些,却倒现成,‘见贤思齐焉’。此处原是待贤之所,寨主却又求贤若渴。即日思齐,是已见了贤了,必思与贤齐,然后不负所见。正是说寨主已得贤豪之意。然而这‘贤’字,弟等却担不起。”钟雄道:“智兄太谦了。今日初会,就教导弟归于正道,非贤而何?我正当思齐,好极,好极!清而且醒,容易明白。”立刻吩咐虞候,即到船场取木料,换去匾额。

三人推杯换盏,互相议论,无非是行侠仗义,把个钟雄乐地手舞足蹈,深恨相见之晚,情愿与北侠、智化结为异姓兄弟。智化因见钟雄英爽,而且有意收服他,只得应允。哪知钟雄是个性急的人,登时叫虞候备了香烛,叙了年庚,就在神前立盟。北侠居长,钟雄次之,智化第三。结拜之后,复又入席。你兄我弟,这一番畅快,乐不可言。钟雄又派人到后面把世子唤出来。原来钟雄有一男一女,女名亚男,年方十四岁;子名钟麟,年方七岁。不多时钟麟来至厅上,钟雄道:“过来拜了欧阳伯父。”北侠躬身还礼,钟雄断断不依。然后又道:“这是你智叔父。”钟麟也拜了。智化拉着钟麟细看,见他方面大耳,目秀眉清,头戴束发金冠,身穿立水蟒袍。问了几句言语,钟麟应答如流。智化暗道:“此子相貌非凡,我今既受了此子之拜,将来若负此拜,如何对的过他呢?”便叫虞候送人后面去了。钟雄道:“智贤弟看此子如何?”智化道:“好则好矣,小弟又要直言了。方才侄儿出来,唬了小弟一跳,真不像吾兄的儿郎，竟仿佛守缺的太子。似此如何使得？再者，世子之称亦属越礼，总宜改称公子为是。”钟雄拍手大乐道：“贤弟见教，是极，是极，劣兄从命。”回头便吩咐虞候人等，从此改称公子。

你道钟雄既能言听计从，说什么就改什么，智化何不劝他弃邪归正呢，岂不省事，又何必后文费许多周折呢？这又有个缘故。钟雄踞占军山，非止一日，那一派骄侈倨傲，同流合污，已然习惯性成，如何一时能够改的来呢？即或悛改，稍不如意，必至依然照旧，那不成了反复小人了吗？就是智化今日劝他换了闹龙服色，除了银安匾额，改了世子名号，也是试探钟雄服善不服善。他要不服善，情愿以贼寇逆叛终其身，那就另有一番剿灭的谋略。谁知钟雄不但服善，而且勇于改悔。知时务者呼为俊杰，他既是好人，智化焉有不劝他之理。所以后文智化委曲婉转，务必叫钟雄归于正道，方见为朋友的一番苦心。

是日三人饮酒谈心，至更深夜静方散。北侠与智爷同居一处，智爷又与北侠商议如何搭救沙龙、展昭，便定计策，必须如此如此方妥。商议已毕，方才安歇。

不知如何救他二人，且听下回分解。

第一百十三回　钟太保贻书招贤士　蒋泽长冒雨访宾朋

且说北侠、智化二人商议已毕，方才安歇。到了次日，钟雄将军务料理完时，便请北侠、智爷在书房相会。今日比昨日更觉亲热了，闲话之间，又提起当今之世谁是豪杰，那个是英雄。北侠道：“劣兄却知一个人，惜乎他为宦途羁绊，再也不能到此。”钟雄道：“是何样人物？姓甚名谁？”北侠道：“就是开封府的四品带刀护卫展昭，字熊飞，为人行侠仗义，济困扶危，人人都称他为南侠，敕封号为御猫，他乃当世之豪杰也。”钟雄听了，哈哈大笑道：“此人现在小弟寨中，兄长如何说他不能到此？”北侠故意吃惊道：“南侠如何能够到此地呢？劣兄再也不信。”钟雄道：“说起来话长。襄阳王送了一个坛子来，说是大闹东京锦毛鼠白玉堂的骨殖，交到小弟处。小弟念他是个英雄，将他葬在五峰岭上，小弟还亲身祭奠一回。唯恐有人盗去此坛，就在那坟冢前刨了个梅花堑坑，派人看守，以防不虞。不料迟不多日，就拿了二人，一个是徐庆，一个是展昭。那徐庆已然脱逃。展昭弟也素所深知，原要叫他做个帮手，不想他执意不肯，因此把他囚在碧云崖下。”北侠暗暗欢喜，道：“此人颇与劣兄相得，待明日做个说客，看是如何。”

智化接言道：“大哥既能说南侠，小弟还有一人，亦可叫他投诚。”钟雄道：“贤弟所说之人是谁呢？”智化道：“说起此人，也是有名的豪杰。他就在卧虎沟居住，姓沙名龙。”钟雄道：“不是拿蓝骁的沙员外吗？”智化道：“正是。兄何以知道？”钟雄道："劣兄想此人久矣，也曾差人去请过，谁知他不肯来。后来闻得黑狼山有失，劣兄还写一信与襄阳王，叫他把此人收服，就叫他把守黑狼山，却是人地相宜。至今未见回音，不知事体如何。"智化道："既是兄长知道此人，小弟明日就往卧虎沟便了。大约小弟去了，他没有不来之理。"钟雄听了大乐。三个人就在书房饮酒用饭，不必细表。

至次日，智化先要上卧虎沟。钟雄立刻传令开了寨门，用小船送出竹栅。过了五孔桥，他却不奔卧虎沟，竟奔陈起望而来。进了庄中，庄丁即刻通报。众人正在厅上，便问投诚事体如何。智爷将始末缘由说了一遍，深赞钟雄是个豪杰，惜乎错走了路头，必须设法将这朋友提出苦海方好。又将与欧阳兄定计，搭救展大哥与沙大哥之事说了。蒋平道："事有凑巧，昨晚史云到了。他说因找欧阳兄，到了茉花村，说与丁二爷起身。他又赶到襄阳，见了张立，方知欧阳兄、丁二弟与智大哥俱在按院那里。他又急急赶到按院衙门，卢大哥才告诉他说，咱们都上陈起望了。他重新又到这里来，所以昨晚才到。"智化听了，即将史云叫来，问他按院衙门可有什么事。史云道："我也曾问了。卢大爷叫问众位爷们好，说衙门中甚是平安，颜大人也好了，徐三爷也回去了。诸事妥当，请诸位爷们放心。"智化道："你来得正好，歇息两日急速回卧虎沟，告诉孟、焦二人，叫他将家务派妥当人管理，所有渔户、猎户人等，凡有本领的齐赴襄阳太守衙门。"丁二爷道："金老爷那里如何住得许多人呢？"智化笑道："劣兄早已预料，已在汉皋那里修葺下些房屋。"陆彬道："汉皋就是方山，在府的正北上。"智化道："正是此处，张立尽知。到了那里见了张立，便有住居之处了。"说罢，大家入席饮酒。

蒋平问道："钟雄到底是几时生日？"智化道："前者结拜时已叙过了，还早呢，尚有半月的工夫。我想要制伏他，就在那生日。趁在忙乱之时，须要设法把他请至此处，你我众弟兄以大义开导他，一来使他信服，二来把圣旨、相谕说明，他焉有不倾心向善之理。"丁二爷道："如此说来，不用再设别法，只要四哥到柳员外庄上，赢了柳青，就请带了断魂香来。临期如此如此，岂不大妙？"智化点头道："此言甚善。不知四弟几时才去？"蒋平道："原定于十日后，今刚三日，再等四五天，小弟再去不迟。"智化道："很好。我明日回去，先将沙大哥救出。然后暗暗探他的事件，掌他的权衡，那时就好说了。"这一日大家聚饮欢呼，至三鼓方散。

第二日，智化别了众人，驾一小舟，回至水寨见了钟雄。钟雄问道："贤弟回来的这等快？"智化道："事有凑巧，小弟正往卧虎沟进发，恰好途中遇见卧虎沟来人。问及沙员外，原来早被襄阳王拿去囚在王府了。因此急急赶回，与兄长商议。"钟雄道："似此如之奈何？"智化道："据小弟想来，襄阳王既囚沙龙，必是他不肯顺从。莫若兄长写书一封，就说咱们这里招募了贤豪，其中颇有与沙龙至厚的，若要将他押至水寨，叫这些人劝他归降，他断无不依的。不知兄长意下如何？"钟雄道："此言甚善，就求贤弟写封书信罢。"智化立刻写了封恳切书信，派人去了。智化又问："欧阳兄说的南侠如何？"钟雄道："昨日去说，已有些意思，今日又去了。"正说间，虞候报:“欧阳老爷回来了。”钟雄、智化连忙迎出来,问道:“南侠如何不来?”北侠道:“劣兄说至再三,南侠方才应允,务必叫亲身去请,一来见贤弟诚心,二来他脸上觉得光彩。”智化在旁帮衬道:“兄长既要招募贤豪,理应折节下士,此行断不可少。”钟雄慨然应允,于是大家乘马到了碧云崖。这原是北侠做就活局,重新给他二人见了,彼此谦逊了一番,方一同回转思齐堂。四个人聚饮谈心,欢若平生。

再说那奉命送信之人到了襄阳王那里,将信投递府内。谁知襄阳王看了此书,暗暗合了自己心意,恨不得沙龙立时归降自己,好做帮手。急急派人押了沙龙,送至军山。送信人先赶回来,报了回信。智化便对钟雄道:“沙员外既来了,待小弟先去迎接。仗小弟舌上钝锋,先与他陈说厉害,再以交谊规劝,然后述说兄长礼贤下士。如此谆谆劝勉,包管投诚无疑矣。”钟雄听了大悦,即刻派人备了船只,开了竹寨。他只知智化迎接沙龙递信,哪知他们将圈套细说明白。一同进了水寨,把沙龙安置在接官厅上,他却先来见了钟雄,道:“小弟见了沙员外,说至再三,沙员外道他在卧虎沟虽非簪缨,却乃清白的门楣,只因误遭了赃官局骗,以致被获遭擒,已将生死置之度外,既不肯归降襄阳王,如何肯投诚钟太保呢。”钟雄道:“如此说来,这沙员外是断难收服的了。”智化道:“亏了小弟百般的苦劝,又述说兄长的大德,他方说道:‘为人要知恩报恩,既承寨主将俺救出囹圄之中,如何敢忘大德。话要说明了,俺若到了那里,情愿以客自居,所有军务之事概不与闻,止于是相好朋友而已。倘有急难之处用着俺时,必效犬马之劳,以报今日之德。’小弟听他这番言语,他是怕堕了家声,有些留恋故乡之意。然而既肯以朋友相许,这是他不肯归伏之归伏了。若再谆谆,又恐他不肯投诚。因此安置他在接官厅上,特来告禀兄长得知。”北侠在旁答道:“只要肯来便好说了,什么客不客呢,全是好朋友罢了。”钟雄笑道:“诚哉是言也!还是大哥说的是。”南侠道:“咱们还迎他不迎呢?”智化道:“可以不必远迎,止于在宫门接接就是了。小弟是要先告辞了。”

不多时智化同沙龙到来,上了泊岸,望宫门一看,见多少虞候侍立,宫门之下钟太保与南、北二侠等候。智化导引在前,沙龙在后,登台阶,两下彼此迎凑。智化先与钟雄引见。沙龙道:“某一介鲁夫,承寨主错爱,实实叨恩不浅。”钟雄道:“久慕英名,未能一见。今日幸会,何乐如之!”智化道:“此位是欧阳兄,此位是展大哥。”沙龙一一见了,又道:“难得南、北二侠俱各在此,这是寨主威德所致。我沙龙今得附骥,幸甚吓,幸甚!”钟雄听了,甚为得意。彼此来至思齐堂,分宾主坐定。钟雄又问沙龙如何到了襄阳那里。沙龙便将县宰的骗局说了:“若不亏寨主救出囹圄,俺沙某不复见天。实实受惠良多,改日自当酬报。”钟雄道:“你我做豪杰的乃是常事,何足挂齿。”沙龙又故意的问了问南、北二侠,彼此攀话,酒宴已设摆下了。钟雄让沙龙,沙龙谦让再三,寨主长,寨主短。钟雄是个豪杰,索性叙明年庚,即以兄长呼之,真是英雄的本色。沙龙也就磊磊落落,不闹那些虚文。

饮酒之间,钟雄道:“难得今日沙兄长到此,足慰平生。方才智贤弟已将兄长的豪志大度说明,沙兄长只管在此居住,千万莫要拘束,小弟绝不有费清心。唯有欧阳兄、展兄小弟还要奉托，替小弟操劳。从今后，水寨之事求欧阳兄代为管理；旱寨之事原有妻弟姜铠料理，恐他一人照应不来，求展兄协同经理；智贤弟做个统辖，所有两寨事务全要贤弟稽查。众位弟兄如此分劳，小弟就可以清闲自在，每日与沙大哥安安静静的盘桓些时，庶不负今日之欢聚，素日之渴想。”智化听了，正合心意，也不管南、北二侠应与不应，他就满口应承。是日，四人尽欢而散。到了次日，钟雄传谕大小头目：所有水寨事务俱回北侠知道，旱寨事务俱回南侠与姜爷知道；倘有两寨不合宜之事，俱各会同智化参酌。不上五日工夫，把个军山料理得益发整齐严肃，所有大小头目、兵丁无不欢呼颂扬。钟雄得意扬扬，以为得了帮手，乐不可言。哪知这些人全是算计他的呢！

且说蒋平在陈起望，到了日期应当起身，早别了丁二爷与陆、鲁二人，竟奔柳家庄而来。此时正在深秋之际，一路上黄花铺地，落叶飘飘，偏偏的阴云密布，淅淅沥沥下起雨来。蒋爷以为深秋没有什么大雨，因此冒雨前行。谁知细雨蒙蒙，连绵不断，刮来金风瑟瑟，遍体清凉。低头看时，浑身皆湿。再看天光，已然垂暮。又算计柳家庄尚有四十五里之遥，今日断不能到。幸亏今日是十日之期，就是明日倒也不为迟。因此要找个安身之处，且歇息避雨。往前又赶行了几里，好容易见那边有座庙宇，急急奔到山门，敲打声唤，再无人应。心内甚是踌躇，更兼浑身皆湿，秋风飕来，冷不可挡。自己说道：“厉害！真是一场秋雨一场寒。这可怎么好呢？”只见那边柴扉开处，出来一老者，打着一把半零不落的破伞。见蒋平瘦弱身躯，犹如水鸡儿一般，嘻嘻呵呵的，心中不忍，便问道：“客官想是走路远了，途中遇雨。如不憎嫌，何不到我豆腐房略为避避呢。”蒋平道：“难得老丈大发慈悲，只是小可素不相识，怎好搅扰。”老丈道：“有甚要紧。但得方便地，何处不为人。休要拘泥，请呀！，’蒋平见老丈诚实，只得随老丈进了柴扉。

不知老丈是谁，且听下回分解。

第一百十四回　忍饥挨饿进庙杀僧　少水无茶开门揖盗

且说蒋平进了柴扉，一看却是三间茅屋，两明间有磨与屜板、罗桶等物，果然是个豆腐房。蒋平先将湿衣脱下，拧了一拧，然后抖晾。这老丈先烧了一碗热水，递与蒋平。蒋平喝了几口，方问道：“老丈贵姓？”老丈道：“小老儿姓尹，以卖豆腐为生。膝下并无儿女，有个老伴儿，就在这里居住。请问客官贵姓？要往何处去呢？”蒋平道：“小可姓蒋，要上柳家庄找个相知，不知此处离那里还有多远？”老丈道：“算来不足四十里之遥。”说话间，将壁灯点上。见蒋平抖晾衣服，即回身取了一捆柴草来，道：“客官，就在那边空地上将柴草引着，又向火，又烘衣，只是小心些就是了。”蒋平深深谢了，道：“老丈放心，小可是晓得的。”尹老儿道：“老汉动转一天，也觉乏了。客官烘干衣服，也就歇息罢，恕老汉不陪了。”蒋平道：“老丈但请尊便。”尹老儿便向里屋去了。蒋平这里向火烘衣，及至衣服烘干，身体暖和，心里却透出饿来了。暗道：“自我打尖后只顾走路，途中再加上雨淋，竟把饿忘了，说不得只好忍一夜罢了。”便将破床掸了掸，倒下头，心里想着要睡。哪知肚子不做劲儿，一阵阵咕噜噜的乱响，闹得心里不得主意，唿唿唿的乱跳起来。自己暗道：“不好，索性不睡得好。”将壁灯剔了一剔，悄悄开了屋门，来到院内。仰面一看，见满天星斗，原来雨住天晴。

正在仰望之间，耳内只听兵兵梆梆犹如打铁一般。再细听时，却是兵刃交加的声音。心内不由得一动，思忖道：“这样荒僻去处，如何夤夜比武呢？倒要看看。”登时把饿也忘了，纵身跳出土墙，顺着声音一听，恰好就在那边庙内。急急紧行几步，从庙后越墙而过。见那边屋内灯光明亮，有个妇人啼哭，连忙挨身而入。妇人一见，唬的惊惶失色。蒋爷道：“那妇人休要害怕，快些说明为何事来，俺好救你。”那妇人道：“小妇人姚王氏，只因为与兄弟回娘家探望，途中遇雨，在这庙外山门下避雨，被僧人开门看见，将我等让至前面禅堂。刚刚坐下，又有人击户，也是前来避雨的。僧人道前面禅堂男女不便，就将我等让在这里。谁知这僧人不怀好意，到了一更之后，提了利刃进来时，先将我兄弟踢倒，捆缚起来，就要逼勒于我。是小妇人着急喊叫。僧人道：‘你别嚷！俺先结果了前面那人，回来再和你算账。’因此提了利刃，他就与前面那人杀起来了。望乞爷爷搭救搭救。”

蒋爷道：“你不必害怕，待俺帮那人去。”说罢，回身见那边立着一根门闩，拿在手中，赶至跟前。见一大汉左右躲闪，已不抵敌。再看和尚上下翻腾，堪称对手。蒋爷不慌不忙，将门闩端了个四平，仿佛使枪一般，对准那僧人的肋下，一言不发尽力地一戳。那僧人只顾赶杀那人，哪知他身后有人戳他呢，冷不防觉得左肋痛彻心髓，翻跟头栽倒尘埃。前面那人见僧人栽倒，赶上一步，抬脚往下一跺，只听的啪的一声，僧人的脸上已然着重。这僧人好苦，临死之时，先挨一戳，后挨一跺，“嗳哟”一声，手一扎煞，刀已落地。蒋爷撇了门闩，赶上前来，抢刀在手，往下一落，这和尚登时了帐。叹他身入空门，只因一念之差，枉自送了性命。

且说那人见蒋平杀了和尚，连忙过来施礼，道：“若不亏恩公搭救，某险些儿丧在僧人之手。请问尊姓大名？”蒋平道：“俺姓蒋名平。足下何人？”那人道：“阿呀，原来是四老爷么！小人龙涛。”说罢拜将下去。蒋四爷连忙搀起问道：“龙兄为何到此？”龙涛道：“自从拿了花蝶与兄长报仇，后来回转本县缴了回批，便将捕快告退不当。躲了官人的辖制，自己务了农业，甚是清闲。只因小人有个姑母，别了三年，今日特来探望。不料途中遇雨，就到此庙投宿，忽听后面声嚷救人，正欲看视，不想这个恶僧反来寻我。小人与他对垒，不料将刀磕飞。可恶僧人好狠，连搠几刀，皆被我躲过。正在危急，若不亏四老爷前来，性命必然难保，实属再生之德。”蒋平道：“原来如此，你我且到后面救那男女二人要紧。”

蒋平提了那僧人的刀在前，龙涛在后跟随，来到后面，先将那男人释放，姚王氏也就出来叩谢。龙涛问道："这男女二人是谁？"蒋爷道："他是姊弟二人，原要回娘家探望，也因避雨，误被恶僧诓进。方才我已问过，乃是姚王氏。"龙涛道："俺且问你，你丈夫他可叫姚猛吗？"妇人道："正是。"龙涛道："你婆婆可是龙氏吗？"妇人道："益发是了，不幸婆婆已于去年亡故了。"龙涛听说他婆婆亡故了，不觉放声大哭，道："啊呀，我那姑母吓！何得一别三年就做了故人了。"姚王氏听如此说，方细看了一番，猛然想起道："你敢是龙涛表兄哥哥吗？"龙涛此时哭得说不上话来，止于点头而已。姚王氏也就哭了。蒋爷见他等认了亲戚，便劝龙涛止住哭声。龙涛便问道："表弟近来可好？"叙了多少话语。龙涛又对蒋爷谢了，道："不料四老爷救了小人，并且救了小人的亲眷。如此恩德，何以答报？"蒋爷道："你我至契好友，何出此言？龙兄，你且同我来。"龙涛不知何事，跟着蒋爷。左寻右找，到了厨房，现成的灯烛，仔细看时，不但有菜蔬馒首，并有一瓶好烧酒。蒋爷道："妙极，妙极。我是实对龙兄说罢，我还没吃饭呢。"龙涛道："我也觉得饿了。"蒋爷道："来罢，来罢，咱们搬着走，大约他姐儿两个也未必吃饭呢。"龙涛见那边有个方盘，就拿出那当日卖煎饼的本事来了，端了一方盘。蒋爷提了酒瓶，拿了酒杯、碗、碟、筷子等，一同来到后面来。姐儿两个果然未进饮食。却不喝酒，就拿了菜蔬点心在屋内吃。蒋爷与龙涛在外间一壁饮酒，一壁叙话。龙涛便问蒋爷何往。蒋爷便叙述已往情由，如今要收服钟雄，特到柳家庄，找柳青要断魂香的话说了一遍。龙涛道："如此说来，众位爷们俱在陈起望。不知有用小人处没有？"蒋爷道："你不必问哪！明日送了令亲去，你就到陈起望去就是了。"龙涛道："既如此，我还有个主意。我这个表弟姚猛，身量魁梧，与我不差上下，他不过年轻些。明日我与他同去如何？"蒋平道："那更好了。到了那里，丁二爷你是认得的，就说咱们遇着了。还有一宗，你告诉丁二爷，就求陆大爷写一封荐书，你二人直奔水寨，投在水寨之内。现有南、北二侠，再无有不收录的。"龙涛听了，甚是欢喜。

二人饮酒多时，听了听已有鸡鸣，蒋平道："你们在此等候我，我去去就来。"说罢，出了屋子，仍然越过后墙，到了尹老儿家内，又越了土墙，悄悄来至屋内。见那壁上灯点的半明不灭的，重新剔了一剔，故意地咳嗽。尹老儿惊醒，伸腰欠口道："天是时候了，该磨豆腐了。"说罢，起来出了里屋，见蒋爷在床上坐着，便问道："客官起来的恁早，想是夜静有些寒凉。"蒋平道："此屋还暖和，多承老丈挂心。天已不早了，小可要赶路了。"尹老儿道："何必忙呢，等着热热地喝碗浆，暖暖寒，再去不迟。"蒋爷道："多承美意，改日叨扰罢。小可还有要紧事呢。"说着话，披上衣服，从兜肚中摸了一块银子，足有二两重，道："老丈，些须薄礼，望乞笑纳。"老丈道："这如何使得。客官在此屈尊一夜，费了老汉什么，如何破费许多呢？小老儿是不敢受的。"蒋爷道："老丈休要过谦，难得你一片好心。再要推让，反觉得不诚实了。"说着话便塞在尹老儿袖内。尹老儿还要说话，蒋爷已走到院内。只得谢了又谢，送出柴扉，彼此执手。那尹老儿还要说话，见蒋爷已走出数步，只得回去，掩上柴扉。

蒋爷仍然越墙进庙。龙涛便问:“上何方去了?”蒋爷将尹老儿留住的话说了一遍。龙涛点头道:“四老爷做事真个周到。”蒋平道:“咱们也该走了。龙兄送了令亲之后,便与令表弟同赴陈起望便了。”龙涛答应。四人来至山门,蒋爷轻轻开了山门,往外望了一望,悄悄道:“你三人快些去吧。我还要关好山门,仍从后墙而去。”龙涛点头,带领着姊弟二人扬长去了。蒋爷仍将山门闭妥,又到后面检点了一番,就撂下这没头脑的事儿,叫地面官办去罢了。他仍从后墙跳出,溜之乎也。一路观看清景,走了二十余里,打了早尖。及至到了柳家庄,日将西斜。自己暗暗道:“这么早到那里做什么,且找个僻静的酒肆,沽饮几杯,知他那里如何款待呢?别像昨晚饿得抓耳挠腮,若不亏那该死的和尚预备下,我如何能够吃到十二分。”心里想着,早见有个村店酒市,仿佛当初大夫居一般,便进去拣了座头坐下。酒保儿却是个少年人,暖了酒,蒋爷慢慢消饮。暗听别的座上三三两两讲论,柳员外这七天的经忏费用不少,也有说他为朋友尽情真正难得的;也有说他家内充足,耗财买脸儿的:又有那穷小子苦混混儿说:“可惜了儿的,交朋友已经过世就是了,人在人情在,那里犯的上呢?若把这七天费用帮了苦哈哈,包管够过一辈子的。”蒋爷听了暗笑。酒饮够了,又吃了些饭。看看天色已晚,会了钱钞,离了村店,来到柳青门首,已然掌灯,连忙击户。

只见里面出来了个苍头,问道:“什么人?”蒋爷道:“是我。你家员外可在家吗?”苍头将蒋爷上下打量一番,道:“俺家员外在家等贼呢!请问尊驾贵姓?”蒋爷听了苍头之言,有些语辣,只得答道:“我姓蒋,特来拜望。”苍头道:“原来是贼爷到了,请少待。”转身进去了。蒋爷知道,这是柳青吩咐过了,毫不介意,只得等候。不多时,只见柳青便衣、便帽出来,执手道:“姓蒋的,你竟来了,也就好大胆呢!”蒋平道:“劣兄既与贤弟定准日期,劣兄若不来,岂不叫贤弟呆等吗?”柳青说:“且不要论弟兄,你未免过于不自量了。你既来了,只好叫你进来说罢。”也不谦让,自己却先进来。蒋爷听了此话,见此光景,只得忍耐。刚要举步,只见柳青转身,奉了一揖,道:“我这一揖,你可明白?”蒋爷笑道:“你不过是开门揖盗罢了,有甚难解。”柳青道:“你知道就好。”说着便引到西厢房内。蒋爷进了西厢房一看,好样儿,三间一通连,除了一盏孤灯,一无所有,止于迎门一张床,别无他物。蒋爷暗道:“这是什么意思?”只听柳青道:“姓蒋的,今日你既来了,我要把话说明了。你就在这屋内居住,我在对面东屋内等你。除了你我,再无第三人,所有我的仆妇人等,早已吩咐过了,全叫他们回避。就是前次那枝簪子,你要偷到手内,你便隔窗儿叫一声说:‘姓柳的,你的簪子我偷了来了。’我在那屋里,在头上一摸果然不见了,这是你的能为。不但偷了来,还要送回去。再迟一会你能够送去,还是隔窗叫一声:‘姓柳的,你的簪子我还了你了。’我在屋内,向头上一摸,果然又有了。若是能够如此,不但你我还是照旧的弟兄,而且甘心佩服,就是叫我赴汤蹈火,我也是情愿的。”蒋爷点头笑道:“就是如此。贤弟到了那时,别又后悔。”柳青道:“大丈夫说话那有改悔!”蒋爷道:“很好,很好! 贤弟请了。”

不知果能否,且听下回分解。

第一百十五回 随意戏耍智服柳青 有心提防结交姜铠

且说柳青出了西厢房,高声问道:“东厢房炭烛、茶水、酒食等物俱预备妥当了没有?”只听仆从应道:“俱已齐备了。”柳青道:“你们俱各回避了,不准无故的出入。”又听妇人声音说道:“婆子丫鬟,你们惊醒些。今晚把贼关在家里,知道他净偷簪子,还偷首饰呢?”早有个快嘴丫鬟接言道:“奶奶请放心吧,奴婢将裤腿带子都收什过了,外头任嘛儿也没有了。”妇人嗔道:“多嘴的丫头子! 进来罢,不要混说了!”这说话的,原来是柳娘子。蒋爷听在心内,明知是说自己,置若罔闻。

此时已有二鼓,柳青来至东厢房内,抱怨道:“这是从那里说起! 好好的美寝不能安歇,偏偏的这盆炭火也不旺了,茶也冷了,这还要自己动转。也不知是什么时候才偷,真叫人等得不耐烦。”忽听外面他拉他拉的声响,猛见帘儿一动,蒋爷从外面进来,道:“贤弟不要抱怨。你想你这屋内又有火盆,又有茶水,而且糊裱的严紧,铺设的齐整。你瞧瞧我那屋子,犹如冰窖一般,八下里冒风,连个铺垫也没有。方才躺了一躺,实在难受。我且在这屋子里暖和暖和。”柳青听了此话,再看蒋爷头上只有网巾,并无头巾,脚下趿拉着两只鞋,是躺着来着,便说道:“你既嚷冷,为什么连帽子也不带?”蒋爷道:“那屋里什么全没有,是我刚才摘下头巾枕着来,一时寒冷,只顾往这里来,就忘了戴了。”柳青道:“你坐坐也该过去了。你有你的公事,早些完了,我也好歇息。”蒋爷道:“贤弟,你真个不讲交情了。你当初到我们陷空岛,我们是何等待你。我如今到了这里,你不款待也罢了,怎么连碗茶也没有呢?”柳青笑道:“你这话说得可笑! 你今日原是来偷我来了,既是来偷我,我如何肯给你预备茶水呢? 你见世界上有给贼预备妥当了,再等他来偷的道理吗?”蒋平也笑道:“贤弟说的也是。但只一件,世界上有这么明灯蜡烛等贼来偷的吗? 你这不是开门揖盗,竟是对面审贼了。”柳青将眼一瞪道:“姓蒋的,你不要强辩饶舌。你纵能说,也不能说了我的簪子去。你趁早儿打主意便了。”蒋爷道:“若论盗这簪子,原不难,我只怕你不戴在头上,那就难了。”柳青登时生起气来,道:“那岂是大丈夫所为?”便摘下头巾,拔下簪子,往桌上一掷,道:“这不是簪子,谁还哄你不成? 你若有本事就拿去。”蒋平老着脸儿,伸手拿起,揣在怀内道:“多谢贤弟。”站起来就要走。柳青微微冷哂道:“好个翻江鼠蒋平! 俺只当有什么深韬广略,敢则是猥琐惫赖。可笑吓,可笑!”蒋平听了,将小眼一瞪,瘦脸儿一红,道:“姓柳的,你不要信口胡说。俺蒋平堂堂男子,惫赖则甚?”回手将簪子掏出,也往桌上一掷,道:“你提防着,待我来偷你！”说罢，转身往厢房去了。

柳青自言自语道：“这可要偷了，须当防备。”连忙将簪子别在头上，却不曾戴上头巾，两只眼睛睁睁的往屋门瞅着，以为看他如何进来，怎么偷法。忽听蒋爷在西厢房说道：“姓柳的，你的簪子我偷了来了。”柳青吓了一跳，急将网巾摘下，摸了一摸，簪子仍在头上，由不得哈哈大笑道：“姓蒋的，你是想簪子想疯了心了。我这簪子好好还在头上，如何被你偷去？”蒋平接言道：“那枝簪子是假的，真的在我这里。你不信，请看那枝簪子背后没有暗‘寿’字儿。”柳青听了，拔下来仔细一看，宽窄长短分毫不错，就只背后缺少“寿”字儿。柳青看了，暗暗吃惊，连说“不好”，只得高声嚷道：“姓蒋的，偷算你偷去。看你如何送来？”蒋爷也不答言。

柳青在灯下赏玩那枝假簪，越看越像自己的，心中暗暗罕然，道：“此簪自从在五峰岭上，他不过月下看了一看，如何就记得这般真切？可见他聪明至甚。而且方才他那安安详详的样儿，行所无事，想不到他抵换如此之快。只他这临事好谋，也就令人可羡。”复又一转念，猛然想起：“方才是我不好了。绝不该合他生气，理应参悟他的机谋，看他如何设法儿才是。只顾暴躁，竟自人了他的术中。总而言之，是我量小之故。且看他将簪子如何送回，千万再不要动气了。”等了些时不见动静，便将火盆拨开，温暖了酒，自斟自饮，怡然自得。

忽听蒋爷在那屋张牙欠口，打哈欠道：“好冷！夜静了，更觉凉了。”说着话，他拉他拉又过来了，恰是刚睡醒了的样子，依然没戴帽子。柳青拿定主意，再也不动气，却也不理蒋爷。蒋爷道：“好吓，贤弟会乐吓！屋子又和暖，又喝着酒儿，敢则好吓。劣兄也喝杯儿，使得使不得呢？”柳青道：“这有什么呢。酒在这里，只管请用。你可别忘了送簪子。”蒋爷道：“实对贤弟说，我只会偷，不会送。”说罢，端起酒杯一饮而尽，复又斟上，道：“我今日此举不过游戏而已。劣兄却有紧要之事奉请贤弟。”柳青道：“只要送回簪子来，叫我那里去我都跟了去。”蒋爷道：“咱们且说正经事。”他将大家如何在陈起望聚义，欧阳春与智化如何进的水寨，怎么假说展昭，智诓沙龙，又怎么定计在他生辰之日收服钟雄，特着我来请贤弟用断魂香的话，哩哩啰啰说个不了。柳青听了，唯唯诺诺，毫不答言。蒋爷又道：“此乃国家大事，我等钦奉圣旨，谨遵相谕，捉拿襄阳王。必须收服了钟雄，奸王便好说了。说不得贤弟随劣兄走走。”柳青听了这一番言语，明是提出圣旨相谕押派着，叫我跟了他去，不由得气往上撞。忽然转念道：“不可，不可。这是他故意的招我生气，他好于中取事，行他的谲诈。我有道理。”便嘻嘻笑道：“这些事都是你们为官做的，与我这平民何干？不要多言，还我的簪子要紧。”蒋爷见说他不动，赌气子带上桌上头巾，他拉他拉出门去了。柳青这里又奚落他道：“那帽子当不了被褥，也搪不了寒冷。原来是个抓帽子贼，好体面哪！”蒋爷回身进来道：“姓柳的，你不要嘲笑刻薄，谁没个无心中呢，这也值得说这些没来由的话。”说罢，将他的帽子劈面摔来。柳青笑嘻嘻双手接过，戴在头上道：“我对你说，我再也不生气的。漫说将我的帽子摔来，就是觌面唾我，我也是容他白干，绝不生气。看你有什么法子？”蒋爷听了此言，无奈何的样儿，转回西厢房内去了。

柳青暗暗欢喜，以为不动声色是绝妙的主意了。又将酒温了一温，斟上刚要喝时，只听蒋爷在西厢房内说道："姓柳的，你的簪子我还回去了。"柳青连忙放下酒杯，摘去头巾，摸了一摸，并无簪子，又见那枝假的仍在桌上放着。又听蒋爷在那屋内说道："你不必犹疑，将帽子里儿看看就明白了。"柳青听了，即将帽子翻过看时，那枝簪子恰好别在上面，不由地倒抽了一口气道："好吓，真真令人不测！"再细想时，更省悟了："敢则他初次光头过来，就为二次还簪地步。这人的智略机变，把我的喜怒全叫他体谅透了，我还和他闹什么？"

正在思索，只见蒋爷进来，头巾也戴上了，鞋也不趿拉着了，早见他一躬到地。柳青连忙站起，还礼不迭。只听蒋爷道："贤弟，诸事休要挂怀。恳请贤弟跟随劣兄走走，成全朋友要紧。"柳青道："四兄放心，小弟情愿前往。"于是把蒋爷让至上位，自己对面坐了。蒋爷道："钟雄为人豪侠，是个男子，因众弟兄计议，务要把他劝化回头方是正理。"柳青道："他既是好朋友，原当如此。但不知几时起身？"蒋爷道："事不宜迟，总要在他生日之前赶到方好。"柳青道："既如此，明早起身。"蒋平道："妙极！贤弟就此进内收什去，劣兄还要歇息歇息。实对贤弟说，劣兄昨日一夜不曾合眼，此时也觉乏得很了。"柳青道："兄长只管歇着，天还早呢，足可以睡一觉。恕小弟不陪了。"柳青便进内去了。到了天亮，柳青背了包裹出来，又预备羹汤、点心吃了，二人便离了柳家庄，竟奔陈起望而来。

且说智化作了军山的统辖，所有水旱二寨之事，俱各料理得清清楚楚。这日忽见水寨头目来报道："今有陈起望陆大爷那里来了二人，投书信一封。"说罢，将书呈上。智爷接来，拆阅毕，吩咐道："将他二人放进来。"头目去不多时，早见两个大汉晃里晃荡而来。见了智爷参见道："小人龙涛、姚猛，望乞统辖老爷收录！"智爷见他二人循规蹈矩，颇有礼数，便知是丁二爷教的。不然他两个鲁莽之人，如何懂得"统辖"与"收录"呢？心内甚是欢喜。却又故意问了几句，二人应答的颇好。智爷更觉放心，便将二人带至思齐堂。智爷将书呈上，说明来历，钟雄便要看看来人。智化即唤龙涛、姚猛。二人答应，声若巨雷。及至到了厅上参见大王，那一番腾腾煞气，凛凛威风，真个是方相一般。钟雄看了大乐，道："难得他二人的身材体态竟能一样。很好，我这厅上正缺两个领班头目，就叫他二人充当此差，妙不可言。"龙涛、姚猛听了，连忙叩谢，甚是恭谨。旁边北侠早已认得龙涛，见他举止端详，语言的当，心内也就明白了。是日，沙龙等同钟雄把酒谈心，尽一日之长，到晚方散。智化、北侠暗暗与龙涛打听，如何能够到此。龙涛将避雨遇见蒋爷一节说了，又道："蒋爷不日也就要回来了。自从小人送了表弟妹之后，即刻同着姚猛上路，前日赶到陈起望。丁二爷告诉我等备细，教导了言语，陆大爷写了荐书，所以今日就来了。"智爷道："你二人来得正好，而且又在厅上，更就近了。到了临期，自有用处。千万不要多言，唯有小心谨慎而已。"龙涛道："我等晓得。倘有用我等之处，自当效力。"智化点头，叫他二人去了。然后又与北侠计议一番，方才安歇。

到了次日，他又不惮勤劳，各处稽查。但有不明不知的，必要细细询问。因此这军山之内，由那里到何处，至何方，俱已晓得。他见大小头目虽有多人，皆没甚要紧。唯有姜夫人之弟姜铠，甚是了得，极其耿直。生得凹面金腮，两道浓眉，一张阔口，微微有些髭须，绰号小二郎。他单会使一般器械，名日三截棍，中间有五尺长短，两头俱有铁叶打就，铁环包定，两根短棒足有二尺多。每逢对垒，施展起来，远近皆可打得，英勇非常。智化把他看在眼里，又因他是钟雄的亲戚，因此待他甚好，极其亲近。这二郎见智化志广才高，料事精详，更加喜悦。除了姜铠之外，还有钟雄两个亲信之人，却是同族弟兄武伯南、武伯北，此二人专管料理家务，智化也时常地与他等亲密。他又算计，钟雄生日不过三日就到了，他便托言查阅，悄悄地又到陈起望。恰好蒋爷正与柳青刚到，彼此见了，各生羡慕，喜爱非常。蒋爷便问："龙涛、姚猛到了不曾？"丁二爷道："不但到了，谨遵兄命，已然进了水寨门了。"智化道："昨日他二人去了，我甚忧心。后来见他等的光景甚是合宜，就知是我二弟的传授了。"智化又问蒋爷道："四弟前次所论之事，想柳兄俱已备妥了。今日我就同柳兄进水寨。"柳青道："小弟唯命是从，但不知如何进水寨法。"智化道："我自有道理。"

不知用何计策，且听下回分解。

第一百十六回　计出万全极其容易　算失一着事甚为难

且说智化要将柳青带入水寨，柳青因问如何去法，智化便问柳青可会风鉴。柳青道："小弟风鉴不甚明白，却会谈命。"智化道："也可以使得。柳兄就扮作谈命的先生，到了那里，不过奉承几句，只要混到他的生辰，便完了事了。"柳青依允。智化又向陆、鲁二人道："二位贤弟，大鱼可捕妥了？"陆彬道："早已齐备，俱各养在那里。"智化道："很好，明日就给他送去。只用大船一只，带了渔户去。到那里二位贤弟自然是住下的，却将船只泊在幽僻之处，到了临期，如此如此。"又对丁二爷、蒋四爷说道："二位贤弟务于后日夜间要快船二只，每船水手四名，就在前次砍断竹城之处专等，千万莫误。"

计议已定，智化与柳青来至水寨，见了钟雄，言柳青系算命先生，笔法甚好，"小弟因一人事繁，难以记载，故此带了他来，帮着小弟做个记室。"钟雄见柳青人物轩昂，意甚欢喜。至次日，陆彬、鲁英来至水寨送鱼。钟雄迎至思齐堂，深深谢了。陆彬、鲁英又提写信荐龙涛、姚猛二人。钟雄笑道："难得他二人身体一般，雄壮一样，我已把他二人派了领班头目。"陆彬道："多蒙大王收录。"也就谢了。陆、鲁二人又与沙龙、北侠、南侠、智化见了，彼此欢悦。就将他二人款留住下，为的明日好一同庆寿。

到了次日，智爷早已办的妥协，各处结彩悬花，点缀灯烛，又有笙箫鼓乐，杂剧卢歌，较比往年生辰不但热闹，而且整齐。所有头目、兵丁俱有赏赐，并传令今日概不禁酒，纵有饮醉者亦不犯禁。因此人人踊跃，个个欢欣，无有不称羡统辖之德的。思齐堂上排开华筵，摆设寿礼。大家衣冠鲜明，独有展爷却是四品服色，更觉出众。及至钟雄来到，见众人如此，不觉大乐道："今日小弟贱辰，敢承诸位兄弟如此的错爱，如此的费心，我钟雄何以克当！"说话间，阶下奏起乐来，就从沙龙让起，不肯受礼，彼此一揖。次及欧阳春，也是如此。再又次就是展熊飞，务要行礼。钟雄道："贤弟乃皇家栋梁，相府的辅弼，劣兄如何敢当？还是从权行个常礼罢了。"说罢，先奉下揖去。展爷依旧从命，连揖而已。只见陆彬、鲁英二人上前相让，钟雄道："二位贤弟是客，劣兄更不敢当！"也是常礼，彼此奉揖不迭。此时智化谆谆要行礼，钟雄托住道："若论你我弟兄，劣兄原当受礼，但贤弟代劣兄操劳，已然费心，竟把这礼免了罢。"智化只得行个半礼，钟雄连忙搀起。忽见外面进来一人，扑翻身跪下，向上叩头，原来是钟雄的妻弟姜铠。钟雄急急搀起，还揖不迭。姜铠又与众人一一见了。然后是武伯南、武伯北与龙涛、姚猛，率领大小头目等，一起一起，拜寿已毕。复又安席入座，乐声顿止。堂上觥筹交错，阶前彩戏俱陈。智爷吩咐放了赏钱。早饭已毕，也有静坐闲谈的，也有料理事务的，独有小二郎姜铠却到后面与姜夫人谈了多时，便回旱寨去了。

到了午酒之时，大家俱要敬起寿星酒来。从沙龙起，每人三杯。钟雄难以推却，只得杯到酒干，真是大将必有大量。除了姜铠不在座，现时座中六人俱各敬毕，然后团团围住，刚要坐下，只见白面判官柳青从外面进来，手持一卷纸札道："小可不知大王千秋华诞，未能备礼。仓促之间，无物可敬，方才将诸事记载已毕，特特写得条幅对联，望乞大王笑纳。"说罢，高高奉上。钟雄道："先生初到，如何叨扰厚赐！"连忙接过，打开看时，是七言的对联，乃"唯大英雄能本色，是真名士自风流"，写得颇好，满口称赞道："先生真好书法也。"说罢，奉了一揖。柳青还要拜寿，钟雄断断不肯。智化在旁道："先生礼倒不消，莫若敬酒三杯，岂不大妙？"柳青道："统辖吩咐极是。但只一件，小可理应早间拜祝，因事务冗繁，须要记载，早间是不得闲的，而且条幅、对联俱未能写就。及至得暇写出，偏又不干，所以迟至此时，未免太不恭敬。若要敬酒，必须加倍，方见诚心。小可意欲恭敬三斗，未知大王肯垂鉴否？"钟雄道："适才诸位兄弟俱已赐过，饮的不少了，先生赐一斗罢。"柳青道："酒不喝单，小可奉敬两斗如何？"沙龙道："这却合中，就是如此罢。"欧阳春命取大斗来。柳青斟酒，双手奉上。钟雄匀了三气饮毕，复又斟上，钟雄接过来也就饮了。大家方才入座，彼此传壶告干。七个人算计一个人，钟雄如何敌的住？天未二鼓，钟雄已然酩酊大醉。先前还可支持，次后便坐不住了。

智化见此光景，先与柳青送目。柳青会意去了。此时展爷急将衣服、头巾脱下，转眼间，出了思齐堂便不见了。智化命龙涛、姚猛两个人，将太保钟雄搀至书房安歇。两个大汉一边一个将钟雄架起，毫不费力，搀至书房榻上。此时虽有虞候、伴当，也有饮酒过量的，也有故意偷闲的。柳青暗藏了药物来至思齐堂一看，见座中只有沙龙、欧阳春，连陆、鲁二人也不见了。刚要问时，只见智化从后边而来，看了看左右无人，便叫沙龙、欧阳春道："二位兄长少待，千万不可叫人过去。"即拿起南侠的衣服、头巾，便同柳青来至书房。叫龙涛、姚猛把守门口，就说统辖吩咐，不准闲人出入。柳青又给了每人两丸药塞住鼻孔。然后进了书房，二人也用药塞住鼻孔，柳青便点起香来。

你道此香是何用法？原来是香面子。却有一个小小古铜造就的仙鹤，将这香面装在仙鹤腹内，从背后下面有个火门，上有螺蛳转的活盖，拧开点着，将盖盖好。俟腹内香烟涨足，无处发泄，只见一缕游丝从仙鹤口内喷出。人若闻见此烟，香透脑髓，散于四肢，登时体软如绵，不能动转。须到五鼓鸡鸣之时方能渐渐苏醒，所以叫作鸡鸣五鼓断魂香。彼时柳青点了此香，正对钟雄鼻孔。酒后之人呼吸之气是粗的，呼的一声已然吸进，连打两个喷嚏，钟雄的气息便微弱了。柳青连忙将鹤嘴捏住，带在身边。立刻同智化将展昭衣服与钟雄换了，龙涛背起，姚猛紧紧跟随，来至大厅。智化、柳青也就出来，会同沙龙、北侠，护送至宫门。智化高声说道："展护卫醉了，你等送至旱寨，不可有误。"沙龙道："待我随了他们去。"北侠道："莫若大家走走，也可以散酒。"说罢，下了台阶。这些虞候人等，一来是黑暗之中不辨真假，二来是大家也有些酒意，三来白日看见展昭的服色，他们如何知道飞叉太保竟被窃负而逃呢。

且说南侠原与智化定了计策，特特的穿了护卫服色，炫人眼目，为的是临期人人皆知，不能细查。自脱了衣巾之后，出了厅房，早已踏看了地方，按方向从房上跃出，竟奔东南犄角。正走之间，猛听得树后悄声道："展兄这里来，鲁英在此。"展爷问道："陆贤弟呢？"鲁二爷道："已在船上等候。"展爷急急下了泊岸。陆彬接住，叫水手摇起船来，却留鲁英在此等候众人。水手摇至砍断竹城之处，击掌为号，外面应了，只听大竹嗤嗤嗤全然挺起。丁二爷先问道："事体如何？"陆爷道："功已成了。今先送展兄出去，少时众位也就到了。"外面的即将展爷接出。陆彬吩咐将船摇回，刚到泊岸之处，只见姚猛背了钟雄前来。自从书房到此，皆是龙涛、姚猛替换背来。欧阳春、沙龙先跳在船上，接下钟雄。然后柳青、龙涛、姚猛俱各上船。鲁英也要上船，智化拉住道："二弟，咱们仍在此等。"鲁英道："众弟兄俱在此，还等何人？"智化道："不是等人，是等船回来，你我同陆贤弟，还是出水寨为是。"鲁英只得刹住脚步。不多工夫，船回来了。鲁二爷与智化跳到船上，也不细问，便招动令旗，开了竹栅，出了水寨，竟奔陈起望而来。

及至到了庄门，那两只船早已到了。三个人下船进庄，早见沙龙等迎出来，道："方才何不一同来呢，务必绕了远道则甚？"智化道："小弟若不出水寨，少时如何进水寨呢？岂不自相矛盾吗？"丁二爷道："智大哥还回去做什么？"智化道："二弟极聪明之人，如何一时忘起神来。我等只顾将钟太保诓来，他们那里如何不找呢？别人罢了,现有钟家嫂嫂,两个侄儿、侄女,难道他们不找吗?若是知道被咱们诓来,这一惊骇,不定要生出什么事来。咱们原为收服钟太保,若叫妻子儿女有了差池,只怕他也就难乎为情了。”众人深以为然。智化来到厅上,见把钟雄安放在榻上,却将展爷衣服脱下,又换了一身簇新的渔家服色。智爷点头。见诸事已妥,便对沙龙、北侠道:“如到五更,大哥苏醒之后,全仗二位兄长极力地劝谏,以大义开导,保管他倾心佩服。天已不早了,小弟要急急回去。”又对众人嘱咐一番,务必帮衬着说降了钟雄要紧。智爷转身出庄,陆彬送至船上。智爷催着水手赶进水寨时,已三鼓之半。

这一回去不甚紧要,智爷险些儿性命难保。你道为何?只因姜氏夫人带领着儿女,在后堂备了酒筵,也是要与钟雄庆寿。及至天已二鼓,不见大王回后,便差武伯南到前厅看视,得便请来。武伯南领命,来至大厅一看,静悄悄寂无人声。好容易找着虞候等,将他们唤醒,问:“大王那里去了?”这虞候酒醉醺醺,睡眼朦胧道:“不在厅上,就在书房,难道还丢了不成。”武伯南也不答言,急急来至书房。但见大王的衣冠在那里,却不见人。这一惊非同小可,连忙拿了衣冠,来至后堂禀报。姜夫人听了,惊的目瞪痴呆。这亚男、钟麟听说父亲不见了,登时哭起来了。姜夫人定了定神,又叫武伯南到宫门问问,众位爷们出来不曾。武伯南到了宫门,方知展护卫醉了,俱各送入旱寨。武伯南立刻派人到旱寨迎接,转身进内回禀。姜夫人心中稍安。迟不多时,只见上旱寨的回来说道:“不但众位爷们不见,连展爷也未到旱寨。现时姜舅爷已带领兵丁各处搜查去了。”姜夫人已然明白了八九,暗道:“南侠他乃皇家四品官员,如何肯归服大王?如此看来,不但南侠,大约北侠等都也故意前来,安心设计要捉拿我夫主的。我丈夫既被拿去,岂不绝了钟门之后!”思忖至此,不由得胆战心惊。

正在害怕,忽见姜铠赶来,说道:“不好了!兄弟方才到东南角上,见竹城砍断,大约姐夫被他等拿获,从此逃走的。这便如何是好?”谁知姜铠是一勇之夫,毫无一点儿主意。姜夫人听了正合自己心思,想了想再无别策,只好先将儿女打发他们逃走了,然后自己再寻个自尽罢。就叫姜铠把守宫门,立刻将武伯南、武伯北弟兄唤来,道:“你等乃大王亲信之人。如今大王遭此大变,我也无可托付,唯有这双儿女交给你二人,趁早逃生去吧。”亚男、钟麟听了放声大哭,道:“孩儿舍不得娘亲吓!莫若死在一处罢!”姜夫人狠着心道:“你们不要如此。事已急紧,快些去罢。若到天亮,官兵到来围困,想逃生也不能了。”武伯南急叫武伯北鞴一匹马。姜夫人问道:“你们从何处逃走?”武伯南道:“前面走着路远费事,莫若从后寨门逃去,不过荒僻些儿。”姜夫人道:“事已如此,说不得了。快去,快去!”武伯南即将亚男搀扶上马,叫武伯北保护,自己背了钟麟,奔至后寨门,开了封锁,主仆四人竟奔山后逃生去了。

未知后来如何,且听下回分解。

第一百十七回　智公子负伤追儿女　武伯南逃难遇豺狼

且说姜铠把守宫门，他派人到接官厅上，打听有何人出去。不多时，回来说道："就只二鼓之半，智统辖送出陆、鲁二人去未回。"姜铠心内思忖道："当初投诚时，原是欧阳春、智化一同来的，为何他们做此勾当，他不在其内呢？事有可疑。"正在思忖，忽有人报道："智统辖回来了。"姜铠听了，不分好歹，手提三截棍迎了上来。智化刚上台阶，不容分说，"哗啷"的一声他就是一棍。智爷连忙将身闪开。刚刚躲过，尚未立稳，姜铠的棍梢落地，也不抽回，顺势横着一扫。智化腾开右脚，这左脚略慢了些，已被棍上的短棒撩了一下。这一棍错过智爷伶便，几乎要丧了性命。智化连声嚷道："姜贤弟不要动手，我是报紧急军情的。"姜铠听了"军情"二字，方将三截棍收住，道："报何军情，快说！"智化道："此事机密，须要面见夫人方好说得。"姜铠听说要见夫人，这必是大王有了下落，他这才把棍放下，过来拉着智化道："可是大王有了信息了吗？"智化道："正是。为何贤弟见面就是一棍？幸亏是我，若是别人，岂不登时毙于棍下。"姜铠道："我只道大哥也是他们一党，不料是个好人。恕小弟鲁莽，莫怪，莫怪！可打着那里了？"智化道："无妨，幸喜不重。快见夫人要紧。"二人开了宫门，来至后面。姜铠先进去通报。

姜夫人正在思念儿女落泪，自己横了心，要悬梁自缢。听说智化求见，必是丈夫有了信息，连忙请进，以叔嫂之礼相见。智化到了此时，不肯隐瞒，便将始末缘由据实说出："原为大哥是个豪杰，唯恐一身淹埋，污了英名，因此特特定计，救大哥脱离了苦海。全是一番好意，并无陷害之心。倘有欺侮，负了结拜，天地不容。请嫂嫂放心！"姜夫人道："请问叔叔，此时我丈夫现在何处？"智化道："现在陈起望。所有众相好全在那里，务要大哥早早回头，方不负我等一番苦心。"姜夫人听了如梦方醒，却又后悔起来，不该打发儿女起身。便对智化道："叔叔，是嫂嫂一时不明，已将你侄儿侄女交付武伯南、武伯北带往逃生去了。"智化听了，急得跌足道："这可怎么好？这全是我智化失于检点，我若早给嫂嫂送信，如何会有这些事！请问嫂嫂，可知武家兄弟领侄儿侄女往何方去了呢？"姜夫人道："他们是出后寨门，由后山去的。"智化道："既如此，待我将他等追赶回来。"便对姜铠道："贤弟送我出寨。"站起身来，一瘸一点别了姜氏，一直到了后寨门。又嘱咐姜铠："好好照看嫂嫂。"

好智化，真是为朋友尽心，不辞劳苦，出了后寨门，竟奔后山而来。走了五六里之遥，并不见个人影，只急得抓耳挠腮。猛听得有小孩子说话道："伯南哥，你我往哪里去呢？"又听有人答道："公子不要着急害怕，这沟是通着水路的，待我歇息歇息再走。"智化听的真切，顺着声音找去，原来是个山沟，音出于下。连忙问道："下面可是公子钟麟吗?”只听有人应道:“正是。上面却是何人?”智化应道:“我是智化,特来寻找你等。为何落在山沟之内?”钟麟道:“上面可是智叔父吗?快些救我姐姐去要紧。”智化道:“你姐姐往何处去了?”又听应道:“小人武伯南背着公子,武伯北保护小姐。不想伯北陡起不良之心,欲害公子、小姐,我痛加谴责。不料正走之间,他说沟内有人说话,仿佛大王声音。是我探身觑视,他却将我主仆推落沟中,驱着马往西去了。”智化问道:“你主仆可曾跌伤没有?”武伯南道:“幸亏苍天怜念,这沟中腐草败叶极厚,绵软非常,我主仆毫无损伤。”钟麟又说道:“智叔父不必多问了,快些搭救我姐姐去吧。”

智爷此时把脚疼付于度外,急急向西而去。又走三五里,迎头遇见二个采药的,从那边愤恨而来。智化执手向前问道:“二位因何不平?”采药的人道:“实实可恶!方才见那边有一人,将马拴在树上,却用鞭子狠狠地打那女子。是我二人劝阻,他不但不依,反要拔刀杀那女子。天下竟有这样狠毒人,岂有此理!”智化连忙问道:“现在那里?待我前去。”采药的人听了甚喜,道:“我二人情愿导引。相离不远,快走,快走。”智化手无利刃,随路拣了几块石头拿着。只听采药人道:“那边不是吗?”智化用目力留神,却见武伯北手内执刀,在那里威唬亚男,不由得杀人心陡起。赶行几步,来的切近,把手一扬,喊了一声。武伯北刚要回头,拍的一声,这块石头不歪不偏,正打在脸上。武伯北“嗳哟”一声,往后便倒。智化赶上一步,夺过刀来连搠了几下。采药人在旁看见是个便宜,二人抽出药锄,就帮着一阵好刨。可怜武伯北天良泯灭,竟遭报应。搠了几刀不奇,最是药锄刨的新鲜。

智化连忙扶起亚男,叫道:“侄女儿苏醒苏醒!”半晌,亚男方哭了出来。智爷这才放心了,便问:“伯北毒打为何?”亚男道:“他要叫我认他为父亲,前去进献襄阳王。侄女一闻此言,刚要嗔责,他便打起来了。除了头脸,已无完肤。侄女拼着一死,再也不应,便拔刀要杀。不想叔父赶到,救了性命。侄女好不苦也!”说罢,又哭。智化劝慰多时,便问:“侄女还可以乘马不能呢?”亚男说道:“请问叔父往那里去?”智化道:“往陈起望去。”即便将大家为谏劝你父亲,今日此举皆是计策的话说了。亚男听见爹爹有了下落,便道:“侄女方才将死付于度外,何况身子疼痛,没甚要紧,而且又得了爹爹信息,此时颇可挣扎骑马。”采药人听了,在旁赞叹,称羡不已。智化将亚男慢慢托在马上,便问采药二人道:“你二人意欲何往?”采药人道:“我等虽则采药为生,如今见这姑娘受这苦楚,心实不忍,情愿帮着爷上送至陈起望,心里方觉安贴。”智爷点头,暗道:“山野之处,竟有这样好人!”连忙说道:“有劳二位了!但不知从何方而去?”采药人道:“这山中僻径我们却是晓得的,爷上放心,有我二人呢。”智爷牵住马,拉着嚼环,放慢步履,跟着采药人弯弯曲曲,下下高高,走了多少路程,方到陈起望。智爷将亚男抱下马来,取出两锭银来谢了采药人。两个感谢不尽,欢欢喜喜而去。智爷来至庄中,暗暗叫庄丁请出陆彬,嘱将亚男带至后面,与鲁氏、凤仙、秋葵相见,俟找着钟麟时,再叫他姊弟与钟太保相会。慢慢再表。

且说武伯南在沟内歇息了歇息，背上公子，顺沟行去。好容易出了山沟，已然力尽筋出。耐过了小溪桥，见有一只小船上有二人捕鱼。一轮明月，照彻光华。连忙呼唤，要到神树岗。船家摆过舟来。船家一眼看见钟麟，好生欢喜，也不计较船资，便叫他主仆上船。偏偏钟麟觉得腹中饥饿，要吃点心。船家便拿出个干馒头，钟麟接过，啃了半天方咬下一块来。不吃是饿，吃罢咬不动。眼泪汪汪，囫囵吞枣呷了一口，噎的半晌还不过气来。武伯南在旁观瞧，好生难受，却又没法。只见钟麟将馒首一掷，嘴儿一咧。武伯南只当他要哭，连忙站起。刚要赶过来，冷不防地被船家用篙一拨，武伯南站立不稳，扑通一声落下水去。船家急急将篙撑开，奔到停泊之处，一人抱起钟麟，一人前去叩门。只见里面出来了个妇人，将他二人接进，仍把双扇紧闭。

你道此家是谁？原来船上二人，一人姓怀名宝，一人姓殷名显。这殷显孤身一口，并无家小，吃喝嫖赌无所不为。却与怀宝脾气相合，往往二人搭帮赚人，设局诓骗。弄了钱来，不干些正经事体，不过是胡抡混闹，不三不二的花了。其中怀宝又有个毛病，处处爱打个小算盘，每逢弄了钱来，他总要绕着弯子多使个三十五十一百八十的。偏偏殷显又是个哈拉哈张的人，这些小算盘上全不理会，因此二人甚是相好，他们也就拜了把子了。怀宝是兄，殷显是弟。这怀宝却有个女人陶氏，就在这小西桥西北娃娃谷居住。自从结拜之后，怀宝便将殷显让至家中，拜了嫂嫂，见了叔叔。怀陶氏见殷显为人虽则谲诈，幸银钱上不甚悭吝，他就献出百般殷勤的愚哄。不多几日工夫，就把个殷显刮搭上了，三个人便一心一意地过起日子来了。可巧的这夜捕鱼，遇见倒运的武伯南背了钟麟，坐在他们船上。殷显见了钟麟，眼中冒火，直仿佛见了元宝一般，暗暗与怀宝递了暗号。先用馒头迷了钟麟，顺手将武伯南拨下水去，急急赶到家中。怀陶氏迎接进去，先用凉水灌了钟麟，然后摆上酒肴。怀宝、殷显对坐，怀陶氏打横儿，三人慢慢消饮家中随便现成的酒席。

不多时，钟麟醒来，睁眼看见男女三人在那里饮酒，连忙起来问道："我伯南哥"殷显道："给你买点心去了。你姓什么？"钟麟道："我姓钟，名叫钟麟。"怀宝道："你在那里住？"钟麟道："我在军山居住。"殷显听了，登时唬的面目焦黄，暗暗与怀宝送目，叫陶氏哄着钟麟吃饮食，两个人来至外间。殷显悄悄地道："大哥，可不好了！你才听见了他姓钟，在军山居住。不消说了，这必是山大王钟雄儿郎。多半是被那人拐带出来，故此他黌夜逃走。"怀宝道："贤弟，你害怕做什么？这是老虎嘴里落下来叫狼吃了，咱们得了个狼葬儿，岂不大便宜呢！明日你我将他好好送入水寨，就说黌夜捕鱼，遇见歹人背出世子，是我二人把世子救下，那人急了，跳在河内不知去向，因此我二人特特将世子送来。难道不是一件奇功？岂不得一份重赏？"殷显摇头道："不好，不好。他那山贼形景，翻脸无情，倘若他合咱们要那拐带之人，咱们往何处去找呢？那时无人，他再说是咱们拐带的，只怕有性命之忧。依我说个主意，与其等着铸钟，莫若打现钟，现成的手到拿银子，何不就把他背到襄阳王那里，这样一个银娃娃似的孩子，还怕卖不出一二百银子吗？就是他赏，也赏不了这些。”怀宝道：“贤弟的主意甚是有理。”殷显道：“可有一宗，咱们此处却离军山甚近，若要上襄阳，必须要趁这夜静就起身，省得白日招人耳目。”怀宝道：“既如此，咱们就走。”便将陶氏叫出，一一告诉明白。

陶氏听说卖娃娃，虽则欢喜，无奈他二人都去，却又不乐，便悄悄儿的将殷显拉了一把。殷显会意，立刻攒眉挤眼道：“了不得，了不得，肚子疼得很。这可怎么好？”怀宝道：“既是贤弟肚腹疼痛，我背了娃娃先走。贤弟且歇息，等明日慢慢再去。咱们在襄阳会齐儿。”殷显故意哼哼道：“既如此，大哥多辛苦辛苦罢。”怀宝道：“这有什么呢，大家饭，大家吃。”说罢进了里屋，对钟麟道：“走吓，咱们找伯南哥去。怎么他一去就不来了呢？”转身将钟麟背起，陶氏跟随在后，送出门外去了。不知后来如何，且听下回分解。

第一百十八回 除奸淫错投大木场 救急困赶奔神树岗

且说陶氏送他男人去后，瞧着殷显笑道：“你瞧这好不好？”殷显笑嘻嘻地道：“好的。你真是个行家。我也不愿意去，乐得的在家陪着你呢。”陶氏道：“你既愿陪着我，你能够常常儿陪着我吗？”殷显道：“那有何难。我正要与你商量，如今这宗买卖要成了，至少也有一百两。我想有这一百两银子，还不够你我快活的吗？咱们设个法儿远走高飞如何？”陶氏道：“你不用合我含着骨头露着肉的。你既有心，我也有意。咱们索性把他害了，你我做个长久夫妻，岂不死心塌地呢？”世上最狠是妇人心。这殷显已然就阴险了，谁知这妇人比他尤甚。似这样的人，留在世上何用？莫若设法早早儿先把他们开发了，省得令人看至此间生气。闲言少叙。

两个狗男女正在说的得意之时，只见帘子一掀，进来一人，伸手将殷显一提，摔倒在地，即用裤腰带捆了个结实。殷显还百般哀告：“求爷爷饶命！”此时，陶氏已然唬的哆嗦在一处。那人也将妇人绑了，却用那衣襟塞了口，方问殷显道：“这陈起望却在何处？”殷显道：“陈起望离此有三四十里。”那人道：“从何处而去？”殷显道：“出了此门往东，过了小溪桥，到了神树岗，往南就可以到了陈起望。爷爷若不得去，待小人领路。”那人道：“既有方向，何用你领俺。再问你，此处却叫什么地名？”殷显道：“此处名唤娃娃谷。”那人笑道：“怨得你等要卖娃娃，原来地名就叫娃娃谷。”说罢，回手扯了一块衣襟，也将殷显口塞了。一手执灯，一手提了殷显，到了外间。一看见那边放着一盘石磨，将灯放下，把殷显安放在地，端起磨来，哪管死活，就压在殷显身上。回手进屋将妇人提出，也就照样的压好。那人执灯看了一看，见那边桌上放着个酒瓶，提起来复进屋内，拿大碗斟上酒，也不坐下，端起来一饮而尽。见桌上放着菜蔬，拣可口的就大吃起来了。

你道此人是谁？真真令人想拟不到，原来正是小侠艾虎。自从送了施俊回家探望父母，幸喜施老爷、施安人俱各安康。施老爷问："金伯父那里可许联姻了？"施俊道："姻虽联了，只是好些原委。"便将始末情由述了一番，又将如何与艾虎结义的话俱各说了。施老爷立刻将艾虎请进来相见。施老爷虽则失明，看不见艾虎，施安人却见艾虎虽然年幼，英风满面，甚是欢喜。施老爷又告诉施俊道："你若不来，我还叫你回家，只因本县已有考期，我已然给你报过名。你如今来得正好，不日也就要考试了。"施生听了，正合心意，便同艾虎在书房居住。迟不多日，到了考期之日，施生高高中了案首，好生欢喜，连艾虎也觉高兴。本要赴襄阳去，无奈施生总要过了考试，或中或不中，那时再定夺起身。艾虎没法儿，只得依从。每日无事，如何闲得住呢？施生只好派锦笺跟随艾虎出处游玩。这小爷不吃酒时还好，喝起酒来总是尽醉方休。锦笺不知跟着受了多少怕。好容易盼望府考，艾虎不肯独自在家，因此随了主仆到府考试。及至揭晓，施俊却中了第三名的生员，满心欢喜。拜了老师，会了同年，然后急急回来，祭了祖先，拜过父母。又是亲友贺喜，应接不暇。诸事已毕，方商议起身赶赴襄阳，俟毕姻之后再行赴京应试，因此耽误日期。及至到了襄阳，金公已知施生得中，欢喜无限，便张罗施生与牡丹完婚。

艾虎这些事他全不管，已问明了师父智化在按院衙门，他便别了施俊，急急奔到按院那里，方知白玉堂已死。此时卢方已将白玉堂骨殖安置妥协，设了灵位，俟平定襄阳后，再将骨殖送回原籍。艾虎到灵前大哭一场，然后参见大人与公孙先生、卢大爷、徐三爷。问起义父合师父来，始知俱已上了陈起望了。他是生成的血性，如何耐得。便别了卢方等，不管远近，竟奔陈起望而来。只顾贪赶路程，把个道儿走差了。原是往西南，他却走到正西，越走越远，越走越无人烟。自己也觉乏了，便找了个大树之下歇息。因一时困倦，枕了包裹，放倒头便睡。及至一觉睡醒，恰好皓月当空，亮如白昼。自己定了定神，只觉得满腹咕噜噜乱响，方想起昨日不曾吃饭。一时饥渴难当，又在夜阑人静之时，那里寻找饮食去呢。无奈何站起身来，掸了掸土，提了包裹，一步捱一步慢慢行来。猛见那边灯光一晃，却是陶氏接进怀、殷二人去了。艾虎道："好了，有了人家就好说了。"趱行几步，来至跟前，却见双扉紧闭。侧耳听时，里面有人说话。艾虎才待击户，又自忖道："不好，半夜三更，我孤身一人，他们如何肯收留呢？且自悄悄进去看来再做道理。"将包裹斜扎在背上，飞身上墙，轻轻落下。来至窗前，他就听了个不亦乐乎。后来见怀宝走了，又听殷显与陶氏定计要害丈夫，不由得气往上撞，因此将外屋门撬开，他便掀帘硬进屋内。这才把狗男女捆了，用石磨压好，他就吃喝起来了。酒饭已毕，虽不足兴，颇可充饥。执灯转身出来，见那男女已然翻了白眼，他也不管，开门直往正东而来。

走了多时，不见小溪桥，心中纳闷道："那厮说有桥，如何不见呢？"趁月色往北一望，见那边一堆一堆，不知何物。自己道："且到那边看看。"哪知他又把路走差了，若往南来便是小溪桥，如今他往北去，却是船场堆木料之所。艾虎暗道："这是什么所在？如何有这些木料？要他做甚？"正在纳闷，只见那边有个窝铺，灯光明亮。艾虎道:“有窝铺必有人,且自问问。”连忙来到跟前。只听里面有人道:“你这人好没道理!好意叫你向火,你如何磨我要起衣服来?我一个看窝铺的,那里有敷馀衣服呢?”艾虎轻轻掀起席缝一看,见一人犹如水鸡儿一般,战兢兢说道:“不是俺和你起磨,只因浑身皆湿,总然向火,也解不过这个冷来。俺打量你有衣服,哪怕破的、烂的,只要俺将湿衣服换下拧一拧再向火,俺缓过这口气来,即便还你。那不是行好呢!”看窝铺的道:“谁耐烦这些。你好好的便罢,再要多说时,连火也不给你发了。搅得我连觉也不得睡,这是从那里说起!”艾虎在外面却答言道:“你既看窝铺,如何又要睡觉呢?你真睡了,俺就偷你。”说着话,忽地一声将席帘掀起。

看窝铺的吓了一跳,抬头看时,见是个年少之人,胸前斜绊着一个包袱,甚是雄壮。便问道:“你是何人?黍夜到此何事?”艾虎也不答言,一存身将包袱解下打开,拿出几件衣服来,对着那水鸡儿一般的人道:“朋友,你把湿衣脱下来,换上这衣服。俺有话问你。”那人连连称谢,急忙脱去湿衣,换了干衣。又与艾虎执手道:“多谢恩公一片好心。请略坐坐,待小可稍为缓缓,即将衣服奉还。”艾虎道:“不打紧,不打紧。”说着话,席地而坐。方问道:“朋友,你为何闹的浑身皆湿?”那人叹口气道:“一言难尽。实对恩公说,小可乃保护小主人逃难的,不想遇见两个狠心的船户,将小可一篙拨在水内。幸喜小可素习水性,好容易奔出清波,来至此处。但不知我那小主落于何方,好不苦也!”艾虎忙问道:“你莫非就是什么伯南哥哥吗?”那人失惊道:“恩公如何知道小可的贱名?”艾虎便将在怀宝家中偷听的话,一五一十地说了一遍。武伯南道:“如此说来,我家小主人有了下落了。倘若被他们卖了,那还了得!须要急急赶上方好。”他二人只顾说话,不料那看窝铺的浑身乱抖,仿佛他也落在水内一般,战兢兢的就势儿跪下来,道:“我的头领武大老爷,实是小人瞎眼,不知是头领老爷,望乞饶恕。”说罢连连叩首。武伯南道:“你不要如此。咱们原没见过,不知者不做罪,俺也不怪你。”便对艾虎道:“小可意欲与恩公同去追赶小主,不知恩公肯慨允否?”艾虎道:“好好好,俺正要同你去。但不知由何处追赶?”武伯南道:“从此斜奔东南,便是神树岗。那是一条总路,再也飞不过去的。”艾虎道:“既如此,快走,快走。”只见看窝铺的端了一碗热腾腾的水来,请头领老爷喝了赶一赶寒气。武伯南接过来呷了两口,道:“俺此时不冷了。”放下黄沙碗,对着艾虎道:“恩公,咱们快走吧。”二人立起,躬着腰儿出了窝铺。看窝铺的也就随了出来。武伯南回头道:“那湿衣服暂且放在你这里,改日再取。”看窝铺的道:“头领老爷放心,小人明日晒晾干了,收什好好的,即当送去。”他二人迈开大步,往前奔走。

此时,武伯南方问艾虎贵姓大名,意欲何往。艾虎也不隐瞒,说了名姓,便将如何要上陈起望寻找义父、师父,如何贪赶路途迷失路径,方听见怀宝家中一切的言语说了一遍。因问武伯南:“你为何保护小主私逃?”武伯南便将如何与钟太保庆寿,如何大王不见了,“俺主母唯恐绝了钟门之后,因此叫小可同着族弟武伯北,保护着小姐、公子私行逃走。不想武伯北天良泯灭,他将我推人山沟,幸喜小可背着公子,并无伤损。从山沟内奔至小溪桥,偏偏的就遇见他娘的怀宝了,所以落在水

内。”艾虎问道：“你家小姐呢？”武伯南道：“已有智统辖追赶搭救去了。”艾虎道：“什么智统辖？”武伯南道：“此人姓智名化，号称黑妖狐，与我家大王八拜之交。还有个北侠欧阳春，人皆称他为紫髯伯。他三人结义之后，欧阳爷管了水寨，智爷便作了统辖。”艾虎听了，暗暗思忖道：“这话语之中大有文章。”因又问道：“山寨还有何人？”武伯南道：“还有管理旱寨的展熊飞，又有个贵客是卧虎沟的沙龙沙员外，这些人俱是我们大王的好朋友。”艾虎听至此，猛然醒悟，哈哈大笑道：“果然是好朋友！这些人俺全认得。俺实对你说了罢，俺寻找义父、师父，就是北侠欧阳爷与统辖智爷。他们既都在山寨之内，必要搭救你家大王脱离苦海，这是一番好心，必无歹意。倘有不测之时，有我艾虎一面承管。你只管放心。”武伯南连连称谢。

他二人说着话儿，不知不觉就到了神树岗。武伯南道：“恩公暂停贵步。小可这里有个熟识之家，一来打听打听小主的下落，二来略略歇息，吃些饮食再走不迟。”艾虎点头应道：“很好，很好。”武伯南便奔到柴扉之下，高声叫道：“老甘开门来！甘妈妈开门来！”里面应道：“什么人叫门？来了，来了。”柴门开处，出来个店妈妈，这是已故甘豹之妻。见了武伯南，满脸赔笑道：“武大爷一向少会。今日为何黄夜到此呢？”武伯南道：“妈妈快掌灯去，我还有个同人在此呢。”甘妈妈连忙转身掌灯。这里武伯南将艾虎让至上房。甘妈妈执灯将艾虎打量一番，见他年少轩昂，英风满面，便问道：“此位贵姓？”武伯南道：“这是俺的恩公，名叫艾虎。”甘妈妈听了“艾虎”二字，由不得一愣，不觉得顺口失声道：“怎么也叫艾虎呢？”艾虎听了诧异，暗道：“这婆子失惊有因，俺倒要问问。”才待开言，只听外面又有人叫道：“甘妈妈开门来。”婆子应道：“来了，来了。”

不知叫门者谁，且听下回分解。

第一百十九回　神树岗小侠救幼子　陈起望众义服英雄

且说甘妈妈刚要转身，武伯南将他拉住，悄悄道：“倘若有人背着个小孩子，你可千万将他留下。”婆子点头会意，连忙出来。开了柴扉一看，谁说不是怀宝呢？他因背着钟麟，甚是吃力。而且钟麟一路哭哭喊喊，和他要定了伯南哥哥咧。这怀宝百般地哄诱，唯恐他啼哭被人听见。背不动时，放下来哄着走。这钟麟自幼儿娇生惯养，如何黪夜之间走过荒郊旷野呢？又是害怕，又是啼哭，总是要他伯南哥哥。把个怀宝磨了个吐天哇地，又不敢高声，又不敢嗔唬，因此耽延了工夫。所以武伯南、艾虎后动身的倒先到了，他先动身的却后到了。这也是天网恢恢，疏而不漏，冥冥之中，自有道理。甘婆道："你又干这营生？"怀宝道："妈妈不要胡说。这是我亲戚的小厮，被人拐去，是我将他救下，送还他家里去。我是连夜走得乏了，在妈妈这里歇息歇息，天明就走。可有地方吗？"甘婆道："上房有客，业已歇下。现有厢房闲着，你可要安安顿顿的，休要招的客人犯疑。"怀宝道："妈妈说的是。"说罢，将钟麟背进院来。甘婆闭了柴扉，开了厢房，道："我给你们取灯去。"怀宝来至屋内，将钟麟放下。甘婆掌上了灯。只听钟麟道："这是那里？我不在这里，我要我的伯南哥哥呢！"说罢"哇"的一声又哭了。急的怀宝连忙悄悄哄道："好相公，好公子，你别哭，你伯南哥哥少时就来。你若困了，只管睡，管保醒了你伯南哥哥就来了。"真是小孩子好哄，他这句话倒说着了，登时钟麟张牙欠口，打起哈欠来。怀宝道："如何，我说困了不是。"连忙将衣服脱下，铺垫好了。钟麟也是闹了一夜，又搭着哭了几场，此时也真就乏了，歪倒身便呼呼睡去。甘婆道："老儿，你还吃什么不吃？"怀宝道："我不吃什么了。背着他，累了个骨软筋酥，我也要歇歇儿了。求妈妈黎明时就叫我，千万不要过晚了。"甘婆道："是了，我知道了。你挺尸罢。"熄了灯，转身出了厢房。将门倒扣好了，他悄悄地又来到上房。

谁知艾虎与武伯南在上房悄悄静坐，侧耳留神，早已听了个明白。先听见钟麟要伯南哥哥，武伯南一时心如刀绞，不觉地落下泪来。艾虎连忙摆手，悄悄道："武兄不要如此。他既来到这里，俺们遇见，还怕他飞上天去不成？"后来又听见他们睡了，更觉放心。只见甘婆笑嘻嘻的进来，悄悄道："武大爷恭喜，果是那话儿。"武伯南问道："他是谁？"甘婆道："怎么，大爷不认得？他就是怀宝呀。认了一个干兄弟，名叫殷显，更是个混账行子，和他女人不干不净的。三个人搭帮过日子，专干这些营生。大爷怎么上了他的贼船呢？"武伯南道："俺也是一时粗心，失于检点。"复又笑道："俺刚脱了他的贼船，谁知却又来到你这贼店，这才是躲一棒槌换一榔头呢。"甘婆听了也笑道："大爷到此，婆子如何敢使那把戏儿？休要凑趣儿。请问二位还歇息不歇息呢？"艾虎道："我们救公子要紧，不睡了。妈妈，这里可有酒吗？"甘婆道："有，有，有。"艾虎道："如此很好。妈妈取了酒来，安放杯箸，还有话请教呢。"甘婆转身去了多时，端了酒来。艾虎上座，武伯南与甘婆左右相陪。

艾虎先饮了三杯，方问道："适才妈妈说什么'也叫艾虎'，这话内有因，倒要说个明白。"甘婆道："艾爷若不问，婆子还要请教呢。艾爷可认得欧阳春与智化吗？"艾虎道："北侠是俺义父，黑妖狐是俺师父，如何不认得呢？"甘婆道："这又奇了，怎么与前次一样呢？艾爷可有兄弟吗？"艾虎道："俺只身一人，并无手足。这是何人冒了俺的名儿，请道其详。"甘婆便将有主仆二人投店，蒋四爷为媒的话，滔滔不绝说了一遍。艾虎更觉诧异,道:“既有蒋四爷为媒,此事再也不能舛错。这个人却是谁呢?真真令人纳闷。”甘婆道:“纳闷不纳闷,只是我的女儿怎么样呢?那个艾虎曾说,到了陈起望,禀明了义父、师父,即来纳聘。至今也无影响,这是什么事呢?”说罢,瞧着艾虎。武伯南道:“俺倒有个主意。那个艾虎既无影响,现放着这个艾爷,莫若就许了这个艾爷,岂不省事吗?”艾虎道:“武兄这是什么话,那有一个女儿许两家的道理?何况小弟已经定了亲呢。”甘婆听了,又是一愣。你道为何?原来甘婆早已把个艾虎看中了意了,他心里另有一番意思。他道:“那个艾虎虽然俊美,未免过于腼腆懦弱,不似这个艾虎英风满面,豪气迎人,是个男子汉样儿。仔细看来,这个艾虎比那个艾虎强多了。”忽然听见艾虎说出已然定了亲了,打了他的念头,所以为之一愣。半晌发狠道:“啃,这全是蒋平做事不明,无故叫人打这样闷葫芦,岂不误了我女儿的终身吗?我若见了病鬼,决不依他!”艾虎道:“妈妈不要发狠着急,俺们明日就到陈起望。蒋四叔现在那里,妈妈何不写一信去,问问到底是怎么样,也就有个水落石出了。如不能写信,俺二人也可以带个信去,觌面问明了,或给妈妈寄信来,或俺们再到这里,此事也就明白了。”甘婆道:“写信倒容易,不瞒二位说,女儿笔下颇能。待我和他商议去。”说罢起身去了。

这里,武伯南便问艾虎道:“恩公,厢房之人,咱们是这里下手,还是拦路邀截呢?”艾虎道:“这里不好。他原是村店,若玷污了,以后他的买卖怎么做呢?莫若邀截为是。”武伯南笑道:“恩公还不知道呢,这老婆子也是个杀人不眨眼的母老虎。当初有他男人在世,这店内不知杀害了多少呢。”刚说至此,只见甘婆手持书信,笑嘻嘻进来说道:“书已有了。就劳动艾爷,千万见了蒋四爷当面交付,婆子这里着急等回信!”说罢,福了一福。艾爷接过书来,揣在怀中,也还了一揖。甘婆问道:“厢房那人怎么样?”武伯南道:“方才俺们业已计议,艾爷唯恐连累了你这里,我们到途中邀截去。”甘婆道:“也倒罢了,待我将他唤醒。”立时来至厢房,开了门,对上灯,才待要叫,只听钟麟说道:“我要我伯南哥哥呀!”却从梦中哭醒。怀宝是贼人胆虚,也就惊醒了。先唤钟麟,然后穿上衣服,将钟麟背上,给甘婆道了谢,说:“俟回来再补复罢。”甘婆道:“你去你的罢,谁望你的补复呢,但愿你这一去永远别来了,我就念了佛了。”一壁说,一壁开了柴扉,送至门外,见他由正路而去。甘婆急转身来至上房,道:“他走的是正路,你二位从小路而去便迎着了。”武伯南道:“不劳费心。这些路途,我都是认得的,恩公随我来。”武伯南在前,艾虎随后,别了甘婆,出了柴扉,竟奔小路而来。二人复又商议,叫武伯南抢钟麟,好好保护;艾虎却动手了结怀宝。说话间,已到要路。武伯南道:“不必迎了上去,就在此处等他罢。”

不多时,只听钟麟哭哭啼啼,远远而来。武伯南先迎了去,也不扬威,也不呐喊,唯恐唬着小主,只叫了一声:“公子,武伯南在此,快跟我来!”怀宝听了,咯噔的一声打了个冷战儿。刚要问是谁,武伯南已到身后,将公子扶住。钟麟哭着说道:“伯南哥哥,你想煞我了!”一挺身,早已离了怀宝的背上,到了伯南的怀中。这恶贼一见,说声“不好”,往前就跑。刚要迈步,不妨脚下一扫,扑哧,嘴按地趴倒尘埃。只听当的一声，脊背上早已着了一脚。怀宝“嗳哟”了一声，已然昏过去了。艾虎对着伯南道：“武兄抱着公子先走，俺好下手收什这厮。”武伯南也恐小主害怕，便抱着往回里去了。艾虎背后拔刀在手，口说：“我把你这恶贼！”一刀斩去，怀宝了帐。小爷不敢久停，将刀入鞘，佩在身边，赶上武伯南，一同直奔陈起望而来。

且说钟雄到了五鼓鸡鸣时，渐渐有些转动声息，却不醒，因昨日用的酒多了的缘故。此时，欧阳春、沙龙、展昭，带领着丁兆蕙、蒋平、柳青，与本家陆彬、鲁英，以及龙涛、姚猛等，大家环绕左右，唯有黑妖狐智化就在卧榻旁边静候。这厅上点的明灯蜡烛，照如白昼。虽有多人，一个个鸦雀无声。又迟了多会，忽听钟雄嘟囔道：“口燥得紧，快拿茶来。”早已有人答应，伴当将浓浓的温茶捧到。智爷接过来，低声道：“茶来了。”钟雄朦胧二目，伏枕而饮。又道：“再喝些。”伴当急又取来，钟雄照旧饮毕。略定了定神，猛然睁开二目，看见智化在旁边坐着，便笑道：“贤弟为何不安寝？劣兄昨日酒深，不觉的沉沉睡去，想是贤弟不放心。”说着话，复又往左右一看，见许多英雄环绕，心中诧异。一骨碌身爬起来看时，却不是水寨的书房。再一低头，见自家穿着一身渔家服色，不觉失声道：“嗳哟，这是那里？”欧阳春道：“贤弟不要纳闷，我等众弟兄特请你到此。”沙龙道：“此乃陈起望，陆贤弟的大厅。”陆彬向前道：“草舍不堪驻足，有屈大驾。”钟雄道：“俺如何来到这里？此话好不明白。”智化方慢慢地道：“大哥，事已如此，小弟不得不说了。我们俱是钦奉圣旨，谨遵相谕，特为平定襄阳，访拿奸王赵爵而来。若论捉拿奸王，易如反掌；因有仁兄在内，唯恐到了临期，玉石俱焚，实实不忍。故此我等设计投诚水寨，费了许多周折，方将仁兄请至此处。皆因仁兄是个英雄豪杰，试问，天下至重的莫若君父，大丈夫做事，焉有弃正道愿归邪党的道理？然而人非圣贤，孰能无过。也是仁兄雄心过豪，不肯下气，所以我等略施诡计，将仁兄诓到此地。一来为匡扶社稷，二来为成全朋友，三来不愧你我结拜一场。此事皆是小弟的主意，望乞仁兄恕宥。”说罢，便屈膝跪于床下。展爷带着众人，谁不抢先，嗯的一声全都跪了。这就是为朋友的义气。

钟雄见此光景，连忙翻身下床，也就跪下，说道：“俺钟雄有何德能，敢劳众位弟兄的过爱，费如此的心机？实在担当不起！钟雄乃一鲁夫，皆因闻得众位仁兄、贤弟英名贯耳，原有些不服气，以为是恃力欺人，不想是重义如山。俺钟雄藐视贤豪，真真愧死！如今既承众位弟兄的训诲，若不洗心改悔，便非男子。”众位英雄见钟雄豪爽耿直，倾心向善，无不欢喜之至。彼此一同站起，大家再细细谈心。

未知后文如何，且听下回分解。

第一百二十回 安定军山同归大道 功成湖北别有收缘

且说钟雄听智化之言，恍然大悟，又见众英雄义重如山，欣然向善。所谓“同声相应，同气相求”者也。世间君子与小人，原是冰炭不同炉的。君子可以立小人之队，小人再不能入君子之群。什么缘故呢？是气味不能相投，品行不能同道。即如钟雄，他原是豪杰朋友，皆因一时心高气傲，所以差了念头。如今被众人略略规箴，登时清浊立辨，邪正分明，立刻就离了小人之队，入了君子之群。何等畅快，何等大方。他既说出洗心改悔，便是心悦诚服，绝不是那等反复小人，今日说了，明日不算；再不然闹矫强，斗经济，怎么没来由怎么好，那是何等行为。又有一比：君子如油，小人如水。假如一锅水坐在火上，开了时滚上滚下，毫无停止。比着就是小人胡闹混搅，你来我往，自称是正人君子。及至见了君子，他又百般的欺侮，说人家酸，说人家大，不肯容留。哪知道那君子更不把他们放在眼里，理也不理，善善地躲开，由着他们闹去。仿佛一锅开水滴上一点油儿，那油止于在水的浮皮儿，绝不淆混。那水开的厉害了，这油不过往锅边一溜儿，坐观成败而已。这是君子可以立小人之队。若小人人了君子之群则不然。假如一锅油，虽然不显，平平无奇，正是君子修品立行的高贵处。无声无臭，和蔼至甚，小人看见以为可以附和，不管好歹，飞身跳入。他哪知那正气利害，真是如见其肺肝然，自己觉得踽蹐不安，坐立难定，熬煎的受不得了，只落得他逃之夭夭。仿佛油已热了，滴了一点儿水，这水到了油内，见他们俱是正道油，自己瞧自己不知是那一道，实在的不合群儿，只得壁哩巴拉一阵混爆，连个渣儿皆不容留。多咱爆完了，依然一锅清油，照旧的和平宁静而已。所以君子、小人犹如冰炭，再不能同炉的。如今钟雄倾心归服，他原是油，止于是未化之油，加上众英雄陶镕陶镕，将他锻炼的也成了清油。油见油自然混合一处，焉有不合适的道理呢？闲话休题。

再说众英雄立起身来，其中还有二人不认得。及至问明，一个是茉花村的双侠丁兆蕙，一个是那陷空岛四义蒋泽长。钟雄也是素日闻名，彼此各相见了。此时，陆彬早已备下酒筵，调开桌椅，安放杯箸，大家团团围住。上首是钟雄，左首是欧'阳春，右首沙龙，以下是展昭、蒋平、丁兆蕙、柳青，连龙涛、姚猛、陆彬、鲁英，共十一筹好汉。陆彬执壶，鲁英把盏，先递与钟雄。钟雄笑道：“怎么，又喝酒吗？劣兄再要醉了，又把劣兄弄到那里去？”众人听了，不觉大笑。陆彬笑着道：“仁兄再要醉了，不消说了，一定是送回军山去了。”钟雄一壁笑，一壁接酒道：“承情，承情！多谢，多谢！”陆彬挨次斟毕，大家就座。钟雄道：“话虽如此说，俺钟雄到底如何？到了这里，务要请教。”智化便道：“起初展兄与徐三弟落在堑坑，被仁兄拿去，是蒋四兄砍断竹城，将徐三弟救出。”说至此，钟雄看了蒋四爷一眼，暗道：“这样瘦弱，竟有如此本领。”智爷又道：“皆因仁兄要鱼，是小弟与丁二弟扮作渔户，混进水寨，才瞧了招贤榜文。”钟雄又瞧了丁二爷一眼，暗暗佩服。智化又道：“次是小弟与欧阳春兄进寨投诚。那时已知沙大哥被襄阳王拿去，因仁兄爱慕沙大哥，所以小弟假奔卧虎沟，却叫欧阳兄诈说展大哥，并向襄阳王将沙大哥要来。这全是小弟的计策，哄诱仁兄。”钟雄连连点头，又问道：“只是劣兄如何来到此呢？”智化道：“皆因仁兄的千秋，我等计议，一来庆寿，二来奉请，所以预先叫蒋四弟聘请柳贤弟去。因柳贤弟有师父留下的断魂香。”钟雄听至此，已然明白，暗暗道：“敢则俺着了此道了！”不由得又瞧了一瞧柳青。智化接着道：“不料蒋四爷聘请柳贤弟时，路上又遇见了龙、姚二位小弟。因他二位身高力大，背负仁兄断元失闪，故此把仁兄请至此地。”钟雄道：“原来如此。但只一件，既把劣兄背出来，难道就无人盘问吗？”智化道：“仁兄忘了吗？可记得昨日展大哥穿的服色，人人皆知，个个看见。临时给仁兄更换穿了，口口声声展大哥醉了，谁又问呢？”钟雄听毕，鼓掌大笑道：“妙吓！想的周到，做的机密。俺钟雄真是醉里梦里，这些事俺全然不觉。亏了众仁兄、贤弟成全了钟雄，不致叫钟雄出丑。钟雄敢不佩服，能不敏感！如今众位仁兄、贤弟欢聚一堂，把往事一想，不觉得可耻又可笑了。”众人见钟雄自怨自艾，悔过自新，无不称羡好汉子，好朋友！个个快乐非常。唯有智化，半点不乐。钟雄问道：“贤弟，今日大家欢聚，你为何有些闷闷呢？”智化半晌道：“方才仁兄说小弟想得周到，做的机密，哪哪知竟有不周到之处。”钟雄问道：“还有何事不周到呢？”智化叹道：“皆因小弟一时忽略，忘记知会嫂嫂。嫂嫂只当有官兵捕缉，立刻将侄儿、侄女着人带领逃走了。”真是英雄气短，儿女情长。钟雄听了此句话，惊骇非常，忙问道：“交与何人领去？”智化道：“就交与武伯南、武伯北了。”钟雄听见交与武氏弟兄，心中觉得安慰点了，点头道：“还好，他二人可以靠得。”智化道：“好什么！是小弟见了嫂嫂之后，急忙从山后赶去。忽听山沟之内有人言语。问时却是武伯南背负着侄儿，落将下去。又问明了，幸喜他主仆并无损伤。仁兄你道他主仆如何落在山沟之内？”钟雄道：“想是黉夜逃走，心忙意乱，误落在山沟。”智化摇头道：“那里是误落，却是武伯北将他主仆推下去的。他便驱着马上侄女往西去了。”

钟雄忽然改变面皮，道：“这厮意欲何为？”众人听了，也为之一惊。智化道：“是小弟急急赶去，又遇见两个采药的，将小弟领去。谁知武伯北正在那里持刀威唬侄女。”钟雄听至此，急得咬牙搓手。鲁英在旁高声嚷道：“反了！反了！”龙涛、姚猛早已立起身来。智化忙拦道：“不要如此，不要如此，听我往下讲。”钟雄道：“贤弟快说，快说。”智化道：“偏偏的小弟手无寸铁，止于拣了几个石子。也是天公照应，第一石子就把那厮打倒，赶步抢过刀来，连连搠了几下。两个采药人又用药锄刨了个不亦乐乎。”鲁英、龙涛、姚猛哈哈大笑，道：“好吓，这才爽快呢！”众人也就欢喜非常。钟雄脸上颜色略为转过来。智化道：“彼时侄女已然昏迷过去，小弟上前唤醒。谁知这厮用马鞭子将侄女周身抽的已然体无完肤。亏得侄女勇烈，挣扎乘马，也就来到此处。”钟雄道：“亚男现在此处吗？”陆彬道：“现在后面，贱内与沙员外两位姑娘照料着呢。”钟雄便不言语了。智化道：“小弟忧愁者，正为不知侄儿下落如何。”钟雄道：“大约武伯南不至负心，只好等天亮时再为打听便了。只是为小女，又叫贤弟受了多少奔波多少惊险，劣兄不胜感激之至！”智化见钟雄说出此话，心内更觉难受，唯有盼望钟麟而已。大家也有喝酒的，也有喝汤的，也有静坐闲谈的。

不多时，天已光亮。忽见庄丁进来禀道：“外面有一位少爷，名叫艾虎，同着一个姓武的，带着公子回来了。”智化听了，这一乐非同小可，连声说道：“快请，快请！”智化同定陆彬、鲁英，连龙涛、姚猛，俱各迎了出来。只见外面进来了，艾虎在前，武伯南抱着公子在后。艾虎连忙参见智化。智化伸手搀起来道：“你从何处而来？”艾虎道：“特为寻找你老人家，不想遇见武兄，救了公子。”此时，武伯南也过来见了，先问道：“统辖老爷，俺家小姐怎么样了？”智化道：“已救回在此。”钟麟听见姐姐也在这里，更喜欢了，便下来与智化作揖见礼。智化连忙扶住，用手拉着钟麟，进了大厅。钟麟一眼就看见爹爹坐在上面，不由得跪倒跟前，“哇”的一声哭了。钟雄到此时也就落下几点英雄泪来了，便忙说道：“不要哭，不要哭！且到后面看看姐姐去。”陆彬过来，哄着进内去了。

此时，艾虎已然参见了欧阳春与沙龙。北侠指引道：“此是你钟叔父，过来见了。”钟雄连忙问道：“此位何人？”北侠道：“他名艾虎，乃劣兄之义子，沙大哥之爱婿，智贤弟之高徒也。”钟雄道：“莫非常提‘小侠’就是这位贤侄吗？好吓，真是少年英俊，果不虚传。”艾虎又与展爷、丁二爷、蒋四爷一一见了。就只柳青、姚猛不认得，智化也指引了。大家归座。智化便问艾虎如何来到这里。艾虎从保护施俊说起，直说到遇见武伯南救了公子，杀了怀宝，始末缘由说了一遍。钟雄听到后面，连忙立起身来，过来谢了艾虎。

此时武伯南从外面进来，双膝跪倒，匍匐尘埃，口称：“小人该死！”钟雄见武伯南如此，反倒伤起心来，长叹一声道：“俺待你弟兄犹如子侄一般，不料武伯北竟如此的忘恩负义！他已处死，俺也不计较了。你为吾儿险些儿丧了性命，如今保全回来，不绝俺钟门之后，这全是你一片忠心所致，何罪之有？”说罢，伸手将武伯南拉起。众位英雄见钟太保如此，个个夸奖说：“他恩怨分明，所行甚是。”钟雄复又叹一口气道：“好叫众位贤弟得知，仔细想来，都是俺钟雄的罪孽，几乎要报应在儿女身上。若非及早回头，将来祸几不测。从此打破迷关，这身衣正合心意，俺钟雄直欲与渔樵过此生了。”众人听钟雄大有灰退之意，才待要劝，只见沙龙将钟雄拉住道：“贤弟，你我同病相怜。不要如此，劣兄若非囚禁，你两个侄女如何也能够来到此处呢？可见人生聚散，冥冥中自有道理。千万不要灰了壮志，妄打迷关，将来是要入魔呢。”众人听了不觉大笑，钟雄也就笑了。于是复又入座。

智化道：“事不宜迟，就叫武头领急回军山，报与嫂嫂知道，好叫嫂嫂放心。”钟雄道：“莫若将贱内悄悄接来。劣兄既脱离了苦海，还回去做甚？”智化道：“仁兄又失于算计了。仁兄若不回军山，难免走漏风声，奸王又生别策。莫若仁兄仍然占住军山，按兵不动，以观襄阳的动静如何。再者，小弟等也要同回襄阳去。”便将方山居址说明，现有卧虎沟的好汉俱在那里。钟雄听了欢喜道：“既如此，劣兄就派姜铠保护家小，也赴襄阳。劣兄一人在此虚守寨栅，方无挂碍。”智化连连称善。依然叫武伯南先回军山送信，到傍晚钟雄方才回去。

此时，艾虎已将妈妈的书信给蒋四爷看了。蒋平便将凤仙情愿联姻的话说了，又与欧阳春、智化、沙龙三门亲家说明。大家欢喜，俱各说道：“俟回襄阳时，就烦姜氏嫂嫂将此事做成。就叫玉兰母女收什收什，同赴襄阳方山居住，更为妥当。”这一日，大家欢聚，快乐非常。又计议定了女眷先行起身，就求姜氏夫人带领着凤仙、秋葵、亚男、钟麟，却派姜铠、龙涛、姚猛跟随护送；其余大家随后起身。到了晚间，用两只大船，除了陆彬、鲁英在家料理，所有众英雄俱到军山。钟雄见了姜氏，悲喜交集，说明了缘故，即刻收什细软，乘船到陈起望，暗暗起身。这里，众英雄欢聚了两日，告别了钟太保，也就同赴襄阳去了。这便是《七侠五义传》收缘。

要知群雄战襄阳，众虎遭磨难，小侠至陷空岛、茉花村、柳家庄三处飞报信，柳家五虎奔襄阳，艾虎过山收服三寇，柳龙赶路结拜双雄，卢珍单刀独闯阵，丁蛟、丁凤双探山，小弟兄襄阳大聚会，设计救群雄；直至众虎豪杰脱离难，大家共议破襄阳，设圈套捉拿奸王，施妙计扫除众寇，押解奸王，夜赶开封府，肃清襄阳郡，铡斩襄阳王，包公保众虎，小英雄金殿同封官，紫髯伯辞官出家，白玉堂灵魂救按院，颜查散奏事封五鼠，包太师闻报哭双侠，众英雄开封大聚首，群侠义公厅同结拜，多少热闹节目，不能一一尽述。也有不足百回，俱在《小五义》书上便见分明。

词曰：日日深杯酒满，朝朝小圃花开。自歌自舞自开怀，且喜无拘无碍。青史几番春梦，红尘多少奇才。不须计较与安排，领取而今现在。

特别提示：

本书在编写过程中，参阅和使用了一些报刊、著述和图片。由于联系上的困难，和部分作品的作者（或译者）未能取得联系，对此谨致深深的歉意。敬请原作者（或译者）见到本书后，及时与本书编者联系，以便我们按照国家有关规定支付稿酬并赠送样书。

联系电话：010-80776121　联系人：马老师